Herausgegeben von
Alexander Mitscherlich · Angela Richards · James Strachey †
Mitherausgeber des Ergänzungsbandes
Ilse Grubrich-Simitis

Band IX: Die ›kulturelle‹ Sexualmoral und die moderne Nervosität (1908) · Zeitgemäßes über Krieg und Tod (1915) · Massenpsychologie und Ich-Analyse (1921) · Die Zukunft einer Illusion (1927) · Das Unbehagen in der Kultur (1930 [1929]) · Warum Krieg? (1933 [1932]) · Totem und Tabu (1912–13) · Zur Gewinnung des Feuers (1932 [1931]) · Der Mann Moses und die monotheistische Religion (1939 [1934–38])

SIGMUND FREUD

Studienausgabe

BAND IX

Fragen der Gesellschaft
Ursprünge der Religion

FISCHER TASCHENBUCH VERLAG

Die Freud-Studienausgabe erschien ursprünglich (1969–1979)
im Rahmen der S. Fischer-Reihe
CONDITIO HUMANA
ERGEBNISSE AUS DEN WISSENSCHAFTEN VOM MENSCHEN
(Herausgeber: Thure von Uexküll und Ilse Grubrich-Simitis;
Berater: Johannes Cremerius, Hans J. Eggers, Thomas Luckmann).
Der vorliegende Abdruck übernimmt in korrigierter Fassung den Text
der dritten Auflage von Band IX.

Ungekürzte Ausgabe
Fischer Taschenbuch Verlag
April 1982
Fischer Taschenbuch Verlag GmbH, Frankfurt am Main
Lizenzausgabe mit freundlicher Genehmigung
des S. Fischer Verlages GmbH, Frankfurt am Main

Umschlaggestaltung: Mendell & Oberer
Satz: Buchdruckerei Eugen Göbel, Tübingen
Druck und Bindung: Clausen & Bosse, Leck
Printed in Germany
3880-ISBN 3-596-27309-9

INHALT

Zu diesem Band 7

DIE ›KULTURELLE‹ SEXUALMORAL UND DIE MODERNE NERVOSITÄT (1908) 9
Editorische Vorbemerkung 11

ZEITGEMÄSSES ÜBER KRIEG UND TOD (1915) 33
Editorische Vorbemerkung 34
I. Die Enttäuschung des Krieges 35
II. Unser Verhältnis zum Tode 49

MASSENPSYCHOLOGIE UND ICH-ANALYSE (1921) 61
Editorische Vorbemerkung 63
I. Einleitung 65
II. Le Bons Schilderung der Massenseele 67
III. Andere Würdigungen des kollektiven Seelenlebens 77
IV. Suggestion und Libido 83
V. Zwei künstliche Massen: Kirche und Heer 88
VI. Weitere Aufgaben und Arbeitsrichtungen 94
VII. Die Identifizierung 98
VIII. Verliebtheit und Hypnose 104
IX. Der Herdentrieb 109
X. Die Masse und die Urhorde 114
XI. Eine Stufe im Ich 120
XII. Nachträge 125

DIE ZUKUNFT EINER ILLUSION (1927) 135
Editorische Vorbemerkung 137

DAS UNBEHAGEN IN DER KULTUR (1930 [1929]) 191
Editorische Vorbemerkung 193

WARUM KRIEG? (1933 [1932]) 271
Editorische Vorbemerkung 272

TOTEM UND TABU (EINIGE ÜBEREINSTIMMUNGEN IM SEELENLEBEN DER WILDEN UND DER NEUROTIKER) (1912–13) 287
Editorische Vorbemerkung 288
Vorwort 291
Vorrede zur hebräischen Ausgabe 293
I. Die Inzestscheu 295
II. Das Tabu und die Ambivalenz der Gefühlsregungen 311
III. Animismus, Magie und Allmacht der Gedanken 364
IV. Die infantile Wiederkehr des Totemismus 387

ZUR GEWINNUNG DES FEUERS (1932 [1931]) 445
Editorische Vorbemerkung 447

DER MANN MOSES UND DIE MONOTHEISTISCHE RELIGION: DREI ABHANDLUNGEN (1939 [1934–38]) 455
Editorische Vorbemerkung 457
I. Moses, ein Ägypter 459
II. Wenn Moses ein Ägypter war... 468
III. Moses, sein Volk und die monotheistische Religion 503

Erster Teil

Vorbemerkung I ([*Wien*] *Vor dem März 1938*) 503
Vorbemerkung II ([*London*] *Im Juni 1938*) 506
A. Die historische Voraussetzung 508
B. Latenzzeit und Tradition 515
C. Die Analogie 521
D. Anwendung 528
E. Schwierigkeiten 540

Zweiter Teil

Zusammenfassung und Wiederholung 550
A. Das Volk Israel 551
B. Der große Mann 553
C. Der Fortschritt in der Geistigkeit 557
D. Triebverzicht 561
E. Der Wahrheitsgehalt der Religion 568

F. Die Wiederkehr des Verdrängten 570
G. Die historische Wahrheit 572
H. Die geschichtliche Entwicklung 576

ANHANG
Bibliographie 585
Liste der Abkürzungen 601
Namen- und Sachregister 602
Studienausgabe (Inhaltsübersicht) 650

ZU DIESEM BAND

Eine genauere Darstellung der Gliederung und der Ziele der vorliegenden Ausgabe sowie der editorischen Methode findet sich in den Erläuterungen zur Edition, die dem Band I vorangestellt sind. Diese Gesichtspunkte sollen daher hier nur noch einmal kurz zusammengefaßt werden; zugleich möchten wir dem Leser mit einigen Erklärungen einen Wegweiser zum vorliegenden Band geben.

Ziel dieser nach Themen gegliederten Ausgabe ist es, vor allem den Studenten aus den an die Psychoanalyse angrenzenden Wissensgebieten – der Soziologie, den Politischen Wissenschaften, der Sozialpsychologie, Pädagogik usw. –, aber auch interessierten Laien die Hauptwerke Sigmund Freuds in preiswerter Ausstattung mit einem detaillierten neuen Anmerkungsapparat systematischer und in größerem Umfang zugänglich zu machen, als dies in den Taschenbuchausgaben einiger Einzelwerke möglich ist. Zunächst bestand nicht die Absicht, die Schriften zur Behandlungstechnik und zur Theorie der Therapie in die Edition aufzunehmen. Auf vielfachen Wunsch wurde dieser Teil von Freuds Werk später in einem nicht-numerierten Ergänzungsband zur *Studienausgabe* nachgereicht.

Die Veröffentlichung der *Studienausgabe* erfolgt nach dem Tode von James Strachey, dem Senior des Herausgebergremiums, der jedoch bis zu seinem Tode im April 1967 an den Vorbereitungen, vor allem am Inhaltsplan und an den Richtlinien für die Kommentierung, mitgearbeitet hat.

Die für diese Ausgabe benutzten Texte sind im allgemeinen die der letzten deutschen Ausgabe, die noch zu Freuds Lebzeiten veröffentlicht wurden, in den meisten Fällen also die der zuerst in London erschienenen *Gesammelten Werke* (die ihrerseits großenteils Photokopien der noch in Wien publizierten *Gesammelten Schriften* sind). Wo dies nicht zutrifft, wird die Quelle in der das betreffende Werk einführenden ›Editorischen Vorbemerkung‹ genannt. Ein paar Seitenhinweise Freuds auf frühere, heute kaum noch erreichbare Ausgaben seines Werks sind von den Herausgebern weggelassen worden; statt dessen wurden deskriptive Fußnoten hinzugefügt, welche es dem Leser ermöglichen, die entsprechenden Stellen in heute greifbaren Editionen aufzufinden; dies betrifft vor allem die *Traumdeutung*. Um unnötige Wiederholungen zu vermeiden, sind auch ausführliche bibliographische Angaben Freuds über eigene Werke sowie über Schriften anderer Autoren, die in den älteren Editionen im Text enthalten sind, in der Regel in die Bibliographie am Schluß der Bände der *Studienausgabe* verwiesen worden. Außer diesen unwesentlichen Änderungen und dem einheitlichen Gebrauch der Abkürzung »S.« für Seitenverweise (auch dort, wo Freud, wie vor allem in den frühen Arbeiten, »p.« schrieb) sowie schließlich einigen wenigen Modernisierungen der Orthographie, Interpunktion und Typographie wird jede Änderung, die am Quellentext vorgenommen wurde, in einer Fußnote erklärt.

Das in die *Studienausgabe* aufgenommene editorische Material entstammt der *Standard Edition of the Complete Psychological Works of Sigmund Freud*, der englischen Ausgabe also, die unter der Leitung von James Strachey hergestellt wurde; es wird hier mit Erlaubnis der Inhaber der Veröffentlichungsrechte, des Institute of Psycho-Analysis und des Verlages Hogarth Press (London), in der Übersetzung wiedergegeben. Wo es das Ziel der vorliegenden Ausgabe erforderte, wurde dieses Material gekürzt und adaptiert; zugleich wurden einige wenige Korrekturen vorgenommen und ergänzende Anmerkungen hinzugefügt. Abgesehen von den ›Editorischen Vorbemerkungen‹, stehen sämtliche von den Herausgebern stammenden Zusätze in eckigen Klammern.

Die Herausgeber sind Ilse Grubrich-Simitis vom S. Fischer Verlag zu großem Dank verbunden. Ohne ihre Initiative wäre diese Studienausgabe nicht begonnen worden; in allen Stadien der Vorbereitung hat sie unschätzbare Hilfen und kenntnisreiche Anregungen gegeben. Großer Dank gebührt auch Käte Hügel für die Übertragung des editorischen Materials ins Deutsche sowie Ingeborg Meyer-Palmedo für ihre sorgfältige Hilfe beim Korrekturlesen und für die Herstellung des Registers.

Die in diesem Band verwendeten speziellen Abkürzungen sind in der Liste der Abkürzungen auf S. 601 erklärt. Im Text oder in den Fußnoten sind gelegentlich Werke von Freud erwähnt, die nicht in die *Studienausgabe* aufgenommen wurden. Die Bibliographie am Ende jedes Bandes (in welcher die Daten aller erwähnten technischen Arbeiten Freuds und anderer Autoren enthalten sind) informiert den Leser darüber, ob die betreffende Arbeit in die *Studienausgabe* aufgenommen wurde oder nicht. Auf S. 650 ff. findet sich außerdem ein Gesamtinhaltsverzeichnis der *Studienausgabe*.

Die Herausgeber

Die ›kulturelle‹ Sexualmoral und die moderne Nervosität

(1908)

EDITORISCHE VORBEMERKUNG

Deutsche Ausgaben:

1908 *Sexual-Probleme* [*Mutterschutz*, N. F.], Bd. 4 (3) [März], 107–29.
1909 *S. K. S. N.*, Bd. 2, 175–96. (1912, 2. Aufl.; 1921, 3. Aufl.)
1924 *G. S.*, Bd. 5, 143–67.
1931 *Sexualtheorie und Traumlehre*, 17–42.
1941 *G. W.*, Bd. 7, 143–67.

Zwar ist dies die früheste der Arbeiten Freuds, in denen er den zwischen Kultur und Triebleben bestehenden Antagonismus ausführlich diskutiert, aber seine Anschauungen zu diesem Thema hatten sich schon viel früher gebildet. So heißt es beispielsweise über den Inzest in Notizen, die Freud am 31. Mai 1897 an Fließ schickte: »Er ist ... antisozial – Kultur besteht in diesem fortschreitenden Verzicht.« (Freud, 1950*a*, Manuskript N). Ähnliche Überzeugungen liegen einigen Passagen in ›Die Sexualität in der Ätiologie der Neurosen‹ (1898*a*) zugrunde, wo es z. B. heißt, man könne »mit Recht auch unsere Zivilisation für die Verbreitung der Neurasthenie verantwortlich machen« (*Studienausgabe*, Bd. 5, S. 29); s. auch die Auseinandersetzung mit dem Problem der empfängnisverhütenden Mittel (ibid., S. 27–8), in der die unten in der vorliegenden Arbeit, S. 24, stehenden Bemerkungen vorweggenommen sind. Tatsächlich war dieser Antagonismus schon implizit in Freuds gesamter Theorie über die Wirkung der Latenzzeit auf die Entwicklung der menschlichen Sexualität enthalten, und auf den letzten Seiten seiner *Drei Abhandlungen* (1905*d*) spricht er von »der gegensätzlichen Beziehung zwischen Kultur und freier Sexualitätsentwicklung« (*Studienausgabe*, Bd. 5, S. 144). Die vorliegende Schrift, so kann man sagen, ist großenteils eine Zusammenfassung der Ergebnisse der letztgenannten Arbeit, die ja erst drei Jahre zuvor erschienen war.

Das Hauptthema der vorliegenden Studie bilden die soziologischen Aspekte des Antagonismus; Freud kam in späteren Schriften oft auf diese Fragen zurück. So kann man, von vielen kurzen Erwähnungen abgesehen, vor allem die beiden letzten Abschnitte von ›Über die allgemeinste Erniedrigung des Liebeslebens‹ (1912*d*, *Studienausgabe*, Bd. 5, S. 203–09) anführen, desgleichen Stellen aus den folgenden (sämtlich im vorliegenden Band enthaltenen) Arbeiten: eine lange Passage in ›Zeitgemäßes über Krieg und Tod‹ (1915*b*), S. 42 bis 46, die ersten Seiten von *Die Zukunft einer Illusion* (1927*c*), S. 139 ff., und die Schlußabsätze des offenen Briefes an Albert Einstein *Warum Krieg?* (1933*b*),

S. 285–6. Die längste und gründlichste Behandlung erhielt das Thema natürlich in *Das Unbehagen in der Kultur* (1930*a*).

In der letztgenannten Arbeit spielen zwei weitere wichtige Themen eine Rolle: die Annahme einer »organischen Verdrängung, die den Weg zur Kultur gebahnt hat«, und der Destruktions- oder Aggressionstrieb. (Eine knappe Darstellung der Entwicklung von Freuds Ansichten zu diesen Gegenständen findet sich in der ›Editorischen Vorbemerkung‹ zu *Das Unbehagen in der Kultur*, unten, S. 194 ff.) In der vorliegenden Arbeit werden diese beiden Themen jedoch nicht berührt. Sie enthält keine Analyse der tieferen, innerseelischen Quellen der Kultur; die von der Zivilisation auferlegten Restriktionen werden eher als etwas von außen Aufgezwungenes dargestellt, und die Triebe, deren Konflikt mit der Kultur hier betrachtet wird, sind allein die Sexualtriebe.

In seiner kürzlich veröffentlichten *Sexualethik*[1] verweilt v. Ehrenfels bei der Unterscheidung der »natürlichen« und der »kulturellen« Sexualmoral. Als natürliche Sexualmoral sei diejenige zu verstehen, unter deren Herrschaft ein Menschenstamm sich andauernd bei Gesundheit und Lebenstüchtigkeit zu erhalten vermag, als kulturelle diejenige, deren Befolgung die Menschen vielmehr zu intensiver und produktiver Kulturarbeit anspornt. Dieser Gegensatz werde am besten durch die Gegenüberstellung von *konstitutivem* und *kulturellem* Besitz eines Volkes erläutert. Indem ich für die weitere Würdigung dieses bedeutsamen Gedankenganges auf die Schrift von v. Ehrenfels selbst verweise, will ich aus ihr nur so viel herausheben, als es für die Anknüpfung meines eigenen Beitrages bedarf.

Die Vermutung liegt nahe, daß unter der Herrschaft einer kulturellen Sexualmoral Gesundheit und Lebenstüchtigkeit der einzelnen Menschen Beeinträchtigungen ausgesetzt sein können und daß endlich diese Schädigung der Individuen durch die ihnen auferlegten Opfer einen so hohen Grad erreiche, daß auf diesem Umwege auch das kulturelle Endziel in Gefahr geriete. v. Ehrenfels weist auch wirklich der unsere gegenwärtige abendländische Gesellschaft beherrschenden Sexualmoral eine Reihe von Schäden nach, für die er sie verantwortlich machen muß, und obwohl er ihre hohe Eignung zur Förderung der Kultur voll anerkennt, gelangt er dazu, sie als reformbedürftig zu verurteilen. Für die uns beherrschende kulturelle Sexualmoral sei charakteristisch die Übertragung femininer Anforderungen auf das Geschlechtsleben des Mannes und die Verpönung eines jeden Sexualverkehres mit Ausnahme des ehelich-monogamen. Die Rücksicht auf die natürliche Verschiedenheit der Geschlechter nötige dann allerdings dazu, Vergehungen des Mannes minder rigoros zu ahnden und somit tatsächlich eine *doppelte* Moral für den Mann zuzulassen. Eine Gesellschaft aber, die sich auf diese doppelte Moral einläßt, kann es in »Wahrheitsliebe, Ehrlichkeit und

[1] (1907). [Christian von Ehrenfels (1859–1932), Professor der Philosophie in Prag, wird von Freud in Kapitel III von *Der Witz* (1905 *c*, *Studienausgabe*, Bd. 4, S. 105) wegen seiner mutigen Kritik an der Institution der Ehe gelobt.]

Humanität«[1] nicht über ein bestimmtes, eng begrenztes Maß hinausbringen, muß ihre Mitglieder zur Verhüllung der Wahrheit, zur Schönfärberei, zum Selbstbetruge wie zum Betrügen anderer anleiten. Noch schädlicher wirkt die kulturelle Sexualmoral, indem sie durch die Verherrlichung der Monogamie den Faktor der *virilen Auslese* lahmlegt, durch dessen Einfluß allein eine Verbesserung der Konstitution zu gewinnen sei, da die *vitale Auslese* bei den Kulturvölkern durch Humanität und Hygiene auf ein Minimum herabgedrückt werde[2].

Unter den der kulturellen Sexualmoral zur Last gelegten Schädigungen vermißt nun der Arzt die eine, deren Bedeutung hier ausführlich erörtert werden soll. Ich meine die auf sie zurückzuführende Förderung der modernen, das heißt in unserer gegenwärtigen Gesellschaft sich rasch ausbreitenden Nervosität. Gelegentlich macht ein nervös Kranker selbst den Arzt auf den in der Verursachung des Leidens zu beachtenden Gegensatz von Konstitution und Kulturanforderung aufmerksam, indem er äußert: »Wir in unserer Familie sind alle nervös geworden, weil wir etwas Besseres sein wollten, als wir nach unserer Herkunft sein können.« Auch wird der Arzt häufig genug durch die Beobachtung nachdenklich gemacht, daß gerade die Nachkommen solcher Väter der Nervosität verfallen, die, aus einfachen und gesunden ländlichen Verhältnissen stammend, Abkömmlinge roher aber kräftiger Familien, als Eroberer in die Großstadt kommen und ihre Kinder in einem kurzen Zeitraum auf ein kulturell hohes Niveau sich erheben lassen. Vor allem aber haben die Nervenärzte selbst laut den Zusammenhang der »wachsenden Nervosität« mit dem modernen Kulturleben proklamiert. Worin sie die Begründung dieser Abhängigkeit suchen, soll durch einige Auszüge aus Äußerungen hervorragender Beobachter dargetan werden.

W. Erb (1893): »Die ursprünglich gestellte Frage lautet nun dahin, ob die Ihnen vorgeführten Ursachen der Nervosität in unserem modernen Dasein in so gesteigertem Maße gegeben sind, daß sie eine erhebliche Zunahme derselben erklärlich machen – und diese Frage darf wohl unbedenklich bejaht werden, wie ein flüchtiger Blick auf unser modernes Leben und seine Gestaltung zeigen wird.«

»Schon aus einer Reihe allgemeiner Tatsachen geht dies deutlich hervor: die außerordentlichen Errungenschaften der Neuzeit, die Entdeckungen und Erfindungen auf allen Gebieten, die Erhaltung des Fortschrittes gegenüber der wachsenden Konkurrenz sind nur erworben worden

[1] *Sexualethik*, S. 32 ff.
[2] Ibid., S. 35.

durch große geistige Arbeit und können nur mit solcher erhalten werden. Die Ansprüche an die Leistungsfähigkeit des Einzelnen im Kampfe ums Dasein sind erheblich gestiegen, und nur mit Aufbietung all seiner geistigen Kräfte kann er sie befriedigen; zugleich sind die Bedürfnisse des Einzelnen, die Ansprüche an Lebensgenuß in allen Kreisen gewachsen, ein unerhörter Luxus hat sich auf Bevölkerungsschichten ausgebreitet, die früher davon ganz unberührt waren; die Religionslosigkeit, die Unzufriedenheit und Begehrlichkeit haben in weiten Volkskreisen zugenommen; durch den ins Ungemessene gesteigerten Verkehr, durch die weltumspannenden Drahtnetze des Telegraphen und Telephons haben sich die Verhältnisse in Handel und Wandel total verändert: alles geht in Hast und Aufregung vor sich, die Nacht wird zum Reisen, der Tag für die Geschäfte benützt, selbst die »Erholungsreisen« werden zu Strapazen für das Nervensystem; große politische, industrielle, finanzielle Krisen tragen ihre Aufregung in viel weitere Bevölkerungskreise als früher; ganz allgemein ist die Anteilnahme am politischen Leben geworden: politische, religiöse, soziale Kämpfe, das Parteitreiben, die Wahlagitationen, das ins Maßlose gesteigerte Vereinswesen erhitzen die Köpfe und zwingen die Geister zu immer neuen Anstrengungen und rauben die Zeit zur Erholung, Schlaf und Ruhe; das Leben in den großen Städten ist immer raffinierter und unruhiger geworden. Die erschlafften Nerven suchen ihre Erholung in gesteigerten Reizen, in stark gewürzten Genüssen, um dadurch noch mehr zu ermüden; die moderne Literatur beschäftigt sich vorwiegend mit den bedenklichsten Problemen, die alle Leidenschaften aufwühlen, die Sinnlichkeit und Genußsucht, die Verachtung aller ethischen Grundsätze und aller Ideale fördern; sie bringt pathologische Gestalten, psychopathisch-sexuelle, revolutionäre und andere Probleme vor den Geist des Lesers; unser Ohr wird von einer in großen Dosen verabreichten, aufdringlichen und lärmenden Musik erregt und überreizt, die Theater nehmen alle Sinne mit ihren aufregenden Darstellungen gefangen; auch die bildenden Künste wenden sich mit Vorliebe dem Abstoßenden, Häßlichen und Aufregenden zu und scheuen sich nicht, auch das Gräßlichste, was die Wirklichkeit bietet, in abstoßender Realität vor unser Auge zu stellen.«

»So zeigt dies allgemeine Bild schon eine Reihe von Gefahren in unserer modernen Kulturentwicklung; es mag im einzelnen noch durch einige Züge vervollständigt werden!«

Binswanger (1896): »Man hat speziell die Neurasthenie als eine durchaus moderne Krankheit bezeichnet, und Beard, dem wir zuerst eine übersichtliche Darstellung derselben verdanken [1], glaubte, daß er eine neue, speziell auf amerikanischem Boden erwachsene Nervenkrankheit entdeckt habe. Diese Annahme war natürlich eine irrige; wohl aber kennzeichnet die Tatsache, daß zuerst ein *amerikanischer* Arzt die eigenartigen Züge dieser Krankheit auf Grund einer reichen Erfahrung erfassen und festhalten konnte, die nahen Beziehungen, welche das moderne Leben, das ungezügelte Hasten und Jagen nach Geld und Besitz, die ungeheuren Fortschritte auf technischem Gebiete, welche alle zeitlichen und räumlichen Hindernisse des Verkehrslebens illusorisch gemacht haben, zu dieser Krankheit aufweisen.«

v. Krafft-Ebing (1895, 11): »Die Lebensweise unzähliger Kulturmenschen weist heutzutage eine Fülle von antihygienischen Momenten auf, die es ohne weiteres begreifen lassen, daß die Nervosität in fataler Weise um sich greift, denn diese schädlichen Momente wirken zunächst und zumeist aufs Gehirn. In den politischen und sozialen, speziell den merkantilen, industriellen, agrarischen Verhältnissen der Kulturnationen haben sich eben im Laufe der letzten Jahrzehnte Änderungen vollzogen, die Beruf, bürgerliche Stellung, Besitz gewaltig umgeändert haben, und zwar auf Kosten des Nervensystems, das gesteigerten sozialen und wirtschaftlichen Anforderungen durch vermehrte Verausgabung an Spannkraft bei vielfach ungenügender Erholung gerecht werden muß.«

Ich habe an diesen – und vielen anderen ähnlich klingenden – Lehren auszusetzen, nicht daß sie irrtümlich sind, sondern daß sie sich unzulänglich erweisen, die Einzelheiten in der Erscheinung der nervösen Störungen aufzuklären, und daß sie gerade das bedeutsamste der ätiologisch wirksamen Momente außer acht lassen. Sieht man von den unbestimmteren Arten, »nervös« zu sein, ab und faßt die eigentlichen Formen des nervösen Krankseins ins Auge, so reduziert sich der schädigende Einfluß der Kultur im wesentlichen auf die schädliche Unterdrückung des Sexuallebens der Kulturvölker (oder Schichten) durch die bei ihnen herrschende »kulturelle« Sexualmoral.

Den Beweis für diese Behauptung habe ich in einer Reihe fachmännischer Arbeiten zu erbringen gesucht [2]; er kann hier nicht wiederholt

[1] [Vgl. Beard (1881) und (1884). Der amerikanische Neurologe G. M. Beard (1839–83) wird von Freud in einigen seiner früheren Erörterungen der Neurasthenie erwähnt. (Vgl. z. B. Freud, 1895 *b*, *Studienausgabe*, Bd. 6, S. 27.)]

[2] *Sammlung kleiner Schriften zur Neurosenlehre.* Wien 1906. (4. Aufl., 1922.) [Dieser Band enthält vierzehn zwischen 1893 und 1906 veröffentlichte Arbeiten – also fast alle kürzeren Artikel, die Freud in jener Zeitspanne über die Neurosen verfaßt hatte.]

werden, doch will ich die wichtigsten Argumente aus meinen Untersuchungen auch an dieser Stelle anführen.
Geschärfte klinische Beobachtung gibt uns das Recht, von den nervösen Krankheitszuständen zwei Gruppen zu unterscheiden, die eigentlichen *Neurosen* und die *Psychoneurosen.* Bei den ersteren scheinen die Störungen (Symptome), mögen sie sich in den körperlichen oder in den seelischen Leistungen äußern, *toxischer* Natur zu sein: sie verhalten sich ganz ähnlich wie die Erscheinungen bei übergroßer Zufuhr oder bei Entbehrung gewisser Nervengifte. Diese Neurosen – meist als Neurasthenie zusammengefaßt – können nun, ohne daß die Mithilfe einer erblichen Belastung erforderlich wäre, durch gewisse schädliche Einflüsse des Sexuallebens erzeugt werden, und zwar korrespondiert die Form der Erkrankung mit der Art dieser Schädlichkeiten, so daß man oft genug das klinische Bild ohne weiteres zum Rückschluß auf die besondere sexuelle Ätiologie verwenden kann. Eine solche regelmäßige Entsprechung wird aber zwischen der Form der nervösen Erkrankung und den anderen schädigenden Kultureinflüssen, welche die Autoren als krankmachend anklagen, durchaus vermißt. Man darf also den sexuellen Faktor für den wesentlichen in der Verursachung der eigentlichen Neurosen erklären.
Bei den Psychoneurosen ist der hereditäre Einfluß bedeutsamer, die Verursachung minder durchsichtig. Ein eigentümliches Untersuchungsverfahren, das als Psychoanalyse bekannt ist, hat aber gestattet zu erkennen, daß die Symptome dieser Leiden (der Hysterie, Zwangsneurose usw.) *psychogen* sind, von der Wirksamkeit unbewußter (verdrängter) Vorstellungskomplexe abhängen. Dieselbe Methode hat uns aber auch diese unbewußten Komplexe kennen gelehrt und uns gezeigt, daß sie, ganz allgemein gesprochen, sexuellen Inhalt haben; sie entspringen den Sexualbedürfnissen unbefriedigter Menschen und stellen für sie eine Art von Ersatzbefriedigung dar. Somit müssen wir in allen Momenten, welche das Sexualleben schädigen, seine Betätigung unterdrücken, seine Ziele verschieben, pathogene Faktoren auch der Psychoneurosen erblicken.
Der Wert der theoretischen Unterscheidung zwischen den toxischen und den psychogenen Neurosen wird natürlich durch die Tatsache nicht beeinträchtigt, daß an den meisten nervösen Personen Störungen von beiderlei Herkunft zu beobachten sind.
Wer nun mit mir bereit ist, die Ätiologie der Nervosität vor allem in schädigenden Einwirkungen auf das Sexualleben zu suchen, der wird

auch den nachstehenden Erörterungen folgen wollen, welche das Thema der wachsenden Nervosität in einen allgemeineren Zusammenhang einzufügen bestimmt sind.

Unsere Kultur ist ganz allgemein auf der Unterdrückung von Trieben aufgebaut. Jeder Einzelne hat ein Stück seines Besitzes, seiner Machtvollkommenheit, der aggressiven und vindikativen Neigungen seiner Persönlichkeit abgetreten; aus diesen Beiträgen ist der gemeinsame Kulturbesitz an materiellen und ideellen Gütern entstanden. Außer der Lebensnot sind es wohl die aus der Erotik abgeleiteten Familiengefühle, welche die einzelnen Individuen zu diesem Verzichte bewogen haben. Der Verzicht ist ein im Laufe der Kulturentwicklung progressiver gewesen; die einzelnen Fortschritte desselben wurden von der Religion sanktioniert; das Stück Triebbefriedigung, auf das man verzichtet hatte, wurde der Gottheit zum Opfer gebracht; das so erworbene Gemeingut für »heilig« erklärt. Wer kraft seiner unbeugsamen Konstitution diese Triebunterdrückung nicht mitmachen kann, steht der Gesellschaft als »Verbrecher«, als *»outlaw«* gegenüber, insofern nicht seine soziale Position und seine hervorragenden Fähigkeiten ihm gestatten, sich in ihr als großer Mann, als »Held« durchzusetzen [1].

Der Sexualtrieb – oder richtiger gesagt: die Sexualtriebe, denn eine analytische Untersuchung lehrt, daß der Sexualtrieb aus vielen Komponenten, Partialtrieben, zusammengesetzt ist – ist beim Menschen wahrscheinlich stärker ausgebildet als bei den meisten höheren Tieren und jedenfalls stetiger, da er die Periodizität fast völlig überwunden hat, an die er sich bei den Tieren gebunden zeigt. Er stellt der Kulturarbeit außerordentlich große Kraftmengen zur Verfügung, und dies zwar infolge der bei ihm besonders ausgeprägten Eigentümlichkeit, sein Ziel verschieben zu können, ohne wesentlich an Intensität abzunehmen. Man nennt diese Fähigkeit, das ursprünglich sexuelle Ziel gegen ein anderes, nicht mehr sexuelles, aber psychisch mit ihm verwandtes, zu vertauschen, die Fähigkeit zur *Sublimierung*. Im Gegensatze zu dieser Verschiebbarkeit, in welcher sein kultureller Wert besteht, kommt beim Sexualtrieb auch besonders hartnäckige Fixierung vor, durch die er unverwertbar wird und gelegentlich zu den sogenannten Abnormitäten entartet. Die ursprüngliche Stärke des Sexualtriebes ist wahr-

---

[1] [Das Wesentliche dieses Absatzes, einschließlich der Definition von »heilig«, findet sich bereits in den Notizen für Fließ (Freud, 1950 *a*, Manuskript N), s. die ›Editorische Vorbemerkung‹, oben S. 11. Das Wort »heilig« wird im III. Aufsatz von *Der Mann Moses und die monotheistische Religion* (1939 *a*) noch einmal untersucht, unten, S. 565–7.)

scheinlich bei den einzelnen Individuen verschieden groß; sicherlich schwankend ist der von ihm zur Sublimierung geeignete Betrag. Wir stellen uns vor, daß es zunächst durch die mitgebrachte Organisation entschieden ist, ein wie großer Anteil des Sexualtriebes sich beim Einzelnen als sublimierbar und verwertbar erweisen wird; außerdem gelingt es den Einflüssen des Lebens und der intellektuellen Beeinflussung des seelischen Apparates, einen weiteren Anteil zur Sublimierung zu bringen. Ins Unbegrenzte fortzusetzen ist dieser Verschiebungsprozeß aber sicherlich nicht, so wenig wie die Umsetzung der Wärme in mechanische Arbeit bei unseren Maschinen. Ein gewisses Maß direkter sexueller Befriedigung scheint für die allermeisten Organisationen unerläßlich, und die Versagung [1] dieses individuell variablen Maßes straft sich durch Erscheinungen, die wir infolge ihrer Funktionsschädlichkeit und ihres subjektiven Unlustcharakters zum Kranksein rechnen müssen.
Weitere Ausblicke eröffnen sich, wenn wir die Tatsache in Betracht ziehen, daß der Sexualtrieb des Menschen ursprünglich gar nicht den Zwecken der Fortpflanzung dient, sondern bestimmte Arten der Lustgewinnung zum Ziele hat [2]. Er äußert sich so in der Kindheit des Menschen, wo er sein Ziel der Lustgewinnung nicht nur an den Genitalien, sondern auch an anderen Körperstellen (erogenen Zonen) erreicht und darum von anderen als diesen bequemen Objekten absehen darf. Wir heißen dieses Stadium das des *Autoerotismus* und weisen der Erziehung die Aufgabe, es einzuschränken, zu, weil das Verweilen bei demselben den Sexualtrieb für später unbeherrschbar und unverwertbar machen würde. Die Entwicklung des Sexualtriebes geht dann vom Autoerotismus zur Objektliebe und von der Autonomie der erogenen Zonen zur Unterordnung derselben unter das Primat der in den Dienst der Fortpflanzung gestellten Genitalien. Während dieser Entwicklung wird ein Anteil der vom eigenen Körper gelieferten Sexualerregung als unbrauchbar für die Fortpflanzungsfunktion gehemmt und im günstigen Falle der Sublimierung zugeführt. Die für die Kulturarbeit verwertbaren Kräfte werden so zum großen Teile durch die Unterdrückung der sogenannt *perversen* Anteile der Sexualerregung gewonnen.
Mit Bezug auf diese Entwicklungsgeschichte des Sexualtriebes könnte

---

[1] [Später verwendete Freud den Begriff »Versagung« in einem weiteren Sinn, um einen Hauptanlaß neurotischer Erkrankung zu beschreiben. Vgl. die ›Editorische Vorbemerkung‹ zu ›Über neurotische Erkrankungstypen‹ (1912 *c*), *Studienausgabe*, Bd. 6, S. 217 f.]
[2] *Drei Abhandlungen zur Sexualtheorie* (1905 *d*) [*Studienausgabe*, Bd. 5, S. 103].

man also drei Kulturstufen unterscheiden: eine erste, auf welcher die Betätigung des Sexualtriebes auch über die Ziele der Fortpflanzung hinaus frei ist; eine zweite, auf welcher alles am Sexualtrieb unterdrückt ist bis auf das, was der Fortpflanzung dient, und eine dritte, auf welcher nur die legitime Fortpflanzung als Sexualziel zugelassen wird. Dieser dritten Stufe entspricht unsere gegenwärtige »kulturelle« Sexualmoral.

Nimmt man die zweite dieser Stufen zum Niveau, so muß man zunächst konstatieren, daß eine Anzahl von Personen aus Gründen der Organisation den Anforderungen derselben nicht genügt. Bei ganzen Reihen von Individuen hat sich die erwähnte Entwicklung des Sexualtriebes vom Autoerotismus zur Objektliebe mit dem Ziel der Vereinigung der Genitalien nicht korrekt und nicht genug durchgreifend vollzogen, und aus diesen Entwicklungsstörungen ergeben sich zweierlei schädliche Abweichungen von der normalen, das heißt kulturförderlichen Sexualität, die sich zueinander nahezu wie positiv und negativ verhalten. [Vgl. S. 21.] Es sind dies zunächst – abgesehen von den Personen mit überstarkem und unhemmbarem Sexualtrieb überhaupt – die verschiedenen Gattungen der *Perversen*, bei denen eine infantile Fixierung auf ein vorläufiges Sexualziel das Primat der Fortpflanzungsfunktion aufgehalten hat, und die *Homosexuellen* oder *Invertierten*, bei denen auf noch nicht ganz aufgeklärte Weise das Sexualziel vom entgegengesetzten Geschlecht abgelenkt worden ist. Wenn die Schädlichkeit dieser beiden Arten von Entwicklungsstörung geringer ausfällt, als man hätte erwarten können, so ist diese Erleichterung gerade auf die komplexe Zusammensetzung des Sexualtriebes zurückzuführen, welche auch dann noch eine brauchbare Endgestaltung des Sexuallebens ermöglicht, wenn ein oder mehrere Komponenten des Triebes sich von der Entwicklung ausgeschlossen haben. Die Konstitution der von der Inversion Betroffenen, der Homosexuellen, zeichnet sich sogar häufig durch eine besondere Eignung des Sexualtriebes zur kulturellen Sublimierung aus.

Stärkere und zumal exklusive Ausbildungen der Perversionen und der Homosexualität machen allerdings deren Träger sozial unbrauchbar und unglücklich, so daß selbst die Kulturanforderungen der zweiten Stufe als eine Quelle des Leidens für einen gewissen Anteil der Menschheit anerkannt werden müssen. Das Schicksal dieser konstitutiv von den anderen abweichenden Personen ist ein mehrfaches, je nachdem sie einen absolut starken oder schwächeren Geschlechtstrieb mitbekommen haben. Im letzteren Falle, bei allgemein schwachem Sexualtrieb, gelingt den Perversen die völlige Unterdrückung jener Neigungen, welche sie in Konflikt mit der Moralforderung ihrer Kulturstufe bringen. Aber dies bleibt auch, ideell betrachtet, die einzige Leistung, die ihnen gelingt, denn für diese Unterdrückung ihrer sexuellen Triebe verbrauchen sie die Kräfte, die sie sonst an die Kulturarbeit wenden würden. Sie sind gleichsam in sich gehemmt und nach außen gelähmt. Es trifft für sie zu, was wir später von der Abstinenz der Männer und Frauen, die auf der dritten Kulturstufe gefordert wird, wiederholen werden.

Bei intensiverem, aber perversem Sexualtrieb sind zwei Fälle des Ausganges möglich. Der erste, weiter nicht zu betrachtende, ist der, daß die Betroffenen pervers bleiben und die Konsequenzen ihrer Abweichung vom Kulturniveau zu tragen haben. Der zweite Fall ist bei weitem interessanter – er besteht darin, daß unter dem Einflusse der Erziehung und der sozialen Anforderungen allerdings eine Unterdrückung der perversen Triebe erreicht wird, aber eine Art von Unterdrückung, die eigentlich keine solche ist, die besser als ein Mißglücken der Unterdrückung bezeichnet werden kann. Die gehemmten Sexualtriebe äußern sich zwar dann nicht als solche: darin besteht der Erfolg – aber sie äußern sich auf andere Weisen, die für das Individuum genau ebenso schädlich sind und es für die Gesellschaft ebenso unbrauchbar machen wie die unveränderte Befriedigung jener unterdrückten Triebe: darin liegt dann der Mißerfolg des Prozesses, der auf die Dauer den Erfolg mehr als bloß aufwiegt. Die Ersatzerscheinungen, die hier infolge der Triebunterdrückung auftreten, machen das aus, was wir als Nervosität, spezieller als Psychoneurosen (siehe eingangs [S. 17]) beschreiben. Die Neurotiker sind jene Klasse von Menschen, die es bei widerstrebender Organisation unter dem Einflusse der Kulturanforderungen zu einer nur scheinbaren und immer mehr mißglückenden Unterdrückung ihrer Triebe bringen und die darum ihre Mitarbeiterschaft an den Kulturwerken nur mit großem Kräfteaufwand, unter innerer Verarmung, aufrechterhalten oder zeitweise als Kranke aussetzen müssen. Die Neurosen aber habe ich [S. 20] als das »Negativ« der Perversionen bezeichnet, weil sich bei ihnen die perversen Regungen nach der Verdrängung aus dem Unbewußten des Seelischen äußern, weil sie dieselben Neigungen wie die positiv Perversen im »verdrängten« Zustand enthalten[1].

Die Erfahrung lehrt, daß es für die meisten Menschen eine Grenze gibt, über die hinaus ihre Konstitution der Kulturanforderung nicht folgen

[1] [Freuds erste veröffentlichte diesbezügliche Behauptung findet sich in den *Drei Abhandlungen* (1905 *d*), *Studienausgabe*, Bd. 5, S. 74.]

kann. Alle, die edler sein wollen, als ihre Konstitution es ihnen gestattet, verfallen der Neurose; sie hätten sich wohler befunden, wenn es ihnen möglich geblieben wäre, schlechter zu sein. Die Einsicht, daß Perversion und Neurose sich wie positiv und negativ zueinander verhalten, findet oft eine unzweideutige Bekräftigung durch Beobachtung innerhalb der nämlichen Generation. Recht häufig ist von Geschwistern der Bruder ein sexuell Perverser, die Schwester, die mit dem schwächeren Sexualtrieb als Weib ausgestattet ist, eine Neurotika, deren Symptome aber dieselben Neigungen ausdrücken wie die Perversionen des sexuell aktiveren Bruders, und dementsprechend sind überhaupt in vielen Familien die Männer gesund, aber in sozial unerwünschtem Maße unmoralisch, die Frauen edel und überverfeinert, aber – schwer nervös.

Es ist eine der offenkundigen sozialen Ungerechtigkeiten, wenn der kulturelle Standard von allen Personen die nämliche Führung des Sexuallebens fordert, die den einen dank ihrer Organisation mühelos gelingt, während sie den anderen die schwersten psychischen Opfer auferlegt, eine Ungerechtigkeit freilich, die zumeist durch Nichtbefolgung der Moralvorschriften vereitelt wird.

Wir haben unseren Betrachtungen bisher die Forderung der zweiten von uns [S. 20] supponierten Kulturstufe zugrunde gelegt, derzufolge jede sogenannte perverse Sexualbetätigung verpönt, der normal genannte Sexualverkehr hingegen freigelassen wird. Wir haben gefunden, daß auch bei dieser Verteilung von sexueller Freiheit und Einschränkung eine Anzahl von Individuen als pervers beiseite geschoben, eine andere, die sich bemühen, nicht pervers zu sein, während sie es konstitutiv sein sollten, in die Nervosität gedrängt wird. Es ist nun leicht, den Erfolg vorherzusagen, der sich einstellen wird, wenn man die Sexualfreiheit weiter einschränkt und die Kulturforderung auf das Niveau der dritten Stufe erhöht, also jede andere Sexualbetätigung als die in legitimer Ehe verpönt. Die Zahl der Starken, die sich in offenen Gegensatz zur Kulturforderung stellen, wird in außerordentlichem Maße vermehrt werden, und ebenso die Zahl der Schwächeren, die sich in ihrem Konflikte zwischen dem Drängen der kulturellen Einflüsse und dem Widerstande ihrer Konstitution in neurotisches Kranksein – flüchten[1].

---

[1] [Diese Formulierung ist eine Vorwegnahme des Terminus »Flucht in die Krankheit«, den Freud in ›Allgemeines über den hysterischen Anfall‹ (1909 *a*) einführte. S. *Studienausgabe*, Bd. 6, S. 201 und Anm. 2.]

Setzen wir uns vor, drei hier entspringende Fragen zu beantworten: 1.) welche Aufgabe die Kulturforderung der dritten Stufe an den Einzelnen stellt, 2.) ob die zugelassene legitime Sexualbefriedigung eine annehmbare Entschädigung für den sonstigen Verzicht zu bieten vermag, 3.) in welchem Verhältnisse die etwaigen Schädigungen durch diesen Verzicht zu dessen kulturellen Ausnützungen stehen.

Die Beantwortung der ersten Frage rührt an ein oftmals behandeltes, hier nicht zu erschöpfendes Problem, das der sexuellen Abstinenz. Was unsere dritte Kulturstufe von dem Einzelnen fordert, ist die Abstinenz bis zur Ehe für beide Geschlechter, die lebenslange Abstinenz für alle solche, die keine legitime Ehe eingehen. Die allen Autoritäten genehme Behauptung, die sexuelle Abstinenz sei nicht schädlich und nicht gar schwer durchzuführen, ist vielfach auch von Ärzten vertreten worden. Man darf sagen, die Aufgabe der Bewältigung einer so mächtigen Regung wie des Sexualtriebes anders als auf dem Wege der Befriedigung ist eine, die alle Kräfte eines Menschen in Anspruch nehmen kann. Die Bewältigung durch Sublimierung, durch Ablenkung der sexuellen Triebkräfte vom sexuellen Ziele weg auf höhere kulturelle Ziele gelingt einer Minderzahl, und wohl auch dieser nur zeitweilig, am wenigsten leicht in der Lebenszeit feuriger Jugendkraft. Die meisten anderen werden neurotisch oder kommen sonst zu Schaden. Die Erfahrung zeigt, daß die Mehrzahl der unsere Gesellschaft zusammensetzenden Personen der Aufgabe der Abstinenz konstitutionell nicht gewachsen ist. Wer auch bei milderer Sexualeinschränkung erkrankt wäre, erkrankt unter den Anforderungen unserer heutigen kulturellen Sexualmoral um so eher und um so intensiver, denn gegen die Bedrohung des normalen Sexualstrebens durch fehlerhafte Anlagen und Entwicklungsstörungen kennen wir keine bessere Sicherung als die Sexualbefriedigung selbst. Je mehr jemand zur Neurose disponiert ist, desto schlechter verträgt er die Abstinenz; die Partialtriebe, die sich der normalen Entwicklung im oben niedergelegten Sinne entzogen haben, sind nämlich auch gleichzeitig um soviel unhemmbarer geworden. Aber auch diejenigen, welche bei den Anforderungen der zweiten Kulturstufe gesund geblieben wären, werden nun in großer Anzahl der Neurose zugeführt. Denn der psychische Wert der Sexualbefriedigung erhöht sich mit ihrer Versagung; die gestaute Libido wird nun in den Stand gesetzt, irgendeine der selten fehlenden schwächeren Stellen im Aufbau der *vita sexualis* auszuspüren, um dort zur neurotischen Ersatzbefriedigung in Form krankhafter Symptome durchzubrechen. Wer in

die Bedingtheit nervöser Erkrankung einzudringen versteht, verschafft sich bald die Überzeugung, daß die Zunahme der nervösen Erkrankungen in unserer Gesellschaft von der Steigerung der sexuellen Einschränkung herrührt.
Wir rücken dann der Frage näher, ob nicht der Sexualverkehr in legitimer Ehe eine volle Entschädigung für die Einschränkung vor der Ehe bieten kann. Das Material zur verneinenden Beantwortung dieser Frage drängt sich da so reichlich auf, daß uns die knappste Fassung zur Pflicht wird. Wir erinnern vor allem daran, daß unsere kulturelle Sexualmoral auch den sexuellen Verkehr in der Ehe selbst beschränkt, indem sie den Eheleuten den Zwang auferlegt, sich mit einer meist sehr geringen Anzahl von Kinderzeugungen zu begnügen. Infolge dieser Rücksicht gibt es befriedigenden Sexualverkehr in der Ehe nur durch einige Jahre, natürlich noch mit Abzug der zur Schonung der Frau aus hygienischen Gründen erforderten Zeiten. Nach diesen drei, vier oder fünf Jahren versagt die Ehe, insofern sie die Befriedigung der sexuellen Bedürfnisse versprochen hat; denn alle Mittel, die sich bisher zur Verhütung der Konzeption ergeben haben, verkümmern den sexuellen Genuß, stören die feinere Empfindlichkeit beider Teile oder wirken selbst direkt krankmachend[1]; mit der Angst vor den Folgen des Geschlechtsverkehres schwindet zuerst die körperliche Zärtlichkeit der Ehegatten füreinander, in weiterer Folge meist auch die seelische Zuneigung, die bestimmt war, das Erbe der anfänglichen stürmischen Leidenschaft zu übernehmen. Unter der seelischen Enttäuschung und körperlichen Entbehrung, die so das Schicksal der meisten Ehen wird, finden sich beide Teile auf den früheren Zustand vor der Ehe zurückversetzt, nur um eine Illusion verarmt und von neuem auf ihre Festigkeit, den Sexualtrieb zu beherrschen und abzulenken, angewiesen. Es soll nicht untersucht werden, inwieweit diese Aufgabe nun dem Manne im reiferen Lebensalter gelingt; erfahrungsgemäß bedient er sich nun recht häufig des Stückes Sexualfreiheit, welches ihm auch von der strengsten Sexualordnung, wenngleich nur stillschweigend und widerwillig, eingeräumt wird; die für den Mann in unserer Gesellschaft geltende »doppelte« Sexualmoral ist das beste Eingeständnis, daß die Gesellschaft selbst, welche die Vorschriften erlassen hat, nicht an deren Durchführbarkeit glaubt. Die Erfahrung zeigt aber auch, daß die Frauen, denen als den eigentlichen

[1] [Das Thema der Empfängnisverhütung wurde von Freud schon in seinem frühen Artikel ›Die Sexualität in der Ätiologie der Neurosen‹ (1898 *a*) erörtert. Vgl. die ›Editorische Vorbemerkung‹, oben, S. 11.]

Trägerinnen der Sexualinteressen des Menschen die Gabe der Sublimierung des Triebes nur in geringem Maße zugeteilt ist, denen als Ersatz des Sexualobjektes zwar der Säugling, aber nicht das heranwachsende Kind genügt, daß die Frauen, sage ich, unter den Enttäuschungen der Ehe an schweren und das Leben dauernd trübenden Neurosen erkranken. Die Ehe hat unter den heutigen kulturellen Bedingungen längst aufgehört, das Allheilmittel gegen die nervösen Leiden des Weibes zu sein; und wenn wir Ärzte auch noch immer in solchen Fällen zu ihr raten, so wissen wir doch, daß im Gegenteil ein Mädchen recht gesund sein muß, um die Ehe zu »vertragen«, und raten unseren männlichen Klienten dringend ab, ein bereits vor der Ehe nervöses Mädchen zur Frau zu nehmen. Das Heilmittel gegen die aus der Ehe entspringende Nervosität wäre vielmehr die eheliche Untreue; je strenger eine Frau erzogen ist, je ernsthafter sie sich der Kulturforderung unterworfen hat, desto mehr fürchtet sie aber diesen Ausweg, und im Konflikte zwischen ihren Begierden und ihrem Pflichtgefühl sucht sie ihre Zuflucht wiederum – in der Neurose. Nichts anderes schützt ihre Tugend so sicher wie die Krankheit. Der eheliche Zustand, auf den der Sexualtrieb des Kulturmenschen während seiner Jugend vertröstet wurde, kann also die Anforderungen seiner eigenen Lebenszeit nicht decken; es ist keine Rede davon, daß er für den früheren Verzicht entschädigen könnte.

Auch wer diese Schädigungen durch die kulturelle Sexualmoral zugibt, kann zur Beantwortung unserer dritten Frage [s. S. 23] geltend machen, daß der kulturelle Gewinn aus der soweit getriebenen Sexualeinschränkung diese Leiden, die in schwerer Ausprägung doch nur eine Minderheit betreffen, wahrscheinlich mehr als bloß aufwiegt. Ich erkläre mich für unfähig, Gewinn und Verlust hier richtig gegeneinander abzuwägen, aber zur Einschätzung der Verlustseite könnte ich noch allerlei anführen. Auf das vorhin gestreifte Thema der Abstinenz zurückgreifend, muß ich behaupten, daß die Abstinenz noch andere Schädigungen bringt als die der Neurosen und daß diese Neurosen meist nicht nach ihrer vollen Bedeutung veranschlagt werden.

Die Verzögerung der Sexualentwicklung und Sexualbetätigung, welche unsere Erziehung und Kultur anstrebt, ist zunächst gewiß unschädlich; sie wird zur Notwendigkeit, wenn man in Betracht zieht, in wie späten Jahren erst die jungen Leute gebildeter Stände zu selbständiger Geltung und zum Erwerb zugelassen werden. Man wird hier übrigens an den intimen Zusammenhang aller unserer kulturellen Institutionen und an die Schwierigkeit gemahnt, ein Stück derselben ohne Rücksicht auf das Ganze abzuändern[1]. Die Abstinenz weit über das zwanzigste Jahr hinaus ist aber für den jungen Mann nicht mehr unbedenklich und führt zu anderen Schädigungen, auch wo sie nicht zur Nervosität führt. Man sagt zwar, der Kampf mit dem mächtigen Triebe und die dabei erforderliche Betonung aller ethischen und ästhetischen Mächte im Seelenleben »stähle« den Charakter, und dies ist für einige besonders günstig organisierte Naturen richtig; zuzugeben ist auch, daß die in unserer Zeit so ausgeprägte Differenzierung der individuellen Charaktere erst mit der Sexualeinschränkung möglich geworden ist. Aber in der weitaus größeren Mehrheit der Fälle zehrt der Kampf gegen die Sinnlichkeit die verfügbare Energie des Charakters auf und dies gerade zu einer Zeit, in welcher der junge Mann all seiner Kräfte bedarf, um sich seinen Anteil und Platz in der Gesellschaft zu erobern. Das Verhältnis zwischen möglicher Sublimierung und notwendiger sexueller Betätigung schwankt natürlich sehr für die einzelnen Individuen und sogar für die verschiedenen Berufsarten. Ein abstinenter Künstler ist kaum recht möglich, ein abstinenter junger Gelehrter gewiß keine Seltenheit. Der letztere kann durch Enthaltsamkeit freie Kräfte für sein Studium gewinnen, beim ersteren wird wahrscheinlich seine künstlerische Leistung durch sein sexuelles Erleben mächtig angeregt werden. Im allgemeinen habe ich nicht den Eindruck gewonnen, daß die sexuelle Abstinenz energische, selbständige Männer der Tat oder originelle Denker, kühne Befreier und Reformer heranbilden helfe, weit häufiger brave Schwächlinge, welche später in die große Masse eintauchen, die den von starken Individuen gegebenen Impulsen widerstrebend zu folgen pflegt.

Daß der Sexualtrieb im ganzen sich eigenwillig und ungefügig benimmt, kommt auch in den Ergebnissen der Abstinenzbemühung zum Ausdruck. Die Kulturerziehung strebe etwa nur seine zeitweilige Unterdrückung bis zur Eheschließung an und beabsichtige ihn dann freizulassen, um sich seiner zu bedienen. Aber gegen den Trieb gelingen die extremen Beeinflussungen leichter noch als die Mäßigungen; die Unterdrückung ist sehr oft zu weit gegangen und hat das unerwünschte Resultat ergeben, daß der Sexualtrieb nach seiner Freilassung dauernd geschädigt erscheint. Darum ist oft volle Abstinenz während der Jugendzeit nicht die beste Vorbereitung für die Ehe beim jungen Manne. Die Frauen ahnen dies und ziehen unter ihren Bewerbern diejenigen vor,

---

[1] [Freud hatte die gleiche Feststellung, bezüglich der Kindererziehung, schon in ›Zur sexuellen Aufklärung der Kinder‹ (1907 *c*), *Studienausgabe*, Bd. 5, S. 167 f., gemacht.]

die sich schon bei anderen Frauen als Männer bewährt haben. Ganz besonders greifbar sind die Schädigungen, welche durch die strenge Forderung der Abstinenz bis zur Ehe am Wesen der Frau hervorgerufen werden. Die Erziehung nimmt die Aufgabe, die Sinnlichkeit des Mädchens bis zu seiner Verehelichung zu unterdrücken, offenbar nicht leicht, denn sie arbeitet mit den schärfsten Mitteln. Sie untersagt nicht nur den sexuellen Verkehr, setzt hohe Prämien auf die Erhaltung der weiblichen Unschuld, sondern sie entzieht das reifende weibliche Individuum auch der Versuchung, indem sie es in Unwissenheit über alles Tatsächliche der ihm bestimmten Rolle erhält und keine Liebesregung, die nicht zur Ehe führen kann, bei ihm duldet. Der Erfolg ist, daß die Mädchen, wenn ihnen das Verlieben plötzlich von den elterlichen Autoritäten gestattet wird, die psychische Leistung nicht zustande bringen und ihrer eigenen Gefühle unsicher in die Ehe gehen. Infolge der künstlichen Verzögerung der Liebesfunktion bereiten sie dem Manne, der all sein Begehren für sie aufgespart hat, nur Enttäuschungen; mit ihren seelischen Gefühlen hängen sie noch den Eltern an, deren Autorität die Sexualunterdrückung bei ihnen geschaffen hat, und im körperlichen Verhalten zeigen sie sich frigid, was jeden höherwertigen Sexualgenuß beim Manne verhindert. Ich weiß nicht, ob der Typus der anästhetischen Frau auch außerhalb der Kulturerziehung vorkommt, halte es aber für wahrscheinlich. Jedenfalls wird er durch die Erziehung geradezu gezüchtet, und diese Frauen, die ohne Lust empfangen, zeigen dann wenig Bereitwilligkeit, des öfteren mit Schmerzen zu gebären. So werden durch die Vorbereitung zur Ehe die Zwecke der Ehe selbst vereitelt; wenn dann die Entwicklungsverzögerung bei der Frau überwunden ist und auf der Höhe ihrer weiblichen Existenz die volle Liebesfähigkeit bei ihr erwacht, ist ihr Verhältnis zum Ehemanne längst verdorben; es bleibt ihr als Lohn für ihre bisherige Gefügigkeit die Wahl zwischen ungestilltem Sehnen, Untreue oder Neurose.

Das sexuelle Verhalten eines Menschen ist oft *vorbildlich* für seine ganze sonstige Reaktionsweise in der Welt. Wer als Mann sein Sexualobjekt energisch erobert, dem trauen wir ähnliche rücksichtslose Energie auch in der Verfolgung anderer Ziele zu. Wer hingegen auf die Befriedigung seiner starken sexuellen Triebe aus allerlei Rücksichten verzichtet, der wird sich auch anderwärts im Leben eher konziliant und resigniert als tatkräftig benehmen. Eine spezielle Anwendung dieses Satzes von der Vorbildlichkeit des Sexuallebens für andere Funktionsausübung kann man leicht am ganzen Geschlechte der Frauen konstatieren. Die Erziehung versagt ihnen die intellektuelle Beschäftigung mit den Sexualproblemen, für die sie doch die größte Wißbegierde mitbringen, schreckt sie mit der Verurteilung, daß solche Wißbegierde unweiblich und Zeichen sündiger Veranlagung sei. Damit sind sie vom Denken überhaupt abgeschreckt, wird das Wissen für sie entwertet. Das Denkverbot greift über die sexuelle Sphäre hinaus, zum Teil infolge der unvermeidlichen Zusammenhänge, zum Teil automatisch, ganz ähnlich wie das religiöse Denkverbot bei Männern, das loyale bei braven Untertanen. Ich glaube nicht, daß der biologische Gegensatz zwischen intellektueller Arbeit und Geschlechtstätigkeit den »physiologischen Schwachsinn« der Frau erklärt, wie Moebius es in seiner vielfach widersprochenen Schrift dargetan hat[1]. Dagegen meine ich, daß die unzweifelhafte Tatsache der intellektuellen Inferiorität so vieler Frauen auf die zur Sexualunterdrückung erforderliche Denkhemmung zurückzuführen ist.

Man unterscheidet viel zu wenig strenge, wenn man die Frage der Abstinenz behandelt, zwei Formen derselben, die Enthaltung von jeder Sexualbetätigung überhaupt und die Enthaltung vom sexuellen Verkehre mit dem anderen Geschlechte. Vielen Personen, die sich der gelungenen Abstinenz rühmen, ist dieselbe nur mit Hilfe der Masturbation und ähnlicher Befriedigungen möglich geworden, die an die autoerotischen Sexualtätigkeiten der frühen Kindheit anknüpfen. Aber gerade dieser Beziehung wegen sind diese Ersatzmittel zur sexuellen Befriedigung keineswegs harmlos; sie disponieren zu den zahlreichen Formen von Neurosen und Psychosen, für welche die Rückbildung des Sexuallebens zu seinen infantilen Formen die Bedingung ist. Die Masturbation entspricht auch keineswegs den idealen Anforderungen der kulturellen Sexualmoral und treibt darum die jungen Menschen in die nämlichen Konflikte mit dem Erziehungsideale, denen sie durch die Abstinenz entgehen wollten. Sie verdirbt ferner den Charakter durch *Verwöhnung* auf mehr als eine Weise, erstens, indem sie bedeutsame Ziele mühelos, auf bequemen Wegen, anstatt durch energische Kraftanspannung erreichen lehrt, also nach dem Prinzipe der *sexuellen Vorbildlichkeit* [s. S. 27], und zweitens, indem sie in den die Befriedigung begleitenden Phantasien das Sexualobjekt zu einer Vorzüglichkeit erhebt, die in der Realität nicht leicht wiedergefunden wird. Konnte doch ein geistreicher Schriftsteller (Karl Kraus in der Wiener *Fackel*), den

---

[1] [Vgl. Moebius (1903). S. auch *Die Zukunft einer Illusion* (1927 c), unten S. 180–81.]

Spieß umdrehend, die Wahrheit in dem Zynismus aussprechen: Der Koitus ist nur ein ungenügendes Surrogat für die Onanie![1]

Die Strenge der Kulturforderung und die Schwierigkeit der Abstinenzaufgabe haben zusammengewirkt, um die Vermeidung der Vereinigung der Genitalien verschiedener Geschlechter zum Kerne der Abstinenz zu machen und andere Arten der sexuellen Betätigung zu begünstigen, die sozusagen einem Halbgehorsam gleichkommen. Seitdem der normale Sexualverkehr von der Moral – und wegen der Infektionsmöglichkeiten auch von der Hygiene – so unerbittlich verfolgt wird, haben die sogenannten perversen Arten des Verkehrs zwischen beiden Geschlechtern, bei denen andere Körperstellen die Rolle der Genitalien übernehmen, an sozialer Bedeutung unzweifelhaft zugenommen. Diese Betätigungen können aber nicht so harmlos beurteilt werden wie analoge Überschreitungen im Liebesverkehre, sie sind ethisch verwerflich, da sie die Liebesbeziehungen zweier Menschen aus einer ernsten Sache zu einem bequemen Spiele ohne Gefahr und ohne seelische Beteiligung herabwürdigen. Als weitere Folge der Erschwerung des normalen Sexuallebens ist die Ausbreitung homosexueller Befriedigung anzuführen; zu all denen, die schon nach ihrer Organisation Homosexuelle sind oder in der Kindheit dazu wurden, kommt noch die große Anzahl jener hinzu, bei denen in reiferen Jahren wegen der Absperrung des Hauptstromes der Libido der homosexuelle Seitenarm breit geöffnet wird.

Alle diese unvermeidlichen und unbeabsichtigten Konsequenzen der Abstinenzforderung treffen in dem einen Gemeinsamen zusammen, daß sie die Vorbereitung für die Ehe gründlich verderben, die doch nach der Absicht der kulturellen Sexualmoral die alleinige Erbin der sexuellen Strebungen werden sollte. Alle die Männer, die infolge masturbatorischer oder perverser Sexualübung ihre Libido auf andere als die normalen Situationen und Bedingungen der Befriedigung eingestellt haben, entwickeln in der Ehe eine verminderte Potenz. Auch die Frauen, denen es nur durch ähnliche Hilfen möglich blieb, ihre Jungfräulichkeit zu bewahren, zeigen sich in der Ehe für den normalen Verkehr anästhetisch. Die mit herabgesetzter Liebesfähigkeit beider Teile begonnene Ehe verfällt dem Auflösungsprozesse nur noch rascher als eine andere. Infolge der geringen Potenz des Mannes wird die Frau nicht befriedigt, bleibt auch dann anästhetisch, wenn ihre aus der Erziehung

---

[1] [Eine Anekdote über Karl Kraus wurde von Freud auch in sein Buch über den *Witz* (1905 *c*) aufgenommen und in einer Fußnote zur Falldarstellung des »Rattenmannes« (1909 *d*) wiederholt; s. *Studienausgabe*, Bd. 4, S. 75, und ibid., Bd. 7, S. 87, Anm. 2.]

mitgebrachte Disposition zur Frigidität durch mächtiges sexuelles Erleben überwindbar gewesen wäre. Ein solches Paar findet auch die Kinderverhütung schwieriger als ein gesundes, da die geschwächte Potenz des Mannes die Anwendung der Verhütungsmittel schlecht verträgt. In solcher Ratlosigkeit wird der sexuelle Verkehr als die Quelle aller Verlegenheiten bald aufgegeben und damit die Grundlage des Ehelebens verlassen.

Ich fordere alle Kundigen auf zu bestätigen, daß ich nicht übertreibe, sondern Verhältnisse schildere, die ebenso arg in beliebiger Häufigkeit zu beobachten sind. Es ist wirklich für den Uneingeweihten ganz unglaublich, wie selten sich normale Potenz beim Manne und wie häufig sich Frigidität bei der weiblichen Hälfte der Ehepaare findet, die unter der Herrschaft unserer kulturellen Sexualmoral stehen, mit welchen Entsagungen, oft für beide Teile, die Ehe verbunden ist und worauf das Eheleben, das so sehnsüchtig erstrebte Glück, sich einschränkt. Daß unter diesen Verhältnissen der Ausgang in Nervosität der nächstliegende ist, habe ich schon ausgeführt; ich will aber noch hinzusetzen, in welcher Weise eine solche Ehe auf die in ihr entsprungenen – einzigen oder wenig zahlreichen – Kinder fortwirkt. Es kommt da der Anschein einer erblichen Übertragung zustande, der sich bei schärferem Zusehen in die Wirkung mächtiger infantiler Eindrücke auflöst. Die von ihrem Manne unbefriedigte neurotische Frau ist als Mutter überzärtlich und überängstlich gegen das Kind, auf das sie ihr Liebesbedürfnis überträgt, und weckt in demselben die sexuelle Frühreife. Das schlechte Einverständnis zwischen den Eltern reizt dann das Gefühlsleben des Kindes auf, läßt es im zartesten Alter Liebe, Haß und Eifersucht intensiv empfinden. Die strenge Erziehung, die keinerlei Betätigung des so früh geweckten Sexuallebens duldet, stellt die unterdrückende Macht bei, und dieser Konflikt in diesem Alter enthält alles, was es zur Verursachung der lebenslangen Nervosität bedarf.

Ich komme nun auf meine frühere Behauptung [S. 25] zurück, daß man bei der Beurteilung der Neurosen zumeist nicht deren volle Bedeutung in Betracht zieht. Ich meine damit nicht die Unterschätzung dieser Zustände, die sich in leichtsinnigem Beiseiteschieben von seiten der Angehörigen und in großtuerischen Versicherungen von seiten der Ärzte äußert, einige Wochen Kaltwasserkur oder einige Monate Ruhe und Erholung könnten den Zustand beseitigen. Das sind nur mehr Meinungen von ganz unwissenden Ärzten und Laien, zumeist nur Reden, dazu bestimmt, den Leidenden einen kurzlebigen Trost zu bieten. Es ist vielmehr bekannt, daß eine chronische Neurose, auch wenn sie die Existenzfähigkeit nicht völlig aufhebt, eine schwere Lebensbelastung des Individuums vorstellt, etwa im Range einer Tuberkulose oder eines Herzfehlers. Auch könnte man sich damit abfinden, wenn die neurotischen Erkrankungen etwa nur eine Anzahl von immerhin schwächeren Individuen von der Kulturarbeit ausschließen und den anderen die Teilnahme daran um den Preis von bloß subjektiven Beschwerden gestatten würden. Ich möchte vielmehr auf den Gesichtspunkt aufmerksam machen, daß die Neurose, soweit sie reicht und bei wem immer sie sich findet, die Kulturabsicht zu vereiteln weiß und somit eigentlich die Arbeit der unterdrückten kulturfeindlichen Seelenkräfte besorgt, so daß die Gesellschaft nicht einen mit Opfern erkauften Gewinn, sondern gar keinen Gewinn verzeichnen darf, wenn sie die Gefügigkeit gegen ihre weitgehenden Vorschriften mit der Zunahme der Nervosität bezahlt. Gehen wir z. B. auf den so häufigen Fall einer Frau ein, die ihren Mann nicht liebt, weil sie nach den Bedingungen ihrer Eheschließung und den Erfahrungen ihres Ehelebens ihn zu lieben keinen Grund hat, die ihren Mann aber durchaus lieben möchte, weil dies allein dem Ideal der Ehe, zu dem sie erzogen wurde, entspricht. Sie wird dann alle Regungen in sich unterdrücken, die der Wahrheit Ausdruck geben wollen und ihrem Idealbestreben widersprechen, und wird besondere Mühe aufwenden, eine liebevolle, zärtliche und sorgsame Gattin zu spielen. Neurotische Erkrankung wird die Folge dieser Selbstunterdrückung sein, und diese Neurose wird binnen kurzer Zeit an dem ungeliebten Manne Rache genommen haben und bei ihm genausoviel Unbefriedigung und Sorge hervorrufen, als sich nur aus dem Eingeständnisse des wahren Sachverhaltes ergeben hätte. Dieses Beispiel ist für die Leistungen der Neurose geradezu typisch. Ein ähnliches Mißlingen der Kompensation beobachtet man auch nach der Unterdrückung anderer, nicht direkt sexueller, kulturfeindlicher Regungen. Wer z. B. in der gewaltsamen Unterdrückung einer konstitutionellen Neigung zur Härte und Grausamkeit ein *Überguter* geworden ist, dem wird häufig dabei so viel an Energie entzogen, daß er nicht alles ausführt, was seinen Kompensationsregungen entspricht, und im ganzen doch eher weniger an Gutem leistet, als er ohne Unterdrückung zustande gebracht hätte.

Nehmen wir noch hinzu, daß mit der Einschränkung der sexuellen Betätigung bei einem Volke ganz allgemein eine Zunahme der Lebensängstlichkeit und der Todesangst einhergeht, welche die Genußfähigkeit der Einzelnen stört und ihre Bereitwilligkeit, für irgendwelche Ziele den Tod auf sich zu nehmen, aufhebt, welche sich in der verminderten Neigung zur Kinderzeugung äußert, und dieses Volk oder diese Gruppe von Menschen vom Anteile an der Zukunft ausschließt, so darf man wohl die Frage aufwerfen, ob unsere »kulturelle« Sexualmoral der Opfer wert ist, welche sie uns auferlegt, zumal, wenn man sich vom Hedonismus nicht genug frei gemacht hat, um nicht ein gewisses Maß von individueller Glücksbefriedigung unter die Ziele unserer Kulturentwicklung aufzunehmen. Es ist gewiß nicht Sache des Arztes, selbst mit Reformvorschlägen hervorzutreten; ich meinte aber, ich könnte die Dringlichkeit solcher unterstützen, wenn ich die v. Ehrenfelssche Darstellung der Schädigungen durch unsere »kulturelle« Sexualmoral[1] um den Hinweis auf deren Bedeutung für die Ausbreitung der modernen Nervosität erweitere.

[1] [Vgl. die Eingangsabsätze der vorliegenden Arbeit.]

Zeitgemäßes über Krieg und Tod

(1915)

EDITORISCHE VORBEMERKUNG

Deutsche Ausgaben:

1915 *Imago*, Bd. 4 (1), 1–21.
1918 *S. K. S. N.*, Bd. 4, 486–520. (1922, 2. Aufl.)
1924 *G. S.*, Bd. 10, 315–46.
1924 Leipzig, Wien und Zürich, Internationaler Psychoanalytischer Verlag. 35 Seiten.
1946 *G. W.*, Bd. 10, 324–55.

Dem zweiten dieser beiden Essays – demjenigen über den Tod – liegt offenbar ein Vortrag zugrunde, den Freud vor der Veröffentlichung (und vermutlich in leicht abweichender Form) Anfang April 1915 bei einer Zusammenkunft des B'nai B'rith (»Söhne des Bundes«) gehalten hat, jenes jüdischen Klubs, dessen Wiener Loge er lange Zeit als Mitglied angehörte.
Die beiden Essays sind wohl im März und April 1915, also rund sechs Monate nach Ausbruch des Ersten Weltkrieges, geschrieben worden und drücken einige seiner Überlegungen aus. Freuds mehr persönliche Reaktionen sind in Kapitel VII des zweiten Bandes der Freud-Biographie von Ernest Jones (1962*a*) dargestellt. Gegen Ende des Jahres 1915 schrieb Freud einen weiteren Essay über ein verwandtes Thema, ›Vergänglichkeit‹ (1916*a*). Viele Jahre später kehrte er noch einmal auf diese Frage zurück, nämlich in dem offenen Brief an Einstein, *Warum Krieg?* (1933 b), im vorliegenden Band, S 275 ff.
Der erste der beiden folgenden Essays enthält zudem weitere Erwägungen über die Auswirkungen des Konflikts zwischen Kultur und Triebleben (vgl. die ›Editorische Vorbemerkung‹ zu ›Die »kulturelle« Sexualmoral‹, oben, S. 11–12; s. besonders unten, S. 42–6. Der zweite Essay stützt sich weitgehend auf das Material der Abhandlung II von *Totem und Tabu* (1912–13), unten, S. 311 ff.

I
DIE ENTTÄUSCHUNG DES KRIEGES

Von dem Wirbel dieser Kriegszeit gepackt, einseitig unterrichtet, ohne Distanz von den großen Veränderungen, die sich bereits vollzogen haben oder zu vollziehen beginnen, und ohne Witterung der sich gestaltenden Zukunft, werden wir selbst irre an der Bedeutung der Eindrücke, die sich uns aufdrängen, und an dem Werte der Urteile, die wir bilden. Es will uns scheinen, als hätte noch niemals ein Ereignis so viel kostbares Gemeingut der Menschheit zerstört, so viele der klarsten Intelligenzen verwirrt, so gründlich das Hohe erniedrigt. Selbst die Wissenschaft hat ihre leidenschaftslose Unparteilichkeit verloren; ihre aufs tiefste erbitterten Diener suchen ihr Waffen zu entnehmen, um einen Beitrag zur Bekämpfung des Feindes zu leisten. Der Anthropologe muß den Gegner für minderwertig und degeneriert erklären, der Psychiater die Diagnose seiner Geistes- oder Seelenstörung verkünden. Aber wahrscheinlich empfinden wir das Böse dieser Zeit unmäßig stark und haben kein Recht, es mit dem Bösen anderer Zeiten zu vergleichen, die wir nicht erlebt haben.

Der Einzelne, der nicht selbst ein Kämpfer und somit ein Partikelchen der riesigen Kriegsmaschinerie geworden ist, fühlt sich in seiner Orientierung verwirrt und in seiner Leistungsfähigkeit gehemmt. Ich meine, ihm wird jeder kleine Wink willkommen sein, der es ihm erleichtert, sich wenigstens in seinem eigenen Innern zurechtzufinden. Unter den Momenten, welche das seelische Elend der Daheimgebliebenen verschuldet haben und deren Bewältigung ihnen so schwierige Aufgaben stellt, möchte ich zwei hervorheben und an dieser Stelle behandeln: die Enttäuschung, die dieser Krieg hervorgerufen hat, und die veränderte Einstellung zum Tode, zu der er uns – wie alle anderen Kriege – nötigt.

Wenn ich von Enttäuschung rede, weiß jedermann sofort, was damit gemeint ist. Man braucht kein Mitleidsschwärmer zu sein, man kann die biologische und psychologische Notwendigkeit des Leidens für die Ökonomie des Menschenlebens einsehen und darf doch den Krieg in seinen Mitteln und Zielen verurteilen und das Aufhören der Kriege herbeisehnen. Man sagte sich zwar, die Kriege könnten nicht aufhören, solange die Völker unter so verschiedenartigen Existenzbedingungen leben, solange die Wertungen des Einzellebens bei ihnen weit auseinandergehen und solange die Gehässigkeiten, welche sie trennen, so starke seelische Triebkräfte repräsentieren. Man war also darauf vorbereitet, daß Kriege zwischen den primitiven und den zivilisierten Völkern, zwischen den Menschenrassen, die durch die Hautfarbe voneinander geschieden werden, ja Kriege mit und unter den wenig entwickelten oder verwilderten Völkerindividuen Europas die Menschheit noch durch geraume Zeit in Anspruch nehmen werden. Aber man getraute sich etwas anderes zu hoffen. Von den großen weltbeherrschenden Nationen weißer Rasse, denen die Führung des Menschengeschlechtes zugefallen ist, die man mit der Pflege weltumspannender Interessen beschäftigt wußte, deren Schöpfungen die technischen Fortschritte in der Beherrschung der Natur wie die künstlerischen und wissenschaftlichen Kulturwerte sind, von diesen Völkern hatte man erwartet, daß sie es verstehen würden, Mißhelligkeiten und Interessenkonflikte auf anderem Wege zum Austrage zu bringen. Innerhalb jeder dieser Nationen waren hohe sittliche Normen für den Einzelnen aufgestellt worden, nach denen er seine Lebensführung einzurichten hatte, wenn er an der Kulturgemeinschaft teilnehmen wollte. Diese oft überstrengen Vorschriften forderten viel von ihm, eine ausgiebige Selbstbeschränkung, einen weitgehenden Verzicht auf Triebbefriedigung. Es war ihm vor allem versagt, sich der außerordentlichen Vorteile zu bedienen, die der Gebrauch von Lüge und Betrug im Wettkampfe mit den Nebenmenschen schafft. Der Kulturstaat hielt diese sittlichen Normen für die Grundlage seines Bestandes, er schritt ernsthaft ein, wenn man sie anzutasten wagte, erklärte es oft für untunlich, sie auch nur einer Prüfung durch den kritischen Verstand zu unterziehen. Es war also anzunehmen, daß er sie selbst respektieren wolle und nichts gegen sie zu unternehmen gedenke, wodurch er der Begründung seiner eigenen Existenz widersprochen hätte. Endlich konnte man zwar die Wahrnehmung machen, daß es innerhalb dieser Kulturnationen gewisse eingesprengte Völkerreste gäbe, die ganz allgemein unliebsam wären und darum nur widerwillig, auch nicht im vollen Umfange, zur Teilnahme an der gemeinsamen Kulturarbeit zugelassen würden, für die sie sich als genug geeignet erwiesen hatten. Aber die großen Völker selbst, konnte man meinen, hätten so viel Verständnis für ihre Gemeinsamkeiten und so viel Toleranz für ihre Verschiedenheiten erworben, daß »fremd« und »feindlich« nicht mehr wie noch im klassischen Altertume für sie zu einem Begriffe verschmelzen durften.

Vertrauend auf diese Einigung der Kulturvölker haben ungezählte Menschen ihren Wohnort in der Heimat gegen den Aufenthalt in der Fremde eingetauscht und ihre Existenz an die Verkehrsbeziehungen zwischen den befreundeten Völkern geknüpft. Wen aber die Not des Lebens nicht ständig an die nämliche Stelle bannte, der konnte sich aus allen Vorzügen und Reizen der Kulturländer ein neues, größeres Vaterland zusammensetzen, in dem er sich ungehemmt und unverdächtigt erging. Er genoß so das blaue und das graue Meer, die Schönheit der Schneeberge und die der grünen Wiesenflächen, den Zauber des nordischen Waldes und die Pracht der südlichen Vegetation, die Stimmung der Landschaften, auf denen große historische Erinnerungen ruhen, und die Stille der unberührten Natur. Dies neue Vaterland war für ihn auch ein Museum, erfüllt mit allen Schätzen, welche die Künstler der Kulturmenschheit seit vielen Jahrhunderten geschaffen und hinterlassen hatten. Während er von einem Saale dieses Museums in einen andern wanderte, konnte er in parteiloser Anerkennung feststellen, was für verschiedene Typen von Vollkommenheit Blutmischung, Geschichte und die Eigenart der Mutter Erde an seinen weiteren Kompatrioten ausgebildet hatten. Hier war die kühle unbeugsame Energie aufs höchste entwickelt, dort die graziöse Kunst, das Leben zu verschönern, anderswo der Sinn für Ordnung und Gesetz oder andere der Eigenschaften, die den Menschen zum Herrn der Erde gemacht haben.

Vergessen wir auch nicht, daß jeder Kulturweltbürger sich einen besonderen »Parnaß« und eine »Schule von Athen« geschaffen hatte[1]. Unter den großen Denkern, Dichtern, Künstlern aller Nationen hatte er die ausgewählt, denen er das Beste zu schulden vermeinte, was ihm an Lebensgenuß und Lebensverständnis zugänglich geworden war, und sie den unsterblichen Alten in seiner Verehrung zugesellt wie den vertrauten Meistern seiner eigenen Zunge. Keiner von diesen Großen war ihm darum fremd erschienen, weil er in anderer Sprache geredet hatte, weder der unvergleichliche Ergründer der menschlichen Leidenschaften noch der schönheitstrunkene Schwärmer oder der gewaltig drohende Prophet, der feinsinnige Spötter, und niemals warf er sich dabei vor, abtrünnig geworden zu sein der eigenen Nation und der geliebten Muttersprache.

---

[1] [Gemeint sind zwei der berühmten Fresken Raffaels im Vatikan. Das eine zeigt eine Gruppe von großen Dichtern der Welt, das andere eine ähnliche Gruppe von Wissenschaftlern. In der *Traumdeutung* (1900*a*), *Studienausgabe*, Bd. 2, S. 312, zieht Freud diese Gemälde heran, um an ihnen eine der von der Traumarbeit verwendeten Techniken zu erläutern.]

Der Genuß der Kulturgemeinschaft wurde gelegentlich durch Stimmen gestört, welche warnten, daß infolge altüberkommener Differenzen Kriege auch unter den Mitgliedern derselben unvermeidlich wären. Man wollte nicht daran glauben, aber wie stellte man sich einen solchen Krieg vor, wenn es dazu kommen sollte? Als eine Gelegenheit, die Fortschritte im Gemeingefühle der Menschen aufzuzeigen seit jener Zeit, da die griechischen Amphiktyonien verboten hatten, eine dem Bündnisse angehörige Stadt zu zerstören, ihre Ölbäume umzuhauen und ihr das Wasser abzuschneiden. Als einen ritterlichen Waffengang, der sich darauf beschränken wollte, die Überlegenheit des einen Teiles festzustellen, unter möglichster Vermeidung schwerer Leiden, die zu dieser Entscheidung nichts beitragen könnten, mit voller Schonung für den Verwundeten, der aus dem Kampfe ausscheiden muß, und für den Arzt und Pfleger, der sich seiner Herstellung widmet. Natürlich mit allen Rücksichten für den nicht kriegführenden Teil der Bevölkerung, für die Frauen, die dem Kriegshandwerk ferne bleiben, und für die Kinder, die, herangewachsen, einander von beiden Seiten Freunde und Mithelfer werden sollen. Auch mit Erhaltung all der internationalen Unternehmungen und Institutionen, in denen sich die Kulturgemeinschaft der Friedenszeit verkörpert hatte.

Ein solcher Krieg hätte immer noch genug des Schrecklichen und schwer zu Ertragenden enthalten, aber er hätte die Entwicklung ethischer Beziehungen zwischen den Großindividuen der Menschheit, den Völkern und Staaten, nicht unterbrochen.

Der Krieg, an den wir nicht glauben wollten, brach nun aus, und er brachte die – Enttäuschung. Er ist nicht nur blutiger und verlustreicher als einer der Kriege vorher, infolge der mächtig vervollkommneten Waffen des Angriffes und der Verteidigung, sondern mindestens ebenso grausam, erbittert, schonungslos wie irgendein früherer. Er setzt sich über alle Einschränkungen hinaus, zu denen man sich in friedlichen Zeiten verpflichtet, die man das Völkerrecht genannt hatte, anerkennt nicht die Vorrechte des Verwundeten und des Arztes, die Unterscheidung des friedlichen und des kämpfenden Teiles der Bevölkerung, die Ansprüche des Privateigentums. Er wirft nieder, was ihm im Wege steht, in blinder Wut, als sollte es keine Zukunft und keinen Frieden unter den Menschen nach ihm geben. Er zerreißt alle Bande der Gemeinschaft unter den miteinander ringenden Völkern und droht eine Erbitterung zu hinterlassen, welche eine Wiederanknüpfung derselben für lange Zeit unmöglich machen wird.

Er brachte auch das kaum begreifliche Phänomen zum Vorscheine, daß die Kulturvölker einander so wenig kennen und verstehen, daß sich das eine mit Haß und Abscheu gegen das andere wenden kann. Ja, daß eine der großen Kulturnationen so allgemein mißliebig ist, daß der Versuch gewagt werden kann, sie als »barbarisch« von der Kulturgemeinschaft auszuschließen, obwohl sie ihre Eignung durch die großartigsten Beitragsleistungen längst erwiesen hat. Wir leben der Hoffnung, eine unparteiische Geschichtsschreibung werde den Nachweis erbringen, daß gerade diese Nation, die, in deren Sprache wir schreiben, für deren Sieg unsere Lieben kämpfen, sich am wenigsten gegen die Gesetze der menschlichen Gesittung vergangen habe, aber wer darf in solcher Zeit als Richter auftreten in eigener Sache?

Völker werden ungefähr durch die Staaten, die sie bilden, repräsentiert; diese Staaten durch die Regierungen, die sie leiten. Der einzelne Volksangehörige kann in diesem Kriege mit Schrecken feststellen, was sich ihm gelegentlich schon in Friedenszeiten aufdrängen wollte, daß der Staat dem Einzelnen den Gebrauch des Unrechts untersagt hat, nicht weil er es abschaffen, sondern weil er es monopolisieren will wie Salz und Tabak. Der kriegführende Staat gibt sich jedes Unrecht, jede Gewalttätigkeit frei, die den Einzelnen entehren würde. Er bedient sich nicht nur der erlaubten List, sondern auch der bewußten Lüge und des absichtlichen Betruges gegen den Feind, und dies zwar in einem Maße, welches das in früheren Kriegen Gebräuchliche zu übersteigen scheint. Der Staat fordert das Äußerste an Gehorsam und Aufopferung von seinen Bürgern, entmündigt sie aber dabei durch ein Übermaß von Verheimlichung und eine Zensur der Mitteilung und Meinungsäußerung, welche die Stimmung der so intellektuell Unterdrückten wehrlos macht gegen jede ungünstige Situation und jedes wüste Gerücht. Er löst sich los von Zusicherungen und Verträgen, durch die er sich gegen andere Staaten gebunden hatte, bekennt sich ungescheut zu seiner Habgier und seinem Machtstreben, die dann der Einzelne aus Patriotismus gutheißen soll.

Man wende nicht ein, daß der Staat auf den Gebrauch des Unrechts nicht verzichten kann, weil er sich dadurch in Nachteil setzte. Auch für den Einzelnen ist die Befolgung der sittlichen Normen, der Verzicht auf brutale Machtbetätigung in der Regel sehr unvorteilhaft, und der Staat zeigt sich nur selten dazu fähig, den Einzelnen für das Opfer zu entschädigen, das er von ihm gefordert hat. Man darf sich auch nicht darüber verwundern, daß die Lockerung aller sittlichen Beziehungen zwischen den Großindividuen der Menschheit eine Rückwirkung auf die Sittlichkeit der Einzelnen geäußert hat, denn unser Gewissen ist nicht der unbeugsame Richter, für den die Ethiker es ausgeben, es ist in seinem Ursprunge *»soziale Angst«* und nichts anderes[1]. Wo die Gemeinschaft den Vorwurf aufhebt, hört auch die Unterdrückung der bösen Gelüste auf, und die Menschen begehen Taten von Grausamkeit, Tücke, Verrat und Roheit, deren Möglichkeit man mit ihrem kulturellen Niveau für unvereinbar gehalten hätte.

So mag der Kulturweltbürger, den ich vorhin eingeführt habe, ratlos dastehen in der ihm fremd gewordenen Welt, sein großes Vaterland zerfallen, die gemeinsamen Besitztümer verwüstet, die Mitbürger entzweit und erniedrigt!

Zur Kritik seiner Enttäuschung wäre einiges zu bemerken. Sie ist, strengegenommen, nicht berechtigt, denn sie besteht in der Zerstörung einer Illusion. Illusionen empfehlen sich uns dadurch, daß sie Unlustgefühle ersparen und uns an ihrer Statt Befriedigungen genießen lassen. Wir müssen es dann ohne Klage hinnehmen, daß sie irgend einmal mit einem Stücke der Wirklichkeit zusammenstoßen, an dem sie zerschellen.

Zweierlei in diesem Kriege hat unsere Enttäuschung regegemacht: die geringe Sittlichkeit der Staaten nach außen, die sich nach innen als die Wächter der sittlichen Normen gebärden, und die Brutalität im Benehmen der Einzelnen, denen man als Teilnehmer an der höchsten menschlichen Kultur ähnliches nicht zugetraut hat.

Beginnen wir mit dem zweiten Punkte und versuchen wir es, die Anschauung, die wir kritisieren wollen, in einen einzigen knappen Satz zu fassen. Wie stellt man sich denn eigentlich den Vorgang vor, durch welchen ein einzelner Mensch zu einer höheren Stufe von Sittlichkeit gelangt? Die erste Antwort wird wohl lauten: Er ist eben von Geburt und von Anfang an gut und edel. Sie soll hier weiter nicht berücksichtigt werden. Eine zweite Antwort wird auf die Anregung eingehen, daß hier ein Entwicklungsvorgang vorliegen müsse, und wird wohl annehmen, diese Entwicklung bestehe darin, daß die bösen Neigungen des Menschen in ihm ausgerottet und unter dem Einflusse von Erziehung und Kulturumgebung durch Neigungen zum Guten ersetzt werden. Dann darf man sich allerdings verwundern, daß bei dem so Erzogenen das Böse wieder so tatkräftig zum Vorschein kommt.

---

[1] [In *Das Unbehagen in der Kultur* (1930*a*), Kapitel VII und VIII, gibt Freud eine wesentlich ausführlichere Darstellung des Gewissens. S. unten, S. 250–58 und S. 262–3.]

Aber diese Antwort enthält auch den Satz, dem wir widersprechen wollen. In Wirklichkeit gibt es keine »Ausrottung« des Bösen. Die psychologische – im strengeren Sinne die psychoanalytische – Untersuchung zeigt vielmehr, daß das tiefste Wesen des Menschen in Triebregungen besteht, die elementarer Natur, bei allen Menschen gleichartig sind und auf die Befriedigung gewisser ursprünglicher Bedürfnisse zielen. Diese Triebregungen sind an sich weder gut noch böse. Wir klassifizieren sie und ihre Äußerungen in solcher Weise, je nach ihrer Beziehung zu den Bedürfnissen und Anforderungen der menschlichen Gemeinschaft. Zuzugeben ist, daß alle die Regungen, welche von der Gesellschaft als böse verpönt werden – nehmen wir als Vertretung derselben die eigensüchtigen und die grausamen – sich unter diesen primitiven befinden.

Diese primitiven Regungen legen einen langen Entwicklungsweg zurück, bis sie zur Betätigung beim Erwachsenen zugelassen werden. Sie werden gehemmt, auf andere Ziele und Gebiete gelenkt, gehen Verschmelzungen miteinander ein, wechseln ihre Objekte, wenden sich zum Teil gegen die eigene Person. Reaktionsbildungen gegen gewisse Triebe täuschen die inhaltliche Verwandlung derselben vor, als ob aus Egoismus – Altruismus, aus Grausamkeit – Mitleid geworden wäre[1]. Diesen Reaktionsbildungen kommt zugute, daß manche Triebregungen fast von Anfang an in Gegensatzpaaren auftreten, ein sehr merkwürdiges und der populären Kenntnis fremdes Verhältnis, das man die »Gefühlsambivalenz« benannt hat. Am leichtesten zu beobachten und vom Verständnis zu bewältigen ist die Tatsache, daß starkes Lieben und starkes Hassen so häufig miteinander bei derselben Person vereint vorkommen. Die Psychoanalyse fügt dem zu, daß die beiden entgegengesetzten Gefühlsregungen nicht selten auch die nämliche Person zum Objekte nehmen.

Erst nach Überwindung all solcher »Triebschicksale« stellt sich das heraus, was man den Charakter eines Menschen nennt und was mit »gut« oder »böse« bekanntlich nur sehr unzureichend klassifiziert werden kann. Der Mensch ist selten im ganzen gut oder böse, meist »gut« in dieser Relation, »böse« in einer anderen oder »gut« unter solchen äußeren Bedingungen, unter anderen entschieden »böse«. Interessant

---

[1] [Wie Freud an anderer Stelle sagt, müssen Reaktionsbildung und Sublimierung als zwei ganz verschiedene Prozesse angesehen werden. Vgl. eine Fußnote, die Freud im Jahre 1915 (dem Entstehungsjahr der vorliegenden Arbeit) den *Drei Abhandlungen* (1905 *d*), *Studienausgabe*, Bd. 5, S. 86, hinzugefügt hat.]

Di Kehrwende

ist die Erfahrung, daß die kindliche Präexistenz starker »böser« Regungen oft geradezu die Bedingung wird für eine besonders deutliche Wendung des Erwachsenen zum »Guten«. Die stärksten kindlichen Egoisten können die hilfreichsten und aufopferungsfähigsten Bürger werden; die meisten Mitleidsschwärmer, Menschenfreunde, Tierschützer haben sich aus kleinen Sadisten und Tierquälern entwickelt.

Die Umbildung der »bösen« Triebe ist das Werk zweier im gleichen Sinne wirkenden Faktoren, eines inneren und eines äußeren. Der innere Faktor besteht in der Beeinflussung der bösen – sagen wir: eigensüchtigen – Triebe durch die Erotik, das Liebesbedürfnis des Menschen im weitesten Sinne genommen. Durch die Zumischung der *erotischen* Komponenten werden die eigensüchtigen Triebe in *soziale* umgewandelt. Man lernt das Geliebtwerden als einen Vorteil schätzen, wegen dessen man auf andere Vorteile verzichten darf. Der äußere Faktor ist der Zwang der Erziehung, welche die Ansprüche der kulturellen Umgebung vertritt und die dann durch die direkte Einwirkung des Kulturmilieus fortgesetzt wird. Kultur ist durch Verzicht auf Triebbefriedigung gewonnen worden und fordert von jedem neu Ankommenden, daß er denselben Triebverzicht leiste. Während des individuellen Lebens findet eine beständige Umsetzung von äußerem Zwange in inneren Zwang statt. Die Kultureinflüsse leiten dazu an, daß immer mehr von den eigensüchtigen Strebungen durch erotische Zusätze in altruistische, soziale verwandelt werden. Man darf endlich annehmen, daß aller innere Zwang, der sich in der Entwicklung des Menschen geltend macht, ursprünglich, d. h. in der *Menschheitsgeschichte* nur äußerer Zwang war. Die Menschen, die heute geboren werden, bringen ein Stück Neigung (Disposition) zur Umwandlung der egoistischen in soziale Triebe als ererbte Organisation mit, die auf leichte Anstöße hin diese Umwandlung durchführt. Ein anderes Stück dieser Triebumwandlung muß im Leben selbst geleistet werden. In solcher Art steht der einzelne Mensch nicht nur unter der Einwirkung seines gegenwärtigen Kulturmilieus, sondern unterliegt auch dem Einflusse der Kulturgeschichte seiner Vorfahren.

Heißen wir die einem Menschen zukommende Fähigkeit zur Umbildung der egoistischen Triebe unter dem Einflusse der Erotik seine *Kultureignung*[1], so können wir aussagen, daß dieselbe aus zwei Anteilen besteht, einem angeborenen und einem im Leben erworbenen, und daß

---

[1] [Der Terminus »Kultureignung« findet sich auch in *Die Zukunft einer Illusion* (1927 *c*), unten, S. 172.]

das Verhältnis der beiden zueinander und zu dem unverwandelt gebliebenen Anteile des Trieblebens ein sehr variables ist.
Im allgemeinen sind wir geneigt, den angeborenen Anteil zu hoch zu veranschlagen, und überdies laufen wir Gefahr, die gesamte Kultureignung in ihrem Verhältnisse zum primitiv gebliebenen Triebleben zu überschätzen, d. h. wir werden dazu verleitet, die Menschen »besser« zu beurteilen, als sie in Wirklichkeit sind. Es besteht nämlich noch ein anderes Moment, welches unser Urteil trübt und das Ergebnis im günstigen Sinne verfälscht.
Die Triebregungen eines anderen Menschen sind unserer Wahrnehmung natürlich entrückt. Wir schließen auf sie aus seinen Handlungen und seinem Benehmen, welche wir auf *Motive* aus seinem Triebleben zurückführen. Ein solcher Schluß geht notwendigerweise in einer Anzahl von Fällen irre. Die nämlichen, kulturell »guten« Handlungen können das einemal von »edlen« Motiven herstammen, das anderemal nicht. Die theoretischen Ethiker heißen nur solche Handlungen »gut«, welche der Ausdruck guter Triebregungen sind, den anderen versagen sie ihre Anerkennung. Die von praktischen Absichten geleitete Gesellschaft kümmert sich aber im ganzen um diese Unterscheidung nicht; sie begnügt sich damit, daß ein Mensch sein Benehmen und seine Handlungen nach den kulturellen Vorschriften richte, und fragt wenig nach seinen Motiven.
Wir haben gehört, daß der *äußere Zwang*, den Erziehung und Umgebung auf den Menschen üben, eine weitere Umbildung seines Trieblebens zum Guten, eine Wendung vom Egoismus zum Altruismus herbeiführt. Aber dies ist nicht die notwendige oder regelmäßige Wirkung des äußeren Zwanges. Erziehung und Umgebung haben nicht nur Liebesprämien anzubieten, sondern arbeiten auch mit Vorteilsprämien anderer Art, mit Lohn und Strafen. Sie können also die Wirkung äußern, daß der ihrem Einflusse Unterliegende sich zum guten Handeln im kulturellen Sinne entschließt, ohne daß sich eine Triebveredlung, eine Umsetzung egoistischer in soziale Neigungen, in ihm vollzogen hat. Der Erfolg wird im groben derselbe sein; erst unter besonderen Verhältnissen wird es sich zeigen, daß der eine immer gut handelt, weil ihn seine Triebneigungen dazu nötigen, der andere nur gut ist, weil, insolange und insoweit dies kulturelle Verhalten seinen eigensüchtigen Absichten Vorteile bringt. Wir aber werden bei oberflächlicher Bekanntschaft mit den Einzelnen kein Mittel haben, die beiden Fälle zu unterscheiden, und gewiß durch unseren Optimismus verführt werden, die Anzahl der kulturell veränderten Menschen arg zu überschätzen.

Die Kulturgesellschaft, die die gute Handlung fordert und sich um die Triebbegründung derselben nicht kümmert, hat also eine große Zahl von Menschen zum Kulturgehorsam gewonnen, die dabei nicht ihrer Natur folgen. Durch diesen Erfolg ermutigt, hat sie sich verleiten lassen, die sittlichen Anforderungen möglichst hoch zu spannen, und so ihre Teilnehmer zu noch weiterer Entfernung von ihrer Triebveranlagung gezwungen. Diesen ist nun eine fortgesetzte Triebunterdrückung auferlegt, deren Spannung sich in den merkwürdigsten Reaktions- und Kompensationserscheinungen kundgibt. Auf dem Gebiete der Sexualität, wo solche Unterdrückung am wenigsten durchzuführen ist, kommt es so zu den Reaktionserscheinungen der neurotischen Erkrankungen. Der sonstige Druck der Kultur zeitigt zwar keine pathologische[n] Folgen, äußert sich aber in Charakterverbildungen und in der steten Bereitschaft der gehemmten Triebe, bei passender Gelegenheit zur Befriedigung durchzubrechen. Wer so genötigt wird, dauernd im Sinne von Vorschriften zu reagieren, die nicht der Ausdruck seiner Triebneigungen sind, der lebt, psychologisch verstanden, über seine Mittel und darf objektiv als Heuchler bezeichnet werden, gleichgültig ob ihm diese Differenz klar bewußt worden ist oder nicht. Es ist unleugbar, daß unsere gegenwärtige Kultur die Ausbildung dieser Art von Heuchelei in außerordentlichem Umfange begünstigt. Man könnte die Behauptung wagen, sie sei auf solcher Heuchelei aufgebaut und müßte sich tiefgreifende Abänderungen gefallen lassen, wenn es die Menschen unternehmen würden, der psychologischen Wahrheit nachzuleben. Es gibt also ungleich mehr Kulturheuchler als wirklich kulturelle Menschen, ja man kann den Standpunkt diskutieren, ob ein gewisses Maß von Kulturheuchelei nicht zur Aufrechterhaltung der Kultur unerläßlich sei, weil die bereits organisierte Kultureignung der heute lebenden Menschen vielleicht für diese Leistung nicht zureichen würde. Anderseits bietet die Aufrechterhaltung der Kultur auch auf so bedenklicher Grundlage die Aussicht, bei jeder neuen Generation eine weitergehende Triebumbildung als Trägerin einer besseren Kultur anzubahnen.

Den bisherigen Erörterungen entnehmen wir bereits den einen Trost, daß unsere Kränkung und schmerzliche Enttäuschung wegen des unkulturellen Benehmens unserer Weltmitbürger in diesem Kriege unberechtigt waren. Sie beruhten auf einer Illusion, der wir uns gefangen gaben. In Wirklichkeit sind sie nicht so tief gesunken, wie wir fürchten, weil sie gar nicht so hoch gestiegen waren, wie wir's von ihnen glaubten. Daß die menschlichen Großindividuen, die Völker und Staaten, die

sittlichen Beschränkungen gegeneinander fallenließen, wurde ihnen zur begreiflichen Anregung, sich für eine Weile dem bestehenden Drucke der Kultur zu entziehen und ihren zurückgehaltenen Trieben vorübergehend Befriedigung zu gönnen. Dabei geschah ihrer relativen Sittlichkeit innerhalb ihres Volkstumes wahrscheinlich kein Abbruch.
Wir können uns aber das Verständnis der Veränderung, die der Krieg an unseren früheren Kompatrioten zeigt, noch vertiefen und empfangen dabei eine Warnung, kein Unrecht an ihnen zu begehen. Seelische Entwicklungen besitzen nämlich eine Eigentümlichkeit, welche sich bei keinem anderen Entwicklungsvorgang mehr vorfindet. Wenn ein Dorf zur Stadt, ein Kind zum Manne heranwächst, so gehen dabei Dorf und Kind in Stadt und Mann unter. Nur die Erinnerung kann die alten Züge in das neue Bild einzeichnen; in Wirklichkeit sind die alten Materialien oder Formen beseitigt und durch neue ersetzt worden. Anders geht es bei einer seelischen Entwicklung zu. Man kann den nicht zu vergleichenden Sachverhalt nicht anders beschreiben als durch die Behauptung, daß jede frühere Entwicklungsstufe neben der späteren, die aus ihr geworden ist, erhalten bleibt; die Sukzession bedingt eine Koexistenz mit, obwohl es doch dieselben Materialien sind, an denen die ganze Reihenfolge von Veränderungen abgelaufen ist. Der frühere seelische Zustand mag sich jahrelang nicht geäußert haben, er bleibt doch so weit bestehen, daß er eines Tages wiederum die Äußerungsform der seelischen Kräfte werden kann, und zwar die einzige, als ob alle späteren Entwicklungen annulliert, rückgängig gemacht worden wären. Diese außerordentliche Plastizität der seelischen Entwicklungen ist in ihrer Richtung nicht unbeschränkt; man kann sie als eine besondere Fähigkeit zur Rückbildung – Regression – bezeichnen, denn es kommt wohl vor, daß eine spätere und höhere Entwicklungsstufe, die verlassen wurde, nicht wieder erreicht werden kann. Aber die primitiven Zustände können immer wiederhergestellt werden; das primitive Seelische ist im vollsten Sinne unvergänglich.
Die sogenannten Geisteskrankheiten müssen beim Laien den Eindruck hervorrufen, daß das Geistes- und Seelenleben der Zerstörung anheimgefallen sei. In Wirklichkeit betrifft die Zerstörung nur spätere Erwerbungen und Entwicklungen. Das Wesen der Geisteskrankheit besteht in der Rückkehr zu früheren Zuständen des Affektlebens und der Funktion. Ein ausgezeichnetes Beispiel für die Plastizität des Seelenlebens gibt der Schlafzustand, den wir allnächtlich anstreben. Seitdem wir auch tolle und verworrene Träume zu übersetzen verstehen, wissen

wir, daß wir mit jedem Einschlafen unsere mühsam erworbene Sittlichkeit wie ein Gewand von uns werfen – um es am Morgen wieder anzutun. Diese Entblößung ist natürlich ungefährlich, weil wir durch den Schlafzustand gelähmt, zur Inaktivität verurteilt sind. Nur der Traum kann von der Regression unseres Gefühlslebens auf eine der frühesten Entwicklungsstufen Kunde geben. So ist es z. B. bemerkenswert, daß alle unsere Träume von rein egoistischen Motiven beherrscht werden[1]. Einer meiner englischen Freunde vertrat diesen Satz vor einer wissenschaftlichen Versammlung in Amerika, worauf ihm eine anwesende Dame die Bemerkung machte, das möge vielleicht für Österreich richtig sein, aber sie dürfe von sich und ihren Freunden behaupten, daß sie auch noch im Traume altruistisch fühlen. Mein Freund, obwohl selbst ein Angehöriger der englischen Rasse, mußte auf Grund seiner eigenen Erfahrungen in der Traumanalyse der Dame energisch widersprechen: Im Traume sei auch die edle Amerikanerin ebenso egoistisch wie der Österreicher.

Es kann also auch die Triebumbildung, auf welcher unsere Kultureignung beruht, durch Einwirkungen des Lebens – dauernd oder zeitweilig – rückgängig gemacht werden. Ohne Zweifel gehören die Einflüsse des Krieges zu den Mächten, welche solche Rückbildung erzeugen können, und darum brauchen wir nicht allen jenen, die sich gegenwärtig unkulturell benehmen, die Kultureignung abzusprechen, und dürfen erwarten, daß sich ihre Triebveredlung in ruhigeren Zeiten wiederherstellen wird.

Vielleicht hat uns aber ein anderes Symptom bei unseren Weltmitbürgern nicht weniger überrascht und geschreckt als das so schmerzlich empfundene Herabsinken von ihrer ethischen Höhe. Ich meine die Einsichtslosigkeit, die sich bei besten Köpfen zeigt, ihre Verstocktheit, Unzugänglichkeit gegen die eindringlichsten Argumente, ihre kritiklose Leichtgläubigkeit für die anfechtbarsten Behauptungen. Dies ergibt freilich ein trauriges Bild, und ich will ausdrücklich betonen, daß ich keineswegs als verblendeter Parteigänger alle intellektuellen Verfehlungen nur auf einer der beiden Seiten finde. Allein diese Erscheinung ist noch leichter zu erklären und weit weniger bedenklich als die vorhin gewürdigte. Menschenkenner und Philosophen haben uns längst be-

---

[1] [Freud hat diese Ansicht in einem 1925 eingefügten Zusatz zu einer Anmerkung der *Traumdeutung* (1900 *a*) eingeschränkt, und zwar an der Stelle, wo er ebenfalls die oben folgende Anekdote erzählt hatte. Daraus geht übrigens hervor, daß der zitierte »englische Freund« Ernest Jones war. (*Studienausgabe*, Bd. 2, S. 274, Anm. 2.)]

lehrt, daß wir Unrecht daran tun, unsere Intelligenz als selbständige Macht zu schätzen und ihre Abhängigkeit vom Gefühlsleben zu übersehen. Unser Intellekt könne nur verläßlich arbeiten, wenn er den Einwirkungen starker Gefühlsregungen entrückt sei; im gegenteiligen Falle benehme er sich einfach wie ein Instrument zuhanden eines Willens und liefere das Resultat, das ihm von diesem aufgetragen sei. Logische Argumente seien also ohnmächtig gegen affektive Interessen, und darum sei das Streiten mit Gründen, die nach Falstaffs Wort so gemein sind wie Brombeeren[1], in der Welt der Interessen so unfruchtbar. Die psychoanalytische Erfahrung hat diese Behauptung womöglich noch unterstrichen. Sie kann alle Tage zeigen, daß sich die scharfsinnigsten Menschen plötzlich einsichtslos wie Schwachsinnige benehmen, sobald die verlangte Einsicht einem Gefühlswiderstand bei ihnen begegnet, aber auch alles Verständnis wiedererlangen, wenn dieser Widerstand überwunden ist. Die logische Verblendung, die dieser Krieg oft gerade bei den besten unserer Mitbürger hervorgezaubert hat, ist also ein sekundäres Phänomen, eine Folge der Gefühlserregung, und hoffentlich dazu bestimmt, mit ihr zu verschwinden.

Wenn wir solcher Art unsere uns entfremdeten Mitbürger wieder verstehen, werden wir die Enttäuschung, die uns die Großindividuen der Menschheit, die Völker, bereitet haben, um vieles leichter ertragen, denn an diese dürfen wir nur weit bescheidenere Ansprüche stellen. Dieselben wiederholen vielleicht die Entwicklung der Individuen und treten uns heute noch auf sehr primitiven Stufen der Organisation, der Bildung höherer Einheiten, entgegen. Dementsprechend ist das erziehliche Moment des äußeren Zwanges zur Sittlichkeit, welches wir beim Einzelnen so wirksam fanden, bei ihnen noch kaum nachweisbar. Wir hatten zwar gehofft, daß die großartige, durch Verkehr und Produktion hergestellte Interessengemeinschaft den Anfang eines solchen Zwanges ergeben werde, allein es scheint, die Völker gehorchen ihren Leidenschaften derzeit weit mehr als ihren Interessen. Sie bedienen sich höchstens der Interessen, um die Leidenschaften zu *rationalisieren*; sie schieben ihre Interessen vor, um die Befriedigung ihrer Leidenschaften begründen zu können. Warum die Völkerindividuen einander eigentlich geringschätzen, hassen, verabscheuen, und zwar auch in Friedenszeiten, und jede Nation die andere, das ist freilich rätselhaft. Ich weiß es nicht zu sagen. Es ist in diesem Falle geradeso, als ob sich alle sittlichen

[1] [Shakespeare, *I Heinrich IV.*, II. Akt, 4. Szene.]

Erwerbungen der Einzelnen auslöschten, wenn man eine Mehrheit oder gar Millionen Menschen zusammennimmt, und nur die primitivsten, ältesten und rohesten seelischen Einstellungen übrigblieben. An diesen bedauerlichen Verhältnissen werden vielleicht erst späte Entwicklungen etwas ändern können. Aber etwas mehr Wahrhaftigkeit und Aufrichtigkeit allerseits, in den Beziehungen der Menschen zueinander und zwischen ihnen und den sie Regierenden, dürfte auch für diese Umwandlung die Wege ebnen.

etwas mehr Wahrhaftigkeit!

II
UNSER VERHÄLTNIS ZUM TODE

Das zweite Moment, von dem ich es ableite, daß wir uns so befremdet fühlen in dieser einst so schönen und trauten Welt, ist die Störung des bisher von uns festgehaltenen Verhältnisses zum Tode.

Dies Verhältnis war kein aufrichtiges. Wenn man uns anhörte, so waren wir natürlich bereit zu vertreten, daß der Tod der notwendige Ausgang alles Lebens sei, daß jeder von uns der Natur einen Tod schulde[1] und vorbereitet sein müsse, die Schuld zu bezahlen, kurz, daß der Tod natürlich sei, unableugbar und unvermeidlich. In Wirklichkeit pflegten wir uns aber zu benehmen, als ob es anders wäre. Wir haben die unverkennbare Tendenz gezeigt, den Tod beiseite zu schieben, ihn aus dem Leben zu eliminieren. Wir haben versucht, ihn totzuschweigen; wir besitzen ja auch das Sprichwort: man denke an etwas wie an den Tod. Wie an den eigenen natürlich. Der eigene Tod ist ja auch unvorstellbar, und sooft wir den Versuch dazu machen, können wir bemerken, daß wir eigentlich als Zuschauer weiter dabeibleiben. So konnte in der psychoanalytischen Schule der Ausspruch gewagt werden: im Grunde glaube niemand an seinen eigenen Tod oder, was dasselbe ist: im Unbewußten sei jeder von uns von seiner Unsterblichkeit überzeugt.

Was den Tod eines anderen betrifft, so wird der Kulturmensch es sorgfältig vermeiden, von dieser Möglichkeit zu sprechen, wenn der zum Tode Bestimmte es hören kann. Nur Kinder setzen sich über diese Beschränkung hinweg; sie drohen einander ungescheut mit den Chancen des Sterbens und bringen es auch zustande, einer geliebten Person dergleichen ins Gesicht zu sagen, wie z. B.: »Liebe Mama, wenn du leider gestorben sein wirst, werde ich dies oder jenes.« Der erwachsene Kultivierte wird den Tod eines anderen auch nicht gern in seine Gedanken einsetzen, ohne sich hart oder böse zu erscheinen; es sei denn, daß er berufsmäßig als Arzt, Advokat u. dgl. mit dem Tode zu tun habe. Am wenigsten wird er sich gestatten, an den Tod des anderen zu denken, wenn mit diesem Ereignis ein Gewinn an Freiheit, Besitz, Stellung verbunden ist. Natürlich lassen sich Todesfälle durch dies unser

[1] [Anspielung auf die Worte des Prinzen Hal zu Falstaff: »Du bist Gott einen Tod schuldig« in Shakespeares *I Heinrich IV.*, V. Akt, 1. Szene.]

Zartgefühl nicht zurückhalten; wenn sie sich ereignet haben, sind wir jedesmal tief ergriffen und wie in unseren Erwartungen erschüttert. Wir betonen regelmäßig die zufällige Veranlassung des Todes, den Unfall, die Erkrankung, die Infektion, das hohe Alter, und verraten so unser Bestreben, den Tod von einer Notwendigkeit zu einer Zufälligkeit herabzudrücken. Eine Häufung von Todesfällen erscheint uns als etwas überaus Schreckliches. Dem Verstorbenen selbst bringen wir ein besonderes Verhalten entgegen, fast wie eine Bewunderung für einen, der etwas sehr Schwieriges zustande gebracht hat. Wir stellen die Kritik gegen ihn ein, sehen ihm sein etwaiges Unrecht nach, geben den Befehl aus: *De mortuis nil nisi bene,* und finden es gerechtfertigt, daß man ihm in der Leichenrede und auf dem Grabsteine das Vorteilhafteste nachrühmt. Die Rücksicht auf den Toten, deren er doch nicht mehr bedarf, steht uns über der Wahrheit, den meisten von uns gewiß auch über der Rücksicht für den Lebenden.

Diese kulturell-konventionelle Einstellung gegen den Tod ergänzt sich nun durch unseren völligen Zusammenbruch, wenn das Sterben eine der uns nahestehenden Personen, einen Eltern- oder Gattenteil, ein Geschwister, Kind oder teuren Freund getroffen hat. Wir begraben mit ihm unsere Hoffnungen, Ansprüche, Genüsse, lassen uns nicht trösten und weigern uns, den Verlorenen zu ersetzen. Wir benehmen uns dann wie eine Art von Asra, welche *mitsterben, wenn die sterben, die sie lieben*[1].

Dies unser Verhältnis zum Tode hat aber eine starke Wirkung auf unser Leben. Das Leben verarmt, es verliert an Interesse, wenn der höchste Einsatz in den Lebensspielen, eben das Leben selbst, nicht gewagt werden darf. Es wird so schal, gehaltlos wie etwa ein amerikanischer Flirt, bei dem es von vornherein feststeht, daß nichts vorfallen darf, zum Unterschied von einer kontinentalen Liebesbeziehung, bei welcher beide Partner stets der ernsten Konsequenzen eingedenk bleiben müssen. Unsere Gefühlsbindungen, die unerträgliche Intensität unserer Trauer, machen uns abgeneigt, für uns und die unserigen Gefahren aufzusuchen. Wir getrauen uns nicht, eine Anzahl von Unternehmungen in Betracht zu ziehen, die gefährlich, aber eigentlich unerläßlich sind wie Flugversuche, Expeditionen in ferne Länder, Experimente mit explodierbaren Substanzen. Uns lähmt dabei das Bedenken, wer der

---

[1] [Die Asra sind ein arabischer Stamm; vgl. Heines Gedicht ›Der Asra‹ (im *Romanzero,* auf Grund einer Stelle in Stendhals *De l'amour*): »... und mein Stamm sind jene Asra, welche sterben, wenn sie lieben«.]

Mutter den Sohn, der Gattin den Mann, den Kindern den Vater ersetzen soll, wenn ein Unglück geschieht. Die Neigung, den Tod aus der Lebensrechnung auszuschließen, hat so viele andere Verzichte und Ausschließungen im Gefolge. Und doch hat der Wahlspruch der Hansa gelautet: *Navigare necesse est, vivere non necesse!* Seefahren muß man, leben muß man nicht.

Es kann dann nicht anders kommen, als daß wir in der Welt der Fiktion, in der Literatur, im Theater Ersatz suchen für die Einbuße des Lebens. Dort finden wir noch Menschen, die zu sterben verstehen, ja, die es auch zustande bringen, einen anderen zu töten. Dort allein erfüllt sich uns auch die Bedingung, unter welcher wir uns mit dem Tode versöhnen könnten, wenn wir nämlich hinter allen Wechselfällen des Lebens noch ein unantastbares Leben übrigbehielten. Es ist doch zu traurig, daß es im Leben zugehen kann wie im Schachspiel, wo ein falscher Zug uns zwingen kann, die Partie verloren zu geben, mit dem Unterschiede aber, daß wir keine zweite, keine Revanchepartie beginnen können. Auf dem Gebiete der Fiktion finden wir jene Mehrheit von Leben, deren wir bedürfen. Wir sterben in der Identifizierung mit dem einen Helden, überleben ihn aber doch und sind bereit, ebenso ungeschädigt ein zweites Mal mit einem anderen Helden zu sterben.

Es ist evident, daß der Krieg diese konventionelle Behandlung des Todes hinwegfegen muß. Der Tod läßt sich jetzt nicht mehr verleugnen; man muß an ihn glauben. Die Menschen sterben wirklich, auch nicht mehr einzeln, sondern viele, oft Zehntausende an einem Tage. Es ist auch kein Zufall mehr. Es scheint freilich noch zufällig, ob diese Kugel den einen trifft oder den anderen; aber diesen anderen mag leicht eine zweite Kugel treffen, die Häufung macht dem Eindruck des Zufälligen ein Ende. Das Leben ist freilich wieder interessant geworden, es hat seinen vollen Inhalt wiederbekommen.

Man müßte hier eine Scheidung in zwei Gruppen vornehmen, diejenigen, die selbst im Kampfe ihr Leben preisgeben, trennen von den anderen, die zu Hause geblieben sind und nur zu erwarten haben, einen ihrer Lieben an den Tod durch Verletzung, Krankheit oder Infektion zu verlieren. Es wäre gewiß sehr interessant, die Veränderungen in der Psychologie der Kämpfer zu studieren, aber ich weiß zu wenig darüber. Wir müssen uns an die zweite Gruppe halten, zu der wir selbst gehören. Ich sagte schon, daß ich meine, die Verwirrung und die Lähmung unserer Leistungsfähigkeit, unter denen wir leiden, seien wesentlich mitbestimmt durch den Umstand, daß wir unser bisheriges Verhältnis zum Tode nicht aufrechthalten können und ein neues noch nicht gefunden haben. Vielleicht hilft es uns dazu, wenn wir unsere psychologische Untersuchung auf zwei andere Beziehungen zum Tode richten, auf jene, die wir dem Urmenschen, dem Menschen der Vorzeit, zuschreiben dürfen, und jene andere, die in jedem von uns noch erhalten ist, aber sich unsichtbar für unser Bewußtsein in tieferen Schichten unseres Seelenlebens verbirgt.

Wie sich der Mensch der Vorzeit gegen den Tod verhalten, wissen wir natürlich nur durch Rückschlüsse und Konstruktionen, aber ich meine, daß diese Mittel uns ziemlich vertrauenswürdige Auskünfte ergeben haben.

Der Urmensch hat sich in sehr merkwürdiger Weise zum Tode eingestellt. Gar nicht einheitlich, vielmehr recht widerspruchsvoll. Er hat einerseits den Tod ernst genommen, ihn als Aufhebung des Lebens anerkannt und sich seiner in diesem Sinne bedient, anderseits aber auch den Tod geleugnet, ihn zu nichts herabgedrückt. Dieser Widerspruch wurde durch den Umstand ermöglicht, daß er zum Tode des anderen, des Fremden, des Feindes, eine radikal andere Stellung einnahm als zu seinem eigenen. Der Tod des anderen war ihm recht, galt ihm als Vernichtung des Verhaßten, und der Urmensch kannte kein Bedenken, ihn herbeizuführen. Er war gewiß ein sehr leidenschaftliches Wesen, grausamer und bösartiger als andere Tiere. Er mordete gerne und wie selbstverständlich. Den Instinkt, der andere Tiere davon abhalten soll, Wesen der gleichen Art zu töten und zu verzehren, brauchen wir ihm nicht zuzuschreiben.

Die Urgeschichte der Menschheit ist denn auch vom Morde erfüllt. Noch heute ist das, was unsere Kinder in der Schule als Weltgeschichte lernen, im wesentlichen eine Reihenfolge von Völkermorden. Das dunkle Schuldgefühl, unter dem die Menschheit seit Urzeiten steht, das sich in manchen Religionen zur Annahme einer *Urschuld*, einer Erbsünde, verdichtet hat, ist wahrscheinlich der Ausdruck einer Blutschuld, mit welcher sich die urzeitliche Menschheit beladen hat. Ich habe in meinem Buche *Totem und Tabu* (1912–13), den Winken von W. Robertson Smith, Atkinson und Ch. Darwin folgend, die Natur dieser alten Schuld erraten wollen und meine, daß noch die heutige christliche Lehre uns den Rückschluß auf sie ermöglicht. Wenn Gottes Sohn sein Leben opfern mußte, um die Menschheit von der Erbsünde zu erlösen, so muß nach der Regel der Talion, der Vergeltung durch Gleiches, diese Sünde eine Tötung, ein Mord gewesen sein. Nur dies konnte zu seiner Sühne das

Opfer eines Lebens erfordern. Und wenn die Erbsünde ein Verschulden gegen Gott-Vater war, so muß das älteste Verbrechen der Menschheit ein Vatermord gewesen sein, die Tötung des Urvaters der primitiven Menschenhorde, dessen Erinnerungsbild später zur Gottheit verklärt wurde[1].

Der eigene Tod war dem Urmenschen gewiß ebenso unvorstellbar und unwirklich wie heute noch jedem von uns. Es ergab sich aber für ihn ein Fall, in dem die beiden gegensätzlichen Einstellungen zum Tode zusammenstießen und in Konflikt miteinander gerieten, und dieser Fall wurde sehr bedeutsam und reich an fernwirkenden Folgen. Er ereignete sich, wenn der Urmensch einen seiner Angehörigen sterben sah, sein Weib, sein Kind, seinen Freund, die er sicherlich ähnlich liebte wie wir die unseren, denn die Liebe kann nicht um vieles jünger sein als die Mordlust. Da mußte er in seinem Schmerz die Erfahrung machen, daß man auch selbst sterben könne, und sein ganzes Wesen empörte sich gegen dieses Zugeständnis; jeder dieser Lieben war ja doch ein Stück seines eigenen geliebten Ichs. Anderseits war ihm ein solcher Tod doch auch recht, denn in jeder der geliebten Personen stak auch ein Stück Fremdheit. Das Gesetz der Gefühlsambivalenz, das heute noch unsere Gefühlsbeziehungen zu den von uns geliebtesten Personen beherrscht, galt in Urzeiten gewiß noch uneingeschränkter. Somit waren diese geliebten Verstorbenen doch auch Fremde und Feinde gewesen, die einen Anteil von feindseligen Gefühlen bei ihm hervorgerufen hatten[2].

Die Philosophen haben behauptet, das intellektuelle Rätsel, welches das Bild des Todes dem Urmenschen aufgab, habe sein Nachdenken erzwungen und sei der Ausgang jeder Spekulation geworden. Ich glaube, die Philosophen denken da zu – philosophisch, nehmen zu wenig Rücksicht auf die primär wirksamen Motive. Ich möchte darum die obige Behauptung einschränken und korrigieren: An der Leiche des erschlagenen Feindes wird der Urmensch triumphiert haben, ohne einen Anlaß zu finden, sich den Kopf über die Rätsel des Lebens und Todes zu zerbrechen. Nicht das intellektuelle Rätsel und nicht jeder Todesfall, sondern der Gefühlskonflikt beim Tode geliebter und dabei doch auch fremder und gehaßter Personen hat die Forschung der Menschen entbunden. Aus diesem Gefühlskonflikt wurde zunächst die Psychologie

---

[1] Vgl. ›Die infantile Wiederkehr des Totemismus‹ (die letzte Abhandlung in *Totem und Tabu*) [im vorliegenden Band, S. 430 ff.].

[2] Siehe ›Tabu und Ambivalenz‹ (die zweite Abhandlung in *Totem und Tabu*) [unten, S. 350 ff.].

geboren. Der Mensch konnte den Tod nicht mehr von sich fernehalten, da er ihn in dem Schmerz um den Verstorbenen verkostet hatte, aber er wollte ihn doch nicht zugestehen, da er sich selbst nicht tot vorstellen konnte. So ließ er sich auf Kompromisse ein, gab den Tod auch für sich zu, bestritt ihm aber die Bedeutung der Lebensvernichtung, wofür ihm beim Tode des Feindes jedes Motiv gefehlt hatte. An der Leiche der geliebten Person ersann er die Geister, und sein Schuldbewußtsein ob der Befriedigung, die der Trauer beigemengt war, bewirkte, daß diese erstgeschaffenen Geister böse Dämonen wurden, vor denen man sich ängstigen mußte. Die [physischen] Veränderungen des Todes legten ihm die Zerlegung des Individuums in einen Leib und in eine – ursprünglich mehrere – Seelen nahe; in solcher Weise ging sein Gedankengang dem Zersetzungsprozeß, den der Tod einleitet, parallel. Die fortdauernde Erinnerung an den Verstorbenen wurde die Grundlage der Annahme anderer Existenzformen, gab ihm die Idee eines Fortlebens nach dem anscheinenden Tode.

Diese späteren Existenzen waren anfänglich nur Anhängsel an die durch den Tod abgeschlossene, schattenhaft, inhaltsleer und bis in späte Zeiten hinauf geringgeschätzt; sie trugen noch den Charakter kümmerlicher Auskünfte. Wir erinnern, was die Seele des Achilleus dem Odysseus erwidert:

»Denn dich Lebenden einst verehrten wir, gleich den Göttern,
Argos Söhn'; und jetzo gebietest du mächtig den Geistern,
Wohnend allhier. Drum laß dich den Tod nicht reuen, Achilleus.«
Also ich selbst; und sogleich antwortet' er, solches erwidernd:
»Nicht mir rede vom Tod ein Trostwort, edler Odysseus!
Lieber ja wollt' ich das Feld als Tagelöhner bestellen
Einem dürftigen Mann, ohn' Erb' und eigenen Wohlstand,
Als die sämtliche Schar der geschwundenen Toten beherrschen.«

(*Odyssee* XI, Verse 484–491.)

Oder in der kraftvollen, bitter-parodistischen Fassung von H. Heine

Der kleinste lebendige Philister
Zu Stuckert am Neckar, viel glücklicher ist er,
Als ich, der Pelide, der tote Held,
Der Schattenfürst in der Unterwelt[1].

---

[1] [Schlußzeilen in ›Der Scheidende‹, einem der letzten Gedichte Heines.]

Erst später brachten es die Religionen zustande, diese Nachexistenz für die wertvollere, vollgültige auszugeben und das durch den Tod abgeschlossene Leben zu einer bloßen Vorbereitung herabzudrücken. Es war dann nur konsequent, wenn man auch das Leben in die Vergangenheit verlängerte, die früheren Existenzen, die Seelenwanderung und Wiedergeburt ersann, alles in der Absicht, dem Tode seine Bedeutung als Aufhebung des Lebens zu rauben. So frühzeitig hat die Verleugnung des Todes, die wir als konventionell-kulturell bezeichnet haben [s. S. 50], ihren Anfang genommen.

An der Leiche der geliebten Person entstanden nicht nur die Seelenlehre, der Unsterblichkeitsglaube und eine mächtige Wurzel des menschlichen Schuldbewußtseins, sondern auch die ersten ethischen Gebote. Das erste und bedeutsamste Verbot des erwachenden Gewissens lautete: *Du sollst nicht töten.* Es war als Reaktion gegen die hinter der Trauer versteckte Haßbefriedigung am geliebten Toten gewonnen worden und wurde allmählich auf den ungeliebten Fremden und endlich auch auf den Feind ausgedehnt.

An letzterer Stelle wird es vom Kulturmenschen nicht mehr verspürt. Wenn das wilde Ringen dieses Krieges seine Entscheidung gefunden hat, wird jeder der siegreichen Kämpfer froh in sein Heim zurückkehren, zu seinem Weibe und Kindern, unverweilt und ungestört durch Gedanken an die Feinde, die er im Nahkampfe oder durch die fernwirkende Waffe getötet hat. Es ist bemerkenswert, daß sich die primitiven Völker, die noch auf der Erde leben und dem Urmenschen gewiß näher stehen als wir, in diesem Punkte anders verhalten – oder verhalten haben, solange sie noch nicht den Einfluß unserer Kultur erfahren hatten. Der Wilde – Australier, Buschmann, Feuerländer – ist keineswegs ein reueloser Mörder; wenn er als Sieger vom Kriegspfade heimkehrt, darf er sein Dorf nicht betreten und sein Weib nicht berühren, ehe er seine kriegerischen Mordtaten durch oft langwierige und mühselige Bußen gesühnt hat. Natürlich liegt die Erklärung aus seinem Aberglauben nahe; der Wilde fürchtet noch die Geisterrache der Erschlagenen. Aber die Geister der erschlagenen Feinde sind nichts anderes als der Ausdruck seines bösen Gewissens ob seiner Blutschuld; hinter diesem Aberglauben verbirgt sich ein Stück ethischer Feinfühligkeit, welches uns Kulturmenschen verlorengegangen ist[1].

Fromme Seelen, welche unser Wesen gerne von der Berührung mit Bösem

---

[1] S. *Totem und Tabu* [unten, S. 356 ff.].

und Gemeinem ferne wissen möchten, werden gewiß nicht versäumen, aus der Frühzeitigkeit und Eindringlichkeit des Mordverbotes befriedigende Schlüsse zu ziehen auf die Stärke ethischer Regungen, welche uns eingepflanzt sein müssen. Leider beweist dieses Argument noch mehr für das Gegenteil. Ein so starkes Verbot kann sich nur gegen einen ebenso starken Impuls richten. Was keines Menschen Seele begehrt, braucht man nicht zu verbieten [1], es schließt sich von selbst aus. Gerade die Betonung des Gebotes: Du sollst nicht töten, macht uns sicher, daß wir von einer unendlich langen Generationsreihe von Mördern abstammen, denen die Mordlust, wie vielleicht noch uns selbst, im Blute lag. Die ethischen Strebungen der Menschheit, an deren Stärke und Bedeutsamkeit man nicht zu nörgeln braucht, sind ein Erwerb der Menschengeschichte; in leider sehr wechselndem Ausmaße sind sie dann zum ererbten Besitze der heute lebenden Menschheit geworden.

Verlassen wir nun den Urmenschen und wenden wir uns dem Unbewußten im eigenen Seelenleben zu. Wir fußen hier ganz auf der Untersuchungsmethode der Psychoanalyse, der einzigen, die in solche Tiefen reicht. Wir fragen: Wie verhält sich unser Unbewußtes zum Problem des Todes? Die Antwort muß lauten: fast genauso wie der Urmensch. In dieser wie in vielen anderen Hinsichten lebt der Mensch der Vorzeit ungeändert in unserem Unbewußten fort. Also unser Unbewußtes glaubt nicht an den eigenen Tod, es gebärdet sich wie unsterblich. Was wir unser »Unbewußtes« heißen, die tiefsten, aus Triebregungen bestehenden Schichten unserer Seele, kennt überhaupt nichts Negatives, keine Verneinung – Gegensätze fallen in ihm zusammen – und kennt darum auch nicht den eigenen Tod, dem wir nur einen negativen Inhalt geben können. Dem Todesglauben kommt also nichts Triebhaftes in uns entgegen. Vielleicht ist dies sogar das Geheimnis des Heldentums. Die rationelle Begründung des Heldentums ruht auf dem Urteile, daß das eigene Leben nicht so wertvoll sein kann wie gewisse abstrakte und allgemeine Güter. Aber ich meine, häufiger dürfte das instinktive und impulsive Heldentum sein, welches von solcher Motivierung absieht und einfach nach der Zusicherung des Anzengruberschen Steinklopferhanns: *»Es kann dir nix g'scheh'n«*, den Gefahren trotzt [2]. Oder jene Motivie-

[1] Vgl. die glänzende Argumentation von Frazer (Freud, *Totem und Tabu* [unten, S. 408–9]).

[2] [Aus dem Volksstück *Die Kreuzelschreiber* des Wiener Schriftstellers und Dramatikers Ludwig Anzengruber (1839–89). Dies ist ein Lieblingszitat Freuds, das er auch in ›Der Dichter und das Phantasieren‹ (1908 *e*), *Studienausgabe*, Bd. 10, S. 176, anführt.]

rung dient nur dazu, die Bedenken wegzuräumen, welche die dem Unbewußten entsprechende heldenhafte Reaktion hintanhalten können. Die Todesangst, unter deren Herrschaft wir häufiger stehen, als wir selbst wissen, ist dagegen etwas Sekundäres und meist aus Schuldbewußtsein hervorgegangen [1].

Anderseits anerkennen wir den Tod für Fremde und Feinde und verhängen ihn über sie ebenso bereitwillig und unbedenklich wie der Urmensch. Hier zeigt sich freilich ein Unterschied, den man in der Wirklichkeit für entscheidend erklären wird. Unser Unbewußtes führt die Tötung nicht aus, es denkt und wünscht sie bloß. Aber es wäre unrecht, diese *psychische* Realität im Vergleiche zur *faktischen* so ganz zu unterschätzen. Sie ist bedeutsam und folgenschwer genug. Wir beseitigen in unseren unbewußten Regungen täglich und stündlich alle, die uns im Wege stehen, die uns beleidigt und geschädigt haben. Das »Hol' ihn der Teufel«, das sich so häufig in scherzendem Unmute über unsere Lippen drängt und das eigentlich sagen will: »Hol' ihn der Tod«, in unserem Unbewußten ist es ernsthafter, kraftvoller Todeswunsch. Ja, unser Unbewußtes mordet selbst für Kleinigkeiten; wie die alte athenische Gesetzgebung des Drakon kennt es für Verbrechen keine andere Strafe als den Tod, und dies mit einer gewissen Konsequenz, denn jede Schädigung unseres allmächtigen und selbstherrlichen Ichs ist im Grunde ein *crimen laesae majestatis*.

So sind wir auch selbst, wenn man uns nach unseren unbewußten Wunschregungen beurteilt, wie die Urmenschen eine Rotte von Mördern. Es ist ein Glück, daß alle diese Wünsche nicht die Kraft besitzen, die ihnen die Menschen in Urzeiten noch zutrauten [2]; in dem Kreuzfeuer der gegenseitigen Verwünschungen wäre die Menschheit längst zugrunde gegangen, die besten und weisesten der Männer darunter wie die schönsten und holdesten der Frauen.

Mit Aufstellungen wie diesen findet die Psychoanalyse bei den Laien meist keinen Glauben. Man weist sie als Verleumdungen zurück, welche gegen die Versicherungen des Bewußtseins nicht in Betracht kommen, und übersieht geschickt die geringen Anzeichen, durch welche sich auch das Unbewußte dem Bewußtsein zu verraten pflegt. Es ist darum am Platze, darauf hinzuweisen, daß viele Denker, die nicht von der Psycho-

---

[1] [Ausführlichere Erörterungen der Todesangst finden sich in den Schlußabsätzen von *Das Ich und das Es* (1923 *b*) und am Ende des Kapitels VII von *Hemmung, Symptom und Angst* (1926 *d*), *Studienausgabe*, Bd. 6, S. 271 f.]

[2] Vgl. über »Allmacht der Gedanken« in *Totem und Tabu* [unten, S. 374–5].

analyse beeinflußt sein konnten, die Bereitschaft unserer stillen Gedanken, mit Hinwegsetzung über das Mordverbot zu beseitigen, was uns im Wege steht, deutlich genug angeklagt haben. Ich wähle hiefür ein einziges berühmt gewordenes Beispiel an Stelle vieler anderer:

Im *Père Goriot* spielt Balzac auf eine Stelle in den Werken J. J. Rousseaus an, in welcher dieser Autor den Leser fragt, was er wohl tun würde, wenn er – ohne Paris zu verlassen und natürlich ohne entdeckt zu werden – einen alten Mandarin in Peking durch einen bloßen Willensakt töten könnte, dessen Ableben ihm einen großen Vorteil einbringen müßte. Er läßt erraten, daß er das Leben dieses Würdenträgers für nicht sehr gesichert hält. »*Tuer son mandarin*« ist dann sprichwörtlich geworden für diese geheime Bereitschaft auch der heutigen Menschen.

Es gibt auch eine ganze Anzahl von zynischen Witzen und Anekdoten, welche nach derselben Richtung Zeugnis ablegen, wie z. B. die dem Ehemanne zugeschriebene Äußerung: »Wenn einer von uns beiden stirbt, übersiedle ich nach Paris.« Solche zynische Witze wären nicht möglich, wenn sie nicht eine verleugnete Wahrheit mitzuteilen hätten, zu der man sich nicht bekennen darf, wenn sie ernsthaft und unverhüllt ausgesprochen wird. Im Scherz darf man bekanntlich sogar die Wahrheit sagen.

Wie für den Urmenschen, so ergibt sich auch für unser Unbewußtes ein Fall, in dem die beiden entgegengesetzten Einstellungen gegen den Tod, die eine, welche ihn als Lebensvernichtung anerkennt, und die andere, die ihn als unwirklich verleugnet, zusammenstoßen und in Konflikt geraten. Und dieser Fall ist der nämliche wie in der Urzeit, der Tod oder die Todesgefahr eines unserer Lieben, eines Eltern- oder Gattenteils, eines Geschwisters, Kindes oder lieben Freundes. Diese Lieben sind uns einerseits ein innerer Besitz, Bestandteile unseres eigenen Ichs, anderseits aber auch teilweise Fremde, ja Feinde. Den zärtlichsten und innigsten unserer Liebesbeziehungen hängt mit Ausnahme ganz weniger Situationen ein Stückchen Feindseligkeit an, welches den unbewußten Todeswunsch anregen kann. Aus diesem Ambivalenzkonflikt geht aber nicht wie dereinst die Seelenlehre und die Ethik hervor, sondern die Neurose, die uns tiefe Einblicke auch in das normale Seelenleben gestattet. Wie häufig haben die psychoanalytisch behandelnden Ärzte mit dem Symptom der überzärtlichen Sorge um das Wohl der Angehörigen oder mit völlig unbegründeten Selbstvorwürfen nach dem Tode einer geliebten Person zu tun gehabt. Das Studium dieser Vorfälle hat ihnen über die Verbreitung und Bedeutung der unbewußten Todeswünsche keinen Zweifel gelassen.

Der Laie empfindet ein außerordentliches Grauen vor dieser Gefühlsmöglichkeit und nimmt diese Abneigung als legitimen Grund zum Unglauben gegen die Behauptungen der Psychoanalyse. Ich meine mit Unrecht. Es wird keine Herabsetzung unseres Liebeslebens beabsichtigt, und es liegt auch keine solche vor. Unserem Verständnis wie unserer Empfindung liegt es freilich ferne, Liebe und Haß in solcher Weise miteinander zu verkoppeln, aber indem die Natur mit diesem Gegensatzpaar arbeitet, bringt sie es zustande, die Liebe immer wach und frisch zu erhalten, um sie gegen den hinter ihr lauernden Haß zu versichern. Man darf sagen, die schönsten Entfaltungen unseres Liebeslebens danken wir der *Reaktion* gegen den feindseligen Impuls, den wir in unserer Brust verspüren.

Resümieren wir nun: Unser Unbewußtes ist gegen die Vorstellung des eigenen Todes ebenso unzugänglich, gegen den Fremden ebenso mordlustig, gegen die geliebte Person ebenso zwiespältig (ambivalent) wie der Mensch der Urzeit. Wie weit haben wir uns aber in der konventionell-kulturellen Einstellung gegen den Tod von diesem Urzustande entfernt!

Es ist leicht zu sagen, wie der Krieg in diese Entzweiung eingreift. Er streift uns die späteren Kulturauflagerungen ab und läßt den Urmenschen in uns wieder zum Vorschein kommen. Er zwingt uns wieder, Helden zu sein, die an den eigenen Tod nicht glauben können; er bezeichnet uns die Fremden als Feinde, deren Tod man herbeiführen oder herbeiwünschen soll; er rät uns, uns über den Tod geliebter Personen hinwegzusetzen. Der Krieg ist aber nicht abzuschaffen; solange die Existenzbedingungen der Völker so verschieden und die Abstoßungen unter ihnen so heftig sind, wird es Kriege geben müssen. Da erhebt sich denn die Frage: Sollen wir nicht diejenigen sein, die nachgeben und sich ihm anpassen? Sollen wir nicht zugestehen, daß wir mit unserer kulturellen Einstellung zum Tode psychologisch wieder einmal über unseren Stand gelebt haben, und vielmehr umkehren und die Wahrheit fatieren? Wäre es nicht besser, dem Tode den Platz in der Wirklichkeit und in unseren Gedanken einzuräumen, der ihm gebührt, und unsere unbewußte Einstellung zum Tode, die wir bisher so sorgfältig unterdrückt haben, ein wenig mehr hervorzukehren? Es scheint das keine Höherleistung zu sein, eher ein Rückschritt in manchen Stücken, eine Regression, aber es hat den Vorteil, der Wahrhaftigkeit mehr Rechnung zu tragen und uns das Leben wieder erträglicher zu machen. Das Leben zu ertragen bleibt ja doch die erste Pflicht aller Lebenden. Die Illusion wird wertlos, wenn sie uns darin stört.

Wir erinnern uns des alten Spruches: *Si vis pacem, para bellum.* Wenn du den Frieden erhalten willst, so rüste zum Kriege.

Es wäre zeitgemäß, ihn abzuändern: *Si vis vitam, para mortem.* Wenn du das Leben aushalten willst, richte dich auf den Tod ein.

Massenpsychologie und Ich-Analyse

(1921)

EDITORISCHE VORBEMERKUNG

Deutsche Ausgaben:

1921 Leipzig, Wien und Zürich, Internationaler Psychoanalytischer Verlag. III + 140 Seiten.
1923 2. Aufl., im gleichen Verlag. IV + 120 Seiten.
1925 *G. S.*, Bd. 6, S. 261–349.
1931 *Theoretische Schriften*, 248–337.
1940 *G. W.*, Bd. 13, 71–161.

In der ersten deutschen Ausgabe sind einige Absätze im Text petit gesetzt. James Strachey, der die 1922 erschienene englische Übersetzung besorgte, war von Freud damals instruiert worden, diese Absätze als Fußnoten zu bringen. Das gleiche geschah dann in allen späteren deutschen Ausgaben, mit Ausnahme des auf S. 90, unten, in der editorischen Anmerkung erwähnten Falles. Freud nahm in den späteren Ausgaben des Werkes einige kleinere Änderungen und Ergänzungen vor, darauf wird in den Fußnoten hingewiesen.

Aus Freuds Briefen an Ferenczi geht hervor, daß ihm ein erster »einfacher« Gedanke zur Erklärung der Psychologie von Massen im Frühjahr 1919 eingefallen war. Er verfolgte diese Idee damals jedoch zunächst nicht weiter. Im Februar 1920 setzte er sich dann erneut an dieses Thema und beendete einen ersten Entwurf im August desselben Jahres. Aber erst im Februar 1921 begann er, der Studie ihre endgültige Gestalt zu geben. Das Buch war noch vor Ende März 1921 abgeschlossen und erschien drei oder vier Monate später im Druck.
Zwischen dem vorliegenden Werk und der kurz zuvor erschienenen Arbeit *Jenseits des Lustprinzips* (1920g) besteht kaum irgendein direkter Zusammenhang. Die Gedankengänge, die Freud hier aufnimmt, sind eher von der vierten Abhandlung in *Totem und Tabu* (1912–13), von seiner Narzißmus-Arbeit (1914*c*) (deren letzter Absatz in stark kondensierter Form viele der in der vorliegenden Arbeit aufgegriffenen Fragen behandelt) und von ›Trauer und Melancholie‹ (1917*e*) herzuleiten. Überdies wendet Freud sich hier wieder seinem früheren Interesse an Hypnose und Suggestion zu, das aus der Zeit seines Studienaufenthaltes bei Charcot in Paris in den Jahren 1885–86 datierte.
Wie schon im Titel angedeutet, ist das Werk in zweierlei Richtung wichtig. Einerseits erklärt es die Massenpsychologie auf Grund der Veränderungen in der Psyche des Individuums. Andererseits führt Freud darin seine Erforschung

der Struktur der Psyche, die in *Jenseits des Lustprinzips* (1920 g) schon angedeutet worden war und später in *Das Ich und das Es* (1923 *b*) umfassend behandelt werden sollte, um eine Etappe weiter.

I
EINLEITUNG

Der Gegensatz von Individual- und Sozial- oder Massenpsychologie, der uns auf den ersten Blick als sehr bedeutsam erscheinen mag, verliert bei eingehender Betrachtung sehr viel von seiner Schärfe. Die Individualpsychologie ist zwar auf den einzelnen Menschen eingestellt und verfolgt, auf welchen Wegen derselbe die Befriedigung seiner Triebregungen zu erreichen sucht, allein sie kommt dabei nur selten, unter bestimmten Ausnahmsbedingungen, in die Lage, von den Beziehungen dieses Einzelnen zu anderen Individuen abzusehen. Im Seelenleben des Einzelnen kommt ganz regelmäßig der andere als Vorbild, als Objekt, als Helfer und als Gegner in Betracht, und die Individualpsychologie ist daher von Anfang an auch gleichzeitig Sozialpsychologie in diesem erweiterten, aber durchaus berechtigten Sinne.

Das Verhältnis des Einzelnen zu seinen Eltern und Geschwistern, zu seinem Liebesobjekt, zu seinem Lehrer und zu seinem Arzt, also alle die Beziehungen, welche bisher vorzugsweise Gegenstand der psychoanalytischen Untersuchung geworden sind, können den Anspruch erheben, als soziale Phänomene gewürdigt zu werden, und stellen sich dann in Gegensatz zu gewissen anderen, von uns *narzißtisch* genannten Vorgängen, bei denen die Triebbefriedigung sich dem Einfluß anderer Personen entzieht oder auf sie verzichtet. Der Gegensatz zwischen sozialen und narzißtischen – Bleuler [1912] würde vielleicht sagen: *autistischen* – seelischen Akten fällt also durchaus innerhalb des Bereichs der Individualpsychologie und eignet sich nicht dazu, sie von einer Sozial- oder Massenpsychologie abzutrennen.

In den erwähnten Verhältnissen zu Eltern und Geschwistern, zur Geliebten, zum Freund, Lehrer und zum Arzt erfährt der Einzelne immer nur den Einfluß einer einzigen oder einer sehr geringen Anzahl von Personen, von denen eine jede eine großartige Bedeutung für ihn erworben hat. Man hat sich nun gewöhnt, wenn man von Sozial- oder Massenpsychologie spricht, von diesen Beziehungen abzusehen und die gleichzeitige Beeinflussung des Einzelnen durch eine große Anzahl von Personen, mit denen er durch irgend etwas verbunden ist, während sie ihm sonst in vielen Hinsichten fremd sein mögen, als Gegenstand der

Untersuchung abzusondern. Die Massenpsychologie behandelt also den einzelnen Menschen als Mitglied eines Stammes, eines Volkes, einer Kaste, eines Standes, einer Institution oder als Bestandteil eines Menschenhaufens, der sich zu einer gewissen Zeit für einen bestimmten Zweck zur Masse organisiert. Nach dieser Zerreißung eines natürlichen Zusammenhanges lag es dann nahe, die Erscheinungen, die sich unter diesen besonderen Bedingungen zeigen, als Äußerungen eines besonderen, weiter nicht zurückführbaren Triebes anzusehen, des sozialen Triebes – *herd instinct, group mind* –, der in anderen Situationen nicht zum Ausdruck kommt. Wir dürfen aber wohl den Einwand erheben, es falle uns schwer, dem Moment der Zahl eine so große Bedeutung einzuräumen, daß es ihm allein möglich sein sollte, im menschlichen Seelenleben einen neuen und sonst nicht betätigten Trieb zu wecken. Unsere Erwartung wird somit auf zwei andere Möglichkeiten hingelenkt: daß der soziale Trieb kein ursprünglicher und unzerlegbarer sein mag und daß die Anfänge seiner Bildung in einem engeren Kreis, wie etwa in dem der Familie, gefunden werden können.

Die Massenpsychologie, obwohl erst in ihren Anfängen befindlich, umfaßt eine noch unübersehbare Fülle von Einzelproblemen und stellt dem Untersucher ungezählte, derzeit noch nicht einmal gut gesonderte Aufgaben. Die bloße Gruppierung der verschiedenen Formen von Massenbildung und die Beschreibung der von ihnen geäußerten psychischen Phänomene erfordern einen großen Aufwand von Beobachtung und Darstellung und haben bereits eine reichhaltige Literatur entstehen lassen. Wer dies schmale Büchlein an dem Umfang der Massenpsychologie mißt, wird ohneweiters vermuten dürfen, daß hier nur wenige Punkte des ganzen Stoffes behandelt werden sollen. Es werden wirklich auch nur einige Fragen sein, an denen die Tiefenforschung der Psychoanalyse ein besonderes Interesse nimmt.

II
LE BONS SCHILDERUNG DER MASSENSEELE

Zweckmäßiger als eine Definition voranzustellen scheint es, mit einem Hinweis auf das Erscheinungsgebiet zu beginnen und aus diesem einige besonders auffällige und charakteristische Tatsachen herauszugreifen, an welche die Untersuchung anknüpfen kann. Wir erreichen beides durch einen Auszug aus dem mit Recht berühmt gewordenen Buch von Le Bon, *Psychologie der Massen*[1].

Machen wir uns den Sachverhalt nochmals klar: Wenn die Psychologie, welche die Anlagen, Triebregungen, Motive, Absichten eines einzelnen Menschen bis zu seinen Handlungen und in die Beziehungen zu seinen Nächsten verfolgt, ihre Aufgabe restlos gelöst und alle diese Zusammenhänge durchsichtig gemacht hätte, dann fände sie sich plötzlich vor einer neuen Aufgabe, die sich ungelöst vor ihr erhebt. Sie müßte die überraschende Tatsache erklären, daß dies ihr verständlich gewordene Individuum unter einer bestimmten Bedingung ganz anders fühlt, denkt und handelt, als von ihm zu erwarten stand, und diese Bedingung ist die Einreihung in eine Menschenmenge, welche die Eigenschaft einer »psychologischen Masse« erworben hat. Was ist nun eine »Masse«, wodurch erwirbt sie die Fähigkeit, das Seelenleben des Einzelnen so entscheidend zu beeinflussen, und worin besteht die seelische Veränderung, die sie dem Einzelnen aufnötigt?

Diese drei Fragen zu beantworten, ist die Aufgabe einer theoretischen Massenpsychologie. Man greift sie offenbar am besten an, wenn man von der dritten ausgeht. Es ist die Beobachtung der veränderten Reaktion des Einzelnen, welche der Massenpsychologie den Stoff liefert; jedem Erklärungsversuch muß ja die Beschreibung des zu Erklärenden vorausgehen.

Ich lasse nun Le Bon zu Worte kommen. Er sagt (S. 13 [der Übersetzung, 1912]): »An einer psychologischen Masse ist das Sonderbarste

[1] Übersetzt von Dr. Rudolf Eisler, zweite Auflage 1912. [Französische Originalausgabe *Psychologie des foules*, 1895. – Freud benutzt als Übersetzung für Le Bons *»foule«* wie auch für McDougalls *»group«* den Terminus »Masse« (s. das nächste Kapitel). Um Mißverständnissen vorzubeugen, sei angemerkt, daß McDougall selbst Le Bons *»foule«* mit *»crowd«* übersetzt und zwischen *»crowd«* und dem weniger umfassenden Ausdruck *»group«* unterscheidet.]

dies: welcher Art auch die sie zusammensetzenden Individuen sein mögen, wie ähnlich oder unähnlich ihre Lebensweise, Beschäftigung, ihr Charakter oder ihre Intelligenz ist, durch den bloßen Umstand ihrer Umformung zur Masse besitzen sie eine Kollektivseele, vermöge deren sie in ganz anderer Weise fühlen, denken und handeln, als jedes von ihnen für sich fühlen, denken und handeln würde. Es gibt Ideen und Gefühle, die nur bei den zu Massen verbundenen Individuen auftreten oder sich in Handlungen umsetzen. Die psychologische Masse ist ein provisorisches Wesen, das aus heterogenen Elementen besteht, die für einen Augenblick sich miteinander verbunden haben, genauso wie die Zellen des Organismus durch ihre Vereinigung ein neues Wesen mit ganz anderen Eigenschaften als denen der einzelnen Zellen bilden.«

Indem wir uns die Freiheit nehmen, die Darstellung Le Bons durch unsere Glossen zu unterbrechen, geben wir hier der Bemerkung Raum: Wenn die Individuen in der Masse zu einer Einheit verbunden sind, so muß es wohl etwas geben, was sie aneinander bindet, und dies Bindemittel könnte gerade das sein, was für die Masse charakteristisch ist. Allein Le Bon beantwortet diese Frage nicht, er geht auf die Veränderung des Individuums in der Masse ein und beschreibt sie in Ausdrücken, welche mit den Grundvoraussetzungen unserer Tiefenpsychologie in guter Übereinstimmung stehen.

(Ibid., 14.) »Leicht ist die Feststellung des Maßes von Verschiedenheit des einer Masse angehörenden vom isolierten Individuum, weniger leicht ist aber die Entdeckung der Ursachen dieser Verschiedenheit.«

»Um diese Ursachen wenigstens einigermaßen zu finden, muß man sich zunächst der von der modernen Psychologie gemachten Feststellung erinnern, daß nicht bloß im organischen Leben, sondern auch in den intellektuellen Funktionen die unbewußten Phänomene eine überwiegende Rolle spielen. Das bewußte Geistesleben stellt nur einen recht geringen Teil neben dem unbewußten Seelenleben dar. Die feinste Analyse, die schärfste Beobachtung gelangt nur zu einer kleinen Anzahl bewußter[1] Motive des Seelenlebens. Unsere bewußten Akte leiten sich aus einem, besonders durch Vererbungseinflüsse geschaffenen, unbewußten Substrat her. Dieses enthält die zahllosen Ahnenspuren, aus denen sich die Rassenseele konstituiert. Hinter den eingestandenen Motiven unserer Handlungen gibt es zweifellos die geheimen Gründe, die wir nicht eingeste-

[1] [Von den Herausgebern der *G. W.* (1940) wurde in einer Fußnote darauf hingewiesen, daß im französischen Original an dieser Stelle *»inconscients«* steht.]

hen, hinter diesen liegen aber noch geheimere, die wir nicht einmal kennen. Die Mehrzahl unserer alltäglichen Handlungen ist nur die Wirkung verborgener, uns entgehender Motive.«

In der Masse, meint Le Bon, verwischen sich die individuellen Erwerbungen der Einzelnen, und damit verschwindet deren Eigenart. Das rassenmäßige Unbewußte tritt hervor, das Heterogene versinkt im Homogenen. Wir würden sagen, der psychische Oberbau, der sich bei den Einzelnen so verschiedenartig entwickelt hat, wird abgetragen, entkräftet, und das bei allen gleichartige unbewußte Fundament wird bloßgelegt (wirksam gemacht).

Auf diese Weise käme ein durchschnittlicher Charakter der Massenindividuen zustande. Allein Le Bon findet, sie zeigen auch neue Eigenschaften, die sie vorher nicht besessen haben, und sucht den Grund dafür in drei verschiedenen Momenten.

(Ibid., 15.) »Die erste dieser Ursachen besteht darin, daß das Individuum in der Masse schon durch die Tatsache der Menge ein Gefühl unüberwindlicher Macht erlangt, welches ihm gestattet, Trieben zu frönen, die es allein notwendig gezügelt hätte. Es wird dies nun um so weniger Anlaß haben, als bei der Anonymität und demnach auch Unverantwortlichkeit der Masse das Verantwortlichkeitsgefühl, welches die Individuen stets zurückhält, völlig schwindet.«

Wir brauchten von unserem Standpunkt weniger Wert auf das Auftauchen neuer Eigenschaften zu legen. Es genügte uns zu sagen, das Individuum komme in der Masse unter Bedingungen, die ihm gestatten, die Verdrängungen seiner unbewußten Triebregungen abzuwerfen. Die anscheinend neuen Eigenschaften, die es dann zeigt, sind eben die Äußerungen dieses Unbewußten, in dem ja alles Böse der Menschenseele in der Anlage enthalten ist; das Schwinden des Gewissens oder Verantwortlichkeitsgefühls unter diesen Umständen macht unserem Verständnis keine Schwierigkeit. Wir hatten längst behauptet, der Kern des sogenannten Gewissens sei »soziale Angst« [1].

---

[1] Eine gewisse Differenz zwischen der Anschauung Le Bons und der unserigen stellt sich dadurch her, daß sein Begriff des Unbewußten nicht ganz mit dem von der Psychoanalyse angenommenen zusammenfällt. Das Unbewußte Le Bons enthält vor allem die tiefsten Merkmale der Rassenseele, welche für die individuelle Psychoanalyse eigentlich außer Betracht kommt. Wir verkennen zwar nicht, daß der Kern des Ichs (das Es, wie ich es später genannt habe), dem die »archaische Erbschaft« der Menschenseele angehört, unbewußt ist, aber wir sondern außerdem das »unbewußte Verdrängte« ab, welches aus einem Anteil dieser Erbschaft hervorgegangen ist. Dieser Begriff des Verdrängten fehlt bei Le Bon. [Hinsichtlich der Beziehung von Gewissen zu »sozialer

(Ibid., 16.) »Eine zweite Ursache, die Ansteckung, trägt ebenso dazu bei, bei den Massen die Äußerung spezieller Merkmale und zugleich deren Richtung zu bewerkstelligen. Die Ansteckung ist ein leicht zu konstatierendes, aber unerklärliches Phänomen, das man den von uns sogleich zu studierenden Phänomenen hypnotischer Art zurechnen muß. In der Menge ist jedes Gefühl, jede Handlung ansteckend, und zwar in so hohem Grade, daß das Individuum sehr leicht sein persönliches Interesse dem Gesamtinteresse opfert. Es ist dies eine seiner Natur durchaus entgegengesetzte Fähigkeit, deren der Mensch nur als Massenbestandteil fähig ist.«

Wir werden auf diesem letzten Satz später eine wichtige Vermutung begründen.

(Ibid., 16.) »Eine dritte, und zwar die wichtigste Ursache bedingt in den zur Masse vereinigten Individuen besondere Eigenschaften, welche denen des isolierten Individuums völlig entgegengesetzt sind. Ich rede hier von der Suggestibilität, von der die erwähnte Ansteckung übrigens nur eine Wirkung ist.«

»Zum Verständnis dieser Erscheinung gehört die Vergegenwärtigung gewisser neuer Entdeckungen der Physiologie. Wir wissen jetzt, daß ein Mensch mittels mannigfacher Prozeduren in einen solchen Zustand versetzt werden kann, daß er nach Verlust seiner ganzen bewußten Persönlichkeit allen Suggestionen desjenigen gehorcht, der ihn seines Persönlichkeitsbewußtseins beraubt hat, und daß er die zu seinem Charakter und seinen Gewohnheiten in schärfstem Gegensatz stehenden Handlungen begeht. Nun scheinen sehr sorgfältige Beobachtungen darzutun, daß eine Zeitlang im Schoße einer tätigen Masse eingebettetes Individuum in Bälde – durch Ausströmungen, die von ihr ausgehen, oder sonst eine unbekannte Ursache – sich in einem Sonderzustand befindet, der sich sehr der Faszination nähert, die den Hypnotisierten unter dem Einfluß des Hypnotisators befällt ... Die bewußte Persönlichkeit ist völlig geschwunden, Wille und Unterscheidungsvermögen fehlen, alle Gefühle und Gedanken sind nach der durch den Hypnotisator hergestellten Richtung orientiert.«

»So ungefähr verhält sich auch der Zustand des einer psychologischen Masse angehörenden Individuums. Es ist sich seiner Handlungen nicht mehr bewußt. Wie beim Hypnotisierten können bei ihm, während zugleich gewisse Fähigkeiten aufgehoben sind, andere auf einen Grad

Angst« s. eine ähnliche Bemerkung in ›Zeitgemäßes über Krieg und Tod‹ (1915 *b*), oben, S. 40; s. jedoch auch die editorische Anmerkung dazu.]

höchster Stärke gebracht werden. Unter dem Einflusse einer Suggestion wird es sich mit einem unwiderstehlichen Triebe an die Ausführung bestimmter Handlungen machen. Und dieses Ungestüm ist bei den Massen noch unwiderstehlicher als beim Hypnotisierten, weil die für alle Individuen gleiche Suggestion durch Gegenseitigkeit anwächst.«

(Ibid., 17.) »Die Hauptmerkmale des in der Masse befindlichen Individuums sind demnach: Schwund der bewußten Persönlichkeit, Vorherrschaft der unbewußten Persönlichkeit, Orientierung der Gedanken und Gefühle in derselben Richtung durch Suggestion und Ansteckung, Tendenz zur unverzüglichen Verwirklichung der suggerierten Ideen. Das Individuum ist nicht mehr es selbst, es ist ein willenloser Automat geworden.«

Ich habe dieses Zitat so ausführlich wiedergegeben, um zu bekräftigen, daß Le Bon den Zustand des Individuums in der Masse wirklich für einen hypnotischen erklärt, nicht etwa ihn bloß mit einem solchen vergleicht. Wir beabsichtigen hier keinen Widerspruch, wollen nur hervorheben, daß die beiden letzten Ursachen der Veränderung des Einzelnen in der Masse, die Ansteckung und die höhere Suggerierbarkeit, offenbar nicht gleichartig sind, da ja die Ansteckung auch eine Äußerung der Suggerierbarkeit sein soll. Auch die Wirkungen der beiden Momente scheinen uns im Text Le Bons nicht scharf geschieden. Vielleicht deuten wir seine Äußerung am besten aus, wenn wir die Ansteckung auf die Wirkung der einzelnen Mitglieder der Masse aufeinander beziehen, während die mit den Phänomenen der hypnotischen Beeinflussung gleichgestellten Suggestionserscheinungen in der Masse auf eine andere Quelle hinweisen. Auf welche aber? Es muß uns als eine empfindliche Unvollständigkeit berühren, daß eines der Hauptstücke dieser Angleichung, nämlich die Person, welche für die Masse den Hypnotiseur ersetzt, in der Darstellung Le Bons nicht erwähnt wird. Immerhin unterscheidet er von diesem im dunkeln gelassenen faszinierenden Einfluß die ansteckende Wirkung, die die Einzelnen aufeinander ausüben, durch welche die ursprüngliche Suggestion verstärkt wird.

Noch ein wichtiger Gesichtspunkt für die Beurteilung des Massenindividuums: (Ibid., 17.) »Ferner steigt durch die bloße Zugehörigkeit zu einer organisierten Masse der Mensch mehrere Stufen auf der Leiter der Zivilisation herab. In seiner Vereinzelung war er vielleicht ein gebildetes Individuum, in der Masse ist er ein Barbar, das heißt ein Triebwesen. Er besitzt die Spontaneität, die Heftigkeit, die Wildheit und auch den Enthusiasmus und Heroismus primitiver Wesen.« Er verweilt dann noch besonders bei der Herabsetzung der intellektuellen Leistung, die der Einzelne durch sein Aufgehen in der Masse erfährt[1].

Verlassen wir nun den Einzelnen und wenden wir uns zur Beschreibung der Massenseele, wie Le Bon sie entwirft. Es ist kein Zug darin, dessen Ableitung und Unterbringung dem Psychoanalytiker Schwierigkeiten bereiten würde. Le Bon weist uns selbst den Weg, indem er auf die Übereinstimmung mit dem Seelenleben der Primitiven und der Kinder hinweist. (Ibid., 19.)

Die Masse ist impulsiv, wandelbar und reizbar. Sie wird fast ausschließlich vom Unbewußten geleitet[2]. Die Impulse, denen die Masse gehorcht, können je nach Umständen edel oder grausam, heroisch oder feige sein, jedenfalls aber sind sie so gebieterisch, daß nicht das persönliche, nicht einmal das Interesse der Selbsterhaltung zur Geltung kommt. (Ibid., 20.) Nichts ist bei ihr vorbedacht. Wenn sie auch die Dinge leidenschaftlich begehrt, so doch nie für lange, sie ist unfähig zu einem Dauerwillen. Sie verträgt keinen Aufschub zwischen ihrem Begehren und der Verwirklichung des Begehrten. Sie hat das Gefühl der Allmacht, für das Individuum in der Masse schwindet der Begriff des Unmöglichen[3].

Die Masse ist außerordentlich beeinflußbar und leichtgläubig, sie ist kritiklos, das Unwahrscheinliche existiert für sie nicht. Sie denkt in Bildern, die einander assoziativ hervorrufen, wie sie sich beim Einzelnen in Zuständen des freien Phantasierens einstellen, und die von keiner verständigen Instanz an der Übereinstimmung mit der Wirklichkeit gemessen werden. Die Gefühle der Masse sind stets sehr einfach und sehr überschwenglich. Die Masse kennt also weder Zweifel noch Ungewißheit[4].

Sie geht sofort zum Äußersten, der ausgesprochene Verdacht wandelt

---

[1] Vgl. das Schillersche Distichon [›G. G.‹, einer der ›Sprüche‹]:

»Jeder, sieht man ihn einzeln, ist leidlich klug und verständig;
Sind sie *in corpore,* gleich wird euch ein Dummkopf daraus.«

[2] Unbewußt wird von Le Bon richtig im Sinne der Deskription gebraucht, wo es nicht allein das »Verdrängte« bedeutet.

[3] Vgl. *Totem und Tabu* (1912–13), III., ›Animismus, Magie und Allmacht der Gedanken‹ [unten, S. 374 ff.].

[4] In der Deutung der Träume, denen wir ja unsere beste Kenntnis vom unbewußten Seelenleben verdanken, befolgen wir die technische Regel, daß von Zweifel und Unsicherheit in der Traumerzählung abgesehen und jedes Element des manifesten Traumes als gleich gesichert behandelt wird. Wir leiten Zweifel und Unsicherheit von der Einwirkung der Zensur ab, welcher die Traumarbeit unterliegt, und nehmen an, daß die primären Traumgedanken Zweifel und Unsicherheit als kritische Leistung nicht kennen. Als Inhalte mögen sie natürlich, wie alles andere, in den zum Traum führenden Tagesresten vorkommen. (S. *Traumdeutung* [1900 *a*], 7. Aufl. 1922, S. 386 [*Studienausgabe*, Bd. 2, S. 494–5].)

sich bei ihr sogleich in unumstößliche Gewißheit, ein Keim von Antipathie wird zum wilden Haß. (Ibid., 32.)[1]
Selbst zu allen Extremen geneigt, wird die Masse auch nur durch übermäßige Reize erregt. Wer auf sie wirken will, bedarf keiner logischen Abmessung seiner Argumente, er muß in den kräftigsten Bildern malen, übertreiben und immer das gleiche wiederholen.
Da die Masse betreffs des Wahren oder Falschen nicht im Zweifel ist und dabei das Bewußtsein ihrer großen Kraft hat, ist sie ebenso intolerant wie autoritätsgläubig. Sie respektiert die Kraft und läßt sich von der Güte, die für sie nur eine Art von Schwäche bedeutet, nur mäßig beeinflussen. Was sie von ihren Helden verlangt, ist Stärke, selbst Gewalttätigkeit. Sie will beherrscht und unterdrückt werden und ihren Herrn fürchten. Im Grunde durchaus konservativ, hat sie tiefen Abscheu vor allen Neuerungen und Fortschritten und unbegrenzte Ehrfurcht vor der Tradition. (Ibid., 37.)
Um die Sittlichkeit der Massen richtig zu beurteilen, muß man in Betracht ziehen, daß im Beisammensein der Massenindividuen alle individuellen Hemmungen entfallen und alle grausamen, brutalen, destruktiven Instinkte, die als Überbleibsel der Urzeit im Einzelnen schlummern, zur freien Triebbefriedigung geweckt werden. Aber die Massen sind auch unter dem Einfluß der Suggestion hoher Leistungen von Entsagung, Uneigennützigkeit, Hingebung an ein Ideal fähig. Während der persönliche Vorteil beim isolierten Individuum so ziemlich die einzige Triebfeder ist, ist er bei den Massen sehr selten vorherrschend. Man kann von einer Versittlichung des Einzelnen durch die Masse sprechen (ibid., 39). Während die intellektuelle Leistung der Masse immer tief unter der des Einzelnen steht, kann ihr ethisches Verhalten dies Niveau ebenso hoch überragen, wie tief darunter herabgehen.
Ein helles Licht auf die Berechtigung, die Massenseele mit der Seele der Primitiven zu identifizieren, werfen einige andere Züge der Le Bon-

[1] Die nämliche Steigerung aller Gefühlsregungen zum Extremen und Maßlosen gehört auch der Affektivität des Kindes an und findet sich im Traumleben wieder, wo dank der im Unbewußten vorherrschenden Isolierung der einzelnen Gefühlsregungen ein leiser Ärger vom Tage sich als Todeswunsch gegen die schuldige Person zum Ausdruck bringt oder ein Anflug irgendeiner Versuchung zum Anstoß einer im Traum dargestellten verbrecherischen Handlung wird. Zu dieser Tatsache hat Dr. Hanns Sachs die hübsche Bemerkung gemacht: »Was der Traum uns an Beziehungen zur Gegenwart (Realität) kundgetan hat, wollen wir dann auch im Bewußtsein aufsuchen und dürfen uns nicht wundern, wenn wir das Ungeheuer, das wir unter dem Vergrößerungsglas der Analyse gesehen haben, als Infusionstierchen wiederfinden.« (S. *Traumdeutung*, 7. Aufl. 1922, S. 457 [(1900 *a*), *Studienausgabe*, Bd. 2, S. 587]. [S. auch Sachs, 1912, 569.])

schen Charakteristik. Bei den Massen können die entgegengesetztesten Ideen nebeneinander bestehen und sich miteinander vertragen, ohne daß sich aus deren logischem Widerspruch ein Konflikt ergäbe. Dasselbe ist aber im unbewußten Seelenleben der Einzelnen, der Kinder und der Neurotiker der Fall, wie die Psychoanalyse längst nachgewiesen hat [1].
Ferner unterliegt die Masse der wahrhaftig magischen Macht von Worten, die in der Massenseele die furchtbarsten Stürme hervorrufen und sie auch besänftigen können (ibid., 74). »Mit Vernunft und Argumenten kann man gegen gewisse Worte und Formeln nicht ankämpfen. Man spricht sie mit Andacht vor den Massen aus, und sogleich werden die Mienen respektvoll, und die Köpfe neigen sich. Von vielen werden sie als Naturkräfte oder als übernatürliche Mächte betrachtet.« (Ibid., 75.) Man braucht sich dabei nur an die Tabu der Namen bei den Primitiven, an die magischen Kräfte, die sich ihnen an Namen und Worte knüpfen, zu erinnern [2].
Und endlich: Die Massen haben nie den Wahrheitsdurst gekannt. Sie fordern Illusionen, auf die sie nicht verzichten können. Das Irreale hat bei ihnen stets den Vorrang vor dem Realen, das Unwirkliche beeinflußt sie fast ebenso stark wie das Wirkliche. Sie haben die sichtliche Tendenz, zwischen beiden keinen Unterschied zu machen (ibid., 47).

---

[1] Beim kleinen Kinde bestehen zum Beispiel ambivalente Gefühlseinstellungen gegen die ihm nächsten Personen lange Zeit nebeneinander, ohne daß die eine die ihr entgegengesetzte in ihrem Ausdruck stört. Kommt es dann endlich zum Konflikt zwischen den beiden, so wird er oft dadurch erledigt, daß das Kind das Objekt wechselt, die eine der ambivalenten Regungen auf ein Ersatzobjekt verschiebt. Auch aus der Entwicklungsgeschichte einer Neurose beim Erwachsenen kann man erfahren, daß eine unterdrückte Regung sich häufig lange Zeit in unbewußten oder selbst bewußten Phantasien fortsetzt, deren Inhalt natürlich einer herrschenden Strebung direkt zuwiderläuft, ohne daß sich aus diesem Gegensatz ein Einschreiten des Ichs gegen das von ihm Verworfene ergäbe. Die Phantasie wird eine ganze Weile über toleriert, bis sich plötzlich einmal, gewöhnlich infolge einer Steigerung der affektiven Besetzung derselben, der Konflikt zwischen ihr und dem Ich mit allen seinen Folgen herstellt.
Im Fortschritt der Entwicklung vom Kinde zum reifen Erwachsenen kommt es überhaupt zu einer immer weiter greifenden *Integration* der Persönlichkeit, zu einer Zusammenfassung der einzelnen, unabhängig voneinander in ihr gewachsenen Triebregungen und Zielstrebungen. Der analoge Vorgang auf dem Gebiet des Sexuallebens ist uns als Zusammenfassung aller Sexualtriebe zur definitiven Genitalorganisation lange bekannt. (*Drei Abhandlungen zur Sexualtheorie*, 1905 *d* [*Studienausgabe*, Bd. 5, S. 112].) Daß die Vereinheitlichung des Ichs übrigens dieselben Störungen erfahren kann wie die der Libido, zeigen vielfache, sehr bekannte Beispiele wie das der Naturforscher, die bibelgläubig geblieben sind, und andere. – [*Zusatz 1923:*] Die verschiedenen Möglichkeiten eines späteren Zerfalls des Ichs bilden ein besonderes Kapitel der Psychopathologie.
[2] S. *Totem und Tabu* [unten, S. 345–8].

Diese Vorherrschaft des Phantasielebens und der vom unerfüllten Wunsch getragenen Illusion haben wir als bestimmend für die Psychologie der Neurosen aufgezeigt. Wir fanden, für die Neurotiker gelte nicht die gemeine objektive, sondern die psychische Realität. Ein hysterisches Symptom gründe sich auf Phantasie, anstatt auf die Wiederholung wirklichen Erlebens, ein zwangsneurotisches Schuldbewußtsein auf die Tatsache eines bösen Vorsatzes, der nie zur Ausführung gekommen. Ja, wie im Traum und in der Hypnose, tritt in der Seelentätigkeit der Masse die Realitätsprüfung zurück gegen die Stärke der affektiv besetzten Wunschregungen.

Was Le Bon über die Führer der Massen sagt, ist weniger erschöpfend und läßt das Gesetzmäßige nicht so deutlich durchschimmern. Er meint, sobald lebende Wesen in einer gewissen Anzahl vereinigt sind, einerlei, ob eine Herde Tiere oder eine Menschenmenge, stellen sie sich instinktiv unter die Autorität eines Oberhauptes (ibid., 86). Die Masse ist eine folgsame Herde, die nie ohne Herrn zu leben vermag. Sie hat einen solchen Durst zu gehorchen, daß sie sich jedem, der sich zu ihrem Herrn ernennt, instinktiv unterordnet.

Kommt so das Bedürfnis der Masse dem Führer entgegen, so muß er ihm doch durch persönliche Eigenschaften entsprechen. Er muß selbst durch einen starken Glauben (an eine Idee) fasziniert sein, um Glauben in der Masse zu erwecken, er muß einen starken, imponierenden Willen besitzen, den die willenlose Masse von ihm annimmt. Le Bon bespricht dann die verschiedenen Arten von Führern und die Mittel, durch welche sie auf die Masse wirken. Im ganzen läßt er die Führer durch die Ideen zur Bedeutung kommen, für die sie selbst fanatisiert sind.

Diesen Ideen wie den Führern schreibt er überdies eine geheimnisvolle, unwiderstehliche Macht zu, die er »Prestige« benennt. Das Prestige ist eine Art Herrschaft, die ein Individuum, ein Werk oder eine Idee über uns übt. Sie lähmt all unsere Fähigkeit zur Kritik und erfüllt uns mit Staunen und Achtung. Sie dürfte ein Gefühl hervorrufen, ähnlich wie das der Faszination der Hypnose (ibid., 96).

Er unterscheidet erworbenes oder künstliches und persönliches Prestige. Das erstere wird bei Personen durch Name, Reichtum, Ansehen verliehen, bei Anschauungen, Kunstwerken und dergleichen durch Tradition. Da es in allen Fällen auf die Vergangenheit zurückgreift, wird es für das Verständnis dieses rätselhaften Einflusses wenig leisten. Das persönliche Prestige haftet an wenigen Personen, die durch dasselbe zu Führern werden, und macht, daß ihnen alles wie unter der Wirkung

eines magnetischen Zaubers gehorcht. Doch ist jedes Prestige auch vom Erfolg abhängig und geht durch Mißerfolge verloren (ibid., 103).
Man gewinnt nicht den Eindruck, daß bei Le Bon die Rolle der Führer und die Betonung des Prestiges in richtigen Einklang mit der so glänzend vorgetragenen Schilderung der Massenseele gebracht worden ist.

III
ANDERE WÜRDIGUNGEN DES KOLLEKTIVEN SEELENLEBENS

Wir haben uns der Darstellung von Le Bon als Einführung bedient, weil sie in der Betonung des unbewußten Seelenlebens so sehr mit unserer eigenen Psychologie zusammentrifft. Nun müssen wir aber hinzufügen, daß eigentlich keine der Behauptungen dieses Autors etwas Neues bringt. Alles, was er Abträgliches und Herabsetzendes über die Äußerungen der Massenseele sagt, ist schon vor ihm ebenso bestimmt und ebenso feindselig von anderen gesagt worden, wird seit den ältesten Zeiten der Literatur von Denkern, Staatsmännern und Dichtern gleichlautend so wiederholt[1]. Die beiden Sätze, welche die wichtigsten Ansichten Le Bons enthalten, der von der kollektiven Hemmung der intellektuellen Leistung und der von der Steigerung der Affektivität in der Masse waren kurz vorher von Sighele formuliert worden[2]. Im Grunde erübrigen als Le Bon eigentümlich nur die beiden Gesichtspunkte des Unbewußten und des Vergleiches mit dem Seelenleben der Primitiven, auch diese natürlich oftmals vor ihm berührt.

Aber noch mehr, die Beschreibung und Würdigung der Massenseele, wie Le Bon und die anderen sie geben, ist auch keineswegs unangefochten geblieben. Kein Zweifel, daß alle die vorhin beschriebenen Phänomene der Massenseele richtig beobachtet worden sind, aber es lassen sich auch andere, geradezu entgegengesetzt wirkende Äußerungen der Massenbildung erkennen, aus denen man dann eine weit höhere Einschätzung der Massenseele ableiten muß.

Auch Le Bon war bereit zuzugestehen, daß die Sittlichkeit der Masse unter Umständen höher sein kann als die der sie zusammensetzenden Einzelnen und daß nur die Gesamtheiten hoher Uneigennützigkeit und Hingebung fähig sind.

(Übersetzung, 1912, 38.) »Während der persönliche Vorteil beim isolierten Individuum so ziemlich die einzige Triebfeder ist, ist er bei den Massen sehr selten vorherrschend.«

Andere machen geltend, daß es überhaupt erst die Gesellschaft ist, welche dem Einzelnen die Normen der Sittlichkeit vorschreibt, während

---

[1] Vgl. den Text und das Literaturverzeichnis in B. Kraškovič jun. (1915).
[2] S. Walter Moede (1915).

der Einzelne in der Regel irgendwie hinter diesen hohen Ansprüchen zurückbleibt. Oder daß in Ausnahmszuständen in einer Kollektivität das Phänomen der Begeisterung zustande kommt, welche die großartigsten Massenleistungen ermöglicht hat.

In Betreff der intellektuellen Leistung bleibt zwar bestehen, daß die großen Entscheidungen der Denkarbeit, die folgenschweren Entdeckungen und Problemlösungen nur dem Einzelnen, der in der Einsamkeit arbeitet, möglich sind. Aber auch die Massenseele ist genialer geistiger Schöpfungen fähig, wie vor allem die Sprache selbst beweist, sodann das Volkslied, Folklore und anderes. Und überdies bleibt es dahingestellt, wieviel der einzelne Denker oder Dichter den Anregungen der Masse, in welcher er lebt, verdankt, ob er mehr als der Vollender einer seelischen Arbeit ist, an der gleichzeitig die anderen mitgetan haben.

Angesichts dieser vollkommenen Widersprüche scheint es ja, daß die Arbeit der Massenpsychologie ergebnislos verlaufen müsse. Allein es ist leicht, einen hoffnungsvolleren Ausweg zu finden. Man hat wahrscheinlich als »Massen« sehr verschiedene Bildungen zusammengefaßt, die einer Sonderung bedürfen. Die Angaben von Sighele, Le Bon und anderen beziehen sich auf Massen kurzlebiger Art, die rasch durch ein vorübergehendes Interesse aus verschiedenartigen Individuen zusammengeballt werden. Es ist unverkennbar, daß die Charaktere der revolutionären Massen, besonders der großen Französischen Revolution, ihre Schilderungen beeinflußt haben. Die gegensätzlichen Behauptungen stammen aus der Würdigung jener stabilen Massen oder Vergesellschaftungen, in denen die Menschen ihr Leben zubringen, die sich in den Institutionen der Gesellschaft verkörpern. Die Massen der ersten Art sind den letzteren gleichsam aufgesetzt, wie die kurzen, aber hohen Wellen den langen Dünungen der See.

McDougall, der in seinem Buch *The Group Mind* (1920*a*) von dem nämlichen, oben erwähnten Widerspruch ausgeht, findet die Lösung desselben im Moment der Organisation. Im einfachsten Falle, sagt er, besitzt die Masse *(group)* überhaupt keine Organisation oder eine kaum nennenswerte. Er bezeichnet eine solche Masse als einen Haufen *(crowd)*[1]. Doch gesteht er zu, daß ein Haufen Menschen nicht leicht zusammenkommt, ohne daß sich in ihm wenigstens die ersten Anfänge einer Organisation bildeten, und daß gerade an diesen einfachen Massen manche Grundtatsachen der Kollektivpsychologie besonders leicht zu erkennen

---

[1] [S. die editorische Anmerkung auf S. 67, oben.]

sind (ibid., 22). Damit sich aus den zufällig zusammengewehten Mitgliedern eines Menschenhaufens etwas wie eine Masse im psychologischen Sinne bilde, wird als Bedingung erfordert, daß diese Einzelnen etwas miteinander gemein haben, ein gemeinsames Interesse an einem Objekt, eine gleichartige Gefühlsrichtung in einer gewissen Situation und (ich würde einsetzen: infolgedessen) ein gewisses Maß von Fähigkeit, sich untereinander zu beeinflussen. *(»Some degree of reciprocal influence between the members of the group.«)* (Ibid., 23.) Je stärker diese Gemeinsamkeiten *(»this mental homogeneity«)* sind, desto leichter bildet sich aus den Einzelnen eine psychologische Masse und desto auffälliger äußern sich die Kundgebungen einer »Massenseele«.

Das merkwürdigste und zugleich wichtigste Phänomen der Massenbildung ist nun die bei jedem Einzelnen hervorgerufene Steigerung der Affektivität *(»exaltation or intensification of emotion«)* (ibid., 24). Man kann sagen, meint McDougall, daß die Affekte der Menschen kaum unter anderen Bedingungen zu solcher Höhe anwachsen, wie es in einer Masse geschehen kann, und zwar ist es eine genußreiche Empfindung für die Beteiligten, sich so schrankenlos ihren Leidenschaften hinzugeben und dabei in der Masse aufzugehen, das Gefühl ihrer individuellen Abgrenzung zu verlieren. Dies Mitfortgerissenwerden der Individuen erklärt McDougall aus dem von ihm so genannten *»principle of direct induction of emotion by way of the primitive sympathetic response«* (ibid., 25), das heißt durch die uns bereits bekannte Gefühlsansteckung. Die Tatsache ist die, daß die wahrgenommenen Zeichen eines Affektzustandes geeignet sind, bei dem Wahrnehmenden automatisch denselben Affekt hervorzurufen. Dieser automatische Zwang wird um so stärker, an je mehr Personen gleichzeitig derselbe Affekt bemerkbar ist. Dann schweigt die Kritik des Einzelnen, und er läßt sich in denselben Affekt gleiten. Dabei erhöht er aber die Erregung der anderen, die auf ihn gewirkt hatten, und so steigert sich die Affektladung der Einzelnen durch gegenseitige Induktion. Es ist unverkennbar etwas wie ein Zwang dabei wirksam, es den anderen gleichzutun, im Einklang mit den vielen zu bleiben. Die gröberen und einfacheren Gefühlsregungen haben die größere Aussicht, sich auf solche Weise in einer Masse zu verbreiten (ibid., 39).

Dieser Mechanismus der Affektsteigerung wird noch durch einige andere von der Masse ausgehende Einflüsse begünstigt. Die Masse macht dem Einzelnen den Eindruck einer unbeschränkten Macht und einer unbesiegbaren Gefahr. Sie hat sich für den Augenblick an die Stelle der gesamten menschlichen Gesellschaft gesetzt, welche die Trägerin der Autorität ist, deren Strafen man gefürchtet, der zuliebe man sich so viele Hemmungen auferlegt hat. Es ist offenbar gefährlich, sich in Widerspruch mit ihr zu setzen, und man ist sicher, wenn man dem ringsumher sich zeigenden Beispiel folgt, also eventuell sogar »mit den Wölfen heult«. Im Gehorsam gegen die neue Autorität darf man sein früheres »Gewissen« außer Tätigkeit setzen und dabei der Lockung des Lustgewinnes nachgeben, den man sicherlich durch die Aufhebung seiner Hemmungen erzielt. Es ist also im ganzen nicht so merkwürdig, wenn wir den Einzelnen in der Masse Dinge tun oder gutheißen sehen, von denen er sich unter seinen gewohnten Lebensbedingungen abgewendet hätte, und wir können selbst die Hoffnung fassen, auf diese Weise ein Stück der Dunkelheit zu lichten, die man mit dem Rätselwort der »Suggestion« zu decken pflegt.

Dem Satz von der kollektiven Intelligenzhemmung in der Masse widerspricht auch McDougall nicht (ibid., 41). Er sagt, die geringeren Intelligenzen ziehen die größeren auf ihr Niveau herab. Die letzteren werden in ihrer Betätigung gehemmt, weil die Steigerung der Affektivität überhaupt ungünstige Bedingungen für korrekte geistige Arbeit schafft, ferner weil die Einzelnen durch die Masse eingeschüchtert sind und ihre Denkarbeit nicht frei ist und weil bei jedem Einzelnen das Bewußtsein der Verantwortlichkeit für seine Leistung herabgesetzt wird.

Das Gesamturteil über die psychische Leistung einer einfachen, »unorganisierten« Masse lautet bei McDougall nicht freundlicher als bei Le Bon. Eine solche Masse ist (ibid., 45): überaus erregbar, impulsiv, leidenschaftlich, wankelmütig, inkonsequent, unentschlossen und dabei zum Äußersten bereit in ihren Handlungen, zugänglich nur für die gröberen Leidenschaften und einfacheren Gefühle, außerordentlich suggestibel, leichtsinnig in ihren Überlegungen, heftig in ihren Urteilen, aufnahmsfähig nur für die einfachsten und unvollkommensten Schlüsse und Argumente, leicht zu lenken und zu erschüttern, ohne Selbstbewußtsein, Selbstachtung und Verantwortlichkeitsgefühl, aber bereit, sich von ihrem Kraftbewußtsein zu allen Untaten fortreißen zu lassen, die wir nur von einer absoluten und unverantwortlichen Macht erwarten können. Sie benimmt sich also eher wie ein ungezogenes Kind oder wie ein leidenschaftlicher, nicht beaufsichtigter Wilder in einer ihm fremden Situation; in den schlimmsten Fällen ist ihr Benehmen eher das eines Rudels von wilden Tieren als von menschlichen Wesen.

Da McDougall das Verhalten der hochorganisierten Massen in Gegensatz zu dem hier Geschilderten bringt, werden wir besonders gespannt sein zu erfahren, worin diese Organisation besteht und durch welche Momente sie hergestellt wird. Der Autor zählt fünf dieser *»principal conditions«* für die Hebung des seelischen Lebens der Masse auf ein höheres Niveau auf.

Die erste grundlegende Bedingung ist ein gewisses Maß von Kontinuität im Bestand der Masse. Diese kann eine materielle oder eine formale sein, das erstere, wenn dieselben Personen längere Zeit in der Masse verbleiben, das andere, wenn innerhalb der Masse bestimmte Stellungen entwickelt sind, die den einander ablösenden Personen angewiesen werden.

Die zweite, daß sich in dem Einzelnen der Masse eine bestimmte Vorstellung von der Natur, der Funktion, den Leistungen und Ansprüchen der Masse gebildet hat, so daß sich daraus für ihn ein Gefühlsverhältnis zum Ganzen der Masse ergeben kann.

Die dritte, daß die Masse in Beziehung zu anderen, ihr ähnlichen, aber doch von ihr in vielen Punkten abweichenden Massenbildungen gebracht wird, etwa daß sie mit diesen rivalisiert.

Die vierte, daß die Masse Traditionen, Gebräuche und Einrichtungen besitzt, besonders solche, die sich auf das Verhältnis ihrer Mitglieder zueinander beziehen.

Die fünfte, daß es in der Masse eine Gliederung gibt, die sich in der Spezialisierung und Differenzierung der dem Einzelnen zufallenden Leistung ausdrückt.

Durch die Erfüllung dieser Bedingungen werden nach McDougall die psychischen Nachteile der Massenbildung aufgehoben. Gegen die kollektive Herabsetzung der Intelligenzleistung schützt man sich dadurch, daß man die Lösung der intellektuellen Aufgaben der Masse entzieht und sie Einzelnen in ihr vorbehält.

Es scheint uns, daß man die Bedingung, die McDougall als »Organisation« der Masse bezeichnet hat, mit mehr Berechtigung anders beschreiben kann. Die Aufgabe besteht darin, der Masse gerade jene Eigenschaften zu verschaffen, die für das Individuum charakteristisch waren und die bei ihm durch die Massenbildung ausgelöscht wurden. Denn das Individuum hatte – außerhalb der primitiven Masse – seine Kontinuität, sein Selbstbewußtsein, seine Traditionen und Gewohnheiten, seine besondere Arbeitsleistung und Einreihung und hielt sich von anderen gesondert, mit denen es rivalisierte. Diese Eigenart hatte es durch seinen Eintritt in die nicht »organisierte« Masse für eine Zeit verloren. Erkennt man so als Ziel, die Masse mit den Attributen des Individuums auszustatten, so wird man an eine gehaltreiche Bemerkung von W. Trotter[1] gemahnt, der in der Neigung zur Massenbildung eine biologische Fortführung der Vielzelligkeit aller höheren Organismen erblickt[2].

---

[1] *Instincts of the Herd in Peace and War* (1916). [S. unten, S. 110 ff.]

[2] [*Zusatz 1923*:] Ich kann im Gegensatz zu einer sonst verständnisvollen und scharfsinnigen Kritik [der vorliegenden Arbeit] von Hans Kelsen (1922) nicht zugeben, daß eine solche Ausstattung der »Massenseele« mit Organisation eine Hypostasierung derselben, das heißt die Zuerkennung einer Unabhängigkeit von den seelischen Vorgängen im Individuum bedeute.

IV
SUGGESTION UND LIBIDO

Wir sind von der Grundtatsache ausgegangen, daß ein Einzelner innerhalb einer Masse durch den Einfluß derselben eine oft tiefgreifende Veränderung seiner seelischen Tätigkeit erfährt. Seine Affektivität wird außerordentlich gesteigert, seine intellektuelle Leistung merklich eingeschränkt, beide Vorgänge offenbar in der Richtung einer Angleichung an die anderen Massenindividuen; ein Erfolg, der nur durch die Aufhebung der jedem Einzelnen eigentümlichen Triebhemmungen und durch den Verzicht auf die ihm besonderen Ausgestaltungen seiner Neigungen erreicht werden kann. Wir haben gehört, daß diese oft unerwünschten Wirkungen durch eine höhere »Organisation« der Massen wenigstens teilweise hintangehalten werden, aber der Grundtatsache der Massenpsychologie, den beiden Sätzen von der Affektsteigerung und der Denkhemmung in der primitiven Masse, ist dadurch nicht widersprochen worden. Unser Interesse geht nun dahin, für diese seelische Wandlung des Einzelnen in der Masse die psychologische Erklärung zu finden.

Rationelle Momente, wie die vorhin erwähnte Einschüchterung des Einzelnen, also die Aktion seines Selbsterhaltungstriebes, decken offenbar die zu beobachtenden Phänomene nicht. Was uns sonst als Erklärung von den Autoren über Soziologie und Massenpsychologie geboten wird, ist immer das nämliche, wenn auch unter wechselnden Namen: das Zauberwort der *Suggestion*. Bei Tarde [1890] hieß sie *Nachahmung*, aber wir müssen einem Autor recht geben, der uns vorhält, die Nachahmung falle unter den Begriff der Suggestion, sei eben eine Folge derselben [1]. Bei Le Bon wurde alles Befremdende der sozialen Erscheinungen auf zwei Faktoren zurückgeführt, auf die gegenseitige Suggestion der Einzelnen und das Prestige der Führer. Aber das Prestige äußert sich wiederum nur in der Wirkung, Suggestion hervorzurufen. Bei McDougall konnten wir einen Moment lang den Eindruck empfangen, daß sein Prinzip der »primären Affektinduktion« die Annahme der Suggestion entbehrlich mache. Aber bei weiterer Überlegung müssen wir doch einsehen, daß dies Prinzip nichts anderes aussagt als die bekannten Behauptungen der »Nachahmung« oder »Ansteckung«, nur unter ent-

[1] Brugeilles (1913).

schiedener Betonung des affektiven Moments. Daß eine derartige Tendenz in uns besteht, wenn wir ein Zeichen eines Affektzustandes bei einem anderen gewahren, in denselben Affekt zu verfallen, ist unzweifelhaft, aber wie oft widerstehen wir ihr erfolgreich, weisen den Affekt ab, reagieren oft in ganz gegensätzlicher Weise? Warum also geben wir dieser Ansteckung in der Masse regelmäßig nach? Man wird wiederum sagen müssen, es sei der suggestive Einfluß der Masse, der uns nötigt, dieser Nachahmungstendenz zu gehorchen, der den Affekt in uns induziert. Übrigens kommen wir auch sonst bei McDougall nicht um die Suggestion herum; wir hören von ihm wie von anderen: die Massen zeichnen sich durch besondere Suggestibilität aus.

Man wird so für die Aussage vorbereitet, die Suggestion (richtiger die Suggerierbarkeit) sei eben ein weiter nicht reduzierbares Urphänomen, eine Grundtatsache des menschlichen Seelenlebens. So hielt es auch Bernheim, von dessen erstaunlichen Künsten ich im Jahre 1889 Zeuge war. Ich weiß mich aber auch damals an eine dumpfe Gegnerschaft gegen diese Tyrannei der Suggestion zu erinnern. Wenn ein Kranker, der sich nicht gefügig zeigte, angeschrieen wurde: »Was tun Sie denn? *Vous vous contre-suggestionnez!*« so sagte ich mir, das sei offenbares Unrecht und Gewalttat. Der Mann habe zu Gegensuggestionen gewiß ein Recht, wenn man ihn mit Suggestionen zu unterwerfen versuche. Mein Widerstand nahm dann später die Richtung einer Auflehnung dagegen, daß die Suggestion, die alles erklärte, selbst der Erklärung entzogen sein sollte. Ich wiederholte mit Bezug auf sie die alte Scherzfrage[1]:

Christoph trug Christum,
Christus trug die ganze Welt,
Sag', wo hat Christoph
Damals hin den Fuß gestellt?

Cristophorus Christum, sed Christus sustulit orbem:
Constiterit pedibus dic ubi Christophorus?

Wenn ich nun nach etwa dreißigjähriger Fernhaltung wieder an das Rätsel der Suggestion herantrete, finde ich, daß sich nichts daran geändert hat. Von einer einzigen Ausnahme, die eben den Einfluß der Psychoanalyse bezeugt, darf ich ja bei dieser Behauptung absehen. Ich sehe, daß man sich besonders darum bemüht, den Begriff der Suggestion korrekt zu formulieren, also den Gebrauch des Namens konven-

---

[1] Konrad Richter, ›Der deutsche St. Christoph‹, Berlin 1896. *Acta Germanica* V, 1.

tionell festzulegen[1], und dies ist nicht überflüssig, denn das Wort geht einer immer weiteren Verwendung mit aufgelockerter Bedeutung entgegen und wird bald jede beliebige Beeinflussung bezeichnen wie im Englischen, wo *»to suggest, suggestion«* unserem »Nahelegen«, unserer »Anregung« entspricht. Aber über das Wesen der Suggestion, das heißt über die Bedingungen, unter denen sich Beeinflussungen ohne zureichende logische Begründung herstellen, hat sich eine Aufklärung nicht ergeben. Ich würde mich der Aufgabe nicht entziehen, diese Behauptung durch die Analyse der Literatur dieser letzten dreißig Jahre zu erhärten, allein ich unterlasse es, weil mir bekannt ist, daß in meiner Nähe eine ausführliche Untersuchung vorbereitet wird, welche sich eben diese Aufgabe gestellt hat[2].

Anstatt dessen werde ich den Versuch machen, zur Aufklärung der Massenpsychologie den Begriff der *Libido* zu verwenden, der uns im Studium der Psychoneurosen so gute Dienste geleistet hat.

Libido ist ein Ausdruck aus der Affektivitätslehre. Wir heißen so die als quantitative Größe betrachtete – wenn auch derzeit nicht meßbare – Energie solcher Triebe, welche mit all dem zu tun haben, was man als Liebe zusammenfassen kann. Den Kern des von uns Liebe Geheißenen bildet natürlich, was man gemeinhin Liebe nennt und was die Dichter besingen, die Geschlechtsliebe mit dem Ziel der geschlechtlichen Vereinigung. Aber wir trennen davon nicht ab, was auch sonst an dem Namen Liebe Anteil hat, einerseits die Selbstliebe, anderseits die Eltern- und Kindesliebe, die Freundschaft und die allgemeine Menschenliebe, auch nicht die Hingebung an konkrete Gegenstände und an abstrakte Ideen. Unsere Rechtfertigung liegt darin, daß die psychoanalytische Untersuchung uns gelehrt hat, alle diese Strebungen seien der Ausdruck der nämlichen Triebregungen, die zwischen den Geschlechtern zur geschlechtlichen Vereinigung hindrängen, in anderen Verhältnissen zwar von diesem sexuellen Ziel abgedrängt oder in der Erreichung desselben aufgehalten werden, dabei aber doch immer genug von ihrem ursprünglichen Wesen bewahren, um ihre Identität kenntlich zu erhalten (Selbstaufopferung, Streben nach Annäherung).

Wir meinen also, daß die Sprache mit dem Wort »Liebe« in seinen vielfältigen Anwendungen eine durchaus berechtigte Zusammenfassung geschaffen hat und daß wir nichts Besseres tun können, als dieselbe auch unseren wissenschaftlichen Erörterungen und Darstellungen zugrunde

[1] So McDougall (1920 *b*).
[2] [*Zusatz 1925*:] Diese Arbeit ist dann leider nicht zustande gekommen.

zu legen. Durch diesen Entschluß hat die Psychoanalyse einen Sturm von Entrüstung entfesselt, als ob sie sich einer frevelhaften Neuerung schuldig gemacht hätte. Und doch hat die Psychoanalyse mit dieser »erweiterten« Auffassung der Liebe nichts Originelles geschaffen. Der *»Eros«* des Philosophen Plato zeigt in seiner Herkunft, Leistung und Beziehung zur Geschlechtsliebe eine vollkommene Deckung mit der Liebeskraft, der Libido der Psychoanalyse, wie Nachmansohn und Pfister im einzelnen dargelegt haben [1], und wenn der Apostel Paulus in dem berühmten Brief an die Korinther die Liebe über alles andere preist, hat er sie gewiß im nämlichen »erweiterten« Sinn verstanden [2], woraus nur zu lernen ist, daß die Menschen ihre großen Denker nicht immer ernst nehmen, auch wenn sie sie angeblich sehr bewundern.

Diese Liebestriebe werden nun in der Psychoanalyse *a potiori* und von ihrer Herkunft her Sexualtriebe geheißen. Die Mehrzahl der »Gebildeten« hat diese Namengebung als Beleidigung empfunden und sich für sie gerächt, indem sie der Psychoanalyse den Vorwurf des »Pansexualismus« entgegenschleuderte. Wer die Sexualität für etwas die menschliche Natur Beschämendes und Erniedrigendes hält, dem steht es ja frei, sich der vornehmeren Ausdrücke Eros und Erotik zu bedienen. Ich hätte es auch selbst von Anfang an so tun können und hätte mir dadurch viel Widerspruch erspart. Aber ich mochte es nicht, denn ich vermeide gern Konzessionen an die Schwachmütigkeit. Man kann nicht wissen, wohin man auf diesem Wege gerät; man gibt zuerst in Worten nach und dann allmählich auch in der Sache. Ich kann nicht finden, daß irgendein Verdienst daran ist, sich der Sexualität zu schämen; das griechische Wort Eros, das den Schimpf lindern soll, ist doch schließlich nichts anderes als die Übersetzung unseres deutschen Wortes Liebe, und endlich, wer warten kann, braucht keine Konzessionen zu machen.

Wir werden es also mit der Voraussetzung versuchen, daß Liebesbeziehungen (indifferent ausgedrückt: Gefühlsbindungen) auch das Wesen der Massenseele ausmachen. Erinnern wir uns daran, daß von solchen bei den Autoren nicht die Rede ist. Was ihnen entsprechen würde, ist offenbar hinter dem Schirm, der spanischen Wand, der Suggestion verborgen. Auf zwei flüchtige Gedanken stützen wir zunächst unsere Erwartung. Erstens, daß die Masse offenbar durch irgendeine Macht zusammengehalten wird. Welcher Macht könnte man aber diese Leistung eher

---

[1] Nachmansohn (1915); Pfister (1921).

[2] »Wenn ich mit Menschen- und mit Engelzungen redete, und hätte der Liebe nicht, so wäre ich ein tönend Erz oder eine klingende Schelle«, u. ff. [1. *Korinther* 13, Vers 1.]

zuschreiben als dem Eros, der alles in der Welt zusammenhält? Zweitens, daß man den Eindruck empfängt, wenn der Einzelne in der Masse seine Eigenart aufgibt und sich von den anderen suggerieren läßt, er tue es, weil ein Bedürfnis bei ihm besteht, eher im Einvernehmen mit ihnen als im Gegensatz zu ihnen zu sein, also vielleicht doch »ihnen zuliebe«[1].

[1] [Ein ähnlicher Gedankengang wie der in den obigen letzten drei Absätzen ausgedrückte findet sich in dem fast gleichzeitig verfaßten Vorwort zur vierten Auflage von Freuds *Drei Abhandlungen zur Sexualtheorie* (1905 *d*), *Studienausgabe*, Bd. 5, S. 46.]

V
ZWEI KÜNSTLICHE MASSEN: KIRCHE UND HEER

Aus der Morphologie der Massen rufen wir uns ins Gedächtnis, daß man sehr verschiedene Arten von Massen und gegensätzliche Richtungen in ihrer Ausbildung unterscheiden kann. Es gibt sehr flüchtige Massen und höchst dauerhafte; homogene, die aus gleichartigen Individuen bestehen, und nicht homogene; natürliche Massen und künstliche, die zu ihrem Zusammenhalt auch einen äußeren Zwang erfordern; primitive Massen und gegliederte, hochorganisierte. Aus Gründen aber, in welche die Einsicht noch verhüllt ist, möchten wir auf eine Unterscheidung besonderen Wert legen, die bei den Autoren eher zu wenig beachtet wird; ich meine die von führerlosen Massen und von solchen mit Führern. Und recht im Gegensatz zur gewohnten Übung soll unsere Untersuchung nicht eine relativ einfache Massenbildung zum Ausgangspunkt wählen, sondern an hochorganisierten, dauerhaften, künstlichen Massen beginnen. Die interessantesten Beispiele solcher Gebilde sind die Kirche, die Gemeinschaft der Gläubigen, und die Armee, das Heer.

Kirche und Heer sind künstliche Massen, das heißt es wird ein gewisser äußerer Zwang aufgewendet, um sie vor der Auflösung zu bewahren [1] und Veränderungen in ihrer Struktur hintanzuhalten. Man wird in der Regel nicht befragt oder es wird einem nicht freigestellt, ob man in eine solche Masse eintreten will; der Versuch des Austrittes wird gewöhnlich verfolgt oder strenge bestraft oder ist an ganz bestimmte Bedingungen geknüpft. Warum diese Vergesellschaftungen so besonderer Sicherungen bedürfen, liegt unserem Interesse gegenwärtig ganz ferne. Uns zieht nur der eine Umstand an, daß man an diesen hochorganisierten, in solcher Weise vor dem Zerfall geschützten Massen mit großer Deutlichkeit gewisse Verhältnisse erkennt, die anderswo weit mehr verdeckt sind.

In der Kirche – wir können mit Vorteil die katholische Kirche zum Muster nehmen – gilt wie im Heer, so verschieden beide sonst sein mögen, die nämliche Vorspiegelung (Illusion), daß ein Oberhaupt da ist – in der katholischen Kirche Christus, in der Armee der Feldherr –,

---

[1] [*Zusatz 1923*:] Die Eigenschaften »stabil« und »künstlich« scheinen bei den Massen zusammenzufallen oder wenigstens intim zusammenzuhängen.

das alle Einzelnen der Masse mit der gleichen Liebe liebt. An dieser Illusion hängt alles; ließe man sie fallen, so zerfielen sofort, soweit der äußere Zwang es gestattete, Kirche wie Heer. Von Christus wird diese gleiche Liebe ausdrücklich ausgesagt: »Was ihr getan habt einem unter diesen meinen geringsten Brüdern, das habt ihr mir getan.« Er steht zu den Einzelnen der gläubigen Masse im Verhältnis eines gütigen älteren Bruders, ist ihnen ein Vaterersatz. Alle Anforderungen an die Einzelnen leiten sich von dieser Liebe Christi ab. Ein demokratischer Zug geht durch die Kirche, eben weil vor Christus alle gleich sind, alle den gleichen Anteil an seiner Liebe haben. Nicht ohne tiefen Grund wird die Gleichartigkeit der christlichen Gemeinde mit einer Familie heraufbeschworen und nennen sich die Gläubigen Brüder in Christo, das heißt Brüder durch die Liebe, die Christus für sie hat. Es ist nicht zu bezweifeln, daß die Bindung jedes Einzelnen an Christus auch die Ursache ihrer Bindung untereinander ist. Ähnliches gilt für das Heer; der Feldherr ist der Vater, der alle seine Soldaten gleich liebt, und darum sind sie Kameraden untereinander. Das Heer unterscheidet sich strukturell von der Kirche darin, daß es aus einem Stufenbau von solchen Massen besteht. Jeder Hauptmann ist gleichsam der Feldherr und Vater seiner Abteilung, jeder Unteroffizier der seines Zuges. Eine ähnliche Hierarchie ist zwar auch in der Kirche ausgebildet, spielt aber in ihr nicht dieselbe ökonomische[1] Rolle, da man Christus mehr Wissen und Bekümmern um die Einzelnen zuschreiben darf als dem menschlichen Feldherrn.

Gegen diese Auffassung der libidinösen Struktur einer Armee wird man mit Recht einwenden, daß die Ideen des Vaterlandes, des nationalen Ruhmes und andere, die für den Zusammenhalt der Armee so bedeutsam sind, hier keine Stelle gefunden haben. Die Antwort darauf lautet, dies sei ein anderer, nicht mehr so einfacher Fall von Massenbindung, und wie die Beispiele großer Heerführer, Caesar, Wallenstein, Napoleon, zeigen, sind solche Ideen für den Bestand einer Armee nicht unentbehrlich. Von dem möglichen Ersatz des Führers durch eine führende Idee und den Beziehungen zwischen beiden wird später kurz die Rede sein. Die Vernachlässigung dieses libidinösen Faktors in der Armee, auch dann, wenn er nicht der einzig wirksame ist, scheint nicht nur ein theoretischer Mangel, sondern auch eine praktische Gefahr. Der preußische Militarismus, der ebenso unpsychologisch war wie die deutsche

---

1 [Gemeint ist natürlich die quantitative Verteilung der beteiligten psychischen Kräfte.]

Wissenschaft, hat dies vielleicht im großen Weltkrieg erfahren müssen. Die Kriegsneurosen, welche die deutsche Armee zersetzten, sind ja großenteils als Protest des Einzelnen gegen die ihm in der Armee zugemutete Rolle erkannt worden, und nach den Mitteilungen von E. Simmel (1918) darf man behaupten, daß die lieblose Behandlung des gemeinen Mannes durch seine Vorgesetzten obenan unter den Motiven der Erkrankung stand. Bei besserer Würdigung dieses Libidoanspruches hätten wahrscheinlich die phantastischen Versprechungen der 14 Punkte des amerikanischen Präsidenten nicht so leicht Glauben gefunden, und das großartige Instrument wäre den deutschen Kriegskünstlern nicht in der Hand zerbrochen[1].

Merken wir an, daß in diesen beiden künstlichen Massen jeder Einzelne einerseits an den Führer (Christus, Feldherrn), anderseits an die anderen Massenindividuen libidinös gebunden ist. Wie sich diese beiden Bindungen zueinander verhalten, ob sie gleichartig und gleichwertig sind und wie sie psychologisch zu beschreiben wären, das müssen wir einer späteren Untersuchung vorbehalten. Wir getrauen uns aber jetzt schon eines leisen Vorwurfes gegen die Autoren, daß sie die Bedeutung des Führers für die Psychologie der Masse nicht genügend gewürdigt haben, während uns die Wahl des ersten Untersuchungsobjekts in eine günstigere Lage gebracht hat. Es will uns scheinen, als befänden wir uns auf dem richtigen Weg, der die Haupterscheinung der Massenpsychologie, die Unfreiheit des Einzelnen in der Masse, aufklären kann. Wenn für jeden Einzelnen eine so ausgiebige Gefühlsbindung nach zwei Richtungen besteht, so wird es uns nicht schwer werden, aus diesem Verhältnis die beobachtete Veränderung und Einschränkung seiner Persönlichkeit abzuleiten.

Einen Wink ebendahin, das Wesen einer Masse bestehe in den in ihr vorhandenen libidinösen Bindungen, erhalten wir auch in dem Phänomen der Panik, welches am besten an militärischen Massen zu studieren ist. Eine Panik entsteht, wenn eine solche Masse sich zersetzt. Ihr Charakter ist, daß kein Befehl des Vorgesetzten mehr angehört wird und daß jeder für sich selbst sorgt ohne Rücksicht auf die anderen. Die gegenseitigen Bindungen haben aufgehört, und eine riesengroße, sinnlose

---

[1] [Die von Woodrow Wilson 1918 entworfenen »Vierzehn Punkte« im Zusammenhang mit seinem Traum eines Völkerbundes bildeten, wenn auch erheblich modifiziert, die Grundlage des Waffenstillstandes und des Versailler Vertrags, mit denen der Erste Weltkrieg beendet wurde. – Auf Freuds Wunsch wurde der obige Absatz in der englischen Ausgabe 1922 als Fußnote abgedruckt. In allen deutschen Ausgaben erscheint er jedoch stets im Text; s. die ›Editorische Vorbemerkung‹, oben, S. 63.]

Angst wird frei. Natürlich wird auch hier wieder der Einwand naheliegen, es sei vielmehr umgekehrt, indem die Angst so groß gewachsen sei, daß sie sich über alle Rücksichten und Bindungen hinaussetzen konnte. McDougall hat sogar (1920*a*, 24) den Fall der Panik (allerdings der nicht militärischen) als Musterbeispiel für die von ihm betonte Affektsteigerung durch Ansteckung *(»primary induction«)* verwertet. Allein diese rationelle Erklärungsweise geht hier doch ganz fehl. Es steht eben zur Erklärung, warum die Angst so riesengroß geworden ist. Die Größe der Gefahr kann nicht beschuldigt werden, denn dieselbe Armee, die jetzt der Panik verfällt, kann ähnlich große und größere Gefahren tadellos bestanden haben, und es gehört geradezu zum Wesen der Panik, daß sie nicht im Verhältnis zur drohenden Gefahr steht, oft bei den nichtigsten Anlässen ausbricht. Wenn der Einzelne in panischer Angst für sich selbst zu sorgen unternimmt, so bezeugt er damit die Einsicht, daß die affektiven Bindungen aufgehört haben, die bis dahin die Gefahr für ihn herabsetzten. Nun, da er der Gefahr allein entgegensteht, darf er sie allerdings höher einschätzen. Es verhält sich also so, daß die panische Angst die Lockerung in der libidinösen Struktur der Masse voraussetzt und in berechtigter Weise auf sie reagiert, nicht umgekehrt, daß die Libidobindungen der Masse an der Angst vor der Gefahr zugrunde gegangen wären.

Mit diesen Bemerkungen wird der Behauptung, daß die Angst in der Masse durch Induktion (Ansteckung) ins Ungeheure wachse, keineswegs widersprochen. Die McDougallsche Auffassung ist durchaus zutreffend für den Fall, daß die Gefahr eine real große ist und daß in der Masse keine starken Gefühlsbindungen bestehen, Bedingungen, die verwirklicht werden, wenn zum Beispiel in einem Theater oder Vergnügungslokal Feuer ausbricht. Der lehrreiche und für unsere Zwecke verwertete Fall ist der oben erwähnte, daß ein Heereskörper in Panik gerät, wenn die Gefahr nicht über das gewohnte und oftmals gut vertragene Maß hinaus gesteigert ist. Man wird nicht erwarten dürfen, daß der Gebrauch des Wortes »Panik« scharf und eindeutig bestimmt sei. Manchmal bezeichnet man so jede Massenangst, andere Male auch die Angst eines Einzelnen, wenn sie über jedes Maß hinausgeht, häufig scheint der Name für den Fall reserviert, daß der Angstausbruch durch den Anlaß nicht gerechtfertigt wird. Nehmen wir das Wort »Panik« im Sinne der Massenangst, so können wir eine weitgehende Analogie behaupten. Die Angst des Individuums wird hervorgerufen entweder durch die Größe der Gefahr oder durch das Auflassen von Gefühlsbindungen (Libidobesetzungen); der letztere Fall ist der der neurotischen Angst[1]. Ebenso entsteht die Panik durch die Steigerung der alle betreffenden Gefahr oder durch das Aufhören der die Masse zusammenhaltenden Gefühlsbindungen, und dieser letzte Fall ist der neurotischen Angst analog. (Vgl. hiezu den gedankenreichen, etwas phantastischen Aufsatz von Béla v. Felszeghy: ›Panik und Pankomplex‹, 1920.)

Wenn man die Panik wie McDougall (1920*a*) als eine der deutlichsten Leistungen der *»group mind«* beschreibt, gelangt man zum Paradoxon, daß sich diese Massenseele in einer ihrer auffälligsten Äußerungen selbst aufhebt. Es ist kein Zweifel möglich, daß die Panik die Zersetzung der Masse bedeutet, sie hat das Aufhören aller Rücksichten zur Folge, welche sonst die Einzelnen der Masse füreinander zeigen.

Der typische Anlaß für den Ausbruch einer Panik ist so ähnlich, wie er in der Nestroyschen Parodie des Hebbelschen Dramas von Judith und Holofernes dargestellt wird. Da schreit ein Krieger: »Der Feldherr hat den Kopf verloren«, und darauf ergreifen alle Assyrer die Flucht. Der Verlust des Führers in irgendeinem Sinne, das Irrewerden an ihm, bringt die Panik bei gleichbleibender Gefahr zum Ausbruch; mit der Bindung an den Führer schwinden – in der Regel – auch die gegenseitigen Bindungen der Massenindividuen. Die Masse zerstiebt wie ein Bologneser Fläschchen, dem man die Spitze abgebrochen hat.

Die Zersetzung einer religiösen Masse ist nicht so leicht zu beobachten. Vor kurzem geriet mir ein von katholischer Seite stammender, vom Bischof von London empfohlener englischer Roman in die Hand mit dem Titel: *When it was Dark*[2], der eine solche Möglichkeit und ihre Folgen in geschickter und, wie ich meine, zutreffender Weise ausmalte. Der Roman erzählt wie aus der Gegenwart, daß es einer Verschwörung von Feinden der Person Christi und des christlichen Glaubens gelingt, eine Grabkammer in Jerusalem auffinden zu lassen, in deren Inschrift Josef von Arimathäa bekennt, daß er aus Gründen der Pietät den Leichnam Christi am dritten Tag nach seiner Beisetzung heimlich aus seinem Grabe entfernt und hier bestattet habe. Damit ist die Auferstehung Christi und seine göttliche Natur abgetan, und die Folge dieser archäologischen Entdeckung ist eine Erschütterung der europäischen Kultur und eine außerordentliche Zunahme aller Gewalttaten und Verbrechen, die

[1] S. *Vorlesungen*, XXV (Freud, 1916–17). [S. jedoch die Modifikation dieser Ansicht in *Hemmung, Symptom und Angst* (1926*d*), z. B. *Studienausgabe*, Bd. 6, S. 298–300.]

[2] [Der Autor ist »Guy Thorne« (Pseudonym für C. Ranger Gull); das Buch – es erschien 1903 – erreichte seinerzeit hohe Verkaufszahlen.]

erst schwindet, nachdem das Komplott der Fälscher enthüllt werden kann.

Was bei der hier angenommenen Zersetzung der religiösen Masse zum Vorschein kommt, ist nicht Angst, für welche der Anlaß fehlt, sondern rücksichtslose und feindselige Impulse gegen andere Personen, die sich bis dahin dank der gleichen Liebe Christi nicht äußern konnten[1]. Außerhalb dieser Bindung stehen aber auch während des Reiches Christi jene Individuen, die nicht zur Glaubensgemeinschaft gehören, die ihn nicht lieben und die er nicht liebt; darum muß eine Religion, auch wenn sie sich die Religion der Liebe heißt, hart und lieblos gegen diejenigen sein, die ihr nicht angehören. Im Grunde ist ja jede Religion eine solche Religion der Liebe für alle, die sie umfaßt, und jeder liegt Grausamkeit und Intoleranz gegen die Nichtdazugehörigen nahe. Man darf, so schwer es einem auch persönlich fällt, den Gläubigen daraus keinen zu argen Vorwurf machen; Ungläubige und Indifferente haben es in diesem Punkte psychologisch um so viel leichter. Wenn diese Intoleranz sich heute nicht mehr so gewalttätig und grausam kundgibt wie in früheren Jahrhunderten, so wird man daraus kaum auf eine Milderung in den Sitten der Menschen schließen dürfen. Weit eher ist die Ursache davon in der unleugbaren Abschwächung der religiösen Gefühle und der von ihnen abhängigen libidinösen Bindungen zu suchen. Wenn eine andere Massenbindung an die Stelle der religiösen tritt, wie es jetzt der sozialistischen zu gelingen scheint, so wird sich dieselbe Intoleranz gegen die Außenstehenden ergeben wie im Zeitalter der Religionskämpfe, und wenn die Differenzen wissenschaftlicher Anschauungen je eine ähnliche Bedeutung für die Massen gewinnen könnten, würde sich dasselbe Resultat auch für diese Motivierung wiederholen.

[1] Vgl. hiezu die Erklärung ähnlicher Phänomene nach dem Wegfall der landesväterlichen Autorität bei P. Federn, *Die vaterlose Gesellschaft* (1919).

VI
WEITERE AUFGABEN UND ARBEITSRICHTUNGEN

Wir haben bisher zwei artifizielle Massen untersucht und gefunden, daß sie von zweierlei Gefühlsbindungen beherrscht werden, von denen die eine an den Führer – wenigstens für sie – bestimmender zu sein scheint als die andere, die der Massenindividuen aneinander.

Nun gäbe es in der Morphologie der Massen noch viel zu untersuchen und zu beschreiben. Man hätte von der Feststellung auszugehen, daß eine bloße Menschenmenge noch keine Masse ist, solange sich jene Bindungen in ihr nicht hergestellt haben, hätte aber das Zugeständnis zu machen, daß in einer beliebigen Menschenmenge sehr leicht die Tendenz zur Bildung einer psychologischen Masse hervortritt. Man müßte den verschiedenartigen, mehr oder minder beständigen Massen, die spontan zustande kommen, Aufmerksamkeit schenken, die Bedingungen ihrer Entstehung und ihres Zerfalls studieren. Vor allem würde uns der Unterschied zwischen Massen, die einen Führer haben, und führerlosen Massen beschäftigen. Ob nicht die Massen mit Führer die ursprünglicheren und vollständigeren sind, ob in den anderen der Führer nicht durch eine Idee, ein Abstraktum ersetzt sein kann, wozu ja schon die religiösen Massen mit ihrem unaufzeigbaren Oberhaupt die Überleitung bilden, ob nicht eine gemeinsame Tendenz, ein Wunsch, an dem eine Vielheit Anteil nehmen kann, den nämlichen Ersatz leistet. Dieses Abstrakte könnte sich wiederum mehr oder weniger vollkommen in der Person eines gleichsam sekundären Führers verkörpern, und aus der Beziehung zwischen Idee und Führer ergäben sich interessante Mannigfaltigkeiten. Der Führer oder die führende Idee könnten auch sozusagen negativ werden; der Haß gegen eine bestimmte Person oder Institution könnte ebenso einigend wirken und ähnliche Gefühlsbindungen hervorrufen wie die positive Anhänglichkeit. Es fragt sich dann auch, ob der Führer für das Wesen der Masse wirklich unerläßlich ist und anderes mehr.

Aber all diese Fragen, die zum Teil auch in der Literatur der Massenpsychologie behandelt sein mögen, werden nicht imstande sein, unser Interesse von den psychologischen Grundproblemen abzulenken, die uns in der Struktur einer Masse geboten werden. Wir werden zunächst von einer Überlegung gefesselt, die uns auf dem kürzesten Weg den

Nachweis verspricht, daß es Libidobindungen sind, welche eine Masse charakterisieren.

Wir halten uns vor, wie sich die Menschen im allgemeinen affektiv zueinander verhalten. Nach dem berühmten Schopenhauerschen Gleichnis von den frierenden Stachelschweinen verträgt keiner eine allzu intime Annäherung des anderen[1].

Nach dem Zeugnis der Psychoanalyse enthält fast jedes intime Gefühlsverhältnis zwischen zwei Personen von längerer Dauer – Ehebeziehung, Freundschaft, Eltern- und Kindschaft[2] – einen Bodensatz von ablehnenden, feindseligen Gefühlen, der nur infolge von Verdrängung der Wahrnehmung entgeht[3]. Unverhüllter ist es, wenn jeder Kompagnon mit seinem Gesellschafter hadert, jeder Untergebene gegen seinen Vorgesetzten murrt. Dasselbe geschieht dann, wenn die Menschen zu größeren Einheiten zusammentreten. Jedesmal, wenn sich zwei Familien durch eine Eheschließung verbinden, hält sich jede von ihnen für die bessere oder vornehmere auf Kosten der anderen. Von zwei benachbarten Städten wird jede zur mißgünstigen Konkurrentin der anderen; jedes Kantönli sieht geringschätzig auf das andere herab. Nächstverwandte Völkerstämme stoßen einander ab, der Süddeutsche mag den Norddeutschen nicht leiden, der Engländer sagt dem Schotten alles Böse nach, der Spanier verachtet den Portugiesen[4]. Daß bei größeren Differenzen sich eine schwer zu überwindende Abneigung ergibt, des Galliers gegen den Germanen, des Ariers gegen den Semiten, des Weißen gegen den Farbigen, hat aufgehört, uns zu verwundern.

Wenn sich die Feindseligkeit gegen sonst geliebte Personen richtet, bezeichnen wir es als Gefühlsambivalenz und erklären uns diesen Fall in

---

[1] »Eine Gesellschaft Stachelschweine drängte sich an einem kalten Wintertage recht nahe zusammen, um durch die gegenseitige Wärme sich vor dem Erfrieren zu schützen. Jedoch bald empfanden sie die gegenseitigen Stacheln, welches sie dann wieder voneinander entfernte. Wenn nun das Bedürfnis der Erwärmung sie wieder näher zusammenbrachte, wiederholte sich jenes zweite Übel, so daß sie zwischen beiden Leiden hin- und hergeworfen wurden, bis sie eine mäßige Entfernung herausgefunden hatten, in der sie es am besten aushalten konnten.« (*Parerga und Paralipomena*, II. Teil, XXXI., ›Gleichnisse und Parabeln‹.)

[2] Vielleicht mit einziger Ausnahme der Beziehung der Mutter zum Sohn, die, auf Narzißmus gegründet, durch spätere Rivalität nicht gestört und durch einen Ansatz zur sexuellen Objektwahl verstärkt wird. [Vgl. unten, S. 242 mit Anm. 2.]

[3] [Nur in der ersten Ausgabe (1921) lautete dieser Satz: »Nach dem Zeugnis der Psychoanalyse hinterläßt fast jedes intime Gefühlsverhältnis (...) einen Bodensatz von ablehnenden, feindseligen Gefühlen, der erst durch Verdrängung beseitigt werden muß.«]

[4] [Der »Narzißmus der kleinen Differenzen«, vgl. *Das Unbehagen in der Kultur* (1930 *a*), unten, S. 243 und Anm.]

sicherlich allzu rationeller Weise durch die vielfachen Anlässe zu Interessenkonflikten, die sich gerade in so intimen Beziehungen ergeben. In den unverhüllt hervortretenden Abneigungen und Abstoßungen gegen nahestehende Fremde können wir den Ausdruck einer Selbstliebe, eines Narzißmus, erkennen, der seine Selbstbehauptung anstrebt und sich so benimmt, als ob das Vorkommen einer Abweichung von seinen individuellen Ausbildungen eine Kritik derselben und eine Aufforderung, sie umzugestalten, mit sich brächte. Warum sich eine so große Empfindlichkeit gerade auf diese Einzelheiten der Differenzierung geworfen haben sollte, wissen wir nicht; es ist aber unverkennbar, daß sich in diesem Verhalten der Menschen eine Haßbereitschaft, eine Aggressivität kundgibt, deren Herkunft unbekannt ist und der man einen elementaren Charakter zusprechen möchte[1].

Aber all diese Intoleranz schwindet, zeitweilig oder dauernd, durch die Massenbildung und in der Masse. Solange die Massenbildung anhält oder soweit sie reicht, benehmen sich die Individuen, als wären sie gleichförmig, dulden sie die Eigenart des anderen, stellen sich ihm gleich und verspüren kein Gefühl der Abstoßung gegen ihn. Eine solche Einschränkung des Narzißmus kann nach unseren theoretischen Anschauungen nur durch ein Moment erzeugt werden, durch libidinöse Bindung an andere Personen. Die Selbstliebe findet nur an der Fremdliebe, Liebe zu Objekten, eine Schranke[2]. Man wird sofort die Frage aufwerfen, ob nicht die Interessengemeinschaft an und für sich und ohne jeden libidinösen Beitrag zur Duldung des anderen und zur Rücksichtnahme auf ihn führen muß. Man wird diesem Einwand mit dem Bescheid begegnen, daß auf solche Weise eine bleibende Einschränkung des Narzißmus doch nicht zustande kommt, da diese Toleranz nicht länger anhält als der unmittelbare Vorteil, den man aus der Mitarbeit des anderen zieht. Allein der praktische Wert dieser Streitfrage ist geringer, als man meinen sollte, denn die Erfahrung hat gezeigt, daß sich im Falle der Mitarbeiterschaft regelmäßig libidinöse Bindungen zwischen den Kameraden herstellen, welche die Beziehung zwischen ihnen über das Vorteilhafte hinaus verlängern und fixieren. Es geschieht in den sozialen Beziehungen der Menschen dasselbe, was der psychoanalytischen Forschung

---

[1] In einer kürzlich (1920) veröffentlichen Schrift, *Jenseits des Lustprinzips*, habe ich versucht, die Polarität vom Lieben und Hassen mit einem angenommenen Gegensatz von Lebens- und Todestrieben zu verknüpfen und die Sexualtriebe als die reinsten Vertreter der ersteren, der Lebenstriebe, hinzustellen. [S. 1920 g, zweite Hälfte von Kapitel VI.]

[2] S. ›Zur Einführung des Narzißmus‹ (1914 *c*).

in dem Entwicklungsgang der individuellen Libido bekannt geworden ist. Die Libido lehnt sich an die Befriedigung der großen Lebensbedürfnisse an und wählt die daran beteiligten Personen zu ihren ersten Objekten[1]. Und wie beim Einzelnen, so hat auch in der Entwicklung der ganzen Menschheit nur die Liebe als Kulturfaktor im Sinne einer Wendung vom Egoismus zum Altruismus gewirkt. Und zwar sowohl die geschlechtliche Liebe zum Weibe mit all den aus ihr fließenden Nötigungen, das zu verschonen, was dem Weibe lieb war, als auch die desexualisierte, sublimiert homosexuelle Liebe zum anderen Manne, die sich an die gemeinsame Arbeit knüpfte.

Wenn also in der Masse Einschränkungen der narzißtischen Eigenliebe auftreten, die außerhalb derselben nicht wirken, so ist dies ein zwingender Hinweis darauf, daß das Wesen der Massenbildung in neuartigen libidinösen Bindungen der Massenmitglieder aneinander besteht.

Nun wird aber unser Interesse dringend fragen, welcher Art diese Bindungen in der Masse sind. In der psychoanalytischen Neurosenlehre haben wir uns bisher fast ausschließlich mit der Bindung solcher Liebestriebe an ihre Objekte beschäftigt, die noch direkte Sexualziele verfolgen. Um solche Sexualziele kann es sich in der Masse offenbar nicht handeln. Wir haben es hier mit Liebestrieben zu tun, die, ohne darum minder energisch zu wirken, doch von ihren ursprünglichen Zielen abgelenkt sind. Nun haben wir bereits im Rahmen der gewöhnlichen sexuellen Objektbesetzung Erscheinungen bemerkt, die einer Ablenkung des Triebes von seinem Sexualziel entsprechen. Wir haben sie als Grade von Verliebtheit beschrieben und erkannt, daß sie eine gewisse Beeinträchtigung des Ichs mit sich bringen. Diesen Erscheinungen der Verliebtheit werden wir jetzt eingehendere Aufmerksamkeit zuwenden, in der begründeten Erwartung, an ihnen Verhältnisse zu finden, die sich auf die Bindungen in den Massen übertragen lassen. Außerdem möchten wir aber wissen, ob diese Art der Objektbesetzung, wie wir sie aus dem Geschlechtsleben kennen, die einzige Weise der Gefühlsbindung an eine andere Person darstellt oder ob wir noch andere solche Mechanismen in Betracht zu ziehen haben. Wir erfahren tatsächlich aus der Psychoanalyse, daß es noch andere Mechanismen der Gefühlsbindung gibt, die sogenannten *Identifizierungen,* ungenügend bekannte, schwer darzustellende Vorgänge, deren Untersuchung uns nun eine gute Weile vom Thema der Massenpsychologie fernhalten wird.

---

[1] [S. eine Passage in der dritten von Freuds *Drei Abhandlungen* (1905 *d*), *Studienausgabe,* Bd. 5, S. 125–6.]

VII
DIE IDENTIFIZIERUNG

Die Identifizierung ist der Psychoanalyse als früheste Äußerung einer Gefühlsbindung an eine andere Person bekannt. Sie spielt in der Vorgeschichte des Ödipuskomplexes eine Rolle. Der kleine Knabe legt ein besonderes Interesse für seinen Vater an den Tag, er möchte so werden und so sein wie er, in allen Stücken an seine Stelle treten. Sagen wir ruhig: er nimmt den Vater zu seinem Ideal. Dies Verhalten hat nichts mit einer passiven oder femininen Einstellung zum Vater (und zum Manne überhaupt) zu tun, es ist vielmehr exquisit männlich. Es verträgt sich sehr wohl mit dem Ödipuskomplex, den es vorbereiten hilft.

Gleichzeitig mit dieser Identifizierung mit dem Vater, vielleicht sogar vorher, hat der Knabe begonnen, eine richtige Objektbesetzung der Mutter nach dem Anlehnungstypus [1] vorzunehmen. Er zeigt also dann zwei psychologisch verschiedene Bindungen, zur Mutter eine glatt sexuelle Objektbesetzung, zum Vater eine vorbildliche Identifizierung. Die beiden bestehen eine Weile nebeneinander, ohne gegenseitige Beeinflussung oder Störung. Infolge der unaufhaltsam fortschreitenden Vereinheitlichung des Seelenlebens treffen sie sich endlich, und durch dies Zusammenströmen entsteht der normale Ödipuskomplex. Der Kleine merkt, daß ihm der Vater bei der Mutter im Wege steht; seine Identifizierung mit dem Vater nimmt jetzt eine feindselige Tönung an und wird mit dem Wunsch identisch, den Vater auch bei der Mutter zu ersetzen. Die Identifizierung ist eben von Anfang an ambivalent, sie kann sich ebenso zum Ausdruck der Zärtlichkeit wie zum Wunsch der Beseitigung wenden. Sie benimmt sich wie ein Abkömmling der ersten *oralen* Phase der Libidoorganisation, in welcher man sich das begehrte und geschätzte Objekt durch Essen einverleibte und es dabei als solches vernichtete. Der Kannibale bleibt bekanntlich auf diesem Standpunkt stehen; er hat seine Feinde zum Fressen lieb, und er frißt die nicht, die er nicht irgendwie liebhaben kann [2].

Das Schicksal dieser Vateridentifizierung verliert man später leicht aus

[1] [S. die Darstellung dieses Sachverhalts in Freuds Narzißmus-Arbeit (1914 *c*), zweite Hälfte von Abschnitt II. S. auch unten, S. 157 und Anm.]

[2] S. *Drei Abhandlungen zur Sexualtheorie* (1905 *d*) [*Studienausgabe*, Bd. 5, S. 103] und Abraham (1916).

den Augen. Es kann dann geschehen, daß der Ödipuskomplex eine Umkehrung erfährt, daß der Vater in femininer Einstellung zum Objekte genommen wird, von dem die direkten Sexualtriebe ihre Befriedigung erwarten, und dann ist die Vateridentifizierung zum Vorläufer der Objektbindung an den Vater geworden. Dasselbe gilt mit den entsprechenden Ersetzungen auch für die kleine Tochter [1].

Es ist leicht, den Unterschied einer solchen Vateridentifizierung von einer Vaterobjektwahl in einer Formel auszusprechen. Im ersten Falle ist der Vater das, was man *sein*, im zweiten das, was man *haben* möchte. Es ist also der Unterschied, ob die Bindung am Subjekt oder am Objekt des Ichs angreift. Die erstere ist darum bereits vor jeder sexuellen Objektwahl möglich. Es ist weit schwieriger, diese Verschiedenheit metapsychologisch anschaulich darzustellen. Man erkennt nur, die Identifizierung strebt danach, das eigene Ich ähnlich zu gestalten wie das andere, zum »Vorbild« genommene.

Aus einem verwickelteren Zusammenhange lösen wir die Identifizierung bei einer neurotischen Symptombildung. Das kleine Mädchen, an das wir uns jetzt halten wollen, bekomme dasselbe Leidenssymptom wie seine Mutter, zum Beispiel denselben quälenden Husten. Das kann nun auf verschiedenen Wegen zugehen. Entweder ist die Identifizierung dieselbe aus dem Ödipuskomplex, die ein feindseliges Ersetzenwollen der Mutter bedeutet, und das Symptom drückt die Objektliebe zum Vater aus; es realisiert die Ersetzung der Mutter unter dem Einfluß des Schuldbewußtseins: Du hast die Mutter sein wollen, jetzt bist du's wenigstens im Leiden. Das ist dann der komplette Mechanismus der hysterischen Symptombildung. Oder aber das Symptom ist dasselbe wie das der geliebten Person (so wie zum Beispiel Dora im ›Bruchstück einer Hysterie-Analyse‹ den Husten des Vaters imitiert [2]); dann können wir den Sachverhalt nur so beschreiben, *die Identifizierung sei an Stelle der Objektwahl getreten, die Objektwahl sei zur Identifizierung regrediert.* Wir haben gehört, daß die Identifizierung die früheste und ursprünglichste Form der Gefühlsbindung ist; unter den Verhältnissen der Symptombildung, also der Verdrängung, und der Herrschaft der Mechanismen des Unbewußten kommt es oft vor, daß die Objektwahl wieder zur Identifizierung wird, also das Ich die Eigenschaften des Objektes an sich nimmt. Bemerkenswert ist es, daß das Ich bei diesen Identifizierungen

1 [Der »vollständige«, sowohl die »positive« als auch die »negative« Erscheinungsform umfassende Ödipuskomplex wird von Freud in Kapitel III von *Das Ich und das Es* (1923 *b*) erläutert.]

2 [Freud (1905 *a*), *Studienausgabe*, Bd. 6, S. 151–2.]

das eine Mal die ungeliebte, das andere Mal aber die geliebte Person kopiert. Es muß uns auch auffallen, daß beide Male die Identifizierung eine partielle, höchst beschränkte ist, nur einen einzigen Zug von der Objektperson entlehnt.

Es ist ein dritter, besonders häufiger und bedeutsamer Fall der Symptombildung, daß die Identifizierung vom Objektverhältnis zur kopierten Person ganz absieht. Wenn zum Beispiel eines der Mädchen im Pensionat einen Brief vom geheim Geliebten bekommen hat, der ihre Eifersucht erregt und auf den sie mit einem hysterischen Anfall reagiert, so werden einige ihrer Freundinnen, die darum wissen, diesen Anfall übernehmen, wie wir sagen, auf dem Wege der psychischen Infektion. Der Mechanismus ist der der Identifizierung auf Grund des sich in dieselbe Lage Versetzenkönnens oder Versetzenwollens. Die anderen möchten auch ein geheimes Liebesverhältnis haben und akzeptieren unter dem Einfluß des Schuldbewußtseins auch das damit verbundene Leid. Es wäre unrichtig zu behaupten, sie eignen sich das Symptom aus Mitgefühl an. Im Gegenteil, das Mitgefühl entsteht erst aus der Identifizierung, und der Beweis hiefür ist, daß sich solche Infektion oder Imitation auch unter Umständen herstellt, wo noch geringere vorgängige Sympathie zwischen beiden anzunehmen ist, als unter Pensionsfreundinnen zu bestehen pflegt. Das eine Ich hat am anderen eine bedeutsame Analogie in einem Punkte wahrgenommen, in unserem Beispiel in der gleichen Gefühlsbereitschaft, es bildet sich daraufhin eine Identifizierung in diesem Punkte, und unter dem Einfluß der pathogenen Situation verschiebt sich diese Identifizierung zum Symptom, welches das eine Ich produziert hat. Die Identifizierung durch das Symptom wird so zum Anzeichen für eine Deckungsstelle der beiden Ich, die verdrängt gehalten werden soll.

Das aus diesen drei Quellen Gelernte können wir dahin zusammenfassen, daß erstens die Identifizierung die ursprünglichste Form der Gefühlsbindung an ein Objekt ist, zweitens, daß sie auf regressivem Wege zum Ersatz für eine libidinöse Objektbindung wird, gleichsam durch Introjektion des Objekts ins Ich, und daß sie drittens bei jeder neu wahrgenommenen Gemeinsamkeit mit einer Person, die nicht Objekt der Sexualtriebe ist, entstehen kann. Je bedeutsamer diese Gemeinsamkeit ist, desto erfolgreicher muß diese partielle Identifizierung werden können und so dem Anfang einer neuen Bindung entsprechen.

Wir ahnen bereits, daß die gegenseitige Bindung der Massenindividuen von der Natur einer solchen Identifizierung durch eine wichtige affektive Gemeinsamkeit ist, und können vermuten, diese Gemeinsamkeit liege in der Art der Bindung an den Führer. Eine andere Ahnung kann uns sagen, daß wir weit davon entfernt sind, das Problem der Identifizierung erschöpft zu haben, daß wir vor dem Vorgang stehen, den die Psychologie »Einfühlung« heißt und der den größten Anteil an unserem Verständnis für das Ichfremde anderer Personen hat. Aber wir wollen uns hier auf die nächsten affektiven Wirkungen der Identifizierung beschränken und auch ihre Bedeutung für unser intellektuelles Leben beiseite lassen.

Die psychoanalytische Forschung, die gelegentlich auch schon die schwierigeren Probleme der Psychosen in Angriff genommen hat, konnte uns auch die Identifizierung in einigen anderen Fällen aufzeigen, die unserem Verständnis nicht ohne weiteres zugänglich sind. Ich werde zwei dieser Fälle als Stoff für unsere weiteren Überlegungen ausführlich behandeln.

Die Genese der männlichen Homosexualität ist in einer großen Reihe von Fällen die folgende[1]: Der junge Mann ist ungewöhnlich lange und intensiv im Sinne des Ödipuskomplexes an seine Mutter fixiert gewesen. Endlich kommt doch nach vollendeter Pubertät die Zeit, die Mutter gegen ein anderes Sexualobjekt zu vertauschen. Da geschieht eine plötzliche Wendung; der Jüngling verläßt nicht seine Mutter, sondern identifiziert sich mit ihr, er wandelt sich in sie um und sucht jetzt nach Objekten, die ihm sein Ich ersetzen können, die er so lieben und pflegen kann, wie er es von der Mutter erfahren hatte. Dies ist ein häufiger Vorgang, der beliebig oft bestätigt werden kann und natürlich ganz unabhängig von jeder Annahme ist, die man über die organische Triebkraft und die Motive jener plötzlichen Wandlung macht. Auffällig an dieser Identifizierung ist ihre Ausgiebigkeit, sie wandelt das Ich in einem höchst wichtigen Stück, im Sexualcharakter, nach dem Vorbild des bisherigen Objekts um. Dabei wird das Objekt selbst aufgegeben; ob durchaus oder nur in dem Sinne, daß es im Unbewußten erhalten bleibt, steht hier außer Diskussion. Die Identifizierung mit dem aufgegebenen oder verlorenen Objekt zum Ersatz desselben, die Introjektion dieses Objekts ins Ich, ist für uns allerdings keine Neuheit mehr. Ein solcher Vorgang läßt sich gelegentlich am kleinen Kind unmittelbar beobachten. Kürzlich wurde in der *Internationalen Zeitschrift für Psy-*

[1] [S. Kapitel III von Freuds Leonardo-Studie (1910 *c*). Über andere Mechanismen bei der Entstehung der Homosexualität vgl. die Arbeiten über weibliche Homosexualität (1920 *a*), *Studienausgabe*, Bd. 7, S. 267–9, sowie über Eifersucht, Paranoia und Homosexualität (1922 *b*), ibid., S. 227–8.]

choanalyse eine solche Beobachtung veröffentlicht, daß ein Kind, das unglücklich über den Verlust eines Kätzchens war, frischweg erklärte, es sei jetzt selbst das Kätzchen, dementsprechend auf allen Vieren kroch, nicht am Tische essen wollte usw.[1].

Ein anderes Beispiel von solcher Introjektion des Objekts hat uns die Analyse der Melancholie gegeben, welche Affektion ja den realen oder affektiven Verlust des geliebten Objekts unter ihre auffälligsten Veranlassungen zählt. Ein Hauptcharakter dieser Fälle ist die grausame Selbstherabsetzung des Ichs in Verbindung mit schonungsloser Selbstkritik und bitteren Selbstvorwürfen. Analysen haben ergeben, daß diese Einschätzung und diese Vorwürfe im Grunde dem Objekt gelten und die Rache des Ichs an diesem darstellen. Der Schatten des Objekts ist auf das Ich gefallen, sagte ich an anderer Stelle[2]. Die Introjektion des Objekts ist hier von unverkennbarer Deutlichkeit.

Diese Melancholien zeigen uns aber noch etwas anderes, was für unsere späteren Betrachtungen wichtig werden kann. Sie zeigen uns das Ich geteilt, in zwei Stücke zerfällt, von denen das eine gegen das andere wütet. Dies andere Stück ist das durch Introjektion veränderte, das das verlorene Objekt einschließt. Aber auch das Stück, das sich so grausam betätigt, ist uns nicht unbekannt. Es schließt das Gewissen ein, eine kritische Instanz im Ich, die sich auch in normalen Zeiten dem Ich kritisch gegenübergestellt hat, nur niemals so unerbittlich und so ungerecht. Wir haben schon bei früheren Anlässen die Annahme machen müssen (›Narzißmus‹, ›Trauer und Melancholie‹[3]), daß sich in unserem Ich eine solche Instanz entwickelt, welche sich vom anderen Ich absondern und in Konflikte mit ihm geraten kann. Wir nannten sie das »Ichideal« und schrieben ihr an Funktionen die Selbstbeobachtung, das moralische Gewissen, die Traumzensur und den Haupteinfluß bei der Verdrängung zu. Wir sagten, sie sei der Erbe des ursprünglichen Narzißmus, in dem das kindliche Ich sich selbst genügte. Allmählich nehme sie aus den Einflüssen der Umgebung die Anforderungen auf, die diese an das Ich stelle, denen das Ich nicht immer nachkommen könne, so daß der Mensch, wo er mit seinem Ich selbst nicht zufrieden sein kann, doch seine Befriedigung in dem aus dem Ich differenzierten Ichideal finden dürfe. Im Beobachtungswahn, stellten wir ferner fest, werde der Zerfall dieser Instanz offenkundig und dabei ihre Herkunft aus den Einflüssen

---

1 Markuszewicz (1920).

2 ›Trauer und Melancholie‹ (1917 *e*) [etwa in der Mitte der Arbeit].

3 [(1914 *c*), ziemlich zu Anfang von Abschnitt III, und (1917 *e*), loc. cit.]

der Autoritäten, voran der Eltern, aufgedeckt[1]. Wir haben aber nicht vergessen anzuführen, daß das Maß der Entfernung dieses Ichideals vom aktuellen Ich für das einzelne Individuum sehr variabel ist und daß bei vielen diese Differenzierung innerhalb des Ichs nicht weiter reicht als beim Kinde.

Ehe wir aber diesen Stoff zum Verständnis der libidinösen Organisation einer Masse verwenden können, müssen wir einige andere Wechselbeziehungen zwischen Objekt und Ich in Betracht ziehen[2].

---

[1] ›Zur Einführung des Narzißmus‹ [Abschnitt III].

[2] Wir wissen sehr gut, daß wir mit diesen der Pathologie entnommenen Beispielen das Wesen der Identifizierung nicht erschöpft haben und somit am Rätsel der Massenbildung ein Stück unangerührt lassen. Hier müßte eine viel gründlichere und mehr umfassende psychologische Analyse eingreifen. Von der Identifizierung führt ein Weg über die Nachahmung zur Einfühlung, das heißt zum Verständnis des Mechanismus, durch den uns überhaupt eine Stellungnahme zu einem anderen Seelenleben ermöglicht wird. Auch an den Äußerungen einer bestehenden Identifizierung ist noch vieles aufzuklären. Sie hat unter anderem die Folge, daß man die Aggression gegen die Person, mit der man sich identifiziert hat, einschränkt, sie verschont und ihr Hilfe leistet. Das Studium solcher Identifizierungen, wie sie zum Beispiel der Clangemeinschaft zugrunde liegen, ergab Robertson Smith das überraschende Resultat, daß sie auf der Anerkennung einer gemeinsamen Substanz beruhen (*Kinship and Marriage*, 1885), daher auch durch eine gemeinsam genommene Mahlzeit geschaffen werden können. Dieser Zug gestattet es, eine solche Identifizierung mit der von mir in *Totem und Tabu* konstruierten Urgeschichte der menschlichen Familie zu verknüpfen.

VIII
VERLIEBTHEIT UND HYPNOSE

Der Sprachgebrauch bleibt selbst in seinen Launen irgendeiner Wirklichkeit treu. So nennt er zwar sehr mannigfaltige Gefühlsbeziehungen »Liebe«, die auch wir theoretisch als Liebe zusammenfassen, zweifelt aber dann wieder, ob diese Liebe die eigentliche, richtige, wahre sei, und deutet so auf eine ganze Stufenleiter von Möglichkeiten innerhalb der Liebesphänomene hin. Es wird uns auch nicht schwer, dieselbe in der Beobachtung aufzufinden.

In einer Reihe von Fällen ist die Verliebtheit nichts anderes als Objektbesetzung von seiten der Sexualtriebe zum Zwecke der direkten Sexualbefriedigung, die auch mit der Erreichung dieses Zieles erlischt; das ist das, was man die gemeine, sinnliche Liebe heißt. Aber wie bekannt, bleibt die libidinöse Situation selten so einfach. Die Sicherheit, mit der man auf das Wiedererwachen des eben erloschenen Bedürfnisses rechnen konnte, muß wohl das nächste Motiv gewesen sein, dem Sexualobjekt eine dauernde Besetzung zuzuwenden, es auch in den begierdefreien Zwischenzeiten zu »lieben«.

Aus der sehr merkwürdigen Entwicklungsgeschichte des menschlichen Liebenslebens kommt ein zweites Moment hinzu. Das Kind hatte in der ersten, mit fünf Jahren meist schon abgeschlossenen Phase in einem Elternteil ein erstes Liebesobjekt gefunden, auf welches sich alle seine Befriedigung heischenden Sexualtriebe vereinigt hatten. Die dann eintretende Verdrängung erzwang den Verzicht auf die meisten dieser kindlichen Sexualziele und hinterließ eine tiefgreifende Modifikation des Verhältnisses zu den Eltern. Das Kind blieb fernerhin an die Eltern gebunden, aber mit Trieben, die man »zielgehemmte« nennen muß. Die Gefühle, die es von nun an für diese geliebten Personen empfindet, werden als »zärtliche« bezeichnet. Es ist bekannt, daß im Unbewußten die früheren »sinnlichen« Strebungen mehr oder minder stark erhalten bleiben, so daß die ursprüngliche Vollströmung in gewissem Sinne weiterbesteht [1].

Mit der Pubertät setzen bekanntlich neue, sehr intensive Strebungen nach den direkten Sexualzielen ein. In ungünstigen Fällen bleiben sie als sinnliche Strömung von den fortdauernden »zärtlichen« Gefühlsrichtungen geschieden. Man hat dann das Bild vor sich, dessen beide

[1] S. *Sexualtheorie* (1905 *d*) [*Studienausgabe*, Bd. 5, S. 105 f.].

Ansichten von gewissen Richtungen der Literatur so gerne idealisiert werden. Der Mann zeigt schwärmerische Neigungen zu hochgeachteten Frauen, die ihn aber zum Liebesverkehr nicht reizen, und ist nur potent gegen andere Frauen, die er nicht »liebt«, geringschätzt oder selbst verachtet[1]. Häufiger indes gelingt dem Heranwachsenden ein gewisses Maß von Synthese der unsinnlichen, himmlischen und der sinnlichen, irdischen Liebe und ist sein Verhältnis zum Sexualobjekt durch das Zusammenwirken von ungehemmten mit zielgehemmten Trieben gekennzeichnet. Nach dem Beitrag der zielgehemmten Zärtlichkeitstriebe kann man die Höhe der Verliebtheit im Gegensatz zum bloß sinnlichen Begehren bemessen.

Im Rahmen dieser Verliebtheit ist uns von Anfang an das Phänomen der Sexualüberschätzung aufgefallen, die Tatsache, daß das geliebte Objekt eine gewisse Freiheit von der Kritik genießt, daß alle seine Eigenschaften höher eingeschätzt werden als die ungeliebter Personen oder als zu einer Zeit, da es nicht geliebt wurde. Bei einigermaßen wirksamer Verdrängung oder Zurücksetzung der sinnlichen Strebungen kommt die Täuschung zustande, daß das Objekt seiner seelischen Vorzüge wegen auch sinnlich geliebt wird, während umgekehrt erst das sinnliche Wohlgefallen ihm diese Vorzüge verliehen haben mag.

Das Bestreben, welches hier das Urteil fälscht, ist das der *Idealisierung*. Damit ist uns aber die Orientierung erleichtert; wir erkennen, daß das Objekt so behandelt wird wie das eigene Ich, daß also in der Verliebtheit ein größeres Maß narzißtischer Libido auf das Objekt überfließt[2]. Bei manchen Formen der Liebeswahl wird es selbst augenfällig, daß das Objekt dazu dient, ein eigenes, nicht erreichtes Ichideal zu ersetzen. Man liebt es wegen der Vollkommenheiten, die man fürs eigene Ich angestrebt hat und die man sich nun auf diesem Umweg zur Befriedigung seines Narzißmus verschaffen möchte.

Nehmen Sexualüberschätzung und Verliebtheit noch weiter zu, so wird die Deutung des Bildes immer unverkennbarer. Die auf direkte Sexualbefriedigung drängenden Strebungen können nun ganz zurückgedrängt werden, wie es zum Beispiel regelmäßig bei der schwärmerischen Liebe des Jünglings geschieht; das Ich wird immer anspruchsloser, bescheidener, das Objekt immer großartiger, wertvoller; es gelangt schließlich in den Besitz der gesamten Selbstliebe des Ichs, so daß dessen Selbstaufopfe-

---

1 ›Über die allgemeinste Erniedrigung des Liebeslebens‹ (1912 *d*).

2 [Vgl. eine Passage in Freuds Narzißmus-Arbeit (1914 *c*), unweit des Beginns von Abschnitt III.]

rung zur natürlichen Konsequenz wird. Das Objekt hat das Ich sozusagen aufgezehrt. Züge von Demut, Einschränkung des Narzißmus, Selbstschädigung sind in jedem Falle von Verliebtheit vorhanden; im extremen Falle werden sie nur gesteigert, und durch das Zurücktreten der sinnlichen Ansprüche bleiben sie allein herrschend.

Dies ist besonders leicht bei unglücklicher, unerfüllbarer Liebe der Fall, da bei jeder sexuellen Befriedigung doch die Sexualüberschätzung immer wieder eine Herabsetzung erfährt. Gleichzeitig mit dieser »Hingabe« des Ichs an das Objekt, die sich von der sublimierten Hingabe an eine abstrakte Idee schon nicht mehr unterscheidet, versagen die dem Ichideal zugeteilten Funktionen gänzlich. Es schweigt die Kritik, die von dieser Instanz ausgeübt wird; alles, was das Objekt tut und fordert, ist recht und untadelhaft. Das Gewissen findet keine Anwendung auf alles, was zugunsten des Objektes geschieht; in der Liebesverblendung wird man reuelos zum Verbrecher. Die ganze Situation läßt sich restlos in eine Formel zusammenfassen: *Das Objekt hat sich an die Stelle des Ichideals gesetzt.*

Der Unterschied der Identifizierung von der Verliebtheit in ihren höchsten Ausbildungen, die man Faszination, verliebte Hörigkeit[1] heißt, ist nun leicht zu beschreiben. Im ersteren Falle hat sich das Ich um die Eigenschaften des Objektes bereichert, sich dasselbe nach Ferenczis [1909] Ausdruck »introjiziert«; im zweiten Fall ist es verarmt, hat sich dem Objekt hingegeben, dasselbe an die Stelle seines wichtigsten Bestandteiles gesetzt. Indes merkt man bei näherer Erwägung bald, daß eine solche Darstellung Gegensätze vorspiegelt, die nicht bestehen. Es handelt sich ökonomisch nicht um Verarmung oder Bereicherung, man kann auch die extreme Verliebtheit so beschreiben, daß das Ich sich das Objekt introjiziert habe. Vielleicht trifft eine andere Unterscheidung eher das Wesentliche. Im Falle der Identifizierung ist das Objekt verlorengegangen oder aufgegeben worden; es wird dann im Ich wieder aufgerichtet, das Ich verändert sich partiell nach dem Vorbild des verlorenen Objektes. Im anderen Falle ist das Objekt erhalten geblieben und wird als solches von seiten und auf Kosten des Ichs überbesetzt. Aber auch hiegegen erhebt sich ein Bedenken. Steht es denn fest, daß die Identifizierung das Aufgeben der Objektbesetzung voraussetzt, kann es nicht Identifizierung bei erhaltenem Objekt geben? Und ehe wir uns in die Diskussion dieser heiklen Frage einlassen, kann uns bereits die

---

[1] [Die »Hörigkeit« in der Liebe wird von Freud in der Arbeit ›Das Tabu der Virginität‹ (1918 *a*), *Studienausgabe*, Bd. 5, S. 213–14 erörtert.]

Einsicht aufdämmern, daß eine andere Alternative das Wesen dieses Sachverhaltes in sich faßt, nämlich *ob das Objekt an die Stelle des Ichs oder des Ichideals gesetzt wird.*

Von der Verliebtheit ist offenbar kein weiter Schritt zur Hypnose. Die Übereinstimmungen beider sind augenfällig. Dieselbe demütige Unterwerfung, Gefügigkeit, Kritiklosigkeit gegen den Hypnotiseur wie gegen das geliebte Objekt. Dieselbe Aufsaugung der eigenen Initiative; kein Zweifel, der Hypnotiseur ist an die Stelle des Ichideals getreten. Alle Verhältnisse sind in der Hypnose nur noch deutlicher und gesteigerter, so daß es zweckmäßiger wäre, die Verliebtheit durch die Hypnose zu erläutern als umgekehrt. Der Hypnotiseur ist das einzige Objekt, kein anderes wird neben ihm beachtet. Daß das Ich traumhaft erlebt, was er fordert und behauptet, mahnt uns daran, daß wir verabsäumt haben, unter den Funktionen des Ichideals auch die Ausübung der Realitätsprüfung zu erwähnen[1]. Kein Wunder, daß das Ich eine Wahrnehmung für real hält, wenn die sonst mit der Aufgabe der Realitätsprüfung betraute psychische Instanz sich für diese Realität einsetzt. Die völlige Abwesenheit von Strebungen mit ungehemmten Sexualzielen trägt zur extremen Reinheit der Erscheinungen weiteres bei. Die hypnotische Beziehung ist eine uneingeschränkte verliebte Hingabe bei Ausschluß sexueller Befriedigung, während eine solche bei der Verliebtheit doch nur zeitweilig zurückgeschoben ist und als spätere Zielmöglichkeit im Hintergrunde verbleibt.

Anderseits können wir aber auch sagen, die hypnotische Beziehung sei – wenn dieser Ausdruck gestattet ist – eine Massenbildung zu zweien. Die Hypnose ist kein gutes Vergleichsobjekt mit der Massenbildung, weil sie vielmehr mit dieser identisch ist. Sie isoliert uns aus dem komplizierten Gefüge der Masse ein Element, das Verhalten des Massenindividuums zum Führer. Durch diese Einschränkung der Zahl scheidet sich die Hypnose von der Massenbildung, wie durch den Wegfall der direkt sexuellen Strebungen von der Verliebtheit. Sie hält insoferne die Mitte zwischen beiden.

Es ist interessant zu sehen, daß gerade die zielgehemmten Sexualstrebungen so dauerhafte Bindungen der Menschen aneinander erzielen. Dies versteht sich aber leicht aus der Tatsache, daß sie einer vollen Be-

---

[1] S. ›Metapsychologische Ergänzung zur Traumlehre‹ (1917*d*). [*Zusatz 1923*:] Indes scheint ein Zweifel an der Berechtigung dieser Zuteilung, der eingehende Diskussion erfordert, zulässig. [S. die Anmerkung zu Beginn von Kapitel III in *Das Ich und das Es* (1923*b*), wo die Funktion der Realitätsprüfung definitiv dem *Ich* zugeschrieben wird.]

friedigung nicht fähig sind, während ungehemmte Sexualstrebungen durch die Abfuhr bei der Erreichung des jedesmaligen Sexualzieles eine außerordentliche Herabsetzung erfahren. Die sinnliche Liebe ist dazu bestimmt, in der Befriedigung zu erlöschen; um andauern zu können, muß sie mit rein zärtlichen, das heißt zielgehemmten Komponenten von Anfang an versetzt sein oder eine solche Umsetzung erfahren.

Die Hypnose würde uns das Rätsel der libidinösen Konstitution einer Masse glatt lösen, wenn sie selbst nicht noch Züge enthielte, die sich der bisherigen rationellen Aufklärung – als Verliebtheit bei Ausschluß direkt sexueller Strebungen – entziehen. Es ist noch vieles an ihr als unverstanden, als mystisch anzuerkennen. Sie enthält einen Zusatz von Lähmung aus dem Verhältnis eines Übermächtigen zu einem Ohnmächtigen, Hilflosen, was etwa zur Schreckhypnose der Tiere überleitet. Die Art, wie sie erzeugt wird, ihre Beziehung zum Schlaf, sind nicht durchsichtig, und die rätselhafte Auswahl von Personen, die sich für sie eignen, während andere sie gänzlich ablehnen, weist auf ein noch unbekanntes Moment hin, welches in ihr verwirklicht wird und das vielleicht erst die Reinheit der Libidoeinstellungen in ihr ermöglicht. Beachtenswert ist auch, daß häufig das moralische Gewissen der hypnotisierten Person sich selbst bei sonst voller suggestiver Gefügigkeit resistent zeigen kann. Aber das mag daher kommen, daß bei der Hypnose, wie sie zumeist geübt wird, ein Wissen erhalten geblieben sein kann, es handle sich nur um ein Spiel, eine unwahre Reproduktion einer anderen, weit lebenswichtigeren Situation.

Durch die bisherigen Erörterungen sind wir aber voll darauf vorbereitet, die Formel für die libidinöse Konstitution einer Masse anzugeben. Wenigstens einer solchen Masse, wie wir sie bisher betrachtet haben, die also einen Führer hat und nicht durch allzuviel »Organisation« sekundär die Eigenschaften eines Individuums erwerben konnte. *Eine solche primäre Masse ist eine Anzahl von Individuen, die ein und dasselbe Objekt an die Stelle ihres Ichideals gesetzt und sich infolgedessen in ihrem Ich miteinander identifiziert haben.* Dies Verhältnis läßt eine graphische Darstellung zu:

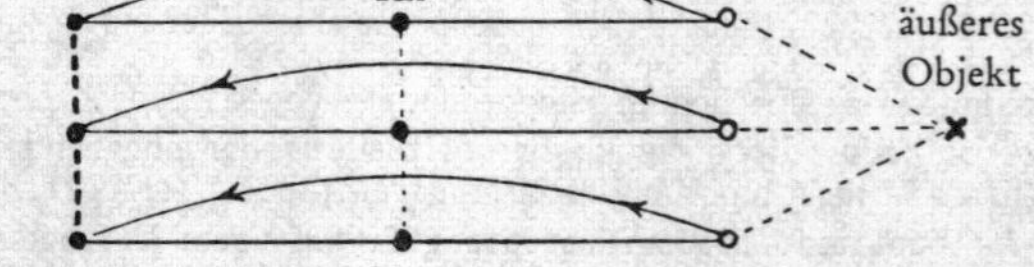

IX
DER HERDENTRIEB

Wir werden uns nur kurze Zeit der Illusion freuen, durch diese Formel das Rätsel der Masse gelöst zu haben. Alsbald muß uns die Mahnung beunruhigen, daß wir ja im wesentlichen die Verweisung auf das Rätsel der Hypnose angenommen haben, an dem so vieles noch unerledigt ist. Und nun zeigt uns ein anderer Einwand den weiteren Weg.

Wir dürfen uns sagen, die ausgiebigen affektiven Bindungen, die wir in der Masse erkennen, reichen voll aus, um einen ihrer Charaktere zu erklären, den Mangel an Selbständigkeit und Initiative beim Einzelnen, die Gleichartigkeit seiner Reaktion mit der aller anderen, sein Herabsinken zum Massenindividuum sozusagen. Aber die Masse zeigt, wenn wir sie als Ganzes ins Auge fassen, mehr; die Züge von Schwächung der intellektuellen Leistung, von Ungehemmtheit der Affektivität, die Unfähigkeit zur Mäßigung und zum Aufschub, die Neigung zur Überschreitung aller Schranken in der Gefühlsäußerung und zur vollen Abfuhr derselben in Handlung, dies und alles Ähnliche, was wir bei Le Bon so eindrucksvoll geschildert finden, ergibt ein unverkennbares Bild von Regression der seelischen Tätigkeit auf eine frühere Stufe, wie wir sie bei Wilden oder bei Kindern zu finden nicht erstaunt sind. Eine solche Regression gehört insbesondere zum Wesen der gemeinen Massen, während sie, wie wir gehört haben, bei hochorganisierten, künstlichen weitgehend hintangehalten werden kann.

Wir erhalten so den Eindruck eines Zustandes, in dem die vereinzelte Gefühlsregung und der persönliche intellektuelle Akt des Individuums zu schwach sind, um sich allein zur Geltung zu bringen, und durchaus auf Bekräftigung durch gleichartige Wiederholung von seiten der anderen warten müssen. Wir werden daran erinnert, wieviel von diesen Phänomenen der Abhängigkeit zur normalen Konstitution der menschlichen Gesellschaft gehört, wie wenig Originalität und persönlicher Mut sich in ihr findet, wie sehr jeder Einzelne durch die Einstellungen einer Massenseele beherrscht wird, die sich als Rasseneigentümlichkeiten, Standesvorurteile, öffentliche Meinung und dergleichen kundgeben. Das Rätsel des suggestiven Einflusses vergrößert sich für uns, wenn wir zugeben, daß ein solcher nicht allein vom Führer, sondern auch von jedem Einzelnen auf jeden Einzelnen geübt wird, und wir machen uns den Vorwurf, daß wir die Beziehung zum Führer einseitig herausgehoben, den anderen Faktor der gegenseitigen Suggestion aber ungebührend zurückgedrängt haben.

Auf solche Weise zur Bescheidenheit gewiesen, werden wir geneigt sein, auf eine andere Stimme zu horchen, welche uns Erklärung auf einfacheren Grundlagen verspricht. Ich entnehme eine solche dem klugen Buch von W. Trotter über den Herdentrieb (1916), an dem ich nur bedauere, daß es sich den durch den letzten großen Krieg entfesselten Antipathien nicht ganz entzogen hat.

Trotter leitet die an der Masse beschriebenen seelischen Phänomene von einem Herdeninstinkt *(»gregariousness«)* ab, der dem Menschen wie anderen Tierarten angeboren zukommt. Diese Herdenhaftigkeit ist biologisch eine Analogie und gleichsam eine Fortführung der Vielzelligkeit, im Sinne der Libidotheorie eine weitere Äußerung der von der Libido ausgehenden Neigung aller gleichartigen Lebewesen, sich zu immer umfassenderen Einheiten zu vereinigen[1]. Der Einzelne fühlt sich unvollständig *(„incomplete«)*, wenn er allein ist. Schon die Angst des kleinen Kindes sei eine Äußerung dieses Herdeninstinkts. Widerspruch gegen die Herde ist soviel wie Trennung von ihr und wird darum angstvoll vermieden. Die Herde lehnt aber alles Neue, Ungewohnte ab. Der Herdeninstinkt sei etwas Primäres, nicht weiter Zerlegbares *(»which cannot be split up«)*.

Trotter gibt als die Reihe der von ihm als primär angenommenen Triebe (oder Instinkte): den Selbstbehauptungs-, Ernährungs-, Geschlechts- und Herdentrieb. Der letztere gerate oft in die Lage, sich den anderen gegenüberzustellen. Schuldbewußtsein und Pflichtgefühl seien die charakteristischen Besitztümer eines *»gregarious animal«*. Vom Herdeninstinkt läßt Trotter auch die verdrängenden Kräfte ausgehen, welche die Psychoanalyse im Ich aufgezeigt hat, und folgerichtig gleicherweise die Widerstände, auf welche der Arzt bei der psychoanalytischen Behandlung stößt. Die Sprache verdanke ihre Bedeutung ihrer Eignung zur gegenseitigen Verständigung in der Herde, auf ihr beruhe zum großen Teil die Identifizierung der Einzelnen miteinander.

Wie Le Bon vorwiegend die charakteristischen flüchtigen Massenbildungen und McDougall die stabilen Vergesellschaftungen, so hat Trotter

---

[1] S. meinen Aufsatz: *Jenseits des Lustprinzips* (1920g) [in einer Passage etwa in der Mitte von Kapitel VI].

die allgemeinsten Verbände, in denen der Mensch, dies ζῷον πολιτικόν[1] lebt, in den Mittelpunkt seines Interesses gerückt und deren psychologische Begründung angegeben. Für Trotter bedarf es aber keiner Ableitung des Herdentriebes, da er ihn als primär und nicht weiter auflösbar bezeichnet. Seine Bemerkung, Boris Sidis leite den Herdentrieb von der Suggestibilität ab, ist zum Glück für ihn überflüssig; es ist eine Erklärung nach bekanntem, unbefriedigendem Muster, und die Umkehr dieses Satzes, also daß die Suggestibilität ein Abkömmling des Herdeninstinkts sei, erschiene mir bei weitem einleuchtender.

Aber gegen Trotters Darstellung läßt sich mit noch besserem Recht als gegen die anderen einwenden, daß sie auf die Rolle des Führers in der Masse zu wenig Rücksicht nimmt, während wir doch eher zum gegenteiligen Urteil neigen, daß das Wesen der Masse bei Vernachlässigung des Führers nicht zu begreifen sei. Der Herdeninstinkt läßt überhaupt für den Führer keinen Raum, dieser kommt nur so zufällig zur Herde hinzu, und im Zusammenhange damit steht, daß von diesem Trieb aus auch kein Weg zu einem Gottesbedürfnis führt; es fehlt der Hirt zur Herde. Außerdem aber kann man Trotters Darstellung psychologisch untergraben, das heißt man kann es zum mindesten wahrscheinlich machen, daß der Herdentrieb nicht unzerlegbar, nicht in dem Sinne primär ist wie der Selbsterhaltungstrieb und der Geschlechtstrieb.

Es ist natürlich nicht leicht, die Ontogenese des Herdentriebes zu verfolgen. Die Angst des kleinen Kindes, wenn es allein gelassen wird, die Trotter bereits als Äußerung des Triebes in Anspruch nehmen will, legt doch eine andere Deutung näher. Sie gilt der Mutter, später anderen vertrauten Personen, und ist der Ausdruck einer unerfüllten Sehnsucht, mit der das Kind noch nichts anderes anzufangen weiß, als sie in Angst zu verwandeln[2]. Die Angst des einsamen kleinen Kindes wird auch nicht durch den Anblick eines beliebigen anderen »aus der Herde« beschwichtigt, sondern im Gegenteil durch das Hinzukommen eines solchen »Fremden« erst hervorgerufen. Dann merkt man beim Kinde lange nichts von einem Herdeninstinkt oder Massengefühl. Ein solches bildet sich zuerst in der mehrzähligen Kinderstube aus dem Verhältnis der Kinder zu den Eltern, und zwar als Reaktion auf den anfänglichen Neid, mit dem das ältere Kind das jüngere aufnimmt. Das ältere Kind möchte gewiß das nachkommende eifersüchtig verdrängen, von den

---

[1] [Dies »politische Tier« (Aristoteles, *Politik*, 1252 *b*).]

[2] S. *Vorlesungen zur Einführung in die Psychoanalyse* (1916–17), Vorlesung XXV über die Angst.

Eltern fernhalten und es aller Anrechte berauben, aber angesichts der Tatsache, daß auch dieses Kind – wie alle späteren – in gleicher Weise von den Eltern geliebt wird, und infolge der Unmöglichkeit, seine feindselige Einstellung ohne eigenen Schaden festzuhalten, wird es zur Identifizierung mit den anderen Kindern gezwungen, und es bildet sich in der Kinderschar ein Massen- oder Gemeinschaftsgefühl, welches dann in der Schule seine weitere Entwicklung erfährt. Die erste Forderung dieser Reaktionsbildung ist die nach Gerechtigkeit, gleicher Behandlung für alle. Es ist bekannt, wie laut und unbestechlich sich dieser Anspruch in der Schule äußert. Wenn man schon selbst nicht der Bevorzugte sein kann, so soll doch wenigstens keiner von allen bevorzugt werden. Man könnte diese Umwandlung und Ersetzung der Eifersucht durch ein Massengefühl in Kinderstube und Schulzimmer für unwahrscheinlich halten, wenn man nicht den gleichen Vorgang später unter anderen Verhältnissen neuerlich beobachten würde. Man denke an die Schar von schwärmerisch verliebten Frauen und Mädchen, die den Sänger oder Pianisten nach seiner Produktion umdrängen. Gewiß läge es jeder von ihnen nahe, auf die andere eifersüchtig zu sein, allein angesichts ihrer Anzahl und der damit verbundenen Unmöglichkeit, das Ziel ihrer Verliebtheit zu erreichen, verzichten sie darauf, und anstatt sich gegenseitig die Haare auszuraufen, handeln sie wie eine einheitliche Masse, huldigen dem Gefeierten in gemeinsamen Aktionen und wären etwa froh, sich in seinen Lockenschmuck zu teilen. Sie haben sich, ursprünglich Rivalinnen, durch die gleiche Liebe zu dem nämlichen Objekt miteinander identifizieren können. Wenn eine Triebsituation, wie ja gewöhnlich, verschiedener Ausgänge fähig ist, so werden wir uns nicht verwundern, daß jener Ausgang zustande kommt, mit dem die Möglichkeit einer gewissen Befriedigung verbunden ist, während ein anderer, selbst ein näherliegender, unterbleibt, weil die realen Verhältnisse ihm die Erreichung dieses Zieles versagen.

Was man dann später in der Gesellschaft als Gemeingeist, *esprit de corps* usw. wirksam findet, verleugnet nicht seine Abkunft vom ursprünglichen Neid. Keiner soll sich hervortun wollen, jeder das gleiche sein und haben. Soziale Gerechtigkeit will bedeuten, daß man sich selbst vieles versagt, damit auch die anderen darauf verzichten müssen, oder was dasselbe ist, es nicht fordern können. Diese Gleichheitsforderung ist die Wurzel des sozialen Gewissens und des Pflichtgefühls. In unerwarteter Weise enthüllt sie sich in der Infektionsangst der Syphilitiker, die wir durch die Psychoanalyse verstehen gelernt haben. Die Angst dieser

Armen entspricht ihrem heftigen Sträuben gegen den unbewußten Wunsch, ihre Infektion auf die anderen auszubreiten, denn warum sollten sie allein infiziert und von so vielem ausgeschlossen sein und die anderen nicht? Auch die schöne Anekdote vom Urteil Salomonis hat denselben Kern. Wenn der einen Frau das Kind gestorben ist, soll auch die andere kein lebendes haben. An diesem Wunsch wird die Verlustträgerin erkannt.

Das soziale Gefühl ruht also auf der Umwendung eines erst feindseligen Gefühls in eine positiv betonte Bindung von der Natur einer Identifizierung. Soweit wir den Hergang bis jetzt durchschauen können, scheint sich diese Umwendung unter dem Einfluß einer gemeinsamen zärtlichen Bindung an eine außer der Masse stehende Person zu vollziehen. Unsere Analyse der Identifizierung erscheint uns selbst nicht als erschöpfend, aber unserer gegenwärtigen Absicht genügt es, wenn wir auf den einen Zug, daß die konsequente Durchführung der Gleichstellung gefordert wird, zurückkommen. Wir haben bereits bei der Erörterung der beiden künstlichen Massen, Kirche und Armee, gehört, ihre Voraussetzung sei, daß alle von einem, dem Führer, in gleicher Weise geliebt werden. Nun vergessen wir aber nicht, daß die Gleichheitsforderung der Masse nur für die Einzelnen derselben, nicht für den Führer gilt. Alle Einzelnen sollen einander gleich sein, aber alle wollen sie von einem beherrscht werden. Viele Gleiche, die sich miteinander identifizieren können, und ein einziger ihnen allen Überlegener, das ist die Situation, die wir in der lebensfähigen Masse verwirklicht finden. Getrauen wir uns also, die Aussage Trotters, der Mensch sei ein *Herdentier,* dahin zu korrigieren, er sei vielmehr ein *Hordentier,* ein Einzelwesen einer von einem Oberhaupt angeführten Horde.

X
DIE MASSE UND DIE URHORDE

Im Jahre 1912 habe ich die Vermutung von Ch. Darwin aufgenommen, daß die Urform der menschlichen Gesellschaft die von einem starken Männchen unumschränkt beherrschte Horde war. Ich habe darzulegen versucht, daß die Schicksale dieser Horde unzerstörbare Spuren in der menschlichen Erbgeschichte hinterlassen haben, speziell, daß die Entwicklung des Totemismus, der die Anfänge von Religion, Sittlichkeit und sozialer Gliederung in sich faßt, mit der gewaltsamen Tötung des Oberhauptes und der Umwandlung der Vaterhorde in eine Brüdergemeinde zusammenhängt[1]. Es ist dies zwar nur eine Hypothese wie so viele andere, mit denen die Prähistoriker das Dunkel der Urzeit aufzuhellen versuchen – eine *»just-so story«* nannte sie witzig ein nicht unliebenswürdiger englischer Kritiker[2] –, aber ich meine, es ist ehrenvoll für eine solche Hypothese, wenn sie sich geeignet zeigt, Zusammenhang und Verständnis auf immer neuen Gebieten zu schaffen.

Die menschlichen Massen zeigen uns wiederum das vertraute Bild des überstarken Einzelnen inmitten einer Schar von gleichen Genossen, das auch in unserer Vorstellung von der Urhorde enthalten ist. Die Psychologie dieser Masse, wie wir sie aus den oft erwähnten Beschreibungen kennen – der Schwund der bewußten Einzelpersönlichkeit, die Orientierung von Gedanken und Gefühlen nach gleichen Richtungen, die Vorherrschaft der Affektivität und des unbewußten Seelischen, die Tendenz zur unverzüglichen Ausführung auftauchender Absichten –, das alles entspricht einem Zustand von Regression zu einer primitiven Seelentätigkeit, wie man sie gerade der Urhorde zuschreiben möchte[3].

[1] *Totem und Tabu* (1912–13) [Abhandlung IV, s. unten, S. 387 ff.].

[2] [Nur in der ersten Ausgabe steht hier der Name »Kroeger«, offenbar ein Druckfehler für »Kroeber«, den bekannten amerikanischen Kulturanthropologen, der Freuds Buch besprochen hatte. Der Vergleich mit einer »Just-so Story« stammte jedoch nicht von ihm; er findet sich vielmehr in einer von dem englischen Ethnologen R. R. Marett verfaßten Besprechung (1920) von *Totem und Tabu*. Die Anspielung bezieht sich auf Rudyard Kiplings Buch mit drolligen Geschichten über die Evolution, für Kinder ausgedacht.]

[3] Für die Urhorde muß insbesondere gelten, was wir vorhin in der allgemeinen Charakteristik der Menschen beschrieben haben. Der Wille des Einzelnen war zu schwach, er getraute sich nicht der Tat. Es kamen gar keine anderen Impulse zustande als kollektive, es gab nur einen Gemeinwillen, keinen singulären. Die Vorstellung wagte es nicht, sich in Willen umzusetzen, wenn sie sich nicht durch die Wahrnehmung

Die Masse erscheint uns so als ein Wiederaufleben der Urhorde. So wie der Urmensch in jedem Einzelnen virtuell erhalten ist, so kann sich aus einem beliebigen Menschenhaufen die Urhorde wieder herstellen; soweit die Massenbildung die Menschen habituell beherrscht, erkennen wir den Fortbestand der Urhorde in ihr. Wir müssen schließen, die Psychologie der Masse sei die älteste Menschenpsychologie; was wir unter Vernachlässigung aller Massenreste als Individualpsychologie isoliert haben, hat sich erst später, allmählich und sozusagen immer noch nur partiell aus der alten Massenpsychologie herausgehoben. Wir werden noch den Versuch wagen, den Ausgangspunkt dieser Entwicklung anzugeben. [Vgl. S. 126 ff.]

Eine nächste Überlegung zeigt uns, in welchem Punkt diese Behauptung einer Berichtigung bedarf. Die Individualpsychologie muß vielmehr ebenso alt sein wie die Massenpsychologie, denn von Anfang an gab es zweierlei Psychologien, die der Massenindividuen und die des Vaters, Oberhauptes, Führers. Die Einzelnen der Masse waren so gebunden, wie wir sie heute finden, aber der Vater der Urhorde war frei. Seine intellektuellen Akte waren auch in der Vereinzelung stark und unabhängig, sein Wille bedurfte nicht der Bekräftigung durch den anderer. Wir nehmen konsequenterweise an, daß sein Ich wenig libidinös gebunden war, er liebte niemand außer sich, und die anderen nur, insoweit sie seinen Bedürfnissen dienten. Sein Ich gab nichts Überschüssiges an die Objekte ab.

Zu Eingang der Menschheitsgeschichte war er der *Übermensch*, den Nietzsche erst von der Zukunft erwartete. Noch heute bedürfen die Massenindividuen der Vorspiegelung, daß sie in gleicher und gerechter Weise vom Führer geliebt werden, aber der Führer selbst braucht niemand anderen zu lieben, er darf von Herrennatur sein, absolut narzißtisch, aber selbstsicher und selbständig. Wir wissen, daß die Liebe den Narzißmus eindämmt, und könnten nachweisen, wie sie durch diese Wirkung Kulturfaktor geworden ist.

Der Urvater der Horde war noch nicht unsterblich, wie er es später

---

ihrer allgemeinen Verbreitung gestärkt fand. Diese Schwäche der Vorstellung findet ihre Erklärung in der Stärke der allen gemeinsamen Gefühlsbindung, aber die Gleichartigkeit der Lebensumstände und das Fehlen eines privaten Eigentums kommen hinzu, um die Gleichförmigkeit der seelischen Akte bei den Einzelnen zu bestimmen. – Auch die exkrementellen Bedürfnisse schließen, wie man an Kindern und Soldaten merken kann, die Gemeinsamkeit nicht aus. Die einzige mächtige Ausnahme macht der sexuelle Akt, bei dem der Dritte zumindest überflüssig, im äußersten Fall zu einem peinlichen Abwarten verurteilt ist. Über die Reaktion des Sexualbedürfnisses (der Genitalbefriedigung) gegen das Herdenhafte siehe unten [S. 130–31].

durch Vergottung wurde. Wenn er starb, mußte er ersetzt werden; an seine Stelle trat wahrscheinlich ein jüngster Sohn, der bis dahin Massenindividuum gewesen war wie ein anderer. Es muß also eine Möglichkeit geben, die Psychologie der Masse in Individualpsychologie umzuwandeln, es muß eine Bedingung gefunden werden, unter der sich solche Umwandlung leicht vollzieht, ähnlich wie es den Bienen möglich ist, aus einer Larve im Bedarfsfalle eine Königin anstatt einer Arbeiterin zu ziehen. Man kann sich da nur dies eine vorstellen: Der Urvater hatte seine Söhne an der Befriedigung ihrer direkten sexuellen Strebungen verhindert; er zwang sie zur Abstinenz und infolgedessen zu den Gefühlsbindungen an ihn und aneinander, die aus den Strebungen mit gehemmtem Sexualziel hervorgehen konnten. Er zwang sie sozusagen in die Massenpsychologie. Seine sexuelle Eifersucht und Intoleranz sind in letzter Linie die Ursache der Massenpsychologie geworden [1].

Für den, der sein Nachfolger wurde, war auch die Möglichkeit der sexuellen Befriedigung gegeben und damit der Austritt aus den Bedingungen der Massenpsychologie eröffnet. Die Fixierung der Libido an das Weib, die Möglichkeit der Befriedigung ohne Aufschub und Aufspeicherung machte der Bedeutung zielgehemmter Sexualstrebungen ein Ende und ließ den Narzißmus immer zur gleichen Höhe ansteigen. Auf diese Beziehung der Liebe zur Charakterbildung werden wir in einem Nachtrag [S. 128 ff.] zurückkommen.

Heben wir noch als besonders lehrreich hervor, in welcher Beziehung zur Konstitution der Urhorde die Veranstaltung steht, mittels derer – abgesehen von Zwangsmitteln – eine künstliche Masse zusammengehalten wird. Bei Heer und Kirche haben wir gesehen, es ist die Vorspiegelung, daß der Führer alle Einzelnen in gleicher und gerechter Weise liebt. Dies ist aber geradezu die idealistische Umarbeitung der Verhältnisse der Urhorde, in der sich alle Söhne in gleicher Weise vom Urvater verfolgt wußten und ihn in gleicher Weise fürchteten. Schon die nächste Form der menschlichen Sozietät, der totemistische Clan, hat diese Umformung, auf die alle sozialen Pflichten aufgebaut sind, zur Voraussetzung. Die unverwüstliche Stärke der Familie als einer natürlichen Massenbildung beruht darauf, daß diese notwendige Voraussetzung der gleichen Liebe des Vaters für sie wirklich zutreffen kann.

---

[1] Es läßt sich etwa auch annehmen, daß die vertriebenen Söhne, vom Vater getrennt, den Fortschritt von der Identifizierung miteinander zur homosexuellen Objektliebe machten und so die Freiheit gewannen, den Vater zu töten. [S. *Totem und Tabu*, unten, S. 428.]

Aber wir erwarten noch mehr von der Zurückführung der Masse auf die Urhorde. Sie soll uns auch das noch Unverstandene, Geheimnisvolle an der Massenbildung näherbringen, das sich hinter den Rätselworten Hypnose und Suggestion verbirgt. Und ich meine, sie kann es auch leisten. Erinnern wir uns daran, daß die Hypnose etwas direkt Unheimliches an sich hat; der Charakter des Unheimlichen deutet aber auf etwas der Verdrängung verfallenes Altes und Wohlvertrautes hin[1]. Denken wir daran, wie die Hypnose eingeleitet wird. Der Hypnotiseur behauptet im Besitz einer geheimnisvollen Macht zu sein, die dem Subjekt den eigenen Willen raubt, oder, was dasselbe ist, das Subjekt glaubt es von ihm. Diese geheimnisvolle Macht – populär noch oft als tierischer Magnetismus bezeichnet – muß dieselbe sein, welche den Primitiven als Quelle des Tabu gilt, dieselbe, die von Königen und Häuptlingen ausgeht und die es gefährlich macht, sich ihnen zu nähern (Mana). Im Besitz dieser Macht will nun der Hypnotiseur sein, und wie bringt er sie zur Erscheinung? Indem er die Person auffordert, ihm in die Augen zu sehen; er hypnotisiert in typischer Weise durch seinen Blick. Gerade der Anblick des Häuptlings ist aber für den Primitiven gefährlich und unerträglich, wie später der der Gottheit für den Sterblichen. Noch Moses muß den Mittelsmann zwischen seinem Volke und Jehova machen, da das Volk den Anblick Gottes nicht ertrüge, und wenn er von der Gegenwart Gottes zurückkehrt, strahlt sein Antlitz, ein Teil des »Mana« hat sich wie beim Mittler[2] der Primitiven auf ihn übertragen.

Man kann die Hypnose allerdings auch auf anderen Wegen hervorrufen, was irreführend ist und zu unzulänglichen physiologischen Theorien Anlaß gegeben hat, zum Beispiel durch das Fixieren eines glänzenden Gegenstandes oder durch das Horchen auf ein monotones Geräusch. In Wirklichkeit dienen diese Verfahren nur der Ablenkung und Fesselung der bewußten Aufmerksamkeit. Die Situation ist die nämliche, als ob der Hypnotiseur der Person gesagt hätte: »Nun beschäftigen Sie sich ausschließlich mit meiner Person, die übrige Welt ist ganz uninteressant.« Gewiß wäre es technisch unzweckmäßig, wenn der Hypnotiseur eine solche Rede hielte; das Subjekt würde durch sie aus seiner unbewußten Einstellung gerissen und zum bewußten Widerspruch aufgereizt werden. Aber während der Hypnotiseur es vermeidet, das bewußte Denken des Subjekts auf seine Absichten zu richten, und die Versuchsperson

---

[1] ›Das Unheimliche‹ (1919 *h*) [*Studienausgabe,* Bd. 4, S. 267].

[2] S. *Totem und Tabu* [Abhandlung II, S. 311 ff., unten] und die dort zitierten Quellen.

sich in eine Tätigkeit versenkt, bei der ihr die Welt uninteressant vorkommen muß, geschieht es, daß sie unbewußt wirklich ihre ganze Aufmerksamkeit auf den Hypnotiseur konzentriert, sich in die Einstellung des Rapports, der Übertragung, zum Hypnotiseur begibt. Die indirekten Methoden des Hypnotisierens haben also, ähnlich wie manche Techniken des Witzes[1], den Erfolg, gewisse Verteilungen der seelischen Energie, welche den Ablauf des unbewußten Vorgangs stören würden, hintanzuhalten, und sie führen schließlich zum gleichen Ziel wie die direkten Beeinflussungen durch Anstarren oder Streichen[2].

Ferenczi (1909) hat richtig herausgefunden, daß sich der Hypnotiseur mit dem Schlafgebot, welches oft zur Einleitung der Hypnose gegeben wird, an die Stelle der Eltern setzt. Er meinte zwei Arten der Hypnose unterscheiden zu sollen, eine schmeichlerisch begütigende, die er dem Muttervorbild, und eine drohende, die er dem Vater zuschrieb. Nun bedeutet das Gebot zu schlafen in der Hypnose auch nichts anderes als die Aufforderung, alles Interesse von der Welt abzuziehen und auf die Person des Hypnotiseurs zu konzentrieren; es wird auch vom Subjekt so verstanden, denn in dieser Abziehung des Interesses von der Außenwelt liegt die psychologische Charakteristik des Schlafes, und auf ihr beruht die Verwandtschaft des Schlafes mit dem hypnotischen Zustand.

Durch seine Maßnahmen weckt also der Hypnotiseur beim Subjekt ein Stück von dessen archaischer Erbschaft, die auch den Eltern entgegenkam und im Verhältnis zum Vater eine individuelle Wiederbelebung erfuhr, die Vorstellung von einer übermächtigen und gefährlichen Persönlichkeit, gegen die man sich nur passiv-masochistisch einstellen konnte, an die man seinen Willen verlieren mußte und mit der allein zu sein, »ihr unter die Augen zu treten« ein bedenkliches Wagnis schien. Nur so

[1] [Die Ablenkung der Aufmerksamkeit als Teil der Witztechnik wird ziemlich ausführlich in Kapitel V von Freuds Buch über den *Witz* (1905 *c*), *Studienausgabe*, Bd. 4, S. 142–4 erörtert.]

[2] Die Situation, daß die Person unbewußt auf den Hypnotiseur eingestellt ist, während sie sich bewußt mit gleichbleibenden, uninteressanten Wahrnehmungen beschäftigt, findet ein Gegenstück in den Vorkommnissen der psychoanalytischen Behandlung, das hier erwähnt zu werden verdient. In jeder Analyse ereignet es sich mindestens einmal, daß der Patient hartnäckig behauptet, jetzt fiele ihm aber ganz bestimmt nichts ein. Seine freien Assoziationen stocken, und die gewöhnlichen Antriebe, sie in Gang zu bringen, schlagen fehl. Durch Drängen erreicht man endlich das Eingeständnis, der Patient denke an die Aussicht aus dem Fenster des Behandlungsraumes, an die Tapete der Wand, die er vor sich sieht, oder an die Gaslampe, die von der Zimmerdecke herabhängt. Man weiß dann sofort, daß er sich in die Übertragung begeben hat, von noch unbewußten Gedanken in Anspruch genommen wird, die sich auf den Arzt beziehen, und sieht die Stockung in den Einfällen des Patienten schwinden, sobald man ihm diese Aufklärung gegeben hat.

etwa können wir uns das Verhältnis eines Einzelnen der Urhorde zum Urvater vorstellen. Wie wir aus anderen Reaktionen wissen, hat der Einzelne ein variables Maß von persönlicher Eignung zur Wiederbelebung solch alter Situationen bewahrt. Ein Wissen, daß die Hypnose doch nur ein Spiel, eine lügenhafte Erneuerung jener alten Eindrücke ist, kann aber erhalten bleiben und für den Widerstand gegen allzu ernsthafte Konsequenzen der hypnotischen Willensaufhebung sorgen.

Der unheimliche, zwanghafte Charakter der Massenbildung, der sich in ihren Suggestionserscheinungen zeigt, kann also wohl mit Recht auf ihre Abkunft von der Urhorde zurückgeführt werden. Der Führer der Masse ist noch immer der gefürchtete Urvater, die Masse will immer noch von unbeschränkter Gewalt beherrscht werden, sie ist im höchsten Grade autoritätssüchtig, hat nach Le Bons Ausdruck den Durst nach Unterwerfung. Der Urvater ist das Massenideal, das an Stelle des Ichideals das Ich beherrscht. Die Hypnose hat ein gutes Anrecht auf die Bezeichnung: eine Masse zu zweit; für die Suggestion erübrigt die Definition einer Überzeugung, die nicht auf Wahrnehmung und Denkarbeit, sondern auf erotische Bindung gegründet ist[1].

[1] Es erscheint mir der Hervorhebung wert, daß wir durch die Erörterungen dieses Abschnittes veranlaßt werden, von der Bernheimschen Auffassung der Hypnose auf die naive ältere derselben zurückzugreifen. Nach Bernheim sind alle hypnotischen Phänomene von dem weiter nicht aufzuklärenden Moment der Suggestion abzuleiten. Wir schließen, daß die Suggestion eine Teilerscheinung des hypnotischen Zustandes ist, der in einer unbewußt erhaltenen Disposition aus der Urgeschichte der menschlichen Familie seine gute Begründung hat.

XI
EINE STUFE IM ICH

Wenn man, eingedenk der einander ergänzenden Beschreibungen der Autoren über Massenpsychologie, das Leben der heutigen Einzelmenschen überblickt, mag man vor den Komplikationen, die sich hier zeigen, den Mut zu einer zusammenfassenden Darstellung verlieren. Jeder Einzelne ist ein Bestandteil von vielen Massen, durch Identifizierung vielseitig gebunden und hat sein Ichideal nach den verschiedensten Vorbildern aufgebaut. Jeder Einzelne hat so Anteil an vielen Massenseelen, an der seiner Rasse, des Standes, der Glaubensgemeinschaft, der Staatlichkeit usw., und kann sich darüber hinaus zu einem Stückchen Selbständigkeit und Originalität erheben. Diese ständigen und dauerhaften Massenbildungen fallen in ihren gleichmäßig anhaltenden Wirkungen der Beobachtung weniger auf als die rasch gebildeten, vergänglichen Massen, nach denen Le Bon die glänzende psychologische Charakteristik der Massenseele entworfen hat, und in diesen lärmenden, ephemeren, den anderen gleichsam superponierten Massen begibt sich eben das Wunder, daß dasjenige, was wir eben als die individuelle Ausbildung anerkannt haben, spurlos, wenn auch nur zeitweilig, untergeht.

Wir haben dies Wunder so verstanden, daß der Einzelne sein Ichideal aufgibt und es gegen das im Führer verkörperte Massenideal vertauscht. Das Wunder, dürfen wir berichtigend hinzufügen, ist nicht in allen Fällen gleich groß. Die Sonderung von Ich und Ichideal ist bei vielen Individuen nicht weit vorgeschritten, die beiden fallen noch leicht zusammen, das Ich hat sich oft die frühere narzißtische Selbstgefälligkeit bewahrt. Die Wahl des Führers wird durch dies Verhältnis sehr erleichtert. Er braucht oft nur die typischen Eigenschaften dieser Individuen in besonders scharfer und reiner Ausprägung zu besitzen und den Eindruck größerer Kraft und libidinöser Freiheit zu machen, so kommt ihm das Bedürfnis nach einem starken Oberhaupt entgegen und bekleidet ihn mit der Übermacht, auf die er sonst vielleicht keinen Anspruch hätte. Die anderen, deren Ichideal sich in seiner Person sonst nicht ohne Korrektur verkörpert hätte, werden dann »suggestiv«, das heißt durch Identifizierung mitgerissen.

Wir erkennen, was wir zur Aufklärung der libidinösen Struktur einer Masse beitragen konnten, führt sich auf die Unterscheidung des Ichs vom Ichideal und auf die dadurch ermöglichte doppelte Art der Bindung – Identifizierung und Einsetzung des Objekts an die Stelle des Ichideals – zurück. Die Annahme einer solchen Stufe im Ich als erster Schritt einer Ichanalyse muß ihre Rechtfertigung allmählich auf den verschiedensten Gebieten der Psychologie erweisen. In meiner Schrift ›Zur Einführung des Narzißmus‹ (1914 *c*) habe ich zusammengetragen, was sich zunächst von pathologischem Material zur Stütze dieser Sonderung verwerten ließ. Aber man darf erwarten, daß sich ihre Bedeutung bei weiterer Vertiefung in die Psychologie der Psychosen als eine viel größere enthüllen wird. Denken wir daran, daß das Ich nun in die Beziehung eines Objekts zu dem aus ihm entwickelten Ichideal tritt und daß möglicherweise alle Wechselwirkungen, die wir zwischen äußerem Objekt und Gesamt-Ich in der Neurosenlehre kennengelernt haben, auf diesem neuen Schauplatz innerhalb des Ichs zur Wiederholung kommen.

Ich will hier nur einer der von diesem Standpunkt aus möglichen Folgerungen nachgehen und damit die Erörterung eines Problems fortsetzen, das ich an anderer Stelle ungelöst verlassen mußte[1]. Jede der seelischen Differenzierungen, die uns bekannt geworden sind, stellt eine neue Erschwerung der seelischen Funktion dar, steigert deren Labilität und kann der Ausgangspunkt eines Versagens der Funktion, einer Erkrankung werden. So haben wir mit dem Geborenwerden den Schritt vom absolut selbstgenügsamen Narzißmus zur Wahrnehmung einer veränderlichen Außenwelt und zum Beginn der Objektfindung gemacht, und damit ist verknüpft, daß wir den neuen Zustand nicht dauernd ertragen, daß wir ihn periodisch rückgängig machen und im Schlaf zum früheren Zustand der Reizlosigkeit und Objektvermeidung zurückkehren. Wir folgen dabei allerdings einem Wink der Außenwelt, die uns durch den periodischen Wechsel von Tag und Nacht zeitweilig den größten Anteil der auf uns wirkenden Reize entzieht. Keiner ähnlichen Einschränkung ist das zweite, für die Pathologie bedeutsamere Beispiel unterworfen. Im Laufe unserer Entwicklung haben wir eine Sonderung unseres seelischen Bestandes in ein kohärentes Ich und ein außerhalb dessen gelassenes, unbewußtes Verdrängtes vorgenommen, und wir wissen, daß die Stabilität dieser Neuerwerbung beständigen Erschütterungen ausgesetzt ist. Im Traum und in der Neurose pocht dieses Ausgeschlossene um Einlaß an den von Widerständen bewachten

[1] ›Trauer und Melancholie‹ (1917 *e*) [vgl. den Schlußabsatz des Werks].

Pforten, und in wacher Gesundheit bedienen wir uns besonderer Kunstgriffe, um das Verdrängte mit Umgehung der Widerstände und unter Lustgewinn zeitweilig in unser Ich aufzunehmen. Witz und Humor, zum Teil auch das Komische überhaupt, dürfen in diesem Licht betrachtet werden. Jedem Kenner der Neurosenpsychologie werden ähnliche Beispiele von geringerer Tragweite einfallen, aber ich eile zu der beabsichtigten Anwendung.

Es wäre gut denkbar, daß auch die Scheidung des Ichideals vom Ich nicht dauernd vertragen wird und sich zeitweilig zurückbilden muß. Bei allen Verzichten und Einschränkungen, die dem Ich auferlegt werden, ist der periodische Durchbruch der Verbote Regel, wie ja die Institution der Feste zeigt, die ursprünglich nichts anderes sind als vom Gesetz gebotene Exzesse und dieser Befreiung auch ihren heiteren Charakter verdanken[1]. Die Saturnalien der Römer und unser heutiger Karneval treffen in diesem wesentlichen Zug mit den Festen der Primitiven zusammen, die in Ausschweifungen jeder Art mit Übertretung der sonst heiligsten Gebote auszugehen pflegen. Das Ichideal umfaßt aber die Summe aller Einschränkungen, denen das Ich sich fügen soll, und darum müßte die Einziehung des Ideals ein großartiges Fest für das Ich sein, das dann wieder einmal mit sich selbst zufrieden sein dürfte[2].

Es kommt immer zu einer Empfindung von Triumph, wenn etwas im Ich mit dem Ichideal zusammenfällt. Als Ausdruck der Spannung zwischen Ich und Ideal kann auch das Schuldgefühl (und Minderwertigkeitsgefühl) verstanden werden.

Es gibt bekanntlich Menschen, bei denen das Allgemeingefühl der Stimmung in periodischer Weise schwankt, von einer übermäßigen Gedrücktheit durch einen gewissen Mittelzustand zu einem erhöhten Wohlbefinden, und zwar treten diese Schwankungen in sehr verschieden großen Amplituden auf, vom eben Merklichen bis zu jenen Extremen, die als Melancholie und Manie höchst qualvoll oder störend in das Leben der Betroffenen eingreifen. In typischen Fällen dieser zyklischen Verstimmung scheinen äußere Veranlassungen keine entscheidende Rolle zu spielen; von inneren Motiven findet man bei diesen Kranken nicht mehr oder nichts anderes als bei allen anderen. Man hat sich deshalb gewöhnt, diese Fälle als nicht psychogene zu beurteilen. Von anderen, ganz ähn-

[1] *Totem und Tabu* [s. unten, S. 425].

[2] Trotter läßt die Verdrängung vom Herdentrieb ausgehen. Es ist eher eine Übersetzung in eine andere Ausdrucksweise als ein Widerspruch, wenn ich in der ›Einführung des Narzißmus‹ gesagt habe: »Die Idealbildung wäre von seiten des Ichs die Bedingung der Verdrängung.« [(1914 *c*), am Ende des dritten Absatzes von Abschnitt III.]

lichen Fällen zyklischer Verstimmung, die sich aber leicht auf seelische Traumen zurückführen, soll später die Rede sein.

Die Begründung dieser spontanen Stimmungsschwankungen ist also unbekannt; in den Mechanismus der Ablösung einer Melancholie durch eine Manie fehlt uns die Einsicht. Somit wären dies die Kranken, für welche unsere Vermutung Geltung haben könnte, daß ihr Ichideal zeitweilig ins Ich aufgelöst wird, nachdem es vorher besonders strenge regiert hat.

Halten wir zur Vermeidung von Unklarheiten fest: Auf dem Boden unserer Ichanalyse ist es nicht zweifelhaft, daß beim Manischen Ich und Ichideal zusammengeflossen sind, so daß die Person sich in einer durch keine Selbstkritik gestörten Stimmung von Triumph und Selbstbeglücktheit des Wegfalles von Hemmungen, Rücksichten und Selbstvorwürfen erfreuen kann. Es ist minder evident, aber doch recht wahrscheinlich, daß das Elend des Melancholikers der Ausdruck eines scharfen Zwiespalts zwischen beiden Instanzen des Ichs ist, in dem das übermäßig empfindliche Ideal seine Verurteilung des Ichs im Kleinheitswahn und in der Selbsterniedrigung schonungslos zum Vorschein bringt. In Frage steht nur, ob man die Ursache dieser veränderten Beziehungen zwischen Ich und Ichideal in den oben postulierten periodischen Auflehnungen gegen die neue Institution suchen oder andere Verhältnisse dafür verantwortlich machen soll.

Der Umschlag in Manie ist kein notwendiger Zug im Krankheitsbild der melancholischen Depression. Es gibt einfache, einmalige und auch periodisch wiederholte Melancholien, welche niemals dieses Schicksal haben. Anderseits gibt es Melancholien, bei denen die Veranlassung offenbar eine ätiologische Rolle spielt. Es sind die nach dem Verlust eines geliebten Objekts, sei es durch den Tod desselben oder infolge von Umständen, die zum Rückzug der Libido vom Objekt genötigt haben. Eine solche psychogene Melancholie kann ebensowohl in Manie ausgehen und dieser Zyklus mehrmals wiederholt werden wie bei einer anscheinend spontanen. Die Verhältnisse sind also ziemlich undurchsichtig, zumal da bisher nur wenige Formen und Fälle von Melancholie der psychoanalytischen Untersuchung unterzogen worden sind[1]. Wir verstehen bis jetzt nur jene Fälle, in denen das Objekt aufgegeben wurde, weil es sich der Liebe unwürdig gezeigt hatte. Es wird dann durch Identifizierung im Ich wiederaufgerichtet und vom Ichideal

[1] Vgl. Abraham (1912).

streng gerichtet. Die Vorwürfe und Aggressionen gegen das Objekt kommen als melancholische Selbstvorwürfe zum Vorschein [1].

Auch an eine solche Melancholie kann sich der Umschlag in Manie anschließen, so daß diese Möglichkeit einen von den übrigen Charakteren des Krankheitsbildes unabhängigen Zug darstellt.

Ich sehe indes keine Schwierigkeit, das Moment der periodischen Auflehnung des Ichs gegen das Ichideal für beide Arten der Melancholien, die psychogenen wie die spontanen, in Betracht kommen zu lassen. Bei den spontanen kann man annehmen, daß das Ichideal zur Entfaltung einer besonderen Strenge neigt, die dann automatisch seine zeitweilige Aufhebung zur Folge hat. Bei den psychogenen würde das Ich zur Auflehnung gereizt durch die Mißhandlung von seiten seines Ideals, die es im Fall der Identifizierung mit einem verworfenen Objekt erfährt [2].

---

[1] Genauer gesagt: sie verbergen sich hinter den Vorwürfen gegen das eigene Ich, verleihen ihnen die Festigkeit, Zähigkeit und Unabweisbarkeit, durch welche sich die Selbstvorwürfe der Melancholiker auszeichnen.

[2] [Einige weitere Überlegungen zur Melancholie finden sich in Kapitel V von *Das Ich und das Es* (1923 *b*).]

XII
NACHTRÄGE

Im Laufe der Untersuchung, die jetzt zu einem vorläufigen Abschluß gekommen ist, haben sich uns verschiedene Nebenwege eröffnet, die wir zuerst vermieden haben, auf denen uns aber manche nahe Einsicht winkte. Einiges von dem so Zurückgestellten wollen wir nun nachholen.

A) Die Unterscheidung von Ichidentifizierung und Ichidealersetzung durch das Objekt findet eine interessante Erläuterung an den zwei großen künstlichen Massen, die wir eingangs studiert haben, dem Heer und der christlichen Kirche.

Es ist evident, daß der Soldat seinen Vorgesetzten, also eigentlich den Armeeführer, zum Ideal nimmt, während er sich mit seinesgleichen identifiziert und aus dieser Ichgemeinsamkeit die Verpflichtungen der Kameradschaft zur gegenseitigen Hilfeleistung und Güterteilung ableitet. Aber er wird lächerlich, wenn er sich mit dem Feldherrn identifizieren will. Der Jäger in *Wallensteins Lager* [Szene 6] verspottet darob den Wachtmeister:

> Wie er räuspert und wie er spuckt,
> Das habt ihr ihm glücklich abgeguckt …

Anders in der katholischen Kirche. Jeder Christ liebt Christus als sein Ideal und fühlt sich den anderen Christen durch Identifizierung verbunden. Aber die Kirche fordert von ihm mehr. Er soll überdies sich mit Christus identifizieren und die anderen Christen lieben, wie Christus sie geliebt hat. Die Kirche fordert also an beiden Stellen die Ergänzung der durch die Massenbildung gegebenen Libidoposition. Die Identifizierung soll dort hinzukommen, wo die Objektwahl stattgefunden hat; und die Objektliebe dort, wo die Identifizierung besteht. Dieses Mehr geht offenbar über die Konstitution der Masse hinaus. Man kann ein guter Christ sein, und doch könnte einem die Idee, sich an Christi Stelle zu setzen, wie er alle Menschen liebend zu umfassen, ferneliegen. Man braucht sich ja nicht als schwacher Mensch die Seelengröße und Liebesstärke des Heilands zuzutrauen. Aber diese Weiterentwicklung der Libidoverteilung in der Masse ist wahrscheinlich das

Moment, auf welches das Christentum den Anspruch gründet, eine höhere Sittlichkeit gewonnen zu haben.

B) Wir sagten [S. 115], es wäre möglich, die Stelle in der seelischen Entwicklung der Menschheit anzugeben, an der sich auch für den Einzelnen der Fortschritt von der Massen- zur Individualpsychologie vollzog[1]. Dazu müssen wir wieder kurz auf den wissenschaftlichen Mythus vom Vater der Urhorde zurückgreifen. Er wurde später zum Weltschöpfer erhöht, mit Recht, denn er hatte alle die Söhne erzeugt, welche die erste Masse zusammensetzten. Er war das Ideal jedes einzelnen von ihnen, gleichzeitig gefürchtet und verehrt, was für später den Begriff des Tabu ergab. Diese Mehrheit faßte sich einmal zusammen, tötete und zerstückelte ihn. Keiner der Massensieger konnte sich an seine Stelle setzen, oder wenn es einer tat, erneuerten sich die Kämpfe, bis sie einsahen, daß sie alle auf die Erbschaft des Vaters verzichten mußten. Sie bildeten dann die totemistische Brüdergemeinschaft, alle mit gleichem Rechte und durch die Totemverbote gebunden, die das Andenken der Mordtat erhalten und sühnen sollten. Aber die Unzufriedenheit mit dem Erreichten blieb und wurde die Quelle neuer Entwicklungen. Allmählich näherten sich die zur Brudermasse Verbundenen einer Herstellung des alten Zustandes auf neuem Niveau, der Mann wurde wiederum Oberhaupt einer Familie und brach die Vorrechte der Frauenherrschaft, die sich in der vaterlosen Zeit festgesetzt hatte. Zur Entschädigung mag er damals die Muttergottheiten anerkannt haben, deren Priester kastriert wurden zur Sicherung der Mutter nach dem Beispiel, das der Vater der Urhorde gegeben hatte; doch war die neue Familie nur ein Schatten der alten, der Väter waren viele und jeder durch die Rechte des anderen beschränkt.

Damals mag die sehnsüchtige Entbehrung einen Einzelnen bewogen haben, sich von der Masse loszulösen und sich in die Rolle des Vaters zu versetzen. Wer dies tat, war der erste epische Dichter, der Fortschritt wurde in seiner Phantasie vollzogen. Der Dichter log die Wirklichkeit um im Sinne seiner Sehnsucht. Er erfand den heroischen Mythus. Heros war, wer allein den Vater erschlagen hatte, der im Mythus noch

---

[1] Das hier folgende steht unter dem Einflusse eines Gedankenaustausches mit Otto Rank. [*Zusatz 1923:*] (S. ›Die Don-Juan-Gestalt‹, [Rank] 1922). [Zu dieser Passage lese man die Abschnitte 5, 6 und 7 der vierten Abhandlung in Totem und Tabu, unten, S. 424 ff.]

als totemistisches Ungeheuer erschien. Wie der Vater das erste Ideal des Knaben gewesen war, so schuf jetzt der Dichter im Heros, der den Vater ersetzen will, das erste Ichideal. Die Anknüpfung an den Heros bot wahrscheinlich der jüngste Sohn, der Liebling der Mutter, den sie vor der väterlichen Eifersucht beschützt hatte und der in Urhordenzeiten der Nachfolger des Vaters geworden war. In der lügenhaften Umdichtung der Urzeit wurde das Weib, das der Kampfpreis und die Verlockung des Mordes gewesen war, wahrscheinlich zur Verführerin und Anstifterin der Untat.

Der Heros will die Tat allein vollbracht haben, deren sich gewiß nur die Horde als Ganzes getraut hatte. Doch hat nach einer Bemerkung von Rank das Märchen deutliche Spuren des verleugneten Sachverhaltes bewahrt. Denn dort kommt es häufig vor, daß der Held, der eine schwierige Aufgabe zu lösen hat – meist ein jüngster Sohn, nicht selten einer, der sich vor dem Vatersurrogat dumm, das heißt ungefährlich gestellt hat –, diese Aufgabe doch nur mit Hilfe einer Schar von kleinen Tieren (Bienen, Ameisen) lösen kann. Dies wären die Brüder der Urhorde, wie ja auch in der Traumsymbolik Insekten, Ungeziefer die Geschwister (verächtlich: als kleine Kinder) bedeuten. Jede der Aufgaben in Mythus und Märchen ist überdies leicht als Ersatz der heroischen Tat zu erkennen.

Der Mythus ist also der Schritt, mit dem der Einzelne aus der Massenpsychologie austritt. Der erste Mythus war sicherlich der psychologische, der Heroenmythus; der erklärende Naturmythus muß weit später aufgekommen sein. Der Dichter, der diesen Schritt getan und sich so in der Phantasie von der Masse gelöst hatte, weiß nach einer weiteren Bemerkung von Rank doch in der Wirklichkeit die Rückkehr zu ihr zu finden. Denn er geht hin und erzählt dieser Masse die Taten seines Helden, die er erfunden. Dieser Held ist im Grunde kein anderer als er selbst. Er senkt sich somit zur Realität herab und hebt seine Hörer zur Phantasie empor. Die Hörer aber verstehen den Dichter, sie können sich auf Grund der nämlichen sehnsüchtigen Beziehung zum Urvater mit dem Heros identifizieren[1].

Die Lüge des heroischen Mythus gipfelt in der Vergottung des Heros. Vielleicht war der vergottete Heros früher als der Vatergott, der Vorläufer der Wiederkehr des Urvaters als Gottheit. Die Götterreihe liefe dann chronologisch so: Muttergöttin–Heros–Vatergott. Aber erst mit

---

[1] Vgl. Hanns Sachs (1920).

der Erhöhung des nie vergessenen Urvaters erhielt die Gottheit die Züge, die wir noch heute an ihr kennen [1].

C) Wir haben in dieser Abhandlung viel von direkten und von zielgehemmten Sexualtrieben gesprochen und dürfen hoffen, daß diese Unterscheidung nicht auf großen Widerstand stoßen wird. Doch wird eine eingehende Erörterung darüber nicht unwillkommen sein, selbst wenn sie nur wiederholt, was zum großen Teil bereits an früheren Stellen gesagt worden ist.

Das erste, aber auch beste Beispiel zielgehemmter Sexualtriebe hat uns die Libidoentwicklung des Kindes kennen gelehrt. Alle die Gefühle, welche das Kind für seine Eltern und Pflegepersonen empfindet, setzen sich ohne Schranke in die Wünsche fort, welche dem Sexualstreben des Kindes Ausdruck geben. Das Kind verlangt von diesen geliebten Personen alle Zärtlichkeiten, die ihm bekannt sind, will sie küssen, berühren, beschauen, ist neugierig, ihre Genitalien zu sehen und bei ihren intimen Exkretionsverrichtungen anwesend zu sein, es verspricht, die Mutter oder Pflegerin zu heiraten, was immer es sich darunter vorstellen mag, setzt sich vor, dem Vater ein Kind zu gebären usw. Direkte Beobachtung sowie die nachträgliche analytische Durchleuchtung der Kindheitsreste lassen über das unmittelbare Zusammenfließen zärtlicher und eifersüchtiger Gefühle und sexueller Absichten keinen Zweifel und legen uns dar, in wie gründlicher Weise das Kind die geliebte Person zum Objekt aller seiner noch nicht richtig zentrierten Sexualbestrebungen macht. (Vgl. *Sexualtheorie* [2].)

Diese erste Liebesgestaltung des Kindes, die typisch dem Ödipuskomplex zugeordnet ist, erliegt dann, wie bekannt, vom Beginn der Latenzzeit an einem Verdrängungsschub. Was von ihr erübrigt, zeigt sich uns als rein zärtliche Gefühlsbindung, die denselben Personen gilt, aber nicht mehr als »sexuell« bezeichnet werden soll. Die Psychoanalyse, welche die Tiefen des Seelenlebens durchleuchtet, hat es nicht schwer aufzuweisen, daß auch die sexuellen Bindungen der ersten Kinderjahre noch fortbestehen, aber verdrängt und unbewußt. Sie gibt uns den Mut zu behaupten, daß überall, wo wir ein zärtliches Gefühl begegnen, dies der Nachfolger einer voll »sinnlichen« Objektbindung an die betreffende Person oder ihr Vorbild (ihre Imago) ist. Sie kann uns freilich

---

[1] In dieser abgekürzten Darstellung ist auf alles Material aus Sage, Mythus, Märchen, Sittengeschichte usw. zur Stütze der Konstruktion verzichtet worden.

[2] [1905 *d*, *Studienausgabe*, Bd. 5, S. 104 f.]

nicht ohne besondere Untersuchung verraten, ob diese vorgängige sexuelle Vollströmung in einem gegebenen Fall noch als verdrängt besteht oder ob sie bereits aufgezehrt ist. Um es noch schärfer zu fassen: es steht fest, daß sie als Form und Möglichkeit noch vorhanden ist und jederzeit wieder durch Regression besetzt, aktiviert werden kann; es fragt sich nur und ist nicht immer zu entscheiden, welche Besetzung und Wirksamkeit sie gegenwärtig noch hat. Man muß sich hiebei gleichmäßig vor zwei Fehlerquellen in acht nehmen, vor der Scylla der Unterschätzung des verdrängten Unbewußten, wie vor der Charybdis der Neigung, das Normale durchaus mit dem Maß des Pathologischen zu messen.

Der Psychologie, welche die Tiefe des Verdrängten nicht durchdringen will oder kann, stellen sich die zärtlichen Gefühlsbindungen jedenfalls als Ausdruck von Strebungen dar, die nicht nach dem Sexuellen zielen, wenngleich sie aus solchen, die danach gestrebt haben, hervorgegangen sind [1]. Wir sind berechtigt zu sagen, sie sind von diesen sexuellen Zielen abgelenkt worden, wenngleich es seine Schwierigkeiten hat, in der Darstellung einer solchen Zielablenkung den Anforderungen der Metapsychologie zu entsprechen. Übrigens halten diese zielgehemmten Triebe immer noch einige der ursprünglichen Sexualziele fest; auch der zärtlich Anhängliche, auch der Freund, der Verehrer sucht die körperliche Nähe und den Anblick der nur mehr im *»paulinischen«* Sinne geliebten Person. Wenn wir es wollen, können wir in dieser Zielablenkung einen Beginn von *Sublimierung* der Sexualtriebe anerkennen oder aber die Grenze für letztere noch ferner stecken. Die zielgehemmten Sexualtriebe haben vor den ungehemmten einen großen funktionellen Vorteil. Da sie einer eigentlich vollen Befriedigung nicht fähig sind, eignen sie sich besonders dazu, dauernde Bindungen zu schaffen, während die direkt sexuellen jedesmal durch die Befriedigung ihrer Energie verlustig werden und auf Erneuerung durch Wiederanhäufung der sexuellen Libido warten müssen, wobei inzwischen das Objekt gewechselt werden kann. Die gehemmten Triebe sind jedes Maßes von Vermengung mit den ungehemmten fähig, können sich in sie rückverwandeln, wie sie aus ihnen hervorgegangen sind. Es ist bekannt, wie leicht sich aus Gefühlsbeziehungen freundschaftlicher Art, auf Anerkennung und Bewunderung gegründet, erotische Wünsche entwickeln (das Molièresche: *»Embrassez-*

[1] Die feindseligen Gefühle sind gewiß um ein Stück komplizierter aufgebaut. [Allein in der ersten Ausgabe lautet diese Fußnote: »Die feindseligen Gefühle, um ein Stück komplizierter aufgebaut, machen hievon keine Ausnahme.«]

moi pour l'amour du Grec« [1]), zwischen Meister und Schülerin, Künstler und entzückter Zuhörerin, zumal bei Frauen. Ja, die Entstehung solcher zuerst absichtsloser Gefühlsbindungen gibt direkt einen vielbegangenen Weg zur sexuellen Objektwahl. In der *Frömmigkeit des Grafen von Zinzendorf* [1910] hat Pfister ein überdeutliches, gewiß nicht vereinzeltes Beispiel dafür aufgezeigt, wie nahe es liegt, daß auch intensive religiöse Bindung in brünstige sexuelle Erregung zurückschlägt. Anderseits ist auch die Umwandlung direkter, an sich kurzlebiger, sexueller Strebungen in dauernde, bloß zärtliche Bindung etwas sehr Gewöhnliches, und die Konsolidierung einer aus verliebter Leidenschaft geschlossenen Ehe beruht zu einem großen Teil auf diesem Vorgang.

Es wird uns natürlich nicht verwundern zu hören, daß die zielgehemmten Sexualstrebungen sich aus den direkt sexuellen dann ergeben, wenn sich der Erreichung der Sexualziele innere oder äußere Hindernisse entgegenstellen. Die Verdrängung der Latenzzeit ist ein solches inneres – oder besser: innerlich gewordenes – Hindernis. Vom Vater der Urhorde haben wir angenommen, daß er durch seine sexuelle Intoleranz alle Söhne zur Abstinenz nötigt und sie so in zielgehemmte Bindungen drängt, während er sich selbst freien Sexualgenuß vorbehält und somit ungebunden bleibt. Alle Bindungen, auf denen die Masse beruht, sind von der Art der zielgehemmten Triebe. Damit aber haben wir uns der Erörterung eines neuen Themas genähert, welches die Beziehung der direkten Sexualtriebe zur Massenbildung behandelt.

D) Wir sind bereits durch die beiden letzten Bemerkungen darauf vorbereitet zu finden, daß die direkten Sexualstrebungen der Massenbildung ungünstig sind. Es hat zwar auch in der Entwicklungsgeschichte der Familie Massenbeziehungen der sexuellen Liebe gegeben (die Gruppenehe), aber je bedeutungsvoller die Geschlechtsliebe für das Ich wurde, je mehr Verliebtheit sie entwickelte, desto eindringlicher forderte sie die Einschränkung auf zwei Personen – *una cum uno* –, die durch die Natur des Genitalzieles vorgezeichnet ist. Die polygamen Neigungen wurden darauf angewiesen, sich im Nacheinander des Objektwechsels zu befriedigen.

Die beiden zum Zweck der Sexualbefriedigung aufeinander angewiesenen Personen demonstrieren gegen den Herdentrieb, das Massengefühl,

---

[1] [*Quoi! monsieur sait du grec! Ah! permettez, de grâce,*
Que, pour l'amour du grec, monsieur, on vous embrasse.
Les femmes savantes, III. Akt, 5. Szene.]

indem sie die Einsamkeit aufsuchen. Je verliebter sie sind, desto vollkommener genügen sie einander. Die Ablehnung des Einflusses der Masse äußert sich als Schamgefühl. Die äußerst heftigen Gefühlsregungen der Eifersucht werden aufgeboten, um die sexuelle Objektwahl gegen die Beeinträchtigung durch eine Massenbindung zu schützen. Nur wenn der zärtliche, also persönliche Faktor der Liebesbeziehung völlig hinter dem sinnlichen zurücktritt, wird der Liebesverkehr eines Paares in Gegenwart anderer oder gleichzeitige Sexualakte innerhalb einer Gruppe wie bei der Orgie möglich. Damit ist aber eine Regression zu einem frühen Zustand der Geschlechtsbeziehungen gegeben, in dem die Verliebtheit noch keine Rolle spielte, die Sexualobjekte einander gleichwertig erachtet wurden, etwa im Sinne von dem bösen Wort Bernard Shaws: Verliebtsein heiße, den Unterschied zwischen einem Weib und einem anderen ungebührlich überschätzen.

Es sind reichlich Anzeichen dafür vorhanden, daß die Verliebtheit erst spät in die Sexualbeziehungen zwischen Mann und Weib Eingang fand, so daß auch die Gegnerschaft zwischen Geschlechtsliebe und Massenbindung eine spät entwickelte ist. Nun kann es den Anschein haben, als ob diese Annahme unverträglich mit unserem Mythus von der Urfamilie wäre. Die Brüderschar soll doch durch die Liebe zu den Müttern und Schwestern zum Vatermord getrieben worden sein, und es ist schwer, sich diese Liebe anders denn als eine ungebrochene, primitive, das heißt als innige Vereinigung von zärtlicher und sinnlicher vorzustellen. Allein bei weiterer Überlegung löst sich dieser Einwand in eine Bestätigung auf. Eine der Reaktionen auf den Vatermord war doch die Einrichtung der totemistischen Exogamie, das Verbot jeder sexuellen Beziehung mit den von der Kindheit an zärtlich geliebten Frauen der Familie. Damit war der Keil zwischen die zärtlichen und sinnlichen Regungen des Mannes eingetrieben, der heute noch in seinem Liebesleben festsitzt[1]. Infolge dieser Exogamie mußten sich die sinnlichen Bedürfnisse der Männer mit fremden und ungeliebten Frauen begnügen.

In den großen, künstlichen Massen, Kirche und Heer, ist für das Weib als Sexualobjekt kein Platz. Die Liebesbeziehung zwischen Mann und Weib bleibt außerhalb dieser Organisationen. Auch wo sich Massen bilden, die aus Männern und Weibern gemischt sind, spielt der Geschlechtsunterschied keine Rolle. Es hat kaum einen Sinn zu fragen, ob die Libido, welche die Massen zusammenhält, homosexueller oder hetero-

---

[1] S. ›Über die allgemeinste Erniedrigung des Liebeslebens‹ (1912 *d*) [*Studienausgabe*, Bd. 5, S. 199–203].

sexueller Natur ist, denn sie ist nicht nach den Geschlechtern differenziert und sieht insbesondere von den Zielen der Genitalorganisation der Libido völlig ab.

Die direkten Sexualstrebungen erhalten auch für das sonst in der Masse aufgehende Einzelwesen ein Stück individueller Betätigung. Wo sie überstark werden, zersetzen sie jede Massenbildung. Die katholische Kirche hatte die besten Motive, ihren Gläubigen die Ehelosigkeit zu empfehlen und ihren Priestern das Zölibat aufzuerlegen, aber die Verliebtheit hat oft auch Geistliche zum Austritt aus der Kirche getrieben. In gleicher Weise durchbricht die Liebe zum Weibe die Massenbindungen der Rasse, der nationalen Absonderung und der sozialen Klassenordnung und vollbringt damit kulturell wichtige Leistungen. Es scheint gesichert, daß sich die homosexuelle Liebe mit den Massenbindungen weit besser verträgt, auch wo sie als ungehemmte Sexualstrebung auftritt; eine merkwürdige Tatsache, deren Aufklärung weit führen dürfte.

Die psychoanalytische Untersuchung der Psychoneurosen hat uns gelehrt, daß deren Symptome von verdrängten, aber aktiv gebliebenen direkten Sexualstrebungen abzuleiten sind. Man kann diese Formel vervollständigen, wenn man hinzufügt: oder von solchen zielgehemmten, bei denen die Hemmung nicht durchgehends gelungen ist oder einer Rückkehr zum verdrängten Sexualziel den Platz geräumt hat. Diesem Verhältnis entspricht, daß die Neurose asozial macht, den von ihr Betroffenen aus den habituellen Massenbildungen heraushebt. Man kann sagen, die Neurose wirkt in ähnlicher Weise zersetzend auf die Masse wie die Verliebtheit. Dafür kann man sehen, daß dort, wo ein kräftiger Anstoß zur Massenbildung erfolgt ist, die Neurosen zurücktreten und wenigstens für eine Zeitlang schwinden können. Man hat auch mit Recht versucht, diesen Widerstreit von Neurose und Massenbildung therapeutisch zu verwerten. Auch wer das Schwinden der religiösen Illusionen in der heutigen Kulturwelt nicht bedauert, wird zugestehen, daß sie den durch sie Gebundenen den stärksten Schutz gegen die Gefahr der Neurose boten [1], solange sie selbst noch in Kraft waren. Es ist auch nicht schwer, in all den Bindungen an mystisch-religiöse oder philosophisch-mystische Sekten und Gemeinschaften den Ausdruck von Schiefheilungen mannigfaltiger Neurosen zu erkennen. Das alles hängt mit dem Gegensatz der direkten und zielgehemmten Sexualstrebungen zusammen.

[1] [Vgl. die ähnlichen Bemerkungen in *Die Zukunft einer Illusion* (1927 *c*) und in *Das Unbehagen in der Kultur* (1930 *a*), unten, S. 177 f. und S. 216.]

Sich selbst überlassen, ist der Neurotiker genötigt, sich die großen Massenbildungen, von denen er ausgeschlossen ist, durch seine Symptombildungen zu ersetzen. Er schafft sich seine eigene Phantasiewelt, seine Religion, sein Wahnsystem und wiederholt so die Institutionen der Menschheit in einer Verzerrung, welche deutlich den übermächtigen Beitrag der direkten Sexualstrebungen bezeugt[1].

E) Fügen wir zum Schluß eine vergleichende Würdigung der Zustände, die uns beschäftigt haben, vom Standpunkt der Libidotheorie an, der Verliebtheit, Hypnose, Massenbildung und der Neurose.

Die *Verliebtheit* beruht auf dem gleichzeitigen Vorhandensein von direkten und von zielgehemmten Sexualstrebungen, wobei das Objekt einen Teil der narzißtischen Ichlibido auf sich zieht. Sie hat nur Raum für das Ich und das Objekt.

Die *Hypnose* teilt mit der Verliebtheit die Einschränkung auf diese beiden Personen, aber sie beruht durchaus auf zielgehemmten Sexualstrebungen und setzt das Objekt an die Stelle das Ichideals.

Die *Masse* vervielfältigt diesen Vorgang, sie stimmt mit der Hypnose in der Natur der sie zusammenhaltenden Triebe und in der Ersetzung des Ichideals durch das Objekt überein, aber sie fügt die Identifizierung mit anderen Individuen hinzu, die vielleicht ursprünglich durch die gleiche Beziehung zum Objekt ermöglicht wurde.

Beide Zustände, Hypnose wie Massenbildung, sind Erbniederschläge aus der Phylogenese der menschlichen Libido, die Hypnose als Disposition, die Masse überdies als direktes Überbleibsel. Die Ersetzung der direkten Sexualstrebungen durch die zielgehemmten befördert bei beiden die Sonderung von Ich und Ichideal, zu der bei der Verliebtheit schon ein Anfang gemacht ist.

Die *Neurose* tritt aus dieser Reihe heraus. Auch sie beruht auf einer Eigentümlichkeit der menschlichen Libidoentwicklung, auf dem durch die Latenzzeit unterbrochenen, doppelten Ansatz der direkten Sexualfunktion[2]. Insoferne teilt sie mit Hypnose und Massenbildung den Charakter einer Regression, welcher der Verliebtheit abgeht. Sie tritt überall dort auf, wo der Fortschritt von direkten zu zielgehemmten Sexualtrieben nicht voll geglückt ist, und entspricht einem *Konflikt* zwi-

---

[1] S. *Totem und Tabu,* zu Ende des Abschnittes II: ›Das Tabu und die Ambivalenz‹ [unten S. 362–3].

[2] S. *Sexualtheorie* (1905 *d*), 5. Aufl., S. 96 [*Studienausgabe,* Bd. 5, S. 137].

schen den ins Ich aufgenommenen Trieben, welche eine solche Entwicklung durchgemacht haben, und den Anteilen derselben Triebe, welche vom verdrängten Unbewußten her – ebenso wie andere völlig verdrängte Triebregungen – nach ihrer direkten Befriedigung streben. Sie ist inhaltlich ungemein reichhaltig, da sie alle möglichen Beziehungen zwischen Ich und Objekt umfaßt, sowohl die, in denen das Objekt beibehalten, als auch andere, in denen es aufgegeben oder im Ich selbst aufgerichtet ist, aber ebenso die Konfliktbeziehungen zwischen dem Ich und seinem Ichideal.

Die Zukunft einer Illusion

(1927)

EDITORISCHE VORBEMERKUNG

Deutsche Ausgaben:

1927 Leipzig, Wien und Zürich, Internationaler Psychoanalytischer Verlag. 91 Seiten.
1928 2., unveränderte Aufl., im gleichen Verlag. 91 Seiten.
1928 *G. S.*, Bd. 11, 411–66.
1948 *G. W.*, Bd. 14, 325–80.

Die Arbeit wurde im Frühjahr 1927 begonnen, im darauffolgenden September abgeschlossen und im November desselben Jahres veröffentlicht.

In der 1935 hinzugefügten ›Nachschrift‹ zu seiner *Selbstdarstellung* bemerkt Freud, im Laufe der vergangenen zehn Jahre sei in seinen Schriften »ein bedeutsamer Unterschied« zu beobachten. Er schreibt: »Nach dem lebenslangen Umweg über die Naturwissenschaften, Medizin und Psychotherapie war mein Interesse zu jenen kulturellen Problemen zurückgekehrt, die dereinst den kaum zum Denken erwachten Jüngling gefesselt hatten.« (1935 *a*). Schon in früheren Jahren – besonders in *Totem und Tabu* (1912–13) und auch in *Massenpsychologie und Ich-Analyse* (1921*c*)[1] – hatte er diesen Problemkreis natürlich mehrfach berührt, aber erst *Die Zukunft einer Illusion* eröffnete die Serie von Studien, die ihn für den Rest seines Lebens hauptsächlich beschäftigen sollte. Zu den wichtigsten Texten gehören die Arbeit *Das Unbehagen in der Kultur* (1930*a*), die unmittelbar an die Gedankengänge der vorliegenden Schrift anschließt, ferner *Warum Krieg?* (1933*b*) und schließlich die Studie *Der Mann Moses und die monotheistische Religion* (1939*a*), an der er von 1934 an arbeitete. Diese Werke sind sämtlich im vorliegenden Band enthalten. In den gleichen Zusammenhang gehören auch die Ausführungen über die Weltanschauungen in der letzten Vorlesung der *Neuen Folge* (1933*a*).
Die Kulturfeindlichkeit des Menschen, ein wichtiges Thema der ersten in diesem Band vereinigten Schriften, spielt auch in den Anfangs-Kapiteln der vorliegenden Arbeit eine große Rolle. Zwei Jahre später, in *Das Unbehagen in der Kultur*, kehrte Freud abermals zu diesem Thema zurück und behandelte es noch ausführlicher.
In der ›Nachschrift‹ (1935*a*) zu seiner *Selbstdarstellung* bemerkt Freud: »In der *Zukunft einer Illusion* hatte ich die Religion hauptsächlich negativ ge-

[1] Seine früheste im Druck erschienene Auseinandersetzung mit dem Thema der Religion findet sich in ›Zwangshandlungen und Religionsübungen‹ (1907 *b*).

würdigt; ich fand später die Formel, die ihr bessere Gerechtigkeit erweist: ihre Macht beruhe allerdings auf ihrem Wahrheitsgehalt, aber diese Wahrheit sei keine materielle, sondern eine historische.« Diese Formel wird in *Der Mann Moses und die monotheistische Religion* weiter erläutert (s. die editorische Anm. 2 auf S. 178, unten). Zusammenfassend kann man sagen, *Die Zukunft einer Illusion* sei Freuds Hauptwerk über die Religion, gesehen als ein zeitgenössisches soziales Phänomen. Ihre tieferen Wurzeln in Vorgeschichte, Geschichte und Psychologie werden in den beiden weiter unten abgedruckten Werken *Totem und Tabu* und *Der Mann Moses und die monotheistische Religion* noch genauer erforscht.

I

Wenn man eine ganze Weile innerhalb einer bestimmten Kultur gelebt und sich oft darum bemüht hat zu erforschen, wie ihre Ursprünge und der Weg ihrer Entwicklung waren, verspürt man auch einmal die Versuchung, den Blick nach der anderen Richtung zu wenden und die Frage zu stellen, welches fernere Schicksal dieser Kultur bevorsteht und welche Wandlungen durchzumachen ihr bestimmt ist. Man wird aber bald merken, daß eine solche Untersuchung von vornherein durch mehrere Momente entwertet wird. Vor allem dadurch, daß es nur wenige Personen gibt, die das menschliche Getriebe in all seinen Ausbreitungen überschauen können. Für die meisten ist Beschränkung auf ein einzelnes oder wenige Gebiete notwendig geworden; je weniger aber einer vom Vergangenen und Gegenwärtigen weiß, desto unsicherer muß sein Urteil über das Zukünftige ausfallen. Ferner darum, weil gerade bei diesem Urteil die subjektiven Erwartungen des Einzelnen eine schwer abzuschätzende Rolle spielen; diese zeigen sich aber abhängig von rein persönlichen Momenten seiner eigenen Erfahrung, seiner mehr oder minder hoffnungsvollen Einstellung zum Leben, wie sie ihm durch Temperament, Erfolg oder Mißerfolg vorgeschrieben worden ist. Endlich kommt die merkwürdige Tatsache zur Wirkung, daß die Menschen im allgemeinen ihre Gegenwart wie naiv erleben, ohne deren Inhalte würdigen zu können; sie müssen erst Distanz zu ihr gewinnen, d. h. die Gegenwart muß zur Vergangenheit geworden sein, wenn man aus ihr Anhaltspunkte zur Beurteilung des Zukünftigen gewinnen soll.

Wer also der Versuchung nachgibt, eine Äußerung über die wahrscheinliche Zukunft unserer Kultur von sich zu geben, wird gut daran tun, sich der vorhin angedeuteten Bedenken zu erinnern, ebenso wie der Unsicherheit, die ganz allgemein an jeder Vorhersage haftet. Daraus folgt für mich, daß ich in eiliger Flucht vor der zu großen Aufgabe alsbald das kleine Teilgebiet aufsuchen werde, dem auch bisher meine Aufmerksamkeit gegolten hat, nachdem ich nur seine Stellung im großen Ganzen bestimmt habe.

Die menschliche Kultur – ich meine all das, worin sich das menschliche Leben über seine animalischen Bedingungen erhoben hat und worin es sich vom Leben der Tiere unterscheidet – und ich verschmähe es, Kultur und Zivilisation zu trennen – zeigt dem Beobachter bekanntlich zwei Seiten. Sie umfaßt einerseits all das Wissen und Können, das die Menschen erworben haben, um die Kräfte der Natur zu beherrschen und ihr Güter zur Befriedigung der menschlichen Bedürfnisse abzugewinnen, anderseits alle die Einrichtungen, die notwendig sind, um die Beziehungen der Menschen zueinander, und besonders die Verteilung der erreichbaren Güter zu regeln. Die beiden Richtungen der Kultur sind nicht unabhängig voneinander, erstens, weil die gegenseitigen Beziehungen der Menschen durch das Maß der Triebbefriedigung, das die vorhandenen Güter ermöglichen, tiefgreifend beeinflußt werden, zweitens, weil der einzelne Mensch selbst zu einem anderen in die Beziehung eines Gutes treten kann, insofern dieser seine Arbeitskraft benützt oder ihn zum Sexualobjekt nimmt, drittens aber, weil jeder Einzelne virtuell ein Feind der Kultur ist, die doch ein allgemeinmenschliches Interesse sein soll. Es ist merkwürdig, daß die Menschen, so wenig sie auch in der Vereinzelung existieren können, doch die Opfer, welche ihnen von der Kultur zugemutet werden, um ein Zusammenleben zu ermöglichen, als schwer drückend empfinden. Die Kultur muß also gegen den Einzelnen verteidigt werden, und ihre Einrichtungen, Institutionen und Gebote stellen sich in den Dienst dieser Aufgabe; sie bezwekken nicht nur, eine gewisse Güterverteilung herzustellen, sondern auch diese aufrechtzuhalten, ja sie müssen gegen die feindseligen Regungen der Menschen all das beschützen, was der Bezwingung der Natur und der Erzeugung von Gütern dient. Menschliche Schöpfungen sind leicht zu zerstören, und Wissenschaft und Technik, die sie aufgebaut haben, können auch zu ihrer Vernichtung verwendet werden.

So bekommt man den Eindruck, daß die Kultur etwas ist, was einer widerstrebenden Mehrheit von einer Minderzahl auferlegt wurde, die es verstanden hat, sich in den Besitz von Macht- und Zwangsmitteln zu setzen. Es liegt natürlich nahe anzunehmen, daß diese Schwierigkeiten nicht am Wesen der Kultur selbst haften, sondern von den Unvollkommenheiten der Kulturformen bedingt werden, die bis jetzt entwickelt worden sind. In der Tat ist es nicht schwer, diese Mängel aufzuzeigen. Während die Menschheit in der Beherrschung der Natur ständige Fortschritte gemacht hat und noch größere erwarten darf, ist ein ähnlicher Fortschritt in der Regelung der menschlichen Angelegenheiten nicht sicher festzustellen, und wahrscheinlich zu jeder Zeit, wie auch jetzt wieder, haben sich viele Menschen gefragt, ob denn dieses Stück des Kulturerwerbs überhaupt der Verteidigung wert ist. Man sollte meinen, es müßte eine Neuregelung der menschlichen Beziehungen möglich sein, welche die Quellen der Unzufriedenheit mit der Kultur versagen macht, indem sie auf den Zwang und die Triebunterdrückung verzichtet, so daß die Menschen sich ungestört durch inneren Zwist der Erwerbung von Gütern und dem Genuß derselben hingeben könnten. Das wäre das goldene Zeitalter, allein es fragt sich, ob ein solcher Zustand zu verwirklichen ist. Es scheint vielmehr, daß sich jede Kultur auf Zwang und Triebverzicht aufbauen muß; es scheint nicht einmal gesichert, daß beim Aufhören des Zwanges die Mehrzahl der menschlichen Individuen bereit sein wird, die Arbeitsleistung auf sich zu nehmen, deren es zur Gewinnung neuer Lebensgüter bedarf. Man hat, meine ich, mit der Tatsache zu rechnen, daß bei allen Menschen destruktive, also antisoziale und antikulturelle Tendenzen vorhanden sind und daß diese bei einer großen Anzahl von Personen stark genug sind, um ihr Verhalten in der menschlichen Gesellschaft zu bestimmen.

Dieser psychologischen Tatsache kommt eine entscheidende Bedeutung für die Beurteilung der menschlichen Kultur zu. Konnte man zunächst meinen, das Wesentliche an dieser sei die Beherrschung der Natur zur Gewinnung von Lebensgütern und die ihr drohenden Gefahren ließen sich durch eine zweckmäßige Verteilung derselben unter den Menschen beseitigen, so scheint jetzt das Schwergewicht vom Materiellen weg aufs Seelische verlegt. Es wird entscheidend, ob und inwieweit es gelingt, die Last der den Menschen auferlegten Triebopfer zu verringern, sie mit den notwendig verbleibenden zu versöhnen und dafür zu entschädigen. Ebensowenig wie den Zwang zur Kulturarbeit, kann man die Beherrschung der Masse durch eine Minderzahl entbehren, denn die Massen sind träge und einsichtslos, sie lieben den Triebverzicht nicht, sind durch Argumente nicht von dessen Unvermeidlichkeit zu überzeugen, und ihre Individuen bestärken einander im Gewährenlassen ihrer Zügellosigkeit. Nur durch den Einfluß vorbildlicher Individuen, die sie als ihre Führer anerkennen, sind sie zu den Arbeitsleistungen und Entsagungen zu bewegen, auf welche der Bestand der Kultur angewiesen ist. Es ist alles gut, wenn diese Führer Personen von überlegener Einsicht in die Notwendigkeiten des Lebens sind, die sich zur Beherrschung ihrer eigenen Triebwünsche aufgeschwungen haben. Aber es besteht für sie die Gefahr, daß sie, um ihren Einfluß nicht zu verlieren, der Masse mehr nachgeben als diese ihnen, und darum erscheint es notwendig, daß sie durch Verfügung über Machtmittel von der Masse unabhängig seien. Um es kurz zu fassen, es sind zwei weitverbreitete Eigenschaften der Menschen, die es verschulden, daß die kulturellen Einrichtungen nur durch ein gewisses Maß von Zwang gehalten werden können, nämlich, daß sie spontan nicht arbeitslustig sind und daß Argumente nichts gegen ihre Leidenschaften vermögen.

Ich weiß, was man gegen diese Ausführungen einwenden wird. Man wird sagen, der hier geschilderte Charakter der Menschenmassen, der die Unerläßlichkeit des Zwanges zur Kulturarbeit beweisen soll, ist selbst nur die Folge fehlerhafter kultureller Einrichtungen, durch die die Menschen erbittert, rachsüchtig, unzugänglich geworden sind. Neue Generationen, liebevoll und zur Hochschätzung des Denkens erzogen, die frühzeitig die Wohltaten der Kultur erfahren haben, werden auch ein anderes Verhältnis zu ihr haben, sie als ihr eigenstes Besitztum empfinden, bereit sein, die Opfer an Arbeit und Triebbefriedigung für sie zu bringen, deren es zu ihrer Erhaltung bedarf. Sie werden den Zwang entbehren können und sich wenig von ihren Führern unterscheiden. Wenn es menschliche Massen von solcher Qualität bisher in keiner Kultur gegeben hat, so kommt es daher, daß keine Kultur noch die Einrichtungen getroffen hatte, um die Menschen in solcher Weise, und zwar von Kindheit an, zu beeinflussen.

Man kann daran zweifeln, ob es überhaupt oder jetzt schon, beim gegenwärtigen Stand unserer Naturbeherrschung möglich ist, solche kulturelle Einrichtungen herzustellen, man kann die Frage aufwerfen, woher die Anzahl überlegener, unbeirrbarer und uneigennütziger Führer kommen soll, die als Erzieher der künftigen Generationen wirken müssen, man kann vor dem ungeheuerlichen Aufwand an Zwang erschrekken, der bis zur Durchführung dieser Absichten unvermeidlich sein wird. Die Großartigkeit dieses Planes, seine Bedeutsamkeit für die Zukunft der menschlichen Kultur wird man nicht bestreiten können. Er ruht sicher auf der psychologischen Einsicht, daß der Mensch mit den mannigfaltigsten Triebanlagen ausgestattet ist, denen die frühen Kindheitserlebnisse die endgültige Richtung anweisen. Die Schranken der Erziehbarkeit des Menschen setzen darum auch der Wirksamkeit einer solchen Kulturveränderung ihre Grenze. Man mag es bezweifeln, ob und in welchem Ausmaß ein anderes Kulturmilieu die beiden Eigenschaften menschlicher Massen, die die Führung der menschlichen Angelegenheiten so sehr erschweren, auslöschen kann. Das Experiment ist noch nicht gemacht worden. Wahrscheinlich wird ein gewisser Prozentsatz der Menschheit – infolge krankhafter Anlage oder übergroßer Triebstärke – immer asozial bleiben, aber wenn man es nur zustande bringt, die k feindliche Mehrheit von heute zu einer Minderheit herabzudrücken, man sehr viel erreicht, vielleicht alles, was sich erreichen läßt.

Ich möchte nicht den Eindruck erwecken, daß ich mich weit weg v dem vorgezeichneten Weg meiner Untersuchung verirrt habe [s. S. 139]. Ich will darum ausdrücklich versichern, daß es mir ferneliegt, das große Kulturexperiment zu beurteilen, das gegenwärtig in dem weiten Land zwischen Europa und Asien angestellt wird[1]. Ich habe weder die Sachkenntnis noch die Fähigkeit, über dessen Ausführbarkeit zu entscheiden, die Zweckmäßigkeit der angewandten Methoden zu prüfen oder die Weite der unvermeidlichen Kluft zwischen Absicht und Durchführung zu messen. Was dort vorbereitet wird, entzieht sich als unfertig einer Betrachtung, zu der unsere längst konsolidierte Kultur den Stoff bietet.

[1] [S. jedoch einige Bemerkungen in Kapitel V von *Das Unbehagen in der Kultur* (1930 *a*), weiter unten, S. 241 ff., sowie an zwei Stellen in *Warum Krieg?* (1933 *b*), S. 280 und S. 283, unten. Vgl. auch die längere Erörterung in der letzten der *Neuen Folge der Vorlesungen* (1933 *a*), *Studienausgabe*, Bd. 1, S. 603–08.]

II

Wir sind unversehens aus dem Ökonomischen ins Psychologische hinübergeglitten. Anfangs waren wir versucht, den Kulturbesitz in den vorhandenen Gütern und den Einrichtungen zu ihrer Verteilung zu suchen. Mit der Erkenntnis, daß jede Kultur auf Arbeitszwang und Triebverzicht beruht und darum unvermeidlich eine Opposition bei den von diesen Anforderungen Betroffenen hervorruft, wurde es klar, daß die Güter selbst, die Mittel zu ihrer Gewinnung und Anordnungen zu ihrer Verteilung nicht das Wesentliche oder das Alleinige der Kultur sein können. Denn sie sind durch die Auflehnung und Zerstörungssucht der Kulturteilhaber bedroht. Neben die Güter treten jetzt die Mittel, die dazu dienen können, die Kultur zu verteidigen, die Zwangsmittel und andere, denen es gelingen soll, die Menschen mit ihr auszusöhnen und für ihre Opfer zu entschädigen. Letztere können aber als der seelische Besitz der Kultur beschrieben werden.
Einer gleichförmigen Ausdrucksweise zuliebe wollen wir die Tatsache, daß ein Trieb nicht befriedigt werden kann, Versagung, die Einrichtung, die diese Versagung festlegt, Verbot, und den Zustand, den das Verbot herbeiführt, Entbehrung nennen. Dann ist der nächste Schritt, zwischen Entbehrungen zu unterscheiden, die alle betreffen, und solchen, die nicht alle betreffen, bloß Gruppen, Klassen oder selbst Einzelne. Die ersteren sind die ältesten: mit den Verboten, die sie einsetzen, hat die Kultur die Ablösung vom animalischen Urzustand begonnen, vor unbekannt wie vielen Tausenden von Jahren. Zu unserer Überraschung fanden wir, daß sie noch immer wirksam sind, noch immer den Kern der Kulturfeindseligkeit bilden. Die Triebwünsche, die unter ihnen leiden, werden mit jedem Kind von neuem geboren; es gibt eine Klasse von Menschen, die Neurotiker, die bereits auf diese Versagungen mit Asozialität reagieren. Solche Triebwünsche sind die des Inzests, des Kannibalismus und der Mordlust. Es klingt sonderbar, wenn man sie, in deren Verwerfung alle Menschen einig scheinen, mit jenen anderen zusammenstellt, um deren Gewährung oder Versagung in unserer Kultur so lebhaft gekämpft wird, aber psychologisch ist man dazu berechtigt. Auch ist das kulturelle Verhalten gegen diese ältesten Triebwünsche

keineswegs das gleiche, nur der Kannibalismus erscheint allen verpönt und der nicht analytischen Betrachtung völlig überwunden, die Stärke der Inzestwünsche vermögen wir noch hinter dem Verbot zu verspüren, und der Mord wird von unserer Kultur unter bestimmten Bedingungen noch geübt, ja geboten. Möglicherweise stehen uns Entwicklungen der Kultur bevor, in denen noch andere, heute durchaus mögliche Wunschbefriedigungen ebenso unannehmbar erscheinen werden wie jetzt die des Kannibalismus.

Schon bei diesen ältesten Triebverzichten kommt ein psychologischer Faktor in Betracht, der auch für alle weiteren bedeutungsvoll bleibt. Es ist nicht richtig, daß die menschliche Seele seit den ältesten Zeiten keine Entwicklung durchgemacht hat und im Gegensatz zu den Fortschritten der Wissenschaft und der Technik heute noch dieselbe ist wie zu Anfang der Geschichte. Einen dieser seelischen Fortschritte können wir hier nachweisen. Es liegt in der Richtung unserer Entwicklung, daß äußerer Zwang allmählich verinnerlicht wird, indem eine besondere seelische Instanz, das Über-Ich des Menschen, ihn unter seine Gebote aufnimmt [1]. Jedes Kind führt uns den Vorgang einer solchen Umwandlung vor, wird erst durch sie moralisch und sozial. Diese Erstarkung des Über-Ichs ist ein höchst wertvoller psychologischer Kulturbesitz. Die Personen, bei denen sie sich vollzogen hat, werden aus Kulturgegnern zu Kulturträgern. Je größer ihre Anzahl in einem Kulturkreis ist, desto gesicherter ist diese Kultur, desto eher kann sie der äußeren Zwangsmittel entbehren. Das Maß dieser Verinnerlichung ist nun für die einzelnen Triebverbote sehr verschieden. Für die erwähnten ältesten Kulturforderungen scheint die Verinnerlichung, wenn wir die unerwünschte Ausnahme der Neurotiker beiseite lassen, weitgehend erreicht. Dies Verhältnis ändert sich, wenn man sich zu den anderen Triebanforderungen wendet. Man merkt dann mit Überraschung und Besorgnis, daß eine Überzahl von Menschen den diesbezüglichen Kulturverboten nur unter dem Druck des äußeren Zwanges gehorcht, also nur dort, wo er sich geltend machen kann und solange er zu befürchten ist. Dies trifft auch auf jene sogenannt moralischen Kulturforderungen zu, die in gleicher Weise für alle bestimmt sind. Das meiste, was man von der moralischen Unzuverlässigkeit der Menschen erfährt, gehört hieher. Unendlich viele Kulturmenschen, die vor Mord oder Inzest zurückschrecken würden, versagen sich nicht die Befriedigung ihrer Habgier, ihrer Aggressions-

---

[1] [S. Kapitel III von *Das Ich und das Es* (1923 *b*); vgl. auch Kapitel VII und VIII in *Das Unbehagen in der Kultur*, besonders S. 252–3, S. 258 und S. 262–3, unten.]

lust, ihrer sexuellen Gelüste, unterlassen es nicht, den anderen durch Lüge, Betrug, Verleumdung zu schädigen, wenn sie dabei straflos bleiben können, und das war wohl seit vielen kulturellen Zeitaltern immer ebenso.

Bei den Einschränkungen, die sich nur auf bestimmte Klassen der Gesellschaft beziehen, trifft man auf grobe und auch niemals verkannte Verhältnisse. Es steht zu erwarten, daß diese zurückgesetzten Klassen den Bevorzugten ihre Vorrechte beneiden und alles tun werden, um ihr eigenes Mehr von Entbehrung loszuwerden. Wo dies nicht möglich ist, wird sich ein dauerndes Maß von Unzufriedenheit innerhalb dieser Kultur behaupten, das zu gefährlichen Auflehnungen führen mag. Wenn aber eine Kultur es nicht darüber hinaus gebracht hat, daß die Befriedigung einer Anzahl von Teilnehmern die Unterdrückung einer anderen, vielleicht der Mehrzahl, zur Voraussetzung hat, und dies ist bei allen gegenwärtigen Kulturen der Fall, so ist es begreiflich, daß diese Unterdrückten eine intensive Feindseligkeit gegen die Kultur entwickeln, die sie durch ihre Arbeit ermöglichen, an deren Gütern sie aber einen zu geringen Anteil haben. Eine Verinnerlichung der Kulturverbote darf man dann bei den Unterdrückten nicht erwarten, dieselben sind vielmehr nicht bereit, diese Verbote anzuerkennen, bestrebt, die Kultur selbst zu zerstören, eventuell selbst ihre Voraussetzungen aufzuheben. Die Kulturfeindschaft dieser Klassen ist so offenkundig, daß man über sie die eher latente Feindseligkeit der besser beteilten Gesellschaftsschichten übersehen hat. Es braucht nicht gesagt zu werden, daß eine Kultur, welche eine so große Zahl von Teilnehmern unbefriedigt läßt und zur Auflehnung treibt, weder Aussicht hat, sich dauernd zu erhalten, noch es verdient.

Das Maß von Verinnerlichung der Kulturvorschriften – populär und unpsychologisch ausgedrückt: das moralische Niveau der Teilnehmer – ist nicht das einzige seelische Gut, das für die Würdigung einer Kultur in Betracht kommt. Daneben steht ihr Besitz an Idealen und an Kunstschöpfungen, d. h. die Befriedigungen, die aus beiden gewonnen werden.

Man wird nur allzuleicht geneigt sein, die Ideale einer Kultur, d. h. die Wertungen, welches die höchststehenden und am meisten anzustrebenden Leistungen seien, unter deren psychische Besitztümer aufzunehmen. Zunächst scheint es, als ob diese Ideale die Leistungen des Kulturkreises bestimmen würden; der wirkliche Hergang dürfte aber der sein, daß sich die Ideale nach den ersten Leistungen bilden, welche das Zusammenwirken von innerer Begabung und äußeren Verhältnissen einer Kultur ermöglicht, und daß diese ersten Leistungen nun vom Ideal zur Fortführung festgehalten werden. Die Befriedigung, die das Ideal den Kulturteilnehmern schenkt, ist also narzißtischer Natur, sie ruht auf dem Stolz auf die bereits geglückte Leistung. Zu ihrer Vervollständigung bedarf sie des Vergleichs mit anderen Kulturen, die sich auf andere Leistungen geworfen und andere Ideale entwickelt haben. Kraft dieser Differenzen spricht sich jede Kultur das Recht zu, die andere geringzuschätzen. Auf solche Weise werden die Kulturideale Anlaß zur Entzweiung und Verfeindung zwischen verschiedenen Kulturkreisen, wie es unter Nationen am deutlichsten wird.

Die narzißtische Befriedigung aus dem Kulturideal gehört auch zu jenen Mächten, die der Kulturfeindschaft innerhalb des Kulturkreises erfolgreich entgegenwirken. Nicht nur die bevorzugten Klassen, welche die Wohltaten dieser Kultur genießen, sondern auch die Unterdrückten können an ihr Anteil haben, indem die Berechtigung, die Außenstehenden zu verachten, sie für die Beeinträchtigung in ihrem eigenen Kreis entschädigt. Man ist zwar ein elender, von Schulden und Kriegsdiensten geplagter Plebejer, aber dafür ist man Römer, hat seinen Anteil an der Aufgabe, andere Nationen zu beherrschen und ihnen Gesetze vorzuschreiben. Diese Identifizierung der Unterdrückten mit der sie beherrschenden und ausbeutenden Klasse ist aber nur ein Stück eines größeren Zusammenhanges. Anderseits können jene affektiv an diese gebunden sein, trotz der Feindseligkeit ihre Ideale in ihren Herren erblicken. Wenn nicht solche im Grunde befriedigende Beziehungen bestünden, bliebe es unverständlich, daß so manche Kulturen sich trotz berechtigter Feindseligkeit großer Menschenmassen so lange Zeit erhalten haben.

Von anderer Art ist die Befriedigung, welche die Kunst den Teilhabern an einem Kulturkreis gewährt, obwohl diese in der Regel den Massen, die durch erschöpfende Arbeit in Anspruch genommen sind und keine persönliche Erziehung genossen haben, unzugänglich bleibt. Die Kunst bietet, wie wir längst gelernt haben[1], Ersatzbefriedigungen für die ältesten, immer noch am tiefsten empfundenen Kulturverzichte und wirkt darum wie nichts anderes aussöhnend mit den für sie gebrachten Opfern. Anderseits heben ihre Schöpfungen die Identifizierungsgefühle, deren jeder Kulturkreis so sehr bedarf, durch den Anlaß zu gemeinsam

---

[1] [Vgl. z. B. ›Der Dichter und das Phantasieren‹ (1908 *e*).]

erlebten, hocheingeschätzten Empfindungen; sie dienen aber auch der narzißtischen Befriedigung, wenn sie die Leistungen der besonderen Kultur darstellen, in eindrucksvoller Art an ihre Ideale mahnen.

Das vielleicht bedeutsamste Stück des psychischen Inventars einer Kultur hat noch keine Erwähnung gefunden. Es sind ihre im weitesten Sinn religiösen Vorstellungen, mit anderen, später zu rechtfertigenden Worten, ihre Illusionen.

III

Worin liegt der besondere Wert der religiösen Vorstellungen?

Wir haben von Kulturfeindseligkeit gesprochen, erzeugt durch den Druck, den die Kultur ausübt, die Triebverzichte, die sie verlangt. Denkt man sich ihre Verbote aufgehoben, man darf also jetzt zum Sexualobjekt jedes Weib wählen, das einem gefällt, darf seinen Rivalen beim Weib, oder wer einem sonst im Weg steht, ohne Bedenken erschlagen, kann dem anderen auch irgendeines seiner Güter wegnehmen, ohne ihn um Erlaubnis zu fragen, wie schön, welch eine Kette von Befriedigungen wäre dann das Leben! Zwar findet man bald die nächste Schwierigkeit. Jeder andere hat genau dieselben Wünsche wie ich und wird mich nicht schonender behandeln als ich ihn. Im Grunde kann also nur ein einziger durch solche Aufhebung der Kultureinschränkungen uneingeschränkt glücklich werden, ein Tyrann, ein Diktator, der alle Machtmittel an sich gerissen hat, und auch der hat allen Grund zu wünschen, daß die anderen wenigstens dies eine Kulturgebot einhalten: »Du sollst nicht töten.«

Aber wie undankbar, wie kurzsichtig überhaupt, eine Aufhebung der Kultur anzustreben! Was dann übrigbleibt, ist der Naturzustand, und der ist weit schwerer zu ertragen. Es ist wahr, die Natur verlangte von uns keine Triebeinschränkungen, sie ließe uns gewähren, aber sie hat ihre besonders wirksame Art, uns zu beschränken, sie bringt uns um, kalt, grausam, rücksichtslos, wie uns scheint, möglicherweise gerade bei den Anlässen unserer Befriedigung. Eben wegen dieser Gefahren, mit denen die Natur uns droht, haben wir uns ja zusammengetan und die Kultur geschaffen, die unter anderem auch unser Zusammenleben möglich machen soll. Es ist ja die Hauptaufgabe der Kultur, ihr eigentlicher Daseinsgrund, uns gegen die Natur zu verteidigen.

Es ist bekannt, daß sie es in manchen Stücken schon jetzt leidlich gut trifft, sie wird es offenbar später einmal viel besser machen. Aber kein Mensch gibt sich der Täuschung hin zu glauben, daß die Natur jetzt schon bezwungen ist; wenige wagen zu hoffen, daß sie einmal dem Menschen ganz unterworfen sein wird. Da sind die Elemente, die jedem menschlichen Zwang zu spotten scheinen, die Erde, die bebt, zerreißt, alles Menschliche und Menschenwerk begräbt, das Wasser, das im Aufruhr alles überflutet und ersäuft, der Sturm, der es wegbläst, da sind die Krankheiten, die wir erst seit kurzem als die Angriffe anderer Lebewesen erkennen, endlich das schmerzliche Rätsel des Todes, gegen den bisher kein Kräutlein gefunden wurde und wahrscheinlich keines gefunden werden wird. Mit diesen Gewalten steht die Natur wider uns auf, großartig, grausam, unerbittlich, rückt uns wieder unsere Schwäche und Hilflosigkeit vor Augen, der wir uns durch die Kulturarbeit zu entziehen gedachten. Es ist einer der wenigen erfreulichen und erhebenden Eindrücke, die man von der Menschheit haben kann, wenn sie angesichts einer Elementarkatastrophe ihrer Kulturzerfahrenheit, aller inneren Schwierigkeiten und Feindseligkeiten vergißt und sich der großen gemeinsamen Aufgabe, ihrer Erhaltung gegen die Übermacht der Natur, erinnert.

Wie für die Menschheit im ganzen, so ist für den Einzelnen das Leben schwer zu ertragen. Ein Stück Entbehrung legt ihm die Kultur auf, an der er teilhat, ein Maß Leiden bereiten ihm die anderen Menschen, entweder trotz der Kulturvorschriften oder infolge der Unvollkommenheit dieser Kultur. Dazu kommt, was ihm die unbezwungene Natur – er nennt es Schicksal – an Schädigung zufügt. Ein ständiger ängstlicher Erwartungszustand und eine schwere Kränkung des natürlichen Narzißmus sollte die Folge dieses Zustandes sein. Wie der Einzelne gegen die Schädigungen durch die Kultur und die anderen reagiert, wissen wir bereits, er entwickelt ein entsprechendes Maß von Widerstand gegen die Einrichtungen dieser Kultur, von Kulturfeindschaft. Aber wie setzt er sich gegen die Übermächte der Natur, des Schicksals, zur Wehr, die ihm wie allen anderen drohen?

Die Kultur nimmt ihm diese Leistung ab, sie besorgt sie für alle in gleicher Weise, es ist auch bemerkenswert, daß so ziemlich alle Kulturen hierin das gleiche tun. Sie macht nicht etwa halt in der Erledigung ihrer Aufgabe, den Menschen gegen die Natur zu verteidigen, sie setzt sie nur mit anderen Mitteln fort. Die Aufgabe ist hier eine mehrfache, das schwer bedrohte Selbstgefühl des Menschen verlangt nach Trost, der Welt und dem Leben sollen ihre Schrecken genommen werden, nebenbei will auch die Wißbegierde der Menschen, die freilich von dem stärksten praktischen Interesse angetrieben wird, eine Antwort haben.

Mit dem ersten Schritt ist bereits sehr viel gewonnen. Und dieser ist, die Natur zu vermenschlichen. An die unpersönlichen Kräfte und Schicksale kann man nicht heran, sie bleiben ewig fremd. Aber wenn in den

Elementen Leidenschaften toben wie in der eigenen Seele, wenn selbst der Tod nichts Spontanes ist, sondern die Gewalttat eines bösen Willens, wenn man überall in der Natur Wesen um sich hat, wie man sie aus der eigenen Gesellschaft kennt, dann atmet man auf, fühlt sich heimisch im Unheimlichen, kann seine sinnlose Angst psychisch bearbeiten. Man ist vielleicht noch wehrlos, aber nicht mehr hilflos gelähmt, man kann zum mindesten reagieren, ja vielleicht ist man nicht einmal wehrlos, man kann gegen diese gewalttätigen Übermenschen draußen dieselben Mittel in Anwendung bringen, deren man sich in seiner Gesellschaft bedient, kann versuchen, sie zu beschwören, beschwichtigen, bestechen, raubt ihnen durch solche Beeinflussung einen Teil ihrer Macht. Solch ein Ersatz einer Naturwissenschaft durch Psychologie schafft nicht bloß sofortige Erleichterung, er zeigt auch den Weg zu einer weiteren Bewältigung der Situation.

Denn diese Situation ist nichts Neues, sie hat ein infantiles Vorbild, ist eigentlich nur die Fortsetzung des früheren, denn in solcher Hilflosigkeit hatte man sich schon einmal befunden, als kleines Kind einem Elternpaar gegenüber, das man Grund hatte zu fürchten, zumal den Vater, dessen Schutzes man aber auch sicher war gegen die Gefahren, die man damals kannte. So lag es nahe, die beiden Situationen einander anzugleichen. Auch kam wie im Traumleben der Wunsch dabei auf seine Rechnung. Eine Todesahnung befällt den Schlafenden, will ihn in das Grab versetzen, aber die Traumarbeit weiß die Bedingung auszuwählen, unter der auch dies gefürchtete Ereignis zur Wunscherfüllung wird; der Träumer sieht sich in einem alten Etruskergrab, in das er selig über die Befriedigung seiner archäologischen Interessen hinabgestiegen war[1]. Ähnlich macht der Mensch die Naturkräfte nicht einfach zu Menschen, mit denen er wie mit seinesgleichen verkehren kann, das würde auch dem überwältigenden Eindruck nicht gerecht werden, den er von ihnen hat, sondern er gibt ihnen Vatercharakter, macht sie zu Göttern, folgt dabei nicht nur einem infantilen, sondern auch, wie ich versucht habe zu zeigen[2], einem phylogenetischen Vorbild.

Mit der Zeit werden die ersten Beobachtungen von Regel- und Gesetzmäßigkeit an den Naturerscheinungen gemacht, die Naturkräfte verlieren damit ihre menschlichen Züge. Aber die Hilflosigkeit der Men-

---

[1] [Diesen Traum hatte Freud selbst geträumt und in Kapitel VI (G) der *Traumdeutung* (1900 *a*) berichtet; s. *Studienausgabe*, Bd. 2, S. 436–9.]

[2] [S. Abschnitt 6 der vierten Abhandlung in *Totem und Tabu* (1912–13), S. 430 ff., unten.]

schen bleibt und damit ihre Vatersehnsucht und die Götter. Die Götter behalten ihre dreifache Aufgabe, die Schrecken der Natur zu bannen, mit der Grausamkeit des Schicksals, besonders wie es sich im Tode zeigt, zu versöhnen und für die Leiden und Entbehrungen zu entschädigen, die dem Menschen durch das kulturelle Zusammenleben auferlegt werden.

Aber allmählich verschiebt sich innerhalb dieser Leistungen der Akzent. Man merkt, daß die Naturerscheinungen sich nach inneren Notwendigkeiten von selbst abwickeln; gewiß sind die Götter die Herren der Natur, sie haben sie so eingerichtet und können sie nun sich selbst überlassen. Nur gelegentlich greifen sie in den sogenannten Wundern in ihren Lauf ein, wie um zu versichern, daß sie von ihrer ursprünglichen Machtsphäre nichts aufgegeben haben. Was die Austeilung der Schicksale betrifft, so bleibt eine unbehagliche Ahnung bestehen, daß der Rat- und Hilflosigkeit des Menschengeschlechts nicht abgeholfen werden kann. Hier versagen die Götter am ehesten; wenn sie selbst das Schicksal machen, so muß man ihren Ratschluß unerforschlich heißen; dem begabtesten Volk des Altertums dämmert die Einsicht, daß die *Moira* [das Schicksal] über den Göttern steht und daß die Götter selbst ihre Schicksale haben. Und je mehr die Natur selbständig wird, die Götter sich von ihr zurückziehen, desto ernsthafter drängen alle Erwartungen auf die dritte Leistung, die ihnen zugewiesen ist, desto mehr wird das Moralische ihre eigentliche Domäne. Göttliche Aufgabe wird es nun, die Mängel und Schäden der Kultur auszugleichen, die Leiden in acht zu nehmen, die die Menschen im Zusammenleben einander zufügen, über die Ausführung der Kulturvorschriften zu wachen, die die Menschen so schlecht befolgen. Den Kulturvorschriften selbst wird göttlicher Ursprung zugesprochen, sie werden über die menschliche Gesellschaft hinausgehoben, auf Natur und Weltgeschehen ausgedehnt.

So wird ein Schatz von Vorstellungen geschaffen, geboren aus dem Bedürfnis, die menschliche Hilflosigkeit erträglich zu machen, erbaut aus dem Material der Erinnerungen an die Hilflosigkeit der eigenen und der Kindheit des Menschengeschlechts. Es ist deutlich erkennbar, daß dieser Besitz den Menschen nach zwei Richtungen beschützt, gegen die Gefahren der Natur und des Schicksals und gegen die Schädigungen aus der menschlichen Gesellschaft selbst. Im Zusammenhang lautet es: das Leben in dieser Welt dient einem höheren Zweck, der zwar nicht leicht zu erraten ist, aber gewiß eine Vervollkommnung des menschlichen Wesens bedeutet. Wahrscheinlich soll das Geistige des Menschen, die

Seele, die sich im Lauf der Zeiten so langsam und widerstrebend vom Körper getrennt hat, das Objekt dieser Erhebung und Erhöhung sein. Alles, was in dieser Welt vor sich geht, ist Ausführung der Absichten einer uns überlegenen Intelligenz, die, wenn auch auf schwer zu verfolgenden Wegen und Umwegen, schließlich alles zum Guten, d. h. für uns Erfreulichen, lenkt. Über jedem von uns wacht eine gütige, nur scheinbar gestrenge Vorsehung, die nicht zuläßt, daß wir zum Spielball der überstarken und schonungslosen Naturkräfte werden; der Tod selbst ist keine Vernichtung, keine Rückkehr zum anorganisch Leblosen, sondern der Anfang einer neuen Art von Existenz, die auf dem Wege der Höherentwicklung liegt. Und nach der anderen Seite gewendet, dieselben Sittengesetze, die unsere Kulturen aufgestellt haben, beherrschen auch alles Weltgeschehen, nur werden sie von einer höchsten richterlichen Instanz mit ungleich mehr Macht und Konsequenz behütet. Alles Gute findet endlich seinen Lohn, alles Böse seine Strafe, wenn nicht schon in dieser Form des Lebens, so in den späteren Existenzen, die nach dem Tod beginnen. Somit sind alle Schrecken, Leiden und Härten des Lebens zur Austilgung bestimmt; das Leben nach dem Tode, das unser irdisches Leben fortsetzt, wie das unsichtbare Stück des Spektrums dem sichtbaren angefügt ist, bringt all die Vollendung, die wir hier vielleicht vermißt haben. Und die überlegene Weisheit, die diesen Ablauf lenkt, die Allgüte, die sich in ihm äußert, die Gerechtigkeit, die sich in ihm durchsetzt, das sind die Eigenschaften der göttlichen Wesen, die auch uns und die Welt im ganzen geschaffen haben. Oder vielmehr des einen göttlichen Wesens, zu dem sich in unserer Kultur alle Götter der Vorzeiten verdichtet haben. Das Volk, dem zuerst solche Konzentrierung der göttlichen Eigenschaften gelang, war nicht wenig stolz auf diesen Fortschritt. Es hatte den väterlichen Kern, der von jeher hinter jeder Gottesgestalt verborgen war, freigelegt; im Grunde war es eine Rückkehr zu den historischen Anfängen der Gottesidee. Nun, da Gott ein Einziger war, konnten die Beziehungen zu ihm die Innigkeit und Intensität des kindlichen Verhältnisses zum Vater wiedergewinnen. Wenn man soviel für den Vater getan hatte, wollte man aber auch belohnt werden, zum mindesten das einziggeliebte Kind sein, das auserwählte Volk. Sehr viel später erhebt das fromme Amerika den Anspruch, *»God's own country«* zu sein, und für eine der Formen, unter denen die Menschen die Gottheit verehren, trifft es auch zu.

Die religiösen Vorstellungen, die vorhin zusammengefaßt wurden, haben natürlich eine lange Entwicklung durchgemacht, sind von verschiedenen Kulturen in verschiedenen Phasen festgehalten worden. Ich habe eine einzelne solche Entwicklungsphase herausgegriffen, die etwa der Endgestaltung in unserer heutigen weißen, christlichen Kultur entspricht. Es ist leicht zu bemerken, daß nicht alle Stücke dieses Ganzen gleich gut zueinander stimmen, daß nicht alle dringenden Fragen beantwortet werden, daß der Widerspruch der täglichen Erfahrung nur mit Mühe abgewiesen werden kann. Aber so wie sie sind, werden diese Vorstellungen – die im weitesten Sinn religiösen – als der kostbarste Besitz der Kultur eingeschätzt, als das Wertvollste, was sie ihren Teilnehmern zu bieten hat, weit höher geschätzt als alle Künste, der Erde ihre Schätze zu entlocken, die Menschheit mit Nahrung zu versorgen oder ihren Krankheiten vorzubeugen usw. Die Menschen meinen, das Leben nicht ertragen zu können, wenn sie diesen Vorstellungen nicht den Wert beilegen, der für sie beansprucht wird. Und nun ist die Frage, was sind diese Vorstellungen im Lichte der Psychologie, woher beziehen sie ihre Hochschätzung und, um schüchtern fortzusetzen: was ist ihr wirklicher Wert?

IV

Eine Untersuchung, die ungestört fortschreitet wie ein Monolog, ist nicht ganz ungefährlich. Man gibt zu leicht der Versuchung nach, Gedanken zur Seite zu schieben, die sie unterbrechen wollen, und tauscht dafür ein Gefühl von Unsicherheit ein, das man am Ende durch allzu große Entschiedenheit übertönen will. Ich stelle mir also einen Gegner vor, der meine Ausführungen mit Mißtrauen verfolgt, und lasse ihn von Stelle zu Stelle zu Worte kommen.

Ich höre ihn sagen: »Sie haben wiederholt die Ausdrücke gebraucht: ›die Kultur schafft diese religiösen Vorstellungen‹, ›die Kultur stellt sie ihren Teilnehmern zur Verfügung‹, daran klingt etwas befremdend; ich könnte selbst nicht sagen warum, es hört sich nicht so selbstverständlich an wie daß die Kultur Anordnungen geschaffen hat über die Verteilung des Arbeitsertrags oder über die Rechte an Weib und Kind.«

Ich meine aber doch, daß man berechtigt ist, sich so auszudrücken. Ich habe versucht zu zeigen, daß die religiösen Vorstellungen aus demselben Bedürfnis hervorgegangen sind wie alle anderen Errungenschaften der Kultur, aus der Notwendigkeit, sich gegen die erdrückende Übermacht der Natur zu verteidigen. Dazu kam ein zweites Motiv, der Drang, die peinlich verspürten Unvollkommenheiten der Kultur zu korrigieren. Es ist auch besonders zutreffend zu sagen, daß die Kultur dem Einzelnen diese Vorstellungen schenkt, denn er findet sie vor, sie werden ihm fertig entgegengebracht, er wäre nicht imstande, sie allein zu finden. Es ist die Erbschaft vieler Generationen, in die er eintritt, die er übernimmt wie das Einmaleins, die Geometrie u. a. Es gibt hierbei freilich einen Unterschied, aber der liegt anderswo, kann jetzt noch nicht beleuchtet werden. An dem Gefühl von Befremdung, das Sie erwähnen, mag es Anteil haben, daß man uns diesen Besitz von religiösen Vorstellungen als göttliche Offenbarung vorzuführen pflegt. Allein das ist selbst schon ein Stück des religiösen Systems, vernachlässigt ganz die uns bekannte historische Entwicklung dieser Ideen und ihre Verschiedenheiten in verschiedenen Zeiten und Kulturen.

»Ein anderer Punkt, der mir wichtiger erscheint. Sie lassen die Vermenschlichung der Natur aus dem Bedürfnis hervorgehen, der menschlichen Rat- und Hilflosigkeit gegen deren gefürchtete Kräfte ein Ende zu machen, sich in Beziehung zu ihnen zu setzen und sie endlich zu beeinflussen. Aber ein solches Motiv scheint überflüssig zu sein. Der primitive Mensch hat ja keine Wahl, keinen anderen Weg des Denkens. Es ist ihm natürlich, wie eingeboren, daß er sein Wesen in die Welt hinausprojiziert, alle Vorgänge, die er beobachtet, als Äußerungen von Wesen ansieht, die im Grunde ähnlich sind wie er selbst. Es ist das die einzige Methode seines Begreifens. Und es ist keineswegs selbstverständlich, vielmehr ein merkwürdiges Zusammentreffen, wenn es ihm gelingen sollte, durch solches Gewährenlassen seiner natürlichen Anlage eines seiner großen Bedürfnisse zu befriedigen.«

Ich finde das nicht so auffällig. Meinen Sie denn, daß das Denken der Menschen keine praktischen Motive kennt, bloß der Ausdruck einer uneigennützigen Wißbegierde ist? Das ist doch sehr unwahrscheinlich. Eher glaube ich, daß der Mensch, auch wenn er die Naturkräfte personifiziert, einem infantilen Vorbild folgt. Er hat an den Personen seiner ersten Umgebung gelernt, daß, wenn er eine Relation zu ihnen herstellt, dies der Weg ist, um sie zu beeinflussen, und darum behandelt er später in der gleichen Absicht alles andere, was ihm begegnet, wie jene Personen. Ich widerspreche also Ihrer deskriptiven Bemerkung nicht, es ist wirklich dem Menschen natürlich, alles zu personifizieren, was er begreifen will, um es später zu beherrschen – die psychische Bewältigung als Vorbereitung zur physischen –, aber ich gebe Motiv und Genese dieser Eigentümlichkeit des menschlichen Denkens dazu.

»Und jetzt noch ein drittes: Sie haben ja den Ursprung der Religion früher einmal behandelt, in Ihrem Buch *Totem und Tabu* [1912–13]. Aber dort sieht es anders aus. Alles ist das Sohn-Vater-Verhältnis, Gott ist der erhöhte Vater, die Vatersehnsucht ist die Wurzel des religiösen Bedürfnisses. Seither, scheint es, haben Sie das Moment der menschlichen Ohnmacht und Hilflosigkeit entdeckt, dem ja allgemein die größte Rolle bei der Religionsbildung zugeschrieben wird, und nun schreiben Sie alles auf Hilflosigkeit um, was früher Vaterkomplex war. Darf ich Sie um Auskunft über diese Wandlung bitten?«

Gern, ich wartete nur auf diese Aufforderung. Wenn es wirklich eine Wandlung ist. In *Totem und Tabu* sollte nicht die Entstehung der Religionen erklärt werden, sondern nur die des Totemismus. Können Sie von irgendeinem der Ihnen bekannten Standpunkte verständlich machen, daß die erste Form, in der sich die schützende Gottheit dem Menschen offenbarte, die tierische war, daß ein Verbot bestand, dieses Tier zu töten und zu verzehren, und doch die feierliche Sitte, es einmal im Jahr gemeinsam zu töten und zu verzehren? Gerade das hat im Totemismus statt. Und es ist kaum zweckmäßig, darüber zu streiten, ob man den Totemismus eine Religion heißen soll. Er hat innige Beziehungen zu den späteren Gottesreligionen, die Totemtiere werden zu den heiligen Tieren der Götter. Und die ersten, aber tiefgehendsten sittlichen Beschränkungen – das Mord- und das Inzestverbot – entstehen auf dem Boden des Totemismus. Ob Sie nun die Folgerungen von *Totem und Tabu* annehmen oder nicht, ich hoffe, Sie werden zugeben, daß in dem Buch eine Anzahl von sehr merkwürdigen versprengten Tatsachen zu einem konsistenten Ganzen zusammengefaßt ist.

Warum der tierische Gott auf die Dauer nicht genügte und durch den menschlichen abgelöst wurde, das ist in *Totem und Tabu* kaum gestreift worden, andere Probleme der Religionsbildung finden dort überhaupt keine Erwähnung. Halten Sie solche Beschränkung für identisch mit einer Verleugnung? Meine Arbeit ist ein gutes Beispiel von strenger Isolierung des Anteils, den die psychoanalytische Betrachtung zur Lösung des religiösen Problems leisten kann. Wenn ich jetzt versuche, das andere, weniger tief Versteckte hinzuzufügen, so sollen Sie mich nicht des Widerspruchs beschuldigen wie früher der Einseitigkeit. Es ist natürlich meine Aufgabe, die Verbindungswege zwischen dem früher Gesagten und dem jetzt Vorgebrachten, der tieferen und der manifesten Motivierung, dem Vaterkomplex und der Hilflosigkeit und Schutzbedürftigkeit des Menschen aufzuzeigen.

Diese Verbindungen sind nicht schwer zu finden. Es sind die Beziehungen der Hilflosigkeit des Kindes zu der sie fortsetzenden des Erwachsenen, so daß, wie zu erwarten stand, die psychoanalytische Motivierung der Religionsbildung der infantile Beitrag zu ihrer manifesten Motivierung wird. Versetzen wir uns in das Seelenleben des kleinen Kindes. Sie erinnern sich an die Objektwahl nach dem Anlehnungstypus[1], von dem die Analyse spricht? Die Libido folgt den Wegen der narzißtischen Bedürfnisse und heftet sich an die Objekte, welche deren Befriedigung versichern. So wird die Mutter, die den Hunger befriedigt, zum ersten Liebesobjekt und gewiß auch zum ersten Schutz gegen alle

---

1 [Dies ist ausführlich beschrieben in Freuds Narzißmus-Arbeit (1914 *c*), zweite Hälfte von Abschnitt II. Übrigens bedeutet »Anlehnung« im Sinne des obigen Terminus Anlehnung der Sexualtriebe an die Ichtriebe, also nicht Anlehnung des Kindes an die Mutter.]

die unbestimmten, in der Außenwelt drohenden Gefahren, zum ersten Angstschutz, dürfen wir sagen.

In dieser Funktion wird die Mutter bald von dem stärkeren Vater abgelöst, dem sie nun über die ganze Kindheit verbleibt. Das Verhältnis zum Vater ist aber mit einer eigentümlichen Ambivalenz behaftet. Er war selbst eine Gefahr, vielleicht von dem früheren Verhältnis zur Mutter her. So fürchtet man ihn nicht minder, als man sich nach ihm sehnt und ihn bewundert. Die Anzeichen dieser Ambivalenz des Vaterverhältnisses sind allen Religionen tief eingeprägt, wie auch in *Totem und Tabu* ausgeführt wird. Wenn nun der Heranwachsende merkt, daß es ihm bestimmt ist, immer ein Kind zu bleiben, daß er des Schutzes gegen fremde Übermächte nie entbehren kann, verleiht er diesen die Züge der Vatergestalt, er schafft sich die Götter, vor denen er sich fürchtet, die er zu gewinnen sucht und denen er doch seinen Schutz überträgt. So ist das Motiv der Vatersehnsucht identisch mit dem Bedürfnis nach Schutz gegen die Folgen der menschlichen Ohnmacht; die Abwehr der kindlichen Hilflosigkeit verleiht der Reaktion auf die Hilflosigkeit, die der Erwachsene anerkennen muß, eben der Religionsbildung, ihre charakteristischen Züge. Aber es ist nicht unsere Absicht, die Entwicklung der Gottesidee weiter zu erforschen; wir haben es hier mit dem fertigen Schatz von religiösen Vorstellungen zu tun, wie ihn die Kultur dem Einzelnen übermittelt.

V

Um den Faden der Untersuchung wiederaufzunehmen[1]: Welches ist also die psychologische Bedeutung der religiösen Vorstellungen, als was können wir sie klassifizieren? Die Frage ist zunächst gar nicht leicht zu beantworten. Nach Abweisung verschiedener Formulierungen wird man bei der einen stehenbleiben: Es sind Lehrsätze, Aussagen über Tatsachen und Verhältnisse der äußeren (oder inneren) Realität, die etwas mitteilen, was man selbst nicht gefunden hat, und die beanspruchen, daß man ihnen Glauben schenkt. Da sie Auskunft geben über das für uns Wichtigste und Interessanteste im Leben, werden sie besonders hochgeschätzt. Wer nichts von ihnen weiß, ist sehr unwissend; wer sie in sein Wissen aufgenommen hat, darf sich für sehr bereichert halten.

Es gibt natürlich viele solche Lehrsätze über die verschiedenartigsten Dinge dieser Welt. Jede Schulstunde ist voll von ihnen. Wählen wir die geographische. Wir hören da: Konstanz liegt am Bodensee. Ein Studentenlied setzt hinzu: Wer's nicht glaubt, geh' hin und seh'. Ich war zufällig dort und kann bestätigen, die schöne Stadt liegt am Ufer eines weiten Gewässers, das alle Umwohnenden Bodensee heißen. Ich bin jetzt auch von der Richtigkeit dieser geographischen Behauptung vollkommen überzeugt. Dabei erinnere ich mich an ein anderes, sehr merkwürdiges Erlebnis. Ich war schon ein gereifter Mann, als ich zum erstenmal auf dem Hügel der athenischen Akropolis stand, zwischen den Tempelruinen, mit dem Blick aufs blaue Meer. In meine Beglückung mengte sich ein Gefühl von Erstaunen, das mir die Deutung eingab: »Also ist das wirklich so, wie wir's in der Schule gelernt hatten!« Was für seichten und kraftlosen Glauben an die reale Wahrheit des Gehörten muß ich damals erworben haben, wenn ich heute so erstaunt sein kann! Aber ich will die Bedeutung dieses Erlebnisses nicht zu sehr betonen; es ist noch eine andere Erklärung meines Erstaunens möglich, die mir damals nicht einfiel, die durchaus subjektiver Natur ist und mit der Besonderheit des Ortes zusammenhängt[2].

---

[1] [Vom Ende des Kapitels III, S. 154.]

[2] [Freud hatte dieses Erlebnis im Jahre 1904 als fast Fünfzigjähriger. Er schildert die Episode ausführlich in seinem Offenen Brief an Romain Rolland (1936*a*), etwa zehn Jahre nach der vorliegenden Studie.]

Alle solche Lehrsätze verlangen also Glauben für ihre Inhalte, aber nicht ohne ihren Anspruch zu begründen. Sie geben sich als das abgekürzte Resultat eines längeren, auf Beobachtung, gewiß auch Schlußfolgerung gegründeten Denkprozesses; wer die Absicht hat, diesen Prozeß selbst durchzumachen, anstatt sein Ergebnis anzunehmen, dem zeigen sie den Weg dazu. Es wird immer auch hinzugesetzt, woher man die Kenntnis hat, die der Lehrsatz verkündet, wo er nicht, wie bei geographischen Behauptungen, selbstverständlich ist. Zum Beispiel die Erde hat die Gestalt einer Kugel; als Beweise dafür werden angeführt der Foucaultsche Pendelversuch[1], das Verhalten des Horizonts, die Möglichkeit, die Erde zu umschiffen. Da es, wie alle Beteiligten einsehen, untunlich ist, alle Schulkinder auf Erdumseglungen zu schicken, bescheidet man sich damit, die Lehren der Schule auf »Treu und Glauben« annehmen zu lassen, aber man weiß, der Weg zur persönlichen Überzeugung bleibt offen.

Versuchen wir die religiösen Lehrsätze mit demselben Maß zu messen. Wenn wir die Frage aufwerfen, worauf sich ihr Anspruch gründet, geglaubt zu werden, erhalten wir drei Antworten, die merkwürdig schlecht zusammenstimmen. Erstens, sie verdienen Glauben, weil schon unsere Urväter sie geglaubt haben, zweitens besitzen wir Beweise, die uns aus eben dieser Vorzeit überliefert sind, und drittens ist es überhaupt verboten, die Frage nach dieser Beglaubigung aufzuwerfen. Dies Unterfangen wurde früher mit den allerhärtesten Strafen belegt, und noch heute sieht es die Gesellschaft ungern, daß jemand es erneuert.

Dieser dritte Punkt muß unsere stärksten Bedenken wecken. Ein solches Verbot kann doch nur die eine Motivierung haben, daß die Gesellschaft die Unsicherheit des Anspruchs sehr wohl kennt, den sie für ihre religiösen Lehren erhebt. Wäre es anders, so würde sie gewiß jedem, der sich selbst eine Überzeugung schaffen will, das Material dazu bereitwilligst zur Verfügung stellen. Wir gehen darum mit einem nicht leicht zu beschwichtigenden Mißtrauen an die Prüfung der beiden anderen Beweisgründe. Wir sollen glauben, weil unsere Urväter geglaubt haben. Aber diese unsere Ahnen waren weit unwissender als wir, sie haben an Dinge geglaubt, die wir heute unmöglich annehmen können. Die Möglichkeit regt sich, daß auch die religiösen Lehren von solcher Art sein könnten. Die Beweise, die sie uns hinterlassen haben, sind in Schriften niedergelegt, die selbst alle Charaktere der Unzuverlässigkeit

[1] [J. B. L. Foucault (1819–68) demonstrierte im Jahre 1851 die tägliche Bewegung der Erde mittels eines Pendels.]

an sich tragen. Sie sind widerspruchsvoll, überarbeitet, verfälscht; wo sie von tatsächlichen Beglaubigungen berichten, selbst unbeglaubigt. Es hilft nicht viel, wenn für ihren Wortlaut oder auch nur für ihren Inhalt die Herkunft von göttlicher Offenbarung behauptet wird, denn diese Behauptung ist bereits selbst ein Stück jener Lehren, die auf ihre Glaubwürdigkeit untersucht werden sollen, und kein Satz kann sich doch selbst beweisen.

So kommen wir zu dem sonderbaren Ergebnis, daß gerade diejenigen Mitteilungen unseres Kulturbesitzes, die die größte Bedeutung für uns haben könnten, denen die Aufgabe zugeteilt ist, uns die Rätsel der Welt aufzuklären und uns mit den Leiden des Lebens zu versöhnen, daß gerade sie die allerschwächste Beglaubigung haben. Wir würden uns nicht entschließen können, eine für uns so gleichgiltige Tatsache anzunehmen, wie daß Walfische Junge gebären anstatt Eier abzulegen, wenn sie nicht besser erweisbar wäre.

Dieser Sachverhalt ist an sich ein sehr merkwürdiges psychologisches Problem. Auch möge niemand glauben, daß die vorstehenden Bemerkungen über die Unbeweisbarkeit der religiösen Lehren etwas Neues enthalten. Sie ist zu jeder Zeit verspürt worden, gewiß auch von den Urahnen, die solche Erbschaft hinterlassen haben. Wahrscheinlich haben viele von ihnen dieselben Zweifel genährt wie wir, es lastete aber ein zu starker Druck auf ihnen, als daß sie gewagt hätten, dieselben zu äußern. Und seither haben sich unzählige Menschen mit den nämlichen Zweifeln gequält, die sie unterdrücken wollten, weil sie sich für verpflichtet hielten zu glauben, sind viele glänzende Intellekte an diesem Konflikt gescheitert, haben viele Charaktere an den Kompromissen Schaden gelitten, in denen sie einen Ausweg suchten.

Wenn alle Beweise, die man für die Glaubwürdigkeit der religiösen Lehrsätze vorbringt, aus der Vergangenheit stammen, so liegt es nahe umzuschauen, ob nicht die besser zu beurteilende Gegenwart auch solche Beweise liefern kann. Wenn es gelänge, nur ein einzelnes Stück des religiösen Systems solcherart dem Zweifel zu entziehen, so würde dadurch das Ganze außerordentlich an Glaubhaftigkeit gewinnen. Hier setzt die Tätigkeit der Spiritisten ein, die von der Fortdauer der individuellen Seele überzeugt sind und uns diesen einen Satz der religiösen Lehre zweifelsfrei demonstrieren wollen. Es gelingt ihnen leider nicht zu widerlegen, daß die Erscheinungen und Äußerungen ihrer Geister nur Produktionen ihrer eigenen Seelentätigkeit sind. Sie haben die Geister der größten Menschen, der hervorragendsten Denker zitiert, aber alle Äußerungen und Auskünfte, die sie von ihnen erhielten, waren so albern, so trostlos nichtssagend, daß man nichts anderes glaubwürdig finden kann als die Fähigkeit der Geister, sich dem Kreis von Menschen anzupassen, der sie heraufbeschwört.

Man muß nun zweier Versuche gedenken, die den Eindruck krampfhafter Bemühung machen, dem Problem zu entgehen. Der eine, gewaltsamer Natur, ist alt, der andere subtil und modern. Der erstere ist das »*Credo quia absurdum*« des Kirchenvaters[1]. Das will besagen, die religiösen Lehren sind den Ansprüchen der Vernunft entzogen, sie stehen über der Vernunft. Man muß ihre Wahrheit innerlich verspüren, braucht sie nicht zu begreifen. Allein dieses *Credo* ist nur als Selbstbekenntnis interessant, als Machtspruch ist es ohne Verbindlichkeit. Soll ich verpflichtet werden, jede Absurdität zu glauben? Und wenn nicht, warum gerade diese? Es gibt keine Instanz über der Vernunft. Wenn die Wahrheit der religiösen Lehren abhängig ist von einem inneren Erlebnis, das diese Wahrheit bezeugt, was macht man mit den vielen Menschen, die solch ein seltenes Erlebnis nicht haben? Man kann von allen Menschen verlangen, daß sie die Gabe der Vernunft anwenden, die sie besitzen, aber man kann nicht eine für alle giltige Verpflichtung auf ein Motiv aufbauen, das nur bei ganz wenigen existiert. Wenn der eine aus einem ihn tief ergreifenden ekstatischen Zustand die unerschütterliche Überzeugung von der realen Wahrheit der religiösen Lehren gewonnen hat, was bedeutet das dem anderen?

Der zweite Versuch ist der der Philosophie des »Als ob«. Er führt aus, daß es in unserer Denktätigkeit reichlich Annahmen gibt, deren Grundlosigkeit, ja deren Absurdität wir voll einsehen. Sie werden Fiktionen geheißen, aber aus mannigfachen praktischen Motiven müßten wir uns so benehmen, »als ob« wir an diese Fiktionen glaubten. Dies treffe für die religiösen Lehren wegen ihrer unvergleichlichen Wichtigkeit für die Aufrechterhaltung der menschlichen Gesellschaft zu[2]. Diese Argumenta-

---

[1] [»Ich glaube, weil es widersinnig ist«; dieser Satz wird Tertullian zugeschrieben. Das Zitat steht auch in *Das Unbehagen in der Kultur* (1930*a*) und an zwei Stellen in *Der Mann Moses und die monotheistische Religion* (1939*a*), s. unten, S. 240, S. 533 und S. 564.]

[2] Ich hoffe kein Unrecht zu begehen, wenn ich den Philosophen des »Als ob« eine Ansicht vertreten lasse, die auch anderen Denkern nicht fremd ist. Vgl. H. Vaihinger (1922, 68): »Wir ziehen in den Kreis der Fiktion nicht nur gleichgiltige, theoretische Operationen herein, sondern Begriffsgebilde, welche die edelsten Menschen ersonnen haben, an denen das Herz des edleren Teiles der Menschheit hängt und welche diese sich nicht entreißen läßt. Wir wollen das auch gar nicht tun – als *praktische Fiktion* lassen wir das alles bestehen, als *theoretische Wahrheit* aber stirbt es dahin.«

tion ist von dem »*Credo quia absurdum*« nicht weit entfernt. Aber ich meine, die Forderung des »Als ob« ist eine solche, wie sie nur ein Philosoph aufstellen kann. Der durch die Künste der Philosophie in seinem Denken nicht beeinflußte Mensch wird sie nie annehmen können, für ihn ist mit dem Zugeständnis der Absurdität, der Vernunftwidrigkeit, alles erledigt. Er kann nicht dazu verhalten werden, gerade in der Behandlung seiner wichtigsten Interessen auf die Sicherheiten zu verzichten, die er sonst für alle seine gewöhnlichen Tätigkeiten verlangt. Ich erinnere mich an eines meiner Kinder, das sich frühzeitig durch eine besondere Betonung der Sachlichkeit auszeichnete. Wenn den Kindern ein Märchen erzählt wurde, dem sie andächtig lauschten, kam er hinzu und fragte: Ist das eine wahre Geschichte? Nachdem man es verneint hatte, zog er mit einer geringschätzigen Miene ab. Es steht zu erwarten, daß sich die Menschen gegen die religiösen Märchen bald ähnlich benehmen werden, trotz der Fürsprache des »Als ob«.

Aber sie benehmen sich derzeit noch ganz anders, und in vergangenen Zeiten haben die religiösen Vorstellungen trotz ihres unbestreitbaren Mangels an Beglaubigung den allerstärksten Einfluß auf die Menschheit geübt. Das ist ein neues psychologisches Problem. Man muß fragen, worin besteht die innere Kraft dieser Lehren, welchem Umstand verdanken sie ihre von der vernünftigen Anerkennung unabhängige Wirksamkeit?

VI

Ich meine, wir haben die Antwort auf beide Fragen genügend vorbereitet. Sie ergibt sich, wenn wir die psychische Genese der religiösen Vorstellungen ins Auge fassen. Diese, die sich als Lehrsätze ausgeben, sind nicht Niederschläge der Erfahrung oder Endresultate des Denkens, es sind Illusionen, Erfüllungen der ältesten, stärksten, dringendsten Wünsche der Menschheit; das Geheimnis ihrer Stärke ist die Stärke dieser Wünsche. Wir wissen schon, der schreckende Eindruck der kindlichen Hilflosigkeit hat das Bedürfnis nach Schutz – Schutz durch Liebe – erweckt, dem der Vater abgeholfen hat, die Erkenntnis von der Fortdauer dieser Hilflosigkeit durchs ganze Leben hat das Festhalten an der Existenz eines – aber nun mächtigeren Vaters verursacht. Durch das gütige Walten der göttlichen Vorsehung wird die Angst vor den Gefahren des Lebens beschwichtigt, die Einsetzung einer sittlichen Weltordnung versichert die Erfüllung der Gerechtigkeitsforderung, die innerhalb der menschlichen Kultur so oft unerfüllt geblieben ist, die Verlängerung der irdischen Existenz durch ein zukünftiges Leben stellt den örtlichen und zeitlichen Rahmen bei, in dem sich diese Wunscherfüllungen vollziehen sollen. Antworten auf Rätselfragen der menschlichen Wißbegierde, wie nach der Entstehung der Welt und der Beziehung zwischen Körperlichem und Seelischem, werden unter den Voraussetzungen dieses Systems entwickelt; es bedeutet eine großartige Erleichterung für die Einzelpsyche, wenn die nie ganz überwundenen Konflikte der Kinderzeit aus dem Vaterkomplex ihr abgenommen und einer von allen angenommenen Lösung zugeführt werden.

Wenn ich sage, das alles sind Illusionen, muß ich die Bedeutung des Wortes abgrenzen. Eine Illusion ist nicht dasselbe wie ein Irrtum, sie ist auch nicht notwendig ein Irrtum. Die Meinung des Aristoteles, daß sich Ungeziefer aus Unrat entwickle, an der das unwissende Volk noch heute festhält, war ein Irrtum, ebenso die einer früheren ärztlichen Generation, daß die *Tabes dorsalis* die Folge von sexueller Ausschweifung sei. Es wäre mißbräuchlich, diese Irrtümer Illusionen zu heißen. Dagegen war es eine Illusion des Kolumbus, daß er einen neuen Seeweg nach Indien entdeckt habe. Der Anteil seines Wunsches an diesem Irrtum ist sehr deutlich. Als Illusion kann man die Behauptung gewisser Nationalisten bezeichnen, die Indogermanen seien die einzige kulturfähige Menschenrasse, oder den Glauben, den erst die Psychoanalyse zerstört hat, das Kind sei ein Wesen ohne Sexualität. Für die Illusion bleibt charakteristisch die Ableitung aus menschlichen Wünschen, sie nähert sich in dieser Hinsicht der psychiatrischen Wahnidee, aber sie scheidet sich, abgesehen von dem komplizierten Aufbau der Wahnidee, auch von dieser. An der Wahnidee heben wir als wesentlich den Widerspruch gegen die Wirklichkeit hervor, die Illusion muß nicht notwendig falsch, d. h. unrealisierbar oder im Widerspruch mit der Realität sein. Ein Bürgermädchen kann sich z. B. die Illusion machen, daß ein Prinz kommen wird, um sie heimzuholen. Es ist möglich, einige Fälle dieser Art haben sich ereignet. Daß der Messias kommen und ein goldenes Zeitalter begründen wird, ist weit weniger wahrscheinlich; je nach der persönlichen Einstellung des Urteilenden wird er diesen Glauben als Illusion oder als Analogie einer Wahnidee klassifizieren. Beispiele von Illusionen, die sich bewahrheitet haben, sind sonst nicht leicht aufzufinden. Aber die Illusion der Alchimisten, alle Metalle in Gold verwandeln zu können, könnte eine solche sein. Der Wunsch, sehr viel Gold, soviel Gold als möglich zu haben, ist durch unsere heutige Einsicht in die Bedingungen des Reichtums sehr gedämpft, doch hält die Chemie eine Umwandlung der Metalle in Gold nicht mehr für unmöglich. Wir heißen also einen Glauben eine Illusion, wenn sich in seiner Motivierung die Wunscherfüllung vordrängt, und sehen dabei von seinem Verhältnis zur Wirklichkeit ab, ebenso wie die Illusion selbst auf ihre Beglaubigungen verzichtet.

Wenden wir uns nach dieser Orientierung wieder zu den religiösen Lehren, so dürfen wir wiederholend sagen: Sie sind sämtlich Illusionen, unbeweisbar, niemand darf gezwungen werden, sie für wahr zu halten, an sie zu glauben. Einige von ihnen sind so unwahrscheinlich, so sehr im Widerspruch zu allem, was wir mühselig über die Realität der Welt erfahren haben, daß man sie – mit entsprechender Berücksichtigung der psychologischen Unterschiede – den Wahnideen vergleichen kann. Über den Realitätswert der meisten von ihnen kann man nicht urteilen. So wie sie unbeweisbar sind, sind sie auch unwiderlegbar. Man weiß noch zu wenig, um ihnen kritisch näherzurücken. Die Rätsel der Welt entschleiern sich unserer Forschung nur langsam, die Wissenschaft kann auf viele Fragen heute noch keine Antwort geben. Die wissenschaftliche Arbeit ist aber für uns der einzige Weg, der zur Kenntnis der Realität außer uns führen kann. Es ist wiederum nur Illusion, wenn man von der Intuition und der Selbstversenkung etwas erwartet; sie kann uns nichts geben als – schwer deutbare – Aufschlüsse über unser eigenes Seelenleben, niemals Auskunft über die Fragen, deren Beantwortung der religiösen Lehre so leicht wird. Die eigene Willkür in die Lücke eintreten zu lassen und nach persönlichem Ermessen dies oder jenes Stück des religiösen Systems für mehr oder weniger annehmbar zu erklären wäre frevelhaft. Dafür sind diese Fragen zu bedeutungsvoll, man möchte sagen: zu heilig.

An dieser Stelle kann man auf den Einwand gefaßt sein: »Also, wenn selbst die verbissenen Skeptiker zugeben, daß die Behauptungen der Religion nicht mit dem Verstand zu widerlegen sind, warum soll ich ihnen dann nicht glauben, da sie soviel für sich haben, die Tradition, die Übereinstimmung der Menschen und all das Tröstliche ihres Inhalts?« Ja, warum nicht? So wie niemand zum Glauben gezwungen werden kann, so auch niemand zum Unglauben. Aber man gefalle sich nicht in der Selbsttäuschung, daß man mit solchen Begründungen die Wege des korrekten Denkens geht. Wenn die Verurteilung »faule Ausrede« je am Platze war, so hier. Die Unwissenheit ist die Unwissenheit; kein Recht, etwas zu glauben, leitet sich aus ihr ab. Kein vernünftiger Mensch wird sich in anderen Dingen so leichtsinnig benehmen und sich mit so armseligen Begründungen seiner Urteile, seiner Parteinahme, zufriedengeben, nur in den höchsten und heiligsten Dingen gestattet er sich das. In Wirklichkeit sind es nur Bemühungen, um sich oder anderen vorzuspiegeln, man halte noch an der Religion fest, während man sich längst von ihr abgelöst hat. Wenn es sich um Fragen der Religion handelt, machen sich die Menschen aller möglichen Unaufrichtigkeiten und intellektuellen Unarten schuldig. Philosophen überdehnen die Bedeutung von Worten, bis diese kaum etwas von ihrem ursprünglichen Sinn übrigbehalten, sie heißen irgendeine verschwommene Abstraktion, die sie sich geschaffen haben, »Gott« und sind nun auch Deisten, Gottesgläubige vor aller Welt, können sich selbst rühmen, einen höheren, reineren Gottesbegriff erkannt zu haben, obwohl ihr Gott nur mehr ein wesenloser Schatten ist und nicht mehr die machtvolle Persönlichkeit der religiösen Lehre. Kritiker beharren darauf, einen Menschen, der sich zum Gefühl der menschlichen Kleinheit und Ohnmacht vor dem Ganzen der Welt bekannt, für »tief religiös« zu erklären, obwohl nicht dieses Gefühl das Wesen der Religiosität ausmacht, sondern erst der nächste Schritt, die Reaktion darauf, die gegen dies Gefühl eine Abhilfe sucht.

Wer nicht weiter geht, wer sich demütig mit der geringfügigen Rolle des Menschen in der großen Welt bescheidet, der ist vielmehr irreligiös im wahrsten Sinne des Wortes.

Es liegt nicht im Plane dieser Untersuchung, zum Wahrheitswert der religiösen Lehren Stellung zu nehmen. Es genügt uns, sie in ihrer psychologischen Natur als Illusionen erkannt zu haben. Aber wir brauchen nicht zu verhehlen, daß diese Aufdeckung auch unsere Einstellung zu der Frage, die vielen als die wichtigste erscheinen muß, mächtig beeinflußt. Wir wissen ungefähr, zu welchen Zeiten die religiösen Lehren geschaffen worden sind und von was für Menschen. Erfahren wir noch, aus welchen Motiven es geschah, so erfährt unser Standpunkt zum religiösen Problem eine merkliche Verschiebung. Wir sagen uns, es wäre ja sehr schön, wenn es einen Gott gäbe als Weltenschöpfer und gütige Vorsehung, eine sittliche Weltordnung und ein jenseitiges Leben, aber es ist doch sehr auffällig, daß dies alles so ist, wie wir es uns wünschen müssen. Und es wäre noch sonderbarer, daß unseren armen, unwissenden, unfreien Vorvätern die Lösung all dieser schwierigen Welträtsel geglückt sein sollte.

VII

Wenn wir die religiösen Lehren als Illusionen erkannt haben, erhebt sich sofort die weitere Frage, ob nicht auch anderer Kulturbesitz, den wir hochhalten und von dem wir unser Leben beherrschen lassen, ähnlicher Natur ist. Ob nicht die Voraussetzungen, die unsere staatlichen Einrichtungen regeln, gleichfalls Illusionen genannt werden müssen, ob nicht die Beziehungen der Geschlechter in unserer Kultur durch eine oder eine Reihe von erotischen Illusionen getrübt werden? Ist unser Mißtrauen einmal rege geworden, so werden wir auch vor der Frage nicht zurückschrecken, ob unsere Überzeugung, durch die Anwendung des Beobachtens und Denkens in wissenschaftlicher Arbeit etwas von der äußeren Realität erfahren zu können, eine bessere Begründung hat. Nichts darf uns abhalten, die Wendung der Beobachtung auf unser eigenes Wesen und die Verwendung des Denkens zu seiner eigenen Kritik gutzuheißen. Eine Reihe von Untersuchungen eröffnet sich hier, deren Ausfall entscheidend für den Aufbau einer »Weltanschauung« werden müßte. Wir ahnen auch, daß eine solche Bemühung nicht verschwendet sein und daß sie unserem Argwohn wenigstens teilweise Rechtfertigung bringen wird. Aber das Vermögen des Autors verweigert sich einer so umfassenden Aufgabe, notgedrungen engt er seine Arbeit auf die Verfolgung einer einzigen von diesen Illusionen, eben der religiösen, ein.

Die laute Stimme unseres Gegners gebietet uns nun halt. Wir werden zur Rechenschaft gezogen ob unseres verbotenen Tuns. Er sagt uns: »Archäologische Interessen sind ja recht lobenswert, aber man stellt keine Ausgrabungen an, wenn man durch sie die Wohnstätten der Lebenden untergräbt, so daß sie einstürzen und die Menschen unter ihren Trümmern verschütten. Die religiösen Lehren sind kein Gegenstand, über den man klügeln kann wie über einen beliebigen anderen. Unsere Kultur ist auf ihnen aufgebaut, die Erhaltung der menschlichen Gesellschaft hat zur Voraussetzung, daß die Menschen in ihrer Überzahl an die Wahrheit dieser Lehren glauben. Wenn man sie lehrt, daß es keinen allmächtigen und allgerechten Gott gibt, keine göttliche Weltordnung und kein künftiges Leben, so werden sie sich aller Verpflichtung zur

Befolgung der Kulturvorschriften ledig fühlen. Jeder wird ungehemmt, angstfrei seinen asozialen, egoistischen Trieben folgen, seine Macht zu betätigen suchen, das Chaos wird wieder beginnen, das wir in vieltausendjähriger Kulturarbeit gebannt haben. Selbst wenn man es wüßte und beweisen könnte, daß die Religion nicht im Besitz der Wahrheit ist, müßte man es verschweigen und sich so benehmen, wie es die Philosophie des ›Als ob‹ verlangt. Im Interesse der Erhaltung aller! Und von der Gefährlichkeit des Unternehmens abgesehen, es ist auch eine zwecklose Grausamkeit. Unzählige Menschen finden in den Lehren der Religion ihren einzigen Trost, können nur durch ihre Hilfe das Leben ertragen. Man will ihnen diese ihre Stütze rauben und hat ihnen nichts Besseres dafür zu geben. Es ist zugestanden worden, daß die Wissenschaft derzeit nicht viel leistet, aber auch wenn sie viel weiter fortgeschritten wäre, würde sie den Menschen nicht genügen. Der Mensch hat noch andere imperative Bedürfnisse, die nie durch die kühle Wissenschaft befriedigt werden können, und es ist sehr sonderbar, geradezu ein Gipfel der Inkonsequenz, wenn ein Psycholog, der immer betont hat, wie sehr im Leben der Menschen die Intelligenz gegen das Triebleben zurücktritt, sich nun bemüht, den Menschen eine kostbare Wunschbefriedigung zu rauben, und sie dafür mit intellektueller Kost entschädigen will.«

Das sind viel Anklagen auf einmal! Aber ich bin vorbereitet, ihnen allen zu widersprechen, und überdies werde ich die Behauptung vertreten, daß es eine größere Gefahr für die Kultur bedeutet, wenn man ihr gegenwärtiges Verhältnis zur Religion aufrechthält, als wenn man es löst. Nur weiß ich kaum, womit ich in meiner Erwiderung beginnen soll.

Vielleicht mit der Versicherung, daß ich selbst mein Unternehmen für völlig harmlos und ungefährlich halte. Die Überschätzung des Intellekts ist diesmal nicht auf meiner Seite. Wenn die Menschen so sind, wie die Gegner sie beschreiben – und ich mag dem nicht widersprechen –, so besteht keine Gefahr, daß ein Frommgläubiger sich, durch meine Ausführungen überwältigt, seinen Glauben entreißen läßt. Außerdem habe ich nichts gesagt, was nicht andere, bessere Männer viel vollständiger, kraftvoller und eindrucksvoller vor mir gesagt haben. Die Namen dieser Männer sind bekannt; ich werde sie nicht anführen, es soll nicht der Anschein geweckt werden, daß ich mich in ihre Reihe stellen will. Ich habe bloß – dies ist das einzig Neue an meiner Darstellung – der Kritik meiner großen Vorgänger etwas psychologische Begründung hinzugefügt. Daß gerade dieser Zusatz die Wirkung erzwingen wird, die den früheren versagt geblieben ist, ist kaum zu erwarten. Freilich könnte man mich jetzt fragen, wozu schreibt man solche Dinge, wenn man ihrer Wirkungslosigkeit sicher ist. Aber darauf kommen wir später zurück.

Der einzige, dem diese Veröffentlichung Schaden bringen kann, bin ich selbst. Ich werde die unliebenswürdigsten Vorwürfe zu hören bekommen wegen Seichtigkeit, Borniertheit, Mangel an Idealismus und an Verständnis für die höchsten Interessen der Menschheit. Aber einerseits sind mir diese Vorhaltungen nicht neu, und anderseits, wenn jemand schon in jungen Jahren sich über das Mißfallen seiner Zeitgenossen hinausgesetzt hat, was soll es ihm im Greisenalter anhaben, wenn er sicher ist, bald jeder Gunst und Mißgunst entrückt zu werden? In früheren Zeiten war es anders, da erwarb man durch solche Äußerungen eine sichere Verkürzung seiner irdischen Existenz und eine gute Beschleunigung der Gelegenheit, eigene Erfahrungen über das jenseitige Leben zu machen. Aber ich wiederhole, jene Zeiten sind vorüber, und heute ist solche Schreiberei auch für den Autor ungefährlich. Höchstens daß sein Buch in dem einen oder dem anderen Land nicht übersetzt und nicht verbreitet werden darf. Natürlich gerade in einem Land, das sich des Hochstands seiner Kultur sicher fühlt. Aber wenn man überhaupt für Wunschverzicht und Ergebung in das Schicksal plädiert, muß man auch diesen Schaden ertragen können.

Es tauchte dann bei mir die Frage auf, ob die Veröffentlichung dieser Schrift nicht doch jemand Unheil bringen könnte. Zwar keiner Person, aber einer Sache, der Sache der Psychoanalyse. Es ist ja nicht zu leugnen, daß sie meine Schöpfung ist, man hat ihr reichlich Mißtrauen und Übelwollen bezeigt; wenn ich jetzt mit so unliebsamen Äußerungen hervortrete, wird man für die Verschiebung von meiner Person auf die Psychoanalyse nur allzu bereit sein. »Jetzt sieht man«, wird es heißen, »wohin die Psychoanalyse führt. Die Maske ist gefallen; zur Leugnung von Gott und sittlichem Ideal, wie wir es ja immer vermutet haben. Um uns von der Entdeckung abzuhalten, hat man uns vorgespiegelt, die Psychoanalyse habe keine Weltanschauung und könne keine bilden.«

Dieser Lärm wird mir wirklich unangenehm sein, meiner vielen Mitarbeiter wegen, von denen manche meine Einstellung zu den religiösen Problemen überhaupt nicht teilen. Aber die Psychoanalyse hat schon viele Stürme überstanden, man muß sie auch diesem neuen aussetzen. In Wirklichkeit ist die Psychoanalyse eine Forschungsmethode, ein parteiloses Instrument, wie etwa die Infinitesimalrechnung. Wenn ein Physiker mit deren Hilfe herausbekommen sollte, daß die Erde nach einer bestimmten Zeit zugrunde gehen wird, so wird man sich doch bedenken, dem Kalkül selbst destruktive Tendenzen zuzuschreiben und ihn darum zu ächten. Alles, was ich hier gegen den Wahrheitswert der Religionen gesagt habe, brauchte die Psychoanalyse nicht, ist lange vor ihrem Bestand von anderen gesagt worden. Kann man aus der Anwendung der psychoanalytischen Methode ein neues Argument gegen den Wahrheitsgehalt der Religion gewinnen, *tant pis* für die Religion, aber Verteidiger der Religion werden sich mit demselben Recht der Psychoanalyse bedienen, um die affektive Bedeutung der religiösen Lehre voll zu würdigen.

Nun, um in der Verteidigung fortzufahren: die Religion hat der menschlichen Kultur offenbar große Dienste geleistet, zur Bändigung der asozialen Triebe viel beigetragen, aber nicht genug. Sie hat durch viele Jahrtausende die menschliche Gesellschaft beherrscht; hatte Zeit zu zeigen, was sie leisten kann. Wenn es ihr gelungen wäre, die Mehrzahl der Menschen zu beglücken, zu trösten, mit dem Leben auszusöhnen, sie zu Kulturträgern zu machen, so würde es niemand einfallen, nach einer Änderung der bestehenden Verhältnisse zu streben. Was sehen wir anstatt dessen? Daß eine erschreckend große Anzahl von Menschen mit der Kultur unzufrieden und in ihr unglücklich ist, sie als ein Joch empfindet, das man abschütteln muß, daß diese Menschen entweder alle Kräfte an eine Abänderung dieser Kultur setzen oder in ihrer Kulturfeindschaft so weit gehen, daß sie von Kultur und Triebeinschränkung überhaupt nichts wissen wollen. Man wird uns hier einwerfen, dieser Zustand komme eben daher, daß die Religion einen Teil ihres Einflusses auf die Menschenmassen eingebüßt hat, gerade infolge der bedauerlichen Wirkung der Fortschritte in der Wissenschaft. Wir werden uns dieses Zugeständnis und seine Begründung merken und es später für unsere Absichten verwerten, aber der Einwand selbst ist kraftlos.

Es ist zweifelhaft, ob die Menschen zur Zeit der uneingeschränkten Herrschaft der religiösen Lehren im ganzen glücklicher waren als heute, sittlicher waren sie gewiß nicht. Sie haben es immer verstanden, die religiösen Vorschriften zu veräußerlichen und damit deren Absichten zu vereiteln. Die Priester, die den Gehorsam gegen die Religion zu bewachen hatten, kamen ihnen dabei entgegen. Gottes Güte mußte seiner Gerechtigkeit in den Arm fallen: Man sündigte, und dann brachte man Opfer oder tat Buße, und dann war man frei, um von neuem zu sündigen. Russische Innerlichkeit hat sich zur Folgerung aufgeschwungen, daß die Sünde unerläßlich sei, um alle Seligkeiten der göttlichen Gnade zu genießen, also im Grunde ein gottgefälliges Werk. Es ist offenkundig, daß die Priester die Unterwürfigkeit der Massen gegen die Religion nur erhalten konnten, indem sie der menschlichen Triebnatur so große Zugeständnisse einräumten. Es blieb dabei: Gott allein ist stark und gut, der Mensch aber schwach und sündhaft. Die Unsittlichkeit hat zu allen Zeiten an der Religion keine mindere Stütze gefunden als die Sittlichkeit. Wenn die Leistungen der Religion in bezug auf die Beglückung der Menschen, ihre Kultureignung [1] und ihre sittliche Beschränkung keine besseren sind, dann erhebt sich doch die Frage, ob wir ihre Notwendigkeit für die Menschheit nicht überschätzen und ob wir weise daran tun, unsere Kulturforderungen auf sie zu gründen.

Man überlege die unverkennbare gegenwärtige Situation. Wir haben das Zugeständnis gehört, daß die Religion nicht mehr denselben Einfluß auf die Menschen hat wie früher. (Es handelt sich hier um die europäisch-christliche Kultur.) Dies nicht darum, weil ihre Versprechungen geringer geworden sind, sondern weil sie den Menschen weniger glaubwürdig erscheinen. Geben wir zu, daß der Grund dieser Wandlung die Erstarkung des wissenschaftlichen Geistes in den Oberschichten der menschlichen Gesellschaft ist. (Es ist vielleicht nicht der einzige.) Die Kritik hat die Beweiskraft der religiösen Dokumente angenagt, die Naturwissenschaft die in ihnen enthaltenen Irrtümer aufgezeigt, der vergleichenden Forschung ist die fatale Ähnlichkeit der von uns verehrten religiösen Vorstellungen mit den geistigen Produktionen primitiver Völker und Zeiten aufgefallen.

Der wissenschaftliche Geist erzeugt eine bestimmte Art, wie man sich zu den Dingen dieser Welt einstellt; vor den Dingen der Religion macht er eine Weile halt, zaudert, endlich tritt er auch hier über die Schwelle. In diesem Prozeß gibt es keine Aufhaltung, je mehr Menschen die Schätze unseres Wissens zugänglich werden, desto mehr verbreitet sich der Abfall vom religiösen Glauben, zuerst nur von den veralteten, anstößigen Einkleidungen desselben, dann aber auch von seinen fundamentalen Voraussetzungen. Die Amerikaner, die den Affenprozeß in Dayton [2] aufgeführt, haben sich allein konsequent gezeigt. Der unver-

[1] [Über die »Kultureignung« des Menschen äußert sich Freud in seiner Arbeit ›Zeitgemäßes über Krieg und Tod‹ (1915 *b*), s. oben, S. 42–6.]

[2] [Eine kleine Stadt in Tennessee, wo im Jahre 1925 ein Naturkundelehrer wegen Verletzung eines staatlichen Gesetzes angeklagt wurde, weil er gelehrt hatte, der Mensch stamme von den Tieren ab.]

meidliche Übergang vollzieht sich sonst über Halbheiten und Unaufrichtigkeiten.

Von den Gebildeten und geistigen Arbeitern ist für die Kultur wenig zu befürchten. Die Ersetzung der religiösen Motive für kulturelles Benehmen durch andere, weltliche würde bei ihnen geräuschlos vor sich gehen, überdies sind sie zum guten Teil selbst Kulturträger. Anders steht es um die große Masse der Ungebildeten, Unterdrückten, die allen Grund haben, Feinde der Kultur zu sein. Solange sie nicht erfahren, daß man nicht mehr an Gott glaubt, ist es gut. Aber sie erfahren es, unfehlbar, auch wenn diese meine Schrift nicht veröffentlicht wird. Und sie sind bereit, die Resultate des wissenschaftlichen Denkens anzunehmen, ohne daß sich in ihnen die Veränderung eingestellt hätte, welche das wissenschaftliche Denken beim Menschen herbeiführt. Besteht da nicht die Gefahr, daß die Kulturfeindschaft dieser Massen sich auf den schwachen Punkt stürzen wird, den sie an ihrer Zwangsherrin erkannt haben? Wenn man seinen Nebenmenschen nur darum nicht erschlagen darf, weil der liebe Gott es verboten hat und es in diesem oder jenem Leben schwer ahnden wird, man erfährt aber, es gibt keinen lieben Gott, man braucht sich vor seiner Strafe nicht zu fürchten, dann erschlägt man ihn gewiß unbedenklich und kann nur durch irdische Gewalt davon abgehalten werden. Also entweder strengste Niederhaltung dieser gefährlichen Massen, sorgsamste Absperrung von allen Gelegenheiten zur geistigen Erweckung oder gründliche Revision der Beziehung zwischen Kultur und Religion.

VIII

Man sollte meinen, daß der Ausführung dieses letzteren Vorschlags keine besonderen Schwierigkeiten im Wege stehen. Es ist richtig, daß man dann auf etwas verzichtet, aber man gewinnt vielleicht mehr und vermeidet eine große Gefahr. Aber man schreckt sich davor, als ob man dadurch die Kultur einer noch größeren Gefahr aussetzen würde. Als Sankt Bonifazius[1] den von den Sachsen als heilig verehrten Baum umhieb, erwarteten die Umstehenden ein fürchterliches Ereignis als Folge des Frevels. Es traf nicht ein, und die Sachsen nahmen die Taufe an.

Wenn die Kultur das Gebot aufgestellt hat, den Nachbar nicht zu töten, den man haßt, der einem im Wege ist oder dessen Habe man begehrt, so geschah es offenbar im Interesse des menschlichen Zusammenlebens, das sonst undurchführbar wäre. Denn der Mörder würde die Rache der Angehörigen des Ermordeten auf sich ziehen und den dumpfen Neid der anderen, die ebensoviel innere Neigung zu solcher Gewalttat verspüren. Er würde sich also seiner Rache oder seines Raubes nicht lange freuen, sondern hätte alle Aussicht, bald selbst erschlagen zu werden. Selbst wenn er sich durch außerordentliche Kraft und Vorsicht gegen den einzelnen Gegner schützen würde, müßte er einer Vereinigung von Schwächeren unterliegen. Käme eine solche Vereinigung nicht zustande, so würde sich das Morden endlos fortsetzen, und das Ende wäre, daß die Menschen sich gegenseitig ausrotteten. Es wäre derselbe Zustand unter Einzelnen, der in Korsika noch unter Familien, sonst aber nur unter Nationen fortbesteht. Die für alle gleiche Gefahr der Lebensunsicherheit einigt nun die Menschen zu einer Gesellschaft, welche dem Einzelnen das Töten verbietet und sich das Recht der gemeinsamen Tötung dessen vorbehält, der das Verbot übertritt. Dies ist dann Justiz und Strafe.

Diese rationelle Begründung des Verbots zu morden teilen wir aber nicht mit, sondern wir behaupten, Gott habe das Verbot erlassen. Wir getrauen uns also seine Absichten zu erraten und finden, auch er will nicht, daß die Menschen einander ausrotten. Indem wir so verfahren,

[1] [Der im 8. Jahrhundert lehrende »Apostel der Deutschen« ist in Devonshire, England, geboren.]

umkleiden wir das Kulturverbot mit einer ganz besonderen Feierlichkeit, riskieren aber dabei, daß wir dessen Befolgung von dem Glauben an Gott abhängig machen. Wenn wir diesen Schritt zurücknehmen, unseren Willen nicht mehr Gott zuschieben und uns mit der sozialen Begründung begnügen, haben wir zwar auf jene Verklärung des Kulturverbots verzichtet, aber auch seine Gefährdung vermieden. Wir gewinnen aber auch etwas anderes. Durch eine Art von Diffusion oder Infektion hat sich der Charakter der Heiligkeit, Unverletzlichkeit, der Jenseitigkeit möchte man sagen, von einigen wenigen großen Verboten auf alle weiteren kulturellen Einrichtungen, Gesetze und Verordnungen ausgebreitet. Diesen steht aber der Heiligenschein oft schlecht zu Gesicht; nicht nur, daß sie einander selbst entwerten, indem sie je nach Zeit und Örtlichkeit entgegengesetzte Entscheidungen treffen, sie tragen auch sonst alle Anzeichen menschlicher Unzulänglichkeit zur Schau. Man erkennt unter ihnen leicht, was nur Produkt einer kurzsichtigen Ängstlichkeit, Äußerung engherziger Interessen oder Folgerung aus unzureichenden Voraussetzungen sein kann. Die Kritik, die man an ihnen üben muß, setzt in unerwünschtem Maße auch den Respekt vor anderen, besser gerechtfertigten Kulturforderungen herab. Da es eine mißliche Aufgabe ist zu scheiden, was Gott selbst gefordert hat und was sich eher von der Autorität eines allvermögenden Parlaments oder eines hohen Magistrats ableitet, wäre es ein unzweifelhafter Vorteil, Gott überhaupt aus dem Spiele zu lassen und ehrlich den rein menschlichen Ursprung aller kulturellen Einrichtungen und Vorschriften einzugestehen. Mit der beanspruchten Heiligkeit würde auch die Starrheit und Unwandelbarkeit dieser Gebote und Gesetze fallen. Die Menschen könnten verstehen, daß diese geschaffen sind, nicht so sehr um sie zu beherrschen, sondern vielmehr um ihren Interessen zu dienen, sie würden ein freundlicheres Verhältnis zu ihnen gewinnen, sich anstatt ihrer Abschaffung nur ihre Verbesserung zum Ziel setzen. Dies wäre ein wichtiger Fortschritt auf dem Wege, der zur Versöhnung mit dem Druck der Kultur führt.

Unser Plaidoyer für eine rein rationelle Begründung der Kulturvorschriften, also für ihre Zurückführung auf soziale Notwendigkeit, wird aber hier plötzlich durch ein Bedenken unterbrochen. Wir haben die Entstehung des Mordverbots zum Beispiel gewählt. Entspricht denn unsere Darstellung davon der historischen Wahrheit? Wir fürchten nein, sie scheint nur eine rationalistische Konstruktion zu sein. Wir haben gerade dieses Stück menschlicher Kulturgeschichte mit Hilfe der Psychoanalyse studiert[1], und auf diese Bemühung gestützt, müssen wir sagen, in Wirklichkeit war es anders. Rein vernünftige Motive richten noch beim heutigen Menschen wenig gegen leidenschaftliche Antriebe aus; um wieviel ohnmächtiger müssen sie bei jenem Menschentier der Urzeit gewesen sein! Vielleicht würden sich dessen Nachkommen noch heute hemmungslos, einer den andern, erschlagen, wenn unter jenen Mordtaten nicht eine gewesen wäre, der Totschlag des primitiven Vaters, die eine unwiderstehliche, folgenschwere Gefühlsreaktion heraufbeschworen hätte. Von dieser stammt das Gebot: du sollst nicht töten, das im Totemismus auf den Vaterersatz beschränkt war, später auf andere ausgedehnt wurde, noch heute nicht ausnahmslos durchgeführt ist.

Aber jener Urvater ist nach Ausführungen, die ich hier nicht zu wiederholen brauche, das Urbild Gottes gewesen, das Modell, nach dem spätere Generationen die Gottesgestalt gebildet haben. Somit hat die religiöse Darstellung recht, Gott war wirklich an der Entstehung jenes Verbots beteiligt, sein Einfluß, nicht die Einsicht in die soziale Notwendigkeit hat es geschaffen. Und die Verschiebung des menschlichen Willens auf Gott ist vollberechtigt, die Menschen wußten ja, daß sie den Vater gewalttätig beseitigt hatten, und in der Reaktion auf ihre Freveltat setzten sie sich vor, seinen Willen fortan zu respektieren. Die religiöse Lehre teilt uns also die historische Wahrheit mit, freilich in einer gewissen Umformung und Verkleidung; unsere rationelle Darstellung verleugnet sie.

Wir bemerken jetzt, daß der Schatz der religiösen Vorstellungen nicht allein Wunscherfüllungen enthält, sondern auch bedeutsame historische Reminiszenzen. Dies Zusammenwirken von Vergangenheit und Zukunft, welch unvergleichliche Machtfülle muß es der Religion verleihen! Aber vielleicht dämmert uns mit Hilfe einer Analogie auch schon eine andere Einsicht. Es ist nicht gut, Begriffe weit weg von dem Boden zu versetzen, auf dem sie erwachsen sind, aber wir müssen der Übereinstimmung Ausdruck geben. Über das Menschenkind wissen wir, daß es seine Entwicklung zur Kultur nicht gut durchmachen kann, ohne durch eine bald mehr, bald minder deutliche Phase von Neurose zu passieren. Das kommt daher, daß das Kind so viele der für später unbrauchbaren Triebansprüche nicht durch rationelle Geistesarbeit unterdrücken kann, sondern durch Verdrängungsakte bändigen muß, hinter denen in der Regel ein Angstmotiv steht. Die meisten dieser Kinderneurosen wer-

---

[1] [Vgl. die vierte Abhandlung in *Totem und Tabu* (1912–13), S. 387 ff., unten.]

den während des Wachstums spontan überwunden, besonders die Zwangsneurosen der Kindheit haben dies Schicksal. Mit dem Rest soll auch noch später die psychoanalytische Behandlung aufräumen. In ganz ähnlicher Weise hätte man anzunehmen, daß die Menschheit als Ganzes in ihrer säkularen Entwicklung in Zustände gerät, welche den Neurosen analog sind[1], und zwar aus denselben Gründen, weil sie in den Zeiten ihrer Unwissenheit und intellektuellen Schwäche die für das menschliche Zusammenleben unerläßlichen Triebverzichte nur durch rein affektive Kräfte zustande gebracht hat. Die Niederschläge der in der Vorzeit vorgefallenen verdrängungsähnlichen Vorgänge hafteten der Kultur dann noch lange an. Die Religion wäre die allgemein menschliche Zwangsneurose, wie die des Kindes stammte sie aus dem Ödipuskomplex, der Vaterbeziehung. Nach dieser Auffassung wäre vorauszusehen, daß sich die Abwendung von der Religion mit der schicksalsmäßigen Unerbittlichkeit eines Wachstumsvorganges vollziehen muß und daß wir uns gerade jetzt mitten in dieser Entwicklungsphase befinden.

Unser Verhalten sollte sich dann nach dem Vorbild eines verständigen Erziehers richten, der sich einer bevorstehenden Neugestaltung nicht widersetzt, sondern sie zu fördern und die Gewaltsamkeit ihres Durchbruchs einzudämmen sucht. Das Wesen der Religion ist mit dieser Analogie allerdings nicht erschöpft. Bringt sie einerseits Zwangseinschränkungen wie nur eine individuelle Zwangsneurose, so enthält sie anderseits ein System von Wunschillusionen mit Verleugnung der Wirklichkeit, wie wir es isoliert nur bei einer Amentia[2], einer glückseligen halluzinatorischen Verworrenheit, finden. Es sind eben nur Vergleichungen, mit denen wir uns um das Verständnis des sozialen Phänomens bemühen, die Individualpathologie gibt uns kein vollwertiges Gegenstück dazu.

Es ist wiederholt darauf hingewiesen worden (von mir und besonders von Th. Reik[3]), bis in welche Einzelheiten sich die Analogie der Religion mit einer Zwangsneurose verfolgen, wieviel von den Sonderheiten und den Schicksalen der Religionsbildung sich auf diesem Wege verstehen läßt. Es stimmt dazu auch gut, daß der Frommgläubige in hohem Grade gegen die Gefahr gewisser neurotischer Erkrankungen

---

[1] [Freud kommt auf diese Frage noch einmal am Ende von *Das Unbehagen in der Kultur*, S. 269, unten, zurück. Noch ausführlicher erörtert er sie in Aufsatz III, Teil I, von *Der Mann Moses und die monotheistische Religion*, besonders in Abschnitt D. Vgl. S. 521 ff. und S. 528 ff., unten.]

[2] [»Meynerts Amentia« – akute halluzinatorische Verworrenheit.]

[3] [Vgl. Freud, ›Zwangshandlungen und Religionsübungen‹ (1907 *b*), sowie Reik (1927).]

geschützt ist; die Annahme der allgemeinen Neurose überhebt ihn der Aufgabe, eine persönliche Neurose auszubilden [1].

Die Erkenntnis des historischen Werts gewisser religiöser Lehren steigert unseren Respekt vor ihnen, macht aber unseren Vorschlag, sie aus der Motivierung der kulturellen Vorschriften zurückzuziehen, nicht wertlos. Im Gegenteil! Mit Hilfe dieser historischen Reste hat sich uns die Auffassung der religiösen Lehrsätze als gleichsam neurotischer Relikte ergeben, und nun dürfen wir sagen, es ist wahrscheinlich an der Zeit, wie in der analytischen Behandlung des Neurotikers die Erfolge der Verdrängung durch die Ergebnisse der rationellen Geistesarbeit zu ersetzen. Daß es bei dieser Umarbeitung nicht beim Verzicht auf die feierliche Verklärung der kulturellen Vorschriften bleiben wird, daß eine allgemeine Revision derselben für viele die Aufhebung zur Folge haben muß, ist vorauszusehen, aber kaum zu bedauern. Die uns gestellte Aufgabe der Versöhnung der Menschen mit der Kultur wird auf diesem Wege weitgehend gelöst werden. Um den Verzicht auf die historische Wahrheit bei rationeller Motivierung der Kulturvorschriften darf es uns nicht leid tun. Die Wahrheiten, welche die religiösen Lehren enthalten, sind doch so entstellt und systematisch verkleidet, daß die Masse der Menschen sie nicht als Wahrheit erkennen kann. Es ist ein ähnlicher Fall, wie wenn wir dem Kind erzählen, daß der Storch die Neugebornen bringt. Auch damit sagen wir die Wahrheit in symbolischer Verhüllung, denn wir wissen, was der große Vogel bedeutet. Aber das Kind weiß es nicht, es hört nur den Anteil der Entstellung heraus, hält sich für betrogen, und wir wissen, wie oft sein Mißtrauen gegen die Erwachsenen und seine Widersetzlichkeit gerade an diesen Eindruck anknüpft. Wir sind zur Überzeugung gekommen, daß es besser ist, die Mitteilung solcher symbolischer Verschleierungen der Wahrheit zu unterlassen und dem Kind die Kenntnis der realen Verhältnisse in Anpassung an seine intellektuelle Stufe nicht zu versagen [2].

---

[1] [Freud hatte diese Feststellung schon vorher getroffen, z. B. in einem 1919 seiner Studie über Leonardo da Vinci (1910 *c*) hinzugefügten Satz, s. *Studienausgabe*, Bd. 10, S. 146, sowie in *Massenpsychologie und Ich-Analyse* (1921 *c*), oben, S. 132. Er erwähnt sie noch einmal in *Das Unbehagen in der Kultur*, unten, S. 216.]

[2] [Freud unterschied später in mehreren Passagen zwischen der von ihm so genannten »materiellen« und der »historischen« Wahrheit. S. insbesondere Teil II, Abschnitt G, in Aufsatz III von *Der Mann Moses und die monotheistische Religion*, S. 572 ff., unten, und die editorische Anmerkung auf S. 575. Derselbe Gedanke erscheint auch im Zusammenhang mit Mythenbildung in ›Zur Gewinnung des Feuers‹ (1932 *a*), S. 452, unten. S. auch die ›Editorische Vorbemerkung‹, oben, S. 137–8.]

IX

»Sie gestatten sich Widersprüche, die schwer miteinander zu vereinbaren sind. Zuerst behaupten Sie, eine Schrift wie die Ihrige sei ganz ungefährlich. Niemand werde sich durch solche Erörterungen seinen religiösen Glauben rauben lassen. Da es aber doch Ihre Absicht ist, diesen Glauben zu stören, wie sich später herausstellt, darf man fragen: Warum veröffentlichen Sie sie eigentlich? An einer anderen Stelle geben Sie aber doch zu, daß es gefährlich, ja sogar sehr gefährlich werden kann, wenn jemand erfährt, daß man nicht mehr an Gott glaubt. Er war bis dahin gefügig, und nun wirft er den Gehorsam gegen die Kulturvorschriften beiseite. Ihr ganzes Argument, daß die religiöse Motivierung der Kulturgebote eine Gefahr für die Kultur bedeute, ruht ja auf der Annahme, daß der Gläubige zum Ungläubigen gemacht werden kann, das ist doch ein voller Widerspruch.«

»Ein anderer Widerspruch ist, wenn Sie einerseits zugeben, der Mensch sei durch Intelligenz nicht zu lenken, er werde durch seine Leidenschaften und Triebansprüche beherrscht, anderseits aber den Vorschlag machen, die affektiven Grundlagen seines Kulturgehorsams durch rationelle zu ersetzen. Das verstehe wer kann. Mir scheint es entweder das eine oder das andere.«

»Übrigens, haben Sie nichts aus der Geschichte gelernt? Ein solcher Versuch, die Religion durch die Vernunft ablösen zu lassen, ist ja schon einmal gemacht worden, offiziell und in großem Stil. Sie erinnern sich doch an die Französische Revolution und Robespierre? Aber auch an die Kurzlebigkeit und klägliche Erfolglosigkeit des Experiments. Es wird jetzt in Rußland wiederholt, wir brauchen nicht neugierig zu sein, wie es ausgehen wird. Meinen Sie nicht, daß wir annehmen dürfen, der Mensch kann die Religion nicht entbehren?«

»Sie haben selbst gesagt, die Religion ist mehr als eine Zwangsneurose. Aber von dieser ihrer anderen Seite haben Sie nicht gehandelt. Es genügt Ihnen, die Analogie mit der Neurose durchzuführen. Von einer Neurose muß man die Menschen befreien. Was dabei sonst verlorengeht, kümmert Sie nicht.«

Der Anschein des Widerspruchs ist wahrscheinlich entstanden, weil ich komplizierte Dinge zu eilig behandelt habe. Einiges können wir nachholen. Ich behaupte noch immer, daß meine Schrift in einer Hinsicht ganz ungefährlich ist. Kein Glaubender wird sich durch diese oder ähnliche Argumente in seinem Glauben beirren lassen. Ein Glaubender hat bestimmte zärtliche Bindungen an die Inhalte der Religion. Es gibt gewiß ungezählt viele andere, die nicht in demselben Sinne gläubig sind. Sie sind den Kulturvorschriften gehorsam, weil sie sich durch die Drohungen der Religion einschüchtern lassen, und sie fürchten die Religion, solange sie dieselbe für ein Stück der sie einschränkenden Realität halten müssen. Diese sind es, die losbrechen, sobald sie den Glauben an ihren Realitätswert aufgeben dürfen, aber auch darauf haben Argumente keinen Einfluß. Sie hören auf, die Religion zu fürchten, wenn sie merken, daß auch andere sie nicht fürchten, und von ihnen habe ich behauptet, daß sie vom Niedergang des religiösen Einflusses erfahren würden, auch wenn ich meine Schrift nicht publizierte. [Vgl. S. 173.]

Ich glaube aber, Sie legen selbst mehr Wert auf den anderen Widerspruch, den Sie mir vorhalten. Die Menschen sind Vernunftgründen so wenig zugänglich, werden ganz von ihren Triebwünschen beherrscht. Warum soll man also ihnen eine Triebbefriedigung wegnehmen und durch Vernunftgründe ersetzen wollen? Freilich sind die Menschen so, aber haben Sie sich gefragt, ob sie so sein müssen, ob ihre innerste Natur sie dazu nötigt? Kann der Anthropologe den Schädelindex eines Volkes angeben, das die Sitte pflegt, die Köpfchen seiner Kinder von früh an durch Bandagen zu deformieren? Denken Sie an den betrübenden Kontrast zwischen der strahlenden Intelligenz eines gesunden Kindes und der Denkschwäche des durchschnittlichen Erwachsenen. Wäre es so ganz unmöglich, daß gerade die religiöse Erziehung ein großes Teil Schuld an dieser relativen Verkümmerung trägt? Ich meine, es würde sehr lange dauern, bis ein nicht beeinflußtes Kind anfinge, sich Gedanken über Gott und Dinge jenseits dieser Welt zu machen. Vielleicht würden diese Gedanken dann dieselben Wege einschlagen, die sie bei seinen Urahnen gegangen sind, aber man wartet diese Entwicklung nicht ab, man führt ihm die religiösen Lehren zu einer Zeit zu, da es weder Interesse für sie noch die Fähigkeit hat, ihre Tragweite zu begreifen. Verzögerung der sexuellen Entwicklung und Verfrühung des religiösen Einflusses, das sind doch die beiden Hauptpunkte im Programme der heutigen Pädagogik, nicht wahr? Wenn dann das Denken des Kindes erwacht, sind die religiösen Lehren bereits unangreifbar geworden. Meinen Sie aber, daß es für die Erstarkung der Denkfunktion sehr förderlich ist, wenn ihr ein so bedeutsames Gebiet durch die Androhung der Höllenstrafen verschlossen wird? Wer sich einmal dazu gebracht hat, alle die Absurditäten, die die religiösen Lehren ihm zutragen, ohne Kritik hinzunehmen und selbst die Widersprüche zwischen ihnen zu übersehen, dessen Denkschwäche braucht uns nicht arg zu verwundern. Nun haben wir aber kein anderes Mittel zur Beherrschung unserer Triebhaftigkeit als unsere Intelligenz. Wie kann man von Personen, die unter der Herrschaft von Denkverboten stehen, erwarten, daß sie das psychologische Ideal, den Primat der Intelligenz, erreichen werden? Sie wissen auch, daß man den Frauen im allgemeinen den sogenannten »physiologischen Schwachsinn« [1] nachsagt, d. h. eine geringere Intelligenz als die des Mannes. Die Tatsache selbst ist strittig, ihre Auslegung zweifelhaft, aber ein Argument für die sekundäre Natur dieser intellektuellen Verkümmerung lautet, die Frauen litten unter der Härte des frühen Verbots, ihr Denken an das zu wenden, was sie am meisten interessiert hätte, nämlich an die Probleme des Geschlechtslebens. Solange außer der sexuellen Denkhemmung die religiöse und die von ihr abgeleitete loyale [2] auf die frühen Jahre des Menschen einwirken, können wir wirklich nicht sagen, wie er eigentlich ist.

Aber ich will meinen Eifer ermäßigen und die Möglichkeit zugestehen, daß auch ich einer Illusion nachjage. Vielleicht ist die Wirkung des religiösen Denkverbots nicht so arg, wie ich's annehme, vielleicht stellt es sich heraus, daß die menschliche Natur dieselbe bleibt, auch wenn man die Erziehung nicht zur Unterwerfung unter die Religion mißbraucht. Ich weiß es nicht, und Sie können es auch nicht wissen. Nicht nur die großen Probleme dieses Lebens scheinen derzeit unlösbar, sondern auch viele geringere Fragen sind schwer zu entscheiden. Aber gestehen Sie mir zu, daß hier eine Berechtigung für eine Zukunftshoffnung vorhanden ist, daß vielleicht ein Schatz zu heben ist, der die Kultur bereichern kann, daß es sich der Mühe lohnt, den Versuch einer irreligiösen Erziehung zu unternehmen. Fällt er unbefriedigend aus, so bin ich bereit, die Reform aufzugeben und zum früheren, rein deskriptiven Urteil

---

[1] [Dieser Ausdruck wurde von Moebius (1903) gebraucht. Vgl. Freuds frühe Arbeit über die »kulturelle« Sexualmoral (1908 *d*), S. 28, oben, wo das vorliegende Argument vorweggenommen ist. Die Wirkung der Denkhemmung oder des Denkverbots der Religion wird auch in *Warum Krieg?* (1933 *b*), S. 284, unten, gestreift und ausführlicher in der letzten der *Neuen Folge der Vorlesungen* (1933 *a*), *Studienausgabe*, Bd. 1, S. 596–9, erörtert.]

[2] [Gemeint ist Treue zur Monarchie.]

zurückzukehren: Der Mensch ist ein Wesen von schwacher Intelligenz, das von seinen Triebwünschen beherrscht wird.

In einem anderen Punkte stimme ich Ihnen ohne Rückhalt bei. Es ist gewiß ein unsinniges Beginnen, die Religion gewaltsam und mit einem Schlage aufheben zu wollen. Vor allem darum, weil es aussichtslos ist. Der Gläubige läßt sich seinen Glauben nicht entreißen, nicht durch Argumente und nicht durch Verbote. Gelänge es aber bei einigen, so wäre es eine Grausamkeit. Wer durch Dezennien Schlafmittel genommen hat, kann natürlich nicht schlafen, wenn man ihm das Mittel entzieht. Daß die Wirkung der religiösen Tröstungen der eines Narkotikums gleichgesetzt werden darf, wird durch einen Vorgang in Amerika hübsch erläutert. Dort will man jetzt den Menschen – offenbar unter dem Einfluß der Frauenherrschaft – alle Reiz-, Rausch- und Genußmittel entziehen und übersättigt sie zur Entschädigung mit Gottesfurcht [1]. Auch auf den Ausgang dieses Experiments braucht man nicht neugierig zu sein [s. S.179].

Ich widerspreche Ihnen also, wenn Sie weiter folgern, daß der Mensch überhaupt den Trost der religiösen Illusion nicht entbehren kann, daß er ohne sie die Schwere des Lebens, die grausame Wirklichkeit, nicht ertragen würde. Ja, der Mensch nicht, dem Sie das süße – oder bittersüße – Gift von Kindheit an eingeflößt haben. Aber der andere, der nüchtern aufgezogen wurde? Vielleicht braucht der, der nicht an der Neurose leidet, auch keine Intoxikation, um sie zu betäuben. Gewiß wird der Mensch sich dann in einer schwierigen Situation befinden, er wird sich seine ganze Hilflosigkeit, seine Geringfügigkeit im Getriebe der Welt eingestehen müssen, nicht mehr der Mittelpunkt der Schöpfung, nicht mehr das Objekt zärtlicher Fürsorge einer gütigen Vorsehung. Er wird in derselben Lage sein wie das Kind, welches das Vaterhaus verlassen hat, in dem es ihm so warm und behaglich war. Aber nicht wahr, der Infantilismus ist dazu bestimmt, überwunden zu werden? Der Mensch kann nicht ewig Kind bleiben, er muß endlich hinaus ins »feindliche Leben«. Man darf das »die *Erziehung zur Realität*« heißen, brauche ich Ihnen noch zu verraten, daß es die einzige Absicht meiner Schrift ist, auf die Notwendigkeit dieses Fortschritts aufmerksam zu machen?

Sie fürchten wahrscheinlich, er wird die schwere Probe nicht bestehen? Nun, lassen Sie uns immerhin hoffen. Es macht schon etwas aus, wenn man weiß, daß man auf seine eigene Kraft angewiesen ist. Man lernt dann, sie richtig zu gebrauchen. Ganz ohne Hilfsmittel ist der Mensch

[1] [Das schrieb Freud in der Zeit der Prohibition in den Vereinigten Staaten (1920–33).]

nicht, seine Wissenschaft hat ihn seit den Zeiten des Diluviums viel gelehrt und wird seine Macht noch weiter vergrößern. Und was die großen Schicksalsnotwendigkeiten betrifft, gegen die es eine Abhilfe nicht gibt, die wird er eben mit Ergebung ertragen lernen. Was soll ihm die Vorspiegelung eines Großgrundbesitzes auf dem Mond, von dessen Ertrag doch noch nie jemand etwas gesehen hat? Als ehrlicher Kleinbauer auf dieser Erde wird er seine Scholle zu bearbeiten wissen, so daß sie ihn nährt. Dadurch, daß er seine Erwartungen vom Jenseits abzieht und alle freigewordenen Kräfte auf das irdische Leben konzentriert, wird er wahrscheinlich erreichen können, daß das Leben für alle erträglich wird und die Kultur keinen mehr erdrückt. Dann wird er ohne Bedauern mit einem unserer Unglaubensgenossen sagen dürfen:

> Den Himmel überlassen wir
> Den Engeln und den Spatzen[1].

---

[1] [Aus Heines *Deutschland* (Caput I). Das Wort »Unglaubensgenosse« wurde von Heine selbst mit Bezug auf Spinoza gebraucht. Es wurde von Freud als Beispiel einer besonderen Witztechnik in seinem Buch über den *Witz* (1905 *c*), *Studienausgabe*, Bd. 4, S. 75, verwendet.]

X

»Das klingt ja großartig. Eine Menschheit, die auf alle Illusionen verzichtet hat und dadurch fähig geworden ist, sich auf der Erde erträglich einzurichten! Ich aber kann Ihre Erwartungen nicht teilen. Nicht darum, weil ich der hartnäckige Reaktionär wäre, für den Sie mich vielleicht halten. Nein, aus Besonnenheit. Ich glaube, wir haben nun die Rollen getauscht; Sie zeigen sich als der Schwärmer, der sich von Illusionen fortreißen läßt, und ich vertrete den Anspruch der Vernunft, das Recht der Skepsis. Was Sie da aufgeführt haben, scheint mir auf Irrtümern aufgebaut, die ich nach Ihrem Vorgang Illusionen heißen darf, weil sie deutlich genug den Einfluß Ihrer Wünsche verraten. Sie setzen Ihre Hoffnung darauf, daß Generationen, die nicht in früher Kindheit den Einfluß der religiösen Lehren erfahren haben, leicht den ersehnten Primat der Intelligenz über das Triebleben erreichen werden. Das ist wohl eine Illusion; in diesem entscheidenden Punkt wird sich die menschliche Natur kaum ändern. Wenn ich nicht irre – man weiß so wenig von anderen Kulturen –, gibt es auch heute Völker, die nicht unter dem Druck eines religiösen Systems aufwachsen, und sie kommen Ihrem Ideal nicht näher als andere. Wenn Sie aus unserer europäischen Kultur die Religion wegschaffen wollen, so kann es nur durch ein anderes System von Lehren geschehen, und dies würde von Anfang an alle psychologischen Charaktere der Religion übernehmen, dieselbe Heiligkeit, Starrheit, Unduldsamkeit, dasselbe Denkverbot zu seiner Verteidigung. Irgend etwas dieser Art müssen Sie haben, um den Anforderungen der Erziehung gerecht zu werden. Auf die Erziehung können Sie aber nicht verzichten. Der Weg vom Säugling zum Kulturmenschen ist weit, zu viele Menschlein würden sich auf ihm verirren und nicht rechtzeitig zu ihren Lebensaufgaben kommen, wenn sie ohne Leitung der eigenen Entwicklung überlassen werden. Die Lehren, die in ihrer Erziehung angewendet wurden, werden dem Denken ihrer reiferen Jahre immer Schranken setzen, genauso, wie Sie es heute der Religion zum Vorwurf machen. Merken Sie nicht, daß es der untilgbare Geburtsfehler unserer, jeder Kultur ist, daß sie dem triebhaften und denkschwachen Kinde auferlegt, Entscheidungen zu treffen, die nur die gereifte Intelligenz des Erwachsenen rechtfertigen kann? Sie kann aber nicht anders, infolge der Zusammendrängung der säkularen Menschheitsentwicklung auf ein paar Kindheitsjahre, und das Kind kann nur durch affektive Mächte zur Bewältigung der ihm gestellten Aufgabe veranlaßt werden. Das sind also die Aussichten für Ihren ›Primat des Intellekts‹.«

»Nun sollen Sie sich nicht verwundern, wenn ich für die Beibehaltung des religiösen Lehrsystems als Grundlage der Erziehung und des menschlichen Zusammenlebens eintrete. Es ist ein praktisches Problem, nicht eine Frage des Realitätswerts. Da wir im Interesse der Erhaltung unserer Kultur mit der Beeinflussung des Einzelnen nicht warten können, bis er kulturreif geworden ist – viele würden es überhaupt niemals werden –, da wir genötigt sind, dem Heranwachsenden irgendein System von Lehren aufzudrängen, das bei ihm als der Kritik entzogene Voraussetzung wirken soll, erscheint mir das religiöse System dazu als das weitaus geeignetste. Natürlich gerade wegen seiner wunscherfüllenden und tröstenden Kraft, an der Sie die ›Illusion‹ erkannt haben wollen. Angesichts der Schwierigkeiten, etwas von der Realität zu erkennen, ja der Zweifel, ob dies uns überhaupt möglich ist, wollen wir doch nicht übersehen, daß auch die menschlichen Bedürfnisse ein Stück der Realität sind, und zwar ein wichtiges, eines, das uns besonders nahe angeht.«

»Einen anderen Vorzug der religiösen Lehre finde ich in einer ihrer Eigentümlichkeiten, an der Sie besonderen Anstoß zu nehmen scheinen. Sie gestattet eine begriffliche Läuterung und Sublimierung, in welcher das meiste abgestreift werden kann, das die Spur primitiven und infantilen Denkens an sich trägt. Was dann erübrigt, ist ein Gehalt von Ideen, denen die Wissenschaft nicht mehr widerspricht und die diese auch nicht widerlegen kann. Diese Umbildungen der religiösen Lehre, die Sie als Halbheiten und Kompromisse verurteilt haben, machen es möglich, den Riß zwischen der ungebildeten Masse und dem philosophischen Denker zu vermeiden, erhalten die Gemeinsamkeit unter ihnen, die für die Sicherung der Kultur so wichtig ist. Es ist dann nicht zu befürchten, der Mann aus dem Volk werde erfahren, daß die Oberschichten der Gesellschaft ›nicht mehr an Gott glauben‹. Nun glaube ich gezeigt zu haben, daß Ihre Bemühung sich auf den Versuch reduziert, eine erprobte und affektiv wertvolle Illusion durch eine andere, unerprobt und indifferent, zu ersetzen.«

Sie sollen mich nicht für Ihre Kritik unzugänglich finden. Ich weiß, wie schwer es ist, Illusionen zu vermeiden; vielleicht sind auch die Hoffnungen, zu denen ich mich bekannt, illusorischer Natur. Aber einen Unterschied halte ich fest. Meine Illusionen – abgesehen davon, daß keine Strafe darauf steht, sie nicht zu teilen – sind nicht unkorrigierbar wie die religiösen, haben nicht den wahnhaften Charakter. Wenn die Erfahrung – nicht mir, sondern anderen nach mir, die ebenso denken – zeigen sollte, daß wir uns geirrt haben, so werden wir auf unsere Erwartungen verzichten. Nehmen Sie doch meinen Versuch für das, was er ist. Ein Psychologe, der sich nicht darüber täuscht, wie schwer es ist, sich in dieser Welt zurechtzufinden, bemüht sich, die Entwicklung der Menschheit nach dem bißchen Einsicht zu beurteilen, das er sich durch das Studium der seelischen Vorgänge beim Einzelmenschen während dessen Entwicklung vom Kind zum Erwachsenen erworben hat. Dabei drängt sich ihm die Auffassung auf, daß die Religion einer Kindheitsneurose vergleichbar sei, und er ist optimistisch genug anzunehmen, daß die Menschheit diese neurotische Phase überwinden wird, wie so viele Kinder ihre ähnliche Neurose auswachsen. Diese Einsichten aus der Individualpsychologie mögen ungenügend sein, die Übertragung auf das Menschengeschlecht nicht gerechtfertigt, der Optimismus unbegründet; ich gebe Ihnen alle diese Unsicherheiten zu. Aber man kann sich oft nicht abhalten zu sagen, was man meint, und entschuldigt sich damit, daß man es nicht für mehr ausgibt, als es wert ist.

Und bei zwei Punkten muß ich noch verweilen. Erstens, die Schwäche meiner Position bedeutet keine Stärkung der Ihrigen. Ich meine, Sie verteidigen eine verlorene Sache. Wir mögen noch so oft betonen, der menschliche Intellekt sei kraftlos im Vergleich zum menschlichen Triebleben, und recht damit haben. Aber es ist doch etwas Besonderes um diese Schwäche; die Stimme des Intellekts ist leise, aber sie ruht nicht, ehe sie sich Gehör geschafft hat. Am Ende, nach unzählig oft wiederholten Abweisungen, findet sie es doch. Dies ist einer der wenigen Punkte, in denen man für die Zukunft der Menschheit optimistisch sein darf, aber er bedeutet an sich nicht wenig. An ihn kann man noch andere Hoffnungen anknüpfen. Der Primat des Intellekts liegt gewiß in weiter, weiter, aber wahrscheinlich doch nicht in unendlicher Ferne. Und da er sich voraussichtlich dieselben Ziele setzen wird, deren Verwirklichung Sie von Ihrem Gott erwarten – in menschlicher Ermäßigung natürlich, soweit die äußere Realität, die 'Ανάγκη, es gestattet –: die Menschenliebe und die Einschränkung des Leidens, dürfen wir uns sagen, daß unsere Gegnerschaft nur eine einstweilige ist, keine unversöhnliche. Wir erhoffen dasselbe, aber Sie sind ungeduldiger, anspruchsvoller und – warum soll ich es nicht sagen? – selbstsüchtiger als ich und die Meinigen. Sie wollen die Seligkeit gleich nach dem Tod beginnen lassen, verlangen von ihr das Unmögliche und wollen den Anspruch der Einzelpersonen nicht aufgeben. Unser Gott Λόγος [1] wird von diesen Wünschen verwirklichen, was die Natur außer uns gestattet, aber sehr allmählich, erst in unabsehbarer Zukunft und für neue Menschenkinder. Eine Entschädigung für uns, die wir schwer am Leben leiden, verspricht er nicht. Auf dem Wege zu diesem fernen Ziel müssen Ihre religiösen Lehren fallengelassen werden, gleichgiltig ob die ersten Versuche mißlingen, gleichgiltig ob sich die ersten Ersatzbildungen als haltlos erweisen. Sie wissen warum; auf die Dauer kann der Vernunft und der Erfahrung nichts widerstehen, und der Widerspruch der Religion gegen beide ist allzu greifbar. Auch die geläuterten religiösen Ideen können sich diesem Schicksal nicht entziehen, solange sie noch etwas vom Trostgehalt der Religion retten wollen. Freilich, wenn sie sich auf die Behauptung eines höheren geistigen Wesens einschränken, dessen Eigenschaften unbestimmbar, dessen Absichten unerkennbar sind, dann sind sie gegen den Einspruch der Wissenschaft gefeit, dann werden sie aber auch vom Interesse der Menschen verlassen.

Und zweitens: Beachten Sie die Verschiedenheit Ihres und meines Verhaltens gegen die Illusion. Sie müssen die religiöse Illusion mit allen Ihren Kräften verteidigen; wenn sie entwertet wird – und sie ist wahrlich bedroht genug –, dann stürzt Ihre Welt zusammen, es bleibt Ihnen nichts übrig, als an allem zu verzweifeln, an der Kultur und an der Zukunft der Menschheit. Von dieser Leibeigenschaft bin ich, sind wir frei. Da wir bereit sind, auf ein gutes Stück unserer infantilen Wünsche zu verzichten, können wir es vertragen, wenn sich einige unserer Erwartungen als Illusionen herausstellen.

Die vom Druck der religiösen Lehren befreite Erziehung wird vielleicht nicht viel am psychologischen Wesen des Menschen ändern, unser Gott Λόγος ist vielleicht nicht sehr allmächtig, kann nur einen kleinen Teil von dem erfüllen, was seine Vorgänger versprochen haben. Wenn wir es einsehen müssen, werden wir es in Ergebung hinnehmen. Das Interesse

---

[1] Das Götterpaar Λόγος-'Ανάγκη des Holländers Multatuli. [»Vernunft« und »Not«. »Multatuli« (lat. für »ich habe viel getragen«) war das Pseudonym von E. D. Dekker (1820–87). Er war seit langem einer der Lieblingsautoren Freuds; sein Plädoyer für eine ehrliche Sexualaufklärung der Kinder wird in Freuds Aufsatz zu diesem Thema (1907 *c*) billigend zitiert, s. *Studienausgabe*, Bd. 5, S. 162. Multatulis *Briefe* und *Werke* stehen auch obenan in der Liste der »zehn guten Bücher«, die Freud in Beantwortung einer Rundfrage nach Lieblingsbüchern (1906 *f*) aufstellte.]

an Welt und Leben werden wir darum nicht verlieren, denn wir haben an einer Stelle einen sicheren Anhalt, der Ihnen fehlt. Wir glauben daran, daß es der wissenschaftlichen Arbeit möglich ist, etwas über die Realität der Welt zu erfahren, wodurch wir unsere Macht steigern und wonach wir unser Leben einrichten können. Wenn dieser Glaube eine Illusion ist, dann sind wir in derselben Lage wie Sie, aber die Wissenschaft hat uns durch zahlreiche und bedeutsame Erfolge den Beweis erbracht, daß sie keine Illusion ist. Sie hat viele offene und noch mehr verkappte Feinde unter denen, die ihr nicht verzeihen können, daß sie den religiösen Glauben entkräftet hat und ihn zu stürzen droht. Man wirft ihr vor, wie wenig sie uns gelehrt und wie unvergleichlich mehr sie im Dunkel gelassen hat. Aber dabei vergißt man, wie jung sie ist, wie beschwerlich ihre Anfänge waren und wie verschwindend klein der Zeitraum, seitdem der menschliche Intellekt für ihre Aufgaben erstarkt ist. Fehlen wir nicht alle darin, daß wir unseren Urteilen zu kurze Zeiträume zugrunde legen? Wir sollten uns an den Geologen ein Beispiel nehmen. Man beklagt sich über die Unsicherheit der Wissenschaft, daß sie heute als Gesetz verkündet, was die nächste Generation als Irrtum erkennt und durch ein neues Gesetz von ebenso kurzer Geltungsdauer ablöst. Aber das ist ungerecht und zum Teil unwahr. Die Wandlungen der wissenschaftlichen Meinungen sind Entwicklung, Fortschritt und nicht Umsturz. Ein Gesetz, das man zunächst für unbedingt giltig gehalten hat, erweist sich als Spezialfall einer umfassenderen Gesetzmäßigkeit oder wird eingeschränkt durch ein anderes Gesetz, das man erst später kennenlernt; eine rohe Annäherung an die Wahrheit wird ersetzt durch eine sorgfältiger angepaßte, die ihrerseits wieder eine weitere Vervollkommnung erwartet. Auf verschiedenen Gebieten hat man eine Phase der Forschung noch nicht überwunden, in der man Annahmen versucht, die man bald als unzulänglich verwerfen muß; auf anderen gibt es aber bereits einen gesicherten und fast unveränderlichen Kern von Erkenntnis. Man hat endlich versucht, die wissenschaftliche Bemühung radikal zu entwerten durch die Erwägung, daß sie, an die Bedingungen unserer eigenen Organisation gebunden, nichts anderes als subjektive Ergebnisse liefern kann, während ihr die wirkliche Natur der Dinge außer uns unzugänglich bleibt. Dabei setzt man sich über einige Momente hinweg, die für die Auffassung der wissenschaftlichen Arbeit entscheidend sind, daß unsere Organisation, d. h. unser seelischer Apparat, eben im Bemühen um die Erkundung der Außenwelt entwickelt worden ist, also ein Stück Zweckmäßigkeit in seiner Struktur realisiert haben muß, daß er selbst ein Bestandteil jener Welt ist, die wir erforschen sollen, und daß er solche Erforschung sehr wohl zuläßt, daß die Aufgabe der Wissenschaft voll umschrieben ist, wenn wir sie darauf einschränken zu zeigen, wie uns die Welt infolge der Eigenart unserer Organisation erscheinen muß, daß die endlichen Resultate der Wissenschaft gerade wegen der Art ihrer Erwerbung nicht nur durch unsere Organisation bedingt sind, sondern auch durch das, was auf diese Organisation gewirkt hat, und endlich, daß das Problem einer Weltbeschaffenheit ohne Rücksicht auf unseren wahrnehmenden seelischen Apparat eine leere Abstraktion ist, ohne praktisches Interesse.

Nein, unsere Wissenschaft ist keine Illusion. Eine Illusion aber wäre es zu glauben, daß wir anderswoher bekommen könnten, was sie uns nicht geben kann.

Das Unbehagen in der Kultur

(1930 [1929])

EDITORISCHE VORBEMERKUNG

Deutsche Ausgaben:

1930 Wien, Internationaler Psychoanalytischer Verlag. 136 Seiten.
1931 2. Aufl. (Nachdruck der 1. Aufl., mit einigen Ergänzungen) 136 Seiten.
1934 *G. S.*, Bd. 12, 29–114.
1948 *G. W.*, Bd. 14, 421–506.

Das erste Kapitel dieses Werkes wurde etwas früher als die übrigen Teile in *Psychoanalytische Bewegung*, Bd. 1 (4), November–Dezember 1929, veröffentlicht. Das fünfte Kapitel erschien als selbständiger Artikel in der nächsten Ausgabe dieser Zeitschrift, Bd. 2 (1), Januar–Februar 1930. In der Ausgabe von 1931 waren zwei oder drei zusätzliche Fußnoten sowie ein neuer Schlußsatz hinzugekommen. Diese Veränderungen sind in der vorliegenden Ausgabe kenntlich gemacht.

Freud hatte im Herbst 1927 *Die Zukunft einer Illusion* beendet. In den folgenden beiden Jahren veröffentlichte er, zweifellos hauptsächlich wegen seiner Krankheit, nur sehr wenig. Im Sommer 1929 aber begann er mit der Niederschrift eines neuen Buches, wiederum über ein soziologisches Thema. Der erste Entwurf war Ende Juli abgeschlossen; Anfang November wurde das Manuskript in Satz gegeben; tatsächlich erschien das Buch noch im selben Jahr, obgleich das Titelblatt die Jahreszahl 1930 trägt.

Das Hauptthema des Buches, der unversöhnliche Antagonismus zwischen den Triebforderungen und den von der Zivilisation auferlegten Einschränkungen, läßt sich bis zu Freuds frühesten Schriften zurückverfolgen. Die Arbeit, die den vorliegenden Band eröffnet, ›Die »kulturelle« Sexualmoral und die moderne Nervosität‹ (1908*d*), ist zwar bei weitem ausführlicher als alle vorhergehenden Erörterungen des Themas, aber die ›Editorische Vorbemerkung‹ zu jener Arbeit gibt eine Reihe von Hinweisen auf noch frühere Bemerkungen hierzu (S. 11, oben). In diesen frühen Darlegungen scheint Freud die Einschränkung und Verdrängung der Triebwünsche in den meisten Fällen auf äußere soziale Einflüsse zurückzuführen. Das ist jedoch nicht durchgehend der Fall. Zwar spricht er in den *Drei Abhandlungen* (1905*d*), wie auf S. 11, oben, erwähnt, von der »gegensätzlichen Beziehung zwischen Kultur und freier Sexualitätsentwicklung« (*Studienausgabe*, Bd. 5, S. 144); in demselben Werk aber macht er an anderer Stelle folgende Bemerkung über die Dämme, die in der Latenzzeit gegen den Sexualtrieb errichtet werden: »Man gewinnt beim Kulturkinde den Eindruck, daß der Aufbau dieser Dämme ein Werk der Erziehung ist, und sicherlich tut die Erziehung viel dazu. In Wirklichkeit ist diese Entwicklung eine organisch bedingte, hereditär fixierte und kann sich gelegentlich ganz ohne Mithilfe der Erziehung herstellen.« (Ibid., S. 85.)

Dies führt uns zum ersten von zwei wichtigen weiteren Themen des vorliegenden Werks. Die Vorstellung, es bestehe eine »organische Verdrängung, die den Weg zur Kultur gebahnt hat« – eine Vorstellung, die in den beiden langen Fußnoten zu Beginn und am Schluß von Kapitel IV (S. 229 f. und S. 235 f., unten) weiter ausgeführt wird –, geht auf die gleiche frühe Periode zurück. In einem Brief an Fließ vom 14. November 1897 schrieb Freud: »Daß bei der Verdrängung etwas Organisches mitwirkt, habe ich oft geahnt« (Freud, 1950*a*, Brief 75). Ganz im Sinne dieser Fußnoten fährt er fort, die Bedeutung des aufrechten Ganges und der Vorherrschaft des Gesichts- über den Geruchssinn als Faktoren der Verdrängung zu erwägen. Eine noch frühere Andeutung derselben Idee findet sich in einem Brief vom 11. Januar 1897 (ibid., Brief 55). In seinen veröffentlichten Werken scheint Freud diese Gedankengänge früher nur kurz in der Analyse des »Rattenmannes« (1909*d*), *Studienausgabe*, Bd. 7, S. 102, und in einer noch knapperen Passage in der zweiten Arbeit über die Psychologie des Liebeslebens (1912*d*), ibid., Bd. 5, S. 208, angedeutet zu haben. Die Idee des »Kulturprozesses«, die mit derjenigen der »organischen Verdrängung« gekoppelt ist und an mehreren Stellen in der vorliegenden Arbeit Gestalt gewinnt, wird noch einmal in den Schlußabsätzen von *Warum Krieg?* (1933 *b*), S. 285 f., unten, berührt. Vgl. auch den damit verwandten Gedanken eines »Fortschritts in der Geistigkeit« in *Der Mann Moses und die monotheistische Religion* (1939 *a*), Aufsatz III, Teil II, Abschnitt C, S. 557 ff., unten.

Man darf jedoch nicht außer acht lassen, daß eine klare Einschätzung der Rolle, welche äußere und innere Einflüsse sowie deren Wechselwirkungen bei den von der Kultur auferlegten Einschränkungen spielen, erst möglich war, nachdem Freuds ich-psychologische Forschungen ihn zur Hypothese des Über-Ichs und seiner Entstehung aus den frühesten Objektbeziehungen des Individuums geführt hatten. Deshalb nimmt in der vorliegenden Arbeit (besonders in Kapitel VII und VIII) die weitere Erforschung und Klarstellung des Schuldgefühls einen so breiten Raum ein, und deshalb erklärt Freud (auf S. 260) seine »Absicht, das Schuldgefühl als das wichtigste Problem der Kulturentwicklung hinzustellen«. Dies wiederum begründet das zweite große Nebenthema dieser Arbeit (keines von beiden ist eigentlich ein Nebenthema), nämlich das Thema des Destruktionstriebes.

Die Geschichte der Ansichten Freuds über den Aggressions- oder Destruktionstrieb ist kompliziert und kann hier nur summarisch angedeutet werden. In allen seinen früheren Schriften betrachtete er diesen hauptsächlich im Kontext des Sadismus. Die ersten längeren Erörterungen stehen in den *Drei Abhandlungen zur Sexualtheorie* (1905*d*), wo der Sadismus als einer der »Partialtriebe« des Sexualtriebs erscheint. So schrieb er in der ersten Abhandlung: »Der Sadismus entspräche dann einer selbständig gewordenen, übertriebenen, durch Verschiebung an die Hauptstelle gerückten aggressiven Komponente des Sexualtriebes.« (*Studienausgabe,* Bd. 5, S. 67.) Andererseits wird später, in der zweiten Abhandlung, die ursprüngliche Unabhängigkeit der aggressiven Regungen anerkannt: »Wir dürfen annehmen, daß die grausamen Regungen aus von der Sexualität eigentlich unabhängigen Quellen fließen, aber ... frühzeitig [mit dieser] in Verbindung zu treten vermögen.« (Ibid., S. 99, Anm. 1.) Die hier gemeinten unabhängigen Quellen sind in den Selbsterhaltungstrieben zu suchen. Diese Passage wurde in der Ausgabe von 1915 dahingehend geändert, daß »die grausame Regung vom Bemächtigungstrieb herstammt«; die Wendung, sie sei unabhängig von der Sexualität, fiel weg. Aber schon 1909, im Zuge der Auseinandersetzung mit Adlers Theorien, machte Freud eine viel weiterreichende Aussage. In Abschnitt II von Kapitel III der Falldarstellung des »kleinen Hans« (1909*b*) schreibt er: »Ich kann mich nicht entschließen, einen besonderen Aggressionstrieb neben und gleichberechtigt mit den uns vertrauten Selbsterhaltungs- und Sexualtrieben anzunehmen.« (Ibid., Bd. 8, S. 117).[1] Dieser Widerwille, einen unabhängig von der Libido vorhandenen Aggressionstrieb vorauszusetzen, wurde durch die Narzißmushypothese noch bestärkt. Regungen der Aggressivität und auch des Hasses waren von Anfang an als zum Selbsterhaltungstrieb gehörig erschienen, und da dieser nun unter die Libido subsumiert worden war, bestand kein Grund, einen selbständigen Aggressionstrieb anzunehmen. Und dies galt trotz der Bipolarität der Objektbeziehungen, der häufigen Mischungen von Liebe und Haß und des verwickelten Ursprungs des Hasses selbst. (S. ›Triebe und Triebschicksale‹, 1915*c*, die letzten Absätze dieser Arbeit.) Erst mit Freuds »Todestrieb«-Hypothese in *Jenseits des Lustprinzips* (1920*g*) wurde ein selbständiger Aggressionstrieb ins Blickfeld gerückt. (S. besonders die lange Erörterung, die etwa in der Mitte von Kapitel VI dieser Arbeit beginnt.) Es ist jedoch anzumerken, daß selbst dort – wie auch in Freuds späteren Schriften (z. B. in Kapitel IV von *Das Ich und das Es,* 1923*b*) – der Aggressionstrieb immer etwas Sekundäres, vom primären, selbstzerstörerischen Todestrieb Abgeleitetes bleibt. Das gilt auch noch für die vorliegende Arbeit, obwohl die Betonung hier mehr auf den äußeren Manifestationen des Todestriebes liegt; und es gilt auch für die weiteren zur Veröffentlichung bestimmten Diskussionen des Problems: im zweiten Teil der 32. Vorlesung der *Neuen Folge der Vorlesungen* (1933*a*) und in

---

[1] Eine 1923 hinzugefügte Anmerkung enthält dann die unvermeidliche Einschränkung dieser Aussage: »Ich habe seither auch einen ›Aggressionstrieb‹ statuieren müssen, der nicht mit dem Adlerschen zusammenfällt. Ich ziehe es vor, ihn ›Destruktions- oder Todestrieb‹ zu heißen« (ibid., S. 117, Anm. 2). Adlers Begriff hatte in der Tat mehr die Bedeutung eines Selbstbehauptungstriebs.

Warum Krieg? (1933 *b*), S. 282 f., unten. Es ist gleichwohl reizvoll, noch einige Sätze aus einem Brief Freuds vom 27. Mai 1937 an die Prinzessin Marie Bonaparte zu zitieren, mit denen er eine größere ursprüngliche Selbständigkeit der äußeren Destruktivität anzudeuten scheint: »Die Einwärtswendung des Aggressionstriebs ist natürlich das Gegenstück zur Auswärtswendung der Libido, wenn sie vom Ich auf die Objekte übergeht. Es gäbe eine hübsche schematische Vorstellung, daß anfänglich zu Beginn des Lebens alle Libido nach innen, alle Aggression nach außen gerichtet ist, und daß sich dies im Verlauf des Lebens allmählich ändert. Aber das ist vielleicht nicht richtig.« Man muß jedoch gerechterweise hinzufügen, daß Freud im nächsten Brief fortfährt: »... Die Bemerkungen über den Destruktionstrieb bitte ich Sie, nicht zu überschätzen. Sie sind nur so hingeworfen worden und sollten sorgfältig überlegt werden, wenn man sie in die Öffentlichkeit [bringen?] will. Es ist auch zu wenig Neues dabei.« [1]

Offensichtlich ist *Das Unbehagen in der Kultur* also ein Werk, dessen Bedeutung weit über den Bereich der Soziologie hinausreicht.

[1] Der erste Brief und der obige Auszug aus dem zweiten sind in Anhang A (Nr. 33 und 34) im dritten Band von Ernest Jones' Freud-Biographie enthalten (Jones, 1962 *b*, S. 536). Allerdings weicht dort der Wortlaut des Auszugs erheblich von dem Wiedergegebenen ab. Für die vorliegende Ausgabe wurden die handschriftlichen Originale der Briefe konsultiert. Das Wort nach »Öffentlichkeit« ist unleserlich.

I

Man kann sich des Eindrucks nicht erwehren, daß die Menschen gemeinhin mit falschen Maßstäben messen, Macht, Erfolg und Reichtum für sich anstreben und bei anderen bewundern, die wahren Werte des Lebens aber unterschätzen. Und doch ist man bei jedem solchen allgemeinen Urteil in Gefahr, an die Buntheit der Menschenwelt und ihres seelischen Lebens zu vergessen. Es gibt einzelne Männer, denen sich die Verehrung ihrer Zeitgenossen nicht versagt, obwohl ihre Größe auf Eigenschaften und Leistungen ruht, die den Zielen und Idealen der Menge durchaus fremd sind. Man wird leicht annehmen wollen, daß es doch nur eine Minderzahl ist, welche diese großen Männer anerkennt, während die große Mehrheit nichts von ihnen wissen will. Aber es dürfte nicht so einfach zugehen, dank den Unstimmigkeiten zwischen dem Denken und dem Handeln der Menschen und der Vielstimmigkeit ihrer Wunschregungen.

Einer dieser ausgezeichneten Männer nennt sich in Briefen meinen Freund. Ich hatte ihm meine kleine Schrift zugeschickt, welche die Religion als Illusion behandelt[1], und er antwortete, er wäre mit meinem Urteil über die Religion ganz einverstanden, bedauerte aber, daß ich die eigentliche Quelle der Religiosität nicht gewürdigt hätte. Diese sei ein besonderes Gefühl, das ihn selbst nie zu verlassen pflege, das er von vielen anderen bestätigt gefunden und bei Millionen Menschen voraussetzen dürfe. Ein Gefühl, das er die Empfindung der »Ewigkeit« nennen möchte, ein Gefühl wie von etwas Unbegrenztem, Schrankenlosem, gleichsam »Ozeanischem«. Dies Gefühl sei eine rein subjektive Tatsache, kein Glaubenssatz; keine Zusicherung persönlicher Fortdauer knüpfe sich daran, aber es sei die Quelle der religiösen Energie, die von den verschiedenen Kirchen und Religionssystemen gefaßt, in bestimmte Kanäle geleitet und gewiß auch aufgezehrt werde. Nur auf Grund dieses ozeanischen Gefühls dürfe man sich religiös heißen, auch wenn man jeden Glauben und jede Illusion ablehne.

Diese Äußerung meines verehrten Freundes, der selbst einmal den Zauber der Illusion poetisch gewürdigt hat, brachte mir nicht geringe

[1] [*Die Zukunft einer Illusion* (1927 c), in diesem Band die vorhergehende Arbeit.]

Schwierigkeiten[1]. Ich selbst kann dies »ozeanische« Gefühl nicht in mir entdecken. Es ist nicht bequem, Gefühle wissenschaftlich zu bearbeiten. Man kann versuchen, ihre physiologischen Anzeichen zu beschreiben. Wo dies nicht angeht – ich fürchte, auch das ozeanische Gefühl wird sich einer solchen Charakteristik entziehen –, bleibt doch nichts übrig, als sich an den Vorstellungsinhalt zu halten, der sich assoziativ am ehesten zum Gefühl gesellt. Habe ich meinen Freund richtig verstanden, so meint er dasselbe, was ein origineller und ziemlich absonderlicher Dichter seinem Helden als Trost vor dem freigewählten Tod mitgibt: »Aus dieser Welt können wir nicht fallen.«[2] Also ein Gefühl der unauflösbaren Verbundenheit, der Zusammengehörigkeit mit dem Ganzen der Außenwelt. Ich möchte sagen, für mich hat dies eher den Charakter einer intellektuellen Einsicht, gewiß nicht ohne begleitenden Gefühlston, wie er aber auch bei anderen Denkakten von ähnlicher Tragweite nicht fehlen wird. An meiner Person könnte ich mich von der primären Natur eines solchen Gefühls nicht überzeugen. Darum darf ich aber sein tatsächliches Vorkommen bei anderen nicht bestreiten. Es fragt sich nur, ob es richtig gedeutet wird und ob es als *»fons et origo«* aller religiösen Bedürfnisse anerkannt werden soll.

Ich habe nichts vorzubringen, was die Lösung dieses Problems entscheidend beeinflussen würde. Die Idee, daß der Mensch durch ein unmittelbares, von Anfang an hierauf gerichtetes Gefühl Kunde von seinem Zusammenhang mit der Umwelt erhalten sollte, klingt so fremdartig, fügt sich so übel in das Gewebe unserer Psychologie, daß eine psychoanalytische, d. i. genetische Ableitung eines solchen Gefühls versucht werden darf. Dann stellt sich uns folgender Gedankengang zur Verfügung: Normalerweise ist uns nichts gesicherter als das Gefühl unseres Selbst, unseres eigenen Ichs. Dies Ich erscheint uns selbständig, einheitlich, gegen alles andere gut abgesetzt. Daß dieser Anschein ein Trug ist, daß das Ich sich vielmehr nach innen ohne scharfe Grenze in ein unbewußt seelisches Wesen fortsetzt, das wir als Es bezeichnen, dem es gleichsam als Fassade dient, das hat uns erst die psychoanalytische Forschung gelehrt, die uns noch viele Auskünfte über das Verhältnis des Ichs zum Es schuldet. Aber nach außen wenigstens scheint das Ich klare und scharfe Grenzlinien zu behaupten. Nur in einem Zustand,

---

[1] [*Zusatz 1931:*] *Liluli* [1919]. – Seit dem Erscheinen der beiden Bücher *La vie de Ramakrishna* [1929] und *La vie de Vivekananda* (1930) brauche ich nicht mehr zu verbergen, daß der im Text gemeinte Freund Romain Rolland ist.

[2] D. Chr. Grabbe [1801–36], *Hannibal:* »Ja, aus der Welt werden wir nicht fallen. Wir sind einmal darin.«

einem außergewöhnlichen zwar, den man aber nicht als krankhaft verurteilen kann, wird es anders. Auf der Höhe der Verliebtheit droht die Grenze zwischen Ich und Objekt zu verschwimmen. Allen Zeugnissen der Sinne entgegen behauptet der Verliebte, daß Ich und Du eines seien, und ist bereit, sich, als ob es so wäre, zu benehmen. Was vorübergehend durch eine physiologische [d. h. normale] Funktion aufgehoben werden kann, muß natürlich auch durch krankhafte Vorgänge gestört werden können. Die Pathologie lehrt uns eine große Anzahl von Zuständen kennen, in denen die Abgrenzung des Ichs gegen die Außenwelt unsicher wird oder die Grenzen wirklich unrichtig gezogen werden; Fälle, in denen uns Teile des eigenen Körpers, ja Stücke des eigenen Seelenlebens, Wahrnehmungen, Gedanken, Gefühle wie fremd und dem Ich nicht zugehörig erscheinen, andere, in denen man der Außenwelt zuschiebt, was offenbar im Ich entstanden ist und von ihm anerkannt werden sollte. Also ist auch das Ichgefühl Störungen unterworfen, und die Ichgrenzen sind nicht beständig.

Eine weitere Überlegung sagt: Dies Ichgefühl des Erwachsenen kann nicht von Anfang an so gewesen sein. Es muß eine Entwicklung durchgemacht haben, die sich begreiflicherweise nicht nachweisen, aber mit ziemlicher Wahrscheinlichkeit konstruieren läßt[1]. Der Säugling sondert noch nicht sein Ich von einer Außenwelt als Quelle der auf ihn einströmenden Empfindungen. Er lernt es allmählich auf verschiedene Anregungen hin[2]. Es muß ihm den stärksten Eindruck machen, daß manche der Erregungsquellen, in denen er später seine Körperorgane erkennen wird, ihm jederzeit Empfindungen zusenden können, während andere sich ihm zeitweise entziehen – darunter das Begehrteste: die Mutterbrust – und erst durch ein Hilfe heischendes Schreien herbeigeholt werden. Damit stellt sich dem Ich zuerst ein »Objekt« entgegen, als etwas, was sich »außerhalb« befindet und erst durch eine besondere Aktion in die Erscheinung gedrängt wird. Einen weiteren Antrieb zur Loslösung des Ichs von der Empfindungsmasse, also zur Anerkennung eines »Draußen«, einer Außenwelt, geben die häufigen, vielfältigen,

---

[1] S. die zahlreichen Arbeiten über Ichentwicklung und Ichgefühl von Ferenczi, ›Entwicklungsstufen des Wirklichkeitssinnes‹ (1913), bis zu den Beiträgen von P. Federn 1926, 1927 und später.

[2] [In diesem Absatz bewegt sich Freud auf vertrautem Grund. Er hatte das Thema kurz zuvor in dem Artikel ›Die Verneinung‹ (1925 *h*) erörtert, es aber auch früher schon behandelt, so z. B. an einer Stelle unweit des Anfangs und dann wieder gegen Schluß der Arbeit ›Triebe und Triebschicksale‹ (1915 *c*) sowie in der *Traumdeutung* (1900 *a*), *Studienausgabe*, Bd. 2, S. 538–9.]

unvermeidlichen Schmerz- und Unlustempfindungen, die das unumschränkt herrschende Lustprinzip aufheben und vermeiden heißt. Es entsteht die Tendenz, alles, was Quelle solcher Unlust werden kann, vom Ich abzusondern, es nach außen zu werfen, ein reines Lust-Ich zu bilden, dem ein fremdes, drohendes Draußen gegenübersteht. Die Grenzen dieses primitiven Lust-Ichs können der Berichtigung durch die Erfahrung nicht entgehen. Manches, was man als lustspendend nicht aufgeben möchte, ist doch nicht Ich, ist Objekt, und manche Qual, die man hinausweisen will, erweist sich doch als unabtrennbar vom Ich, als innerer Herkunft. Man lernt ein Verfahren kennen, wie man durch absichtliche Lenkung der Sinnestätigkeit und geeignete Muskelaktion Innerliches – dem Ich Angehöriges – und Äußerliches – einer Außenwelt Entstammendes – unterscheiden kann, und tut damit den ersten Schritt zur Einsetzung des Realitätsprinzips, das die weitere Entwicklung beherrschen soll[1]. Diese Unterscheidung dient natürlich der praktischen Absicht, sich der verspürten und der drohenden Unlustempfindungen zu erwehren. Daß das Ich zur Abwehr gewisser Unlusterregungen aus seinem Inneren keine anderen Methoden zur Anwendung bringt, als deren es sich gegen Unlust von außen bedient, wird dann der Ausgangspunkt bedeutsamer krankhafter Störungen.

Auf solche Art löst sich also das Ich von der Außenwelt. Richtiger gesagt: Ursprünglich enthält das Ich alles, später scheidet es eine Außenwelt von sich ab. Unser heutiges Ichgefühl ist also nur ein eingeschrumpfter Rest eines weit umfassenderen, ja – eines allumfassenden Gefühls, welches einer innigeren Verbundenheit des Ichs mit der Umwelt entsprach. Wenn wir annehmen dürfen, daß dieses primäre Ichgefühl sich im Seelenleben vieler Menschen – in größerem oder geringerem Ausmaße – erhalten hat, so würde es sich dem enger und schärfer umgrenzten Ichgefühl der Reifezeit wie eine Art Gegenstück an die Seite stellen, und die zu ihm passenden Vorstellungsinhalte wären gerade die der Unbegrenztheit und der Verbundenheit mit dem All, dieselben, mit denen mein Freund das »ozeanische« Gefühl erläutert. Haben wir aber ein Recht zur Annahme des Überlebens des Ursprünglichen neben dem Späteren, das aus ihm geworden ist?

Unzweifelhaft; ein solches Vorkommnis ist weder auf seelischem noch auf anderen Gebieten befremdend. Für die Tierreihe halten wir an der Annahme fest, daß die höchstentwickelten Arten aus den niedrigsten

[1] [Vgl. ›Formulierungen über die zwei Prinzipien des psychischen Geschehens‹ (1911 *b*), eine Passage gegen Ende des zweiten Drittels der Arbeit.]

hervorgegangen sind. Doch finden wir alle einfachen Lebensformen noch heute unter den Lebenden. Das Geschlecht der großen Saurier ist ausgestorben und hat den Säugetieren Platz gemacht, aber ein richtiger Vertreter dieses Geschlechts, das Krokodil, lebt noch mit uns. Die Analogie mag zu entlegen sein, krankt auch an dem Umstand, daß die überlebenden niedrigen Arten zumeist nicht die richtigen Ahnen der heutigen, höher entwickelten sind. Die Zwischenglieder sind in der Regel ausgestorben und nur durch Rekonstruktion bekannt. Auf seelischem Gebiet hingegen ist die Erhaltung des Primitiven neben dem daraus entstandenen Umgewandelten so häufig, daß es sich erübrigt, es durch Beispiele zu beweisen. Meist ist dieses Vorkommen Folge einer Entwicklungsspaltung. Ein quantitativer Anteil einer Einstellung, einer Triebregung, ist unverändert erhalten geblieben, ein anderer hat die weitere Entwicklung erfahren.

Wir rühren hiermit an das allgemeinere Problem der Erhaltung im Psychischen, das kaum noch Bearbeitung gefunden hat, aber so reizvoll und bedeutsam ist, daß wir ihm auch bei unzureichendem Anlaß eine Weile Aufmerksamkeit schenken dürfen. Seitdem wir den Irrtum überwunden haben, daß das uns geläufige Vergessen eine Zerstörung der Gedächtnisspur, also eine Vernichtung bedeutet, neigen wir zu der entgegengesetzten Annahme, daß im Seelenleben nichts, was einmal gebildet wurde, untergehen kann, daß alles irgendwie erhalten bleibt und unter geeigneten Umständen, z. B. durch eine so weit reichende Regression, wieder zum Vorschein gebracht werden kann. Man versuche sich durch einen Vergleich aus einem anderen Gebiet klarzumachen, was diese Annahme zum Inhalt hat. Wir greifen etwa die Entwicklung der Ewigen Stadt als Beispiel auf [1]. Historiker belehren uns, das älteste Rom war die *Roma Quadrata,* eine umzäumte Ansiedlung auf dem Palatin. Dann folgte die Phase des *Septimontium,* eine Vereinigung der Niederlassungen auf den einzelnen Hügeln, darauf die Stadt, die durch die Servianische Mauer begrenzt wurde, und noch später, nach all den Umwandlungen der republikanischen und der früheren Kaiserzeit die Stadt, die Kaiser Aurelianus durch seine Mauern umschloß. Wir wollen die Wandlungen der Stadt nicht weiter verfolgen und uns fragen, was ein Besucher, den wir mit den vollkommensten historischen und topographischen Kenntnissen ausgestattet denken, im heutigen Rom von diesen frühen Stadien noch vorfinden mag. Die Aurelianische Mauer

[1] Nach *The Cambridge Ancient History,* Bd. 7 (1928): ›The Founding of Rome‹ by Hugh Last.

wird er bis auf wenige Durchbrüche fast unverändert sehen. An einzelnen Stellen kann er Strecken des Servianischen Walles durch Ausgrabung zutage gefördert finden. Wenn er genug weiß – mehr als die heutige Archäologie –, kann er vielleicht den ganzen Verlauf dieser Mauer und den Umriß der *Roma Quadrata* ins Stadtbild einzeichnen. Von den Gebäuden, die einst diese alten Rahmen ausgefüllt haben, findet er nichts oder geringe Reste, denn sie bestehen nicht mehr. Das Äußerste, was ihm die beste Kenntnis des Roms der Republik leisten kann, wäre, daß er die Stellen anzugeben weiß, wo die Tempel und öffentlichen Gebäude dieser Zeit gestanden hatten. Was jetzt diese Stellen einnimmt, sind Ruinen, aber nicht ihrer selbst, sondern ihrer Erneuerungen aus späteren Zeiten nach Bränden und Zerstörungen. Es bedarf kaum noch einer besonderen Erwähnung, daß alle diese Überreste des alten Roms als Einsprengungen in das Gewirre einer Großstadt aus den letzten Jahrhunderten seit der Renaissance erscheinen. Manches Alte ist gewiß noch im Boden der Stadt oder unter ihren modernen Bauwerken begraben. Dies ist die Art der Erhaltung des Vergangenen, die uns an historischen Stätten wie Rom entgegentritt.

Nun machen wir die phantastische Annahme, Rom sei nicht eine menschliche Wohnstätte, sondern ein psychisches Wesen von ähnlich langer und reichhaltiger Vergangenheit, in dem also nichts, was einmal zustande gekommen war, untergegangen ist, in dem neben der letzten Entwicklungsphase auch alle früheren noch fortbestehen. Das würde für Rom also bedeuten, daß auf dem Palatin die Kaiserpaläste und das Septizonium des Septimius Severus sich noch zur alten Höhe erheben, daß die Engelsburg noch auf ihren Zinnen die schönen Statuen trägt, mit denen sie bis zur Gotenbelagerung geschmückt war, usw. Aber noch mehr: an der Stelle des Palazzo Caffarelli stünde wieder, ohne daß man dieses Gebäude abzutragen brauchte, der Tempel des Kapitolinischen Jupiter, und zwar dieser nicht nur in seiner letzten Gestalt, wie ihn die Römer der Kaiserzeit sahen, sondern auch in seiner frühesten, als er noch etruskische Formen zeigte und mit tönernen Antifixen geziert war. Wo jetzt das Coliseo steht, könnten wir auch die verschwundene Domus aurea des Nero bewundern; auf dem Pantheonplatze fänden wir nicht nur das heutige Pantheon, wie es uns von Hadrian hinterlassen wurde, sondern auf demselben Grund auch den ursprünglichen Bau des M. Agrippa; ja, derselbe Boden trüge die Kirche Maria sopra Minerva und den alten Tempel, über dem sie gebaut ist. Und dabei brauchte es vielleicht nur eine Änderung der Blickrichtung oder des

Standpunktes von seiten des Beobachters, um den einen oder den anderen Anblick hervorzurufen.

Es hat offenbar keinen Sinn, diese Phantasie weiter auszuspinnen, sie führt zu Unvorstellbarem, ja zu Absurdem. Wenn wir das historische Nacheinander räumlich darstellen wollen, kann es nur durch ein Nebeneinander im Raum geschehen; derselbe Raum verträgt nicht zweierlei Ausfüllung. Unser Versuch scheint eine müßige Spielerei zu sein; er hat nur eine Rechtfertigung; er zeigt uns, wie weit wir davon entfernt sind, die Eigentümlichkeiten des seelischen Lebens durch anschauliche Darstellung zu bewältigen.

Zu einem Einwand sollten wir noch Stellung nehmen. Er fragt uns, warum wir gerade die Vergangenheit einer Stadt ausgewählt haben, um sie mit der seelischen Vergangenheit zu vergleichen. Die Annahme der Erhaltung alles Vergangenen gilt auch für das Seelenleben nur unter der Bedingung, daß das Organ der Psyche intakt geblieben ist, daß sein Gewebe nicht durch Trauma oder Entzündung gelitten hat. Zerstörende Einwirkungen, die man diesen Krankheitsursachen gleichstellen könnte, werden aber in der Geschichte keiner Stadt vermißt, auch wenn sie eine minder bewegte Vergangenheit gehabt hat als Rom, auch wenn sie, wie London, kaum je von einem Feind heimgesucht wurde. Die friedlichste Entwicklung einer Stadt schließt Demolierungen und Ersetzungen von Bauwerken ein, und darum ist die Stadt von vorneherein für einen solchen Vergleich mit einem seelischen Organismus ungeeignet.

Wir weichen diesem Einwand, wenden uns unter Verzicht auf eine eindrucksvolle Kontrastwirkung zu einem immerhin verwandteren Vergleichsobjekt, wie es der tierische oder menschliche Leib ist. Aber auch hier finden wir das nämliche. Die früheren Phasen der Entwicklung sind in keinem Sinn mehr erhalten, sie sind in den späteren, zu denen sie den Stoff geliefert haben, aufgegangen. Der Embryo läßt sich im Erwachsenen nicht nachweisen, die Thymusdrüse, die das Kind besaß, ist nach der Pubertät durch Bindegewebe ersetzt, aber selbst nicht mehr vorhanden; in den Röhrenknochen des reifen Mannes kann ich zwar den Umriß des kindlichen Knochens einzeichnen, aber dieser selbst ist vergangen, indem er sich streckte und verdickte, bis er seine endgültige Form erhielt. Es bleibt dabei, daß eine solche Erhaltung aller Vorstufen neben der Endgestaltung nur im Seelischen möglich ist und daß wir nicht in der Lage sind, uns dies Vorkommen anschaulich zu machen.

Vielleicht gehen wir in dieser Annahme zu weit. Vielleicht sollten wir uns zu behaupten begnügen, daß das Vergangene im Seelenleben erhalten bleiben *kann*, nicht *notwendigerweise* zerstört werden muß. Es ist immerhin möglich, daß auch im Psychischen manches Alte – in der Norm oder ausnahmsweise – so weit verwischt oder aufgezehrt wird, daß es durch keinen Vorgang mehr wiederhergestellt und wiederbelebt werden kann, oder daß die Erhaltung allgemein an gewisse günstige Bedingungen geknüpft ist. Es ist möglich, aber wir wissen nichts darüber. Wir dürfen nur daran festhalten, daß die Erhaltung des Vergangenen im Seelenleben eher Regel als befremdliche Ausnahme ist.

Wenn wir so durchaus bereit sind anzuerkennen, es gebe bei vielen Menschen ein »ozeanisches« Gefühl, und geneigt, es auf eine frühe Phase des Ichgefühls zurückzuführen, erhebt sich die weitere Frage, welchen Anspruch hat dieses Gefühl, als die Quelle der religiösen Bedürfnisse angesehen zu werden.

Mir erscheint dieser Anspruch nicht zwingend. Ein Gefühl kann doch nur dann eine Energiequelle sein, wenn es selbst der Ausdruck eines starken Bedürfnisses ist. Für die religiösen Bedürfnisse scheint mir die Ableitung von der infantilen Hilflosigkeit und der durch sie geweckten Vatersehnsucht unabweisbar, zumal da sich dies Gefühl nicht einfach aus dem kindlichen Leben fortsetzt, sondern durch die Angst vor der Übermacht des Schicksals dauernd erhalten wird. Ein ähnlich starkes Bedürfnis aus der Kindheit wie das nach dem Vaterschutz wüßte ich nicht anzugeben. Damit ist die Rolle des ozeanischen Gefühls, das etwa die Wiederherstellung des uneingeschränkten Narzißmus anstreben könnte, vom Vordergrund abgedrängt. Bis zum Gefühl der kindlichen Hilflosigkeit kann man den Ursprung der religiösen Einstellung in klaren Umrissen verfolgen. Es mag noch anderes dahinterstecken, aber das verhüllt einstweilen der Nebel.

Ich kann mir vorstellen, daß das ozeanische Gefühl nachträglich in Beziehungen zur Religion geraten ist. Dies Eins-Sein mit dem All, was als Gedankeninhalt ihm zugehört, spricht uns ja an wie ein erster Versuch einer religiösen Tröstung, wie ein anderer Weg zur Ableugnung der Gefahr, die das Ich als von der Außenwelt drohend erkennt. Ich wiederhole das Bekenntnis, daß es mir sehr beschwerlich ist, mit diesen kaum faßbaren Größen zu arbeiten. Ein anderer meiner Freunde, den ein unstillbarer Wissensdrang zu den ungewöhnlichsten Experimenten getrieben und endlich zum Allwisser gemacht hat, versicherte mir, daß man in den Yogapraktiken durch Abwendung von der Außenwelt, durch Bindung der Aufmerksamkeit an körperliche Funktionen, durch besondere Weisen der Atmung tatsächlich neue Empfindungen und Allgemeingefühle in sich erwecken kann, die er als Regressionen zu uralten, längst überlagerten Zuständen des Seelenlebens auffassen will. Er sieht in ihnen eine sozusagen physiologische Begründung vieler Weisheiten der Mystik. Beziehungen zu manchen dunklen Modifikationen des Seelenlebens, wie Trance und Ekstase, lägen hier nahe. Allein mich drängt es, auch einmal mit den Worten des Schillerschen Tauchers auszurufen:

»Es freue sich, wer da atmet im rosigen Licht.«

II

In meiner Schrift *Die Zukunft einer Illusion* [1927c] handelte es sich weit weniger um die tiefsten Quellen des religiösen Gefühls, als vielmehr um das, was der gemeine Mann unter seiner Religion versteht, um das System von Lehren und Verheißungen, das ihm einerseits die Rätsel dieser Welt mit beneidenswerter Vollständigkeit aufklärt, anderseits ihm zusichert, daß eine sorgsame Vorsehung über sein Leben wachen und etwaige Versagungen in einer jenseitigen Existenz gutmachen wird. Diese Vorsehung kann der gemeine Mann sich nicht anders als in der Person eines großartig erhöhten Vaters vorstellen. Nur ein solcher kann die Bedürfnisse des Menschenkindes kennen, durch seine Bitten erweicht, durch die Zeichen seiner Reue beschwichtigt werden. Das Ganze ist so offenkundig infantil, so wirklichkeitsfremd, daß es einer menschenfreundlichen Gesinnung schmerzlich wird zu denken, die große Mehrheit der Sterblichen werde sich niemals über diese Auffassung des Lebens erheben können. Noch beschämender wirkt es zu erfahren, ein wie großer Anteil der heute Lebenden, die es einsehen müssen, daß diese Religion nicht zu halten ist, doch Stück für Stück von ihr in kläglichen Rückzugsgefechten zu verteidigen sucht. Man möchte sich in die Reihen der Gläubigen mengen, um den Philosophen, die den Gott der Religion zu retten glauben, indem sie ihn durch ein unpersönliches, schattenhaft abstraktes Prinzip ersetzen, die Mahnung vorzuhalten: »Du sollst den Namen des Herrn nicht zum Eitlen anrufen!« Wenn einige der größten Geister vergangener Zeiten das gleiche getan haben, so darf man sich hierin nicht auf sie berufen. Man weiß, warum sie so mußten.
Wir kehren zum gemeinen Mann und zu seiner Religion zurück, der einzigen, die diesen Namen tragen sollte. Da tritt uns zunächst die bekannte Äußerung eines unserer großen Dichter und Weisen entgegen, die sich über das Verhältnis der Religion zur Kunst und Wissenschaft ausspricht. Sie lautet:

»Wer Wissenschaft und Kunst besitzt,
hat auch Religion;
Wer jene beiden nicht besitzt,
der habe Religion!«[1]

[1] Goethe in den *Zahmen Xenien* IX (Gedichte aus dem Nachlaß).

Dieser Spruch bringt einerseits die Religion in einen Gegensatz zu den beiden Höchstleistungen des Menschen, anderseits behauptet er, daß sie einander in ihrem Lebenswert vertreten oder ersetzen können. Wenn wir auch dem gemeinen Mann die Religion bestreiten wollen, haben wir offenbar die Autorität des Dichters nicht auf unserer Seite. Wir versuchen einen besonderen Weg, um uns der Würdigung seines Satzes zu nähern. Das Leben, wie es uns auferlegt ist, ist zu schwer für uns, es bringt uns zuviel Schmerzen, Enttäuschungen, unlösbare Aufgaben. Um es zu ertragen, können wir Linderungsmittel nicht entbehren. (»Es geht nicht ohne Hilfskonstruktionen«, hat uns Theodor Fontane gesagt[1].) Solcher Mittel gibt es vielleicht dreierlei: mächtige Ablenkungen, die uns unser Elend geringschätzen lassen. Ersatzbefriedigungen, die es verringern, Rauschstoffe, die uns für dasselbe unempfindlich machen. Irgend etwas dieser Art ist unerläßlich[2]. Auf die Ablenkungen zielt Voltaire, wenn er seinen *Candide* in den Rat ausklingen läßt, seinen Garten zu bearbeiten; solch eine Ablenkung ist auch die wissenschaftliche Tätigkeit. Die Ersatzbefriedigungen, wie die Kunst sie bietet, sind gegen die Realität Illusionen, darum nicht minder psychisch wirksam dank der Rolle, die die Phantasie im Seelenleben behauptet hat. Die Rauschmittel beeinflussen unser Körperliches, ändern seinen Chemismus. Es ist nicht einfach, die Stellung der Religion innerhalb dieser Reihe anzugeben. Wir werden weiter ausholen müssen.

Die Frage nach dem Zweck des menschlichen Lebens ist ungezählte Male gestellt worden; sie hat noch nie eine befriedigende Antwort gefunden, läßt eine solche vielleicht überhaupt nicht zu. Manche Fragesteller haben hinzugefügt: wenn sich ergeben sollte, daß das Leben keinen Zweck hat, dann würde es jeden Wert für sie verlieren. Aber diese Drohung ändert nichts. Es scheint vielmehr, daß man ein Recht dazu hat, die Frage abzulehnen. Ihre Voraussetzung scheint jene menschliche Überhebung, von der wir soviel andere Äußerungen bereits kennen. Von einem Zweck des Lebens der Tiere wird nicht gesprochen, wenn deren Bestimmung nicht etwa darin besteht, dem Menschen zu dienen. Allein auch das ist nicht haltbar, denn mit vielen Tieren weiß der Mensch nichts anzufangen – außer, daß er sie beschreibt, klassifiziert, studiert –, und ungezählte Tierarten haben sich auch dieser Verwendung entzogen,

---

1 [In seinem Roman *Effi Briest* (1895).]

2 Auf erniedrigtem Niveau sagt Wilhelm Busch in der *Frommen Helene* dasselbe: »Wer Sorgen hat, hat auch Likör.«

indem sie lebten und ausstarben, ehe der Mensch sie gesehen hatte. Es ist wiederum nur die Religion, die die Frage nach einem Zweck des Lebens zu beantworten weiß. Man wird kaum irren zu entscheiden, daß die Idee eines Lebenszweckes mit dem religiösen System steht und fällt.

Wir wenden uns darum der anspruchsloseren Frage zu, was die Menschen selbst durch ihr Verhalten als Zweck und Absicht ihres Lebens erkennen lassen, was sie vom Leben fordern, in ihm erreichen wollen. Die Antwort darauf ist kaum zu verfehlen; sie streben nach dem Glück, sie wollen glücklich werden und so bleiben. Dies Streben hat zwei Seiten, ein positives und ein negatives Ziel, es will einerseits die Abwesenheit von Schmerz und Unlust, anderseits das Erleben starker Lustgefühle. Im engeren Wortsinne wird »Glück« nur auf das letztere bezogen. Entsprechend dieser Zweiteilung der Ziele entfaltet sich die Tätigkeit der Menschen nach zwei Richtungen, je nachdem sie das eine oder das andere dieser Ziele – vorwiegend oder selbst ausschließlich – zu verwirklichen sucht.

Es ist, wie man merkt, einfach das Programm des Lustprinzips, das den Lebenszweck setzt. Dies Prinzip beherrscht die Leistung des seelischen Apparates vom Anfang an; an seiner Zweckdienlichkeit kann kein Zweifel sein, und doch ist sein Programm im Hader mit der ganzen Welt, mit dem Makrokosmos ebensowohl wie mit dem Mikrokosmos. Es ist überhaupt nicht durchführbar, alle Einrichtungen des Alls widerstreben ihm; man möchte sagen, die Absicht, daß der Mensch »glücklich« sei, ist im Plan der »Schöpfung« nicht enthalten. Was man im strengsten Sinne Glück heißt, entspringt der eher plötzlichen Befriedigung hoch aufgestauter Bedürfnisse und ist seiner Natur nach nur als episodisches Phänomen möglich. Jede Fortdauer einer vom Lustprinzip ersehnten Situation ergibt nur ein Gefühl von lauem Behagen; wir sind so eingerichtet, daß wir nur den Kontrast intensiv genießen können, den Zustand nur sehr wenig [1]. Somit sind unsere Glücksmöglichkeiten schon durch unsere Konstitution beschränkt. Weit weniger Schwierigkeiten hat es, Unglück zu erfahren. Von drei Seiten droht das Leiden, vom eigenen Körper her, der, zu Verfall und Auflösung bestimmt, so-

---

1 Goethe mahnt sogar: »Nichts ist schwerer zu ertragen als eine Reihe von schönen Tagen.«

[»Alles in der Welt läßt sich ertragen,
Nur nicht eine Reihe von schönen Tagen.«
(Weimar, 1810–12.)]

Das mag immerhin eine Übertreibung sein.

gar Schmerz und Angst als Warnungssignale nicht entbehren kann, von der Außenwelt, die mit übermächtigen, unerbittlichen, zerstörenden Kräften gegen uns wüten kann, und endlich aus den Beziehungen zu anderen Menschen. Das Leiden, das aus dieser Quelle stammt, empfinden wir vielleicht schmerzlicher als jedes andere; wir sind geneigt, es als eine gewissermaßen überflüssige Zutat anzusehen, obwohl es nicht weniger schicksalsmäßig unabwendbar sein dürfte als das Leiden anderer Herkunft.

Kein Wunder, wenn unter dem Druck dieser Leidensmöglichkeiten die Menschen ihren Glücksanspruch zu ermäßigen pflegen, wie ja auch das Lustprinzip selbst sich unter dem Einfluß der Außenwelt zum bescheideneren Realitätsprinzip umbildete, wenn man sich bereits glücklich preist, dem Unglück entgangen zu sein, das Leiden überstanden zu haben, wenn ganz allgemein die Aufgabe der Leidvermeidung die der Lustgewinnung in den Hintergrund drängt. Die Überlegung lehrt, daß man die Lösung dieser Aufgabe auf sehr verschiedenen Wegen versuchen kann; alle diese Wege sind von den einzelnen Schulen der Lebensweisheit empfohlen und von den Menschen begangen worden. Uneingeschränkte Befriedigung aller Bedürfnisse drängt sich als die verlockendste Art der Lebensführung vor, aber das heißt den Genuß vor die Vorsicht setzen und straft sich nach kurzem Betrieb. Die anderen Methoden, bei denen die Vermeidung von Unlust die vorwiegende Absicht ist, scheiden sich je nach der Unlustquelle, der sie die größere Aufmerksamkeit zuwenden. Es gibt da extreme und gemäßigte Verfahren, einseitige und solche, die zugleich an mehreren Stellen angreifen. Gewollte Vereinsamung, Fernhaltung von den anderen ist der nächstliegende Schutz gegen das Leid, das einem aus menschlichen Beziehungen erwachsen kann. Man versteht: das Glück, das man auf diesem Weg erreichen kann, ist das der Ruhe. Gegen die gefürchtete Außenwelt kann man sich nicht anders als durch irgendeine Art der Abwendung verteidigen, wenn man diese Aufgabe für sich allein lösen will. Es gibt freilich einen anderen und besseren Weg, indem man als ein Mitglied der menschlichen Gemeinschaft mit Hilfe der von der Wissenschaft geleiteten Technik zum Angriff auf die Natur übergeht und sie menschlichem Willen unterwirft. Man arbeitet dann mit allen am Glück aller. Die interessantesten Methoden zur Leidverhütung sind aber die, die den eigenen Organismus zu beeinflussen versuchen. Endlich ist alles Leid nur Empfindung, es besteht nur, insofern wir es verspüren, und wir verspüren es nur infolge gewisser Einrichtungen unseres Organismus.

Die roheste, aber auch wirksamste Methode solcher Beeinflussung ist die chemische, die Intoxikation. Ich glaube nicht, daß irgendwer ihren Mechanismus durchschaut, aber es ist Tatsache, daß es körperfremde Stoffe gibt, deren Anwesenheit in Blut und Geweben uns unmittelbare Lustempfindungen verschafft, aber auch die Bedingungen unseres Empfindungslebens so verändert, daß wir zur Aufnahme von Unlustregungen untauglich werden. Beide Wirkungen erfolgen nicht nur gleichzeitig, sie scheinen auch innig miteinander verknüpft. Es muß aber auch in unserem eigenen Chemismus Stoffe geben, die ähnliches leisten, denn wir kennen wenigstens einen krankhaften Zustand, die Manie, in dem dies rauschähnliche Verhalten zustande kommt, ohne daß ein Rauschgift eingeführt worden wäre. Überdies zeigt unser normales Seelenleben Schwankungen von erleichterter oder erschwerter Lustentbindung, mit denen eine verringerte oder vergrößerte Empfänglichkeit für Unlust parallel geht. Es ist sehr zu bedauern, daß diese toxische Seite der seelischen Vorgänge sich der wissenschaftlichen Erforschung bisher entzogen hat. Die Leistung der Rauschmittel im Kampf um das Glück und zur Fernhaltung des Elends wird so sehr als Wohltat geschätzt, daß Individuen wie Völker ihnen eine feste Stellung in ihrer Libidoökonomie eingeräumt haben. Man dankt ihnen nicht nur den unmittelbaren Lustgewinn, sondern auch ein heiß ersehntes Stück Unabhängigkeit von der Außenwelt. Man weiß doch, daß man mit Hilfe des »Sorgenbrechers« sich jederzeit dem Druck der Realität entziehen und in einer eigenen Welt mit besseren Empfindungsbedingungen Zuflucht finden kann. Es ist bekannt, daß gerade diese Eigenschaft der Rauschmittel auch ihre Gefahr und Schädlichkeit bedingt. Sie tragen unter Umständen die Schuld daran, daß große Energiebeträge, die zur Verbesserung des menschlichen Loses verwendet werden könnten, nutzlos verlorengehen.

Der komplizierte Bau unseres seelischen Apparats gestattet aber auch eine ganze Reihe anderer Beeinflussungen. Wie Triebbefriedigung Glück ist, so wird es Ursache schweren Leidens, wenn die Außenwelt uns darben läßt, die Sättigung unserer Bedürfnisse verweigert. Man kann also hoffen, durch Einwirkung auf diese Triebregungen von einem Teil des Leidens frei zu werden. Diese Art der Leidabwehr greift nicht mehr am Empfindungsapparat an, sie sucht der inneren Quellen der Bedürfnisse Herr zu werden. In extremer Weise geschieht dies, indem man die Triebe ertötet, wie die orientalische Lebensweisheit lehrt und die Yogapraxis ausführt. Gelingt es, so hat man damit freilich auch alle andere

Tätigkeit aufgegeben (das Leben geopfert), auf anderem Wege wieder nur das Glück der Ruhe erworben. Den gleichen Weg verfolgt man bei ermäßigten Zielen, wenn man nur die Beherrschung des Trieblebens anstrebt. Das Herrschende sind dann die höheren psychischen Instanzen, die sich dem Realitätsprinzip unterworfen haben. Hierbei wird die Absicht der Befriedigung keineswegs aufgegeben; ein gewisser Schutz gegen Leiden wird dadurch erreicht, daß die Unbefriedigung der in Abhängigkeit gehaltenen Triebe nicht so schmerzlich empfunden wird wie die der ungehemmten. Dagegen steht aber eine unleugbare Herabsetzung der Genußmöglichkeiten. Das Glücksgefühl bei Befriedigung einer wilden, vom Ich ungebändigten Triebregung ist unvergleichlich intensiver als das bei Sättigung eines gezähmten Triebes. Die Unwiderstehlichkeit perverser Impulse, vielleicht der Anreiz des Verbotenen überhaupt, findet hierin eine ökonomische Erklärung.

Eine andere Technik der Leidabwehr bedient sich der Libidoverschiebungen, welche unser seelischer Apparat gestattet, durch die seine Funktion so viel an Geschmeidigkeit gewinnt. Die zu lösende Aufgabe ist, die Triebziele solcherart zu verlegen, daß sie von der Versagung der Außenwelt nicht getroffen werden können. Die Sublimierung der Triebe leiht dazu ihre Hilfe. Am meisten erreicht man, wenn man den Lustgewinn aus den Quellen psychischer und intellektueller Arbeit genügend zu erhöhen versteht. Das Schicksal kann einem dann wenig anhaben. Die Befriedigung solcher Art, wie die Freude des Künstlers am Schaffen, an der Verkörperung seiner Phantasiegebilde, die des Forschers an der Lösung von Problemen und am Erkennen der Wahrheit, haben eine besondere Qualität, die wir gewiß eines Tages werden metapsychologisch charakterisieren können. Derzeit können wir nur bildweise sagen, sie erscheinen uns »feiner und höher«, aber ihre Intensität ist im Vergleich mit der aus der Sättigung grober, primärer Triebregungen gedämpft; sie erschüttern nicht unsere Leiblichkeit. Die Schwäche dieser Methode liegt aber darin, daß sie nicht allgemein verwendbar, nur wenigen Menschen zugänglich ist. Sie setzt besondere, im wirksamen Ausmaß nicht gerade häufige Anlagen und Begabungen voraus. Auch diesen wenigen kann sie nicht vollkommenen Leidensschutz gewähren, sie schafft ihnen keinen für die Pfeile des Schicksals undurchdringlichen Panzer, und sie pflegt zu versagen, wenn der eigene Leib die Quelle des Leidens wird[1].

[1] Wenn nicht besondere Veranlagung den Lebensinteressen gebieterisch die Richtung vorschreibt, kann die gemeine, jedermann zugängliche Berufsarbeit an die Stelle rücken,

Wenn schon bei diesem Verfahren die Absicht deutlich wird, sich von der Außenwelt unabhängig zu machen, indem man seine Befriedigungen in inneren, psychischen Vorgängen sucht, so treten die gleichen Züge noch stärker bei dem nächsten hervor. Hier wird der Zusammenhang mit der Realität noch mehr gelockert, die Befriedigung wird aus Illusionen gewonnen, die man als solche erkennt, ohne sich durch deren Abweichung von der Wirklichkeit im Genuß stören zu lassen. Das Gebiet, aus dem diese Illusionen stammen, ist das des Phantasielebens; es wurde seinerzeit, als sich die Entwicklung des Realitätssinnes vollzog, ausdrücklich den Ansprüchen der Realitätsprüfung entzogen und blieb für die Erfüllung schwer durchsetzbarer Wünsche bestimmt. Obenan unter diesen Phantasiebefriedigungen steht der Genuß an Werken der Kunst, der auch dem nicht selbst Schöpferischen durch die Vermittlung des Künstlers zugänglich gemacht wird[1]. Wer für den Einfluß der Kunst empfänglich ist, weiß ihn als Lustquelle und Lebenströstung nicht hoch genug einzuschätzen. Doch vermag die milde Narkose, in die uns die Kunst versetzt, nicht mehr als eine flüchtige Entrückung aus den Nöten des Lebens herbeizuführen und ist nicht stark genug, um reales Elend vergessen zu machen.

Energischer und gründlicher geht ein anderes Verfahren vor, das den einzigen Feind in der Realität erblickt, die die Quelle alles Leids ist, mit der sich nicht leben läßt, mit der man darum alle Beziehungen abbrechen muß, wenn man in irgendeinem Sinne glücklich sein will. Der Eremit kehrt dieser Welt den Rücken, er will nichts mit ihr zu schaffen haben. Aber man kann mehr tun, man kann sie umschaffen wollen,

---

die ihr von dem weisen Ratschlag Voltaires angewiesen wird [s. S. 207]. Es ist nicht möglich, die Bedeutung der Arbeit für die Libidoökonomie im Rahmen einer knappen Übersicht ausreichend zu würdigen. Keine andere Technik der Lebensführung bindet den Einzelnen so fest an die Realität als die Betonung der Arbeit, die ihn wenigstens in ein Stück der Realität, in die menschliche Gemeinschaft sicher einfügt. Die Möglichkeit, ein starkes Ausmaß libidinöser Komponenten, narzißtische, aggressive und selbst erotische, auf die Berufsarbeit und auf die mit ihr verknüpften menschlichen Beziehungen zu verschieben, leiht ihr einen Wert, der hinter ihrer Unerläßlichkeit zur Behauptung und Rechtfertigung der Existenz in der Gesellschaft nicht zurücksteht. Besondere Befriedigung vermittelt die Berufstätigkeit, wenn sie eine frei gewählte ist, also bestehende Neigungen, fortgeführte oder konstitutionell verstärkte Triebregungen durch Sublimierung nutzbar zu machen gestattet. Und dennoch wird Arbeit als Weg zum Glück von den Menschen wenig geschätzt. Man drängt sich nicht zu ihr wie zu anderen Möglichkeiten der Befriedigung. Die große Mehrzahl der Menschen arbeitet nur notgedrungen, und aus dieser natürlichen Arbeitsscheu der Menschen leiten sich die schwierigsten sozialen Probleme ab.

[1] Vgl. ›Formulierungen über die zwei Prinzipien des psychischen Geschehens‹ (1911 *b*), und *Vorlesungen zur Einführung in die Psychoanalyse* (1916–17), XXIII.

anstatt ihrer eine andere aufbauen, in der die unerträglichsten Züge ausgetilgt und durch andere im Sinne der eigenen Wünsche ersetzt sind. Wer in verzweifelter Empörung diesen Weg zum Glück einschlägt, wird in der Regel nichts erreichen; die Wirklichkeit ist zu stark für ihn. Er wird ein Wahnsinniger, der in der Durchsetzung seines Wahns meist keine Helfer findet. Es wird aber behauptet, daß jeder von uns sich in irgendeinem Punkte ähnlich wie der Paranoiker benimmt, eine ihm unleidliche Seite der Welt durch eine Wunschbildung korrigiert und diesen Wahn in die Realität einträgt. Eine besondere Bedeutung beansprucht der Fall, daß eine größere Anzahl von Menschen gemeinsam den Versuch unternimmt, sich Glücksversicherung und Leidensschutz durch wahnhafte Umbildung der Wirklichkeit zu schaffen. Als solchen Massenwahn müssen wir auch die Religionen der Menschheit kennzeichnen. Den Wahn erkennt natürlich niemals, wer ihn selbst noch teilt.

Ich glaube nicht, daß diese Aufzählung der Methoden, wie die Menschen das Glück zu gewinnen und das Leiden fernzuhalten bemüht sind, vollständig ist, weiß auch, daß der Stoff andere Anordnungen zuläßt. Eines dieser Verfahren habe ich noch nicht angeführt; nicht daß ich daran vergessen hätte, sondern weil es uns noch in anderem Zusammenhange beschäftigen wird. Wie wäre es auch möglich, gerade an diese Technik der Lebenskunst zu vergessen! Sie zeichnet sich durch die merkwürdigste Vereinigung von charakteristischen Zügen aus. Sie strebt natürlich auch die Unabhängigkeit vom Schicksal – so nennen wir es am besten – an und verlegt in dieser Absicht die Befriedigung in innere seelische Vorgänge, bedient sich dabei der vorhin [S. 211] erwähnten Verschiebbarkeit der Libido, aber sie wendet sich nicht von der Außenwelt ab, klammert sich im Gegenteil an deren Objekte und gewinnt das Glück aus einer Gefühlsbeziehung zu ihnen. Sie gibt sich dabei auch nicht mit dem gleichsam müde resignierenden Ziel der Unlustvermeidung zufrieden, eher geht sie achtlos an diesem vorbei und hält am ursprünglichen, leidenschaftlichen Streben nach positiver Glückserfüllung fest. Vielleicht kommt sie diesem Ziele wirklich näher als jede andere Methode. Ich meine natürlich jene Richtung des Lebens, welche die Liebe zum Mittelpunkt nimmt, alle Befriedigung aus dem Lieben und Geliebtwerden erwartet. Eine solche psychische Einstellung liegt uns allen nahe genug; eine der Erscheinungsformen der Liebe, die geschlechtliche Liebe, hat uns die stärkste Erfahrung einer überwältigenden Lustempfindung vermittelt und so das Vorbild für unser Glücksstreben gegeben. Was ist natürlicher, als daß wir dabei beharren, das Glück auf demselben Wege zu suchen, auf dem wir es zuerst begegnet haben. Die schwache Seite dieser Lebenstechnik liegt klar zutage; sonst wäre es auch keinem Menschen eingefallen, diesen Weg zum Glück für einen anderen zu verlassen. Niemals sind wir ungeschützter gegen das Leiden, als wenn wir lieben, niemals hilfloser unglücklich, als wenn wir das geliebte Objekt oder seine Liebe verloren haben. Aber die auf den Glückswert der Liebe gegründete Lebenstechnik ist damit nicht erledigt, es ist viel mehr darüber zu sagen. [S. unten, S. 231.]

Hier kann man den interessanten Fall anschließen, daß das Lebensglück vorwiegend im Genusse der Schönheit gesucht wird, wo immer sie sich unseren Sinnen und unserem Urteil zeigt, der Schönheit menschlicher Formen und Gesten, von Naturobjekten und Landschaften, künstlerischen und selbst wissenschaftlichen Schöpfungen. Diese ästhetische Einstellung zum Lebensziel bietet wenig Schutz gegen drohende Leiden, vermag aber für vieles zu entschädigen. Der Genuß an der Schönheit hat einen besonderen, milde berauschenden Empfindungscharakter. Ein Nutzen der Schönheit liegt nicht klar zutage, ihre kulturelle Notwendigkeit ist nicht einzusehen, und doch könnte man sie in der Kultur nicht vermissen. Die Wissenschaft der Ästhetik untersucht die Bedingungen, unter denen das Schöne empfunden wird; über Natur und Herkunft der Schönheit hat sie keine Aufklärung geben können; wie gebräuchlich, wird die Ergebnislosigkeit durch einen Aufwand an volltönenden, inhaltsarmen Worten verhüllt. Leider weiß auch die Psychoanalyse über die Schönheit am wenigsten zu sagen. Einzig die Ableitung aus dem Gebiet des Sexualempfindens scheint gesichert; es wäre ein vorbildliches Beispiel einer zielgehemmten Regung. Die »Schönheit« und der »Reiz« sind ursprünglich Eigenschaften des Sexualobjekts[1]. Es ist bemerkenswert, daß die Genitalien selbst, deren Anblick immer erregend wirkt, doch fast nie als schön beurteilt werden, dagegen scheint der Charakter der Schönheit an gewissen sekundären Geschlechtsmerkmalen zu haften.

Trotz dieser Unvollständigkeit [der Aufzählung (S. 213)] getraue ich mich bereits einiger unsere Untersuchung abschließenden Bemerkungen. Das Programm, welches uns das Lustprinzip aufdrängt, glücklich zu werden [s. S. 208], ist nicht zu erfüllen, doch darf man – nein, kann man – die Bemühungen, es irgendwie der Erfüllung näherzubringen,

---

[1] [Ähnlich argumentierte Freud in der ersten Auflage seiner *Drei Abhandlungen zur Sexualtheorie* (1905 *d*), *Studienausgabe*, Bd. 5, S. 114, wie auch in einer diesem Werk im Jahre 1915 hinzugefügten Fußnote, ibid., S. 66, Anm. 2.]

nicht aufgeben. Man kann sehr verschiedene Wege dahin einschlagen, entweder den positiven Inhalt des Ziels, den Lustgewinn, oder den negativen, die Unlustvermeidung, voranstellen. Auf keinem dieser Wege können wir alles, was wir begehren, erreichen. Das Glück in jenem ermäßigten Sinn, in dem es als möglich erkannt wird, ist ein Problem der individuellen Libidoökonomie. Es gibt hier keinen Rat, der für alle taugt; ein jeder muß selbst versuchen, auf welche besondere Fasson er selig werden kann[1]. Die mannigfachsten Faktoren werden sich geltend machen, um seiner Wahl die Wege zu weisen. Es kommt darauf an, wieviel reale Befriedigung er von der Außenwelt zu erwarten hat und inwieweit er veranlaßt ist, sich von ihr unabhängig zu machen; zuletzt auch, wieviel Kraft er sich zutraut, diese nach seinen Wünschen abzuändern. Schon dabei wird außer den äußeren Verhältnissen die psychische Konstitution des Individuums entscheidend werden. Der vorwiegend erotische Mensch wird die Gefühlsbeziehungen zu anderen Personen voranstellen, der eher selbstgenügsame Narzißtische die wesentlichen Befriedigungen in seinen inneren seelischen Vorgängen suchen, der Tatenmensch von der Außenwelt nicht ablassen, an der er seine Kraft erproben kann[2]. Für den mittleren dieser Typen wird die Art seiner Begabung und das Ausmaß der ihm möglichen Triebsublimierung dafür bestimmend werden, wohin er seine Interessen verlegen soll. Jede extreme Entscheidung wird sich dadurch strafen, daß sie das Individuum den Gefahren aussetzt, die die Unzulänglichkeit der ausschließend gewählten Lebenstechnik mit sich bringt. Wie der vorsichtige Kaufmann es vermeidet, sein ganzes Kapital an einer Stelle festzulegen, so wird vielleicht auch die Lebensweisheit raten, nicht alle Befriedigung von einer einzigen Strebung zu erwarten. Der Erfolg ist niemals sicher, er hängt vom Zusammentreffen vieler Momente ab, von keinem vielleicht mehr als von der Fähigkeit der psychischen Konstitution, ihre Funktion der Umwelt anzupassen und diese für Lustgewinn auszunützen. Wer eine besonders ungünstige Triebkonstitution mitgebracht und die zur späteren Leistung unerläßliche Umbildung und Neuordnung seiner Libidokomponenten nicht regelrecht durchgemacht hat, wird es schwer haben, aus seiner äußeren Situation Glück zu gewinnen, zumal wenn er vor schwierigere Aufgaben ge-

---

[1] [Eine Anspielung auf den Friedrich dem Großen zugeschriebenen Ausspruch, wonach in seinem Staate jeder nach seiner Fasson selig werden könne.]

[2] [Seine Gedanken über diese verschiedenen Typen entwickelte Freud in seinem Artikel ›Über libidinöse Typen‹ (1931 *a*) weiter.]

stellt wird. Als letzte Lebenstechnik, die ihm wenigstens Ersatzbefriedigungen verspricht, bietet sich ihm die Flucht in die neurotische Krankheit, die er meist schon in jungen Jahren vollzieht. Wer dann in späterer Lebenszeit seine Bemühungen um das Glück vereitelt sieht, findet noch Trost im Lustgewinn der chronischen Intoxikation, oder er unternimmt den verzweifelten Auflehnungsversuch der Psychose [1].

Die Religion beeinträchtigt dieses Spiel der Auswahl und Anpassung, indem sie ihren Weg zum Glückserwerb und Leidensschutz allen in gleicher Weise aufdrängt. Ihre Technik besteht darin, den Wert des Lebens herabzudrücken und das Bild der realen Welt wahnhaft zu entstellen, was die Einschüchterung der Intelligenz zur Voraussetzung hat. Um diesen Preis, durch gewaltsame Fixierung eines psychischen Infantilismus und Einbeziehung in einen Massenwahn gelingt es der Religion, vielen Menschen die individuelle Neurose zu ersparen [2]. Aber kaum mehr; es gibt, wie wir gesagt haben, viele Wege, die zu dem Glück führen können, wie es dem Menschen erreichbar ist, keinen, der sicher dahin leitet. Auch die Religion kann ihr Versprechen nicht halten. Wenn der Gläubige sich endlich genötigt findet, von Gottes »unerforschlichem Ratschluß« zu reden, so gesteht er damit ein, daß ihm als letzte Trostmöglichkeit und Lustquelle im Leiden nur die bedingungslose Unterwerfung übriggeblieben ist. Und wenn er zu dieser bereit ist, hätte er sich wahrscheinlich den Umweg ersparen können.

---

[1] [*Zusatz 1931:*] Es drängt mich, wenigstens auf eine der Lücken hinzuweisen, die in obiger Darstellung geblieben sind. Eine Betrachtung der menschlichen Glücksmöglichkeiten sollte es nicht unterlassen, das relative Verhältnis des Narzißmus zur Objektlibido in Rechnung zu bringen. Man verlangt zu wissen, was es für die Libidoökonomie bedeutet, im wesentlichen auf sich selbst gestellt zu sein.

[2] [Vgl. *Die Zukunft einer Illusion*, oben, S. 177 f. und S. 178 Anm. 1.]

III

Unsere Untersuchung über das Glück hat uns bisher nicht viel gelehrt, was nicht allgemein bekannt ist. Auch wenn wir sie mit der Frage fortsetzen, warum es für die Menschen so schwer ist, glücklich zu werden, scheint die Aussicht, Neues zu erfahren, nicht viel größer. Wir haben die Antwort bereits [S. 208 f.] gegeben, indem wir auf die drei Quellen hinwiesen, aus denen unser Leiden kommt: die Übermacht der Natur, die Hinfälligkeit unseres eigenen Körpers und die Unzulänglichkeit der Einrichtungen, welche die Beziehungen der Menschen zueinander in Familie, Staat und Gesellschaft regeln. In betreff der beiden ersten kann unser Urteil nicht lange schwanken; es zwingt uns zur Anerkennung dieser Leidensquellen und zur Ergebung ins Unvermeidliche. Wir werden die Natur nie vollkommen beherrschen, unser Organismus, selbst ein Stück dieser Natur, wird immer ein vergängliches, in Anpassung und Leistung beschränktes Gebilde bleiben. Von dieser Erkenntnis geht keine lähmende Wirkung aus; im Gegenteil, sie weist unserer Tätigkeit die Richtung. Können wir nicht alles Leiden aufheben, so doch manches, und anderes lindern, mehrtausendjährige Erfahrung hat uns davon überzeugt. Anders verhalten wir uns zur dritten, zur sozialen Leidensquelle. Diese wollen wir überhaupt nicht gelten lassen, können nicht einsehen, warum die von uns selbst geschaffenen Einrichtungen nicht vielmehr Schutz und Wohltat für uns alle sein sollten. Allerdings, wenn wir bedenken, wie schlecht uns gerade dieses Stück der Leidverhütung gelungen ist, erwacht der Verdacht, es könnte auch hier ein Stück der unbesiegbaren Natur dahinterstecken, diesmal unserer eigenen psychischen Beschaffenheit.

Auf dem Wege, uns mit dieser Möglichkeit zu beschäftigen, treffen wir auf eine Behauptung, die so erstaunlich ist, daß wir bei ihr verweilen wollen. Sie lautet, einen großen Teil der Schuld an unserem Elend trage unsere sogenannte Kultur; wir wären viel glücklicher, wenn wir sie aufgeben und in primitive Verhältnisse zurückfinden würden. Ich heiße sie erstaunlich, weil – wie immer man den Begriff Kultur bestimmen mag – es doch feststeht, daß alles, womit wir uns gegen die Bedrohung aus den Quellen des Leidens zu schützen versuchen, eben der nämlichen Kultur zugehört.

Auf welchem Weg sind wohl so viele Menschen zu diesem Standpunkt befremdlicher Kulturfeindlichkeit gekommen?[1] Ich meine, eine tiefe, lang bestehende Unzufriedenheit mit dem jeweiligen Kulturzustand stellte den Boden her, auf dem sich dann bei bestimmten historischen Anlässen eine Verurteilung erhob. Den letzten und den vorletzten dieser Anlässe glaube ich zu erkennen; ich bin nicht gelehrt genug, um die Kette derselben weit genug in die Geschichte der menschlichen Art zurückzuverfolgen. Schon beim Sieg des Christentums über die heidnischen Religionen muß ein solcher kulturfeindlicher Faktor beteiligt gewesen sein. Der durch die christliche Lehre vollzogenen Entwertung des irdischen Lebens stand er ja sehr nahe. Die vorletzte Veranlassung ergab sich, als man im Fortschritt der Entdeckungsreisen in Berührung mit primitiven Völkern und Stämmen kam. Bei ungenügender Beobachtung und mißverständlicher Auffassung ihrer Sitten und Gebräuche schienen sie den Europäern ein einfaches, bedürfnisarmes, glückliches Leben zu führen, wie es den kulturell überlegenen Besuchern unerreichbar war. Die spätere Erfahrung hat manches Urteil dieser Art berichtigt; in vielen Fällen hatte man irrtümlich ein Maß von Lebenserleichterung, das der Großmut der Natur und der Bequemlichkeit in der Befriedigung der großen Bedürfnisse zu danken war, der Abwesenheit von verwickelten kulturellen Anforderungen zugeschrieben. Die letzte Veranlassung ist uns besonders vertraut; sie trat auf, als man den Mechanismus der Neurosen kennenlernte, die das bißchen Glück des Kulturmenschen zu untergraben drohen. Man fand, daß der Mensch neurotisch wird, weil er das Maß von Versagung nicht ertragen kann, das ihm die Gesellschaft im Dienste ihrer kulturellen Ideale auferlegt, und man schloß daraus, daß es eine Rückkehr zu Glücksmöglichkeiten bedeutete, wenn diese Anforderungen aufgehoben oder sehr herabgesetzt würden.

Es kommt noch ein Moment der Enttäuschung dazu. In den letzten Generationen haben die Menschen außerordentliche Fortschritte in den Naturwissenschaften und in ihrer technischen Anwendung gemacht, ihre Herrschaft über die Natur in einer früher unvorstellbaren Weise befestigt. Die Einzelheiten dieser Fortschritte sind allgemein bekannt, es erübrigt sich, sie aufzuzählen. Die Menschen sind stolz auf diese Errungenschaften und haben ein Recht dazu. Aber sie glauben bemerkt zu haben, daß diese neu gewonnene Verfügung über Raum und Zeit,

---

[1] [Diese Frage hatte Freud schon zwei Jahre zuvor ziemlich ausführlich in den Eingangskapiteln der *Zukunft einer Illusion*, s. oben, S. 139 ff., erörtert.]

diese Unterwerfung der Naturkräfte, die Erfüllung jahrtausendealter Sehnsucht, das Maß von Lustbefriedigung, das sie vom Leben erwarten, nicht erhöht, sie nach ihren Empfindungen nicht glücklicher gemacht hat. Man sollte sich begnügen, aus dieser Feststellung den Schluß zu ziehen, die Macht über die Natur sei nicht die einzige Bedingung des Menschenglücks, wie sie ja auch nicht das einzige Ziel der Kulturbestrebungen ist, und nicht die Wertlosigkeit der technischen Fortschritte für unsere Glücksökonomie daraus ableiten. Man möchte einwenden, ist es denn nicht ein positiver Lustgewinn, ein unzweideutiger Zuwachs an Glücksgefühl, wenn ich beliebig oft die Stimme des Kindes hören kann, das Hunderte von Kilometern entfernt von mir lebt, wenn ich die kürzeste Zeit nach der Landung des Freundes erfahren kann, daß er die lange, beschwerliche Reise gut bestanden hat? Bedeutet es nichts, daß es der Medizin gelungen ist, die Sterblichkeit der kleinen Kinder, die Infektionsgefahr der gebärenden Frauen so außerordentlich herabzusetzen, ja die mittlere Lebensdauer des Kulturmenschen um eine beträchtliche Anzahl von Jahren zu verlängern? Und solcher Wohltaten, die wir dem vielgeschmähten Zeitalter der wissenschaftlichen und technischen Fortschritte verdanken, können wir noch eine große Reihe anführen; – aber da läßt sich die Stimme der pessimistischen Kritik vernehmen und mahnt, die meisten dieser Befriedigungen folgten dem Muster jenes »billigen Vergnügens«, das in einer gewissen Anekdote angepriesen wird. Man verschafft sich diesen Genuß, indem man in kalter Winternacht ein Bein nackt aus der Decke herausstreckt und es dann wieder einzieht. Gäbe es keine Eisenbahn, die die Entfernungen überwindet, so hätte das Kind die Vaterstadt nie verlassen, man brauchte kein Telephon, um seine Stimme zu hören. Wäre nicht die Schiffahrt über den Ozean eingerichtet, so hätte der Freund nicht die Seereise unternommen, ich brauchte den Telegraphen nicht, um meine Sorge um ihn zu beschwichtigen. Was nützt uns die Einschränkung der Kindersterblichkeit, wenn gerade sie uns die äußerste Zurückhaltung in der Kindererzeugung aufnötigt, so daß wir im ganzen doch nicht mehr Kinder aufziehen als in den Zeiten vor der Herrschaft der Hygiene, dabei aber unser Sexualleben in der Ehe unter schwierige Bedingungen gebracht und wahrscheinlich der wohltätigen, natürlichen Auslese entgegengearbeitet haben? Und was soll uns endlich ein langes Leben, wenn es beschwerlich, arm an Freuden und so leidvoll ist, daß wir den Tod nur als Erlöser bewillkommnen können?

Es scheint festzustehen, daß wir uns in unserer heutigen Kultur nicht wohl fühlen, aber es ist sehr schwer, sich ein Urteil darüber zu bilden, ob und inwieweit die Menschen früherer Zeiten sich glücklicher gefühlt haben und welchen Anteil ihre Kulturbedingungen daran hatten. Wir werden immer die Neigung haben, das Elend objektiv zu erfassen, d. h. uns mit unseren Ansprüchen und Empfänglichkeiten in jene Bedingungen zu versetzen, um dann zu prüfen, welche Anlässe zu Glücks- und Unglücksempfindungen wir in ihnen fänden. Diese Art der Betrachtung, die objektiv erscheint, weil sie von den Variationen der subjektiven Empfindlichkeit absieht, ist natürlich die subjektivste, die möglich ist, indem sie an die Stelle aller anderen unbekannten seelischen Verfassungen die eigene einsetzt. Das Glück ist aber etwas durchaus Subjektives. Wir mögen noch so sehr vor gewissen Situationen zurückschrecken, der des antiken Galeerensklaven, des Bauern im 30jährigen Krieg, des Opfers der heiligen Inquisition, des Juden, der den Pogrom erwartet, es ist uns doch unmöglich, uns in diese Personen einzufühlen, die Veränderungen zu erraten, die ursprüngliche Stumpfheit, allmähliche Abstumpfung, Einstellung der Erwartungen, gröbere und feinere Weisen der Narkotisierung in der Empfänglichkeit für Lust- und Unlustempfindungen herbeigeführt haben. Im Falle äußerster Leidmöglichkeit werden auch bestimmte seelische Schutzvorrichtungen in Tätigkeit versetzt. Es scheint mir unfruchtbar, diese Seite des Problems weiter zu verfolgen.

Es ist Zeit, daß wir uns um das Wesen dieser Kultur kümmern, deren Glückswert in Zweifel gezogen wird. Wir werden keine Formel fordern, die dieses Wesen in wenigen Worten ausdrückt, noch ehe wir etwas aus der Untersuchung erfahren haben. Es genügt uns also zu wiederholen[1], daß das Wort »Kultur« die ganze Summe der Leistungen und Einrichtungen bezeichnet, in denen sich unser Leben von dem unserer tierischen Ahnen entfernt und die zwei Zwecken dienen: dem Schutz des Menschen gegen die Natur und der Regelung der Beziehungen der Menschen untereinander. Um mehr zu verstehen, werden wir die Züge der Kultur im einzelnen zusammensuchen, wie sie sich in menschlichen Gemeinschaften zeigen. Wir lassen uns dabei ohne Bedenken vom Sprachgebrauch, oder wie man auch sagt: Sprachgefühl, leiten im Vertrauen darauf, daß wir so inneren Einsichten gerecht werden, die sich dem Ausdruck in abstrakten Worten noch widersetzen.
Der Eingang ist leicht: Als kulturell anerkennen wir alle Tätigkeiten und Werte, die dem Menschen nützen, indem sie ihm die Erde dienst-

[1] S.: *Die Zukunft einer Illusion* (1927 *c*) [S. 139 f., oben].

bar machen, ihn gegen die Gewalt der Naturkräfte schützen u. dgl. Über diese Seite des Kulturellen besteht ja am wenigsten Zweifel. Um weit genug zurückzugehen, die ersten kulturellen Taten waren der Gebrauch von Werkzeugen, die Zähmung des Feuers, der Bau von Wohnstätten. Unter ihnen ragt die Zähmung des Feuers als eine ganz außerordentliche, vorbildlose Leistung hervor[1], mit den anderen schlug der Mensch Wege ein, die er seither immer weiter verfolgt hat, zu denen die Anregung leicht zu erraten ist. Mit all seinen Werkzeugen vervollkommnet der Mensch seine Organe – die motorischen wie die sensorischen – oder räumt die Schranken für ihre Leistung weg. Die Motoren stellen ihm riesige Kräfte zur Verfügung, die er wie seine Muskeln in beliebige Richtungen schicken kann, das Schiff und das Flugzeug machen, daß weder Wasser noch Luft seine Fortbewegung hindern können. Mit der Brille korrigiert er die Mängel der Linse in seinem Auge, mit dem Fernrohr schaut er in entfernte Weiten, mit dem Mikroskop überwindet er die Grenzen der Sichtbarkeit, die durch den Bau seiner Netzhaut abgesteckt werden. In der photographischen Kamera hat er ein Instrument geschaffen, das die flüchtigen Seheindrücke festhält, was ihm die Grammophonplatte für die ebenso vergänglichen Schalleindrücke leisten muß, beides im Grunde Materialisationen des ihm gegebenen Vermögens der Erinnerung, seines Gedächtnisses. Mit Hilfe des Telephons hört er aus Entfernungen, die selbst das Märchen als unerreichbar respektieren würde; die Schrift ist ursprünglich die Sprache des Abwesenden, das Wohnhaus ein Ersatz für den Mutterleib, die

[1] Psychoanalytisches Material, unvollständig, nicht sicher deutbar, läßt doch wenigstens eine – phantastisch klingende – Vermutung über den Ursprung dieser menschlichen Großtat zu. Als wäre der Urmensch gewohnt gewesen, wenn er dem Feuer begegnete, eine infantile Lust an ihm zu befriedigen, indem er es durch seinen Harnstrahl auslöschte. An der ursprünglichen phallischen Auffassung der züngelnden, sich in die Höhe reckenden Flamme kann nach vorhandenen Sagen kein Zweifel sein. Das Feuerlöschen durch Urinieren – auf das noch die späten Riesenkinder Gulliver in Liliput und Rabelais' Gargantua zurückgreifen – war also wie ein sexueller Akt mit einem Mann, ein Genuß der männlichen Potenz im homosexuellen Wettkampf. Wer zuerst auf diese Lust verzichtete, das Feuer verschonte, konnte es mit sich forttragen und in seinen Dienst zwingen. Dadurch daß er das Feuer seiner eigenen sexuellen Erregung dämpfte, hatte er die Naturkraft des Feuers gezähmt. Diese große kulturelle Eroberung wäre also der Lohn für einen Triebverzicht. Und weiter, als hätte man das Weib zur Hüterin des auf dem häuslichen Herd gefangengehaltenen Feuers bestellt, weil ihr anatomischer Bau es ihr verbietet, einer solchen Lustversuchung nachzugeben. Es ist auch bemerkenswert, wie regelmäßig die analytischen Erfahrungen den Zusammenhang von Ehrgeiz, Feuer und Harnerotik bezeugen. – [Freud nimmt den Gegenstand dieser Anmerkung in seiner in diesem Bande enthaltenen Arbeit ›Zur Gewinnung des Feuers‹ (1932 *a*) noch einmal auf. Eine vollständige Liste seiner Erwähnungen des Themas findet sich in der ›Editorischen Vorbemerkung‹ zu jener späteren Arbeit, S. 447 f., unten.]

erste, wahrscheinlich noch immer ersehnte Behausung, in der man sicher war und sich so wohl fühlte.

Es klingt nicht nur wie ein Märchen, es ist direkt die Erfüllung aller – nein, der meisten – Märchenwünsche, was der Mensch durch seine Wissenschaft und Technik auf dieser Erde hergestellt hat, in der er zuerst als ein schwaches Tierwesen auftrat und in die jedes Individuum seiner Art wiederum als hilfloser Säugling – *»oh inch of nature!«* [1] – eintreten muß. All diesen Besitz darf er als Kulturerwerb ansprechen. Er hatte sich seit langen Zeiten eine Idealvorstellung von Allmacht und Allwissenheit gebildet, die er in seinen Göttern verkörperte. Ihnen schrieb er alles zu, was seinen Wünschen unerreichbar schien – oder ihm verboten war. Man darf also sagen, diese Götter waren Kulturideale. Nun hat er sich der Erreichung dieses Ideals sehr angenähert, ist beinahe selbst ein Gott geworden. Freilich nur so, wie man nach allgemein menschlichem Urteil Ideale zu erreichen pflegt. Nicht vollkommen, in einigen Stücken gar nicht, in anderen nur so halbwegs. Der Mensch ist sozusagen eine Art Prothesengott geworden, recht großartig, wenn er alle seine Hilfsorgane anlegt, aber sie sind nicht mit ihm verwachsen und machen ihm gelegentlich noch viel zu schaffen. Er hat übrigens ein Recht, sich damit zu trösten, daß diese Entwicklung nicht gerade mit dem Jahr 1930 A. D. abgeschlossen sein wird. Ferne Zeiten werden neue, wahrscheinlich unvorstellbar große Fortschritte auf diesem Gebiete der Kultur mit sich bringen, die Gottähnlichkeit noch weiter steigern. Im Interesse unserer Untersuchung wollen wir aber auch nicht daran vergessen, daß der heutige Mensch sich in seiner Gottähnlichkeit nicht glücklich fühlt.

Wir anerkennen also die Kulturhöhe eines Landes, wenn wir finden, daß alles in ihm gepflegt und zweckmäßig besorgt wird, was der Ausnützung der Erde durch den Menschen und dem Schutz desselben vor den Naturkräften dienlich, also kurz zusammengefaßt: ihm nützlich ist. In einem solchen Land seien Flüsse, die mit Überschwemmungen drohen, in ihrem Lauf reguliert, ihr Wasser durch Kanäle hingeleitet,

[1] [Tatsächlich findet sich dieser sehr shakespearehaft klingende Ausspruch nirgends bei Shakespeare. Dagegen kommen die Worte *»Poore inch of Nature«* in einem Roman von George Wilkins, *The Painfull Aduentures of Pericles Prince of Tyre*, vor; Pericles richtet sie an seine neugeborene Tochter. Der Roman erschien 1608, kurz nach der Veröffentlichung des Shakespeareschen Dramas, an dessen Entstehung Wilkins mutmaßlich beteiligt war. Freuds unerwartete Vertrautheit mit der Formulierung läßt sich damit erklären, daß sie in einer Diskussion über die Entstehung des *Pericles* in dem bekannten Shakespeare-Buch des dänischen Literaturkritikers Georg Brandes vorkommt; eine deutsche Übersetzung des Buches stand in Freuds Bibliothek (Brandes, 1896).]

wo es entbehrt wird. Der Erdboden werde sorgfältig bearbeitet und mit den Gewächsen beschickt, die er zu tragen geeignet ist, die mineralischen Schätze der Tiefe emsig zutage gefördert und zu den verlangten Werkzeugen und Geräten verarbeitet. Die Verkehrsmittel seien reichlich, rasch und zuverlässig, die wilden und gefährlichen Tiere seien ausgerottet, die Zucht der zu Haustieren gezähmten sei in Blüte. Wir haben aber an die Kultur noch andere Anforderungen zu stellen und hoffen bemerkenswerterweise sie in denselben Ländern verwirklicht zu finden. Als wollten wir unseren zuerst erhobenen Anspruch verleugnen, begrüßen wir es auch als kulturell, wenn wir sehen, daß sich die Sorgfalt der Menschen auch Dingen zuwendet, die ganz und gar nicht nützlich sind, eher unnütz erscheinen, z. B. wenn die in einer Stadt als Spielplätze und Luftreservoirs notwendigen Gartenflächen auch Blumenbeete tragen oder wenn die Fenster der Wohnungen mit Blumentöpfen geschmückt sind. Wir merken bald, das Unnütze, dessen Schätzung wir von der Kultur erwarten, ist die Schönheit; wir fordern, daß der Kulturmensch die Schönheit verehre, wo sie ihm in der Natur begegnet, und sie herstelle an Gegenständen, soweit seiner Hände Arbeit es vermag. Weit entfernt, daß unsere Ansprüche an die Kultur damit erschöpft wären. Wir verlangen noch die Zeichen von Reinlichkeit und Ordnung zu sehen. Wir denken nicht hoch von der Kultur einer englischen Landstadt zur Zeit Shakespeares, wenn wir lesen, daß ein hoher Misthaufen vor der Türe seines väterlichen Hauses in Stratford lagerte; wir sind ungehalten und schelten es »barbarisch«, was der Gegensatz zu kulturell ist, wenn wir die Wege des Wiener Waldes mit weggeworfenen Papieren bestreut finden. Unsauberkeit jeder Art scheint uns mit Kultur unvereinbar; auch auf den menschlichen Körper dehnen wir die Forderung der Reinlichkeit aus, hören mit Erstaunen, welch üblen Geruch die Person des *Roi Soleil* zu verbreiten pflegte, und schütteln den Kopf, wenn uns auf Isola Bella [1] die winzige Waschschüssel gezeigt wird, deren sich Napoleon bei seiner Morgentoilette bediente. Ja, wir sind nicht überrascht, wenn jemand den Gebrauch von Seife direkt als Kulturmesser aufstellt. Ähnlich ist es mit der Ordnung, die ebenso wie die Reinlichkeit sich ganz auf Menschenwerk bezieht. Aber während wir Reinlichkeit in der Natur nicht erwarten dürfen, ist die Ordnung vielmehr der Natur abgelauscht; die Beobachtung der großen astronomischen Regelmäßigkeiten hat dem Menschen nicht nur das Vorbild, son-

[1] [Die bekannte Insel im Lago Maggiore, die Napoleon wenige Tage vor der Schlacht von Marengo besuchte.]

dern die ersten Anhaltspunkte für die Einführung der Ordnung in sein Leben gegeben. Die Ordnung ist eine Art Wiederholungszwang, die durch einmalige Einrichtung entscheidet, wann, wo und wie etwas getan werden soll, so daß man in jedem gleichen Falle Zögern und Schwanken erspart. Die Wohltat der Ordnung ist ganz unleugbar, sie ermöglicht dem Menschen die beste Ausnützung von Raum und Zeit, während sie seine psychischen Kräfte schont. Man hätte ein Recht zu erwarten, daß sie sich von Anfang an und zwanglos im menschlichen Tun durchsetzt, und darf erstaunen, daß dies nicht der Fall ist, daß der Mensch vielmehr einen natürlichen Hang zur Nachlässigkeit, Unregelmäßigkeit und Unzuverlässigkeit in seiner Arbeit an den Tag legt und erst mühselig zur Nachahmung der himmlischen Vorbilder erzogen werden muß.

Schönheit, Reinlichkeit und Ordnung nehmen offenbar eine besondere Stellung unter den Kulturanforderungen ein. Niemand wird behaupten, daß sie ebenso lebenswichtig seien wie die Beherrschung der Naturkräfte und andere Momente, die wir noch kennenlernen sollen, und doch wird niemand gern sie als Nebensächlichkeiten zurückstellen wollen. Daß die Kultur nicht allein auf Nutzen bedacht ist, zeigt schon das Beispiel der Schönheit, die wir unter den Interessen der Kultur nicht vermissen wollen. Der Nutzen der Ordnung ist ganz offenbar; bei der Reinlichkeit haben wir zu bedenken, daß sie auch von der Hygiene gefordert wird, und können vermuten, daß dieser Zusammenhang den Menschen auch vor der Zeit einer wissenschaftlichen Krankheitsverhütung nicht ganz fremd war. Aber der Nutzen erklärt uns das Streben nicht ganz; es muß noch etwas anderes im Spiele sein.

Durch keinen anderen Zug vermeinen wir aber die Kultur besser zu kennzeichnen als durch die Schätzung und Pflege der höheren psychischen Tätigkeiten, der intellektuellen, wissenschaftlichen und künstlerischen Leistungen, der führenden Rolle, welche den Ideen im Leben der Menschen eingeräumt wird. Unter diesen Ideen stehen obenan die religiösen Systeme, auf deren verwickelten Aufbau ich an anderer Stelle Licht zu werfen versuchte [1]; neben ihnen die philosophischen Spekulationen und endlich, was man die Idealbildungen der Menschen heißen kann, ihre Vorstellungen von einer möglichen Vollkommenheit der einzelnen Person, des Volkes, der ganzen Menschheit und die Anforderungen, die sie auf Grund solcher Vorstellungen erheben. Daß diese Schöpfungen nicht unabhängig voneinander sind, vielmehr innig unter-

[1] [Vgl. in diesem Band die vorhergehende Arbeit, *Die Zukunft einer Illusion.*]

einander verwoben, erschwert sowohl ihre Darstellung wie ihre psychologische Ableitung. Wenn wir ganz allgemein annehmen, die Triebfeder aller menschlichen Tätigkeiten sei das Streben nach den beiden zusammenfließenden Zielen, Nutzen und Lustgewinn, so müssen wir dasselbe auch für die hier angeführten kulturellen Äußerungen gelten lassen, obwohl es nur für die wissenschaftliche und künstlerische Tätigkeit leicht ersichtlich ist. Man kann aber nicht bezweifeln, daß auch die anderen starken Bedürfnissen der Menschen entsprechen, vielleicht solchen, die nur bei einer Minderzahl entwickelt sind. Auch darf man sich nicht durch Werturteile über einzelne dieser religiösen, philosophischen Systeme und dieser Ideale beirren lassen; ob man die höchste Leistung des Menschengeistes in ihnen sucht oder ob man sie als Verirrungen beklagt, man muß anerkennen, daß ihr Vorhandensein, besonders ihre Vorherrschaft, einen Hochstand der Kultur bedeutet.

Als letzten, gewiß nicht unwichtigsten Charakterzug einer Kultur haben wir zu würdigen, in welcher Weise die Beziehungen der Menschen zueinander, die sozialen Beziehungen, geregelt sind, die den Menschen als Nachbarn, als Hilfskraft, als Sexualobjekt eines anderen, als Mitglied einer Familie, eines Staates betreffen. Es wird hier besonders schwer, sich von bestimmten Idealforderungen frei zu halten und das, was überhaupt kulturell ist, zu erfassen. Vielleicht beginnt man mit der Erklärung, das kulturelle Element sei mit dem ersten Versuch, diese sozialen Beziehungen zu regeln, gegeben. Unterbliebe ein solcher Versuch, so wären diese Beziehungen der Willkür des Einzelnen unterworfen, d. h. der physisch Stärkere würde sie im Sinne seiner Interessen und Triebregungen entscheiden. Daran änderte sich nichts, wenn dieser Stärkere seinerseits einen einzelnen noch Stärkeren fände. Das menschliche Zusammenleben wird erst ermöglicht, wenn sich eine Mehrheit zusammenfindet, die stärker ist als jeder Einzelne und gegen jeden Einzelnen zusammenhält. Die Macht dieser Gemeinschaft stellt sich nun als »Recht« der Macht des Einzelnen, die als »rohe Gewalt« verurteilt wird, entgegen. Diese Ersetzung der Macht des Einzelnen durch die der Gemeinschaft ist der entscheidende kulturelle Schritt. Ihr Wesen besteht darin, daß sich die Mitglieder der Gemeinschaft in ihren Befriedigungsmöglichkeiten beschränken, während der Einzelne keine solche Schranke kannte. Die nächste kulturelle Anforderung ist also die der Gerechtigkeit, d. h. die Versicherung, daß die einmal gegebene Rechtsordnung nicht wieder zu Gunsten eines Einzelnen durchbrochen werde. Über den ethischen Wert eines solchen Rechts wird hiermit nicht entschieden.

Der weitere Weg der kulturellen Entwicklung scheint dahin zu streben, daß dieses Recht nicht mehr der Willensausdruck einer kleinen Gemeinschaft – Kaste, Bevölkerungsschichte, Volksstammes – sei, welche sich zu anderen und vielleicht umfassenderen solchen Massen wieder wie ein gewalttätiges Individuum verhält. Das Endergebnis soll ein Recht sein, zu dem alle – wenigstens alle Gemeinschaftsfähigen – durch ihre Triebopfer beigetragen haben und das keinen – wiederum mit der gleichen Ausnahme – zum Opfer der rohen Gewalt werden läßt.

Die individuelle Freiheit ist kein Kulturgut. Sie war am größten vor jeder Kultur, allerdings damals meist ohne Wert, weil das Individuum kaum imstande war, sie zu verteidigen. Durch die Kulturentwicklung erfährt sie Einschränkungen, und die Gerechtigkeit fordert, daß keinem diese Einschränkungen erspart werden. Was sich in einer menschlichen Gemeinschaft als Freiheitsdrang rührt, kann Auflehnung gegen eine bestehende Ungerechtigkeit sein und so einer weiteren Entwicklung der Kultur günstig werden, mit der Kultur verträglich bleiben. Es kann aber auch dem Rest der ursprünglichen, von der Kultur ungebändigten Persönlichkeit entstammen und so Grundlage der Kulturfeindseligkeit werden. Der Freiheitsdrang richtet sich also gegen bestimmte Formen und Ansprüche der Kultur oder gegen Kultur überhaupt. Es scheint nicht, daß man den Menschen durch irgendwelche Beeinflussung dazu bringen kann, seine Natur in die eines Termiten umzuwandeln, er wird wohl immer seinen Anspruch auf individuelle Freiheit gegen den Willen der Masse verteidigen. Ein gut Teil des Ringens der Menschheit staut sich um die eine Aufgabe, einen zweckmäßigen, d. h. beglückenden Ausgleich zwischen diesen individuellen und den kulturellen Massenansprüchen zu finden, es ist eines ihrer Schicksalsprobleme, ob dieser Ausgleich durch eine bestimmte Gestaltung der Kultur erreichbar oder ob der Konflikt unversöhnlich ist.

Indem wir uns vom gemeinen Empfinden sagen ließen, welche Züge im Leben der Menschen kulturell zu nennen sind, haben wir einen deutlichen Eindruck vom Gesamtbild der Kultur bekommen, freilich zunächst nichts erfahren, was nicht allgemein bekannt ist. Dabei haben wir uns gehütet, dem Vorurteil beizustimmen, Kultur sei gleichbedeutend mit Vervollkommnung, sei der Weg zur Vollkommenheit, die dem Menschen vorgezeichnet ist. Nun aber drängt sich uns eine Auffassung auf, die vielleicht anderswohin führt. Die Kulturentwicklung erscheint uns als ein eigenartiger Prozeß, der über die Menschheit abläuft, an dem uns manches wie vertraut anmutet. Diesen Prozeß können wir durch die Veränderungen charakterisieren, die er mit den bekannten menschlichen Triebanlagen vornimmt, deren Befriedigung doch die ökonomische Aufgabe unseres Lebens ist. Einige dieser Triebe werden in solcher Weise aufgezehrt, daß an ihrer Stelle etwas auftritt, was wir beim Einzelindividuum als Charaktereigenschaft beschreiben. Das merkwürdigste Beispiel dieses Vorganges haben wir an der Analerotik des jugendlichen Menschen gefunden. Sein ursprüngliches Interesse an der Exkretionsfunktion, ihren Organen und Produkten wandelt sich im Lauf des Wachstums in die Gruppe von Eigenschaften um, die uns als Sparsamkeit, Sinn für Ordnung und Reinlichkeit bekannt sind, die, an und für sich wertvoll und willkommen, sich zu auffälliger Vorherrschaft steigern können und dann das ergeben, was man den Analcharakter heißt. Wie das zugeht, wissen wir nicht, an der Richtigkeit dieser Auffassung ist kein Zweifel[1]. Nun haben wir gefunden, daß Ordnung und Reinlichkeit wesentliche Kulturansprüche sind, obgleich ihre Lebensnotwendigkeit nicht gerade einleuchtet, ebensowenig wie ihre Eignung als Genußquellen. An dieser Stelle mußte sich uns die Ähnlichkeit des Kulturprozesses mit der Libidoentwicklung des Einzelnen zuerst aufdrängen. Andere Triebe [neben denen der Analerotik] werden dazu veranlaßt, die Bedingungen ihrer Befriedigung zu verschieben, auf andere Wege zu verlegen, was in den meisten Fällen mit der uns wohlbekannten *Sublimierung* (der Triebziele) zusammenfällt, in anderen sich noch von ihr sondern läßt. Die Triebsublimierung ist ein besonders hervorstechender Zug der Kulturentwicklung, sie macht es möglich, daß höhere psychische Tätigkeiten, wissenschaftliche, künstlerische, ideologische, eine so bedeutsame Rolle im Kulturleben spielen. Wenn man dem ersten Eindruck nachgibt, ist man versucht zu sagen, die Sublimierung sei überhaupt ein von der Kultur erzwungenes Triebschicksal. Aber man tut besser, sich das noch länger zu überlegen. Drittens[2] endlich, und das scheint das Wichtigste, ist es unmöglich zu übersehen, in welchem Ausmaß die Kultur auf Triebverzicht aufgebaut ist, wie sehr sie gerade die Nichtbefriedigung (Unterdrückung, Verdrängung oder sonst etwas?) von mächtigen Trieben zur Voraussetzung hat. Diese »Kulturversagung« beherrscht das große Gebiet der sozialen Beziehungen der Menschen; wir wissen bereits, sie ist die Ursache der Feind-

---

[1] S. ›Charakter und Analerotik‹ (1908 *b*) und zahlreiche weitere Beiträge von E. Jones [1918] u. a.

[2] [Freud hatte vorher bereits zwei andere Faktoren erwähnt, die im »Kulturprozeß« eine Rolle spielen: Charakterbildung und Sublimierung.]

seligkeit, gegen die alle Kulturen zu kämpfen haben. Sie wird auch an unsere wissenschaftliche Arbeit schwere Anforderungen stellen, wir haben da viel Aufklärung zu geben. Es ist nicht leicht zu verstehen, wie man es möglich macht, einem Trieb die Befriedigung zu entziehen. Es ist gar nicht so ungefährlich; wenn man es nicht ökonomisch kompensiert, kann man sich auf ernste Störungen gefaßt machen.

Wenn wir aber wissen wollen, welchen Wert unsere Auffassung der Kulturentwicklung als eines besonderen Prozesses, vergleichbar der normalen Reifung des Individuums, beanspruchen kann, müssen wir offenbar ein anderes Problem in Angriff nehmen, uns die Frage stellen, welchen Einflüssen die Kulturentwicklung ihren Ursprung dankt, wie sie entstanden ist und wodurch ihr Lauf bestimmt wurde[1].

---

[1] [Freud kehrt zu dem Thema der Kultur als eines »Prozesses« unten, auf S. 249 sowie S. 264 ff., noch einmal zurück; ferner berührt er es in den beiden langen Fußnoten zu Anfang und am Schluß von Kapitel IV. Einen Überblick über Geschichte und Bedeutung dieses Begriffs mit weiteren Verweisen enthält die ›Editorische Vorbemerkung‹ zur vorliegenden Arbeit, oben, S. 193–4.]

IV

Diese Aufgabe scheint übergroß, man darf seine Verzagtheit eingestehen. Hier das wenige, was ich erraten konnte.

Nachdem der Urmensch entdeckt hatte, daß es – wörtlich so verstanden – in seiner Hand lag, sein Los auf der Erde durch Arbeit zu verbessern, konnte es ihm nicht gleichgültig sein, ob ein anderer mit oder gegen ihn arbeitete. Der andere gewann für ihn den Wert des Mitarbeiters, mit dem zusammen zu leben nützlich war. Noch vorher, in seiner affenähnlichen Vorzeit, hatte er die Gewohnheit angenommen, Familien zu bilden; die Mitglieder der Familie waren wahrscheinlich seine ersten Helfer. Vermutlich hing die Gründung der Familie damit zusammen, daß das Bedürfnis genitaler Befriedigung nicht mehr wie ein Gast auftrat, der plötzlich bei einem erscheint und nach seiner Abreise lange nichts mehr von sich hören läßt, sondern sich als Dauermieter beim Einzelnen niederließ. Damit bekam das Männchen ein Motiv, das Weib oder allgemeiner: die Sexualobjekte bei sich zu behalten; die Weibchen, die sich von ihren hilflosen Jungen nicht trennen wollten, mußten auch in deren Interesse beim stärkeren Männchen bleiben [1]. In

---

[1] Die organische Periodizität des Sexualvorgangs ist zwar erhalten geblieben, aber ihr Einfluß auf die psychische Sexualerregung hat sich eher ins Gegenteil verkehrt. Diese Veränderung hängt am ehesten zusammen mit dem Zurücktreten der Geruchsreize, durch welche der Menstruationsvorgang auf die männliche Psyche einwirkte. Deren Rolle wurde von Gesichtserregungen übernommen, die im Gegensatz zu den intermittierenden Geruchsreizen eine permanente Wirkung unterhalten konnten. Das Tabu der Menstruation entstammt dieser »organischen Verdrängung« als Abwehr einer überwundenen Entwicklungsphase; alle anderen Motivierungen sind wahrscheinlich sekundärer Natur. (Vgl. C. D. Daly, 1927.) Dieser Vorgang wiederholt sich auf anderem Niveau, wenn die Götter einer überholten Kulturperiode zu Dämonen werden. Das Zurücktreten der Geruchsreize scheint aber selbst Folge der Abwendung des Menschen von der Erde, des Entschlusses zum aufrechten Gang, der nun die bisher gedeckten Genitalien sichtbar und schutzbedürftig macht und so das Schämen hervorruft. Am Beginne des verhängnisvollen Kulturprozesses stünde also die Aufrichtung des Menschen. Die Verkettung läuft von hier aus über die Entwertung der Geruchsreize und die Isolierung der Periode zum Übergewicht der Gesichtsreize, Sichtbarwerden der Genitalien, weiter zur Kontinuität der Sexualerregung, Gründung der Familie und damit zur Schwelle der menschlichen Kultur. Dies ist nur eine theoretische Spekulation, aber wichtig genug, um eine exakte Nachprüfung an den Lebensverhältnissen der dem Menschen nahestehenden Tiere zu verdienen.

Auch in dem Kulturstreben nach Reinlichkeit, das in hygienischen Rücksichten eine

dieser primitiven Familie vermissen wir noch einen wesentlichen Zug der Kultur; die Willkür des Oberhauptes und Vaters war unbeschränkt. In *Totem und Tabu* [1912–13][1] habe ich versucht, den Weg aufzuzeigen, der von dieser Familie zur nächsten Stufe des Zusammenlebens in Form der Brüderbünde führte. Bei der Überwältigung des Vaters hatten die Söhne die Erfahrung gemacht, daß eine Vereinigung stärker sein kann als der Einzelne. Die totemistische Kultur ruht auf den Einschränkungen, die sie zur Aufrechterhaltung des neuen Zustandes einander auferlegen mußten. Die Tabuvorschriften waren das erste »Recht«. Das Zusammenleben der Menschen war also zweifach begründet durch den Zwang zur Arbeit, den die äußere Not schuf, und durch die Macht der Liebe, die von seiten des Mannes das Sexualobjekt im Weibe, von seiten des Weibes das von ihr abgelöste Teilstück des Kindes nicht entbehren wollte. Eros und Ananke sind auch die Eltern der menschlichen Kultur geworden. Der erste Kulturerfolg war, daß nun auch eine größere Anzahl von Menschen in Gemeinschaft bleiben konnten. Und da beide großen Mächte dabei zusammenwirkten, könnte man erwarten, daß sich die weitere Entwicklung glatt vollziehen würde, zu immer besserer Beherrschung der Außenwelt wie zur weiteren Ausdehnung der

---

nachträgliche Rechtfertigung findet, aber sich bereits vor dieser Einsicht geäußert hat, ist ein soziales Moment unverkennbar. Der Antrieb zur Reinlichkeit entspringt dem Drang nach Beseitigung der Exkremente, die der Sinneswahrnehmung unangenehm geworden sind. Wir wissen, daß es in der Kinderstube anders ist. Die Exkremente erregen beim Kinde keinen Abscheu, erscheinen ihm als losgelöster Teil seines Körpers wertvoll. Die Erziehung dringt hier besonders energisch auf die Beschleunigung des bevorstehenden Entwicklungsganges, der die Exkremente wertlos, ekelhaft, abscheulich und verwerflich machen soll. Eine solche Umwertung wäre kaum möglich, wenn diese dem Körper entzogenen Stoffe nicht durch ihre starken Gerüche verurteilt wären, an dem Schicksal teilzunehmen, das nach der Aufrichtung des Menschen vom Boden den Geruchsreizen vorbehalten ist. Die Analerotik erliegt also zunächst der »organischen Verdrängung«, die den Weg zur Kultur gebahnt hat. Der soziale Faktor, der die weitere Umwandlung der Analerotik besorgt, bezeugt sich durch die Tatsache, daß trotz aller Entwicklungsfortschritte dem Menschen der Geruch der eigenen Exkremente kaum anstößig ist, immer nur der der Ausscheidungen des anderen. Der Unreinliche, d. h. der, der seine Exkremente nicht verbirgt, beleidigt also den anderen, zeigt keine Rücksicht für ihn, und dasselbe besagen ja auch die kräftigsten, gebräuchlichsten Beschimpfungen. Es wäre auch unverständlich, daß der Mensch den Namen seines treuesten Freundes in der Tierwelt als Schimpfwort verwendet, wenn der Hund nicht durch zwei Eigenschaften die Verachtung des Menschen auf sich zöge, daß er ein Geruchstier ist, das sich vor Exkrementen nicht scheut, und daß er sich seiner sexuellen Funktionen nicht schämt. [Vgl. einige Bemerkungen über die Entstehung von Freuds Ansichten über dieses Thema in der ›Editorischen Vorbemerkung‹, oben, S. 194.]

[1] [Was Freud hier »primitive Familie« nennt, bezeichnet er sonst meist als »Urhorde«; Atkinson (1903), auf den dieser Gedanke im wesentlichen zurückgeht, spricht von der »zyklopischen Familie«. S. hierzu Aufsatz IV in *Totem und Tabu*, unten, S. 426 ff.]

von der Gemeinschaft umfaßten Menschenzahl. Man versteht auch nicht leicht, wie diese Kultur auf ihre Teilnehmer anders als beglückend wirken kann.

Ehe wir noch untersuchen, woher eine Störung kommen kann, lassen wir uns durch die Anerkennung der Liebe als einer Grundlage der Kultur ablenken, um eine Lücke in einer früheren Erörterung auszufüllen [s. S. 214]. Wir sagten, die Erfahrung, daß die geschlechtliche (genitale) Liebe dem Menschen die stärksten Befriedigungserlebnisse gewähre, ihm eigentlich das Vorbild für alles Glück gebe, müßte es nahegelegt haben, die Glücksbefriedigung im Leben auch weiterhin auf dem Gebiet der geschlechtlichen Beziehungen zu suchen, die genitale Erotik in den Mittelpunkt des Lebens zu stellen. Wir setzten fort, daß man sich auf diesem Wege in bedenklichster Weise von einem Stück der Außenwelt, nämlich vom gewählten Liebesobjekt, abhängig mache und dem stärksten Leiden aussetze, wenn man von diesem verschmäht werde oder es durch Untreue oder Tod verliere. Die Weisen aller Zeiten haben darum nachdrücklichst von diesem Lebensweg abgeraten; er hat dennoch für eine große Anzahl von Menschenkindern seine Anziehung nicht verloren.

Einer geringen Minderzahl wird es durch ihre Konstitution ermöglicht, das Glück doch auf dem Wege der Liebe zu finden, wobei aber weitgehende seelische Abänderungen der Liebesfunktion unerläßlich sind. Diese Personen machen sich von der Zustimmung des Objekts unabhängig, indem sie den Hauptwert vom Geliebtwerden auf das eigene Lieben verschieben, sie schützen sich gegen dessen Verlust, indem sie ihre Liebe nicht auf einzelne Objekte, sondern in gleichem Maße auf alle Menschen richten, und sie vermeiden die Schwankungen und Enttäuschungen der genitalen Liebe dadurch, daß sie von deren Sexualziel ablenken, den Trieb in eine *zielgehemmte* Regung verwandeln. Was sie auf diese Art bei sich zustande bringen, der Zustand eines gleichschwebenden, unbeirrbaren, zärtlichen Empfindens, hat mit dem stürmisch bewegten, genitalen Liebesleben, von dem es doch abgeleitet ist, nicht mehr viel äußere Ähnlichkeit. Der heilige Franciscus von Assisi mag es in dieser Ausnützung der Liebe für das innere Glücksgefühl am weitesten gebracht haben; was wir als eine der Techniken der Erfüllung des Lustprinzips erkennen, ist auch vielfach in Beziehung zur Religion gebracht worden, mit der es in jenen entlegenen Regionen zusammenhängen mag, wo die Unterscheidung des Ichs von den Objekten und dieser voneinander vernachlässigt wird. Eine ethische Betrachtung, deren tiefere

Motivierung uns noch offenbar werden wird [s. S. 241], will in dieser Bereitschaft zur allgemeinen Menschen- und Weltliebe die höchste Einstellung sehen, zu der sich der Mensch erheben kann. Wir möchten schon hier unsere zwei hauptsächlichen Bedenken nicht zurückhalten. Eine Liebe, die nicht auswählt, scheint uns einen Teil ihres eigenen Werts einzubüßen, indem sie an dem Objekt ein Unrecht tut. Und weiter: es sind nicht alle Menschen liebenswert.

Jene Liebe, welche die Familie gründete, bleibt in ihrer ursprünglichen Ausprägung, in der sie auf direkte sexuelle Befriedigung nicht verzichtet, sowie in ihrer Modifikation als zielgehemmte Zärtlichkeit in der Kultur weiter wirksam. In beiden Formen setzt sie ihre Funktion fort, eine größere Anzahl von Menschen aneinander zu binden und in intensiverer Art, als es dem Interesse der Arbeitsgemeinschaft gelingt. Die Nachlässigkeit der Sprache in der Anwendung des Wortes »Liebe« findet eine genetische Rechtfertigung. Liebe nennt man die Beziehung zwischen Mann und Weib, die auf Grund ihrer genitalen Bedürfnisse eine Familie gegründet haben, Liebe aber auch die positiven Gefühle zwischen Eltern und Kindern, zwischen den Geschwistern in der Familie, obwohl wir diese Beziehung als zielgehemmte Liebe, als Zärtlichkeit, beschreiben müssen. Die zielgehemmte Liebe war eben ursprünglich vollsinnliche Liebe und ist es im Unbewußten des Menschen noch immer. Beide, vollsinnliche und zielgehemmte Liebe, greifen über die Familie hinaus und stellen neue Bindungen an bisher Fremde her. Die genitale Liebe führt zu neuen Familienbildungen, die zielgehemmte zu »Freundschaften«, welche kulturell wichtig werden, weil sie manchen Beschränkungen der genitalen Liebe, z. B. deren Ausschließlichkeit, entgehen. Aber das Verhältnis der Liebe zur Kultur verliert im Verlaufe der Entwicklung seine Eindeutigkeit. Einerseits widersetzt sich die Liebe den Interessen der Kultur, anderseits bedroht die Kultur die Liebe mit empfindlichen Einschränkungen.

Diese Entzweiung scheint unvermeidlich; ihr Grund ist nicht sofort zu erkennen. Sie äußert sich zunächst als ein Konflikt zwischen der Familie und der größeren Gemeinschaft, der der Einzelne angehört. Wir haben bereits erraten, daß es eine der Hauptbestrebungen der Kultur ist, die Menschen zu großen Einheiten zusammenzuballen. Die Familie will aber das Individuum nicht freigeben. Je inniger der Zusammenhalt der Familienmitglieder ist, desto mehr sind sie oft geneigt, sich von anderen abzuschließen, desto schwieriger wird ihnen der Eintritt in den größeren Lebenskreis. Die phylogenetisch ältere, in der Kindheit allein bestehende Weise des Zusammenlebens wehrt sich, von der später erworbenen, kulturellen abgelöst zu werden. Die Ablösung von der Familie wird für jeden Jugendlichen zu einer Aufgabe, bei deren Lösung ihn die Gesellschaft oft durch Pubertäts- und Aufnahmsriten unterstützt. Man gewinnt den Eindruck, dies seien Schwierigkeiten, die jeder psychischen, ja im Grunde auch jeder organischen Entwicklung anhängen.

Ferner treten bald die Frauen in einen Gegensatz zur Kulturströmung und entfalten ihren verzögernden und zurückhaltenden Einfluß, dieselben, die anfangs durch die Forderungen ihrer Liebe das Fundament der Kultur gelegt hatten. Die Frauen vertreten die Interessen der Familie und des Sexuallebens; die Kulturarbeit ist immer mehr Sache der Männer geworden, stellt ihnen immer schwierigere Aufgaben, nötigt sie zu Triebsublimierungen, denen die Frauen wenig gewachsen sind. Da der Mensch nicht über unbegrenzte Quantitäten psychischer Energie verfügt, muß er seine Aufgaben durch zweckmäßige Verteilung der Libido erledigen. Was er für kulturelle Zwecke verbraucht, entzieht er großenteils den Frauen und dem Sexualleben: das beständige Zusammensein mit Männern, seine Abhängigkeit von den Beziehungen zu ihnen entfremden ihn sogar seinen Aufgaben als Ehemann und Vater. So sieht sich die Frau durch die Ansprüche der Kultur in den Hintergrund gedrängt und tritt zu ihr in ein feindliches Verhältnis.

Von seiten der Kultur ist die Tendenz zur Einschränkung des Sexuallebens nicht minder deutlich als die andere zur Ausdehnung des Kulturkreises. Schon die erste Kulturphase, die des Totemismus, bringt das Verbot der inzestuösen Objektwahl mit sich, vielleicht die einschneidendste Verstümmelung, die das menschliche Liebesleben im Laufe der Zeiten erfahren hat. Durch Tabu, Gesetz und Sitte werden weitere Einschränkungen hergestellt, die sowohl die Männer als die Frauen betreffen. Nicht alle Kulturen gehen darin gleich weit; die wirtschaftliche Struktur der Gesellschaft beeinflußt auch das Maß der restlichen Sexualfreiheit. Wir wissen schon, daß die Kultur dabei dem Zwang der ökonomischen Notwendigkeit folgt, da sie der Sexualität einen großen Betrag der psychischen Energie entziehen muß, die sie selbst verbraucht. Dabei benimmt sich die Kultur gegen die Sexualität wie ein Volksstamm oder eine Schichte der Bevölkerung, die eine andere ihrer Ausbeutung unterworfen hat. Die Angst vor dem Aufstand der Unterdrückten treibt zu strengen Vorsichtsmaßregeln. Einen Höhepunkt solcher Entwicklung zeigt unsere westeuropäische Kultur. Es ist psychologisch durchaus berechtigt, daß sie damit einsetzt, die Äußerungen des kindlichen Sexuallebens zu verpönen, denn die Eindämmung der sexuellen Gelüste der Erwachsenen hat keine Aussicht, wenn ihr nicht in der Kindheit vorgearbeitet wurde. Nur läßt es sich auf keine Art rechtfertigen, daß die Kulturgesellschaft so weit gegangen ist, diese leicht nachweisbaren, ja auffälligen Phänomene auch zu leugnen. Die Objektwahl des geschlechtsreifen Individuums wird auf das gegenteilige Geschlecht eingeengt, die meisten außergenitalen Befriedigungen als Perversionen untersagt. Die in diesen Verboten kundgegebene Forderung eines für alle gleichartigen Sexuallebens setzt sich über die Ungleichheiten in der angeborenen und erworbenen Sexualkonstitution der Menschen hinaus, schneidet eine ziemliche Anzahl von ihnen vom Sexualgenuß ab und wird so die Quelle schwerer Ungerechtigkeit. Der Erfolg dieser einschränkenden Maßregeln könnte nun sein, daß bei denen, die normal, die nicht konstitutionell daran verhindert sind, alles Sexualinteresse ohne Einbuße in die offen gelassenen Kanäle einströmt. Aber was von der Ächtung frei bleibt, die heterosexuelle genitale Liebe, wird durch die Beschränkungen der Legitimität und der Einehe weiter beeinträchtigt. Die heutige Kultur gibt deutlich zu erkennen, daß sie sexuelle Beziehungen nur auf Grund einer einmaligen, unauflösbaren Bindung eines Mannes an ein Weib gestatten will, daß sie die Sexualität als selbständige Lustquelle nicht mag und sie nur als bisher unersetzte Quelle für die Vermehrung der Menschen zu dulden gesinnt ist.

Das ist natürlich ein Extrem. Es ist bekannt, daß es sich als undurchführbar, selbst für kürzere Zeiten, erwiesen hat. Nur die Schwächlinge haben sich einem so weitgehenden Einbruch in ihre Sexualfreiheit gefügt, stärkere Naturen nur unter einer kompensierenden Bedingung, von der später die Rede sein kann[1]. Die Kulturgesellschaft hat sich genötigt gesehen, viele Überschreitungen stillschweigend zuzulassen, die sie nach ihren Satzungen hätte verfolgen müssen. Doch darf man nicht nach der anderen Seite irregehen und annehmen, eine solche kulturelle Einstellung sei überhaupt harmlos, weil sie nicht alle ihre Absichten erreiche. Das Sexualleben des Kulturmenschen ist doch schwer geschädigt, es macht mitunter den Eindruck einer in Rückbildung befindlichen Funktion, wie unser Gebiß und unsere Kopfhaare als Organe zu sein scheinen. Man hat wahrscheinlich ein Recht anzunehmen, daß seine Bedeutung als Quelle von Glücksempfindungen, also in der Erfüllung un-

---

[1] [Als Kompensation ergibt sich ein gewisses Maß an Sicherheit, s. unten, S. 243.]

seres Lebenszweckes, empfindlich nachgelassen hat[1]. Manchmal glaubt man zu erkennen, es sei nicht allein der Druck der Kultur, sondern etwas am Wesen der Funktion selbst versage uns die volle Befriedigung und dränge uns auf andere Wege. Es mag ein Irrtum sein, es ist schwer zu entscheiden[2].

---

[1] Unter den Dichtungen des feinsinnigen Engländers J. Galsworthy, der sich heute allgemeiner Anerkennung erfreut, schätzte ich früh eine kleine Geschichte, betitelt: ›The Apple-Tree‹. Sie zeigt in eindringlicher Weise, wie im Leben des heutigen Kulturmenschen für die einfache, natürliche Liebe zweier Menschenkinder kein Raum mehr ist.

[2] Folgende Bemerkungen, um die oben ausgesprochene Vermutung zu stützen: Auch der Mensch ist ein Tierwesen von unzweideutig bisexueller Anlage. Das Individuum entspricht einer Verschmelzung zweier symmetrischer Hälften, von denen nach Ansicht mancher Forscher die eine rein männlich, die andere weiblich ist. Ebensowohl ist es möglich, daß jede Hälfte ursprünglich hermaphroditisch war. Die Geschlechtlichkeit ist eine biologische Tatsache, die, obwohl von außerordentlicher Bedeutung für das Seelenleben, psychologisch schwer zu erfassen ist. Wir sind gewohnt zu sagen: jeder Mensch zeige sowohl männliche als weibliche Triebregungen, Bedürfnisse, Eigenschaften, aber den Charakter des Männlichen und Weiblichen kann zwar die Anatomie, aber nicht die Psychologie aufzeigen. Für sie verblaßt der geschlechtliche Gegensatz zu dem von Aktivität und Passivität, wobei wir allzu unbedenklich die Aktivität mit der Männlichkeit, die Passivität mit der Weiblichkeit zusammenfallen lassen, was sich in der Tierreihe keineswegs ausnahmslos bestätigt. Die Lehre von der Bisexualität liegt noch sehr im dunkeln, und daß sie noch keine Verknüpfung mit der Trieblehre gefunden hat, müssen wir in der Psychoanalyse als schwere Störung verspüren. Wie dem auch sein mag, wenn wir als tatsächlich annehmen, daß der Einzelne in seinem Sexualleben männliche wie weibliche Wünsche befriedigen will, sind wir für die Möglichkeit vorbereitet, daß diese Ansprüche nicht durch das nämliche Objekt erfüllt werden und daß sie einander stören, wenn es nicht gelingt, sie auseinanderzuhalten und jede Regung in eine besondere, ihr angemessene Bahn zu leiten. Eine andere Schwierigkeit ergibt sich daraus, daß der erotischen Beziehung außer der ihr eigenen sadistischen Komponente so häufig ein Betrag von direkter Aggressionsneigung beigesellt ist. Das Liebesobjekt wird diesen Komplikationen nicht immer soviel Verständnis und Toleranz entgegenbringen wie jene Bäuerin, die sich beklagt, daß ihr Mann sie nicht mehr liebt, weil er sie seit einer Woche nicht mehr geprügelt hat.

Am tiefsten reicht aber die Vermutung, die an die Ausführungen in der Anmerkung S. 229 f. anknüpft, daß mit der Aufrichtung des Menschen und der Entwertung des Geruchssinnes die gesamte Sexualität, nicht nur die Analerotik, ein Opfer der organischen Verdrängung zu werden drohte, so daß seither die sexuelle Funktion von einem weiter nicht zu begründenden Widerstreben begleitet wird, das eine volle Befriedigung verhindert und vom Sexualziel wegdrängt zu Sublimierungen und Libidoverschiebungen. Ich weiß, daß Bleuler (1913) einmal auf das Vorhandensein einer solchen ursprünglichen abweisenden Einstellung zum Sexualleben hingewiesen hat. An der Tatsache des ›*Inter urinas et faeces nascimur* [wir werden zwischen Urin und Faeces geboren]‹ nehmen alle Neurotiker und viele außer ihnen Anstoß. Die Genitalien erzeugen auch starke Geruchsempfindungen, die vielen Menschen unerträglich sind und ihnen den Sexualverkehr verleiden. So ergäbe sich als tiefste Wurzel der mit der Kultur fortschreitenden Sexualverdrängung die organische Abwehr der mit dem aufrechten Gang gewonnenen neuen Lebensform gegen die frühere animalische Existenz, ein Resultat wissenschaftlicher Erforschung, das sich in merkwürdiger Weise mit oft laut gewordenen banalen Vorurteilen deckt. Immerhin sind dies derzeit nur ungesicherte, von der Wissenschaft nicht erhärtete Möglichkeiten. Wir wollen auch nicht vergessen, daß trotz der unleugbaren Entwertung der Geruchsreize es selbst in Europa Völker gibt, die die starken, uns so widrigen Genitalgerüche als Reizmittel der Sexualität hochschätzen und auf sie nicht verzichten wollen. (Siehe die folkloristischen Erhebungen auf die ›Umfrage‹ von Iwan Bloch ›Über den Geruchssinn in der *vita sexualis*‹ in verschiedenen Jahrgängen der *Anthropophyteia* von Friedrich S. Krauß.)

[Hinsichtlich der Schwierigkeit, die psychologische Bedeutung von »Männlichkeit« und »Weiblichkeit« zu bestimmen, s. die lange Fußnote, die Freud 1915 seinen *Drei Abhandlungen zur Sexualtheorie* (1905 *d*), *Studienausgabe*, Bd. 5, S. 123 f., hinzugefügt hat, ferner eine Erörterung zu Beginn der 33. Vorlesung der *Neuen Folge der Vorlesungen* (1933 *a*), ibid., Bd. 1, S. 545–8. – Freud hat die bedeutsamen Folgen der Nachbarschaft von Sexual- und Ausscheidungsorganen erstmals in seinem Manuskript K angedeutet, das er am 1. Januar 1896 an Fließ schickte (Freud, 1950 *a*). Später kam er mehrfach darauf zurück. Vgl. z. B. die Krankengeschichte der »Dora« (1905 *e* [1901]), *Studienausgabe*, Bd. 6, S. 108 und Anm. 3, sowie den zweiten Artikel über die ›Psychologie des Liebeslebens‹ (1912 *d*), ibid., Bd. 5, S. 208–9. Vgl. auch die ›Editorische Vorbemerkung‹, oben, S. 194.]

V

Die psychoanalytische Arbeit hat uns gelehrt, daß gerade diese Versagungen des Sexuallebens von den sogenannten Neurotikern nicht vertragen werden. Sie schaffen sich in ihren Symptomen Ersatzbefriedigungen, die aber entweder an sich Leiden schaffen oder Leidensquelle werden, indem sie ihnen Schwierigkeiten mit Umwelt und Gesellschaft bereiten. Das letztere ist leicht verständlich, das andere gibt uns ein neues Rätsel auf. Die Kultur verlangt aber noch andere Opfer als an Sexualbefriedigung.

Wir haben die Schwierigkeiten der Kulturentwicklung als eine allgemeine Entwicklungsschwierigkeit aufgefaßt, indem wir sie auf die Trägheit der Libido zurückführten, auf deren Abneigung, eine alte Position gegen eine neue zu verlassen[1]. Wir sagen ungefähr dasselbe, wenn wir den Gegensatz zwischen Kultur und Sexualität davon ableiten, daß die sexuelle Liebe ein Verhältnis zwischen zwei Personen ist, bei dem ein Dritter nur überflüssig oder störend sein kann, während die Kultur auf Beziehungen unter einer größeren Menschenanzahl ruht. Auf der Höhe eines Liebesverhältnisses bleibt kein Interesse für die Umwelt übrig; das Liebespaar genügt sich selbst, braucht auch nicht das gemeinsame Kind, um glücklich zu sein. In keinem anderen Falle verrät der Eros so deutlich den Kern seines Wesens, die Absicht, aus mehreren eines zu machen, aber wenn er dies, wie es sprichwörtlich geworden ist, in der Verliebtheit zweier Menschen zueinander erreicht hat, will er darüber nicht hinausgehen.

Wir können uns bisher sehr gut vorstellen, daß eine Kulturgemeinschaft aus solchen Doppelindividuen bestünde, die, in sich libidinös gesättigt, durch das Band der Arbeits- und Interessengemeinschaft miteinander verknüpft sind. In diesem Falle brauchte die Kultur der Sexualität keine Energie zu entziehen. Aber dieser wünschenswerte Zustand besteht nicht und hat niemals bestanden; die Wirklichkeit zeigt

---

[1] [S. beispielsweise S. 232 f., oben. Freud erörtert den Begriff der »psychischen Trägheit« allgemein am Schluß seiner Arbeit über einen Fall von Paranoia (1915 *f*); s. *Studienausgabe*, Bd. 7, S. 216, wo eine editorische Anmerkung noch weitere Verweise gibt.]

uns, daß die Kultur sich nicht mit den ihr bisher zugestandenen Bindungen begnügt, daß sie die Mitglieder der Gemeinschaft auch libidinös aneinander binden will, daß sie sich aller Mittel hiezu bedient, jeden Weg begünstigt, starke Identifizierungen unter ihnen herzustellen, im größten Ausmaße zielgehemmte Libido aufbietet, um die Gemeinschaftsbande durch Freundschaftsbeziehungen zu kräftigen. Zur Erfüllung dieser Absichten wird die Einschränkung des Sexuallebens unvermeidlich. Uns fehlt aber die Einsicht in die Notwendigkeit, welche die Kultur auf diesen Weg drängt und ihre Gegnerschaft zur Sexualität begründet. Es muß sich um einen von uns noch nicht entdeckten störenden Faktor handeln.

Eine der sogenannten Idealforderungen[1] der Kulturgesellschaft kann uns hier die Spur zeigen. Sie lautet: »Du sollst den Nächsten lieben wie dich selbst«; sie ist weltberühmt, gewiß älter als das Christentum, das sie als seinen stolzesten Anspruch vorweist, aber sicherlich nicht sehr alt; in historischen Zeiten war sie den Menschen noch fremd. Wir wollen uns naiv zu ihr einstellen, als hörten wir von ihr zum ersten Male. Dann können wir ein Gefühl von Überraschung und Befremden nicht unterdrücken. Warum sollen wir das? Was soll es uns helfen? Vor allem aber, wie bringen wir das zustande? Wie wird es uns möglich? Meine Liebe ist etwas mir Wertvolles, das ich nicht ohne Rechenschaft verwerfen darf. Sie legt mir Pflichten auf, die ich mit Opfern zu erfüllen bereit sein muß. Wenn ich einen anderen liebe, muß er es auf irgendeine Art verdienen. (Ich sehe von dem Nutzen, den er mir bringen kann, sowie von seiner möglichen Bedeutung als Sexualobjekt für mich ab; diese beiden Arten der Beziehung kommen für die Vorschrift der Nächstenliebe nicht in Betracht.) Er verdient es, wenn er mir in wichtigen Stücken so ähnlich ist, daß ich in ihm mich selbst lieben kann; er verdient es, wenn er so viel vollkommener ist als ich, daß ich mein Ideal von meiner eigenen Person in ihm lieben kann; ich muß ihn lieben, wenn er der Sohn meines Freundes ist, denn der Schmerz des Freundes, wenn ihm ein Leid zustößt, wäre auch mein Schmerz, ich müßte ihn teilen. Aber wenn er mir fremd ist und mich durch keinen eigenen Wert, keine bereits erworbene Bedeutung für mein Gefühlsleben anziehen kann, wird es mir schwer, ihn zu lieben. Ich tue sogar unrecht damit, denn meine Liebe wird von all den Meinen als Bevorzugung geschätzt; es ist ein Unrecht an ihnen, wenn ich den Fremden ihnen gleichstelle.

---

[1] [Siehe S. 224, oben. Vgl. auch ›Die »kulturelle« Sexualmoral‹ (1908 *d*), oben, S. 28.]

Wenn ich ihn aber lieben soll, mit jener Weltliebe, bloß weil er auch ein Wesen dieser Erde ist, wie das Insekt, der Regenwurm, die Ringelnatter, dann wird, fürchte ich, ein geringer Betrag Liebe auf ihn entfallen, unmöglich so viel, als ich nach dem Urteil der Vernunft berechtigt bin, für mich selbst zurückzubehalten. Wozu eine so feierlich auftretende Vorschrift, wenn ihre Erfüllung sich nicht als vernünftig empfehlen kann?

Wenn ich näher zusehe, finde ich noch mehr Schwierigkeiten. Dieser Fremde ist nicht nur im allgemeinen nicht liebenswert, ich muß ehrlich bekennen, er hat mehr Anspruch auf meine Feindseligkeit, sogar auf meinen Haß. Er scheint nicht die mindeste Liebe für mich zu haben, bezeigt mir nicht die geringste Rücksicht. Wenn es ihm einen Nutzen bringt, hat er kein Bedenken, mich zu schädigen, fragt sich dabei auch nicht, ob die Höhe seines Nutzens der Größe des Schadens, den er mir zufügt, entspricht. Ja, er braucht nicht einmal einen Nutzen davon zu haben; wenn er nur irgendeine Lust damit befriedigen kann, macht er sich nichts daraus, mich zu verspotten, zu beleidigen, zu verleumden, seine Macht an mir zu zeigen, und je sicherer er sich fühlt, je hilfloser ich bin, desto sicherer darf ich dies Benehmen gegen mich von ihm erwarten. Wenn er sich anders verhält, wenn er mir als Fremdem Rücksicht und Schonung erweist, bin ich ohnedies, ohne jene Vorschrift bereit, es ihm in ähnlicher Weise zu vergelten. Ja, wenn jenes großartige Gebot lauten würde: »Liebe deinen Nächsten, wie dein Nächster dich liebt«, dann würde ich nicht widersprechen. Es gibt ein zweites Gebot, das mir noch unfaßbarer scheint und ein noch heftigeres Sträuben in mir entfesselt. Es heißt: »Liebe deine Feinde.« Wenn ich's recht überlege, habe ich unrecht, es als eine noch stärkere Zumutung abzuweisen. Es ist im Grunde dasselbe[1].

Ich glaube nun von einer würdevollen Stimme die Mahnung zu hören: »Eben darum, weil der Nächste nicht liebenswert und eher dein Feind

---

[1] Ein großer Dichter darf sich gestatten, schwer verpönte psychologische Wahrheiten wenigstens scherzend zum Ausdruck zu bringen. So gesteht H. Heine: »Ich habe die friedlichste Gesinnung. Meine Wünsche sind: eine bescheidene Hütte, ein Strohdach, aber ein gutes Bett, gutes Essen, Milch und Butter, sehr frisch, vor dem Fenster Blumen, vor der Tür einige schöne Bäume, und wenn der liebe Gott mich ganz glücklich machen will, läßt er mich die Freude erleben, daß an diesen Bäumen etwa sechs bis sieben meiner Feinde aufgehängt werden. Mit gerührtem Herzen werde ich ihnen vor ihrem Tode alle Unbill verzeihen, die sie mir im Leben zugefügt – ja, man muß seinen Feinden verzeihen, aber nicht früher, als bis sie gehenkt werden.« (Heine, *Gedanken und Einfälle* [Abschnitt I].)

ist, sollst du ihn lieben wie dich selbst.« Ich verstehe dann, das ist ein ähnlicher Fall wie das *Credo quia absurdum*[1].

Es ist nun sehr wahrscheinlich, daß der Nächste, wenn er aufgefordert wird, mich so zu lieben wie sich selbst, genauso antworten wird wie ich und mich mit den nämlichen Begründungen abweisen wird. Ich hoffe, nicht mit demselben objektiven Recht, aber dasselbe wird auch er meinen. Immerhin gibt es Unterschiede im Verhalten der Menschen, die die Ethik mit Hinwegsetzung über deren Bedingtheit als »gut« und »böse« klassifiziert. Solange diese unleugbaren Unterschiede nicht aufgehoben sind, bedeutet die Befolgung der hohen ethischen Forderungen eine Schädigung der Kulturabsichten, indem sie direkte Prämien für das Bösesein aufstellt. Man kann hier die Erinnerung an einen Vorgang nicht abweisen, der sich in der französischen Kammer zutrug, als über die Todesstrafe verhandelt wurde; ein Redner hatte sich leidenschaftlich für ihre Abschaffung eingesetzt und erntete stürmischen Beifall, bis eine Stimme aus dem Saale die Worte dazwischenrief: *»Que messieurs les assassins commencent!«*

Das gern verleugnete Stück Wirklichkeit hinter alledem ist, daß der Mensch nicht ein sanftes, liebebedürftiges Wesen ist, das sich höchstens, wenn angegriffen, auch zu verteidigen vermag, sondern daß er zu seinen Triebbegabungen auch einen mächtigen Anteil von Aggressionsneigung rechnen darf. Infolgedessen ist ihm der Nächste nicht nur möglicher Helfer und Sexualobjekt, sondern auch eine Versuchung, seine Aggression an ihm zu befriedigen, seine Arbeitskraft ohne Entschädigung auszunützen, ihn ohne seine Einwilligung sexuell zu gebrauchen, sich in den Besitz seiner Habe zu setzen, ihn zu demütigen, ihm Schmerzen zu bereiten, zu martern und zu töten. *Homo homini lupus*[2]; wer hat nach allen Erfahrungen des Lebens und der Geschichte den Mut, diesen Satz zu bestreiten? Diese grausame Aggression wartet in der Regel eine Provokation ab oder stellt sich in den Dienst einer anderen Absicht, deren Ziel auch mit milderen Mitteln zu erreichen wäre. Unter ihr günstigen Umständen, wenn die seelischen Gegenkräfte, die sie sonst hemmen, weggefallen sind, äußert sie sich auch spontan, enthüllt den Menschen als wilde Bestie, der die Schonung der eigenen Art fremd ist. Wer die Greuel der Völkerwanderung, der Einbrüche der Hunnen,

---

[1] [S. *Die Zukunft einer Illusion*, oben, S. 162 und Anm. 1. Auf das Gebot, seinen Nächsten wie sich selbst zu lieben, kommt Freud noch einmal weiter unten, auf S. 267 f., zu sprechen.]

[2] [»Der Mensch ist des Menschen Wolf«, nach Plautus, *Asinaria* II, 4, 88.]

der sogenannten Mongolen unter Dschengis Khan und Timurlenk, der Eroberung Jerusalems durch die frommen Kreuzfahrer, ja selbst noch die Schrecken des letzten Weltkriegs in seine Erinnerung ruft, wird sich vor der Tatsächlichkeit dieser Auffassung demütig beugen müssen.

Die Existenz dieser Aggressionsneigung, die wir bei uns selbst verspüren können, beim anderen mit Recht voraussetzen, ist das Moment, das unser Verhältnis zum Nächsten stört und die Kultur zu ihrem Aufwand [an Energie] nötigt. Infolge dieser primären Feindseligkeit der Menschen gegeneinander ist die Kulturgesellschaft beständig vom Zerfall bedroht. Das Interesse der Arbeitsgemeinschaft würde sie nicht zusammenhalten, triebhafte Leidenschaften sind stärker als vernünftige Interessen. Die Kultur muß alles aufbieten, um den Aggressionstrieben der Menschen Schranken zu setzen, ihre Äußerungen durch psychische Reaktionsbildungen niederzuhalten. Daher also das Aufgebot von Methoden, die die Menschen zu Identifizierungen und zielgehemmten Liebesbeziehungen antreiben sollen, daher die Einschränkung des Sexuallebens und daher auch das Idealgebot, den Nächsten so zu lieben wie sich selbst, das sich wirklich dadurch rechtfertigt, daß nichts anderes der ursprünglichen menschlichen Natur so sehr zuwiderläuft. Durch alle ihre Mühen hat diese Kulturbestrebung bisher nicht sehr viel erreicht. Die gröbsten Ausschreitungen der brutalen Gewalt hofft sie zu verhüten, indem sie sich selbst das Recht beilegt, an den Verbrechern Gewalt zu üben, aber die vorsichtigeren und feineren Äußerungen der menschlichen Aggression vermag das Gesetz nicht zu erfassen. Jeder von uns kommt dahin, die Erwartungen, die er in der Jugend an seine Mitmenschen geknüpft, als Illusionen fallenzulassen, und kann erfahren, wie sehr ihm das Leben durch deren Übelwollen erschwert und schmerzhaft gemacht wird. Dabei wäre es ein Unrecht, der Kultur vorzuwerfen, daß sie Streit und Wettkampf aus den menschlichen Betätigungen ausschließen will. Diese sind sicherlich unentbehrlich, aber Gegnerschaft ist nicht notwendig Feindschaft, wird nur zum Anlaß für sie mißbraucht.

Die Kommunisten glauben den Weg zur Erlösung vom Übel gefunden zu haben. Der Mensch ist eindeutig gut, seinem Nächsten wohlgesinnt, aber die Einrichtung des privaten Eigentums hat seine Natur verdorben. Besitz an privaten Gütern gibt dem einen die Macht und damit die Versuchung, den Nächsten zu mißhandeln; der vom Besitz Ausgeschlossene muß sich in Feindseligkeit gegen den Unterdrücker auflehnen. Wenn man das Privateigentum aufhebt, alle Güter gemeinsam macht und alle Menschen an deren Genuß teilnehmen läßt, werden Übelwollen und Feindseligkeit unter den Menschen verschwinden. Da alle Bedürfnisse befriedigt sind, wird keiner Grund haben, in dem anderen seinen Feind zu sehen; der notwendigen Arbeit werden sich alle bereitwillig unterziehen. Ich habe nichts mit der wirtschaftlichen Kritik des kommunistischen Systems zu tun, ich kann nicht untersuchen, ob die Abschaffung des privaten Eigentums zweckdienlich und vorteilhaft ist[1]. Aber seine psychologische Voraussetzung vermag ich als haltlose Illusion zu erkennen. Mit der Aufhebung des Privateigentums entzieht man der menschlichen Aggressionslust eines ihrer Werkzeuge, gewiß ein starkes und gewiß nicht das stärkste. An den Unterschieden von Macht und Einfluß, welche die Aggression für ihre Absichten mißbraucht, daran hat man nichts geändert, auch an ihrem Wesen nicht. Sie ist nicht durch das Eigentum geschaffen worden, herrschte fast uneingeschränkt in Urzeiten, als das Eigentum noch sehr armselig war, zeigt sich bereits in der Kinderstube, kaum daß das Eigentum seine anale Urform aufgegeben hat, bildet den Bodensatz aller zärtlichen und Liebesbeziehungen unter den Menschen, vielleicht mit alleiniger Ausnahme der einer Mutter zu ihrem männlichen Kind[2]. Räumt man das persönliche Anrecht auf dingliche Güter weg, so bleibt noch das Vorrecht aus sexuellen Beziehungen, das die Quelle der stärksten Mißgunst und der heftigsten Feindseligkeit unter den sonst gleichgestellten Menschen werden muß. Hebt man auch dieses auf durch die völlige Befreiung des Sexuallebens, beseitigt also die Familie, die Keimzelle der Kultur, so läßt sich zwar nicht vorhersehen, welche neuen Wege die Kulturentwicklung einschlagen kann, aber eines darf man erwarten, daß der unzerstörbare Zug der menschlichen Natur ihr auch dorthin folgen wird.

Es wird den Menschen offenbar nicht leicht, auf die Befriedigung dieser ihrer Aggressionsneigung zu verzichten; sie fühlen sich nicht wohl dabei. Der Vorteil eines kleineren Kulturkreises, daß er dem Trieb einen Ausweg an der Befeindung der Außenstehenden gestattet, ist nicht ge-

---

[1] Wer in seinen eigenen jungen Jahren das Elend der Armut verkostet, die Gleichgiltigkeit und den Hochmut der Besitzenden erfahren hat, sollte vor dem Verdacht geschützt sein, daß er kein Verständnis und kein Wohlwollen für die Bestrebungen hat, die Besitzungleichheit der Menschen und was sich aus ihr ableitet, zu bekämpfen. Freilich, wenn sich dieser Kampf auf die abstrakte Gerechtigkeitsforderung der Gleichheit aller Menschen berufen will, liegt der Einwand zu nahe, daß die Natur durch die höchst ungleichmäßige körperliche Ausstattung und geistige Begabung der Einzelnen Ungerechtigkeiten eingesetzt hat, gegen die es keine Abhilfe gibt.

[2] [Vgl. eine Anmerkung zu *Massenpsychologie* (1921 *c*), oben, S. 95, Anm. 2. Eine längere Erörterung der Frage findet sich gegen Ende der 33. Vorlesung der *Neuen Folge der Vorlesungen* (1933 *a*), *Studienausgabe*, Bd. 1, S. 563.]

ringzuschätzen. Es ist immer möglich, eine größere Menge von Menschen in Liebe aneinander zu binden, wenn nur andere für die Äußerung der Aggression übrigbleiben. Ich habe mich einmal mit dem Phänomen beschäftigt, daß gerade benachbarte und einander auch sonst nahestehende Gemeinschaften sich gegenseitig befehden und verspotten, so Spanier und Portugiesen, Nord- und Süddeutsche, Engländer und Schotten usw [1]. Ich gab ihm den Namen »Narzißmus der kleinen Differenzen«, der nicht viel zur Erklärung beiträgt. Man erkennt nun darin eine bequeme und relativ harmlose Befriedigung der Aggressionsneigung, durch die den Mitgliedern der Gemeinschaft das Zusammenhalten erleichtert wird. Das überallhin versprengte Volk der Juden hat sich in dieser Weise anerkennenswerte Verdienste um die Kulturen seiner Wirtsvölker erworben; leider haben alle Judengemetzel des Mittelalters nicht ausgereicht, dieses Zeitalter friedlicher und sicherer für seine christlichen Genossen zu gestalten. Nachdem der Apostel Paulus die allgemeine Menschenliebe zum Fundament seiner christlichen Gemeinde gemacht hatte, war die äußerste Intoleranz des Christentums gegen die draußen Verbliebenen eine unvermeidliche Folge geworden; den Römern, die ihr staatliches Gemeinwesen nicht auf die Liebe begründet hatten, war religiöse Unduldsamkeit fremd gewesen, obwohl die Religion bei ihnen Sache des Staates und der Staat von Religion durchtränkt war. Es war auch kein unverständlicher Zufall, daß der Traum einer germanischen Weltherrschaft zu seiner Ergänzung den Antisemitismus aufrief, und man erkennt es als begreiflich, daß der Versuch, eine neue kommunistische Kultur in Rußland aufzurichten, in der Verfolgung der Bourgeois seine psychologische Unterstützung findet. Man fragt sich nur besorgt, was die Sowjets anfangen werden, nachdem sie ihre Bourgeois ausgerottet haben.

Wenn die Kultur nicht allein der Sexualität, sondern auch der Aggressionsneigung des Menschen so große Opfer auferlegt, so verstehen wir es besser, daß es dem Menschen schwer wird, sich in ihr beglückt zu finden. Der Urmensch hatte es in der Tat darin besser, da er keine Triebeinschränkungen kannte. Zum Ausgleich war seine Sicherheit, solches Glück lange zu genießen, eine sehr geringe. Der Kulturmensch hat für ein Stück Glücksmöglichkeit ein Stück Sicherheit eingetauscht. Wir wollen aber nicht vergessen, daß in der Urfamilie nur das Oberhaupt sich

[1] [S. *Massenpsychologie*, oben, S. 95, und ›Das Tabu der Virginität‹ (1918 *a*), *Studienausgabe*, Bd. 5, S. 219. Der Gedanke wird noch einmal im Zusammenhang mit dem Antisemitismus in *Der Mann Moses und die monotheistische Religion* (1939 *a*), unten, S. 538–9, erwähnt.]

solcher Triebfreiheit erfreute; die anderen lebten in sklavischer Unterdrückung. Der Gegensatz zwischen einer die Vorteile der Kultur genießenden Minderheit und einer dieser Vorteile beraubten Mehrzahl war also in jener Urzeit der Kultur aufs Äußerste getrieben. Über den heute lebenden Primitiven haben wir durch sorgfältigere Erkundung erfahren, daß sein Triebleben keineswegs ob seiner Freiheit beneidet werden darf; es unterliegt Einschränkungen von anderer Art, aber vielleicht von größerer Strenge als das des modernen Kulturmenschen.

Wenn wir gegen unseren jetzigen Kulturzustand mit Recht einwenden, wie unzureichend er unsere Forderungen an eine beglückende Lebensordnung erfüllt, wieviel Leid er gewähren läßt, das wahrscheinlich zu vermeiden wäre, wenn wir mit schonungsloser Kritik die Wurzeln seiner Unvollkommenheit aufzudecken streben, üben wir gewiß unser gutes Recht und zeigen uns nicht als Kulturfeinde. Wir dürfen erwarten, allmählich solche Abänderungen unserer Kultur durchzusetzen, die unsere Bedürfnisse besser befriedigen und jener Kritik entgehen. Aber vielleicht machen wir uns auch mit der Idee vertraut, daß es Schwierigkeiten gibt, die dem Wesen der Kultur anhaften und die keinem Reformversuch weichen werden. Außer den Aufgaben der Triebeinschränkung, auf die wir vorbereitet sind, drängt sich uns die Gefahr eines Zustandes auf, den man »das psychologische Elend der Masse«[1] benennen kann. Diese Gefahr droht am ehesten, wo die gesellschaftliche Bindung hauptsächlich durch Identifizierung der Teilnehmer untereinander hergestellt wird, während Führerindividualitäten nicht zu jener Bedeutung kommen, die ihnen bei der Massenbildung zufallen sollte[2]. Der gegenwärtige Kulturzustand Amerikas gäbe eine gute Gelegenheit, diesen befürchteten Kulturschaden zu studieren. Aber ich vermeide die Versuchung, in die Kritik der Kultur Amerikas einzugehen; ich will nicht den Eindruck hervorrufen, als wollte ich mich selbst amerikanischer Methoden bedienen.

---

[1] [Der Ausdruck »psychologisches Elend« scheint eine Übersetzung von Pierre Janets »misère psychologique« zu sein; Janet meint damit die von ihm den Neurotikern zugeschriebene Unfähigkeit zu psychischer Synthese.]

[2] S.: *Massenpsychologie und Ich-Analyse* (1921 *c*) [oben, S. 65 ff.]

VI

Ich habe bei keiner Arbeit so stark die Empfindung gehabt wie diesmal, daß ich allgemein Bekanntes darstelle, Papier und Tinte, in weiterer Folge Setzerarbeit und Druckerschwärze aufbiete, um eigentlich selbstverständliche Dinge zu erzählen. Darum greife ich es gerne auf, wenn sich der Anschein ergibt, daß die Anerkennung eines besonderen, selbständigen Aggressionstriebes eine Abänderung der psychoanalytischen Trieblehre bedeutet.

Es wird sich zeigen, daß dem nicht so ist, daß es sich bloß darum handelt, eine Wendung, die längst vollzogen worden ist, schärfer zu fassen und in ihre Konsequenzen zu verfolgen. Von allen langsam entwickelten Stücken der analytischen Theorie hat sich die Trieblehre am mühseligsten vorwärts getastet. Und sie war doch dem Ganzen so unentbehrlich, daß irgend etwas an ihre Stelle gerückt werden mußte. In der vollen Ratlosigkeit der Anfänge gab mir der Satz des Dichterphilosophen Schiller den ersten Anhalt, daß »Hunger und Liebe« das Getriebe der Welt zusammenhalten[1]. Der Hunger konnte als Vertreter jener Triebe gelten, die das Einzelwesen erhalten wollen, die Liebe strebt nach Objekten; ihre Hauptfunktion, von der Natur in jeder Weise begünstigt, ist die Erhaltung der Art. So traten zuerst Ichtriebe und Objekttriebe einander gegenüber. Für die Energie der letzteren, und ausschließlich für sie, führte ich den Namen Libido ein[2]; somit lief der Gegensatz zwischen den Ichtrieben und den aufs Objekt gerichteten »libidinösen« Trieben der Liebe im weitesten Sinne[3]. Einer von diesen Objekttrieben, der sadistische, tat sich zwar dadurch hervor, daß sein Ziel so gar nicht liebevoll war, auch schloß er sich offenbar in manchen Stücken den Ichtrieben an, konnte seine nahe Verwandtschaft mit Bemächtigungstrieben ohne libidinöse Absicht nicht verbergen, aber man kam über diese Unstimmigkeit hinweg; der Sadismus gehörte doch offenbar zum Sexualleben, das grausame Spiel konnte das zärtliche ersetzen. Die Neurose erschien als der Ausgang eines Kampfes zwischen

---

1 [›Die Weltweisen.‹]

2 [In der ersten Arbeit über Angstneurose (1895 *b*), *Studienausgabe*, Bd. 6, S. 37.]

3 [So etwa bei Plato. S. *Massenpsychologie*, oben, S. 85–6.]

dem Interesse der Selbstbewahrung und den Anforderungen der Libido, ein Kampf, in dem das Ich gesiegt hatte, aber um den Preis schwerer Leiden und Verzichte.

Jeder Analytiker wird zugeben, daß dies auch heute nicht wie ein längst überwundener Irrtum klingt. Doch wurde eine Abänderung unerläßlich, als unsere Forschung vom Verdrängten zum Verdrängenden, von den Objekttrieben zum Ich fortschritt. Entscheidend wurde hier die Einführung des Begriffes Narzißmus, d. h. die Einsicht, daß das Ich selbst mit Libido besetzt ist, sogar deren ursprüngliche Heimstätte sei und gewissermaßen auch ihr Hauptquartier bleibe. Diese narzißtische Libido wendet sich den Objekten zu, wird so zur Objektlibido und kann sich in narzißtische Libido zurückverwandeln. Der Begriff Narzißmus machte es möglich, die traumatische Neurose sowie viele den Psychosen nahestehende Affektionen und diese selbst analytisch zu erfassen. Die Deutung der Übertragungsneurosen als Versuche des Ichs, sich der Sexualität zu erwehren, brauchte nicht verlassen zu werden, aber der Begriff der Libido geriet in Gefahr. Da auch die Ichtriebe libidinös waren, schien es eine Weile unvermeidlich, Libido mit Triebenergie überhaupt zusammenfallen zu lassen, wie C. G. Jung schon früher gewollt hatte. Doch blieb etwas zurück wie eine noch nicht zu begründende Gewißheit, daß die Triebe nicht alle von gleicher Art sein können. Den nächsten Schritt machte ich in *Jenseits des Lustprinzips* (1920 g), als mir der Wiederholungszwang und der konservative Charakter des Trieblebens zuerst auffiel. Ausgehend von Spekulationen über den Anfang des Lebens und von biologischen Parallelen zog ich den Schluß, es müsse außer dem Trieb, die lebende Substanz zu erhalten und zu immer größeren Einheiten zusammenzufassen[1], einen anderen, ihm gegensätzlichen geben, der diese Einheiten aufzulösen und in den uranfänglichen, anorganischen Zustand zurückzuführen strebe. Also außer dem Eros einen Todestrieb; aus dem Zusammen- und Gegeneinanderwirken dieser beiden ließen sich die Phänomene des Lebens erklären. Nun war es nicht leicht, die Tätigkeit dieses angenommenen Todestriebs aufzuzeigen. Die Äußerungen des Eros waren auffällig und geräuschvoll genug; man konnte annehmen, daß der Todestrieb stumm im Inneren des Lebewesens an dessen Auflösung arbeite, aber das war natürlich kein Nachweis. Weiter führte die Idee, daß sich ein Anteil des Triebes gegen die

---

[1] Der Gegensatz, in den hierbei die rastlose Ausbreitungstendenz des Eros zur allgemeinen konservativen Natur der Triebe tritt, ist auffällig und kann der Ausgangspunkt weiterer Problemstellungen werden.

Außenwelt wende und dann als Trieb zur Aggression und Destruktion zum Vorschein komme. Der Trieb würde so selbst in den Dienst des Eros gezwängt, indem das Lebewesen anderes, Belebtes wie Unbelebtes, anstatt seines eigenen Selbst vernichtete. Umgekehrt würde die Einschränkung dieser Aggression nach außen die ohnehin immer vor sich gehende Selbstzerstörung steigern müssen. Gleichzeitig konnte man aus diesem Beispiel erraten, daß die beiden Triebarten selten – vielleicht niemals – voneinander isoliert auftreten, sondern sich in verschiedenen, sehr wechselnden Mengungsverhältnissen miteinander legieren und dadurch unserem Urteil unkenntlich machen. Im längst als Partialtrieb der Sexualität bekannten Sadismus hätte man eine derartige besonders starke Legierung des Liebesstrebens mit dem Destruktionstrieb vor sich, wie in seinem Widerpart, im Masochismus, eine Verbindung der nach innen gerichteten Destruktion mit der Sexualität, durch welche die sonst unwahrnehmbare Strebung eben auffällig und fühlbar wird.

Die Annahme des Todes- oder Destruktionstriebes hat selbst in analytischen Kreisen Widerstand gefunden; ich weiß, daß vielfach die Neigung besteht, alles, was an der Liebe gefährlich und feindselig gefunden wird, lieber einer ursprünglichen Bipolarität ihres eigenen Wesens zuzuschreiben. Ich hatte die hier entwickelten Auffassungen anfangs nur versuchsweise vertreten [1], aber im Laufe der Zeit haben sie eine solche Macht über mich gewonnen, daß ich nicht mehr anders denken kann. Ich meine, sie sind theoretisch ungleich brauchbarer als alle möglichen anderen, sie stellen jene Vereinfachung ohne Vernachlässigung oder Vergewaltigung der Tatsachen her, nach der wir in der wissenschaftlichen Arbeit streben. Ich erkenne, daß wir im Sadismus und Masochismus die stark mit Erotik legierten Äußerungen des nach außen und nach innen gerichteten Destruktionstriebes immer vor uns gesehen haben, aber ich verstehe nicht mehr, daß wir die Ubiquität der nicht erotischen Aggression und Destruktion übersehen und versäumen konnten, ihr die gebührende Stellung in der Deutung des Lebens einzuräumen. (Die nach innen gewendete Destruktionssucht entzieht sich ja, wenn sie nicht erotisch gefärbt ist, meist der Wahrnehmung.) Ich erinnere mich meiner eigenen Abwehr, als die Idee des Destruktionstriebs zuerst in der psychoanalytischen Literatur auftauchte, und wie lange es dauerte, bis ich für sie empfänglich wurde [2]. Daß andere dieselbe Ablehnung zeigten und noch zeigen, verwundert mich weniger. Denn die

[1] [Vgl. die drei Schlußabsätze des Kapitels VI von *Jenseits des Lustprinzips* (1920 g).]

[2] [S. hierzu einige Kommentare in der ›Editorischen Vorbemerkung‹, oben, S. 194–6.]

Kindlein, sie hören es nicht gerne[1], wenn die angeborene Neigung des Menschen zum »Bösen«, zur Aggression, Destruktion und damit auch zur Grausamkeit erwähnt wird. Gott hat sie ja zum Ebenbild seiner eigenen Vollkommenheit geschaffen, man will nicht daran gemahnt werden, wie schwer es ist, die – trotz der Beteuerungen der Christian Science – unleugbare Existenz des Bösen mit seiner Allmacht oder seiner Allgüte zu vereinen. Der Teufel wäre zur Entschuldigung Gottes die beste Auskunft, er würde dabei dieselbe ökonomisch entlastende Rolle übernehmen wie der Jude in der Welt des arischen Ideals [s. oben, S. 243.] Aber selbst dann: man kann doch von Gott ebensowohl Rechenschaft für die Existenz des Teufels verlangen wie für die des Bösen, das er verkörpert. Angesichts dieser Schwierigkeiten ist es für jedermann ratsam, an geeigneter Stelle eine tiefe Verbeugung vor der tief sittlichen Natur des Menschen zu machen; es verhilft einem zur allgemeinen Beliebtheit, und es wird einem manches dafür nachgesehen[2].

Der Name Libido kann wiederum für die Kraftäußerungen des Eros verwendet werden, um sie von der Energie des Todestriebs zu sondern[3]. Es ist zuzugestehen, daß wir letzteren um so viel schwerer erfassen, gewissermaßen nur als Rückstand hinter dem Eros erraten und daß er sich uns entzieht, wo er nicht durch die Legierung mit dem Eros verraten wird. Im Sadismus, wo er das erotische Ziel in seinem Sinne umbiegt, dabei doch das sexuelle Streben voll befriedigt, gelingt uns die klarste Einsicht in sein Wesen und seine Beziehung zum Eros. Aber auch wo er ohne sexuelle Absicht auftritt, noch in der blindesten Zerstörungswut läßt sich nicht verkennen, daß seine Befriedigung mit einem außer-

---

[1] [Zitat aus Goethes ›Die Ballade vom vertriebenen und heimgekehrten Grafen‹.]

[2] Ganz besonders überzeugend wirkt die Identifizierung des bösen Prinzips mit dem Destruktionstrieb in Goethes Mephistopheles:

»Denn alles, was entsteht,
Ist wert, daß es zugrunde geht.
. . . .
So ist denn alles, was Ihr Sünde,
Zerstörung, kurz das Böse nennt,
Mein eigentliches Element.«

Als seinen Gegner nennt der Teufel selbst nicht das Heilige, das Gute, sondern die Kraft der Natur zum Zeugen, zur Mehrung des Lebens, also den Eros.

. . . .
»Der Luft, dem Wasser, wie der Erden
Entwinden tausend Keime sich,
Im Trocknen, Feuchten, Warmen, Kalten!
Hätt' ich mir nicht die Flamme vorbehalten,
Ich hätte nichts Aparts für mich.« [*Faust*, I. Teil, 3. Szene.]

[3] Unsere gegenwärtige Auffassung kann man ungefähr in dem Satz ausdrücken, daß an jeder Triebäußerung Libido beteiligt ist, aber daß nicht alles an ihr Libido ist.

ordentlich hohen narzißtischen Genuß verknüpft ist, indem sie dem Ich die Erfüllung seiner alten Allmachtswünsche zeigt. Gemäßigt und gebändigt, gleichsam zielgehemmt, muß der Destruktionstrieb, auf die Objekte gerichtet, dem Ich die Befriedigung seiner Lebensbedürfnisse und die Herrschaft über die Natur verschaffen. Da seine Annahme wesentlich auf theoretischen Gründen ruht, muß man zugeben, daß sie auch gegen theoretische Einwendungen nicht voll gesichert ist. Aber so erscheint es uns eben jetzt beim gegenwärtigen Stand unserer Einsichten; zukünftige Forschung und Überlegung wird gewiß die entscheidende Klarheit bringen.

Für alles Weitere stelle ich mich also auf den Standpunkt, daß die Aggressionsneigung eine ursprüngliche, selbständige Triebanlage des Menschen ist, und komme darauf zurück [s. S. 241], daß die Kultur ihr stärkstes Hindernis in ihr findet. Irgendeinmal im Laufe dieser Untersuchung [S. 226] hat sich uns die Einsicht aufgedrängt, die Kultur sei ein besonderer Prozeß, der über die Menschheit abläuft, und wir stehen noch immer unter dem Banne dieser Idee. Wir fügen hinzu, sie sei ein Prozeß im Dienste des Eros, der vereinzelte menschliche Individuen, später Familien, dann Stämme, Völker, Nationen zu einer großen Einheit, der Menschheit, zusammenfassen wolle. Warum das geschehen müsse, wissen wir nicht; das sei eben das Werk des Eros[1]. Diese Menschenmengen sollen libidinös aneinander gebunden werden; die Notwendigkeit allein, die Vorteile der Arbeitsgemeinschaft werden sie nicht zusammenhalten. Diesem Programm der Kultur widersetzt sich aber der natürliche Aggressionstrieb der Menschen, die Feindseligkeit eines gegen alle und aller gegen einen. Dieser Aggressionstrieb ist der Abkömmling und Hauptvertreter des Todestriebes, den wir neben dem Eros gefunden haben, der sich mit ihm in die Weltherrschaft teilt. Und nun, meine ich, ist uns der Sinn der Kulturentwicklung nicht mehr dunkel. Sie muß uns den Kampf zwischen Eros und Tod, Lebenstrieb und Destruktionstrieb zeigen, wie er sich an der Menschenart vollzieht. Dieser Kampf ist der wesentliche Inhalt des Lebens überhaupt, und darum ist die Kulturentwicklung kurzweg zu bezeichnen als der Lebenskampf der Menschenart[2]. Und diesen Streit der Giganten wollen unsere Kinderfrauen beschwichtigen mit dem »Eiapopeia vom Himmel!«[3]

---

[1] [Vgl. *Jenseits des Lustprinzips* (1920 g), passim.]

[2] Wahrscheinlich mit der näheren Bestimmung: wie er sich von einem gewissen, noch zu erratenden Ereignis an gestalten mußte.

[3] [Zitat aus Heines Gedicht *Deutschland*, Caput I.]

VII

Warum zeigen unsere Verwandten, die Tiere, keinen solchen Kulturkampf? Oh, wir wissen es nicht. Sehr wahrscheinlich haben einige unter ihnen, die Bienen, Ameisen, Termiten durch Jahrhunderttausende gerungen, bis sie jene staatlichen Institutionen, jene Verteilung der Funktionen, jene Einschränkung der Individuen gefunden haben, die wir heute bei ihnen bewundern. Kennzeichnend für unseren gegenwärtigen Zustand ist es, daß unsere Empfindungen uns sagen, in keinem dieser Tierstaaten und in keiner der dort dem Einzelwesen zugeteilten Rollen würden wir uns glücklich schätzen. Bei anderen Tierarten mag es zum zeitweiligen Ausgleich zwischen den Einflüssen der Umwelt und den in ihnen sich bekämpfenden Trieben, somit zu einem Stillstand der Entwicklung gekommen sein. Beim Urmenschen mag ein neuer Vorstoß der Libido ein neuerliches Sträuben des Destruktionstriebes angefacht haben. Es ist da sehr viel zu fragen, worauf es noch keine Antwort gibt.

Eine andere Frage liegt uns näher. Welcher Mittel bedient sich die Kultur, um die ihr entgegenstehende Aggression zu hemmen, unschädlich zu machen, vielleicht auszuschalten? Einige solcher Methoden haben wir bereits kennengelernt, die anscheinend wichtigste aber noch nicht. Wir können sie an der Entwicklungsgeschichte des Einzelnen studieren. Was geht mit ihm vor, um seine Aggressionslust unschädlich zu machen? Etwas sehr Merkwürdiges, das wir nicht erraten hätten und das doch so naheliegt. Die Aggression wird introjiziert, verinnerlicht, eigentlich aber dorthin zurückgeschickt, woher sie gekommen ist, also gegen das eigene Ich gewendet. Dort wird sie von einem Anteil des Ichs übernommen, das sich als Über-Ich dem übrigen entgegenstellt und nun als »Gewissen« gegen das Ich dieselbe strenge Aggressionsbereitschaft ausübt, die das Ich gerne an anderen, fremden Individuen befriedigt hätte. Die Spannung zwischen dem gestrengen Über-Ich und dem ihm unterworfenen Ich heißen wir Schuldbewußtsein; sie äußert sich als Strafbedürfnis. Die Kultur bewältigt also die gefährliche Aggressionslust des Individuums, indem sie es schwächt, entwaffnet und durch eine Instanz in seinem Inneren, wie durch eine Besatzung in der eroberten Stadt, überwachen läßt.

Über die Entstehung des Schuldgefühls denkt der Analytiker anders als sonst die Psychologen; auch ihm wird es nicht leicht, darüber Rechenschaft zu geben. Zunächst, wenn man fragt, wie kommt einer zu einem Schuldgefühl, erhält man eine Antwort, der man nicht widersprechen kann: man fühlt sich schuldig (Fromme sagen: sündig), wenn man etwas getan hat, was man als »böse« erkennt. Dann merkt man, wie wenig diese Antwort gibt. Vielleicht nach einigem Schwanken wird man hinzusetzen, auch wer dies Böse nicht getan hat, sondern bloß die Absicht, es zu tun, bei sich erkennt, kann sich für schuldig halten, und dann wird man die Frage aufwerfen, warum hier die Absicht der Ausführung gleichgeachtet wird. Beide Fälle setzen aber voraus, daß man das Böse bereits als verwerflich, als von der Ausführung auszuschließen erkannt hat. Wie kommt man zu dieser Entscheidung? Ein ursprüngliches, sozusagen natürliches Unterscheidungsvermögen für Gut und Böse darf man ablehnen. Das Böse ist oft gar nicht das dem Ich Schädliche oder Gefährliche, im Gegenteil auch etwas, was ihm erwünscht ist, ihm Vergnügen bereitet. Darin zeigt sich also fremder Einfluß; dieser bestimmt, was Gut und Böse heißen soll. Da eigene Empfindung den Menschen nicht auf denselben Weg geführt hätte, muß er ein Motiv haben, sich diesem fremden Einfluß zu unterwerfen. Es ist in seiner Hilflosigkeit und Abhängigkeit von anderen leicht zu entdecken, kann am besten als Angst vor dem Liebesverlust bezeichnet werden. Verliert er die Liebe des anderen, von dem er abhängig ist, so büßt er auch den Schutz vor mancherlei Gefahren ein, setzt sich vor allem der Gefahr aus, daß dieser Übermächtige ihm in der Form der Bestrafung seine Überlegenheit erweist. Das Böse ist also anfänglich dasjenige, wofür man mit Liebesverlust bedroht wird; aus Angst vor diesem Verlust muß man es vermeiden. Darum macht es auch wenig aus, ob man das Böse bereits getan hat oder es erst tun will; in beiden Fällen tritt die Gefahr erst ein, wenn die Autorität es entdeckt, und diese würde sich in beiden Fällen ähnlich benehmen.

Man heißt diesen Zustand »schlechtes Gewissen«, aber eigentlich verdient er diesen Namen nicht, denn auf dieser Stufe ist das Schuldbewußtsein offenbar nur Angst vor dem Liebesverlust, »soziale« Angst. Beim kleinen Kind kann es niemals etwas anderes sein, aber auch bei vielen Erwachsenen ändert sich nicht mehr daran, als daß an Stelle des Vaters oder beider Eltern die größere menschliche Gemeinschaft tritt. Darum gestatten sie sich regelmäßig, das Böse, das ihnen Annehmlichkeiten verspricht, auszuführen, wenn sie nur sicher sind, daß die Autorität nichts davon erfährt oder ihnen nichts anhaben kann, und ihre Angst gilt allein der Entdeckung[1]. Mit diesem Zustand hat die Gesellschaft unserer Tage im allgemeinen zu rechnen.

Eine große Änderung tritt erst ein, wenn die Autorität durch die Aufrichtung eines Über-Ichs verinnerlicht wird. Damit werden die Gewissensphänomene auf eine neue Stufe gehoben, im Grunde sollte man erst jetzt von Gewissen und Schuldgefühl sprechen[2]. Jetzt entfällt auch die Angst vor dem Entdecktwerden und vollends der Unterschied zwischen Böses tun und Böses wollen, denn vor dem Über-Ich kann sich nichts verbergen, auch Gedanken nicht. Der reale Ernst der Situation ist allerdings vergangen, denn die neue Autorität, das Über-Ich, hat unseres Glaubens kein Motiv, das Ich, mit dem es innig zusammengehört, zu mißhandeln. Aber der Einfluß der Genese, der das Vergangene und Überwundene weiterleben läßt, äußert sich darin, daß es im Grunde so bleibt, wie es zu Anfang war. Das Über-Ich peinigt das sündige Ich mit den nämlichen Angstempfindungen und lauert auf Gelegenheiten, es von der Außenwelt bestrafen zu lassen.

Auf dieser zweiten Entwicklungsstufe zeigt das Gewissen eine Eigentümlichkeit, die der ersten fremd war und die nicht mehr leicht zu erklären ist. Er benimmt sich nämlich um so strenger und mißtrauischer, je tugendhafter der Mensch ist, so daß am Ende gerade die es in der Heiligkeit am weitesten gebracht, sich der ärgsten Sündhaftigkeit beschuldigen. Die Tugend büßt dabei ein Stück des ihr zugesagten Lohnes ein, das gefügige und enthaltsame Ich genießt nicht das Vertrauen seines Mentors, bemüht sich, wie es scheint, vergeblich, es zu erwerben. Nun wird man bereit sein einzuwenden: das seien künstlich zurechtgemachte Schwierigkeiten. Das strengere und wachsamere Gewissen sei eben der ihn kennzeichnende Zug des sittlichen Menschen, und wenn die Heiligen sich für Sünder ausgeben, so täten sie es nicht mit Unrecht unter Berufung auf die Versuchungen zur Triebbefriedigung, denen sie in besonders hohem Maße ausgesetzt sind, da Versuchungen bekanntlich durch beständige Versagung nur wachsen, während sie bei gelegentlicher Befriedigung wenigstens zeitweilig nachlassen. Eine andere Tatsache

[1] Man denke an Rousseaus berühmten Mandarin! [Das von Rousseau aufgeworfene Problem wird in ›Zeitgemäßes über Krieg und Tod‹ (1915 *b*), oben, S. 58, ausführlich wiedergegeben.

[2] Daß in dieser übersichtlichen Darstellung scharf getrennt wird, was sich in Wirklichkeit in fließenden Übergängen vollzieht, daß es sich nicht um die Existenz eines Über-Ichs allein, sondern um dessen relative Stärke und Einflußsphäre handelt, wird jeder Einsichtige verstehen und in Rechnung bringen. Alles Bisherige über Gewissen und Schuld ist ja allgemein bekannt und nahezu unbestritten.

des an Problemen so reichen Gebiets der Ethik ist die, daß Mißgeschick, also äußere Versagung die Macht des Gewissens im Über-Ich so sehr fördert. Solange es dem Menschen gut geht, ist auch sein Gewissen milde und läßt dem Ich allerlei angehen; wenn ihn ein Unglück getroffen hat, hält er Einkehr in sich, erkennt seine Sündhaftigkeit, steigert seine Gewissensansprüche, legt sich Enthaltungen auf und bestraft sich durch Bußen [1]. Ganze Völker haben sich ebenso benommen und benehmen sich noch immer so. Aber dies erklärt sich bequem aus der ursprünglichen infantilen Stufe des Gewissens, die also nach der Introjektion ins Über-Ich nicht verlassen wird, sondern neben und hinter ihr fortbesteht. Das Schicksal wird als Ersatz der Elterninstanz angesehen; wenn man Unglück hat, bedeutet es, daß man von dieser höchsten Macht nicht mehr geliebt wird, und von diesem Liebesverlust bedroht, beugt man sich von neuem vor der Elternvertretung im Über-Ich, die man im Glück vernachlässigen wollte. Dies wird besonders deutlich, wenn man in streng religiösem Sinne im Schicksal nur den Ausdruck des göttlichen Willens erkennt. Das Volk Israel hatte sich für Gottes bevorzugtes Kind gehalten, und als der große Vater Unglück nach Unglück über dies sein Volk hereinbrechen ließ, wurde es nicht etwa irre an dieser Beziehung oder zweifelte an Gottes Macht und Gerechtigkeit, sondern erzeugte die Propheten, die ihm seine Sündhaftigkeit vorhielten, und schuf aus seinem Schuldbewußtsein die überstrengen Vorschriften seiner Priesterreligion [2]. Es ist merkwürdig, wie anders sich der Primitive benimmt! Wenn er Unglück gehabt hat, gibt er nicht sich die Schuld, sondern dem Fetisch, der offenbar seine Schuldigkeit nicht getan hat, und verprügelt ihn, anstatt sich selbst zu bestrafen.

Wir kennen also zwei Ursprünge des Schuldgefühls, den aus der Angst vor der Autorität und den späteren aus der Angst vor dem Über-Ich. Das erstere zwingt dazu, auf Triebbefriedigungen zu verzichten, das andere drängt, da man den Fortbestand der verbotenen Wünsche vor

---

1 Diese Förderung der Moral durch Mißgeschick behandelt Mark Twain in einer köstlichen kleinen Geschichte: *The First Melon I ever Stole*. Diese erste Melone ist zufällig unreif. Ich hörte Mark Twain diese kleine Geschichte selbst vortragen. Nachdem er ihren Titel ausgesprochen hatte, hielt er inne und fragte sich wie zweifelnd: »*Was it the first?*« Damit hatte er alles gesagt. Die erste war also nicht die einzige geblieben. [Der letzte Satz kam 1931 hinzu. – In einem Brief vom 9. Februar 1898 an Fließ berichtet Freud, er habe einige Tage zuvor einen Vortrag von Mark Twain gehört. (Freud, 1950 *a*).]

2 [Eine weit ausführlichere Darstellung der Beziehungen des Volkes Israel zu seinem Gott findet sich in *Der Mann Moses und die monotheistische Religion* (1939 *a*), dem letzten der in diesem Bande abgedruckten Werke.]

dem Über-Ich nicht verbergen kann, außerdem zur Bestrafung. Wir haben auch gehört, wie man die Strenge des Über-Ichs, also die Gewissensforderung, verstehen kann. Sie setzt einfach die Strenge der äußeren Autorität, die von ihr abgelöst und teilweise ersetzt wird, fort. Wir sehen nun, in welcher Beziehung der Triebverzicht zum Schuldbewußtsein steht. Ursprünglich ist ja der Triebverzicht die Folge der Angst vor der äußeren Autorität; man verzichtet auf Befriedigungen, um deren Liebe nicht zu verlieren. Hat man diesen Verzicht geleistet, so ist man sozusagen mit ihr quitt, es sollte kein Schuldgefühl erübrigen. Anders ist es im Falle der Angst vor dem Über-Ich. Hier hilft der Triebverzicht nicht genug, denn der Wunsch bleibt bestehen und läßt sich vor dem Über-Ich nicht verheimlichen. Es wird also trotz des erfolgten Verzichts ein Schuldgefühl zustande kommen, und dies ist ein großer ökonomischer Nachteil der Über-Ich-Einsetzung, wie man sagen kann, der Gewissensbildung. Der Triebverzicht hat nun keine voll befreiende Wirkung mehr, die tugendhafte Enthaltung wird nicht mehr durch die Sicherung der Liebe gelohnt, für ein drohendes äußeres Unglück – Liebesverlust und Strafe von seiten der äußeren Autorität – hat man ein andauerndes inneres Unglück, die Spannung des Schuldbewußtseins, eingetauscht.

Diese Verhältnisse sind so verwickelt und zugleich so wichtig, daß ich sie trotz der Gefahren der Wiederholung noch von anderer Seite angreifen möchte. Die zeitliche Reihenfolge wäre also die: zunächst Triebverzicht infolge der Angst vor der Aggression der *äußeren* Autorität – darauf läuft ja die Angst vor dem Liebesverlust hinaus, die Liebe schützt vor dieser Aggression der Strafe –, dann Aufrichtung der *inneren* Autorität, Triebverzicht infolge der Angst vor ihr, Gewissensangst. Im zweiten Falle Gleichwertung von böser Tat und böser Absicht, daher Schuldbewußtsein, Strafbedürfnis. Die Aggression des Gewissens konserviert die Aggression der Autorität. Soweit ist es wohl klar geworden, aber wo bleibt Raum für den das Gewissen verstärkenden Einfluß des Unglücks (des von außen auferlegten Verzichts) [S. 253], für die außerordentliche Strenge des Gewissens bei den Besten und Fügsamsten [S. 252]? Wir haben beide Besonderheiten des Gewissens bereits erklärt, aber wahrscheinlich den Eindruck übrigbehalten, daß diese Erklärungen nicht bis zum Grunde reichen, einen Rest unerklärt lassen. Und hier greift endlich eine Idee ein, die durchaus der Psychoanalyse eigen und dem gewöhnlichen Denken der Menschen fremd ist. Sie ist von solcher Art, daß sie uns verstehen läßt, wie uns der Gegenstand

so verworren und undurchsichtig erscheinen mußte. Sie sagt nämlich, anfangs ist zwar das Gewissen (richtiger: die Angst, die später Gewissen wird) Ursache des Triebverzichts, aber später kehrt sich das Verhältnis um. Jeder Triebverzicht wird nun eine dynamische Quelle des Gewissens, jeder neue Verzicht steigert dessen Strenge und Intoleranz, und wenn wir es nur mit der uns bekannten Entstehungsgeschichte des Gewissens besser in Einklang bringen könnten, wären wir versucht, uns zu dem paradoxen Satz zu bekennen: Das Gewissen ist die Folge des Triebverzichts; oder: Der (uns von außen auferlegte) Triebverzicht schafft das Gewissen, das dann weiteren Triebverzicht fordert.
Eigentlich ist der Widerspruch dieses Satzes gegen die gegebene Genese des Gewissens nicht so groß, und wir sehen einen Weg, ihn weiter zu verringern. Greifen wir zum Zwecke einer leichteren Darstellung das Beispiel des Aggressionstriebes heraus und nehmen wir an, es handle sich in diesen Verhältnissen immer um Aggressionsverzicht. Dies soll natürlich nur eine vorläufige Annahme sein. Die Wirkung des Triebverzichts auf das Gewissen geht dann so vor sich, daß jedes Stück Aggression, dessen Befriedigung wir unterlassen, vom Über-Ich übernommen wird und dessen Aggression (gegen das Ich) steigert. Es stimmt dazu nicht recht, daß die ursprüngliche Aggression des Gewissens die fortgesetzte Strenge der äußeren Autorität ist, also mit Verzicht nichts zu tun hat. Diese Unstimmigkeit bringen wir aber zum Schwinden, wenn wir für diese erste Aggressionsausstattung des Über-Ichs eine andere Ableitung annehmen. Gegen die Autorität, welche das Kind an den ersten, aber auch bedeutsamsten Befriedigungen verhindert, muß sich bei diesem ein erhebliches Maß von Aggressionsneigung entwickelt haben, gleichgiltig welcher Art die geforderten Triebentsagungen waren. Notgedrungen mußte das Kind auf die Befriedigung dieser rachsüchtigen Aggression verzichten. Es hilft sich aus dieser schwierigen ökonomischen Situation auf dem Wege bekannter Mechanismen, indem es diese unangreifbare Autorität durch Identifizierung in sich aufnimmt, die nun das Über-Ich wird und in den Besitz all der Aggression gerät, die man gern als Kind gegen sie ausgeübt hätte. Das Ich des Kindes muß sich mit der traurigen Rolle der so erniedrigten Autorität – des Vaters – begnügen. Es ist eine Umkehrung der [realen] Situation, wie so häufig. »Wenn ich der Vater wäre und du das Kind, ich würde dich schlecht behandeln.« Die Beziehung zwischen Über-Ich und Ich ist die durch den Wunsch entstellte Wiederkehr realer Beziehungen zwischen dem noch ungeteilten Ich und einem äußeren Objekt. Auch das ist

typisch. Der wesentliche Unterschied aber ist, daß die ursprüngliche Strenge des Über-Ichs nicht – oder nicht so sehr – die ist, die man von ihm [dem Vater] erfahren hat oder die man ihm zumutet, sondern die eigene Aggression gegen ihn vertritt. Wenn das zutrifft, darf man wirklich behaupten, das Gewissen sei im Anfang entstanden durch die Unterdrückung einer Aggression und verstärke sich im weiteren Verlauf durch neue solche Unterdrückungen.

Welche der beiden Auffassungen hat nun recht? Die frühere, die uns genetisch so unanfechtbar erschien, oder die neuere, welche die Theorie in so willkommener Weise abrundet? Offenbar, auch nach dem Zeugnis der direkten Beobachtung, sind beide berechtigt; sie widerstreiten einander nicht, treffen sogar an einer Stelle zusammen, denn die rachsüchtige Aggression des Kindes wird durch das Maß der strafenden Aggression, die es vom Vater erwartet, mitbestimmt werden. Die Erfahrung aber lehrt, daß die Strenge des Über-Ichs, das ein Kind entwickelt, keineswegs die Strenge der Behandlung, die es selbst erfahren hat, wiedergibt[1]. Sie erscheint unabhängig von ihr, bei sehr milder Erziehung kann ein Kind ein sehr strenges Gewissen bekommen. Doch wäre es auch unrichtig, wollte man diese Unabhängigkeit übertreiben; es ist nicht schwer, sich zu überzeugen, daß die Strenge der Erziehung auch auf die Bildung des kindlichen Über-Ichs einen starken Einfluß übt. Es kommt darauf hinaus, daß bei der Bildung des Über-Ichs und Entstehung des Gewissens mitgebrachte konstitutionelle Faktoren und Einflüsse des Milieus der realen Umgebung zusammenwirken, und das ist keineswegs befremdend, sondern die allgemeine ätiologische Bedingung all solcher Vorgänge[2].

Man kann auch sagen, wenn das Kind auf die ersten großen Triebversagungen mit überstarker Aggression und entsprechender Strenge des

---

[1] Wie von Melanie Klein und anderen, englischen Autoren richtig hervorgehoben wurde.

[2] Fr. Alexander hat in der *Psychoanalyse der Gesamtpersönlichkeit* (1927) die beiden Haupttypen der pathogenen Erziehungsmethoden, die Überstrenge und die Verwöhnung, im Anschluß an Aichhorns Studie über die Verwahrlosung [1925] zutreffend gewürdigt. Der »übermäßig weiche und nachsichtige« Vater wird beim Kinde Anlaß zur Bildung eines überstrengen Über-Ichs werden, weil diesem Kind unter dem Eindruck der Liebe, die es empfängt, kein anderer Ausweg für seine Aggression bleibt als die Wendung nach innen. Beim Verwahrlosten, der ohne Liebe erzogen wurde, entfällt die Spannung zwischen Ich und Über-Ich, seine ganze Aggression kann sich nach außen richten. Sieht man also von einem anzunehmenden konstitutionellen Faktor ab, so darf man sagen, das strenge Gewissen entstehe aus dem Zusammenwirken zweier Lebenseinflüsse, der Triebversagung, welche die Aggression entfesselt, und der Liebeserfahrung, welche diese Aggression nach innen wendet und dem Über-Ich überträgt.

Über-Ichs reagiert, folgt es dabei einem phylogenetischen Vorbild und setzt sich über die aktuell gerechtfertigte Reaktion hinaus, denn der Vater der Vorzeit war gewiß fürchterlich, und ihm durfte man das äußerste Maß von Aggression zumuten. Die Unterschiede der beiden Auffassungen von der Genese des Gewissens verringern sich also noch mehr, wenn man von der individuellen zur phylogenetischen Entwicklungsgeschichte übergeht. Dafür zeigt sich ein neuer, bedeutsamer Unterschied in diesen beiden Vorgängen. Wir können nicht über die Annahme hinaus, daß das Schuldgefühl der Menschheit aus dem Ödipuskomplex stammt und bei der Tötung des Vaters durch die Brüdervereinigung erworben wurde[1]. Damals wurde eine Aggression nicht unterdrückt, sondern ausgeführt, dieselbe Aggression, deren Unterdrückung beim Kinde die Quelle des Schuldgefühls sein soll. Nun würde ich mich nicht verwundern, wenn ein Leser ärgerlich ausriefe: »Es ist also ganz gleichgültig, ob man den Vater umbringt oder nicht, ein Schuldgefühl bekommt man auf alle Fälle! Da darf man sich einige Zweifel erlauben. Entweder ist es falsch, daß das Schuldgefühl von unterdrückten Aggressionen herrührt, oder die ganze Geschichte von der Vatertötung ist ein Roman, und die Urmenschenkinder haben ihre Väter nicht häufiger umgebracht, als es die heutigen pflegen. Übrigens, wenn es kein Roman, sondern plausible Historie ist, so hätte man einen Fall, in dem das geschieht, was alle Welt erwartet, nämlich, daß man sich schuldig fühlt, weil man wirklich etwas, was nicht zu rechtfertigen ist, getan hat. Und für diesen Fall, der sich immerhin alle Tage ereignet, ist uns die Psychoanalyse die Erklärung schuldig geblieben.«

Das ist wahr und soll nachgeholt werden. Es ist auch kein besonderes Geheimnis. Wenn man ein Schuldgefühl hat, nachdem und weil man etwas verbrochen hat, so sollte man dies Gefühl eher *Reue* nennen. Es bezieht sich nur auf eine Tat, setzt natürlich voraus, daß ein *Gewissen*, die Bereitschaft, sich schuldig zu fühlen, bereits vor der Tat bestand. Eine solche Reue kann uns also nie dazu verhelfen, den Ursprung des Gewissens und des Schuldgefühls überhaupt zu finden. Der Hergang dieser alltäglichen Fälle ist gewöhnlich der, daß ein Triebbedürfnis die Stärke erworben hat, seine Befriedigung gegen das in seiner Stärke auch nur begrenzte Gewissen durchzusetzen, und daß mit der natürlichen Abschwächung des Bedürfnisses durch seine Befriedigung das frühere Kräfteverhältnis wiederhergestellt wird. Die Psychoanalyse tut also recht daran, den Fall des Schuldgefühls aus Reue von diesen

---

1 [S. *Totem und Tabu* (1912–13), unten, S. 427.]

Erörterungen auszuschließen, so häufig er auch vorkommt und so groß seine praktische Bedeutung auch ist.

Aber wenn das menschliche Schuldgefühl auf die Tötung des Urvaters zurückgeht, das war doch ein Fall von »Reue«, und damals soll der Voraussetzung nach Gewissen und Schuldgefühl vor der Tat nicht bestanden haben? Woher kam in diesem Fall die Reue? Gewiß, dieser Fall muß uns das Geheimnis des Schuldgefühls aufklären, unseren Verlegenheiten ein Ende machen. Und ich meine, er leistet es auch. Diese Reue war das Ergebnis der uranfänglichen Gefühlsambivalenz gegen den Vater, die Söhne haßten ihn, aber sie liebten ihn auch; nachdem der Haß durch die Aggression befriedigt war, kam in der Reue über die Tat die Liebe zum Vorschein, richtete durch Identifizierung mit dem Vater das Über-Ich auf, gab ihm die Macht des Vaters wie zur Bestrafung für die gegen ihn verübte Tat der Aggression, schuf die Einschränkungen, die eine Wiederholung der Tat verhüten sollten. Und da die Aggressionsneigung gegen den Vater sich in den folgenden Geschlechtern wiederholte, blieb auch das Schuldgefühl bestehen und verstärkte sich von neuem durch jede unterdrückte und dem Über-Ich übertragene Aggression. Nun, meine ich, erfassen wir endlich zweierlei in voller Klarheit, den Anteil der Liebe an der Entstehung des Gewissens und die verhängnisvolle Unvermeidlichkeit des Schuldgefühls. Es ist wirklich nicht entscheidend, ob man den Vater getötet oder sich der Tat enthalten hat, man muß sich in beiden Fällen schuldig finden, denn das Schuldgefühl ist der Ausdruck des Ambivalenzkonflikts, des ewigen Kampfes zwischen dem Eros und dem Destruktions- oder Todestrieb. Dieser Konflikt wird angefacht, sobald den Menschen die Aufgabe des Zusammenlebens gestellt wird; solange diese Gemeinschaft nur die Form der Familie kennt, muß er sich im Ödipuskomplex äußern, das Gewissen einsetzen, das erste Schuldgefühl schaffen. Wenn eine Erweiterung dieser Gemeinschaft versucht wird, wird derselbe Konflikt in Formen, die von der Vergangenheit abhängig sind, fortgesetzt, verstärkt und hat eine weitere Steigerung des Schuldgefühls zur Folge. Da die Kultur einem inneren erotischen Antrieb gehorcht, der sie die Menschen zu einer innig verbundenen Masse vereinigen heißt, kann sie dies Ziel nur auf dem Wege einer immer wachsenden Verstärkung des Schuldgefühls erreichen. Was am Vater begonnen wurde, vollendet sich an der Masse. Ist die Kultur der notwendige Entwicklungsgang von der Familie zur Menschheit, so ist unablösbar mit ihr verbunden, als Folge des mitgeborenen Ambivalenzkonflikts, als Folge des ewigen Haders zwischen

Liebe und Todesstreben, die Steigerung des Schuldgefühls vielleicht bis zu Höhen, die der Einzelne schwer erträglich findet. Man gedenkt der ergreifenden Anklage des großen Dichters gegen die »himmlischen Mächte«:

»Ihr führt ins Leben uns hinein,
Ihr laßt den Armen schuldig werden,
Dann überlaßt Ihr ihn der Pein,
Denn jede Schuld rächt sich auf Erden.«[1]

Und man darf wohl aufseufzen bei der Erkenntnis, daß es einzelnen Menschen gegeben ist, aus dem Wirbel der eigenen Gefühle die tiefsten Einsichten doch eigentlich mühelos heraufzuholen, zu denen wir anderen uns durch qualvolle Unsicherheit und rastloses Tasten den Weg zu bahnen haben.

---

[1] Goethe, Lieder des Harfners in *Wilhelm Meister*.

VIII

Am Ende eines solchen Weges angelangt, muß der Autor seine Leser um Entschuldigung bitten, daß er ihnen kein geschickter Führer gewesen, ihnen das Erlebnis öder Strecken und beschwerlicher Umwege nicht erspart hat. Es ist kein Zweifel, daß man es besser machen kann. Ich will versuchen, nachträglich etwas gutzumachen.

Zunächst vermute ich bei den Lesern den Eindruck, daß die Erörterungen über das Schuldgefühl den Rahmen dieses Aufsatzes sprengen, indem sie zuviel Raum für sich einnehmen und ihren anderen Inhalt, mit dem sie nicht immer innig zusammenhängen, an den Rand drängen. Das mag den Aufbau der Abhandlung gestört haben, entspricht aber durchaus der Absicht, das Schuldgefühl als das wichtigste Problem der Kulturentwicklung hinzustellen und darzutun, daß der Preis für den Kulturfortschritt in der Glückseinbuße durch die Erhöhung des Schuldgefühls bezahlt wird[1]. Was an diesem Satz, dem Endergebnis unserer Untersuchung, noch befremdlich klingt, läßt sich wahrscheinlich auf das ganz sonderbare, noch durchaus unverstandene Verhältnis des Schuldgefühls zu unserem Bewußtsein zurückführen. In den gemeinen, uns als normal geltenden Fällen von Reue macht es sich dem Bewußtsein deutlich genug wahrnehmbar; wir sind doch gewöhnt, anstatt Schuldgefühl »Schuldbewußtsein« zu sagen. Aus dem Studium der Neurosen, denen wir doch die wertvollsten Winke zum Verständnis des

---

[1] »So macht Gewissen Feige aus uns allen...« [*Hamlet*, III. Akt, 1. Szene.]
Daß sie dem jugendlichen Menschen verheimlicht, welche Rolle die Sexualität in seinem Leben spielen wird, ist nicht der einzige Vorwurf, den man gegen die heutige Erziehung erheben muß. Sie sündigt außerdem darin, daß sie ihn nicht auf die Aggression vorbereitet, deren Objekt er zu werden bestimmt ist. Indem sie die Jugend mit so unrichtiger psychologischer Orientierung ins Leben entläßt, benimmt sich die Erziehung nicht anders, als wenn man Leute, die auf eine Polarexpedition gehen, mit Sommerkleidern und Karten der oberitalischen Seen ausrüsten würde. Dabei wird ein gewisser Mißbrauch der ethischen Forderungen deutlich. Die Strenge derselben würde nicht viel schaden, wenn die Erziehung sagte: »So sollten die Menschen sein, um glücklich zu werden und andere glücklich zu machen; aber man muß damit rechnen, daß sie nicht so sind.« Anstatt dessen läßt man den Jugendlichen glauben, daß alle anderen die ethischen Vorschriften erfüllen, also tugendhaft sind. Damit begründet man die Forderung, daß er auch so werde.

Normalen danken, ergeben sich widerspruchsvolle Verhältnisse. Bei einer dieser Affektionen, der Zwangsneurose, drängt sich das Schuldgefühl überlaut dem Bewußtsein auf, es beherrscht das Krankheitsbild wie das Leben der Kranken, läßt kaum anderes neben sich aufkommen. Aber in den meisten anderen Fällen und Formen von Neurose bleibt es völlig unbewußt, ohne darum geringfügigere Wirkungen zu äußern. Die Kranken glauben uns nicht, wenn wir ihnen ein »unbewußtes Schuldgefühl« zumuten; um nur halbwegs von ihnen verstanden zu werden, erzählen wir ihnen von einem unbewußten Strafbedürfnis, in dem sich das Schuldgefühl äußert. Aber die Beziehung zur Neurosenform darf nicht überschätzt werden; es gibt auch bei der Zwangsneurose Typen von Kranken, die ihr Schuldgefühl nicht wahrnehmen oder es als ein quälendes Unbehagen, eine Art von Angst erst dann empfinden, wenn sie an der Ausführung gewisser Handlungen verhindert werden. Diese Dinge sollte man endlich einmal verstehen können, man kann es noch nicht. Vielleicht ist hier die Bemerkung willkommen, daß das Schuldgefühl im Grunde nichts ist als eine topische Abart der Angst, in seinen späteren Phasen fällt es ganz mit der *Angst vor dem Über-Ich* zusammen. Und bei der Angst zeigen sich im Verhältnis zum Bewußtsein dieselben außerordentlichen Variationen. Irgendwie steckt die Angst hinter allen Symptomen, aber bald nimmt sie lärmend das Bewußtsein ganz für sich in Anspruch, bald verbirgt sie sich so vollkommen, daß wir genötigt sind, von unbewußter Angst oder – wenn wir ein reineres psychologisches Gewissen haben wollen, da ja die Angst zunächst nur eine Empfindung ist[1] – von Angstmöglichkeiten zu reden. Und darum ist es sehr wohl denkbar, daß auch das durch die Kultur erzeugte Schuldbewußtsein nicht als solches erkannt wird, zum großen Teil unbewußt bleibt oder als ein Unbehagen, eine Unzufriedenheit zum Vorschein kommt, für die man andere Motivierungen sucht. Die Religionen wenigstens haben die Rolle des Schuldgefühls in der Kultur nie verkannt. Sie treten ja, was ich an anderer Stelle nicht gewürdigt hatte[2], auch mit dem Anspruch auf, die Menschheit von diesem Schuldgefühl, das sie Sünde heißen, zu erlösen. Aus der Art, wie im Christentum diese Erlösung gewonnen wird, durch den Opfertod eines Einzelnen, der damit eine allen gemeinsame Schuld auf sich nimmt, haben wir

---

[1] [S. *Hemmung, Symptom und Angst* (1926 *d*), *Studienausgabe*, Bd. 6, S. 273. – Empfindungen können eigentlich nicht als »unbewußt« beschrieben werden (vgl. eine Passage etwa in der Mitte von Kapitel II in *Das Ich und das Es* (1923 *b*).]

[2] Ich meine: *Die Zukunft einer Illusion* (1927 *c*) [enthalten in diesem Bande].

ja einen Schluß darauf gezogen, welches der erste Anlaß zur Erwerbung dieser Urschuld, mit der auch die Kultur begann, gewesen sein mag[1].

Es kann nicht sehr wichtig werden, mag aber nicht überflüssig sein, daß wir die Bedeutung einiger Worte wie: Über-Ich, Gewissen, Schuldgefühl, Strafbedürfnis, Reue erläutern, die wir vielleicht oft zu lose und eines fürs andere gebraucht haben. Alle beziehen sich auf dasselbe Verhältnis, benennen aber verschiedene Seiten desselben. Das Über-Ich ist eine von uns erschlossene Instanz, das Gewissen eine Funktion, die wir ihm neben anderen zuschreiben, die die Handlungen und Absichten des Ichs zu überwachen und zu beurteilen hat, eine zensorische Tätigkeit ausübt. Das Schuldgefühl, die Härte des Über-Ichs, ist also dasselbe wie die Strenge des Gewissens, ist die dem Ich zugeteilte Wahrnehmung, daß es in solcher Weise überwacht wird, die Abschätzung der Spannung zwischen seinen Strebungen und den Forderungen des Über-Ichs, und die der ganzen Beziehung zugrunde liegende Angst vor dieser kritischen Instanz, das Strafbedürfnis, ist eine Triebäußerung des Ichs, das unter dem Einfluß des sadistischen Über-Ichs masochistisch geworden ist, d. h. ein Stück des in ihm vorhandenen Triebes zur inneren Destruktion zu einer erotischen Bindung an das Über-Ich verwendet. Vom Gewissen sollte man nicht eher sprechen, als bis ein Über-Ich nachweisbar ist; vom Schuldbewußtsein muß man zugeben, daß es früher besteht als das Über-Ich, also auch als das Gewissen. Es ist dann der unmittelbare Ausdruck der Angst vor der äußeren Autorität, die Anerkennung der Spannung zwischen dem Ich und dieser letzteren, der direkte Abkömmling des Konflikts zwischen dem Bedürfnis nach deren Liebe und dem Drang nach Triebbefriedigung, dessen Hemmung die Neigung zur Aggression erzeugt. Die Übereinanderlagerung dieser beiden Schichten des Schuldgefühls – aus Angst vor der äußeren und vor der inneren Autorität – hat uns manchen Einblick in die Beziehungen des Gewissens erschwert. Reue ist eine Gesamtbezeichnung für die Reaktion des Ichs in einem Falle des Schuldgefühls, enthält das wenig umgewandelte Empfindungsmaterial der dahinter wirksamen Angst, ist selbst eine Strafe und kann das Strafbedürfnis einschließen; auch sie kann also älter sein als das Gewissen.

Es kann auch nichts schaden, daß wir uns nochmals die Widersprüche vorführen, die uns eine Weile bei unserer Untersuchung verwirrt haben. Das Schuldgefühl sollte einmal die Folge unterlassener Aggressionen

[1] *Totem und Tabu* (1912–13) [s. unten, S. 436–7].

sein, aber ein andermal und gerade bei seinem historischen Anfang, der Vatertötung, die Folge einer ausgeführten Aggression [s. S. 257]. Wir fanden auch den Ausweg aus dieser Schwierigkeit. Die Einsetzung der inneren Autorität, des Über-Ichs, hat eben die Verhältnisse gründlich geändert. Vorher fiel das Schuldgefühl mit der Reue zusammen; wir merken dabei, daß die Bezeichnung Reue für die Reaktion nach wirklicher Ausführung der Aggression zu reservieren ist. Nachher verlor infolge der Allwissenheit des Über-Ichs der Unterschied zwischen beabsichtigter und erfüllter Aggression seine Kraft; nun konnte sowohl eine wirklich ausgeführte Gewalttat Schuldgefühl erzeugen – wie alle Welt weiß – als auch eine bloß beabsichtigte – wie die Psychoanalyse erkannt hat. Über die Veränderung der psychologischen Situation hinweg hinterläßt der Ambivalenzkonflikt der beiden Urtriebe die nämliche Wirkung [s. S. 258]. Die Versuchung liegt nahe, hier die Lösung des Rätsels von der wechselvollen Beziehung des Schuldgefühls zum Bewußtsein zu suchen. Das Schuldgefühl aus Reue über die böse Tat müßte immer bewußt sein, das aus Wahrnehmung des bösen Impulses könnte unbewußt bleiben. Allein so einfach ist das nicht, die Zwangsneurose widerspricht dem energisch. Der zweite Widerspruch war, daß die aggressive Energie, mit der man das Über-Ich ausgestattet denkt, nach einer Auffassung bloß die Strafenergie der äußeren Autorität fortsetzt und für das Seelenleben erhält [S. 254], während eine andere Auffassung meint, es sei vielmehr die nicht zur Verwendung gelangte eigene Aggression, die man gegen diese hemmende Autorität aufbringt [S. 255]. Die erste Lehre schien sich der Geschichte, die zweite der Theorie des Schuldgefühls besser anzupassen. Eingehendere Überlegung hat den anscheinend unversöhnlichen Gegensatz beinahe allzuviel verwischt; es blieb als wesentlich und gemeinsam übrig, daß es sich um eine nach innen verschobene Aggression handelt. Die klinische Beobachtung gestattet wiederum, wirklich zwei Quellen für die dem Über-Ich zugeschriebene Aggression zu unterscheiden, von denen im einzelnen Fall die eine oder die andere die stärkere Wirkung ausübt, die im allgemeinen aber zusammenwirken.

Hier ist, meine ich, der Ort, eine Auffassung ernsthaft zu vertreten, die ich vorhin zur vorläufigen Annahme empfohlen hatte[1]. In der neuesten analytischen Literatur zeigt sich eine Vorliebe für die Lehre, daß jede Art von Versagung, jede verhinderte Triebbefriedigung eine Steigerung

---

[1] [Vgl. die »vorläufige Annahme« auf S. 255, oben.]

des Schuldgefühls zur Folge habe oder haben könnte[1]. Ich glaube, man schafft sich eine große theoretische Erleichterung, wenn man das nur von den *aggressiven* Trieben gelten läßt, und man wird nicht viel finden, was dieser Annahme widerspricht. Wie soll man es denn dynamisch und ökonomisch erklären, daß an Stelle eines nicht erfüllten *erotischen* Anspruchs eine Steigerung des Schuldgefühls auftritt? Das scheint doch nur auf dem Umwege möglich, daß die Verhinderung der erotischen Befriedigung ein Stück Aggressionsneigung gegen die Person hervorruft, welche die Befriedigung stört, und daß diese Aggression selbst wieder unterdrückt werden muß. Dann aber ist es doch nur die Aggression, die sich in Schuldgefühl umwandelt, indem sie unterdrückt und dem Über-Ich zugeschoben wird. Ich bin überzeugt, wir werden viele Vorgänge einfacher und durchsichtiger darstellen können, wenn wir den Fund der Psychoanalyse zur Ableitung des Schuldgefühls auf die aggressiven Triebe einschränken. Die Befragung des klinischen Materials gibt hier keine eindeutige Antwort, weil unserer Voraussetzung gemäß die beiden Triebarten kaum jemals rein, voneinander isoliert, auftreten; aber die Würdigung extremer Fälle wird wohl nach der Richtung weisen, die ich erwarte. Ich bin versucht, von dieser strengeren Auffassung einen ersten Nutzen zu ziehen, indem ich sie auf den Verdrängungsvorgang anwende. Die Symptome der Neurosen sind, wie wir gelernt haben, wesentlich Ersatzbefriedigungen für unerfüllte sexuelle Wünsche. Im Laufe der analytischen Arbeit haben wir zu unserer Überraschung erfahren, daß vielleicht jede Neurose einen Betrag von unbewußtem Schuldgefühl verhüllt, der wiederum die Symptome durch ihre Verwendung zur Strafe befestigt. Nun liegt es nahe, den Satz zu formulieren: wenn eine Triebstrebung der Verdrängung unterliegt, so werden ihre libidinösen Anteile in Symptome, ihre aggressiven Komponenten in Schuldgefühl umgesetzt. Auch wenn dieser Satz nur in durchschnittlicher Annäherung richtig ist, verdient er unser Interesse.

Manche Leser dieser Abhandlung mögen auch unter dem Eindruck stehen, daß sie die Formel vom Kampf zwischen Eros und Todestrieb zu oft gehört haben. Sie sollte den Kulturprozeß kennzeichnen, der über die Menschheit abläuft [S. 249], wurde aber auch auf die Entwicklung des Einzelnen bezogen [S. 247] und sollte überdies das Geheimnis des organischen Lebens überhaupt enthüllt haben [S. 246]. Es scheint

---

1 Insbesondere bei E. Jones, Susan Isaacs, Melanie Klein; wie ich verstehe, aber auch bei Reik und Alexander.

unabweisbar, die Beziehungen dieser drei Vorgänge zueinander zu untersuchen. Nun ist die Wiederkehr derselben Formel durch die Erwägung gerechtfertigt, daß der Kulturprozeß der Menschheit wie die Entwicklung des Einzelnen auch Lebensvorgänge sind, also am allgemeinsten Charakter des Lebens Anteil haben müssen. Anderseits trägt gerade darum der Nachweis dieses allgemeinen Zuges nichts zur Unterscheidung [der Vorgänge] bei, solange dieser nicht durch besondere Bedingungen eingeengt wird. Wir können uns also erst bei der Aussage beruhigen, der Kulturprozeß sei jene Modifikation des Lebensprozesses, die er unter dem Einfluß einer vom Eros gestellten, von der Ananke, der realen Not angeregten Aufgabe erfährt, und diese Aufgabe ist die Vereinigung vereinzelter Menschen zu einer unter sich libidinös verbundenen Gemeinschaft. Fassen wir aber die Beziehung zwischen dem Kulturprozeß der Menschheit und dem Entwicklungs- oder Erziehungsprozeß des einzelnen Menschen ins Auge, so werden wir uns ohne viel Schwanken dafür entscheiden, daß die beiden sehr ähnlicher Natur sind, wenn nicht überhaupt derselbe Vorgang an andersartigen Objekten. Der Kulturprozeß der Menschenart ist natürlich eine Abstraktion von höherer Ordnung als die Entwicklung des Einzelnen, darum schwerer anschaulich zu erfassen, und die Aufspürung von Analogien soll nicht zwanghaft übertrieben werden; aber bei der Gleichartigkeit der Ziele – hier die Einreihung eines Einzelnen in eine menschliche Masse, dort die Herstellung einer Masseneinheit aus vielen Einzelnen – kann die Ähnlichkeit der dazu verwendeten Mittel und der zustande kommenden Phänomene nicht überraschen. Ein die beiden Vorgänge unterscheidender Zug darf wegen seiner außerordentlichen Bedeutsamkeit nicht lange unerwähnt bleiben. Im Entwicklungsprozeß des Einzelmenschen wird das Programm des Lustprinzips, Glücksbefriedigung zu finden, als Hauptziel festgehalten, die Einreihung in oder Anpassung an eine menschliche Gemeinschaft erscheint als eine kaum zu vermeidende Bedingung, die auf dem Wege zur Erreichung dieses Glücksziels erfüllt werden soll. Ginge es ohne diese Bedingung, so wäre es vielleicht besser. Anders ausgedrückt: die individuelle Entwicklung erscheint uns als ein Produkt der Interferenz zweier Strebungen, des Strebens nach Glück, das wir gewöhnlich »egoistisch«, und des Strebens nach Vereinigung mit den anderen in der Gemeinschaft, das wir »altruistisch« heißen. Beide Bezeichnungen gehen nicht viel über die Oberfläche hinaus. In der individuellen Entwicklung fällt, wie gesagt, der Hauptakzent meist auf die egoistische oder Glücksstrebung, die andere, »kulturell« zu nennende, begnügt sich in der Regel mit der Rolle einer Einschränkung. Anders beim Kulturprozeß; hier ist das Ziel der Herstellung einer Einheit aus den menschlichen Individuen bei weitem die Hauptsache, das Ziel der Beglückung besteht zwar noch, aber es wird in den Hintergrund gedrängt; fast scheint es, die Schöpfung einer großen menschlichen Gemeinschaft würde am besten gelingen, wenn man sich um das Glück des Einzelnen nicht zu kümmern brauchte. Der Entwicklungsprozeß des Einzelnen darf also seine besonderen Züge haben, die sich im Kulturprozeß der Menschheit nicht wiederfinden; nur insofern dieser erstere Vorgang den Anschluß an die Gemeinschaft zum Ziel hat, muß er mit dem letzteren zusammenfallen.

Wie der Planet noch um seinen Zentralkörper kreist, außer daß er um die eigene Achse rotiert, so nimmt auch der einzelne Mensch am Entwicklungsgang der Menschheit teil, während er seinen eigenen Lebensweg geht. Aber unserem blöden Auge scheint das Kräftespiel am Himmel zu ewig gleicher Ordnung erstarrt; im organischen Geschehen sehen wir noch, wie die Kräfte miteinander ringen und die Ergebnisse des Konflikts sich beständig verändern. So haben auch die beiden Strebungen, die nach individuellem Glück und die nach menschlichem Anschluß, bei jedem Individuum miteinander zu kämpfen, so müssen die beiden Prozesse der individuellen und der Kulturentwicklung einander feindlich begegnen und sich gegenseitig den Boden bestreiten. Aber dieser Kampf zwischen Individuum und Gesellschaft ist nicht ein Abkömmling des wahrscheinlich unversöhnlichen Gegensatzes der Urtriebe, Eros und Tod, er bedeutet einen Zwist im Haushalt der Libido, vergleichbar dem Streit um die Aufteilung der Libido zwischen dem Ich und den Objekten, und er läßt einen endlichen Ausgleich zu beim Individuum, wie hoffentlich auch in der Zukunft der Kultur, mag er gegenwärtig das Leben des Einzelnen noch so sehr beschweren.

Die Analogie zwischen dem Kulturprozeß und dem Entwicklungsweg des Individuums läßt sich um ein bedeutsames Stück erweitern. Man darf nämlich behaupten, daß auch die Gemeinschaft ein Über-Ich ausbildet, unter dessen Einfluß sich die Kulturentwicklung vollzieht. Es mag eine verlockende Aufgabe für einen Kenner menschlicher Kulturen sein, diese Gleichstellung ins einzelne zu verfolgen. Ich will mich auf die Hervorhebung einiger auffälliger Punkte beschränken. Das Über-Ich einer Kulturepoche hat einen ähnlichen Ursprung wie das des Einzelmenschen, es ruht auf dem Eindruck, den große Führerpersönlichkeiten hinterlassen haben, Menschen von überwältigender Geisteskraft oder solche, in denen eine der menschlichen Strebungen die stärkste und reinste, darum oft auch einseitigste Ausbildung gefunden hat. Die Analogie geht in vielen Fällen noch weiter, indem diese Personen – häufig genug, wenn auch nicht immer – zu ihrer Lebenszeit von den anderen verspottet, mißhandelt oder selbst auf grausame Art beseitigt wurden, wie ja auch der Urvater erst lange nach seiner gewaltsamen Tötung zur Göttlichkeit aufstieg. Für diese Schicksalsverknüpfung ist gerade die Person Jesu Christi das ergreifendste Beispiel, wenn sie nicht etwa dem Mythus angehört, der sie in dunkler Erinnerung an jenen Urvorgang ins Leben rief. Ein anderer Punkt der Übereinstimmung ist, daß das Kultur-Über-Ich ganz wie das des Einzelnen strenge Idealforderungen aufstellt, deren Nichtbefolgung durch »Gewissensangst« gestraft wird [s. S. 254]. Ja, hier stellt sich der merkwürdige Fall her, daß die hierher gehörigen seelischen Vorgänge uns von der Seite der Masse vertrauter, dem Bewußtsein zugänglicher sind, als sie es beim Einzelmenschen werden können. Bei diesem machen sich nur die Aggressionen des Über-Ichs im Falle der Spannung als Vorwürfe überlaut vernehmbar, während die Forderungen selbst im Hintergrunde oft unbewußt bleiben. Bringt man sie zur bewußten Erkenntnis, so zeigt sich, daß sie mit den Vorschriften des jeweiligen Kultur-Über-Ichs zusammenfallen. An dieser Stelle sind sozusagen beide Vorgänge, der kulturelle Entwicklungsprozeß der Menge und der eigene des Individuums, regelmäßig miteinander verklebt. Manche Äußerungen und Eigenschaften des Über-Ichs können darum leichter an seinem Verhalten in der Kulturgemeinschaft als beim Einzelnen erkannt werden.

Das Kultur-Über-Ich hat seine Ideale ausgebildet und erhebt seine Forderungen. Unter den letzteren werden die, welche die Beziehungen der Menschen zueinander betreffen, als Ethik zusammengefaßt. Zu allen Zeiten wurde auf diese Ethik der größte Wert gelegt, als ob man gerade von ihr besonders wichtige Leistungen erwartete. Und wirklich wendet sich die Ethik jenem Punkt zu, der als die wundeste Stelle jeder Kultur leicht kenntlich ist. Die Ethik ist also als ein therapeutischer Versuch aufzufassen, als Bemühung, durch ein Gebot des Über-Ichs zu erreichen, was bisher durch sonstige Kulturarbeit nicht zu erreichen war. Wir wissen bereits, es fragt sich hier darum, wie das größte Hindernis der Kultur, die konstitutionelle Neigung der Menschen zur Aggression gegeneinander, wegzuräumen ist, und gerade darum wird uns das wahrscheinlich jüngste der kulturellen Über-Ich-Gebote besonders interessant, das Gebot: »Liebe deinen Nächsten wie dich selbst.« [Vgl. S.

238 ff.] In der Neurosenforschung und Neurosentherapie kommen wir dazu, zwei Vorwürfe gegen das Über-Ich des Einzelnen zu erheben: Es kümmert sich in der Strenge seiner Gebote und Verbote zu wenig um das Glück des Ichs, indem es die Widerstände gegen die Befolgung, die Triebstärke des Es und die Schwierigkeiten der realen Umwelt, nicht genügend in Rechnung bringt. Wir sind daher in therapeutischer Absicht sehr oft genötigt, das Über-Ich zu bekämpfen, und bemühen uns, seine Ansprüche zu erniedrigen. Ganz ähnliche Einwendungen können wir gegen die ethischen Forderungen des Kultur-Über-Ichs erheben. Auch dies kümmert sich nicht genug um die Tatsachen der seelischen Konstitution des Menschen, es erläßt ein Gebot und fragt nicht, ob es dem Menschen möglich ist, es zu befolgen. Vielmehr, es nimmt an, daß dem Ich des Menschen alles psychologisch möglich ist, was man ihm aufträgt, daß dem Ich die unumschränkte Herrschaft über sein Es zusteht. Das ist ein Irrtum, und auch bei den sogenannt normalen Menschen läßt sich die Beherrschung des Es nicht über bestimmte Grenzen steigern. Fordert man mehr, so erzeugt man beim Einzelnen Auflehnung oder Neurose oder macht ihn unglücklich. Das Gebot »Liebe deinen Nächsten wie dich selbst« ist die stärkste Abwehr der menschlichen Aggression und ein ausgezeichnetes Beispiel für das unpsychologische Vorgehen des Kultur-Über-Ichs. Das Gebot ist undurchführbar; eine so großartige Inflation der Liebe kann nur deren Wert herabsetzen, nicht die Not beseitigen. Die Kultur vernachlässigt all das; sie mahnt nur, je schwerer die Befolgung der Vorschrift ist, desto verdienstvoller ist sie. Allein wer in der gegenwärtigen Kultur eine solche Vorschrift einhält, setzt sich nur in Nachteil gegen den, der sich über sie hinaussetzt. Wie gewaltig muß das Kulturhindernis der Aggression sein, wenn die Abwehr derselben ebenso unglücklich machen kann wie die Aggression selbst! Die sogenannte natürliche Ethik hat hier nichts zu bieten außer der narzißtischen Befriedigung, sich für besser halten zu dürfen, als die anderen sind. Die Ethik, die sich an die Religion anlehnt, läßt hier ihre Versprechungen eines besseren Jenseits eingreifen. Ich meine, solange sich die Tugend nicht schon auf Erden lohnt, wird die Ethik vergeblich predigen. Es scheint auch mir unzweifelhaft, daß eine reale Veränderung in den Beziehungen der Menschen zum Besitz hier mehr Abhilfe bringen wird als jedes ethische Gebot; doch wird diese Einsicht bei den Sozialisten durch ein neuerliches idealistisches Verkennen der menschlichen Natur getrübt und für die Ausführung entwertet. [Vgl. S. 242.]

Die Betrachtungsweise, die in den Erscheinungen der Kulturentwicklung die Rolle eines Über-Ichs verfolgen will, scheint mir noch andere Aufschlüsse zu versprechen. Ich eile zum Abschluß. Einer Frage kann ich allerdings schwer ausweichen. Wenn die Kulturentwicklung so weitgehende Ähnlichkeit mit der des Einzelnen hat und mit denselben Mitteln arbeitet, soll man nicht zur Diagnose berechtigt sein, daß manche Kulturen – oder Kulturepochen – möglicherweise die ganze Menschheit – unter dem Einfluß der Kulturstrebungen »neurotisch« geworden sind?[1] An die analytische Zergliederung dieser Neurosen könnten therapeutische Vorschläge anschließen, die auf großes praktisches Interesse Anspruch hätten. Ich könnte nicht sagen, daß ein solcher Versuch zur Übertragung der Psychoanalyse auf die Kulturgemeinschaft unsinnig oder zur Unfruchtbarkeit verurteilt wäre. Aber man müßte sehr vorsichtig sein, nicht vergessen, daß es sich doch nur um Analogien handelt und daß es nicht nur bei Menschen, sondern auch bei Begriffen gefährlich ist, sie aus der Sphäre zu reißen, in der sie entstanden und entwickelt worden sind. Auch stößt die Diagnose der Gemeinschaftsneurosen auf eine besondere Schwierigkeit. Bei der Einzelneurose dient uns als nächster Anhalt der Kontrast, in dem sich der Kranke von seiner als »normal« angenommenen Umgebung abhebt. Ein solcher Hintergrund entfällt bei einer gleichartig affizierten Masse, er müßte anderswoher geholt werden. Und was die therapeutische Verwendung der Einsicht betrifft, was hülfe die zutreffendste Analyse der sozialen Neurose, da niemand die Autorität besitzt, der Masse die Therapie aufzudrängen? Trotz aller dieser Erschwerungen darf man erwarten, daß jemand eines Tages das Wagnis einer solchen Pathologie der kulturellen Gemeinschaften unternehmen wird.

Eine Wertung der menschlichen Kultur zu geben liegt mir aus den verschiedensten Motiven sehr ferne. Ich habe mich bemüht, das enthusiastische Vorurteil von mir abzuhalten, unsere Kultur sei das Kostbarste, was wir besitzen oder erwerben können und ihr Weg müsse uns notwendigerweise zu Höhen ungeahnter Vollkommenheit führen. Ich kann wenigstens ohne Entrüstung den Kritiker anhören, der meint, wenn man die Ziele der Kulturstrebung und die Mittel, deren sie sich bedient, ins Auge faßt, müsse man zu dem Schlusse kommen, die ganze Anstrengung sei nicht der Mühe wert und das Ergebnis könne nur ein Zustand sein, den der Einzelne unerträglich finden muß. Meine Un-

[1] [Vgl. einige Bemerkungen in *Die Zukunft einer Illusion*, oben, S. 177.]

parteilichkeit wird mir dadurch leicht, daß ich über all diese Dinge sehr wenig weiß, mit Sicherheit nur das eine, daß die Werturteile der Menschen unbedingt von ihren Glückswünschen geleitet werden, also ein Versuch sind, ihre Illusionen mit Argumenten zu stützen. Ich verstünde es sehr wohl, wenn jemand den zwangsläufigen Charakter der menschlichen Kultur hervorheben und z. B. sagen würde, die Neigung zur Einschränkung des Sexuallebens oder zur Durchsetzung des Humanitätsideals auf Kosten der natürlichen Auslese seien Entwicklungsrichtungen, die sich nicht abwenden und nicht ablenken lassen und denen man sich am besten beugt, wie wenn es Naturnotwendigkeiten wären. Ich kenne auch die Einwendung dagegen, daß solche Strebungen, die man für unüberwindbar hielt, oft im Laufe der Menschheitsgeschichte beiseite geworfen und durch andere ersetzt worden sind. So sinkt mir der Mut, vor meinen Mitmenschen als Prophet aufzustehen, und ich beuge mich ihrem Vorwurf, daß ich ihnen keinen Trost zu bringen weiß, denn das verlangen sie im Grunde alle, die wildesten Revolutionäre nicht weniger leidenschaftlich als die bravsten Frommgläubigen.

Die Schicksalsfrage der Menschenart scheint mir zu sein, ob und in welchem Maße es ihrer Kulturentwicklung gelingen wird, der Störung des Zusammenlebens durch den menschlichen Aggressions- und Selbstvernichtungstrieb Herr zu werden. In diesem Bezug verdient vielleicht gerade die gegenwärtige Zeit ein besonderes Interesse. Die Menschen haben es jetzt in der Beherrschung der Naturkräfte so weit gebracht, daß sie es mit deren Hilfe leicht haben, einander bis auf den letzten Mann auszurotten. Sie wissen das, daher ein gut Stück ihrer gegenwärtigen Unruhe, ihres Unglücks, ihrer Angststimmung. Und nun ist zu erwarten, daß die andere der beiden »himmlischen Mächte« [s. S. 259], der ewige Eros, eine Anstrengung machen wird, um sich im Kampf mit seinem ebenso unsterblichen Gegner zu behaupten. Aber wer kann den Erfolg und Ausgang voraussehen? [1]

---

[1] [Der Schlußsatz kam 1931 hinzu, als die Bedrohung durch Hitler schon deutlich erkennbar war.]

Warum Krieg?

(1933 [1932])

EDITORISCHE VORBEMERKUNG

Deutsche Ausgaben:

1933 Paris, Internationales Institut für geistige Zusammenarbeit (Völkerbund). 62 Seiten. (Einsteins Brief, S. 11–21; Freuds Brief, S. 25–62.)
1934 *G. S.*, Bd. 12, 349–63. (In dieser Ausgabe findet sich nur eine sehr kurze Zusammenfassung des Briefes von Einstein.)
1950 *G. W.*, Bd. 16, 13–27. (Nachdruck aus *G. S.*)

Der ungekürzte Briefwechsel wurde ursprünglich im März 1933 in Paris dreisprachig veröffentlicht, und zwar auf Deutsch, Französisch und Englisch (die französische Übersetzung war von Blaise Briod, die englische von Stuart Gilbert besorgt worden). Ein Auszug aus Freuds Brief erschien auf Deutsch auch in der *Psychoanalytischen Bewegung*, Bd. 5 (1933), 207–16. Die englische Version von Einsteins Brief (in der Übersetzung von Gilbert) ist zusätzlich zu Freuds Brief in die *Standard Edition of the Complete Psychological Works of Sigmund Freud*, London, Bd. 22, 199–202, aufgenommen worden.

Im Jahre 1931 hatte das Comité permanent des Lettres et des Arts de la Société des Nations, das bestrebt war, »Denker und Forscher mit dem Werk intellektueller Zusammenarbeit vertraut zu machen«, die Internationale Kommission für geistige Zusammenarbeit aufgefordert, »einen Briefwechsel zwischen auf geistigem Gebiet führenden Persönlichkeiten anzuregen, damit Fragen, die in hohem Maße gemeinsamen geistigen Interessen und dem Völkerbund dienen, erörtert würden«. Diese Briefwechsel sollten periodisch veröffentlicht werden. Zu den ersten, an die sich die Kommission wandte, gehörte Einstein; man stellte ihm anheim, sich sein Thema und den Briefpartner selbst auszuwählen, und er schlug Freud vor. Also schrieb Leon Steinig, der Sekretär des Instituts für geistige Zusammenarbeit, im Juni 1932 an Freud und bat ihn um seine Mitwirkung. Freud sagte sogleich zu (s. seinen Brief an Steinig vom Juni 1932 in Freud, 1960*a*). Er erhielt Einsteins Brief Anfang August und beendete seine Antwort einen Monat später. Der Briefwechsel wurde dann, wie oben erwähnt, 1933 simultan in drei Sprachen veröffentlicht, doch wurde seine Verbreitung in Deutschland verboten.
Freud selbst hielt nicht besonders viel von diesem Plan und schrieb, es sei eine »langweilige und sterile sogenannte Diskussion mit Einstein« (s. Jones, 1962*b*, 210). Die beiden Männer standen einander keineswegs sonderlich

nahe, sie hatten sich nur einmal, Anfang 1927, im Hause von Freuds jüngstem Sohn Ernst in Berlin getroffen. In einem Brief an Ferenczi beschrieb Freud diese Begegnung: »(Er) versteht von Psychologie soviel wie ich von Physik, und so haben wir uns sehr gut gesprochen.« (Ibid., 160.) In den Jahren 1936 und 1939 wurden zwischen ihnen noch einige sehr freundliche Briefe gewechselt (ibid., 242 f. und 286 f.).

Freud hatte sich über das Thema Krieg schon vorher geäußert, so im ersten Abschnitt seiner Arbeit ›Zeitgemäßes über Krieg und Tod‹ (1915*b*), die er kurz nach Ausbruch des Ersten Weltkriegs schrieb (oben, S. 35 ff.). Zwar kehren einige Gedanken der älteren Arbeit in der vorliegenden wieder, aber diese steht doch in weit engerer Beziehung zu Freuds späteren Werken über soziologische Themen wie *Die Zukunft einer Illusion* (1927*c*) und *Das Unbehagen in der Kultur* (1930*a*). Besonders interessant ist die sich abzeichnende Weiterentwicklung seiner Anschauung über die Kultur als einen »Prozeß«, die in der letztgenannten Arbeit mehrfach zum Ausdruck kommt (z. B. am Schluß von Kapitel III, oben, S. 226–8, sowie in der zweiten Hälfte von Kapitel VIII, oben, S. 264 ff.). Er beschäftigt sich auch noch einmal mit dem Thema des Destruktionstriebs, von dem er eine erste umfängliche Darstellung in den Kapiteln V und VI desselben Buches gegeben hatte und auf das er in späteren Schriften noch mehrmals zurückkommen sollte. Eine Entwicklungsgeschichte dieser Ansichten Freuds findet sich in der ›Editorischen Vorbemerkung‹ zu *Das Unbehagen in der Kultur*, oben, S. 194–6.

Da es leider nicht möglich war, zu den üblichen Lizenzbedingungen das Einverständnis der Nachlaßverwalter Albert Einsteins zum Abdruck seines Briefes an Freud zu erhalten, sei hier eine kurze Zusammenfassung der dort aufgeworfenen Fragen gegeben.

Einstein beginnt seinen auf den 30. Juli 1932 datierten Brief mit der Frage, die seiner Ansicht nach das Hauptproblem ist, dem sich die Zivilisation konfrontiert sieht: »Gibt es einen Weg, die Menschen von dem Verhängnis des Krieges zu befreien?« Er äußert die Überzeugung, die Politiker seien sich nunmehr ihrer Unfähigkeit, dieses Problem zu lösen, bewußt und infolgedessen bereit, die objektiveren Ansichten von Männern der Wissenschaft anzuhören. Mit der für ihn charakteristischen Bescheidenheit erklärt Einstein sich selbst des Wissens über die tieferen Schichten des menschlichen Seelenlebens für unkundig; er könne nur hoffen, durch Beseitigung der augenfälligeren, äußeren Lösungsvorschläge Freud den Boden zu bereiten. Er sei überzeugt, Freud vermöge, jenseits der politischen Sphäre, Erziehungsmaßnahmen vorzuschlagen, welche die einer Lösung entgegenstehenden psychologischen Hindernisse beseitigen würden.

Als »ein von Affekten nationaler Natur freier Mensch« hält Einstein die äußere, administrative Seite des Problems für einfach: »Die Staaten schaffen eine legislative und gerichtliche Behörde zur Schlichtung aller zwischen ihnen entstehenden Konflikte.« Alle Nationen müßten sich verpflichten, sich der Autorität dieser Behörde zu beugen. Aber gerade da erhebe sich die erste Schwierigkeit: »Recht und Macht sind unzertrennlich verbunden«, und man sei zur Zeit weit davon entfernt, eine übernationale Organisation zu besitzen, die kompetent wäre, unanfechtbare Urteile auszusprechen, und zugleich mächtig genug, ihre Durchführung zu erzwingen. So kommt Einstein zu dem Axiom: »Der Weg zur internationalen Sicherheit führt über den bedingungslosen Verzicht der Staaten auf einen Teil ihrer Handlungsfreiheit bzw. Souveränität.«

Die Fruchtlosigkeit aller in diese Richtung zielenden Bemühungen lasse klar erkennen, daß starke psychologische Faktoren dem entgegenwirkten. Einer dieser Faktoren sei leicht zu identifizieren: »Das Machtbedürfnis der jeweils herrschenden Schicht eines Staates widersetzt sich einer Einschränkung der Hoheitsrechte desselben.« Dieser politische Machthunger werde oft durch die Aktivitäten einer skrupellosen Menschengruppe unterstützt, »denen Krieg, Waffenherstellung und -handel nichts als eine Gelegenheit sind, persönliche Vorteile zu ziehen, den persönlichen Machtbereich zu erweitern«. Dies aber führe zu der Frage: »Wie ist es möglich, daß die soeben genannte Minderheit die Masse des Volkes ihren Gelüsten dienstbar machen kann, die durch einen Krieg nur zu leiden und zu verlieren hat?« Die naheliegende Antwort sei, daß diese Minderheit die Schulen, die Presse und gewöhnlich auch die Kirche unter Kontrolle habe und die Mehrheit durch diese Institutionen beeinflussen könne. Das führe zu der weiteren Frage: »Wie ist es möglich, daß sich die Masse durch die genannten Mittel bis zur Raserei und Selbstaufopferung entflammen läßt?« Einstein meint, die einzig mögliche Antwort laute: »Im Menschen lebt ein Bedürfnis zu hassen und zu vernichten.« Diese Schlußfolgerung führt ihn zu seiner letzten Frage: »Gibt es eine Möglichkeit, die psychische Entwicklung des Menschen so zu leiten, daß sie den Psychosen des Hasses und des Vernichtens gegenüber widerstandsfähiger werden?« Und Einstein fügt hinzu, daß seiner Erfahrung nach die sogenannte »Intelligenz« mehr noch als die ungebildete Mehrheit dazu neige, diesen verderblichen kollektiven Suggestionen zu erliegen.

Der Brief schließt mit einem optimistischen Appell an Freud, er möge sein Fachwissen darauf verwenden, dieses Dilemma konstruktiv zu erhellen.

Wien, im September 1932

Lieber Herr Einstein!

Als ich hörte, daß Sie die Absicht haben, mich zum Gedankenaustausch über ein Thema aufzufordern, dem Sie Ihr Interesse schenken und das Ihnen auch des Interesses anderer würdig erscheint, stimmte ich bereitwillig zu. Ich erwartete, Sie würden ein Problem an der Grenze des heute Wißbaren wählen, zu dem ein jeder von uns, der Physiker wie der Psycholog, sich seinen besonderen Zugang bahnen könnte, so daß sie sich von verschiedenen Seiten her auf demselben Boden träfen. Sie haben mich dann durch die Fragestellung überrascht, was man tun könne, um das Verhängnis des Krieges von den Menschen abzuwehren. Ich erschrak zunächst unter dem Eindruck meiner – fast hätte ich gesagt: unserer – Inkompetenz, denn das erschien mir als eine praktische Aufgabe, die den Staatsmännern zufällt. Ich verstand dann aber, daß Sie die Frage nicht als Naturforscher und Physiker erhoben haben, sondern als Menschenfreund, der den Anregungen des Völkerbunds gefolgt war, ähnlich wie der Polarforscher Fridtjof Nansen es auf sich genommen hatte, den Hungernden und den heimatlosen Opfern des Weltkrieges Hilfe zu bringen. Ich besann mich auch, daß mir nicht zugemutet wird, praktische Vorschläge zu machen, sondern daß ich nur angeben soll, wie sich das Problem der Kriegsverhütung einer psychologischen Betrachtung darstellt.
Aber auch hierüber haben Sie in Ihrem Schreiben das meiste gesagt. Sie haben mir gleichsam den Wind aus den Segeln genommen, aber ich fahre gern in Ihrem Kielwasser und bescheide mich damit, alles zu bestätigen, was Sie vorbringen, indem ich es nach meinem besten Wissen – oder Vermuten – breiter ausführe.

Sie beginnen mit dem Verhältnis von Recht und Macht. Das ist gewiß der richtige Ausgangspunkt für unsere Untersuchung. Darf ich das Wort »Macht« durch das grellere, härtere Wort »Gewalt« ersetzen? Recht und Gewalt sind uns heute Gegensätze. Es ist leicht zu zeigen, daß sich das eine aus dem anderen entwickelt hat, und wenn wir auf die Uranfänge zurückgehen und nachsehen, wie das zuerst geschehen ist, so fällt uns die Lösung des Problems mühelos zu. Entschuldigen Sie mich aber, wenn ich im folgenden allgemein Bekanntes und Anerkanntes erzähle, als ob es neu wäre; der Zusammenhang nötigt mich dazu.

Interessenkonflikte unter den Menschen werden also prinzipiell durch die Anwendung von Gewalt entschieden. So ist es im ganzen Tierreich, von dem der Mensch sich nicht ausschließen sollte; für den Menschen kommen allerdings noch Meinungskonflikte hinzu, die bis zu den höchsten Höhen der Abstraktion reichen und eine andere Technik der Entscheidung zu fordern scheinen. Aber das ist eine spätere Komplikation. Anfänglich, in einer kleinen Menschenhorde[1], entschied die stärkere Muskelkraft darüber, wem etwas gehören oder wessen Wille zur Ausführung gebracht werden sollte. Muskelkraft verstärkt und ersetzt sich bald durch den Gebrauch von Werkzeugen; es siegt, wer die besseren Waffen hat oder sie geschickter verwendet. Mit der Einführung der Waffe beginnt bereits die geistige Überlegenheit die Stelle der rohen Muskelkraft einzunehmen; die Endabsicht des Kampfes bleibt die nämliche, der eine Teil soll durch die Schädigung, die er erfährt, und durch die Lähmung seiner Kräfte gezwungen werden, seinen Anspruch oder Widerspruch aufzugeben. Dies wird am gründlichsten erreicht, wenn die Gewalt den Gegner dauernd beseitigt, also tötet. Es hat zwei Vorteile, daß er seine Gegnerschaft nicht ein andermal wiederaufnehmen kann und daß sein Schicksal andere abschreckt, seinem Beispiel zu folgen. Außerdem befriedigt die Tötung des Feindes eine triebhafte Neigung, die später erwähnt werden muß. Der Tötungsabsicht kann sich die Erwägung widersetzen, daß der Feind zu nützlichen Dienstleistungen verwendet werden kann, wenn man ihn eingeschüchtert am Leben läßt. Dann begnügt sich also die Gewalt damit, ihn zu unterwerfen, anstatt ihn zu töten. Es ist der Anfang der Schonung des Feindes, aber der Sieger hat von nun an mit der lauernden Rachsucht des Besiegten zu rechnen, gibt ein Stück seiner eigenen Sicherheit auf.

Das ist also der ursprüngliche Zustand, die Herrschaft der größeren Macht, der rohen oder intellektuell gestützten Gewalt. Wir wissen, dies Regime ist im Laufe der Entwicklung abgeändert worden, es führte ein Weg von der Gewalt zum Recht, aber welcher? Nur ein

---

[1] [Freud versteht unter »Horde« vergleichsweise *kleine* Gruppen. Vgl. *Totem und Tabu*, unten, S. 410 und Anm. 4.]

einziger, meine ich. Er führte über die Tatsache, daß die größere Stärke des einen wettgemacht werden konnte durch die Vereinigung mehrerer Schwachen. *»L'union fait la force.«* Gewalt wird gebrochen durch Einigung, die Macht dieser Geeinigten stellt nun das Recht dar im Gegensatz zur Gewalt des Einzelnen. Wir sehen, das Recht ist die Macht einer Gemeinschaft. Es ist noch immer Gewalt, bereit, sich gegen jeden Einzelnen zu wenden, der sich ihr widersetzt, arbeitet mit denselben Mitteln, verfolgt dieselben Zwecke; der Unterschied liegt wirklich nur darin, daß es nicht mehr die Gewalt eines Einzelnen ist, die sich durchsetzt, sondern die der Gemeinschaft. Aber damit sich dieser Übergang von der Gewalt zum neuen Recht vollziehe, muß eine psychologische Bedingung erfüllt werden. Die Einigung der mehreren muß eine beständige, dauerhafte sein. Stellte sie sich nur zum Zweck der Bekämpfung des einen Übermächtigen her und zerfiele nach seiner Überwältigung, so wäre nichts erreicht. Der nächste, der sich für stärker hält, würde wiederum eine Gewaltherrschaft anstreben, und das Spiel würde sich endlos wiederholen. Die Gemeinschaft muß permanent erhalten werden, sich organisieren, Vorschriften schaffen, die den gefürchteten Auflehnungen vorbeugen, Organe bestimmen, die über die Einhaltung der Vorschriften – Gesetze – wachen und die Ausführung der rechtmäßigen Gewaltakte besorgen. In der Anerkennung einer solchen Interessengemeinschaft stellen sich unter den Mitgliedern einer geeinigten Menschengruppe Gefühlsbindungen her, Gemeinschaftsgefühle, in denen ihre eigentliche Stärke beruht.

Damit, denke ich, ist alles Wesentliche bereits gegeben: die Überwindung der Gewalt durch Übertragung der Macht an eine größere Einheit, die durch Gefühlsbindungen ihrer Mitglieder zusammengehalten wird. Alles Weitere sind Ausführungen und Wiederholungen. Die Verhältnisse sind einfach, solange die Gemeinschaft nur aus einer Anzahl gleich starker Individuen besteht. Die Gesetze dieser Vereinigung bestimmen dann, auf welches Maß von persönlicher Freiheit, seine Kraft als Gewalt anzuwenden, der Einzelne verzichten muß, um ein gesichertes Zusammenleben zu ermöglichen. Aber ein solcher Ruhezustand ist nur theoretisch denkbar, in Wirklichkeit kompliziert sich der Sachverhalt dadurch, daß die Gemeinschaft von Anfang an ungleich mächtige Elemente umfaßt, Männer und Frauen, Eltern und Kinder, und bald infolge von Krieg und Unterwerfung Siegreiche und Besiegte, die sich in Herren und Sklaven umsetzen. Das Recht der Gemeinschaft wird dann zum Ausdruck der ungleichen Machtverhältnisse in ihrer Mitte, die Gesetze werden von und für die Herrschenden gemacht werden und den Unterworfenen wenig Rechte einräumen. Von da an gibt es in der Gemeinschaft zwei Quellen von Rechtsunruhe, aber auch von Rechtsfortbildung. Erstens die Versuche Einzelner unter den Herren, sich über die für alle gültigen Einschränkungen zu erheben, also von der Rechtsherrschaft auf die Gewaltherrschaft zurückzugreifen, zweitens die ständigen Bestrebungen der Unterdrückten, sich mehr Macht zu verschaffen und diese Änderungen im Gesetz anerkannt zu sehen, also im Gegenteil vom ungleichen Recht zum gleichen Recht für alle vorzudringen. Diese letztere Strömung wird besonders bedeutsam werden, wenn sich im Inneren des Gemeinwesens wirklich Verschiebungen der Machtverhältnisse ergeben, wie es infolge mannigfacher historischer Momente geschehen kann. Das Recht kann sich dann allmählich den neuen Machtverhältnissen anpassen, oder, was häufiger geschieht, die herrschende Klasse ist nicht bereit, dieser Änderung Rechnung zu tragen, es kommt zu Auflehnung, Bürgerkrieg, also zur zeitweiligen Aufhebung des Rechts und zu neuen Gewaltproben, nach deren Ausgang eine neue Rechtsordnung eingesetzt wird. Es gibt noch eine andere Quelle der Rechtsänderung, die sich nur in friedlicher Weise äußert, das ist die kulturelle Wandlung der Mitglieder des Gemeinwesens, aber die gehört in einen Zusammenhang, der erst später berücksichtigt werden kann [s. S. 285–6].

Wir sehen also, auch innerhalb eines Gemeinwesens ist die gewaltsame Erledigung von Interessenkonflikten nicht vermieden worden. Aber die Notwendigkeiten und Gemeinsamkeiten, die sich aus dem Zusammenleben auf demselben Boden ableiten, sind einer raschen Beendigung solcher Kämpfe günstig, und die Wahrscheinlichkeit friedlicher Lösungen unter diesen Bedingungen nimmt stetig zu. Ein Blick in die Menschheitsgeschichte zeigt uns aber eine unaufhörliche Reihe von Konflikten zwischen einem Gemeinwesen und einem oder mehreren anderen, zwischen größeren und kleineren Einheiten, Stadtgebieten, Landschaften, Stämmen, Völkern, Reichen, die fast immer durch die Kraftprobe des Krieges entschieden werden. Solche Kriege gehen entweder in Beraubung oder in volle Unterwerfung, Eroberung des einen Teils aus. Man kann die Eroberungskriege nicht einheitlich beurteilen. Manche, wie die der Mongolen und Türken, haben nur Unheil gebracht, andere im Gegenteil zur Umwandlung von Gewalt in Recht beigetragen, indem sie größere Einheiten herstellten, innerhalb deren nun die Möglichkeit der Gewaltanwendung aufgehört hatte und eine neue Rechtsordnung die Konflikte schlichtete. So haben die Eroberungen der Römer den Mittelmeerländern die kostbare *pax romana* gegeben. Die Vergrößerungslust der französischen Könige hat ein friedlich geeinigtes, blühendes Frankreich geschaffen. So paradox es klingt, man muß doch zugestehen, der Krieg wäre kein ungeeignetes Mittel zur Herstellung des ersehnten »ewigen« Friedens, weil er imstande ist, jene großen Einheiten zu schaffen, innerhalb deren eine starke Zentralgewalt weitere Kriege unmöglich macht. Aber er taugt doch nicht dazu, denn die Erfolge der Eroberung sind in der Regel nicht dauerhaft; die neu geschaffenen Einheiten zerfallen wieder, meist infolge des mangelnden Zusammenhalts der gewaltsam geeinigten Teile. Und außerdem konnte die Eroberung bisher nur partielle Einigungen, wenn auch von größerem Umfang, schaffen, deren Konflikte die gewaltsame Entscheidung erst recht herausforderten. So ergab sich als die Folge all dieser kriegerischen Anstrengungen nur, daß die Menschheit zahlreiche, ja unaufhörliche Kleinkriege gegen seltene, aber um so mehr verheerende Großkriege eintauschte.

Auf unsere Gegenwart angewendet, ergibt sich das gleiche Resultat, zu dem Sie auf kürzerem Weg gelangt sind. Eine sichere Verhütung der Kriege ist nur möglich, wenn sich die Menschen zur Einsetzung einer Zentralgewalt einigen, welcher der Richtspruch in allen Interessenkonflikten übertragen wird. Hier sind offenbar zwei Forderungen vereinigt, daß eine solche übergeordnete Instanz geschaffen und daß ihr die erforderliche Macht gegeben werde. Das eine allein würde nicht nützen. Nun ist der Völkerbund als solche Instanz gedacht, aber die andere Bedingung ist nicht erfüllt; der Völkerbund hat keine eigene Macht und kann sie nur bekommen, wenn die Mitglieder der neuen Einigung, die einzelnen Staaten, sie ihm abtreten. Dazu scheint aber derzeit wenig Aussicht vorhanden. Man stünde der Institution des Völkerbundes nun ganz ohne Verständnis gegenüber, wenn man nicht wüßte, daß hier ein Versuch vorliegt, der in der Geschichte der Menschheit nicht oft – vielleicht noch nie in diesem Maß – gewagt worden ist. Es ist der Versuch, die Autorität – d. i. den zwingenden Einfluß –, die sonst auf dem Besitz der Macht ruht, durch die Berufung auf bestimmte ideelle Einstellungen zu erwarten. Wir haben gehört [S. 276–7], was eine Gemeinschaft zusammenhält, sind zwei Dinge: der Zwang der Gewalt und die Gefühlsbindungen – Identifizierungen heißt man sie technisch – der Mitglieder. Fällt das eine Moment weg, so kann möglicherweise das andere die Gemeinschaft aufrechthalten. Jene Ideen haben natürlich nur dann eine Bedeutung, wenn sie wichtigen Gemeinsamkeiten der Mitglieder Ausdruck geben. Es fragt sich dann, wie stark sie sind. Die Geschichte lehrt, daß sie in der Tat ihre Wirkung geübt haben. Die panhellenische Idee z. B., das Bewußtsein, daß man etwas Besseres sei als die umwohnenden Barbaren, das in den Amphiktyonien, den Orakeln und Festspielen so kräftigen Ausdruck fand, war stark genug, um die Sitten der Kriegsführung unter Griechen zu mildern, aber selbstverständlich nicht imstande, kriegerische Streitigkeiten zwischen den Partikeln des Griechenvolkes zu verhüten, ja nicht einmal, um eine Stadt oder einen Städtebund abzuhalten, sich zum Schaden eines Rivalen mit dem Perserfeind zu verbünden. Ebensowenig hat das christliche Gemeingefühl, das doch mächtig genug war, im Renaissancezeitalter christliche Klein- und Großstaaten daran gehindert, in ihren Kriegen miteinander um die Hilfe des Sultans zu werben. Auch in unserer Zeit gibt es keine Idee, der man eine solche einigende Autorität zumuten könnte. Daß die heute die Völker beherrschenden nationalen Ideale zu einer gegenteiligen Wirkung drängen, ist ja allzu deutlich. Es gibt Personen, die vorhersagen, erst das allgemeine Durchdringen der bolschewistischen Denkungsart werde den Kriegen ein Ende machen können, aber von solchem Ziel sind wir heute jedenfalls weit entfernt, und vielleicht wäre es nur nach schrecklichen Bürgerkriegen erreichbar. So scheint es also, daß der Versuch, reale Macht durch die Macht der Ideen zu ersetzen, heute noch zum Fehlschlagen verurteilt ist. Es ist ein Fehler in der Rechnung, wenn man nicht berücksichtigt, daß Recht ursprünglich rohe Gewalt war und noch heute der Stützung durch die Gewalt nicht entbehren kann.

Ich kann nun daran gehen, einen anderen Ihrer Sätze zu glossieren. Sie verwundern sich darüber, daß es so leicht ist, die Menschen für den Krieg zu begeistern, und vermuten [1], daß etwas in ihnen wirksam ist, ein Trieb zum Hassen und Vernichten, der solcher Verhetzung entgegenkommt. Wiederum kann ich Ihnen nur uneingeschränkt beistimmen. Wir glauben an die Existenz eines solchen Triebes und haben uns gerade in den letzten Jahren bemüht, seine Äußerungen zu studieren. Darf ich Ihnen aus diesem Anlaß ein Stück der Trieblehre vortragen, zu der wir in der Psychoanalyse nach vielem Tasten und Schwanken

---

[1] [Vgl. die ›Editorische Vorbemerkung‹, oben, S. 274.]

gekommen sind? Wir nehmen an, daß die Triebe des Menschen nur von zweierlei Art sind, entweder solche, die erhalten und vereinigen wollen – wir heißen sie erotische, ganz im Sinne des Eros im *Symposion* Platos, oder sexuelle mit bewußter Überdehnung des populären Begriffs von Sexualität –, und andere, die zerstören und töten wollen; wir fassen diese als Aggressionstrieb oder Destruktionstrieb zusammen. Sie sehen, das ist eigentlich nur die theoretische Verklärung des weltbekannten Gegensatzes von Lieben und Hassen, der vielleicht zu der Polarität von Anziehung und Abstoßung eine Urbeziehung unterhält, die auf Ihrem Gebiet eine Rolle spielt. Nun lassen Sie uns nicht zu rasch mit den Wertungen von Gut und Böse einsetzen. Der eine dieser Triebe ist ebenso unerläßlich wie der andere, aus dem Zusammen- und Gegeneinanderwirken der beiden gehen die Erscheinungen des Lebens hervor. Nun scheint es, daß kaum jemals ein Trieb der einen Art sich isoliert betätigen kann, er ist immer mit einem gewissen Betrag von der anderen Seite verbunden, wie wir sagen: legiert, der sein Ziel modifiziert oder ihm unter Umständen dessen Erreichung erst möglich macht. So ist z. B. der Selbsterhaltungstrieb gewiß erotischer Natur, aber gerade er bedarf der Verfügung über die Aggression, wenn er seine Absicht durchsetzen soll. Ebenso benötigt der auf Objekte gerichtete Liebestrieb eines Zusatzes vom Bemächtigungstrieb, wenn er seines Objekts überhaupt habhaft werden soll. Die Schwierigkeit, die beiden Triebarten in ihren Äußerungen zu isolieren, hat uns ja so lange in ihrer Erkenntnis behindert.

Wenn Sie mit mir ein Stück weitergehen wollen, so hören Sie, daß die menschlichen Handlungen noch eine Komplikation von anderer Art erkennen lassen. Ganz selten ist die Handlung das Werk einer einzigen Triebregung, die an und für sich bereits aus Eros und Destruktion zusammengesetzt sein muß. In der Regel müssen mehrere in der gleichen Weise aufgebaute Motive zusammentreffen, um die Handlung zu ermöglichen. Einer Ihrer Fachgenossen hat das bereits gewußt, ein Prof. G. Ch. Lichtenberg, der zur Zeit unserer Klassiker in Göttingen Physik lehrte; aber vielleicht war er als Psycholog noch bedeutender denn als Physiker[1]. Er erfand die Motivenrose, indem er sagte: »Die Bewegungsgründe[2], woraus man etwas tut, könnten so wie die 32 Winde

[1] [Georg Christoph Lichtenberg (1742–99) war einer von Freuds Lieblingsautoren. Freud hatte den hier angeführten Vergleich schon in sein Buch über den *Witz* (1905 c), *Studienausgabe*, Bd. 4, S. 83, aufgenommen; dort finden sich viele Lichtenbergsche Epigramme.]

[2] Wir sagen heute: Beweggründe.

geordnet und ihre Namen auf eine ähnliche Art formiert werden, z. B. Brot – Brot – Ruhm oder Ruhm – Ruhm – Brot.« Wenn also die Menschen zum Krieg aufgefordert werden, so mögen eine ganze Anzahl von Motiven in ihnen zustimmend antworten, edle und gemeine, solche, von denen man laut spricht, und andere, die man beschweigt. Wir haben keinen Anlaß, sie alle bloßzulegen. Die Lust an der Aggression und Destruktion ist gewiß darunter; ungezählte Grausamkeiten der Geschichte und des Alltags bekräftigen ihre Existenz und ihre Stärke. Die Verquickung dieser destruktiven Strebungen mit anderen, erotischen und ideellen, erleichtert natürlich deren Befriedigung. Manchmal haben wir, wenn wir von den Greueltaten der Geschichte hören, den Eindruck, die ideellen Motive hätten den destruktiven Gelüsten nur als Vorwände gedient, andere Male, z. B. bei den Grausamkeiten der heiligen Inquisition, meinen wir, die ideellen Motive hätten sich im Bewußtsein vorgedrängt, die destruktiven ihnen eine unbewußte Verstärkung gebracht. Beides ist möglich.

Ich habe Bedenken, Ihr Interesse zu mißbrauchen, das ja der Kriegsverhütung gilt, nicht unseren Theorien. Doch möchte ich noch einen Augenblick bei unserem Destruktionstrieb verweilen, dessen Beliebtheit keineswegs Schritt hält mit seiner Bedeutung. Mit etwas Aufwand von Spekulation sind wir nämlich zu der Auffassung gelangt, daß dieser Trieb innerhalb jedes lebenden Wesens arbeitet und dann das Bestreben hat, es zum Zerfall zu bringen, das Leben zum Zustand der unbelebten Materie zurückzuführen. Er verdiente in allem Ernst den Namen eines Todestriebes, während die erotischen Triebe die Bestrebungen zum Leben repräsentieren. Der Todestrieb wird zum Destruktionstrieb, indem er mit Hilfe besonderer Organe nach außen, gegen die Objekte, gewendet wird. Das Lebewesen bewahrt sozusagen sein eigenes Leben dadurch, daß es fremdes zerstört. Ein Anteil des Todestriebes verbleibt aber im Innern des Lebewesens tätig, und wir haben versucht, eine ganze Anzahl von normalen und pathologischen Phänomenen von dieser Verinnerlichung des Destruktionstriebes abzuleiten. Wir haben sogar die Ketzerei begangen, die Entstehung unseres Gewissens durch eine solche Wendung der Aggression nach innen zu erklären. Sie merken, es ist gar nicht so unbedenklich, wenn sich dieser Vorgang in allzu großem Ausmaß vollzieht, es ist direkt ungesund, während die Wendung dieser Triebkräfte zur Destruktion in der Außenwelt das Lebewesen entlastet, wohltuend wirken muß. Das diene zur biologischen Entschuldigung all der häßlichen und gefährlichen Strebungen, gegen die wir ankämpfen. Man muß zugeben, sie sind der Natur näher als unser Widerstand dagegen, für den wir auch noch eine Erklärung finden müssen. Vielleicht haben Sie den Eindruck, unsere Theorien seien eine Art von Mythologie, nicht einmal eine erfreuliche in diesem Fall. Aber läuft nicht jede Naturwissenschaft auf eine solche Art von Mythologie hinaus? Geht es Ihnen heute in der Physik anders?

Aus dem Vorstehenden entnehmen wir für unsere nächsten Zwecke soviel, daß es keine Aussicht hat, die aggressiven Neigungen der Menschen abschaffen zu wollen. Es soll in glücklichen Gegenden der Erde, wo die Natur alles, was der Mensch braucht, überreichlich zur Verfügung stellt, Völkerstämme geben, deren Leben in Sanftmut verläuft, bei denen Zwang und Aggression unbekannt sind. Ich kann es kaum glauben, möchte gern mehr über diese Glücklichen erfahren. Auch die Bolschewisten hoffen, daß sie die menschliche Aggression zum Verschwinden bringen können dadurch, daß sie die Befriedigung der materiellen Bedürfnisse verbürgen und sonst Gleichheit unter den Teilnehmern an der Gemeinschaft herstellen. Ich halte das für eine Illusion. Vorläufig sind sie auf das sorgfältigste bewaffnet und halten ihre Anhänger nicht zum mindesten durch den Haß gegen alle Außenstehenden zusammen. Übrigens handelt es sich, wie Sie selbst bemerken, nicht darum, die menschliche Aggressionsneigung völlig zu beseitigen; man kann versuchen, sie so weit abzulenken, daß sie nicht ihren Ausdruck im Kriege finden muß.
Von unserer mythologischen Trieblehre her finden wir leicht eine Formel für die indirekten Wege zur Bekämpfung des Krieges. Wenn die Bereitwilligkeit zum Krieg ein Ausfluß des Destruktionstriebs ist, so liegt es nahe, gegen sie den Gegenspieler dieses Triebes, den Eros, anzurufen. Alles, was Gefühlsbindungen unter den Menschen herstellt, muß dem Krieg entgegenwirken. Diese Bindungen können von zweierlei Art sein. Erstens Beziehungen wie zu einem Liebesobjekt, wenn auch ohne sexuelle Ziele. Die Psychoanalyse braucht sich nicht zu schämen, wenn sie hier von Liebe spricht, denn die Religion sagt dasselbe: »Liebe deinen Nächsten wie dich selbst.« Das ist nun leicht gefordert, aber schwer zu erfüllen [1]. Die andere Art von Gefühlsbindung ist die durch Identifizierung. Alles, was bedeutsame Gemeinsamkeiten unter den Menschen herstellt, ruft solche Gemeingefühle, Identifizierungen, hervor. Auf ihnen ruht zum guten Teil der Aufbau der menschlichen Gesellschaft.

---

[1] [Vgl. die Erörterung im Kapitel V von *Das Unbehagen in der Kultur* (1930*a*), oben, S. 238 ff.]

Einer Klage von Ihnen über den Mißbrauch der Autorität[1] entnehme ich einen zweiten Wink zu indirekten Bekämpfung der Kriegsneigung. Es ist ein Stück der angeborenen und nicht zu beseitigenden Ungleichheit der Menschen, daß sie in Führer und in Abhängige zerfallen. Die letzteren sind die übergroße Mehrheit, sie bedürfen einer Autorität, welche für sie Entscheidungen fällt, denen sie sich meist bedingungslos unterwerfen. Hier wäre anzuknüpfen, man müßte mehr Sorge als bisher aufwenden, um eine Oberschicht selbständig denkender, der Einschüchterung unzugänglicher, nach Wahrheit ringender Menschen zu erziehen, denen die Lenkung der unselbständigen Massen zufallen würde. Daß die Übergriffe der Staatsgewalten und das Denkverbot der Kirche einer solchen Aufzucht nicht günstig sind, bedarf keines Beweises. Der ideale Zustand wäre natürlich eine Gemeinschaft von Menschen, die ihr Triebleben der Diktatur der Vernunft unterworfen haben. Nichts anderes könnte eine so vollkommene und widerstandsfähige Einigung der Menschen hervorrufen, selbst unter Verzicht auf die Gefühlsbindungen zwischen ihnen[2]. Aber das ist höchst wahrscheinlich eine utopische Hoffnung. Die anderen Wege einer indirekten Verhinderung des Krieges sind gewiß eher gangbar, aber sie versprechen keinen raschen Erfolg. Ungern denkt man an Mühlen, die so langsam mahlen, daß man verhungern könnte, ehe man das Mehl bekommt.

Sie sehen, es kommt nicht viel dabei heraus, wenn man bei dringenden praktischen Aufgaben den weltfremden Theoretiker zu Rate zieht. Besser, man bemüht sich in jedem einzelnen Fall, der Gefahr zu begegnen mit den Mitteln, die eben zur Hand sind. Ich möchte aber noch eine Frage behandeln, die Sie in Ihrem Schreiben nicht aufwerfen und die mich besonders interessiert. Warum empören wir uns so sehr gegen den Krieg, Sie und ich und so viele andere, warum nehmen wir ihn nicht hin wie eine andere der vielen peinlichen Notlagen des Lebens? Er scheint doch naturgemäß, biologisch wohlbegründet, praktisch kaum vermeidbar. Entsetzen Sie sich nicht über meine Fragestellung. Zum Zweck einer Untersuchung darf man vielleicht die Maske einer Überlegenheit vornehmen, über die man in Wirklichkeit nicht verfügt. Die Antwort wird lauten, weil jeder Mensch ein Recht auf sein eigenes Leben hat, weil der Krieg hoffnungsvolle Menschenleben vernichtet, den

---

[1] [Vgl. die ›Editorische Vorbemerkung‹, oben, S. 274.]

[2] [Vgl. einige Bemerkungen in der 35. Vorlesung der *Neuen Folge der Vorlesungen* (1933 *a*), *Studienausgabe,* Bd. 1, S. 598.]

einzelnen Menschen in Lagen bringt, die ihn entwürdigen, ihn zwingt, andere zu morden, was er nicht will, kostbare materielle Werte, Ergebnis von Menschenarbeit, zerstört und anderes mehr. Auch daß der Krieg in seiner gegenwärtigen Gestaltung keine Gelegenheit mehr gibt, das alte heldische Ideal zu erfüllen, und daß ein zukünftiger Krieg infolge der Vervollkommnung der Zerstörungsmittel die Ausrottung eines oder vielleicht beider Gegner bedeuten würde. Das ist alles wahr und scheint so unbestreitbar, daß man sich nur verwundert, wenn das Kriegführen noch nicht durch allgemeine menschliche Übereinkunft verworfen worden ist. Man kann zwar über einzelne dieser Punkte diskutieren. Es ist fraglich, ob die Gemeinschaft nicht auch ein Recht auf das Leben des Einzelnen haben soll; man kann nicht alle Arten von Krieg in gleichem Maß verdammen; solange es Reiche und Nationen gibt, die zur rücksichtslosen Vernichtung anderer bereit sind, müssen diese anderen zum Krieg gerüstet sein. Aber wir wollen über all das rasch hinweggehen, das ist nicht die Diskussion, zu der Sie mich aufgefordert haben. Ich ziele auf etwas anderes hin; ich glaube, der Hauptgrund, weshalb wir uns gegen den Krieg empören, ist, daß wir nicht anders können. Wir sind Pazifisten, weil wir es aus organischen Gründen sein müssen. Wir haben es dann leicht, unsere Einstellung durch Argumente zu rechtfertigen.

Das ist wohl ohne Erklärung nicht zu verstehen. Ich meine das Folgende: Seit unvordenklichen Zeiten zieht sich über die Menschheit der Prozeß der Kulturentwicklung hin. (Ich weiß, andere heißen ihn lieber: Zivilisation[1].) Diesem Prozeß verdanken wir das Beste, was wir geworden sind, und ein gut Teil von dem, woran wir leiden. Seine Anlässe und Anfänge sind dunkel, sein Ausgang ungewiß, einige seiner Charaktere leicht ersichtlich. Vielleicht führt er zum Erlöschen der Menschenart, denn er beeinträchtigt die Sexualfunktion in mehr als einer Weise, und schon heute vermehren sich unkultivierte Rassen und zurückgebliebene Schichten der Bevölkerung stärker als hochkultivierte. Vielleicht ist dieser Prozeß mit der Domestikation gewisser Tierarten vergleichbar; ohne Zweifel bringt er körperliche Veränderungen mit sich; man hat sich noch nicht mit der Vorstellung vertraut gemacht, daß die Kulturentwicklung ein solcher organischer Prozeß sei[2]. Die mit dem Kulturprozeß einhergehenden psychischen Veränderungen sind

---

[1] [Vgl. hierzu Freuds umfassenden Kommentar in *Die Zukunft einer Illusion* (1927 *c*), S. 140, oben.]

[2] [Vgl. die ›Editorische Vorbemerkung‹, oben, S. 273.]

auffällig und unzweideutig. Sie bestehen in einer fortschreitenden Verschiebung der Triebziele und Einschränkung der Triebregungen. Sensationen, die unseren Vorahnen lustvoll waren, sind für uns indifferent oder selbst unleidlich geworden; es hat organische Begründungen, wenn unsere ethischen und ästhetischen Idealforderungen sich geändert haben. Von den psychologischen Charakteren der Kultur scheinen zwei die wichtigsten: die Erstarkung des Intellekts, der das Triebleben zu beherrschen beginnt, und die Verinnerlichung der Aggressionsneigung mit all ihren vorteilhaften und gefährlichen Folgen. Den psychischen Einstellungen, die uns der Kulturprozeß aufnötigt, widerspricht nun der Krieg in der grellsten Weise, darum müssen wir uns gegen ihn empören, wir vertragen ihn einfach nicht mehr, es ist nicht bloß eine intellektuelle und affektive Ablehnung, es ist bei uns Pazifisten eine konstitutionelle Intoleranz, eine Idiosynkrasie gleichsam in äußerster Vergrößerung. Und zwar scheint es, daß die ästhetischen Erniedrigungen des Krieges nicht viel weniger Anteil an unserer Auflehnung haben als seine Grausamkeiten.

Wie lange müssen wir nun warten, bis auch die anderen Pazifisten werden? Es ist nicht zu sagen, aber vielleicht ist es keine utopische Hoffnung, daß der Einfluß dieser beiden Momente, der kulturellen Einstellung und der berechtigten Angst vor den Wirkungen eines Zukunftskrieges, dem Kriegführen in absehbarer Zeit ein Ende setzen wird. Auf welchen Wegen oder Umwegen, können wir nicht erraten. Unterdes dürfen wir uns sagen: Alles, was die Kulturentwicklung fördert, arbeitet auch gegen den Krieg [1].

Ich grüße Sie herzlich und bitte Sie um Verzeihung, wenn meine Ausführungen Sie enttäuscht haben.

Ihr

Sigm. Freud

---

[1] [Der Gedanke eines »Kulturprozesses« kann, wie in der ›Editorischen Vorbemerkung‹ zum *Unbehagen in der Kultur*, oben, S. 194, erwähnt, bis in Freuds wissenschaftliche Anfänge zurückverfolgt werden. Aber er hat ihn auch nach der vorliegenden Arbeit noch weiterentwickelt. In anderer Terminologie nimmt das Thema einen hervorragenden Platz in der dritten Abhandlung von *Der Mann Moses und die monotheistische Religion* (1939 *a*) ein (besonders in Teil II, Abschnitt C, S. 557 ff., unten). Die beiden charakteristischen Merkmale sind (wie sich am Beispiel der Religion zeigt, die Moses von Ikhnaton übernahm) die gleichen, die auch hier erwähnt werden: Stärkung des Intellekts und Triebverzicht.]

Totem und Tabu

Einige Übereinstimmungen im Seelenleben der Wilden und der Neurotiker

(1912–13)

EDITORISCHE VORBEMERKUNG

Deutsche Ausgaben:

1912 Teil I, *Imago*, Bd. 1 (1), 17–33. (Unter dem Titel ›Über einige Übereinstimmungen im Seelenleben der Wilden und der Neurotiker‹.)
1912 Teil II, *Imago*, Bd. 1 (3), 213–27, und (4), 301–33. (Derselbe Titel.)
1913 Teil III, *Imago*, Bd. 2 (1), 1–21. (Derselbe Titel.)
1913 Teil IV, *Imago*, Bd. 2 (4), 357–408. (Derselbe Titel.)
1913 In einem Band, unter dem Titel *Totem und Tabu*, Leipzig und Wien, Heller. V + 149 Seiten.
1920 2. Aufl. Leipzig, Wien und Zürich, Internationaler Psychoanalytischer Verlag. VII + 216 Seiten.
1922 3. Aufl., im gleichen Verlag. VII + 216 Seiten.
1924 *G. S.*, Bd. 10, 3–194.
1934 5. Aufl. Wien, Internationaler Psychoanalytischer Verlag. 194 Seiten.
1940 *G. W.*, Bd. 9. 205 Seiten.

›Vorrede zur hebräischen Ausgabe‹

1934 *G. S.*, Bd. 12, 385.
1948 *G. W.*, Bd. 14, 569.

Über die Entstehung dieser Essays sind wir recht gut informiert; der zweite Band der Freud-Biographie von Ernest Jones (1962*a*) enthält eine Fülle von Einzelheiten hierzu. Schon 1910 hatte Freud mit den Vorarbeiten, besonders mit ausgedehnten Literaturstudien zum Thema, begonnen. Der Titel ›Totem und Tabu‹ schwebte ihm offenbar bereits im August 1911 vor; endgültig entschloß er sich aber erst dazu, als die einzelnen Aufsätze in Buchform zusammengefaßt wurden. Der erste Essay war Mitte Januar 1912 abgeschlossen. Er wurde im darauffolgenden März in der Zeitschrift *Imago* veröffentlicht und wenig später, mit kleinen Auslassungen, in der Wiener Wochenschrift *Pan* (11. und 18. April 1912) sowie in der Wiener Tageszeitung *Neues Wiener Journal* (18. April 1912) nachgedruckt. Den zweiten Aufsatz trug Freud am 15. Mai 1912 vor der Wiener Psychoanalytischen Vereinigung vor; die Darlegung dauerte drei Stunden. Der dritte wurde im Herbst 1912 ausgearbeitet und am 15. Januar 1913 in der Wiener Vereinigung vorgetragen. Den vierten schloß Freud am 12. Mai 1913 ab und referierte ihn am 4. Juni 1913 vor der Wiener Vereinigung.

Totem und Tabu wurde schon zu Freuds Lebzeiten in mehrere Sprachen übersetzt, so ins Englische, Ungarische, Spanische, Portugiesische, Französische, Italienische, Japanische (zweimal) und Hebräische. Für diese letzte Übersetzung schrieb Freud eine eigene Vorrede, die im vorliegenden Band auf S. 293 abgedruckt ist.

In seinem Vorwort erklärt Freud, er habe die erste Anregung zur Niederschrift dieser Essays aus den Werken von Wundt und Jung empfangen. Aber sein Interesse an Fragen der Sozialanthropologie bestand natürlich seit langem. In den Briefen an Fließ (1950*a*) findet sich neben allgemeineren Anspielungen auf seine alte Liebe zu Archäologie und Vorgeschichte auch eine Anzahl spezifischer Bemerkungen zu anthropologischen Themen und zu den Erklärungen, die die Psychoanalyse für sie bereithalten könnte. Im Manuskript N (vom 31. Mai 1897) z. B. berührt er bei der Erörterung der »Inzestscheu« das Verhältnis zwischen Kultur und Triebverzicht – die betreffende Passage ist in der ›Editorischen Vorbemerkung‹ zu dem Artikel ›Die »kulturelle« Sexualmoral‹ (1908 *d*), oben, S. 11, abgedruckt; dort finden sich auch Hinweise auf spätere Äußerungen Freuds zu diesem speziellen Thema. Im Brief 78 (vom 12. Dezember 1897) schreibt er: »Kannst Du Dir denken, was ›endopsychische Mythen‹ sind? Die neueste Ausgeburt meiner Denkarbeit. Die unklare innere Wahrnehmung des eigenen psychischen Apparates regt zu Denkillusionen an, die natürlich nach außen projiziert werden und charakteristischerweise in die Zukunft und in ein Jenseits. Die Unsterblichkeit, Vergeltung, das ganze Jenseits sind solche Darstellungen unseres psychischen Inneren ... Psycho-Mythologie.« Und im Brief 144 (vom 4. Juli 1901) heißt es: »Hast Du gelesen, daß die Engländer auf Kreta (Knossos) einen alten Palast ausgegraben haben, den sie für das richtige Labyrinth des Minos erklären? Es scheint, daß Zeus ursprünglich ein Stier war. Auch unser alter Gott soll zuerst, vor der durch die Perser angeregten Sublimierung, als Stier verehrt worden sein. Es gibt da allerlei zu denken, worüber noch nicht zu schreiben ist.« Schließlich sei eine kurze Passage in einer schon der ersten Auflage der *Traumdeutung* (1900*a*, *Studienausgabe*, Bd. 2, S. 225–6) beigefügten Fußnote erwähnt, in der die Ableitung der Monarchie von der Stellung des Vaters in der Familie angedeutet wird.

Aber die wesentlichen Elemente von Freuds Beitrag zur Sozialanthropologie sind doch erstmals in dem nachstehenden Werk vorgelegt worden, speziell im vierten Aufsatz, der seine Hypothesen über die Urhorde und die Tötung des Urvaters enthält und in dem Freud die Theorie entwickelt, die Ursprünge fast sämtlicher späteren sozialen und kulturellen Institutionen ließen sich von dorther ableiten. Von diesem letzten Essay hatte Freud selbst eine sehr hohe Meinung, sowohl was den Inhalt als auch was die Form betrifft. Zu James Strachey sagte er um 1921, er sehe ihn als seine bestgeschriebene Arbeit an. In der Tat blieb das ganze Buch lebenslang ein Lieblingswerk; er verwies ständig darauf und zitierte aus ihm. Freuds eigene Meinung wird bezeichnenderweise von Thomas Mann geteilt. »Fragte man mich«, schrieb er 1929,

»welcher unter den kühnen und umwälzenden Beiträgen Sigmund Freuds zur Erkenntnis des Menschlichen auf mich den stärksten Eindruck gemacht habe und welche seiner literarischen Arbeiten mir zuerst in den Sinn kommen, wenn sein Name fällt, so würde ich ohne Besinnen die große, viergeteilte Abhandlung über *Totem und Tabu* ... nennen.« Er nennt sie »ohne Zweifel die rein künstlerisch höchststehende unter den Arbeiten Freuds, nach Aufbau und literarischer Form ein allen großen Beispielen deutscher Essayistik verwandtes und zugehöriges Meisterstück«.

VORWORT

Die nachstehenden vier Aufsätze, die unter dem Untertitel dieses Buches in den beiden ersten Jahrgängen der von mir herausgegebenen Zeitschrift *Imago* erschienen sind, entsprechen einem ersten Versuch von meiner Seite, Gesichtspunkte und Ergebnisse der Psychoanalyse auf ungeklärte Probleme der Völkerpsychologie anzuwenden. Sie enthalten also einen methodischen Gegensatz einerseits zu dem groß angelegten Werke von W. Wundt, welches die Annahmen und Arbeitsweisen der nicht analytischen Psychologie derselben Absicht dienstbar macht, und anderseits zu den Arbeiten der Züricher psychoanalytischen Schule, die umgekehrt Probleme der Individualpsychologie durch Heranziehung von völkerpsychologischem Material zu erledigen streben [1]. Es sei gern zugestanden, daß von diesen beiden Seiten die nächste Anregung zu meinen eigenen Arbeiten ausgegangen ist.

Die Mängel dieser letzteren sind mir wohlbekannt. Ich will diejenigen nicht berühren, die von dem Erstlingscharakter dieser Untersuchungen abhängen. Andere aber erfordern ein Wort der Einführung. Die vier hier vereinigten Aufsätze machen auf das Interesse eines größeren Kreises von Gebildeten Anspruch und können eigentlich doch nur von den wenigen verstanden und beurteilt werden, denen die Psychoanalyse nach ihrer Eigenart nicht mehr fremd ist. Sie wollen zwischen Ethnologen, Sprachforschern, Folkloristen usw. einerseits und Psychoanalytikern anderseits vermitteln und können doch beiden nicht geben, was ihnen abgeht: den ersteren eine genügende Einführung in die neue psychologische Technik, den letzteren eine zureichende Beherrschung des der Verarbeitung harrenden Materials. So werden sie sich wohl damit begnügen müssen, hier wie dort Aufmerksamkeit zu erregen und die Erwartung hervorzurufen, daß ein öfteres Zusammentreffen von beiden Seiten nicht ertraglos für die Forschung bleiben kann.

Die beiden Hauptthemata, welche diesem kleinen Buch den Namen geben, der Totem und das Tabu, werden darin nicht in gleichartiger Weise abgehandelt. Die Analyse des Tabu tritt als durchaus gesicherter, das Problem erschöpfender Lösungsversuch auf. Die Untersuchung über

[1] Jung (1912 und 1913).

den Totemismus bescheidet sich zu erklären: Dies ist, was die psychoanalytische Betrachtung zur Klärung der Totemprobleme derzeit beibringen kann. Dieser Unterschied hängt damit zusammen, daß das Tabu eigentlich noch in unserer Mitte fortbesteht; obwohl negativ gefaßt und auf andere Inhalte gerichtet, ist es seiner psychologischen Natur nach doch nichts anderes als der »kategorische Imperativ« Kants, der zwangsartig wirken will und jede bewußte Motivierung ablehnt. Der Totemismus hingegen ist eine unserem heutigen Fühlen entfremdete, in Wirklichkeit längst aufgegebene und durch neuere Formen ersetzte religiös-soziale Institution, welche nur geringfügige Spuren in Religion, Sitte und Gebrauch des Lebens der gegenwärtigen Kulturvölker hinterlassen hat und selbst bei jenen Völkern große Verwandlungen erfahren mußte, welche ihm heute noch anhängen. Der soziale und technische Fortschritt der Menschheitsgeschichte hat dem Tabu weit weniger anhaben können als dem Totem. In diesem Buche ist der Versuch gewagt worden, den ursprünglichen Sinn des Totemismus aus seinen infantilen Spuren zu erraten, aus den Andeutungen, in denen er in der Entwicklung unserer eigenen Kinder wieder auftaucht. Die enge Verbindung zwischen Totem und Tabu weist die weiteren Wege zu der hier vertretenen Hypothese, und wenn diese am Ende recht unwahrscheinlich ausgefallen ist, so ergibt dieser Charakter nicht einmal einen Einwand gegen die Möglichkeit, daß sie mehr oder weniger nahe an die schwierig zu rekonstruierende Wirklichkeit herangerückt sein könnte.

Rom, im September 1913.

VORREDE ZUR HEBRÄISCHEN AUSGABE[1]

Keiner der Leser dieses Buches wird sich so leicht in die Gefühlslage des Autors versetzen können, der die heilige Sprache nicht versteht, der väterlichen Religion – wie jeder anderen – völlig entfremdet ist, an nationalistischen Idealen nicht teilnehmen kann und doch die Zugehörigkeit zu seinem Volk nie verleugnet hat, seine Eigenart als jüdisch empfindet und sie nicht anders wünscht. Fragte man ihn: Was ist an dir noch jüdisch, wenn du alle diese Gemeinsamkeiten mit deinen Volksgenossen aufgegeben hast?, so würde er antworten: Noch sehr viel, wahrscheinlich die Hauptsache. Aber dieses Wesentliche könnte er gegenwärtig nicht in klare Worte fassen. Es wird sicherlich später einmal wissenschaftlicher Einsicht zugänglich sein.

Für einen solchen Autor ist es also ein Erlebnis ganz besonderer Art, wenn sein Buch in die hebräische Sprache übertragen und Lesern in die Hand gegeben wird, denen dies historische Idiom eine lebende »Zunge« bedeutet. Ein Buch überdies, das den Ursprung von Religion und Sittlichkeit behandelt, aber keinen jüdischen Standpunkt kennt, keine Einschränkung zugunsten des Judentums macht. Aber der Autor hofft, sich mit seinen Lesern in der Überzeugung zu treffen, daß die voraussetzungslose Wissenschaft dem Geist des neuen Judentums nicht fremd bleiben kann.

Wien, im Dezember 1930.

---

[1] [Diese Vorrede wurde zuerst in deutscher Sprache in Freuds *Gesammelten Schriften*, Bd. 12, 385 (1934) veröffentlicht mit der Bemerkung, die hebräische Ausgabe sei bei Stybel, Jerusalem, »im Erscheinen«. Tatsächlich erschien eine solche Ausgabe erst 1939, und zwar bei Kirjeith Zefer.]

I
DIE INZESTSCHEU

Den Menschen der Vorzeit kennen wir in den Entwicklungsstadien, die er durchlaufen hat, durch die unbelebten Denkmäler und Geräte, die er uns hinterlassen, durch die Kunde von seiner Kunst, seiner Religion und Lebensanschauung, die wir entweder direkt oder auf dem Wege der Tradition in Sagen, Mythen und Märchen erhalten haben, durch die Überreste seiner Denkweisen in unseren eigenen Sitten und Gebräuchen. Außerdem aber ist er noch in gewissem Sinne unser Zeitgenosse; es leben Menschen, von denen wir glauben, daß sie den Primitiven noch sehr nahestehen, viel näher als wir, in denen wir daher die direkten Abkömmlinge und Vertreter der früheren Menschen erblicken. Wir urteilen so über die sogenannten Wilden und halbwilden Völker, deren Seelenleben ein besonderes Interesse für uns gewinnt, wenn wir in ihm eine gut erhaltene Vorstufe unserer eigenen Entwicklung erkennen dürfen.
Wenn diese Voraussetzung zutreffend ist, so wird eine Vergleichung der »Psychologie der Naturvölker«, wie die Völkerkunde sie lehrt, mit der Psychologie des Neurotikers, wie sie durch die Psychoanalyse bekannt geworden ist, zahlreiche Übereinstimmungen aufweisen müssen und wird uns gestatten, bereits Bekanntes hier und dort in neuem Lichte zu sehen.

Aus äußeren wie aus inneren Gründen wähle ich für diese Vergleichung jene Völkerstämme, die von den Ethnographen als die zurückgebliebensten, armseligsten Wilden beschrieben worden sind, die Ureinwohner des jüngsten Kontinents, Australien, der uns auch in seiner Fauna soviel Archaisches, anderswo Untergangenes bewahrt hat.
Die Ureinwohner Australiens werden als eine besondere Rasse betrachtet, die weder physisch noch sprachlich Verwandtschaft mit ihren nächsten Nachbarn, den melanesischen, polynesischen und malaiischen Völkern, erkennen läßt. Sie bauen weder Häuser noch feste Hütten, bearbeiten den Boden nicht, halten keine Haustiere bis auf den Hund, kennen nicht einmal die Kunst der Töpferei. Sie nähren sich ausschließlich von dem Fleische aller möglichen Tiere, die sie erlegen, und von Wurzeln, die sie graben. Könige oder Häuptlinge sind bei ihnen unbekannt, die Versammlung der gereiften Männer entscheidet über die

gemeinsamen Angelegenheiten. Es ist durchaus zweifelhaft, ob man ihnen Spuren von Religion in Form der Verehrung höherer Wesen zugestehen darf. Die Stämme im Innern des Kontinents, die infolge von Wasserarmut mit den härtesten Lebensbedingungen zu ringen haben, scheinen in allen Stücken primitiver zu sein als die der Küste nahe wohnenden.

Von diesen armen, nackten Kannibalen werden wir gewiß nicht erwarten, daß sie im Geschlechtsleben in unserem Sinne sittlich seien, ihren sexuellen Trieben ein hohes Maß von Beschränkung auferlegt haben. Und doch erfahren wir, daß sie sich mit ausgesuchtester Sorgfalt und peinlichster Strenge die Verhütung inzestuöser Geschlechtsbeziehungen zum Ziele gesetzt haben. Ja ihre gesamte soziale Organisation scheint dieser Absicht zu dienen oder mit ihrer Erreichung in Beziehung gebracht worden zu sein.

An Stelle aller fehlenden religiösen und sozialen Institutionen findet sich bei den Australiern das System des *Totemismus*. Die australischen Stämme zerfallen in kleinere Sippen oder Clans, von denen sich jeder nach seinem *Totem* benennt. Was ist nun der Totem? In der Regel ein Tier, ein eßbares, harmloses oder gefährliches, gefürchtetes, seltener eine Pflanze oder eine Naturkraft (Regen, Wasser), welches in einem besonderen Verhältnis zu der ganzen Sippe steht. Der Totem ist erstens der Stammvater der Sippe, dann aber auch ihr Schutzgeist und Helfer, der ihnen Orakel sendet, und wenn er sonst gefährlich ist, seine Kinder kennt und verschont. Die Totemgenossen stehen dafür unter der heiligen, sich selbstwirkend strafenden Verpflichtung, ihren Totem nicht zu töten (vernichten) und sich seines Fleisches (oder des Genusses, den er sonst bietet) zu enthalten. Der Totemcharakter haftet nicht an einem Einzeltier oder Einzelwesen, sondern an allen Individuen der Gattung. Von Zeit zu Zeit werden Feste gefeiert, bei denen die Totemgenossen in zeremoniösen Tänzen die Bewegungen und Eigenheiten ihres Totem darstellen oder nachahmen.

Der Totem ist entweder in mütterlicher oder in väterlicher Linie erblich; die erstere Art ist möglicherweise überall die ursprüngliche und erst später durch die letztere abgelöst worden. Die Zugehörigkeit zum Totem ist die Grundlage aller sozialen Verpflichtungen des Australiers, setzt sich einerseits über die Stammesangehörigkeit hinaus und drängt anderseits die Blutsverwandtschaft zurück[1].

[1] Frazer (1910, Bd. 1, 53): »*The totem bond is stronger than the bond of blood or family in the modern sense.*«

An Boden und Örtlichkeit ist der Totem nicht gebunden; die Totemgenossen wohnen voneinander getrennt und mit den Anhängern anderer Totem friedlich beisammen [1].

Und nun müssen wir endlich jener Eigentümlichkeit des totemistischen Systems gedenken, wegen welcher auch das Interesse des Psychoanalytikers sich ihm zuwendet. Fast überall, wo der Totem gilt, besteht auch das Gesetz, daß *Mitglieder desselben Totem nicht in geschlechtliche Beziehungen zueinander treten, also auch einander nicht heiraten dürfen.* Das ist die mit dem Totem verbundene *Exogamie.*

Dieses streng gehandhabte Verbot ist sehr merkwürdig. Es wird durch nichts vorbereitet, was wir vom Begriff oder den Eigenschaften des

---

[1] Dieser knappste Extrakt des totemistischen Systems kann nicht ohne Erläuterungen und Einschränkungen bleiben: Der Name Totem ist in der Form *Totam* 1791 durch den Engländer J. Long von den Rothäuten Nordamerikas übernommen worden. Der Gegenstand selbst hat allmählich in der Wissenschaft großes Interesse gefunden und eine reichhaltige Literatur hervorgerufen, aus welcher ich als Hauptwerke das vierbändige Buch von J. G. Frazer, *Totemism and Exogamy,* 1910, und Bücher und Schriften von Andrew Lang (*The Secret of the Totem,* 1905) hervorhebe. Das Verdienst, die Bedeutung des Totemismus für die Urgeschichte der Menschheit erkannt zu haben, gebührt dem Schotten J. Ferguson McLennan (1869/70). Totemistische Institutionen wurden oder werden heute noch außer bei den Australiern bei den Indianern Nordamerikas beobachtet, ferner bei den Völkern der ozeanischen Inselwelt, in Ostindien und in einem großen Teil von Afrika. Manche sonst schwer zu deutende Spuren und Überbleibsel lassen aber erschließen, daß der Totemismus einst auch bei den arischen und semitischen Urvölkern Europas und Asiens bestanden hat, so daß viele Forscher geneigt sind, eine notwendige und überall durchschrittene Phase der menschlichen Entwicklung in ihm zu erkennen.
Wie kamen die vorzeitlichen Menschen nur dazu, sich einen Totem beizulegen, d. h. die Abstammung von dem oder jenem Tier zur Grundlage ihrer sozialen Verpflichtungen und, wie wir hören werden, auch ihrer sexuellen Beschränkungen zu machen? Es gibt darüber zahlreiche Theorien, deren Übersicht der deutsche Leser in Wundts *Völkerpsychologie* (1906 [264 ff.]) finden kann, aber keine Einigung. Ich verspreche, das Problem des Totemismus demnächst zum Gegenstand einer besonderen Studie zu machen, in welcher dessen Lösung durch Anwendung psychoanalytischer Denkweise versucht werden soll. (Vgl. die vierte Abhandlung dieses Bandes.)
Aber nicht nur, daß die Theorie des Totemismus strittig ist, auch die Tatsachen desselben sind kaum in allgemeinen Sätzen auszusprechen, wie oben versucht wurde. Es gibt kaum eine Behauptung, zu welcher man nicht Ausnahmen oder Widersprüche hinzufügen müßte. Man darf aber nicht vergessen, daß auch die primitivsten und konservativsten Völker in gewissem Sinne alte Völker sind und eine lange Zeit hinter sich haben, in welcher das Ursprüngliche bei ihnen viel Entwicklung und Entstellung erfahren hat. So findet man den Totemismus heute bei den Völkern, die ihn noch zeigen, in den mannigfaltigsten Stadien des Verfalles, der Abbröcklung, des Überganges zu anderen sozialen und religiösen Institutionen, oder aber in stationären Ausgestaltungen, die sich weit genug von seinem ursprünglichen Wesen entfernt haben mögen. Die Schwierigkeit liegt dann darin, daß es nicht ganz leicht ist zu entscheiden, was an den aktuellen Verhältnissen als getreues Abbild der sinnvollen Vergangenheit, was als sekundäre Entstellung derselben gefaßt werden darf.

Totem bisher erfahren haben; man versteht also nicht, wie es in das System des Totemismus hineingeraten ist. Wir verwundern uns darum nicht, wenn manche Forscher geradezu annehmen, die Exogamie habe ursprünglich – im Beginne der Zeiten und dem Sinne nach – nichts mit dem Totemismus zu tun, sondern sei ihm irgend einmal, als sich Heiratsbeschränkungen notwendig erwiesen, ohne tieferen Zusammenhang angefügt worden. Wie immer dem sein mag, die Vereinigung von Totemismus und Exogamie besteht und erweist sich als eine sehr feste.

Machen wir uns die Bedeutung dieses Verbots durch weitere Erörterungen klar.

a) Die Übertretung dieses Verbotes wird nicht einer sozusagen automatisch eintretenden Bestrafung der Schuldigen überlassen wie bei anderen Totemverboten (z. B. das Totemtier zu töten), sondern wird vom ganzen Stamme aufs energischeste geahndet, als gelte es eine die ganze Gemeinschaft bedrohende Gefahr oder eine sie bedrückende Schuld abzuwehren. Einige Sätze aus dem Buche von Frazer[1] mögen zeigen, wie ernst solche Verfehlungen von diesen nach unserem Maßstabe sonst recht unsittlichen Wilden behandelt werden.

»In Australia the regular penalty for sexual intercourse with a person of a forbidden clan is death. It matters not whether the woman be of the same local group or has been captured in war from another tribe; a man of the wrong clan who uses her as his wife is hunted down and killed by his clansmen, and so is the woman; though in some cases, if they succeed in eluding capture for a certain time, the offence may be condoned. In the Ta-ta-thi tribe, New South Wales, in the rare cases which occur, the man is killed but the woman is only beaten or speared, or both, till she is nearly dead; the reason given for not actually killing her being that she was probably coerced. Even in casual amours the clan prohibitions are strictly observed, any violations of these prohibitions ›are regarded with the utmost abhorrence and are punished by death‹.« [Nach Cameron (1885, 351).]

b) Da dieselbe harte Bestrafung auch gegen flüchtige Liebschaften geübt wird, die nicht zur Kindererzeugung geführt haben, so werden andere, z. B. praktische Motive des Verbotes unwahrscheinlich.

c) Da der Totem hereditär ist und durch die Heirat nicht verändert wird, so lassen sich die Folgen des Verbotes etwa bei mütterlicher Erblichkeit leicht übersehen. Gehört der Mann z. B. einem Clan mit dem Totem Känguruh an und heiratet eine Frau vom Totem Emu, so sind

[1] Frazer (1910, Bd. 1, 54).

die Kinder, Knaben und Mädchen, alle Emu. Einem Sohne dieser Ehe wird also durch die Totemregel der inzestuöse Verkehr mit seiner Mutter und seinen Schwestern, die Emu sind wie er, unmöglich gemacht[1].

d) Es bedarf aber nur einer Mahnung, um einzusehen, daß die mit dem Totem verbundene Exogamie mehr leistet, also mehr bezweckt, als die Verhütung des Inzests mit Mutter und Schwestern. Sie macht dem Manne auch die sexuelle Vereinigung mit allen Frauen seiner eigenen Sippe unmöglich, also mit einer Anzahl von weiblichen Personen, die ihm nicht blutsverwandt sind, indem sie alle diese Frauen wie Blutsverwandte behandelt. Die psychologische Berechtigung dieser großartigen Einschränkung, die weit über alles hinausgeht, was sich ihr bei zivilisierten Völkern an die Seite stellen läßt, ist zunächst nicht ersichtlich. Man glaubt nur zu verstehen, daß die Rolle des Totem (Tieres) als Ahnherrn dabei sehr ernst genommen wird. Alles, was von dem gleichen Totem abstammt, ist blutsverwandt, ist eine Familie, und in dieser Familie werden die entferntesten Verwandtschaftsgrade als absolutes Hindernis der sexuellen Vereinigung anerkannt.

So zeigen uns denn diese Wilden einen ungewohnt hohen Grad von Inzestscheu oder Inzestempfindlichkeit, verbunden mit der von uns nicht gut verstandenen Eigentümlichkeit, daß sie die reale Blutsverwandtschaft durch die Totemverwandtschaft ersetzen. Wir dürfen indes diesen Gegensatz nicht allzusehr übertreiben und wollen im Gedächtnis behalten, daß die Totemverbote den realen Inzest als Spezialfall miteinschließen.

Auf welche Weise es dabei zum Ersatz der wirklichen Familie durch die Totemsippe gekommen, bleibt ein Rätsel, dessen Lösung vielleicht mit der Aufklärung des Totem selbst zusammenfällt. Man müßte freilich daran denken, daß bei einer gewissen, über die Eheschranken hinausgehenden Freiheit des Sexualverkehrs die Blutsverwandtschaft und somit die Inzestverhütung so unsicher werden, daß man eine andere Fundierung des Verbotes nicht entbehren kann. Es ist darum nicht überflüssig zu bemerken, daß die Sitten der Australier soziale Bedingungen und festliche Gelegenheiten anerkennen, bei denen das ausschließliche Eheanrecht eines Mannes auf ein Weib durchbrochen wird.

---

[1] Dem Vater, der Känguruh ist, wird aber – wenigstens durch dieses Verbot – der Inzest mit seinen Töchtern, die Emu sind, freigelassen. Bei väterlicher Vererbung des Totem wäre der Vater Känguruh, die Kinder gleichfalls Känguruh, dem Vater würde dann der Inzest mit den Töchtern verboten sein, dem Sohne der Inzest mit der Mutter freibleiben. Diese Erfolge der Totemverbote ergeben einen Hinweis darauf, daß die mütterliche Vererbung älter ist als die väterliche, denn es liegt Grund vor anzunehmen, daß die Totemverbote vor allem gegen die inzestuösen Gelüste des Sohnes gerichtet sind.

Der Sprachgebrauch dieser australischen Stämme[1] weist eine Eigentümlichkeit auf, welche unzweifelhaft in diesen Zusammenhang gehört. Die Verwandtschaftsbezeichnungen nämlich, deren sie sich bedienen, fassen nicht die Beziehung zwischen zwei Individuen, sondern zwischen einem Individuum und einer Gruppe ins Auge; sie gehören nach dem Ausdruck L. H. Morgans [1877] dem *»klassifizierenden«* System an. Das will heißen, ein Mann nennt »Vater« nicht nur seinen Erzeuger, sondern auch jeden anderen Mann, der nach den Stammessatzungen seine Mutter hätte heiraten und so sein Vater hätte werden können; er nennt »Mutter« jede andere Frau neben seiner Gebärerin, die ohne Verletzung der Stammesgesetze seine Mutter hätte werden können; er heißt »Brüder«, »Schwestern« nicht nur die Kinder seiner wirklichen Eltern, sondern auch die Kinder all der genannten Personen, die in der elterlichen Gruppenbeziehung zu ihm stehen, usw. Die Verwandtschaftsnamen, die zwei Australier einander geben, deuten also nicht notwendig auf eine Blutsverwandtschaft zwischen ihnen hin, wie sie es nach unserem Sprachgebrauche müßten; sie bezeichnen vielmehr soziale als physische Beziehungen. Eine Annäherung an dieses klassifikatorische System findet sich bei uns etwa in der Kinderstube, wenn das Kind veranlaßt wird, jeden Freund und jede Freundin der Eltern als »Onkel« und »Tante« zu begrüßen, oder im übertragenen Sinn, wenn wir von »Brüdern in Apoll«, »Schwestern in Christo« sprechen.

Die Erklärung dieses für uns so sehr befremdenden Sprachgebrauches ergibt sich leicht, wenn man ihn als Rest und Anzeichen jener Heiratsinstitution auffaßt, die der Rev. L. Fison *»Gruppenehe«* genannt hat, deren Wesen darin besteht, daß eine gewisse Anzahl von Männern eheliche Rechte über eine gewisse Anzahl von Frauen ausübt. Die Kinder dieser Gruppenehe würden dann mit Recht einander als Geschwister betrachten, obwohl sie nicht alle von derselben Mutter geboren sind, und alle Männer der Gruppe für ihre Väter halten.

Obwohl manche Autoren, wie z. B. Westermarck in seiner *Geschichte der menschlichen Ehe* (1902), sich den Folgerungen widersetzen, welche andere aus der Existenz der Gruppenverwandtschaftsnamen gezogen haben, so stimmen doch gerade die besten Kenner der australischen Wilden darin überein, daß die klassifikatorischen Verwandtschaftsnamen als Überrest aus Zeiten der Gruppenehe zu betrachten sind. Ja, nach Spencer und Gillen (1899 [64]) läßt sich eine gewisse Form der Gruppenehe bei den Stämmen der Urabunna und der Dieri noch als heute

[1] Sowie der meisten Totemvölker.

bestehend feststellen. Die Gruppenehe sei also bei diesen Völkern der individuellen Ehe vorausgegangen und nicht geschwunden, ohne deutliche Spuren in Sprache und Sitten zurückzulassen.

Ersetzen wir aber die individuelle Ehe durch die Gruppenehe, so wird uns das scheinbare Übermaß von Inzestvermeidung, welches wir bei denselben Völkern angetroffen haben, begreiflich. Die Totemexogamie, das Verbot des sexuellen Verkehrs zwischen Mitgliedern desselben Clans, erscheint als das angemessene Mittel zur Verhütung des Gruppeninzestes, welches dann fixiert wurde und seine Motivierung um lange Zeiten überdauert hat.

Glauben wir so die Heiratsbeschränkungen der Wilden Australiens in ihrer Motivierung verstanden zu haben, so müssen wir noch erfahren, daß die wirklichen Verhältnisse eine weit größere, auf den ersten Anblick verwirrende Kompliziertheit erkennen lassen. Es gibt nämlich nur wenige Stämme in Australien, die kein anderes Verbot als die Totemschranke zeigen. Die meisten sind derart organisiert, daß sie zunächst in zwei Abteilungen zerfallen, die man Heiratsklassen (englisch: *phratries*) genannt hat. Jede dieser Heiratsklassen ist exogam und schließt eine Mehrzahl von Totemsippen ein. Gewöhnlich teilt sich noch jede Heiratsklasse in zwei Unterklassen *(sub-phratries)*, der ganze Stamm also in vier; die Unterklassen stehen so zwischen den Phratrien und den Totemsippen.

Das typische, recht häufig verwirklichte Schema der Organisation eines australischen Stammes sieht also folgendermaßen aus:

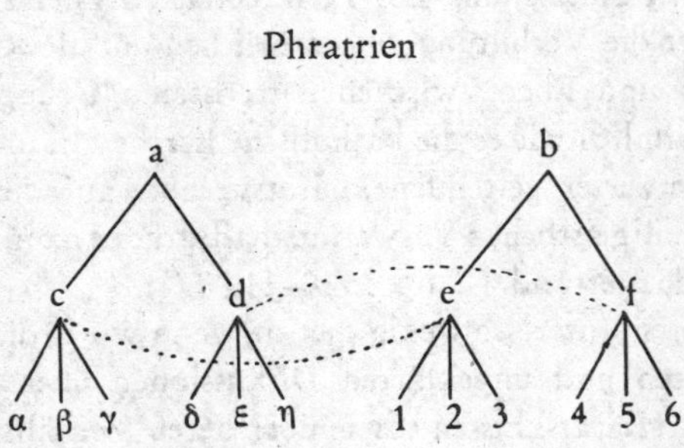

Die zwölf Totemsippen sind in vier Unterklassen und zwei Klassen untergebracht. Alle Abteilungen sind exogam[1]. Die Subklasse *c* bildet mit *e*, die Subklasse *d* mit *f* eine exogame Einheit. Der Erfolg, also die

[1] Die Anzahl der Totem ist willkürlich gewählt.

Tendenz, dieser Einrichtungen ist nicht zweifelhaft: es wird auf diesem Wege eine weitere Einschränkung der Heiratswahl und der sexuellen Freiheit herbeigeführt. Bestünden nur die zwölf Totemsippen, so wäre jedem Mitglied einer Sippe – bei Voraussetzung der gleichen Menschenanzahl in jeder Sippe – $^{11}/_{12}$ aller Frauen des Stammes zur Auswahl zugänglich. Die Existenz der beiden Phratrien beschränkt diese Anzahl auf $^{6}/_{12} = {^1}/_{2}$; ein Mann vom Totem α kann nur eine Frau der Sippen 1 bis 6 heiraten. Bei Einführung der beiden Unterklassen sinkt die Auswahl auf $^{3}/_{12} = {^1}/_{4}$; ein Mann vom Totem α muß seine Ehewahl auf die Frauen der Totem 4, 5, 6 beschränken.

Die historischen Beziehungen der Heiratsklassen – deren bei einigen Stämmen bis zu acht vorkommen – zu den Totemsippen sind durchaus ungeklärt. Man sieht nur, daß diese Einrichtungen dasselbe erreichen wollen wie die Totemexogamie und auch noch mehr anstreben. Aber während die Totemexogamie den Eindruck einer heiligen Satzung macht, die entstanden ist, man weiß nicht wie, also einer Sitte, scheinen die komplizierten Institutionen der Heiratsklassen, ihrer Unterteilungen und der daran geknüpften Bedingungen zielbewußter Gesetzgebung zu entstammen, die vielleicht die Aufgabe der Inzestverhütung neu aufnahm, weil der Einfluß des Totem im Nachlassen war. Und während das Totemsystem, wie wir wissen, die Grundlage aller anderen sozialen Verpflichtungen und sittlichen Beschränkungen des Stammes ist, erschöpft sich die Bedeutung der Phratrien im allgemeinen in der durch sie angestrebten Regelung der Ehewahl.

In der weiteren Ausbildung des Heiratsklassensystems zeigt sich ein Bestreben, über die Verhütung des natürlichen und des Gruppeninzests hinauszugehen und Ehen zwischen entfernteren Gruppenverwandten zu verbieten, ähnlich wie es die katholische Kirche tat, indem sie die seit jeher für Geschwister geltenden Heiratsverbote auf die Vetternschaft ausdehnte und die geistlichen Verwandtschaftsgrade [nämlich Pateneltern und -kinder] dazuerfand. (Lang, 1910–11 [87]).

Es würde unserem Interesse wenig dienen, wenn wir in die außerordentlich verwickelten und ungeklärten Diskussionen über Herkunft und Bedeutung der Heiratsklassen sowie über deren Verhältnis zum Totem tiefer eindringen wollten. Für unsere Zwecke genügt der Hinweis auf die große Sorgfalt, welche die Australier sowie andere wilde Völker zur Verhütung des Inzests aufwenden[1]. Wir müssen sagen, diese Wilden

[1] Auf diesen Punkt hat erst kürzlich Storfer in seiner Studie: *Zur Sonderstellung des Vatermordes* (1911 [16]) nachdrücklich aufmerksam gemacht.

sind selbst inzestempfindlicher als wir. Wahrscheinlich liegt ihnen die Versuchung näher, so daß sie eines ausgiebigeren Schutzes gegen dieselbe bedürfen.

Die Inzestscheu dieser Völker begnügt sich aber nicht mit der Aufrichtung der beschriebenen Institutionen, welche uns hauptsächlich gegen den Gruppeninzest gerichtet scheinen. Wir müssen eine Reihe von »Sitten« hinzunehmen, welche den individuellen Verkehr naher Verwandter in unserem Sinne behüten, die mit geradezu religiöser Strenge eingehalten werden und deren Absicht uns kaum zweifelhaft erscheinen kann. Man kann diese Sitten oder Sittenverbote »Vermeidungen« *(avoidances)* heißen. Ihre Verbreitung geht weit über die australischen Totemvölker hinaus. Ich werde aber auch hier die Leser bitten müssen, mit einem fragmentarischen Ausschnitt aus dem reichen Material vorliebzunehmen.

In Melanesien richten sich solche einschränkende Verbote gegen den Verkehr des Knaben mit Mutter und Schwestern. So z. B. verläßt auf Lepers Island, einer der Neuhebriden, der Knabe von einem bestimmten Alter an das mütterliche Heim und übersiedelt ins »Klubhaus«, wo er jetzt regelmäßig schläft und seine Mahlzeiten einnimmt. Er darf sein Heim zwar noch besuchen, um dort Nahrung zu verlangen; wenn aber seine Schwester zu Hause ist, muß er fortgehen, ehe er gegessen hat; ist keine Schwester anwesend, so darf er sich in der Nähe der Türe zum Essen niedersetzen. Begegnen sich Bruder und Schwester zufällig im Freien, so muß sie weglaufen oder sich seitwärts verstecken. Wenn der Knabe gewisse Fußspuren im Sande als die seiner Schwester erkennt, so wird er ihnen nicht folgen, ebensowenig wie sie den seinigen. Ja, er wird nicht einmal ihren Namen aussprechen und wird sich hüten, ein geläufiges Wort zu gebrauchen, wenn es als Bestandteil in ihrem Namen enthalten ist. Diese Vermeidung, die mit der Pubertätszeremonie beginnt, wird über das ganze Leben festgehalten. Die Zurückhaltung zwischen einer Mutter und ihrem Sohne nimmt mit den Jahren zu, ist übrigens überwiegend auf Seite der Mutter. Wenn sie ihm etwas zu essen bringt, reicht sie es ihm nicht selbst, sondern stellt es vor ihn hin, sie redet ihn auch nicht vertraut an, sagt ihm – nach unserem Sprachgebrauch – nicht »du«, sondern »Sie«[1]. Ähnliche Gebräuche herrschen in Neukaledonien. Wenn Bruder und Schwester einander begegnen, so

[1] Frazer (1910, Bd. 2, 77 ff.), nach R. H. Codrington (1891 [232]).

flüchtet sie ins Gebüsch, und er geht vorüber, ohne den Kopf nach ihr zu wenden [1].

Auf der Gazellen-Halbinsel in Neubritannien darf eine Schwester von ihrer Heirat an mit ihrem Bruder nicht mehr sprechen, sie spricht auch seinen Namen nicht mehr aus, sondern bezeichnet ihn mit einer Umschreibung [2].

Auf Neumecklenburg werden Vetter und Base (obwohl nicht jeder Art) von solchen Beschränkungen getroffen, ebenso aber Bruder und Schwester. Sie dürfen sich einander nicht nähern, einander nicht die Hand geben, keine Geschenke machen, dürfen aber in der Entfernung von einigen Schritten miteinander sprechen. Die Strafe für den Inzest mit der Schwester ist der Tod durch Erhängen [3].

Auf den Fiji-Inseln sind diese Vermeidungsregeln besonders strenge; sie betreffen dort nicht nur die blutsverwandte, sondern selbst die Gruppenschwester. Um so sonderbarer berührt es uns, wenn wir hören, daß diese Wilden heilige Orgien kennen, in denen eben diese verbotenen Verwandtschaftsgrade die geschlechtliche Vereinigung aufsuchen, wenn wir es nicht vorziehen, diesen Gegensatz zur Aufklärung des Verbotes zu verwenden, anstatt uns über ihn zu verwundern [4].

Unter den Battas auf Sumatra betreffen die Vermeidungsgebote alle nahen Verwandtschaftsbeziehungen. »Es wäre für einen Batta z. B. höchst anstößig, seine eigene Schwester zu einer Abendgesellschaft zu begleiten. Ein Battabruder wird sich in Gesellschaft seiner Schwester unbehaglich fühlen, selbst wenn noch andere Personen mit anwesend sind. Wenn der eine von ihnen ins Haus kommt, so zieht es der andere Teil vor wegzugehen. Ein Vater wird auch nicht allein im Hause mit seiner Tochter bleiben, ebensowenig wie eine Mutter mit ihrem Sohne ... Der holländische Missionär, der über diese Sitten berichtet, fügt hinzu, er müsse sie leider für sehr wohlbegründet halten.« Es wird bei diesem Volke ohneweiters angenommen, daß ein Alleinsein eines Mannes mit einer Frau zu ungehöriger Intimität führen werde, und da sie vom Verkehr naher Blutsverwandter alle möglichen Strafen und üblen Folgen erwarten, tun sie recht daran, allen Versuchungen durch solche Verbote auszuweichen [5].

Bei den Barongos an der Delagoa-Bucht in Afrika gelten merkwürdiger-

---

1 [Frazer (1910, Bd. 2, 78), nach Lambert (1900, 114).]

2 Frazer (1910, Bd. 2, 124) [nach Parkinson (1907, 67 f.)].

3 Frazer (1910, Bd. 2, 130 f.), nach P. G. Peckel (1908 [467]).

4 Frazer (1910, Bd. 2, 146 ff.), nach Rev. L. Fison [1885, 27 ff.].

5 Frazer (1910, Bd. 2, 189) [nach Joustra (1902, 391 f.)].

weise die strengsten Vorsichten der Schwägerin, der Frau des Bruders der eigenen Frau. Wenn ein Mann diese ihm gefährliche Person irgendwo begegnet, so weicht er ihr sorgsam aus. Er wagt es nicht, aus einer Schüssel mit ihr zu essen, er spricht sie nur zagend an, getraut sich nicht, in ihre Hütte einzutreten, und begrüßt sie nur mit zitternder Stimme[1].

Bei den Akamba (oder Wakamba) in Britisch-Ostafrika herrscht ein Gebot der Vermeidung, welches man häufiger anzutreffen erwartet hätte. Ein Mädchen muß zwischen ihrer Pubertät und ihrer Verheiratung dem eigenen Vater sorgfältig ausweichen. Sie versteckt sich, wenn sie ihn auf der Straße begegnet, sie versucht es niemals, sich neben ihn hinzusetzen, und benimmt sich so bis zum Moment ihrer Verlobung. Von der Heirat an ist ihrem Verkehr mit dem Vater kein Hindernis mehr in den Weg gelegt[2].

Die bei weitem verbreitetste, strengste und auch für zivilisierte Völker interessanteste Vermeidung ist die, welche den Verkehr zwischen einem Manne und seiner Schwiegermutter einschränkt. Sie ist in Australien ganz allgemein, ist aber auch bei den melanesischen, polynesischen und den Negervölkern Afrikas in Kraft, soweit die Spuren des Totemismus und der Gruppenverwandtschaft reichen, und wahrscheinlich noch darüber hinaus. Bei manchen dieser Völker bestehen ähnliche Verbote gegen den harmlosen Verkehr einer Frau mit ihrem Schwiegervater, doch sind sie lange nicht so konstant und so ernsthaft. In vereinzelten Fällen werden beide Schwiegereltern Gegenstand der Vermeidung.

Da wir uns weniger für die ethnographische Verbreitung als für den Inhalt und die Absicht der Schwiegermuttervermeidung interessieren, werde ich mich auch hier auf die Wiedergabe weniger Beispiele beschränken.

Auf den Banks-Inseln »sind diese Gebote sehr strenge und peinlich genau. Ein Mann wird die Nähe seiner Schwiegermutter meiden wie sie die seinige. Wenn sie einander zufällig auf einem Pfade begegnen, so tritt das Weib zur Seite und wendet ihm den Rücken, bis er vorüber ist, oder er tut das nämliche«. »In Vanua Lava (Port Patteson) wird ein Mann nicht einmal hinter seiner Schwiegermutter am Strande einhergehen, ehe die steigende Flut nicht die Spur ihrer Fußtritte im Sande weggeschwemmt hat. Doch dürfen sie aus einer gewissen Entfernung miteinander sprechen. Es ist ganz ausgeschlossen, daß er je den Namen

---

1 Frazer (1910, Bd. 2, 388), nach Junod [1898, 73 ff.].
2 Frazer (1910, Bd. 2, 424) [nach C. W. Hobley (unveröffentlichtes Ms.)].

seiner Schwiegermutter ausspricht oder sie den ihres Schwiegersohnes.«[1]

Auf den Salomons-Inseln darf der Mann von seiner Heirat an seine Schwiegermutter weder sehen noch mit ihr sprechen. Wenn er ihr begegnet, tut er nicht, als ob er sie kennen würde, sondern läuft, so schnell er kann, davon, um sich zu verstecken[2].

Bei den Zulukaffern »verlangt die Sitte, daß ein Mann sich seiner Schwiegermutter schäme, daß er alles tue, um ihrer Gesellschaft auszuweichen. Er tritt nicht in die Hütte ein, in der sie sich befindet, und wenn sie einander begegnen, geht er oder sie beiseite, etwa indem sie sich hinter einem Busch versteckt, während er seinen Schild vors Gesicht hält. Wenn sie einander nicht ausweichen können und das Weib nichts anderes hat, um sich zu verhüllen, so bindet sie wenigstens ein Grasbüschel um ihren Kopf, damit dem Zeremoniell Genüge getan sei. Der Verkehr zwischen ihnen muß entweder durch eine dritte Person besorgt werden, oder sie dürfen aus einiger Entfernung einander zuschreien, wenn sie irgendeine Schranke, z. B. die Einfassung des Kraals, zwischen sich haben. Keiner von ihnen darf den Namen des andern in den Mund nehmen.« (Frazer, 1910, Bd. 2, 385.)

Bei den Basoga, einem Negerstamme im Quellengebiete des Nils, darf ein Mann zu seiner Schwiegermutter nur sprechen, wenn sie in einem anderen Raume des Hauses ist und von ihm nicht gesehen wird. Dieses Volk verabscheut übrigens den Inzest so sehr, daß es ihn selbst bei Haustieren nicht straflos läßt. (Frazer, 1910, Bd. 2, 461.)

Während Absicht und Bedeutung der anderen Vermeidungen zwischen nahen Verwandten einem Zweifel nicht unterliegen, so daß sie von allen Beobachtern als Schutzmaßregeln gegen den Inzest aufgefaßt werden, haben die Verbote, welche den Verkehr mit der Schwiegermutter betreffen, von manchen Seiten eine andere Deutung erfahren. Es erschien mit Recht unverständlich, daß alle diese Völker so große Angst vor der Versuchung zeigen sollten, die dem Manne in der Gestalt einer älteren Frau entgegentritt, welche seine Mutter sein könnte, ohne es wirklich zu sein. (Vgl. Crawley, 1902, 405.)

Diese Einwendung wurde auch gegen die Auffassung von Fison[3] erhoben, der darauf aufmerksam machte, daß gewisse Heiratsklassensysteme darin eine Lücke zeigen, daß sie die Ehe zwischen einem Manne

---

[1] Frazer (1910, Bd. 2, 76) [nach Codrington (1891, 42 ff.)].
[2] Frazer (1910, Bd. 2, 117), nach C. Ribbe (1903 [140 f.]).
[3] [Vgl. Fison und Howitt (1880, 104).]

und seiner Schwiegermutter nicht theoretisch unmöglich machen; es hätte darum einer besonderen Sicherung gegen diese Möglichkeit bedurft.

Sir J. Lubbock führt in seinem Werke *Origin of Civilisation* [1870, 84 f.] das Benehmen der Schwiegermutter gegen den Schwiegersohn auf die einstige Raubehe *(marriage by capture)* zurück. »Solange der Frauenraub wirklich bestand, wird auch die Entrüstung der Eltern ernsthaft genug gewesen sein. Als von dieser Form der Ehe nur mehr Symbole übrig waren, wurde auch die Entrüstung der Eltern symbolisiert, und diese Sitte hielt noch an, nachdem ihre Herkunft vergessen war.« Es wird Crawley [1902, 406] leicht zu zeigen, wie wenig dieser Erklärungsversuch die Einzelheiten der tatsächlichen Beobachtung deckt.

E. B. Tylor meint [1889, 246 f.], die Behandlung des Schwiegersohnes von seiten der Schwiegermutter sei nichts anderes als eine Form der »Nichtanerkennung« *(cutting)* von seiten der Familie der Frau. Der Mann gilt als Fremder, und dies so lange, bis das erste Kind geboren wird. Allein abgesehen von den Fällen, in denen letztere Bedingung das Verbot nicht aufhebt, unterliegt diese Erklärung dem Einwand, daß sie die Orientierung der Sitte auf das Verhältnis zwischen Schwiegersohn und Schwiegermutter nicht aufhellt, also den geschlechtlichen Faktor übersieht, und daß sie dem Moment des geradezu heiligen Abscheus nicht Rechnung trägt, welcher in den Vermeidungsgeboten zum Ausdruck kommt. (Crawley, 1902, 407.)

Eine Zulufrau, die nach der Begründung des Verbotes gefragt wurde, gab die von Zartgefühl getragene Antwort: »Es ist nicht recht, daß er die Brüste sehen soll, die seine Frau gesäugt haben.«[1]

Es ist bekannt, daß das Verhältnis zwischen Schwiegersohn und Schwiegermutter auch bei den zivilisierten Völkern zu den heikeln Seiten der Familienorganisation gehört. Es bestehen in der Gesellschaft der weißen Völker Europas und Amerikas zwar keine Vermeidungsgebote mehr für die beiden, aber es würde oft viel Streit und Unlust vermieden, wenn solche noch als Sitte bestünden und nicht von den einzelnen Individuen wieder aufgerichtet werden müßten. Manchen Europäern mag es als ein Akt hoher Weisheit erscheinen, daß die wilden Völker durch ihre Vermeidungsgebote die Herstellung eines Einvernehmens zwischen den beiden so nahe verwandt gewordenen Personen von vornherein ausgeschlossen haben. Es ist kaum zweifelhaft, daß in der psychologischen Situation von Schwiegermutter und Schwiegersohn etwas

[1] Crawley (1902, 401), nach Leslie (1875 [141]).

enthalten ist, was die Feindseligkeit zwischen ihnen befördert und ihr Zusammenleben erschwert. Daß der Witz der zivilisierten Völker gerade das Schwiegermutterthema so gern zum Objekt nimmt, scheint mit darauf hinzudeuten, daß die Gefühlsrelationen zwischen den beiden außerdem Komponenten führen, die in scharfem Gegensatz zueinander stehen. Ich meine, daß dies Verhältnis eigentlich ein »ambivalentes«, aus widerstreitenden, zärtlichen und feindseligen Regungen zusammengesetztes ist.

Ein gewisser Anteil dieser Regungen liegt klar zutage: Von seiten der Schwiegermutter die Abneigung, auf den Besitz der Tochter zu verzichten, das Mißtrauen gegen den Fremden, dem sie überantwortet ist, die Tendenz, eine herrschende Position zu behaupten, in die sie sich im eigenen Hause eingelebt hatte. Von seiten des Mannes die Entschlossenheit, sich keinem fremden Willen mehr unterzuordnen, die Eifersucht gegen alle Personen, die vor ihm die Zärtlichkeit seines Weibes besaßen, und – *last not least* – die Abneigung dagegen, sich in der Illusion der Sexualüberschätzung stören zu lassen. Eine solche Störung geht wohl zumeist von der Person der Schwiegermutter aus, die ihn durch so viele gemeinsame Züge an die Tochter mahnt und doch all der Reize der Jugend, Schönheit und psychischen Frische entbehrt, welche ihm seine Frau wertvoll machen.

Die Kenntnis versteckter Seelenregungen, welche die psychoanalytische Untersuchung einzelner Menschen verleiht, gestattet uns, zu diesen Motiven noch andere hinzuzufügen. Wo die psychosexuellen Bedürfnisse der Frau in der Ehe und im Familienleben befriedigt werden sollen, da droht ihr immer die Gefahr der Unbefriedigung durch den frühzeitigen Ablauf der ehelichen Beziehung und die Ereignislosigkeit in ihrem Gefühlsleben. Die alternde Mutter schützt sich davor durch Einfühlung in ihre Kinder, Identifizierung mit ihnen, indem sie deren gefühlsbetonte Erlebnisse zu den eigenen macht. Man sagt, die Eltern bleiben jung mit ihren Kindern; es ist dies in der Tat einer der wertvollsten seelischen Gewinste, den Eltern aus ihren Kindern ziehen. Im Falle der Kinderlosigkeit entfällt so eine der besten Möglichkeiten, die für die eigene Ehe erforderliche Resignation zu ertragen. Diese Einfühlung in die Tochter geht bei der Mutter leicht so weit, daß sie sich in den von ihr geliebten Mann – mitverliebt, was in grellen Fällen infolge des heftigen seelischen Sträubens gegen diese Gefühlsanlage zu schweren Formen neurotischer Erkrankung führt. Eine Tendenz zu solcher Verliebtheit ist bei der Schwiegermutter jedenfalls sehr häufig, und entweder diese selbst oder die ihr entgegenarbeitende Strebung schließen sich dem Gewühle der miteinander ringenden Kräfte in der Seele der Schwiegermutter an. Recht häufig wird gerade die unzärtliche, sadistische Komponente der Liebeserregung dem Schwiegersohne zugewendet, um die verpönte, zärtliche um so sicherer zu unterdrücken.

Für den Mann kompliziert sich das Verhältnis zur Schwiegermutter durch ähnliche Regungen, die aber aus anderen Quellen stammen. Der Weg der Objektwahl hat ihn regulärerweise über das Bild seiner Mutter, vielleicht noch seiner Schwester, zu seinem Liebesobjekt geführt; infolge der Inzestschranke glitt seine Vorliebe von beiden teuren Personen seiner Kindheit ab, um bei einem fremden Objekt nach deren Ebenbild zu landen. An Stelle der eigenen Mutter und Mutter seiner Schwester sieht er nun die Schwiegermutter treten; es entwickelt sich eine Tendenz, in die vorzeitliche Wahl zurückzusinken, aber dieser widerstrebt alles in ihm. Seine Inzestscheu fordert, daß er an die Genealogie seiner Liebeswahl nicht erinnert werde; die Aktualität der Schwiegermutter, die er nicht wie die Mutter von jeher gekannt hat, so daß ihr Bild im Unbewußten unverändert bewahrt werden konnte, macht ihm die Ablehnung leicht. Ein besonderer Zusatz von Reizbarkeit und Gehässigkeit zur Gefühlsmischung läßt uns vermuten, daß die Schwiegermutter tatsächlich eine Inzestversuchung für den Schwiegersohn darstellt, sowie es anderseits nicht selten vorkommt, daß sich ein Mann manifesterweise zunächst in seine spätere Schwiegermutter verliebt, ehe seine Neigung auf deren Tochter übergeht.

Ich sehe keine Abhaltung von der Annahme, daß es gerade dieser, der inzestuöse Faktor des Verhältnisses ist, welcher die Vermeidung zwischen Schwiegersohn und Schwiegermutter bei den Wilden motiviert. Wir würden also in der Aufklärung der so streng gehandhabten »Vermeidungen« dieser primitiven Völker die ursprünglich von Fison geäußerte Meinung bevorzugen [s. S. 306 f.], die in diesen Vorschriften wiederum nur einen Schutz gegen den möglichen Inzest erblickt. Das nämliche würde für alle anderen Vermeidungen zwischen Bluts- oder Heiratsverwandten gelten. Nur bliebe der Unterschied, daß im ersteren Falle der Inzest ein direkter ist, die Verhütungsabsicht eine bewußte sein könnte; im anderen Falle, der das Schwiegermutterverhältnis mit einschließt, wäre der Inzest eine Phantasieversuchung, ein durch unbewußte Zwischenglieder vermittelter.

Wir haben in den vorstehenden Ausführungen wenig Gelegenheit gehabt zu zeigen, daß die Tatsachen der Völkerpsychologie durch die Anwendung der psychoanalytischen Betrachtung in neuem Verständnis gesehen werden können, denn die Inzestscheu der Wilden ist längst als solche erkannt worden und bedarf keiner weiteren Deutung. Was wir zu ihrer Würdigung hinzufügen können, ist die Aussage, sie sei ein exquisit infantiler Zug und eine auffällige Übereinstimmung mit dem seelischen Leben des Neurotikers. Die Psychoanalyse hat uns gelehrt, daß die erste sexuelle Objektwahl des Knaben eine inzestuöse ist, den verpönten Objekten, Mutter und Schwester, gilt [1], und hat uns auch die Wege kennen gelehrt, auf denen sich der Heranwachsende von der Anziehung des Inzests frei macht. Der Neurotiker repräsentiert uns aber regelmäßig ein Stück des psychischen Infantilismus, er hat es entweder nicht vermocht, sich von den kindlichen Verhältnissen der Psychosexualität zu befreien, oder er ist zu ihnen zurückgekehrt. (Entwicklungshemmung und Regression.) In seinem unbewußten Seelenleben spielen darum noch immer oder wiederum die inzestuösen Fixierungen der Libido eine Hauptrolle. Wir sind dahin gekommen, das vom Inzestverlangen beherrschte Verhältnis zu den Eltern für den *Kernkomplex* der Neurose zu erklären. Die Aufdeckung dieser Bedeutung des Inzests für die Neurose stößt natürlich auf den allgemeinsten Unglauben der Erwachsenen und Normalen; dieselbe Ablehnung wird z. B. auch den Arbeiten von Otto Rank entgegentreten, die in immer größerem Ausmaß dartun, wie sehr das Inzestthema im Mittelpunkte des dichterischen Interesses steht und in ungezählten Variationen und Entstellungen der Poesie den Stoff liefert [2]. Wir sind genötigt zu glauben, daß solche Ablehnung vor allem ein Produkt der tiefen Abneigung des Menschen gegen seine einstigen, seither der Verdrängung verfallenen Inzestwünsche ist. Es ist uns darum nicht unwichtig, an den wilden Völkern zeigen zu können, daß sie die zur späteren Unbewußtheit bestimmten Inzestwünsche des Menschen noch als bedrohlich empfinden und der schärfsten Abwehrmaßregeln für würdig halten.

---

[1] [Dieses Thema ist ausführlich erstmals in der dritten der *Drei Abhandlungen zur Sexualtheorie* (1905 *d*), *Studienausgabe*, Bd. 5, S. 128 ff., erörtert worden.]

[2] [Vgl. z. B. Rank (1907 und 1912).]

II

DAS TABU UND DIE AMBIVALENZ DER GEFÜHLSREGUNGEN

1

Tabu ist ein polynesisches Wort, dessen Übersetzung uns Schwierigkeiten bereitet, weil wir den damit bezeichneten Begriff nicht mehr besitzen. Den alten Römern war er noch geläufig, ihr *sacer* war dasselbe wie das Tabu der Polynesier. Auch das ἄγος der Griechen, das *Kodausch* der Hebräer muß das nämliche bedeutet haben, was die Polynesier durch ihr Tabu, viele Völker in Amerika, Afrika (Madagaskar), Nord- und Zentral-Asien durch analoge Bezeichnungen ausdrücken.

Uns geht die Bedeutung des Tabu nach zwei entgegengesetzten Richtungen auseinander. Es heißt uns einerseits: heilig, geweiht, anderseits: unheimlich, gefährlich, verboten, unrein. Der Gegensatz von Tabu heißt im Polynesischen *noa* = gewöhnlich, allgemein zugänglich. Somit haftet am Tabu etwas wie der Begriff einer Reserve, das Tabu äußert sich auch wesentlich in Verboten und Einschränkungen. Unsere Zusammensetzung »heilige Scheu« würde sich oft mit dem Sinn des Tabu decken.

Die Tabubeschränkungen sind etwas anderes als die religiösen oder moralischen Verbote. Sie werden nicht auf das Gebot eines Gottes zurückgeführt, sondern verbieten sich eigentlich von selbst; von den Moralverboten scheidet sie das Fehlen der Einreihung in ein System, welches ganz allgemein Enthaltungen für notwendig erklärt und diese Notwendigkeit auch begründet. Die Tabuverbote entbehren jeder Begründung; sie sind unbekannter Herkunft; für uns unverständlich, erscheinen sie jenen selbstverständlich, die unter ihrer Herrschaft stehen.

Wundt (1906, 308) nennt das Tabu den ältesten ungeschriebenen Gesetzeskodex der Menschheit. Es wird allgemein angenommen, daß das Tabu älter ist als die Götter und in die Zeiten vor jeder Religion zurückreicht.

Da wir einer unparteiischen Darstellung des Tabu bedürfen, um dieses der psychoanalytischen Betrachtung zu unterziehen, lasse ich nun einen Auszug aus dem Artikel ›Taboo‹ der *Encyclopaedia Britannica*[1] folgen, der den Anthropologen Northcote W. Thomas zum Verfasser hat.

[1] Elfte Auflage, 1910–11. – Daselbst auch die wichtigsten Literaturnachweise.

»Strenggenommen umfaßt tabu nur *a)* den heiligen (oder unreinen) Charakter von Personen oder Dingen, *b)* die Art der Beschränkung, welche sich aus diesem Charakter ergibt, und *c)* die Heiligkeit (oder Unreinheit), welche aus der Verletzung dieses Verbotes hervorgeht. Das Gegenteil von tabu heißt in Polynesien ›*noa*‹, was ›gewöhnlich‹ oder ›gemein‹ bedeutet ...«

»In einem weiteren Sinne kann man verschiedene Arten von Tabu unterscheiden: 1. Ein *natürliches* oder direktes Tabu, welches das Ergebnis einer geheimnisvollen Kraft *(Mana)* ist, die an einer Person oder Sache haftet; 2. ein *mitgeteiltes* oder indirektes Tabu, das auch von jener Kraft ausgeht, aber entweder *a)* erworben ist, oder *b)* von einem Priester, Häuptling oder sonst jemandem übertragen; endlich 3. ein Tabu, das zwischen den beiden anderen die Mitte hält, wenn nämlich beide Faktoren in Betracht kommen, wie z. B. bei der Aneignung eines Weibes durch einen Mann ...« Der Name Tabu wird auch auf andere rituelle Beschränkungen angewendet, aber man sollte alles, was besser religiöses Verbot heißen könnte, nicht zum Tabu rechnen.

»Die Ziele des Tabu sind mannigfacher Art: [I] Direkte Tabu bezwecken *a)* den Schutz bedeutsamer Personen wie Häuptlinge, Priester und Gegenstände u. dgl. gegen mögliche Schädigung; *b)* die Sicherung der Schwachen – Frauen, Kinder und gewöhnlicher Menschen im allgemeinen – gegen das mächtige Mana (die magische Kraft) der Priester und Häuptlinge; *c)* den Schutz gegen Gefahren, die mit der Berührung von Leichen, mit dem Genuß gewisser Speisen usw. verbunden sind; *d)* die Versicherung gegen die Störung wichtiger Lebensakte wie Geburt, Männerweihe, Heirat, sexuelle Tätigkeiten; *e)* den Schutz menschlicher Wesen gegen die Macht oder den Zorn von Göttern und Dämonen[1]; *f)* die Behütung Ungeborener und kleiner Kinder gegen die mannigfachen Gefahren, die ihnen infolge ihrer besonderen sympathetischen Abhängigkeit von ihren Eltern drohen, wenn diese z. B. gewisse Dinge tun oder Speisen zu sich nehmen, deren Genuß den Kindern besondere Eigenschaften übertragen könnte. [II] Eine andere Verwendung des Tabu ist die zum Schutze des Eigentums einer Person, ihrer Werkzeuge, ihres Feldes usw. gegen Diebe ...«

Die Strafe für die Übertretung eines Tabu wird wohl ursprünglich einer inneren, automatisch wirkenden Einrichtung überlassen. Das verletzte Tabu rächt sich selbst. Wenn Vorstellungen von Göttern und Dä-

[1] Diese Verwendung des Tabu kann auch als eine nicht ursprüngliche in diesem Zusammenhange beiseite gelassen werden.

monen hinzukommen, mit denen das Tabu in Beziehung tritt, so wird von der Macht der Gottheit eine automatische Bestrafung erwartet. In anderen Fällen, wahrscheinlich infolge einer weiteren Entwicklung des Begriffes, übernimmt die Gesellschaft die Bestrafung des Verwegenen, dessen Vorgehen seine Genossen in Gefahr gebracht hat. So knüpfen auch die ersten Strafsysteme der Menschheit an das Tabu an.

»Wer ein Tabu übertreten hat, der ist dadurch selbst tabu geworden ...« Gewisse Gefahren, die aus der Verletzung eines Tabu entstehen, können durch Bußhandlungen und Reinigungszeremonien beschworen werden.

Als die Quelle des Tabu wird eine eigentümliche Zauberkraft angesehen, die an Personen und Geistern haftet und von ihnen aus durch unbelebte Gegenstände hindurch übertragen werden kann. »Personen oder Dinge, die tabu sind, können mit elektrisch geladenen Gegenständen verglichen werden; sie sind der Sitz einer furchtbaren Kraft, welche sich durch Berührung mitteilt und mit unheilvollen Wirkungen entbunden wird, wenn der Organismus, der die Entladung hervorruft, zu schwach ist, ihr zu widerstehen. Der Erfolg einer Verletzung des Tabu hängt also nicht nur von der Intensität der magischen Kraft ab, die an dem Tabuobjekt haftet, sondern auch von der Stärke des Mana, die sich dieser Kraft bei dem Frevler entgegensetzt. So sind z. B. Könige und Priester Inhaber einer großartigen Kraft, und es wäre Tod für ihre Untertanen, in unmittelbare Berührung mit ihnen zu treten, aber ein Minister oder eine andere Person von mehr als gewöhnlichem Mana kann ungefährdet mit ihnen verkehren, und diese Mittelspersonen können wiederum ihren Untergebenen ihre Annäherung gestatten, ohne sie in Gefahr zu bringen ... Auch mitgeteilte Tabu hängen in ihrer Bedeutung von dem Mana der Person ab, von der sie ausgehen; wenn ein König oder Priester ein Tabu auferlegt, ist es wirksamer, als wenn es von einem gewöhnlichen Menschen käme ...«

Die Übertragbarkeit eines Tabu ist wohl jener Charakter, der dazu Veranlassung gegeben hat, seine Beseitigung durch Sühnezeremonien zu versuchen.

Es gibt permanente und zeitweilige Tabu. Priester und Häuptlinge sind das erstere, ebenso Tote und alles, was zu ihnen gehört hat. Zeitweilige Tabu schließen sich an gewisse Zustände an, so an die Menstruation und das Kindbett, an den Stand des Kriegers vor und nach der Expedition, an die Tätigkeiten des Fischens und Jagens u. dgl. Ein allgemeines Tabu kann auch wie das kirchliche Interdikt über einen großen Bezirk verhängt werden und dann jahrelang anhalten.

Wenn ich die Eindrücke meiner Leser richtig abzuschätzen weiß, so getraue ich mich jetzt der Behauptung, sie wüßten nach all diesen Mitteilungen über das Tabu erst recht nicht, was sie sich darunter vorzustellen haben und wo sie es in ihrem Denken unterbringen können. Dies ist sicherlich die Folge der ungenügenden Information, die sie von mir erhalten haben, und des Wegfalls aller Erörterungen über die Beziehung des Tabu zum Aberglauben, zum Seelenglauben und zur Religion. Aber anderseits fürchte ich, eine eingehendere Schilderung dessen, was man über das Tabu weiß, hätte noch verwirrender gewirkt, und darf versichern, daß die Sachlage in Wirklichkeit recht undurchsichtig ist. Es handelt sich also um eine Reihe von Einschränkungen, denen sich diese primitiven Völker unterwerfen; dies und jenes ist verboten, sie wissen nicht warum, es fällt ihnen auch nicht ein, danach zu fragen, sondern sie unterwerfen sich ihnen wie selbstverständlich und sind überzeugt, daß eine Übertretung sich von selbst auf die härteste Weise strafen wird. Es liegen zuverlässige Berichte vor, daß die unwissentliche Übertretung eines solchen Verbotes sich tatsächlich automatisch gestraft hat. Der unschuldige Missetäter, der z. B. von einem ihm verbotenen Tier gegessen hat, wird tief deprimiert, erwartet seinen Tod und stirbt dann in allem Ernst. Die Verbote betreffen meist Genußfähigkeit, Bewegungs- und Verkehrsfreiheit; sie scheinen in manchen Fällen sinnreich, sollen offenbar Enthaltungen und Entsagungen bedeuten, in anderen Fällen sind sie ihrem Inhalt nach ganz unverständlich, betreffen wertlose Kleinigkeiten, scheinen ganz von der Art eines Zeremoniells zu sein. All diesen Verboten scheint etwas wie eine Theorie zugrunde zu liegen, als ob die Verbote notwendig wären, weil gewissen Personen und Dingen eine gefährliche Kraft zu eigen ist, die sich durch Berührung mit dem so geladenen Objekt überträgt, fast wie eine Ansteckung. Es wird auch die Quantität dieser gefährlichen Eigenschaft in Betracht gezogen. Der eine oder das eine hat mehr davon als der andere, und die Gefahr richtet sich geradezu nach der Differenz der Ladungen. Das Sonderbarste daran ist wohl, daß wer es zustande gebracht hat, ein solches Verbot zu übertreten, selbst den Charakter des Verbotenen gewonnen, gleichsam die ganze gefährliche Ladung auf sich genommen hat. Diese Kraft haftet nun an allen Personen, die etwas Besonderes sind, wie Könige, Priester, Neugeborene, an allen Ausnahmszuständen,

wie die körperlichen der Menstruation, der Pubertät, der Geburt, an allem Unheimlichen, wie Krankheit und Tod, und was kraft der Ansteckungs- oder Ausbreitungsfähigkeit damit zusammenhängt.
»Tabu« heißt aber alles, sowohl die Personen als auch die Örtlichkeiten, Gegenstände und die vorübergehenden Zustände, welche Träger oder Quelle dieser geheimnisvollen Eigenschaft sind. Tabu heißt auch das Verbot, welches sich aus dieser Eigenschaft herleitet, und Tabu heißt endlich seinem Wortsinn nach etwas, was zugleich heilig, über das Gewöhnliche erhaben, wie auch gefährlich, unrein, unheimlich umfaßt.
In diesem Wort und in dem System, das es bezeichnet, drückt sich ein Stück Seelenleben aus, dessen Verständnis uns wirklich nicht nahegerückt erscheint. Vor allem sollte man meinen, daß man sich diesem Verständnis nicht nähern könne, ohne auf den für so tiefstehende Kulturen charakteristischen Glauben an Geister und Dämonen einzugehen.
Warum sollen wir überhaupt unser Interesse an das Rätsel des Tabu wenden? Ich meine, nicht nur, weil jedes psychologische Problem an sich des Versuches einer Lösung wert ist, sondern auch noch aus anderen Gründen. Es darf uns ahnen, daß das Tabu der Wilden Polynesiens doch nicht so weit von uns abliegt, wie wir zuerst glauben wollten, daß die Sitten- und Moralverbote, denen wir selbst gehorchen, in ihrem Wesen eine Verwandtschaft mit diesem primitiven Tabu haben könnten und daß die Aufklärung des Tabu ein Licht auf den dunkeln Ursprung unseres eigenen »kategorischen Imperativs« zu werfen vermöchte.

Wir werden also in besonders erwartungsvoller Spannung aufhorchen, wenn ein Forscher wie W. Wundt uns seine Auffassung des Tabu mitteilt, zumal da er verspricht, »zu den letzten Wurzeln der Tabuvorstellungen zurückzugehen« (1906, 301).
Vom Begriff des Tabu sagt Wundt, daß es »alle die Bräuche umfaßt, in denen sich die Scheu vor bestimmten mit den kultischen Vorstellungen zusammenhängenden Objekten oder vor den sich auf diese beziehenden Handlungen ausdrückt «. (Ibid., 237.)
Ein andermal: »Verstehen wir darunter (unter dem Tabu), wie es dem allgemeinen Sinne des Wortes entspricht, jedes in Brauch und Sitte oder in ausdrücklich formulierten Gesetzen niedergelegte Verbot, einen Gegenstand zu berühren, zu eigenem Gebrauch in Anspruch zu nehmen oder gewisse verpönte Worte zu gebrauchen . . .«, so gebe es überhaupt kein Volk und keine Kulturstufe, die der Schädigung durch das Tabu entgangen wäre. [Ibid., 301.]

Wundt führt dann aus, weshalb es ihm zweckmäßiger erscheint, die Natur des Tabu an den primitiven Verhältnissen der australischen Wilden als in der höheren Kultur der polynesischen Völker zu studieren. [Ibid., 302.] Bei den Australiern ordnet er die Tabuverbote in drei Klassen, je nachdem sie Tiere, Menschen oder andere Objekte betreffen. Das Tabu der Tiere, das wesentlich im Verbot des Tötens und Verzehrens besteht, bildet den Kern des *Totemismus*[1]. [Ibid., 303.] Das Tabu der zweiten Art, das den Menschen zu seinem Objekt hat, ist wesentlich anderen Charakters. Es ist von vornherein auf Bedingungen eingeschränkt, die für den Tabuierten eine ungewöhnliche Lebenslage herbeiführen. So sind Jünglinge tabu beim Fest der Männerweihe, Frauen während der Menstruation und unmittelbar nach der Geburt, neugeborene Kinder, Kranke und vor allem die Toten. Auf dem fortwährend gebrauchten Eigentum eines Menschen liegt ein dauerndes Tabu für jeden anderen; so auf seinen Kleidern, Werkzeugen und Waffen. Zum persönlichsten Eigentum gehört in Australien auch der neue Name, den ein Knabe bei seiner Männerweihe erhält, dieser ist tabu und muß geheimgehalten werden. Die Tabu der dritten Art, die auf Bäumen, Pflanzen, Häusern, Örtlichkeiten ruhen, sind veränderlicher, scheinen nur der Regel zu folgen, daß dem Tabu unterworfen wird, was aus irgendwelcher Ursache Scheu erregt oder unheimlich ist. [Ibid., 304.]

Die Veränderungen, die das Tabu in der reicheren Kultur der Polynesier und der malaiischen Inselwelt erfährt, muß Wundt selbst für nicht sehr tiefgehend erklären. Die stärkere soziale Differenzierung dieser Völker macht sich darin geltend, daß Häuptlinge, Könige und Priester ein besonders wirksames Tabu ausüben und selbst dem stärksten Zwang des Tabu ausgesetzt werden. [Ibid., 305–6.]

Die eigentlichen Quellen des Tabu liegen aber tiefer als in den Interessen der privilegierten Stände; »sie entspringen da, wo die primitivsten und zugleich dauerndsten menschlichen Triebe ihren Ursprung nehmen, *in der Furcht vor der Wirkung dämonischer Mächte.*« (Ibid., 307.) »Ursprünglich nichts anderes als die objektiv gewordene Furcht vor der in dem tabuierten Gegenstand verborgen gedachten dämonischen Macht, verbietet das Tabu, diese Macht zu reizen, und es gebietet, wo es wissentlich oder unwissentlich verletzt worden ist, die Rache des Dämons zu beseitigen.« [Ibid., 308.]

---

[1] Vgl. darüber die erste und die letzte Abhandlung dieses Buches.

Allmählich wird dann das Tabu zu einer in sich selbst begründeten Macht, die sich vom Dämonismus losgelöst hat. Es wird zum Zwang der Sitte und des Herkommens und schließlich des Gesetzes. »Das Gebot aber, das unausgesprochen hinter den nach Ort und Zeit mannigfach wechselnden Tabuverboten steht, ist ursprünglich das *eine:* Hüte dich vor dem Zorn der Dämonen.« [Loc. cit.]

Wundt lehrt uns also, das Tabu sei ein Ausdruck und Ausfluß des Glaubens der primitiven Völker an dämonische Mächte. Später habe sich das Tabu von dieser Wurzel losgelöst und sei eine Macht geblieben, einfach weil es eine solche war, infolge einer Art von psychischer Beharrung; so sei es selbst die Wurzel unserer Sittengebote und unserer Gesetze geworden. So wenig nun der erste dieser Sätze zum Widerspruch reizen kann, so glaube ich doch dem Eindruck vieler Leser Worte zu leihen, wenn ich die Aufklärung Wundts als eine Enttäuschung anspreche. Das heißt wohl nicht, zu den Quellen der Tabuvorstellungen heruntergehen oder ihre letzten Wurzeln aufzeigen. Weder die Angst noch die Dämonen können in der Psychologie als letzte Dinge gewertet werden, die jeder weiteren Zurückführung trotzen. Es wäre anders, wenn die Dämonen wirklich existierten; aber wir wissen ja, sie sind selbst wie die Götter Schöpfungen der Seelenkräfte des Menschen; sie sind von etwas und aus etwas geschaffen worden.

Über die Doppelbedeutung des Tabu äußert Wundt bedeutsame, aber nicht ganz klar zu fassende Ansichten. Für die primitiven Anfänge des Tabu besteht nach ihm eine Scheidung von *heilig* und *unrein* noch nicht. Eben darum fehlen hier jene Begriffe überhaupt in der Bedeutung, die sie eben erst durch den Gegensatz, in den sie zueinander traten, annehmen konnten. Das Tier, der Mensch, der Ort, auf dem ein Tabu ruht, sind dämonisch, nicht heilig und darum auch noch nicht in dem späteren Sinne unrein. Gerade für diese noch indifferent in der Mitte stehende Bedeutung des Dämonischen, das nicht berührt werden darf, ist der Ausdruck Tabu wohl geeignet, da er ein Merkmal hervorhebt, das schließlich dem Heiligen wie dem Unreinen für alle Zeiten gemeinsam bleibt: die Scheu vor seiner Berührung. In dieser bleibenden Gemeinschaft eines wichtigen Merkmals liegt aber zugleich ein Hinweis darauf, daß hier zwischen beiden Gebieten eine ursprüngliche Übereinstimmung obwaltet, die erst infolge weiterer Bedingungen einer Differenzierung gewichen ist, durch welche sich beide schließlich zu Gegensätzen entwickelt haben. [Ibid., 309.]

Der dem ursprünglichen Tabu eigene Glaube an eine dämonische Macht,

die in dem Gegenstand verborgen ist und dessen Berührung oder unerlaubte Verwendung durch Verzauberung des Täters rächt, ist eben noch ganz und ausschließlich die objektivierte Furcht. Diese hat sich noch nicht in die beiden Formen gesondert, die sie auf einer entwickelten Stufe annimmt: in die *Ehrfurcht* und in den *Abscheu*. [Ibid., 310.]
Wie aber entsteht diese Sonderung? Nach Wundt durch die Verpflanzung der Tabugebote aus dem Gebiet der Dämonen – in das der Göttervorstellungen. [Ibid., 311.] Der Gegensatz von heilig und unrein fällt mit der Aufeinanderfolge zweier mythologischer Stufen zusammen, von denen die frühere nicht vollkommen verschwindet, wenn die folgende erreicht ist, sondern in der Form einer niedrigeren und allmählich mit Verachtung sich paarenden Wertschätzung fortbesteht. [Ibid., 312.] In der Mythologie gilt allgemein das Gesetz, daß eine vorangegangene Stufe eben deshalb, weil sie von der höheren überwunden und zurückgedrängt wird, nun neben dieser in erniedrigter Form fortbesteht, so daß die Objekte ihrer Verehrung in solche des Abscheus sich umwandeln. (Ibid., 313.)
Die weiteren Ausführungen Wundts beziehen sich auf das Verhältnis der Tabuvorstellungen zur Reinigung und zum Opfer.

2

Wer von der Psychoanalyse, das heißt von der Erforschung des unbewußten Anteils am individuellen Seelenleben her an das Problem des Tabu herantritt, der wird sich nach kurzem Besinnen sagen, daß ihm diese Phänomene nicht fremd sind. Er kennt Personen, die sich solche Tabuverbote individuell geschaffen haben und sie ebenso streng befolgen wie die Wilden die ihrem Stamme oder ihrer Gesellschaft gemeinsamen. Wenn er nicht gewohnt wäre, diese vereinzelten Personen als *»Zwangskranke«* zu bezeichnen, würde er den Namen *»Tabukrankheit«* für deren Zustand angemessen finden müssen. Von dieser Zwangskrankheit hat er aber durch die psychoanalytische Untersuchung so viel erfahren, die klinische Ätiologie und das Wesentliche des psychischen Mechanismus, daß er es sich nicht versagen kann, das hier Gelernte zur Aufklärung der entsprechenden völkerpsychologischen Erscheinung zu verwenden.
Eine Warnung wird bei diesem Versuche angehört werden müssen. Die Ähnlichkeit des Tabu mit der Zwangskrankheit mag eine rein äußer-

liche sein, für die Erscheinungsform der beiden gelten und sich nicht weiter auf deren Wesen erstrecken. Die Natur liebt es, die nämlichen Formen in den verschiedensten biologischen Zusammenhängen zu verwenden, z. B. am Korallenstock wie an der Pflanze, ja darüber hinaus an gewissen Kristallen oder bei Bildung bestimmter chemischer Niederschläge. Es wäre offenbar voreilig und wenig aussichtsvoll, durch diese Übereinstimmungen, die auf eine Gemeinsamkeit mechanischer Bedingungen zurückgehen, Schlüsse zu begründen, die sich auf innere Verwandtschaft beziehen. Wir werden dieser Warnung eingedenk bleiben, brauchen aber die beabsichtigte Vergleichung dieser Möglichkeit wegen nicht zu unterlassen.

Die nächste und auffälligste Übereinstimmung der Zwangsverbote (bei den Nervösen) mit dem Tabu besteht nun darin, daß diese Verbote ebenso unmotiviert und in ihrer Herkunft rätselhaft sind. Sie sind irgend einmal aufgetreten und müssen nun infolge einer unbezwingbaren Angst gehalten werden. Eine äußere Strafandrohung ist überflüssig, weil eine innere Sicherheit (ein Gewissen) besteht, die Übertretung werde zu einem unerträglichen Unheil führen. Das Äußerste, was die Zwangskranken mitteilen können, ist die unbestimmte Ahnung, es werde eine gewisse Person ihrer Umgebung durch die Übertretung zu Schaden kommen. Welches diese Schädigung sein soll, wird nicht erkannt, auch erhält man diese kümmerliche Auskunft eher bei den später zu besprechenden Sühne- und Abwehrhandlungen als bei den Verboten selbst.

Das Haupt- und Kernverbot der Neurose ist wie beim Tabu das der Berührung, daher der Name: Berührungsangst, *délire de toucher*. Das Verbot erstreckt sich nicht nur auf die direkte Berührung mit dem Körper, sondern nimmt den Umfang der übertragenen Redensart: in Berührung kommen, an. Alles, was die Gedanken auf das Verbotene lenkt, eine Gedankenberührung hervorruft, ist ebenso verboten wie der unmittelbare leibliche Kontakt; dieselbe Ausdehnung findet sich beim Tabu wieder.

Ein Teil der Verbote ist nach seiner Absicht ohneweiters verständlich, ein anderer Teil dagegen erscheint uns unbegreiflich, läppisch, sinnlos. Wir bezeichnen solche Gebote als »Zeremoniell« und finden, daß die Tabugebräuche dieselbe Verschiedenheit erkennen lassen. [S. oben, S. 314.]

Den Zwangsverboten ist eine großartige Verschiebbarkeit zu eigen, sie dehnen sich auf irgendwelchen Wegen des Zusammenhanges von einem Objekt auf das andere aus und machen auch dieses neue Objekt, wie eine meiner Kranken treffend sagt, *»unmöglich«*. Die Unmöglichkeit hat am Ende die ganze Welt mit Beschlag belegt. Die Zwangskranken benehmen sich so, als wären die »unmöglichen« Personen und Dinge Träger einer gefährlichen Ansteckung, die bereit ist, sich auf alles Benachbarte durch Kontakt zu übertragen. Dieselben Charaktere der Ansteckungsfähigkeit und der Übertragbarkeit haben wir eingangs [S. 314] bei der Schilderung der Tabuverbote hervorgehoben. Wir wissen auch, wer ein Tabu übertreten hat durch die Berührung von etwas, was tabu ist, der wird selbst tabu, und niemand darf mit ihm in Berührung treten.

Ich stelle zwei Beispiele von Übertragung (besser Verschiebung) des Verbotes zusammen; das eine aus dem Leben der Maori, das andere aus meiner Beobachtung an einer zwangskranken Frau.

»Ein Maorihäuptling wird kein Feuer mit seinem Hauch anfachen, denn sein geheiligter Atem würde seine Kraft dem Feuer mitteilen, dieses dem Topf, der im Feuer steht, der Topf der Speise, die in ihm gekocht wird, die Speise der Person, die von ihr ißt, und so müßte die Person sterben, die gegessen von der Speise, die gekocht in dem Topf, der gestanden im Feuer, in das geblasen der Häuptling mit seinem heiligen und gefährlichen Hauch.« [1]

Die Patientin verlangt, daß ein Gebrauchsgegenstand, den ihr Mann vom Einkauf nach Hause gebracht, entfernt werde, er würde ihr sonst den Raum, in dem sie wohnt, unmöglich machen. Denn sie hat gehört, daß dieser Gegenstand in einem Laden gekauft wurde, welcher in der, sagen wir: Hirschengasse liegt. Aber Hirsch ist heute der Name einer Freundin, die in einer fernen Stadt lebt und die sie in ihrer Jugend unter ihrem Mädchennamen gekannt hat. Diese Freundin ist ihr heute »unmöglich«, tabu, und der hier in Wien gekaufte Gegenstand ist ebenso tabu wie die Freundin selbst, mit der sie nicht in Berührung kommen will.

Die Zwangsverbote bringen großartigen Verzicht und Einschränkungen des Lebens mit sich wie die Tabuverbote, aber ein Anteil von ihnen kann aufgehoben werden durch die Ausführung gewisser Handlungen, die nun auch geschehen müssen, die Zwangscharakter haben – Zwangshandlungen – und deren Natur als Buße, Sühne, Abwehrmaßregeln und Reinigung keinem Zweifel unterliegt. Die gebräuchlichste dieser Zwangs-

[1] Frazer (1911 *b*, 136) [nach Taylor (1870, 165)].

handlungen ist das Abwaschen mit Wasser (Waschzwang). Auch ein Teil der Tabuverbote kann so ersetzt, respektive deren Übertretung durch solches »Zeremoniell« gutgemacht werden, und die Lustration durch Wasser ist auch hier die bevorzugte.

Resümieren wir nun, in welchen Punkten sich die Übereinstimmung der Tabugebräuche mit den Symptomen der Zwangsneurose am deutlichsten äußert: 1. In der Unmotiviertheit der Gebote, 2. in ihrer Befestigung durch eine innere Nötigung, 3. in ihrer Verschiebbarkeit und in der Ansteckungsgefahr durch das Verbotene, 4. in der Verursachung von zeremoniösen Handlungen, Geboten, die von den Verboten ausgehen.

Die klinische Geschichte wie der psychische Mechanismus der Fälle von Zwangskrankheit sind uns aber durch die Psychoanalyse bekannt geworden. Erstere lautet für einen typischen Fall von Berührungsangst wie folgt: Zu allem Anfang, in ganz früher Kinderzeit, äußerte sich eine starke Berührungs*lust*, deren Ziel weit spezialisierter war, als man geneigt wäre zu erwarten. Dieser Lust trat alsbald *von außen* ein Verbot entgegen, gerade diese Berührung nicht auszuführen [1]. Das Verbot wurde aufgenommen, denn es konnte sich auf starke innere Kräfte stützen [2]; es erwies sich stärker als der Trieb, der sich in der Berührung äußern wollte. Aber infolge der primitiven psychischen Konstitution des Kindes gelang es dem Verbot nicht, den Trieb aufzuheben. Der Erfolg des Verbotes war nur, den Trieb – die Berührungslust – zu verdrängen und ihn ins Unbewußte zu verbannen. Verbot und Trieb blieben beide erhalten; der Trieb, weil er nur verdrängt, nicht aufgehoben war, das Verbot, weil mit seinem Aufhören der Trieb zum Bewußtsein und zur Ausführung durchgedrungen wäre. Es war eine unerledigte Situation, eine psychische Fixierung geschaffen, und aus dem fortdauernden Konflikt von Verbot und Trieb leitet sich nun alles Weitere ab.

Der Hauptcharakter der psychologischen Konstellation, die so fixiert worden ist, liegt in dem, was man das *ambivalente* Verhalten des Individuums gegen das eine Objekt, vielmehr die eine Handlung an ihm, heißen könnte [3]. Es will diese Handlung – die Berührung – immer wieder ausführen, [es sieht in ihr den höchsten Genuß, aber es darf sie nicht

---

[1] Beide, Lust und Verbot, bezogen sich auf die Berührung der eigenen Genitalien.

[2] Auf die Beziehung zu den geliebten Personen, von denen das Verbot gegeben wurde.

[3] Nach einem trefflichen Ausdruck von Bleuler [1910].

ausführen,][1] es verabscheut sie auch. Der Gegensatz der beiden Strömungen ist auf kurzem Wege nicht ausgleichbar, weil sie – wir können nur sagen – im Seelenleben so lokalisiert sind, daß sie nicht zusammenstoßen können. Das Verbot wird laut bewußt, die fortdauernde Berührungslust ist unbewußt, die Person weiß nichts von ihr. Bestünde dieses psychologische Moment nicht, so könnte eine Ambivalenz weder sich so lange erhalten, noch könnte sie zu solchen Folgeerscheinungen führen.

In der klinischen Geschichte des Falles haben wir das Eindringen des Verbotes in so frühem Kindesalter als das Maßgebende hervorgehoben; für die weitere Gestaltung fällt diese Rolle dem Mechanismus der Verdrängung auf dieser Altersstufe zu. Infolge der stattgehabten Verdrängung, die mit einem Vergessen – Amnesie – verbunden ist, bleibt die Motivierung des bewußt gewordenen Verbotes unbekannt und müssen alle Versuche scheitern, es intellektuell zu zersetzen, da diese den Punkt nicht finden, an dem sie angreifen könnten. Das Verbot verdankt seine Stärke – seinen Zwangscharakter – gerade der Beziehung zu seinem unbewußten Gegenpart, der im Verborgenen ungedämpften Lust, also einer inneren Notwendigkeit, in welche die bewußte Einsicht fehlt. Die Übertragbarkeit und Fortpflanzungsfähigkeit des Verbotes spiegelt einen Vorgang wider, der sich mit der unbewußten Lust zuträgt und unter den psychologischen Bedingungen des Unbewußten besonders erleichtert ist. Die Trieblust verschiebt sich beständig, um der Absperrung, in der sie sich befindet, zu entgehen, und sucht Surrogate für das Verbotene – Ersatzobjekte und Ersatzhandlungen – zu gewinnen. Darum wandert auch das Verbot und dehnt sich auf die neuen Ziele der verpönten Regung aus. Jeden neuen Vorstoß der verdrängten Libido beantwortet das Verbot mit einer neuen Verschärfung. Die gegenseitige Hemmung der beiden ringenden Mächte erzeugt ein Bedürfnis nach Abfuhr, nach Verringerung der herrschenden Spannung, in welchem man die Motivierung der Zwangshandlungen erkennen darf. Diese sind bei der Neurose deutlich Kompromißaktionen, in der einen Ansicht Bezeugungen von Reue, Bemühungen zur Sühne u. dgl., in der anderen aber gleichzeitig Ersatzhandlungen, welche den Trieb für das Verbotene entschädigen. Es ist ein Gesetz der neurotischen Erkrankung, daß diese Zwangshandlungen immer mehr in den Dienst

---

1 [Der in eckiger Klammer stehende Teil des Satzes wurde ab der zweiten Auflage (1920), wohl versehentlich, fortgelassen.]

des Triebes treten und immer näher an die ursprünglich verbotene Handlung herankommen.

Unternehmen wir jetzt den Versuch, das Tabu zu behandeln, als wäre es von derselben Natur wie ein Zwangsverbot unserer Kranken. Wir machen uns dabei von vornherein klar, daß viele der für uns zu beobachtenden Tabuverbote sekundärer, verschobener und entstellter Art sind und daß wir zufrieden sein müssen, etwas Licht auf die ursprünglichsten und bedeutsamsten Tabuverbote zu werfen. Ferner, daß die Verschiedenheiten in der Situation des Wilden und des Neurotikers wichtig genug sein dürften, um eine völlige Übereinstimmung auszuschließen, eine Übertragung von dem einen auf den anderen, die einer Abbildung in jedem Punkte gleichkäme, zu verhindern.

Wir würden dann zunächst sagen, es habe keinen Sinn, die Wilden nach der wirklichen Motivierung ihrer Verbote, nach der Genese des Tabu zu fragen. Nach unserer Voraussetzung müssen sie unfähig sein, darüber etwas mitzuteilen, denn diese Motivierung sei ihnen »unbewußt«. Wir konstruieren die Geschichte des Tabu aber folgendermaßen nach dem Vorbild der Zwangsverbote. Die Tabu seien uralte Verbote, einer Generation von primitiven Menschen dereinst von außen aufgedrängt, das heißt also doch wohl von der früheren Generation ihr gewalttätig eingeschärft. Diese Verbote haben Tätigkeiten betroffen, zu denen eine starke Neigung bestand. Die Verbote haben sich nun von Generation zu Generation erhalten, vielleicht bloß infolge der Tradition durch elterliche und gesellschaftliche Autorität. Vielleicht aber haben sie sich in den späteren Organisationen bereits »organisiert« als ein Stück ererbten psychischen Besitzes. Ob es solche »angeborene Ideen« gibt, ob sie allein oder im Zusammenwirken mit der Erziehung die Fixierung der Tabu bewirkt haben, wer vermöchte es gerade für den in Rede stehenden Fall zu entscheiden? Aber aus der Festhaltung der Tabu ginge eines hervor, daß die ursprüngliche Lust, jenes Verbotene zu tun, auch noch bei den Tabuvölkern fortbesteht. Diese haben also zu ihren Tabuverboten eine *ambivalente Einstellung;* sie möchten im Unbewußten nichts lieber als sie übertreten, aber sie fürchten sich auch davor; sie fürchten sich gerade darum, weil sie es möchten, und die Furcht ist stärker als die Lust. Die Lust dazu ist aber bei jeder Einzelperson des Volkes unbewußt wie bei dem Neurotiker.

Die ältesten und wichtigsten Tabuverbote sind die beiden Grundgesetze des *Totemismus:* das Totemtier nicht zu töten und den sexuellen Verkehr mit dem Totemgenossen des anderen Geschlechtes zu vermeiden.

Das müßten also die ältesten und stärksten Gelüste der Menschen sein. Wir können das nicht verstehen und können demnach unsere Voraussetzung nicht an diesen Beispielen prüfen, solange uns Sinn und Abkunft des totemistischen Systems so völlig unbekannt sind. Aber wer die Ergebnisse der psychoanalytischen Erforschung des Einzelmenschen kennt, der wird selbst durch den Wortlaut dieser beiden Tabu und durch ihr Zusammentreffen an etwas ganz Bestimmtes gemahnt, was die Psychoanalytiker für den Knotenpunkt des infantilen Wunschlebens und dann für den Kern der Neurose erklären[1].

Die sonstige Mannigfaltigkeit der Tabuerscheinungen, die zu den früher mitgeteilten Klassifizierungsversuchen geführt hat, wächst für uns auf folgende Art zu einer Einheit zusammen: Grundlage des Tabu ist ein verbotenes Tun, zu dem eine starke Neigung im Unbewußten besteht.

Wir wissen [s. S. 314], ohne es zu verstehen, wer das Verbotene tut, das Tabu übertritt, wird selbst tabu. Wie bringen wir aber diese Tatsache mit der anderen zusammen, daß das Tabu nicht nur an Personen haftet, die das Verbotene getan haben, sondern auch an Personen, die sich in besonderen Zuständen befinden, an diesen Zuständen selbst und an unpersönlichen Dingen? Was kann das für eine gefährliche Eigenschaft sein, die immer die nämliche bleibt unter all diesen verschiedenen Bedingungen? Nur die eine: die Eignung, die Ambivalenz des Menschen anzufachen und ihn in *Versuchung* zu führen, das Verbot zu übertreten.

Der Mensch, der ein Tabu übertreten hat, wird selbst tabu, weil er die gefährliche Eignung hat, andere zu versuchen, daß sie seinem Beispiel folgen. Er erweckt Neid; warum sollte ihm gestattet sein, was anderen verboten ist? Er ist also wirklich *ansteckend*, insofern jedes Beispiel zur Nachahmung ansteckt, und darum muß er selbst gemieden werden.

Ein Mensch braucht aber kein Tabu übertreten zu haben und kann doch permanent oder zeitweilig tabu sein, weil er sich in einem Zustand befindet, welcher die Eignung hat, die verbotenen Gelüste der anderen anzuregen, den Ambivalenzkonflikt in ihnen zu wecken. Die meisten Ausnahmsstellungen und Ausnahmszustände [s. S. 314 f.] sind von solcher Art und haben diese gefährliche Kraft. Der König oder Häuptling erweckt den Neid auf seine Vorrechte; es möchte vielleicht

[1] Vgl. meine in diesen Aufsätzen bereits mehrmals angekündigte Studie über den Totemismus. (IV. Abhandlung dieses Buches.)

jeder König sein. Der Tote, das Neugeborene, die Frau in ihren Leidenszuständen reizen durch ihre besondere Hilflosigkeit, das eben geschlechtsreif gewordene Individuum durch den neuen Genuß, den es verspricht. Darum sind alle diese Personen und alle diese Zustände tabu, denn der Versuchung darf nicht nachgegeben werden.

Wir verstehen jetzt auch, warum die Manakräfte verschiedener Personen sich voneinander abziehen, einander teilweise aufheben können [s. S. 313]. Das Tabu eines Königs ist zu stark für seinen Untertan, weil die soziale Differenz zwischen ihnen zu groß ist. Aber ein Minister kann etwa den unschädlichen Vermittler zwischen ihnen machen. Das heißt aus der Sprache des Tabu in die der Normalpsychologie übersetzt: Der Untertan, der die großartige Versuchung scheut, welche ihm die Berührung mit dem König bereitet, kann etwa den Umgang des Beamten vertragen, den er nicht so sehr zu beneiden braucht und dessen Stellung ihm vielleicht selbst erreichbar scheint. Der Minister aber kann seinen Neid gegen den König durch die Erwägung der Macht ermäßigen, die ihm selbst eingeräumt ist. So sind geringere Differenzen der in Versuchung führenden Zauberkraft weniger zu fürchten als besonders große.

Es ist ebenso klar, wieso die Übertretung gewisser Tabuverbote eine soziale Gefahr bedeutet, die von allen Mitgliedern der Gesellschaft gestraft oder gesühnt werden muß, wenn sie nicht alle schädigen soll [s. S. 313]. Diese Gefahr besteht wirklich, wenn wir die bewußten Regungen für die unbewußten Gelüste einsetzen. Sie besteht in der Möglichkeit der Nachahmung, in deren Folge die Gesellschaft bald zur Auflösung käme. Wenn die anderen die Übertretung nicht ahnden würden, müßten sie ja innewerden, daß sie dasselbe tun wollen wie der Übeltäter.

Daß die Berührung beim Tabuverbot eine ähnliche Rolle spielt wie beim *délire de toucher*, obwohl der geheime Sinn des Verbotes beim Tabu unmöglich ein so spezieller sein kann wie bei der Neurose, darf uns nicht wundernehmen. Die Berührung ist der Beginn jeder Bemächtigung, jedes Versuches, sich eine Person oder Sache dienstbar zu machen.

Wir haben die ansteckende Kraft, die dem Tabu innewohnt, durch die Eignung, in Versuchung zu führen, zur Nachahmung anzuregen, übersetzt. Dazu scheint es nicht zu stimmen, daß sich die Ansteckungsfähigkeit des Tabu vor allem in der Übertragung auf Gegenstände äußert, die dadurch selbst Träger des Tabu werden.

Diese Übertragbarkeit des Tabu spiegelt die bei der Neurose nachgewiesene Neigung des unbewußten Triebes wider, sich auf assoziativen Wegen auf immer neue Objekte zu verschieben. Wir werden so aufmerksam gemacht, daß der gefährlichen Zauberkraft des *»Mana«* zweierlei realere Fähigkeiten entsprechen, die Eignung, den Menschen an seine verbotenen Wünsche zu erinnern, und die scheinbar bedeutsamere, ihn zur Übertretung des Verbotes im Dienste dieser Wünsche zu verleiten. Beide Leistungen treten aber wieder zu einer einzigen zusammen, wenn wir annehmen, es läge im Sinne eines primitiven Seelenlebens, daß mit der Erweckung der Erinnerung an das verbotene Tun auch die Erweckung der Tendenz, es durchzusetzen, verknüpft sei. Dann fallen Erinnerung und Versuchung wieder zusammen. Man muß auch zugestehen, wenn das Beispiel eines Menschen, der ein Verbot übertreten hat, einen anderen zur gleichen Tat verführt, so hat sich der Ungehorsam gegen das Verbot fortgepflanzt wie eine Ansteckung, wie sich das Tabu von einer Person auf einen Gegenstand und von diesem auf einen anderen überträgt.

Wenn die Übertretung eines Tabu gutgemacht werden kann durch eine Sühne oder Buße, die ja einen *Verzicht* auf irgendein Gut oder eine Freiheit bedeuten, so ist hiedurch der Beweis erbracht, daß die Befolgung der Tabuvorschrift selbst ein Verzicht war auf etwas, was man gern gewünscht hätte. Die Unterlassung des einen Verzichts wird durch einen Verzicht an anderer Stelle abgelöst. Für das Tabuzeremoniell würden wir hieraus den Schluß ziehen, daß die Buße etwas Ursprünglicheres ist als die Reinigung.

Fassen wir nun zusammen, welches Verständnis des Tabu sich uns aus der Gleichstellung mit dem Zwangsverbot des Neurotikers ergeben hat: Das Tabu ist ein uraltes Verbot, von außen (von einer Autorität) aufgedrängt und gegen die stärksten Gelüste der Menschen gerichtet. Die Lust, es zu übertreten, besteht in deren Unbewußten fort; die Menschen, die dem Tabu gehorchen, haben eine ambivalente Einstellung gegen das vom Tabu Betroffene. Die dem Tabu zugeschriebene Zauberkraft führt sich auf die Fähigkeit zurück, die Menschen in Versuchung zu führen; sie benimmt sich wie eine Ansteckung, weil das Beispiel ansteckend ist und weil sich das verbotene Gelüste im Unbewußten auf anderes verschiebt. Die Sühne der Übertretung des Tabu durch einen Verzicht erweist, daß der Befolgung des Tabu ein Verzicht zugrunde liegt.

3

Wir wollen nun wissen, welchen Wert unsere Gleichstellung des Tabu mit der Zwangsneurose und die auf Grund dieser Vergleichung gegebene Auffassung des Tabu beanspruchen kann. Ein solcher Wert liegt offenbar nur vor, wenn unsere Auffassung einen Vorteil bietet, der sonst nicht zu haben ist, wenn sie ein besseres Verständnis des Tabu gestattet, als uns sonst möglich wird. Wir sind vielleicht geneigt zu behaupten, daß wir diesen Nachweis der Brauchbarkeit im vorstehenden bereits erbracht haben; wir werden aber versuchen müssen, ihn zu verstärken, indem wir die Erklärung der Tabuverbote und Gebräuche ins einzelne fortsetzen.

Es steht uns aber auch ein anderer Weg offen. Wir können die Untersuchung anstellen, ob nicht ein Teil der Voraussetzungen, die wir von der Neurose her auf das Tabu übertragen haben, oder der Folgerungen, zu denen wir dabei gelangt sind, an den Phänomenen des Tabu unmittelbar erweisbar ist. Wir müssen uns nur entscheiden, wonach wir suchen wollen. Die Behauptung über die Genese des Tabu, es stamme von einem uralten Verbote ab, welches dereinst von außen auferlegt worden ist, entzieht sich natürlich dem Beweise. Wir werden also eher die psychologischen Bedingungen für das Tabu zu bestätigen suchen, welche wir für die Zwangsneurose kennengelernt haben. Wie gelangten wir bei der Neurose zur Kenntnis dieser psychologischen Momente? Durch das analytische Studium der Symptome, vor allem der Zwangshandlungen, der Abwehrmaßregeln und Zwangsgebote. Wir fanden an ihnen die besten Anzeichen für ihre Abstammung von *ambivalenten* Regungen oder Tendenzen, wobei sie entweder gleichzeitig dem Wunsche wie dem Gegenwunsche entsprechen oder vorwiegend im Dienste der einen von den beiden entgegengesetzten Tendenzen stehen. Wenn es uns nun gelänge, auch an den Tabuvorschriften die Ambivalenz, das Walten entgegengesetzter Tendenzen, aufzuzeigen oder unter ihnen einige aufzufinden, die nach der Art von Zwangshandlungen beiden Strömungen gleichzeitigen Ausdruck geben, so wäre die psychologische Übereinstimmung zwischen dem Tabu und der Zwangsneurose im nahezu wichtigsten Stücke gesichert.

Die beiden fundamentalen Tabuverbote sind, wie vorhin erwähnt, für unsere Analyse durch die Zugehörigkeit zum Totemismus unzugänglich; ein anderer Anteil der Tabusatzungen ist sekundärer Abkunft und für unsere Absicht nicht verwertbar. Das Tabu ist nämlich bei den entsprechenden Völkern die allgemeine Form der Gesetzgebung geworden und in den Dienst von sozialen Tendenzen getreten, die sicherlich jünger sind als das Tabu selbst, wie z. B. die Tabu, die von Häuptlingen und Priestern auferlegt werden, um sich Eigentum und Vorrechte zu sichern. Doch bleibt uns eine große Gruppe von Vorschriften übrig, an denen unsere Untersuchung vorgenommen werden kann; ich hebe aus dieser die Tabu heraus, die sich *a)* an *Feinde, b)* an *Häuptlinge, c)* an *Tote* knüpfen, und werde das zu behandelnde Material der ausgezeichneten Sammlung von J. G. Frazer in seinem großen Werke: *The Golden Bough* entnehmen[1].

a) Die Behandlung der Feinde

Wenn wir geneigt waren, den wilden und halbwilden Völkern ungehemmte und reuelose Grausamkeit gegen ihre Feinde zuzuschreiben, so werden wir mit großem Interesse erfahren, daß auch bei ihnen die Tötung eines Menschen zur Befolgung einer Reihe von Vorschriften zwingt, welche den Tabugebräuchen zugeordnet werden. Diese Vorschriften sind mit Leichtigkeit in vier Gruppen zu bringen; sie fordern 1. Versöhnung des getöteten Feindes, 2. Beschränkungen und 3. Sühnehandlungen, Reinigungen des Mörders und 4. gewisse zeremonielle Vornahmen. Wie allgemein oder wie vereinzelt solche Tabugebräuche bei diesen Völkern sein mögen, läßt sich einerseits aus unseren unvollständigen Nachrichten nicht mit Sicherheit entscheiden und ist anderseits für unser Interesse an diesen Vorkommnissen gleichgültig. Immerhin darf man annehmen, daß es sich um weitverbreitete Gebräuche und nicht um vereinzelte Sonderbarkeiten handelt.

Die *Versöhnungs*gebräuche auf der Insel Timor, nachdem eine siegreiche Kriegerschar mit den abgeschnittenen Köpfen der besiegten Feinde zurückkehrt, sind darum besonders bedeutsam, weil überdies der Führer der Expedition von schweren Beschränkungen betroffen wird (s. unten [S. 330 f.]). Bei dem feierlichen Einzug der Sieger wurden Opfer dargebracht, um die Seelen der Feinde zu versöhnen; »sonst müßte man Unheil für die Sieger vorhersehen. Es wird ein Tanz aufgeführt und dabei ein Gesang vorgetragen, in welchem der erschlagene Feind beklagt und seine Verzeihung erbeten wird: ›Zürne uns nicht, weil wir

[1] Third edition, Part II, *Taboo and the Perils of the Soul* (1911 *b*).

deinen Kopf hier bei uns haben; wäre uns das Glück nicht hold gewesen, so hingen jetzt vielleicht unsere Köpfe in deinem Dorf. Wir haben dir ein Opfer gebracht, um dich zu besänftigen. Nun darf dein Geist zufrieden sein und uns in Ruhe lassen. Warum bist du unser Feind gewesen? Wären wir nicht besser Freunde geblieben? Dann wäre dein Blut nicht vergossen und dein Kopf nicht abgeschnitten worden.‹«[1]
Ähnliches findet sich bei den Palu in Celebes; die Gallas [Ostafrikas] opfern den Geistern ihrer erschlagenen Feinde, ehe sie ihr Heimatdorf betreten[2].
Andere Völker haben das Mittel gefunden, um aus ihren früheren Feinden nach deren Tod Freunde, Wächter und Beschützer zu machen. Es besteht in der zärtlichen Behandlung der abgeschnittenen Köpfe, wie manche wilde Stämme Borneos sich deren rühmen. Wenn die See-Dayaks von Sarawak von einem Kriegszug einen Kopf nach Hause bringen, so wird dieser Monate hindurch mit der ausgesuchtesten Liebenswürdigkeit behandelt und mit den zärtlichsten Namen angesprochen, über die ihre Sprache verfügt. Die besten Bissen von ihren Mahlzeiten werden ihm in den Mund gesteckt, Leckerbissen und Zigarren. Er wird wiederholt gebeten, seine früheren Freunde zu hassen und seinen neuen Wirten seine Liebe zu schenken, da er jetzt einer der Ihrigen ist. Man würde sehr irregehen, wenn man an dieser uns gräßlich erscheinenden Behandlung dem Hohn einen Anteil zuschriebe[3].
Bei mehreren der wilden Stämme Nordamerikas ist die Trauer um den erschlagenen und skalpierten Feind den Beobachtern aufgefallen. Wenn ein Choctaw einen Feind getötet hatte, so begann für ihn eine monatlange Trauer, während welcher er sich schweren Einschränkungen unterwarf. Ebenso trauerten die Dakota-Indianer. Wenn die Osagen, bemerkt ein Gewährsmann, ihre eigenen Toten betrauert hatten, so trauerten sie dann um den Feind, als ob er ein Freund gewesen wäre[4].

Noch ehe wir auf die anderen Klassen von Tabugebräuchen zur Behandlung der Feinde eingehen, müssen wir gegen eine naheliegende Einwendung Stellung nehmen. Die Motivierung dieser Versöhnungsvorschriften, wird man uns mit Frazer und anderen entgegenhalten, ist einfach genug und hat nichts mit einer »Ambivalenz« zu tun. Diese

---

[1] Frazer (1911 *b*, 166) [nach Gramberg (1872, 216)].
[2] [Frazer (loc. cit.)], nach Paulitschke (1893–96 [Bd. 2, 50, 136]).
[3] Frazer (1914, Bd. 1, 295), nach Low (1848 [206]).
[4] Frazer (1911 *b*, 181), nach Dorsey [1884, 126].

Völker werden von abergläubischer Furcht vor den Geistern der Erschlagenen beherrscht, einer Furcht, die auch dem klassischen Altertum nicht fremd war, die der große britische Dramatiker in den Halluzinationen Macbeths und Richards III. auf die Bühne gebracht hat. Aus diesem Aberglauben leiten sich folgerichtig alle die Versöhnungsvorschriften ab, wie auch die später zu besprechenden Beschränkungen und Sühnungen; für diese Auffassung sprechen noch die in der vierten Gruppe vereinigten Zeremonien, die keine andere Auslegung zulassen als von Bemühungen, die den Mördern folgenden Geister der Erschlagenen zu verjagen[1]. Zum Überfluß gestehen die Wilden ihre Angst vor den Geistern der getöteten Feinde direkt ein und führen die besprochenen Tabugebräuche selbst auf sie zurück.

Diese Einwendung ist in der Tat naheliegend, und wenn sie ebenso ausreichend wäre, könnten wir uns die Mühe unseres Erklärungsversuches gern ersparen. Wir verschieben es auf später, uns mit ihr auseinanderzusetzen, und stellen ihr zunächst nur die Auffassung entgegen, die sich aus den Voraussetzungen der vorigen Erörterungen über das Tabu ableitet. Wir schließen aus all diesen Vorschriften, daß im Benehmen gegen die Feinde noch andere als bloß feindselige Regungen zum Ausdruck kommen. Wir erblicken in ihnen Äußerungen der Reue, der Wertschätzung des Feindes, des bösen Gewissens, ihn ums Leben gebracht zu haben. Es will uns scheinen, als wäre auch in diesen Wilden das Gebot lebendig: »Du sollst nicht töten«, welches nicht ungestraft verletzt werden darf, lange vor jeder Gesetzgebung, die aus den Händen eines Gottes empfangen wird.

Kehren wir nun zu den anderen Klassen von Tabuvorschriften zurück. Die *Beschränkungen* des siegreichen Mörders sind ungemein häufig und meist von ernster Art. Auf Timor (vgl. die Versöhnungsgebräuche oben [s. S. 328 f.]) darf der Führer der Expedition nicht ohneweiters in sein Haus zurückkehren. Es wird für ihn eine besondere Hütte errichtet, in welcher er zwei Monate mit der Befolgung verschiedener Reinigungsvorschriften verbringt. In dieser Zeit darf er sein Weib nicht sehen, auch sich nicht selbst ernähren, eine andere Person muß ihm das Essen in den Mund schieben[2]. – Bei einigen Dayakstämmen müssen die vom erfolgreichen Kriegszug Heimkehrenden einige Tage lang abgesondert blei-

[1] Frazer (1911 *b*, 169–74). Diese Zeremonien bestehen in Schlagen mit den Schilden, Schreien, Brüllen und Erzeugung von Lärm mit Hilfe von Instrumenten usw.
[2] Frazer (1911 *b*, 166), nach Müller (1857 [Bd. 2, 252]).

ben und sich gewisser Speisen enthalten, sie dürfen auch kein Essen berühren und bleiben ihren Frauen fern. – In Logea, einer Insel nahe Neuguinea, schließen sich Männer, die Feinde getötet oder daran teilgenommen haben, für eine Woche in ihren Häusern ein. Sie vermeiden jeden Umgang mit ihren Frauen und ihren Freunden, rühren Nahrungsmittel nicht mit ihren Händen an und nähren sich nur von Pflanzenkost, die in besonderen Gefäßen für sie gekocht wird. Als Grund für diese letzte Beschränkung wird angegeben, daß sie das Blut der Erschlagenen nicht riechen dürfen; sie würden sonst erkranken und sterben. – Bei dem Toaripi- oder Motumotu-Stamm auf Neuguinea darf ein Mann, der einen anderen getötet hat, seinem Weib nicht nahe kommen und Nahrung nicht mit seinen Fingern berühren. Er wird von anderen Personen mit besonderer Nahrung gefüttert. Dies dauert bis zum nächsten Neumond. [Frazer, 1911 *b*, 167.]

Ich unterlasse es, die bei Frazer mitgeteilten Fälle von Beschränkungen des siegreichen Mörders vollzählig anzuführen, und hebe nur noch solche Beispiele hervor, in denen der Tabucharakter besonders auffällig ist oder die Beschränkung im Verein mit Sühne, Reinigung und Zeremoniell auftritt.

»Bei den Monumbos in Deutsch-Neuguinea wird jeder, der einen Feind im Kampfe getötet hat, ›unrein‹«, wofür dasselbe Wort gebraucht wird, das auf Frauen während der Menstruation oder des Wochenbettes Anwendung findet. Er »darf durch lange Zeit das Klubhaus der Männer nicht verlassen, während sich die Mitbewohner seines Dorfes um ihn versammeln und seinen Sieg mit Liedern und Tänzen feiern. Er darf niemand, nicht einmal seine eigene Frau und seine Kinder berühren; täte er es, so würden sie von Geschwüren befallen werden. Er wird dann rein durch Waschungen« und anderes Zeremoniell. [Ibid., 169.]

»Bei den Natchez in Nordamerika waren junge Krieger, die den ersten Skalp erbeutet hatten, durch sechs Monate zur Befolgung gewisser Entsagungen genötigt. Sie durften nicht bei ihren Frauen schlafen und kein Fleisch essen, erhielten nur Fisch und Maispudding zur Nahrung ... Wenn ein Choctaw einen Feind getötet und skalpiert hatte, begann für ihn eine Trauerzeit von einem Monat, während welcher er sein Haar nicht kämmen durfte. Wenn es ihn am Kopfe juckte, durfte er sich nicht mit der Hand kratzen, sondern bediente sich dazu eines kleinen Stekkens ...« [Ibid., 181.]

»Wenn ein Pima-Indianer einen Apachen getötet hatte, so mußte er sich schweren Reinigungs- und Sühnezeremonien unterwerfen. Während einer sechzehntägigen Fastenzeit durfte er Fleisch und Salz nicht berühren, auf kein brennendes Feuer schauen, zu keinem Menschen sprechen. Er lebte allein im Walde, von einer alten Frau bedient, die ihm spärliche Nahrung brachte, badete oft im nächsten Fluß und trug – als Zeichen der Trauer – einen Klumpen Lehm auf seinem Haupte. Am siebzehnten Tage fand dann die öffentliche Zeremonie der feierlichen Reinigung des Mannes und seiner Waffen statt. Da die Pima-Indianer das Tabu des Mörders viel ernster nahmen als ihre Feinde und die Sühne und Reinigung nicht wie diese bis nach der Beendigung des Feldzuges aufzuschieben pflegten, litt ihre Kriegstüchtigkeit sehr unter ihrer sittlichen Strenge oder Frömmigkeit, wenn man will. Trotz ihrer außerordentlichen Tapferkeit erwiesen sie sich den Amerikanern als unbefriedigende Bundesgenossen in ihren Kämpfen gegen die Apachen.« [Ibid. 182–4.]

So interessant die Einzelheiten und Variationen der Sühne- und Reinigungszeremonien nach Tötung eines Feindes für eine tiefer eindringende Betrachtung auch sein mögen, so breche ich deren Mitteilung doch ab, weil sie uns keine neuen Gesichtspunkte eröffnen können. Vielleicht führe ich noch an, daß die zeitweilige oder permanente Isolierung des berufsmäßigen Henkers, die sich bis in unsere Neuzeit erhalten hat, in diesen Zusammenhang gehört. Die Stellung des »Freimannes« in der mittelalterlichen Gesellschaft vermittelt in der Tat eine gute Vorstellung von dem »Tabu« der Wilden [1].

In der gangbaren Erklärung all dieser Versöhnungs-, Beschränkungs-, Sühne- und Reinigungsvorschriften werden zwei Prinzipien miteinander kombiniert. Die Fortsetzung des Tabu vom Toten her auf alles, was mit ihm in Berührung gekommen ist, und die Furcht vor dem Geist des Getöteten. Auf welche Weise diese beiden Momente miteinander zur Erklärung des Zeremoniells zu kombinieren sind, ob sie als gleichwertig aufgefaßt werden sollen, ob das eine das primäre, das andere sekundär ist, und welches, das wird nicht gesagt und ist in der Tat nicht leicht anzugeben. Demgegenüber betonen wir die Einheitlichkeit unserer Auffassung, wenn wir all diese Vorschriften aus der Ambivalenz der Gefühlsregungen gegen den Feind ableiten.

---

[1] Zu diesen Beispielen s. Frazer (1911 *b*, 165–90), ›Manslayers tabooed‹.

b) Das Tabu der Herrscher

Das Benehmen primitiver Völker gegen ihre Häuptlinge, Könige, Priester wird von zwei Grundsätzen regiert, die einander eher zu ergänzen als zu widersprechen scheinen. Man muß sich vor ihnen hüten, und man muß sie behüten[1]. Beides geschieht vermittels einer Unzahl von Tabuvorschriften. Warum man sich vor den Herrschern hüten muß, ist uns bereits bekannt geworden: weil sie die Träger jener geheimnisvollen und gefährlichen Zauberkraft sind, die sich wie eine elektrische Ladung durch Berührung mitteilt und dem selbst nicht durch eine ähnliche Ladung Geschützten Tod und Verderben bringt. Man vermeidet also jede mittelbare oder unmittelbare Berührung mit der gefährlichen Heiligkeit und hat, wo solche nicht zu vermeiden ist, ein Zeremoniell gefunden, um die gefürchteten Folgen abzuwenden. Die Nubas in Ostafrika glauben z. B., »daß sie sterben müssen, wenn sie das Haus ihres Priesterkönigs betreten, daß sie aber dieser Gefahr entgehen, wenn sie beim Eintritt die linke Schulter entblößen und den König veranlassen, diese mit seiner Hand zu berühren«. [Loc. cit.] So trifft das Merkwürdige ein, daß die Berührung des Königs das Heil- und Schutzmittel gegen die Gefahren wird, welche aus der Berührung des Königs hervorgehen, aber es handelt sich dabei wohl um die Heilkraft der absichtlichen, vom König ausgehenden Berührung im Gegensatz zur Gefahr, daß man ihn berühre, um den Gegensatz der Passivität und der Aktivität gegen den König.

Wenn es sich um die Heilwirkung der königlichen Berührung handelt, brauchen wir die Beispiele nicht bei Wilden zu suchen. Die Könige von England haben in Zeiten, die noch nicht weit zurückliegen, diese Kraft an der Skrofulose geübt, die darum den Namen: *»The King's Evil«* trug. Königin Elisabeth entsagte diesem Stück ihrer königlichen Prärogative ebensowenig wie irgend einer ihrer späteren Nachfolger. Charles I. soll im Jahre 1633 hundert Kranke auf einen Streich geheilt haben. Unter dessen zuchtlosem Sohn Charles II. feierten nach der Überwindung der großen englischen Revolution die Königsheilungen bei Skrofeln ihre höchste Blüte.

Dieser König soll im Laufe seiner Regierung bei hunderttausend Skrofulöse berührt haben. Das Gedränge der Heilungsuchenden pflegte bei dieser Gelegenheit so groß zu sein, daß einmal sechs oder sieben von ihnen anstatt der Heilung den Tod durch Erdrücktwerden fanden. Der

---

1 Frazer (1911 *b*, 132). *»He must not only be guarded, he must also be guarded against.«*

skeptische Oranier Wilhelm III., der nach der Vertreibung der Stuarts König von England wurde, weigerte sich des Zaubers; das einzigemal, als er sich zu einer solchen Berührung herbeiließ, tat er es mit den Worten: »Gott gebe Euch eine bessere Gesundheit und mehr Verstand.«[1]

Von der fürchterlichen Wirkung der Berührung, in welcher man, ob auch unabsichtlich, *gegen* den König oder das, was zu ihm gehört, aktiv wird, mag folgender Bericht Zeugnis ablegen. »Ein Häuptling von hohem Rang und großer Heiligkeit auf Neuseeland hatte einst die Reste seiner Mahlzeit am Wege stehenlassen. Da kam ein Sklave daher, ein junger, kräftiger, hungriger Gesell, sah das Zurückgelassene und machte sich darüber, um es aufzuessen. Kaum war er fertig worden, da teilte ihm ein entsetzter Zuschauer mit, daß es die Mahlzeit des Häuptlings gewesen sei, an welcher er sich vergangen habe.« Er war ein starker, mutiger Krieger gewesen, aber sobald er diese Auskunft vernommen hatte, stürzte er zusammen, wurde von gräßlichen Zuckungen befallen und starb gegen Sonnenuntergang des nächsten Tages[2]. »Eine Maorifrau hatte gewisse Früchte gegessen und dann erfahren, daß diese von einem mit Tabu belegten Orte herrührten. Sie schrie auf, der Geist des Häuptlings, den sie so beleidigt, werde sie gewiß töten. Dies geschah am Nachmittag, und am nächsten Tag um zwölf Uhr war sie tot.«[3] »Das Feuerzeug eines Maori-Häuptlings brachte einmal mehrere Personen ums Leben. Der Häuptling hatte es verloren, andere fanden es und bedienten sich seiner, um ihre Pfeifen anzuzünden. Als sie erfuhren, wessen Eigentum das Feuerzeug sei, starben sie vor Schrecken.«[4]

Es ist nicht zu verwundern, wenn sich das Bedürfnis fühlbar machte, so gefährliche Personen wie Häuptlinge und Priester von den anderen zu isolieren, eine Mauer um sie aufzuführen, hinter welcher sie für die anderen unzugänglich waren. Es mag uns die Erkenntnis dämmern, daß diese ursprünglich aus Tabuvorschriften gefügte Mauer heute noch als höfisches Zeremoniell existiert.

Aber der vielleicht größere Teil dieses Tabu der Herrscher läßt sich nicht auf das Bedürfnis des Schutzes *vor* ihnen zurückführen. Der andere Gesichtspunkt in der Behandlung der privilegierten Personen, das

---

[1] Frazer (1911 *a*, Bd. 1, 368–70).

[2] Frazer (1911 *b*, 134–5), nach einem Pakeha Maori (1884 [96 f.]).

[3] Frazer (loc. cit.), nach Brown (1845 [76]).

[4] Frazer (loc. cit.) [nach Taylor (1870, 164)].

Bedürfnis, sie selbst vor den ihnen drohenden Gefahren zu schützen, hat an der Schaffung der Tabu und somit an der Entstehung der höfischen Etikette den deutlichsten Anteil gehabt.
Die Notwendigkeit, den König vor allen erdenklichen Gefahren zu schützen, ergibt sich aus seiner ungeheuren Bedeutung für das Wohl und Wehe seiner Untertanen. Strenggenommen ist es seine Person, die den Lauf der Welt reguliert; »sein Volk hat ihm nicht nur für den Regen und Sonnenschein zu danken, der die Früchte der Erde gedeihen läßt, sondern auch für den Wind, der Schiffe an ihre Küste bringt, und für den festen Boden, auf den sie ihre Füße setzen.« (Frazer, 1911*b*, 7.)
Diese Könige der Wilden sind mit einer Machtfülle und einer Fähigkeit zu beglücken ausgestattet, die nur Göttern zu eigen ist und an welche auf späteren Stufen der Zivilisation nur die servilsten ihrer Höflinge Glauben heucheln werden.

Es erscheint ein offenbarer Widerspruch, daß Personen von solcher Machtvollkommenheit selbst der größten Sorgfalt bedürfen, um vor den sie bedrohenden Gefahren beschützt zu werden, aber es ist nicht der einzige Widerspruch, der in der Behandlung königlicher Personen bei den Wilden zutage tritt. Diese Völker halten es auch für notwendig, ihre Könige zu überwachen, daß sie ihre Kräfte im rechten Sinne verwenden; sie sind ihrer guten Intentionen oder ihrer Gewissenhaftigkeit keineswegs sicher. Ein Zug von Mißtrauen mengt sich der Motivierung der Tabuvorschriften für den König bei. »Die Idee, daß urzeitliches Königstum ein Despotismus ist«, sagt Frazer (ibid., 7f.), »demzufolge das Volk nur für seinen Herrscher existiert, ist auf die Monarchien, die wir hier im Auge haben, ganz und gar nicht anwendbar. Im Gegenteile, in diesen lebt der Herrscher nur für seine Untertanen; sein Leben hat einen Wert nur so lange, als er die Pflichten seiner Stellung erfüllt, den Lauf der Natur zum Besten seines Volkes regelt. Sobald er darin nachläßt oder versagt, wandeln sich die Sorgfalt, die Hingebung, die religiöse Verehrung, deren Gegenstand er bisher im ausgiebigsten Maße war, in Haß und Verachtung um. Er wird schmählich davongejagt und mag froh sein, wenn er das nackte Leben rettet. Heute noch als Gott verehrt, mag es ihm passieren, morgen als Verbrecher erschlagen zu werden. Aber wir haben kein Recht, dies veränderte Benehmen seines Volkes als Unbeständigkeit oder Widerspruch zu verurteilen, das Volk bleibt vielmehr durchaus konsequent. Wenn ihr König ihr Gott ist, so denken sie, muß er sich auch als ihr Beschützer erweisen; und wenn er sie nicht beschützen will, soll er einem anderen, der bereitwilliger ist, den Platz räumen. Solange er aber ihren Erwartungen entspricht, kennt ihre Sorgfalt für ihn keine Grenzen, und sie nötigen ihn dazu, sich selbst mit der gleichen Fürsorge zu behandeln. Ein solcher König lebt wie eingemauert hinter einem System von Zeremoniell und Etikette, eingesponnen in ein Netz von Gebräuchen und Verboten, deren Absicht keineswegs dahin geht, seine Würde zu erhöhen, noch weniger sein Wohlbehagen zu steigern, sondern die einzig und allein bezwecken, ihn vor Schritten zurückzuhalten, welche die Harmonie der Natur stören und so ihn, sein Volk und das ganze Weltall gleichzeitig zugrunde richten könnten. Diese Vorschriften, weit entfernt, seinem Behagen zu dienen, mengen sich in jede seiner Handlungen, heben seine Freiheit auf und machen ihm das Leben, das sie angeblich versichern wollen, zur Bürde und zur Qual.«

Eines der grellsten Beispiele von solcher Fesselung und Lähmung eines heiligen Herrschers durch das Tabuzeremoniell scheint in der Lebensweise des Mikado von Japan in früheren Jahrhunderten erzielt worden zu sein. Eine Beschreibung, die jetzt über zweihundert Jahre alt ist[1], erzählt: »Der Mikado glaubt, daß es seiner Würde und Heiligkeit nicht angemessen sei, den Boden mit den Füßen zu berühren; wenn er also irgendwohin gehen will, muß er auf den Schultern von Männern hingetragen werden. Es geht aber noch viel weniger an, daß er seine heilige Person der freien Luft aussetze, und die Sonne wird der Ehre nicht gewürdigt, auf sein Haupt zu scheinen. Allen Teilen seines Körpers wird eine so hohe Heiligkeit zugeschrieben, daß weder sein Haupthaar noch sein Bart geschoren und seine Nägel nicht geschnitten werden dürfen. Damit er aber nicht zu sehr verwahrlose, waschen sie ihn nachts, wenn er schläft: sie sagen, was man in diesem Zustand von seinem Körper nimmt, kann nur als gestohlen aufgefaßt werden, und ein solcher Diebstahl tut seiner Würde und Heiligkeit keinen Eintrag. In noch früheren Zeiten mußte er jeden Vormittag einige Stunden lang mit der Kaiserkrone auf dem Haupte auf dem Throne sitzen, aber er mußte sitzen wie eine Statue, ohne Hände, Füße, Kopf oder Augen zu bewegen; nur so, meinte man, könne er Ruhe und Frieden im Reiche erhalten. Wenn er unseligerweise sich nach der einen oder der anderen Seite wenden sollte, oder eine Zeitlang den Blick bloß auf einen Teil seines Reiches richtete, so würden Krieg, Hungersnot, Feuer, Pest oder sonst ein großes Unheil hereinbrechen, um das Land zu verheeren.«

---

[1] Kaempfer (1727 [Bd. 1, 150]), bei Frazer (1911 *b*, 3 f.).

Einige der Tabu, denen barbarische Könige unterworfen sind, mahnen lebhaft an die Beschränkungen der Mörder. In Shark Point bei Kap Padron in Unter-Guinea (Westafrika) »lebt ein Priesterkönig, Kukulu, allein in einem Wald. Er darf kein Weib berühren, auch sein Haus nicht verlassen, ja nicht einmal von seinem Stuhl aufstehen, in dem er sitzend schlafen muß. Wenn er sich niederlegte, würde der Wind aufhören und die Schiffahrt gestört sein. Seine Funktion ist es, die Stürme in Schranken zu halten und im allgemeinen für einen gleichmäßig gesunden Zustand der Atmosphäre zu sorgen«[1]. Je mächtiger ein König von Loango ist, sagt Bastian, desto mehr Tabu muß er beobachten[2]. Auch der Thronfolger ist von Kindheit an an sie gebunden, aber sie häufen sich um ihn, während er heranwächst; im Momente der Thronbesteigung ist er von ihnen erstickt.

Unser Raum gestattet es nicht und unser Interesse erfordert es nicht, daß wir in die Beschreibung der an der Königs- oder Priesterwürde haftenden Tabu weiter eingehen. Führen wir noch an, daß Beschränkungen der freien Bewegung und der Diät die Hauptrolle unter ihnen spielen. Wie konservierend aber auf alte Gebräuche der Zusammenhang mit diesen privilegierten Personen wirkt, mag aus zwei Beispielen von Tabuzeremoniell hervorgehen, die von zivilisierten Völkern, also von weit höheren Kulturstufen, genommen sind.

Der Flamen Dialis, der Oberpriester des Jupiter im alten Rom, hatte eine außerordentlich große Anzahl von Tabugeboten zu beobachten. Er »durfte nicht reiten, kein Pferd, keine Bewaffneten sehen, keinen Ring tragen, der nicht zerbrochen war, keinen Knoten an seinen Gewändern haben; ... Weizenmehl und Sauerteig nicht berühren, eine Ziege, einen Hund, rohes Fleisch, Bohnen und Efeu nicht einmal beim Namen nennen; ... sein Haar durfte nur von einem freien Mann mit einem Bronzemesser geschnitten, seine Haare und Nägelabfälle mußten unter einem glückbringenden Baum vergraben werden; ... er durfte keinen Toten anrühren; ... nicht unbedeckten Hauptes unter freiem Himmel stehen« u. dgl. Seine Frau, die Flaminica, hatte überdies ihre eigenen Verbote: Sie durfte auf einer gewissen Art von Treppen nicht höher als drei Stufen steigen, an gewissen Festtagen ihr Haar nicht kämmen; das Leder ihrer Schuhe durfte von keinem Tier genommen werden, das eines natürlichen Todes gestorben war, sondern nur von einem geschlachteten oder geopferten; wenn sie Donner hörte, war sie

---

[1] Frazer (1911 *b*, 5), nach Bastian (1874–75 [Bd. 1, 287]).
[2] [Frazer (ibid., 8), nach Bastian (ibid., 355).]

unrein, bis sie ein Sühnopfer dargebracht hatte. (Frazer, 1911*b*, 13 f.)

Die alten Könige von Irland waren einer Reihe von höchst sonderbaren Beschränkungen unterworfen, von deren Einhaltung aller Segen, von deren Übertretung alles Unheil für das Land erwartet wurde. Das vollständige Verzeichnis dieser Tabu ist in dem *Book of Rights* gegeben, dessen älteste handschriftliche Exemplare die Jahreszahlen 1390 und 1418 tragen. Die Verbote sind äußerst detailliert, betreffen gewisse Tätigkeiten an bestimmten Orten und zu bestimmten Zeiten; in dieser Stadt darf der König nicht an einem gewissen Wochentag weilen, jenen Fluß nicht um eine genannte Stunde übersetzen, nicht volle neun Tage auf einer gewissen Ebene lagern u. dgl. (Frazer, 1911*b*, 11 f.)

Die Härte der Tabubeschränkungen für die Priesterkönige hat bei vielen wilden Völkern eine Folge gehabt, die historisch bedeutsam und für unsere Gesichtspunkte besonders interessant ist. Die Priesterkönigswürde hörte auf, etwas Begehrenswertes zu sein; wem sie bevorstand, der wandte oft alle Mittel an, um ihr zu entgehen. So wird es auf Kambodscha, wo es einen Feuer- und einen Wasserkönig gibt, oft notwendig, die Nachfolger mit Gewalt zur Annahme der Würde zu zwingen. Auf Niue oder Savage Island, einer Koralleninsel im Stillen Ozean, kam die Monarchie tatsächlich zu Ende, weil sich niemand mehr bereit finden wollte, das verantwortliche und gefährliche Amt zu übernehmen. »In manchen Teilen von Westafrika wird nach dem Tode des Königs ein geheimes Konzil abgehalten, um den Nachfolger zu bestimmen. Der, auf welchen die Wahl fällt, wird gepackt, gebunden und im Fetischhaus in Gewahrsam gehalten, bis er sich bereit erklärt hat, die Krone anzunehmen. Gelegentlich findet der präsumtive Thronfolger Mittel und Wege, um sich der ihm zugedachten Ehre zu entziehen; so wird von einem Häuptling berichtet, daß er Tag und Nacht Waffen zu tragen pflegte, um jedem Versuch, ihn auf den Thron zu setzen, mit Gewalt zu widerstehen.«[1] Bei den Negern von Sierra Leone ward das Widerstreben gegen die Annahme der Königswürde so groß, daß die meisten Stämme genötigt waren, Fremde zu ihren Königen zu machen.

Frazer [1911*b*, 17–25] führt es auf diese Verhältnisse zurück, daß sich in der Entwicklung der Geschichte endlich eine Scheidung des ursprünglichen Priesterkönigtums in eine geistliche und weltliche Macht vollzog. Die von der Bürde ihrer Heiligkeit erdrückten Könige wurden unfähig, die Herrschaft in realen Dingen auszuüben, und mußten diese

[1] Frazer (1911 *b*, 17 f.), nach Bastian (1874–75 [Bd. 1, 354, und Bd. 2, 9]).

geringeren, aber tatkräftigen Personen überlassen, welche bereit waren, auf die Ehren der Königswürde zu verzichten. Aus diesen erwuchsen dann die weltlichen Herrscher, während die nun praktisch bedeutungslose geistliche Oberhoheit den früheren Tabukönigen verblieb. Es ist bekannt, wieweit diese Aufstellung in der Geschichte des alten Japans Bestätigung findet.

Wenn wir nun das Bild der Beziehungen der primitiven Menschen zu ihren Herrschern überblicken, so regt sich in uns die Erwartung, daß uns der Fortschritt von seiner Beschreibung zu seinem psychoanalytischen Verständnis nicht schwerfallen wird. Diese Beziehungen sind sehr verwickelter Natur und nicht frei von Widersprüchen. Man räumt den Herrschern große Vorrechte ein, welche sich mit den Tabuverboten der anderen geradezu decken. Es sind privilegierte Personen; sie dürfen eben das tun oder genießen, was den übrigen durch das Tabu vorenthalten ist. Im Gegensatz zu dieser Freiheit steht aber, daß sie durch andere Tabu beschränkt sind, welche auf die gewöhnlichen Individuen nicht drücken. Hier ist also ein erster Gegensatz, fast ein Widerspruch, zwischen einem Mehr von Freiheit und einem Mehr an Beschränkung für dieselben Personen. Man traut ihnen außerordentliche Zauberkräfte zu und fürchtet sich deshalb vor der Berührung mit ihren Personen oder ihrem Eigentum, während man anderseits von diesen Berührungen die wohltätigste Wirkung erwartet. Dies scheint ein zweiter, besonders greller Widerspruch zu sein; allein wir haben bereits erfahren, daß er nur scheinbar ist. Heilend und schützend wirkt die Berührung, die vom König selbst in wohlwollender Absicht ausgeht; gefährlich ist nur die Berührung, die vom gemeinen Mann am König und am Königlichen verübt wird, wahrscheinlich weil sie an aggressive Tendenzen mahnen kann. Ein anderer, nicht so leicht auflösbarer Widerspruch äußert sich darin, daß man dem Herrscher eine so große Gewalt über die Vorgänge der Natur zuschreibt und sich doch für verpflichtet hält, ihn mit ganz besonderer Sorgfalt gegen ihm drohende Gefahren zu beschützen, als ob seine eigene Macht, die so vieles kann, nicht auch dies vermöchte. Eine weitere Erschwerung des Verhältnisses stellt sich dann her, indem man dem Herrscher nicht das Zutrauen entgegenbringt, er werde seine ungeheure Macht in der richtigen Weise zum Vorteil der Untertanen wie zu seinem eigenen Schutz verwenden wollen; man mißtraut ihm also und hält sich für berechtigt, ihn zu überwachen. Allen diesen Absichten der Bevormundung des Königs, seinem Schutz vor Gefahren und dem

Schutz der Untertanen vor der Gefahr, die er ihnen bringt, dient gleichzeitig die Tabuetikette, der das Leben des Königs unterworfen wird.

Es liegt nahe, folgende Erklärung für das komplizierte und widerspruchsvolle Verhältnis der Primitiven zu ihren Herrschern zu geben: Aus abergläubischen und anderen Motiven kommen in der Behandlung der Könige mannigfache Tendenzen zum Ausdruck, von denen jede ohne Rücksicht auf die anderen zum Extrem entwickelt wird. Daraus entstehen dann die Widersprüche, an denen der Intellekt der Wilden übrigens so wenig Anstoß nimmt wie der der Höchstzivilisierten, wenn es sich nur um Verhältnisse der Religion oder der »Loyalität« handelt.

Das wäre soweit gut, aber die psychoanalytische Technik wird gestatten, tiefer in den Zusammenhang einzudringen und Näheres über die Natur dieser mannigfaltigen Tendenzen auszusagen. Wenn wir den geschilderten Sachverhalt der Analyse unterziehen, gleichsam als ob er sich im Symptombild einer Neurose fände, so werden wir zunächst an das Übermaß von ängstlicher Sorge anknüpfen, welches als Begründung des Tabuzeremoniells ausgegeben wird. Dies Vorkommen einer solchen Überzärtlichkeit ist in der Neurose, speziell bei der Zwangsneurose, die wir in erster Linie zum Vergleich heranziehen, sehr gewöhnlich. Ihre Herkunft ist uns sehr wohl verständlich geworden. Sie tritt überall dort auf, wo außer der vorherrschenden Zärtlichkeit eine gegensätzliche, aber unbewußte Strömung von Feindseligkeit besteht, also der typische Fall der ambivalenten Gefühlseinstellung realisiert ist. Dann wird die Feindseligkeit überschrieen durch eine übermäßige Steigerung der Zärtlichkeit, die sich als Ängstlichkeit äußert und die zwanghaft wird, weil sie sonst ihrer Aufgabe, die unbewußte Gegenströmung in der Verdrängung zu erhalten, nicht genügen würde. Jeder Psychoanalytiker hat es erfahren, mit welcher Sicherheit die ängstliche Überzärtlichkeit unter den unwahrscheinlichsten Verhältnissen, z. B. zwischen Mutter und Kind oder bei zärtlichen Eheleuten, diese Auflösung gestattet. Auf die Behandlung der privilegierten Personen angewendet, ergäbe sich die Einsicht, daß der Verehrung, ja Vergötterung derselben im Unbewußten eine intensive feindselige Strömung entgegensteht, daß also hier, wie wir es erwartet haben, die Situation der ambivalenten Gefühlseinstellung verwirklicht ist. Das Mißtrauen, welches als Beitrag zur Motivierung der Königstabu unabweisbar erscheint, wäre eine andere, direktere Äußerung derselben unbewußten Feindseligkeit. Ja, wir wären – infolge der Mannigfaltigkeit der Endausgänge eines solchen

Konflikts bei verschiedenen Völkern – nicht um Beispiele verlegen, in denen uns der Nachweis einer solchen Feindseligkeit noch viel leichter fiele. »Die wilden Timmes von Sierra Leone«, hören wir bei Frazer[1], »haben sich das Recht vorbehalten, ihren gewählten König am Abend vor seiner Krönung durchzuprügeln, und sie bedienen sich dieses konstitutionellen Vorrechtes mit solcher Gründlichkeit, daß der unglückliche Herrscher gelegentlich seine Erhebung auf den Thron um nicht lange Zeit überlebt, daher haben es sich die Großen des Volkes zur Regel gemacht, wenn sie einen Groll gegen einen bestimmten Mann haben, diesen zum König zu wählen.« Immerhin wird auch in solchen grellen Fällen die Feindseligkeit sich nicht als solche bekennen, sondern sich als Zeremoniell gebärden.

Ein anderes Stück im Verhalten der Primitiven gegen ihre Herrscher ruft die Erinnerung an einen Vorgang wach, der, in der Neurose allgemein verbreitet, in dem sogenannten Verfolgungswahn offen zutage tritt. Es wird hier die Bedeutung einer bestimmten Person außerordentlich erhöht, ihre Machtvollkommenheit ins Unwahrscheinliche gesteigert, um ihr desto eher die Verantwortlichkeit für alles Widrige, was dem Kranken widerfährt, aufladen zu können. Eigentlich verfahren ja die Wilden mit ihren Königen nicht anders, wenn sie ihnen die Macht über Regen und Sonnenschein, Wind und Wetter zuschreiben und sie dann absetzen oder töten, weil die Natur ihre Erwartungen auf eine gute Jagd oder eine reiche Ernte enttäuscht hat. Das Vorbild, welches der Paranoiker im Verfolgungswahn wiederherstellt, liegt im Verhältnis des Kindes zu seinem Vater. Dem Vater kommt eine derartige Machtfülle in der Vorstellung des Sohnes regelmäßig zu, und es zeigt sich, daß das Mißtrauen gegen den Vater mit seiner Hochschätzung innig verknüpft ist. Wenn der Paranoiker eine Person seiner Lebensbeziehungen zu seinem »Verfolger« ernennt, so hebt er sie damit in die Väterreihe, bringt sie unter die Bedingungen, die ihm gestatten, sie für alles Unglück seiner Empfindung verantwortlich zu machen. So mag uns diese zweite Analogie zwischen dem Wilden und dem Neurotiker die Einsicht ahnen lassen, wie vieles im Verhältnis des Wilden zu seinem Herrscher aus der infantilen Einstellung des Kindes zum Vater hervorgeht.

Den stärksten Anhaltspunkt für unsere Betrachtungsweise, welche die Tabuverbote mit neurotischen Symptomen vergleichen will, finden wir aber im Tabuzeremoniell selbst, dessen Bedeutung für die Stellung des

[1] Frazer (1911 *b*, 18), nach Zweifel und Moustier (1880 [28]).

Königtums vorhin erörtert wurde. Dieses Zeremoniell trägt seinen Doppelsinn und seine Herkunft von ambivalenten Tendenzen unverkennbar zur Schau, wenn wir nur annehmen wollen, daß es die Wirkungen, die es hervorbringt, auch von allem Anfang an beabsichtigt hat. Es zeichnet nicht nur die Könige aus und erhebt sie über alle gewöhnlichen Sterblichen, es macht ihnen auch das Leben zur Qual und zur unerträglichen Bürde und zwingt sie in eine Knechtschaft, die weit ärger ist als die ihrer Untertanen. Es erscheint uns so als das richtige Gegenstück zur Zwangshandlung der Neurose, in der sich der unterdrückte Trieb und der ihn unterdrückende zur gleichzeitigen und gemeinsamen Befriedigung treffen. Die Zwangshandlung ist *angeblich* ein Schutz gegen die verbotene Handlung; wir möchten aber sagen, sie ist *eigentlich* die Wiederholung des Verbotenen. Das »angeblich« wendet sich hier der bewußten, das »eigentlich« der unbewußten Instanz des Seelenlebens zu. So ist auch das Tabuzeremoniell der Könige angeblich die höchste Ehrung und Sicherung derselben, eigentlich die Strafe für ihre Erhöhung, die Rache, welche die Untertanen an ihnen nehmen. Die Erfahrungen, die Sancho Pansa bei Cervantes als Gouverneur auf seiner Insel macht, haben ihn offenbar diese Auffassung des höfischen Zeremoniells als die einzig zutreffende erkennen lassen. Es ist sehr wohl möglich, daß wir weitere Zustimmungen zu hören bekämen, wenn wir Könige und Herrscher von heute zur Äußerung darüber veranlassen könnten.

Warum die Gefühlseinstellung gegen die Herrscher einen so mächtigen unbewußten Beitrag von Feindseligkeit enthalten sollte, ist ein sehr interessantes, aber die Grenzen dieser Arbeit überschreitendes Problem. Den Hinweis auf den infantilen Vaterkomplex haben wir bereits gegeben; fügen wir hinzu, daß die Verfolgung der Vorgeschichte des Königtums uns die entscheidenden Aufklärungen bringen müßte. Nach Frazers eindrucksvollen, aber nach eigenem Zugeständnis nicht ganz zwingenden Erörterungen waren die ersten Könige Fremde, die nach kurzer Herrschaft zum Opfertod bei feierlichen Festen als Repräsentanten der Gottheit bestimmt waren. (Frazer, 1911*a*.) Noch die Mythen des Christentums wären von der Nachwirkung dieser Entwicklungsgeschichte der Könige berührt.

c) Das Tabu der Toten

Wir wissen, daß die Toten mächtige Herrscher sind; wir werden vielleicht erstaunt sein zu erfahren, daß sie als Feinde betrachtet werden.

Das Tabu der Toten erweist, wenn wir auf dem Boden des Vergleiches mit der Infektion bleiben dürfen, bei den meisten primitiven Völkern eine besondere Virulenz. Es äußert sich zunächst in den Folgen, welche die Berührung des Toten nach sich zieht, und in der Behandlung der um den Toten Trauernden. Bei den Maori war jeder, der eine Leiche berührt oder an ihrer Grablegung teilgenommen hatte, aufs äußerste unrein und nahezu abgeschnitten von allem Verkehr mit seinen Mitmenschen, sozusagen boykottiert. Er konnte kein Haus betreten, keiner Person oder Sache nahe kommen, ohne sie mit der gleichen Eigenschaft anzustecken. Ja, er durfte nicht einmal Nahrung mit seinen Händen berühren, diese waren ihm durch ihre Unreinheit geradezu unbrauchbar geworden. Man stellte ihm das Essen auf den Boden hin, und ihm blieb nichts übrig, als sich dessen mit den Lippen und den Zähnen, so gut es eben ging, zu bemächtigen, während er seine Hände nach dem Rücken gebogen hielt. Gelegentlich war es erlaubt, daß eine andere Person ihn füttere, die es dann mit ausgestrecktem Arm tat, sorgsam, den Unseligen nicht selbst zu berühren, aber diese Hilfsperson war dann selbst Einschränkungen unterworfen, die nicht viel weniger drückend waren als die eigenen. Es gab wohl in jedem Dorf ein ganz verkommenes, von der Gesellschaft ausgestoßenes Individuum, das in der armseligsten Weise von spärlichen Almosen lebte. Diesem Wesen war es allein gestattet, sich auf Armeslänge dem zu nähern, der die letzte Pflicht gegen einen Verstorbenen erfüllt hatte. War aber dann die Zeit der Abschließung vorüber und durfte der durch die Leiche Verunreinigte sich wieder unter seine Genossen mengen, so wurde alles Geschirr, dessen er sich in der gefährlichen Zeit bedient hatte, zerschlagen und alles Zeug weggeworfen, mit dem er bekleidet gewesen war. [Frazer, 1911*b*, 138 f.]

Die Tabugebräuche nach der körperlichen Berührung von Toten sind in ganz Polynesien, Melanesien und in einem Teil von Afrika die nämlichen; ihr konstantestes Stück ist das Verbot, Nahrung selbst zu berühren, und die sich daraus ergebende Notwendigkeit, von anderen gefüttert zu werden. Es ist bemerkenswert, daß in Polynesien oder vielleicht nur in Hawaii[1] Priesterkönige während der Ausübung heiliger Handlungen denselben Beschränkungen unterlagen. Bei den Tabu der Toten auf Tonga tritt die Abstufung und allmähliche Aufhebung der Verbote durch die eigene Tabukraft sehr deutlich hervor. Wer den Leichnam eines toten Häuptlings berührt hatte, war durch zehn Mo-

[1] Frazer (loc. cit.) [nach Ellis (1832–36, Bd. 4, 388)].

nate unrein; wenn er aber selbst ein Häuptling war, nur durch drei, vier oder fünf Monate, je nach dem Rang des Verstorbenen; aber wenn es sich um die Leiche des vergötterten Oberhäuptlings handelte, wurden selbst die größten Häuptlinge durch zehn Monate tabu. Die Wilden glauben fest daran, daß, wer solche Tabuvorschriften übertritt, schwer erkranken und sterben muß, so fest, daß sie nach der Meinung eines Beobachters noch niemals den Versuch gewagt haben, sich vom Gegenteil zu überzeugen [1].

Im wesentlichen gleichartig, aber für unsere Zwecke interessanter sind die Tabubeschränkungen jener Personen, deren Berührung mit den Toten im übertragenen Sinne zu verstehen ist, der trauernden Angehörigen, der Witwer und Witwen. Sehen wir in den bisher erwähnten Vorschriften nur den typischen Ausdruck der Virulenz und der Ausbreitungsfähigkeit des Tabu, so schimmern in den nun mitzuteilenden die Motive der Tabu durch, und zwar sowohl die vorgeblichen als auch solche, die wir für die tiefliegenden, echten halten dürfen.

»Bei den Shuswap in Britisch-Kolumbia müssen Witwen und Witwer während ihrer Trauerzeit abgesondert leben; sie dürfen weder ihren eigenen Körper noch ihren Kopf mit ihren Händen berühren; alles Geschirr, dessen sie sich bedienen, ist dem Gebrauche anderer entzogen ... Kein Jäger wird sich der Hütte, in welcher solche Trauernde wohnen, nähern wollen, denn das brächte ihm Unglück; wenn der Schatten eines Trauernden auf ihn fallen würde, müßte er erkranken. Die Trauernden schlafen auf Dornbüschen ... und umgeben ihr Bett mit solchen.« [2] Diese letztere Maßregel ist dazu bestimmt, den Geist des Verstorbenen fernzuhalten, und noch deutlicher ist wohl der von anderen nordamerikanischen Stämmen berichtete Gebrauch der Witwe, eine Zeitlang nach dem Tode des Mannes ein hosenartiges Kleidungsstück aus trockenem Gras zu tragen, um sich unzugänglich für die Annäherung des Geistes zu machen [3]. So wird uns die Vorstellung nahegelegt, daß die Berührung »im übertragenen Sinne« doch nur als ein körperlicher Kontakt verstanden wird, da der Geist des Verstorbenen nicht von seinen Angehörigen weicht, nicht abläßt, sie während der Zeit der Trauer zu »umschweben«.

»Bei den Agutainos, die auf Palawan, einer der Philippinen, wohnen, darf eine Witwe ihre Hütte die ersten sieben oder acht Tage nach dem

---

1 Frazer (1911 *b*, 140), nach Mariner (1818 [Bd. 1, 141]).
2 [Frazer (1911 *b*, 142), nach Boas (1890, 643 f.).]
3 [Frazer (1911 *b*, 143), nach Teit (1900, 332 f.).]

Todesfall nicht verlassen, es sei denn zur Nachtzeit, wenn sie Begegnungen nicht zu erwarten hat. Wer sie erschaut, gerät in Gefahr, augenblicklich zu sterben, und darum warnt sie selbst vor ihrer Annäherung, indem sie bei jedem Schritt mit einem hölzernen Stab gegen die Bäume schlägt; diese Bäume aber verdorren.«[1] Worin die Gefährlichkeit einer solchen Witwe bestehen mag, wird uns durch eine andere Beobachtung erläutert. »Im Mekeobezirk von Britisch-Neuguinea wird ein Witwer aller bürgerlichen Rechte verlustig und lebt für eine Weile wie ein Ausgestoßener ... Er darf keinen Garten bebauen, sich nicht öffentlich zeigen, das Dorf und die Straße nicht betreten. Er schleicht wie ein wildes Tier im hohen Gras oder im Gebüsch umher und muß sich im Dickicht verstecken, wenn er jemanden, besonders aber ein Weib, herannahen sieht.«[2] Diese letztere Andeutung macht es uns leicht, die Gefährlichkeit des Witwers oder der Witwe auf die Gefahr der *Versuchung* zurückzuführen. Der Mann, der sein Weib verloren hat, soll dem Begehren nach einem Ersatz ausweichen; die Witwe hat mit demselben Wunsch zu kämpfen und mag überdies als herrenlos die Begehrlichkeit anderer Männer erwecken. Jede solche Ersatzbefriedigung läuft gegen den Sinn der Trauer; sie müßte den Zorn des Geistes auflodern lassen[3].

Einer der befremdendsten, aber auch lehrreichsten Tabugebräuche der Trauer bei den Primitiven ist das Verbot, den *Namen* des Verstorbenen auszusprechen. Es ist ungemein verbreitet, hat mannigfaltige Ausführungen erfahren und bedeutsame Konsequenzen gehabt.

Außer bei den Australiern und Polynesiern, welche uns die Tabugebräuche in ihrer besten Erhaltung zu zeigen pflegen, findet sich dieses Verbot »bei so entfernten und einander so fremden Völkern wie die Samojeden in Sibirien und die Todas in Südindien, die Mongolen der Tartarei und die Tuaregs der Sahara, die Aino in Japan und die Akamba und Nandi in Zentralafrika, die Tinguanen auf den Philippinen und die Einwohner der Nikobarischen Inseln, von Madagaskar und Borneo«. (Frazer, 1911*b*, 353.) Bei einigen dieser Völker gilt das Verbot und die aus ihm sich ableitenden Folgen nur für die Zeit der

---

[1] [Frazer (1911 *b*, 144), nach Blumentritt (1891, 182).]

[2] [Frazer (loc. cit.), nach Guis (1902, 208 f.).]

[3] Dieselbe Kranke, deren „Unmöglichkeiten" ich oben (S. 320) mit den Tabu zusammengestellt habe, bekannte, daß sie jedesmal in Entrüstung gerate, wenn sie einer in Trauer gekleideten Person auf der Straße begegne. Solchen Leuten sollte das Ausgehen verboten sein!

Trauer, bei anderen bleibt es permanent, doch scheint es in allen Fällen mit der Entfernung vom Zeitpunkte des Todesfalles abzublassen.
Die Vermeidung des Namens des Verstorbenen wird in der Regel außerordentlich streng gehandhabt. So gilt es bei manchen südamerikanischen Stämmen als die schwerste Beleidigung der Überlebenden, den Namen des verstorbenen Angehörigen vor ihnen auszusprechen, und die darauf gesetzte Strafe ist nicht geringer als die für eine Mordtat selbst festgesetzte. (Ibid., 352.) Warum die Nennung des Namens so verabscheut werden sollte, ist zunächst nicht leicht zu erraten, aber die mit ihr verbundenen Gefahren haben eine ganze Reihe von Auskunftsmitteln entstehen lassen, die nach verschiedenen Richtungen interessant und bedeutungsvoll sind. So sind die Masai in Afrika auf die Ausflucht gekommen, den Namen des Verstorbenen unmittelbar nach seinem Tode zu ändern; er darf nun ohne Scheu mit dem neuen Namen erwähnt werden, während alle Verbote an den alten geknüpft bleiben. Es scheint dabei vorausgesetzt, daß der Geist seinen neuen Namen nicht kennt und nicht erfahren wird. [Ibid., 354.] Die australischen Stämme an der Adelaide und der Encounter Bay sind in ihrer Vorsicht so konsequent, daß nach einem Todesfall alle Personen ihre Namen gegen einen anderen vertauschen, welche ebenso oder sehr ähnlich geheißen haben wie der Verstorbene. [Ibid., 355.] Manchmal wird in weiterer Ausdehnung derselben Erwägung die Namensänderung nach einem Todesfall bei allen Angehörigen des Verstorbenen vorgenommen, ohne Rücksicht auf den Gleichklang der Namen, so bei einigen Stämmen in Victoria und in Nordwestamerika. [Ibid., 357.] Ja bei den Guaycurus in Paraguay pflegte der Häuptling bei so traurigem Anlaß allen Mitgliedern des Stammes neue Namen zu geben, die sie fortan erinnerten, als ob sie sie von jeher getragen hätten [1].
Ferner, wenn der Name des Verstorbenen sich mit der Bezeichnung eines Tieres, Gegenstandes usw. gedeckt hatte, erschien es manchen unter den angeführten Völkern notwendig, auch diese Tiere und Objekte neu zu benennen, damit man beim Gebrauch dieser Worte nicht an den Verstorbenen erinnert werde. Daraus mußte sich eine nie zur Ruhe kommende Veränderung des Sprachschatzes ergeben, die den Missionären Schwierigkeiten genug bereitete, besonders wo die Namensverpönung eine permanente war. In den sieben Jahren, die der Missionär Dobrizhoffer bei den Abiponen in Paraguay verbrachte, wurde der Name für Jaguar dreimal abgeändert, und die Worte für Krokodil, Dor-

[1] Frazer (1911 *b*, 357), nach einem alten spanischen Beobachter [Lozano (1733, 70)].

nen und Tierschlachten hatten ähnliche Schicksale[1]. Die Scheu, einen Namen auszusprechen, der einem Verstorbenen angehört hat, dehnt sich aber auch nach der Richtung hin aus, daß man alles zu erwähnen vermeidet, wobei dieser Verstorbene eine Rolle spielte, und als bedeutsame Folge dieses Unterdrückungsprozesses ergibt sich, daß diese Völker keine Tradition, keine historischen Reminiszenzen haben und einer Erforschung ihrer Vorgeschichte die größten Schwierigkeiten in den Weg legen. [Ibid., 362 f.] Bei einer Reihe dieser primitiven Völker haben sich aber auch kompensierende Gebräuche eingebürgert, um die Namen der Verstorbenen nach einer langen Zeit von Trauer wieder zu erwecken, indem man sie an Kinder verleiht, die als die Wiedergeburt der Toten betrachtet werden. [Ibid., 364 f.]

Das Befremdende dieses Namentabu ermäßigt sich, wenn wir daran gemahnt werden, daß für die Wilden der Name ein wesentliches Stück und ein wichtiger Besitz der Persönlichkeit ist, daß sie dem Worte volle Dingbedeutung zuschreiben. Dasselbe tun, wie ich an anderen Orten ausgeführt habe[2], unsere Kinder, die sich darum niemals mit der Annahme einer bedeutungslosen Wortähnlichkeit begnügen, sondern konsequent schließen, wenn zwei Dinge mit gleichklingenden Namen genannt werden, so müßte damit eine tiefgehende Übereinstimmung zwischen beiden bezeichnet sein. Auch der zivilisierte Erwachsene mag an manchen Besonderheiten seines Benehmens noch erraten, daß er von dem Voll- und Wichtignehmen der Eigennamen nicht so weit entfernt ist, wie er glaubt, und daß sein Name in einer ganz besonderen Art mit seiner Person verwachsen ist. Es stimmt dann hiezu, wenn die psychoanalytische Praxis vielfachen Anlaß findet, auf die Bedeutung der Namen in der unbewußten Denktätigkeit hinzuweisen[3].

Die Zwangsneurotiker benehmen sich dann, wie zu erwarten stand, in betreff der Namen ganz wie die Wilden. Sie zeigen die volle »Komplexempfindlichkeit«[4] gegen das Aussprechen und Anhören bestimmter Worte und Namen (ähnlich wie auch andere Neurotiker), und leiten aus ihrer Behandlung des eigenen Namens eine gute Anzahl von oft schweren Hemmungen ab. Eine solche Tabukranke, die ich kannte, hatte die Vermeidung angenommen, ihren Namen niederzuschreiben, aus Angst, er könnte in jemandes Hand geraten, der damit in den Be-

[1] Frazer (1911 *b*, 360), nach Dobrizhoffer [1784, Bd. 2, 301].
[2] [Vgl. Kapitel IV von *Der Witz* (1905 *c*), *Studienausgabe*, Bd. 4, S. 113 f.]
[3] Stekel [1911], Abraham [1911].
[4] [Ein von Jung im Zusammenhang mit seinen Wortassoziationsexperimenten verwendeter Terminus.]

sitz eines Stückes von ihrer Persönlichkeit gekommen wäre. In der krampfhaften Treue, durch die sie sich gegen die Versuchungen ihrer Phantasie schützen mußte, hatte sie sich das Gebot geschaffen, »nichts von ihrer Person herzugeben«. Dazu gehörte zunächst der Name, in weiterer Ausdehnung die Handschrift, und darum gab sie schließlich das Schreiben auf.

So finden wir es nicht mehr auffällig, wenn von den Wilden der Name des Toten als ein Stück seiner Person gewertet und zum Gegenstand des den Toten betreffenden Tabu gemacht wird. Auch die Namensnennung des Toten läßt sich auf die Berührung mit ihm zurückführen, und wir dürfen uns dem umfassenderen Problem zuwenden, weshalb diese Berührung von so strengem Tabu betroffen ist.

Die naheliegendste Erklärung würde auf das natürliche Grauen hinweisen, welches der Leichnam und die Veränderungen, die alsbald an ihm bemerkt werden, erregt. Daneben müßte man der Trauer um den Toten einen Platz einräumen, als Motiv für alles, was sich auf diesen Toten bezieht. Allein das Grauen vor dem Leichnam deckt offenbar nicht die Einzelheiten der Tabuvorschriften, und die Trauer kann uns niemals erklären, daß die Erwähnung des Toten ein schwerer Schimpf für dessen Hinterbliebene ist. Die Trauer liebt es vielmehr, sich mit dem Verstorbenen zu beschäftigen, sein Andenken auszuarbeiten und für möglichst lange Zeit zu erhalten. Für die Eigentümlichkeiten der Tabugebräuche muß etwas anderes als die Trauer verantwortlich gemacht werden, etwas, das offenbar andere Absichten als diese verfolgt. Gerade die Tabu der Namen verraten uns dies noch unbekannte Motiv, und sagten es die Gebräuche nicht, so würden wir es aus den Angaben der trauernden Wilden selbst erfahren.

Sie machen nämlich kein Hehl daraus, daß sie sich vor der Gegenwart und der Wiederkehr des Geistes des Verstorbenen *fürchten;* sie üben eine Menge von Zeremonien, um ihn fernzuhalten, ihn zu vertreiben[1]. Seinen Namen auszusprechen dünkt ihnen eine Beschwörung, der seine Gegenwart auf dem Fuße folgen wird[2]. Sie tun darum folgerichtig alles, um einer solchen Beschwörung und Erweckung aus dem Wege zu gehen. Sie verkleiden sich, damit der Geist sie nicht erkenne[3], oder sie

[1] Als Beispiel eines solchen Bekenntnisses sind bei Frazer (1911 *b*, 353) die Tuaregs der Sahara angeführt.

[2] Vielleicht ist hiezu die Bedingung zu fügen: solange noch etwas von seinen körperlichen Überresten existiert. Frazer (ibid., 372).

[3] Auf den Nikobaren. Frazer (ibid. [358]).

entstellen seinen oder den eigenen Namen; sie wüten gegen den rücksichtslosen Fremden, der den Geist durch Nennung seines Namens auf seine Hinterbliebenen hetzt. Es ist unmöglich, der Folgerung auszuweichen, daß sie, nach Wundts Ausdruck, an der Furcht »vor seiner zum Dämon gewordenen Seele« leiden[1].

Mit dieser Einsicht wären wir bei der Bestätigung der Auffassung Wundts angelangt, welche das Wesen des Tabu, wie wir gehört haben [s. S. 316], in der Angst vor den Dämonen findet.

Die Voraussetzung dieser Lehre, daß das teure Familienmitglied mit dem Augenblicke seines Todes zum Dämon wird, von dem die Hinterbliebenen nur Feindseliges zu erwarten haben und gegen dessen böse Gelüste sie sich mit allen Mitteln schützen müssen, ist so sonderbar, daß man ihr zunächst den Glauben versagen wird. Allein so ziemlich alle maßgebenden Autoren sind darin einig, den Primitiven diese Auffassung zuzuschreiben. Westermarck, der in seinem Werke: *Ursprung und Entwicklung der Moralbegriffe* dem Tabu, nach meiner Schätzung, viel zu wenig Beachtung schenkt, äußert in dem Abschnitt: ›Verhalten gegen Verstorbene‹ direkt: »Überhaupt läßt mich mein Tatsachenmaterial den Schluß ziehen, daß die Toten häufiger als Feinde denn als Freunde angesehen werden[2] und daß Jevons und Grant Allen im Irrtum sind mit ihrer Behauptung, man habe früher geglaubt, die Böswilligkeit der Toten richte sich in der Regel nur gegen Fremde, während sie für Leben und Ergehen ihrer Nachkommen und Clangenossen väterlich besorgt seien.«

R. Kleinpaul hat in einem eindrucksvollen Buche (1898) die Reste des alten Seelenglaubens bei den zivilisierten Völkern zur Darstellung des Verhältnisses zwischen den Lebendigen und den Toten verwertet. Es gipfelt auch nach ihm in der Überzeugung, daß die Toten mordlustig die Lebendigen nach sich ziehen. Die Toten töten; das Skelett, als welches der Tod *heute* gebildet wird, stellt dar, daß der Tod selbst nur

---

[1] Wundt (1906, 49).

[2] Westermarck (1907–09, Bd. 2, 424). In der Anmerkung und in der Fortsetzung des Textes die reiche Fülle von bestätigenden, oft sehr charakteristischen Zeugnissen, z. B.: Die Maoris glaubten, »daß die nächsten und geliebtesten Verwandten nach dem Tode ihr Wesen ändern und selbst gegen ihre früheren Lieblinge übel gesinnt werden.« [Nach Taylor (1870, 18).] – Die Australneger glauben, jeder Verstorbene sei lange Zeit bösartig; je enger die Verwandtschaft, desto größer die Furcht. [Nach Fraser (1892, 80).] Die Zentraleskimo werden von der Vorstellung beherrscht, daß die Toten erst spät zur Ruhe gelangen, anfänglich aber zu fürchten seien als unheilbrütende Geister, die das Dorf häufig umkreisen, um Krankheit, Tod und anderes Unheil zu verbreiten. (Nach Boas [1888, 591].)

ein Toter ist. Nicht eher fühlte sich der Lebendige vor der Nachstellung des Toten sicher, als bis er ein trennendes Wasser zwischen sich und ihn gebracht hat. Daher begrub man die Toten gern auf Inseln, brachte sie auf die andere Seite eines Flusses; die Ausdrücke Diesseits und Jenseits sind hievon ausgegangen. Eine spätere Milderung hat die Böswilligkeit der Toten auf jene Kategorien beschränkt, denen man ein besonderes Recht zum Groll einräumen mußte, auf die Ermordeten, die ihren Mörder als böse Geister verfolgen, auf die in ungestillter Sehnsucht Gestorbenen wie die Bräute. Aber ursprünglich, meint Kleinpaul, waren alle Toten Vampire, alle grollten den Lebenden und trachteten, ihnen zu schaden, sie des Lebens zu berauben. Der Leichnam hat überhaupt erst den Begriff eines bösen Geistes geliefert.

Die Annahme, die liebsten Verstorbenen wandelten sich nach dem Tode zu Dämonen, läßt offenbar eine weitere Fragestellung zu. Was bewog die Primitiven dazu, ihren teuren Toten eine solche Sinnesänderung zuzuschreiben? Warum machten sie sie zu Dämonen? Westermarck glaubt, diese Frage leicht zu beantworten[1]. »Da der Tod zumeist für das schlimmste Unglück gehalten wird, das den Menschen treffen kann, glaubt man, daß die Abgeschiedenen mit ihrem Schicksal äußerst unzufrieden seien. Nach Auffassung der Naturvölker stirbt man nur durch Tötung, sei es gewaltsam, sei es durch Zauberei bewirkte, und schon deshalb sieht man die Seele als rachsüchtig und reizbar an; vermeintlich beneidet sie die Lebenden und sehnt sich nach der Gesellschaft der alten Angehörigen – es ist daher begreiflich, daß sie trachtet, sie durch Krankheiten zu töten, um mit ihnen vereinigt zu werden ...«
»... Eine weitere Erklärung der Bösartigkeit, die man den Seelen zuschreibt, liegt in der instinktiven Furcht vor diesen, welche Furcht ihrerseits das Ergebnis der Angst vor dem Tode ist.«
Das Studium der psychoneurotischen Störungen weist uns auf eine umfassendere Erklärung hin, welche die Westmarcksche miteinschließt.
Wenn eine Frau ihren Mann, eine Tochter ihre Mutter durch den Tod verloren hat, so ereignet es sich nicht selten, daß die Überlebende von peinigenden Bedenken, die wir »Zwangsvorwürfe« heißen, befallen wird, ob sie nicht selbst durch eine Unvorsichtigkeit oder Nachlässigkeit den Tod der geliebten Person verschuldet habe. Keine Erinnerung daran, wie sorgfältig sie den Kranken gepflegt, keine sachliche Zurück-

[1] Westermarck (1907–09, Bd. 2, 426).

weisung der behaupteten Verschuldung vermag der Qual ein Ende zu machen, die etwa den pathologischen Ausdruck einer Trauer darstellt und mit der Zeit langsam abklingt. Die psychoanalytische Untersuchung solcher Fälle hat uns die geheimen Triebfedern des Leidens kennen gelehrt. Wir haben erfahren, daß diese Zwangsvorwürfe in gewissem Sinne berechtigt und nur darum gegen Widerlegung und Einspruch gefeit sind. Nicht als ob die Trauernde den Tod wirklich verschuldet oder die Vernachlässigung wirklich begangen hätte, wie es der Zwangsvorwurf behauptet; aber es war doch etwas in ihr vorhanden, ein ihr selbst unbewußter Wunsch, der mit dem Tode nicht unzufrieden war und der ihn herbeigeführt hätte, wenn er im Besitze der Macht gewesen wäre. Gegen diesen unbewußten Wunsch reagiert nun der Vorwurf nach dem Tode der geliebten Person. Solche im Unbewußten versteckte Feindseligkeit hinter zärtlicher Liebe gibt es nun in fast allen Fällen von intensiver Bindung des Gefühls an eine bestimmte Person, es ist der klassische Fall, das Vorbild der Ambivalenz menschlicher Gefühlsregungen. Von solcher Ambivalenz ist bei einem Menschen bald mehr, bald weniger in der Anlage vorgesehen; normalerweise ist es nicht so viel, daß die beschriebenen Zwangsvorwürfe daraus entstehen können. Wo sie aber ausgiebig angelegt ist, da wird sie sich gerade im Verhältnis zu den allergeliebtesten Personen, da, wo man es am wenigsten erwarten würde, manifestieren. Die Disposition zur Zwangsneurose, die wir in der Tabufrage so oft zum Vergleich herangezogen haben, denken wir uns durch ein besonders hohes Maß solcher ursprünglicher Gefühlsambivalenz ausgezeichnet.

Wir kennen nun das Moment, welches uns das vermeintliche Dämonentum der frisch verstorbenen Seelen und die Notwendigkeit, sich durch die Tabuvorschriften gegen ihre Feindschaft zu schützen, erklären kann. Wenn wir annehmen, daß dem Gefühlsleben der Primitiven ein ähnlich hohes Maß von Ambivalenz zukomme, wie wir es nach den Ergebnissen der Psychoanalyse den Zwangskranken zuschreiben, so wird es verständlich, daß nach dem schmerzlichen Verlust eine ähnliche Reaktion gegen die im Unbewußten latente Feindseligkeit notwendig wird, wie sie dort durch die Zwangsvorwürfe erwiesen wurde. Diese im Unbewußten als Befriedigung über den Todesfall peinlich verspürte Feindseligkeit hat aber beim Primitiven ein anderes Schicksal; sie wird abgewehrt, indem sie auf das Objekt der Feindseligkeit, auf den Toten, verschoben wird. Wir heißen diesen im normalen wie im krankhaften Seelenleben häufigen Abwehrvorgang eine *Projektion*. Der Überlebende leugnet nun, daß er je feindselige Regungen gegen den geliebten Verstorbenen gehegt hat; aber die Seele des Verstorbenen hegt sie jetzt und wird sie über die ganze Zeit der Trauer zu betätigen bemüht sein. Der Straf- und Reuecharakter dieser Gefühlsreaktion wird sich trotz der geglückten Abwehr durch Projektion darin äußern, daß man sich fürchtet, sich Verzicht auferlegt und sich Einschränkungen unterwirft, die man zum Teil als Schutzmaßregeln gegen den feindlichen Dämon verkleidet. Wir finden so wiederum, daß das Tabu auf dem Boden einer ambivalenten Gefühlseinstellung erwachsen ist. Auch das Tabu der Toten rührt von dem Gegensatz zwischen dem bewußten Schmerz und der unbewußten Befriedigung über den Todesfall her. Bei dieser Herkunft des Grolles der Geister ist es selbstverständlich, daß gerade die nächsten und früher geliebtesten Hinterbliebenen ihn am meisten zu fürchten haben.

Die Tabuvorschriften benehmen sich auch hier zwiespältig wie die neurotischen Symptome. Sie bringen einerseits durch ihren Charakter als Einschränkungen die Trauer zum Ausdruck, anderseits aber verraten sie sehr deutlich, was sie verbergen wollen, die Feindseligkeit gegen den Toten, die jetzt als Notwehr motiviert ist. Einen gewissen Anteil der Tabuverbote haben wir als Versuchungsangst verstehen gelernt. Der Tote ist wehrlos, das muß zur Befriedigung der feindseligen Gelüste an ihm reizen, und dieser Versuchung muß das Verbot entgegengesetzt werden.

Westermarck hat aber recht, wenn er für die Auffassung der Wilden keinen Unterschied zwischen gewaltsam und natürlich Gestorbenen gelten lassen will. Für das unbewußte Denken ist auch der ein Gemordeter, der eines natürlichen Todes gestorben ist; die bösen Wünsche haben ihn getötet. (Vgl. die nächste Abhandlung dieser Reihe: ›Animismus, Magie und Allmacht der Gedanken‹.) Wer sich für Herkunft und Bedeutung der Träume vom Tode teurer Verwandter (der Eltern und Geschwister) interessiert, der wird beim Träumer, beim Kind und beim Wilden die volle Übereinstimmung im Verhalten gegen den Toten, gegründet auf die nämliche Gefühlsambivalenz, feststellen können [1].

Wir haben vorhin [S. 317] einer Auffassung von Wundt widersprochen, welche das Wesen des Tabu in der Furcht vor den Dämonen findet, und doch haben wir soeben der Erklärung zugestimmt, welche das Tabu der Toten auf die Furcht vor der zum Dämon gewordenen Seele des Verstorbenen zurückführt. Das schiene ein Widerspruch: es wird uns

---

[1] [Vgl. Freud, *Die Traumdeutung* (1900 *a*), *Studienausgabe*, Bd. 2, S. 253 ff.]

aber nicht schwer werden, ihn aufzulösen. Wir haben die Dämonen zwar angenommen, aber nicht als etwas Letztes und für die Psychologie Unauflösbares gelten lassen. Wir sind gleichsam hinter die Dämonen gekommen, indem wir sie als Projektionen der feindseligen Gefühle erkannten, welche die Überlebenden gegen die Toten hegen.

Die nach unserer gut begründeten Annahme zwiespältigen – zärtlichen und feindseligen – Gefühle gegen die nun Verstorbenen wollen sich zur Zeit des Verlustes beide zur Geltung bringen, als Trauer und als Befriedigung. Zwischen diesen beiden Gegensätzen muß es zum Konflikt kommen, und da der eine Gegensatzpartner, die Feindseligkeit – ganz oder zum größeren Anteile –, unbewußt ist, kann der Ausgang des Konfliktes nicht in einer Subtraktion der beiden Intensitäten voneinander mit bewußter Einsetzung des Überschusses bestehen, etwa wie man einer geliebten Person eine von ihr erlittene Kränkung verzeiht. Der Prozeß erledigt sich vielmehr durch einen besonderen psychischen Mechanismus, den man in der Psychoanalyse als *Projektion* zu bezeichnen gewohnt ist. Die Feindseligkeit, von der man nichts weiß und auch weiter nichts wissen will, wird aus der inneren Wahrnehmung in die Außenwelt geworfen, dabei von der eigenen Person gelöst und der anderen zugeschoben. Nicht wir, die Überlebenden, freuen uns jetzt darüber, daß wir des Verstorbenen ledig sind; nein, wir trauern um ihn, aber er ist merkwürdigerweise ein böser Dämon geworden, dem unser Unglück Befriedigung bereiten würde, der uns den Tod zu bringen sucht. Die Überlebenden müssen sich nun gegen diesen bösen Feind verteidigen; sie sind von der inneren Bedrückung entlastet, haben sie aber nur gegen eine Bedrängnis von außen eingetauscht.

Es ist nicht abzuweisen, daß dieser Projektionsvorgang, welcher die Verstorbenen zu böswilligen Feinden macht, eine Anlehnung an den reellen Feindseligkeiten findet, die man von letzteren erinnern und ihnen wirklich zum Vorwurf machen kann. Also an ihrer Härte, Herrschsucht, Ungerechtigkeit und was sonst den Hintergrund auch der zärtlichsten Beziehungen unter den Menschen bildet. Aber es kann nicht so einfach zugehen, daß uns dieses Moment für sich allein die Projektionsschöpfung der Dämonen begreiflich mache. Die Verschuldungen der Verstorbenen enthalten gewiß einen Teil der Motivierung für die Feindseligkeit der Überlebenden, aber sie wären unwirksam, wenn nicht die letzteren diese Feindseligkeit aus eigenem entwickeln würden, und der Zeitpunkt ihres Todes wäre gewiß der ungeeignetste Anlaß, die Erinnerung an die Vorwürfe zu wecken, die man ihnen zu machen berechtigt war. Wir können die unbewußte Feindseligkeit als das regelmäßig wirkende und eigentlich treibende Motiv nicht entbehren. Diese feindselige Strömung gegen die nächsten und teuersten Angehörigen konnte zu deren Lebzeiten latent bleiben, das heißt sich dem Bewußtsein weder direkt noch indirekt durch irgendeine Ersatzbildung verraten. Mit dem Ableben der gleichzeitig geliebten und gehaßten Personen war dies nicht mehr möglich, der Konflikt wurde akut. Die aus der gesteigerten Zärtlichkeit stammende Trauer wurde einerseits unduldsamer gegen die latente Feindseligkeit, anderseits durfte sie es nicht zulassen, daß sich aus letzterer nun ein Gefühl der Befriedigung ergebe. Somit kam es zur Verdrängung der unbewußten Feindseligkeit auf dem Wege der Projektion, zur Bildung jenes Zeremoniells, in dem die Furcht vor der Bestrafung durch die Dämonen Ausdruck findet, und mit dem zeitlichen Ablauf der Trauer verliert auch der Konflikt an Schärfe, so daß das Tabu dieser Toten sich abschwächen oder in Vergessenheit versinken darf.

4

Haben wir so den Boden geklärt, auf dem das überaus lehrreiche Tabu der Toten erwachsen ist, so wollen wir nicht versäumen, einige Bemerkungen anzuknüpfen, die für das Verständnis des Tabu überhaupt bedeutungsvoll werden können.

Die Projektion der unbewußten Feindseligkeit beim Tabu der Toten auf die Dämonen ist nur ein einzelnes Beispiel aus einer Reihe von Vorgängen, denen der größte Einfluß auf die Gestaltung des primitiven Seelenlebens zugesprochen werden muß. In dem betrachteten Falle dient die Projektion der Erledigung eines Gefühlskonfliktes; sie findet die nämliche Verwendung in einer großen Anzahl von psychischen Situationen, die zur Neurose führen. Aber die Projektion ist nicht für die Abwehr geschaffen, sie kommt auch zustande, wo es keine Konflikte gibt. Die Projektion innerer Wahrnehmungen nach außen ist ein primitiver Mechanismus, dem z. B. auch unsere Sinneswahrnehmungen unterliegen, der also an der Gestaltung unserer Außenwelt normalerweise den größten Anteil hat. Unter noch nicht genügend festgestellten Bedingungen werden innere Wahrnehmungen auch von Gefühls- und Denkvorgängen wie die Sinneswahrnehmungen nach außen projiziert, zur Ausgestaltung der Außenwelt verwendet, während sie der Innenwelt verbleiben sollten. Es hängt dies vielleicht genetisch damit zusammen, daß die Funktion der Aufmerksamkeit ursprünglich nicht der Innenwelt, sondern den von der Außenwelt zuströmenden Reizen zugewendet war und von den endopsychischen Vorgängen nur die Nachrichten über Lust- und Unlustentwicklungen empfing. Erst mit der Ausbildung einer abstrakten Denksprache, durch die Verknüpfung der sinnlichen Reste der Wortvorstellungen mit inneren Vorgängen, wurden diese selbst allmählich wahrnehmungsfähig. Bis dahin hatten die primitiven Menschen durch Projektion innerer Wahrnehmungen nach außen ein Bild der Außenwelt entwickelt, welches wir nun mit erstarkter Bewußtseinswahrnehmung in Psychologie zurückübersetzen müssen[1].

Die Projektion der eigenen bösen Regungen in die Dämonen ist nur ein Stück eines Systems, welches die »Weltanschauung« der Primitiven geworden ist und das wir in der nächsten Abhandlung dieser Reihe als das »animistische« kennenlernen werden. Wir werden dann die psychologischen Charaktere einer solchen Systembildung festzustellen haben und unsere Anhaltspunkte wiederum in der Analyse jener Systembildungen finden, welche uns die Neurosen entgegenbringen. Wir wollen vorläufig nur verraten, daß die sogenannte »sekundäre Bearbeitung« des Trauminhalts das Vorbild für alle diese Systembildungen ist[2]. Vergessen wir auch nicht daran, daß es vom Stadium der Systembildung an zweierlei Ableitungen für jeden vom Bewußtsein beurteilten Akt gibt, die systematische und die reale, aber unbewußte[3].

Wundt (1906, 129) bemerkt, daß »unter den Wirkungen, die der Mythus allerorten den Dämonen zuschreibt, zunächst die *unheilvollen* überwiegen, so daß im Glauben der Völker sichtlich die bösen Dämonen älter sind als die guten«. Es ist nun sehr wohl möglich, daß der Begriff des Dämons überhaupt aus der so bedeutsamen Relation zu den Toten gewonnen wurde. Die diesem Verhältnis innewohnende Ambivalenz hat sich dann im weiteren Verlaufe der Menschheitsentwicklung darin geäußert, daß sie aus der nämlichen Wurzel zwei völlig entgegengesetzte

[1] [Diese Bemerkungen über die Aufmerksamkeit werden durch Hinzuziehung einer Passage in Kapitel VII (D) der *Traumdeutung* (1900 *a*), *Studienausgabe*, Bd. 2, S. 547, vielleicht klarer.]

[2] [Das ganze Thema der »sekundären Bearbeitung« wird ausführlich in Kapitel VI (I) der *Traumdeutung*, *Studienausgabe*, Bd. 2, S. 470 ff., erörtert.]

[3] [Dies wird weiter unten, S. 382–83, näher erklärt.] Den Projektionsschöpfungen der Primitiven stehen die Personifikationen nahe, durch welche der Dichter die in ihm ringenden entgegengesetzten Triebregungen als gesonderte Individuen aus sich herausstellt.

psychische Bildungen hervorgehen ließ: Dämonen- und Gespensterfurcht einerseits, die Ahnenverehrung anderseits[1]. Daß die Dämonen stets als die Geister *kürzlich* Verstorbener aufgefaßt werden, bezeugt wie nichts anderes den Einfluß der Trauer auf die Entstehung des Dämonenglaubens. Die Trauer hat eine ganz bestimmte psychische Aufgabe zu erledigen, sie soll die Erinnerungen und Erwartungen der Überlebenden von den Toten ablösen. Ist diese Arbeit geschehen, so läßt der Schmerz nach, mit ihm die Reue und der Vorwurf und darum auch die Angst vor dem Dämon. Dieselben Geister aber, die zunächst als Dämonen gefürchtet wurden, gehen nun der freundlicheren Bestimmung entgegen, als Ahnen verehrt und zur Hilfeleistung angerufen zu werden.

Überblickt man das Verhältnis der Überlebenden zu den Toten im Wandel der Zeiten, so ist es unverkennbar, daß dessen Ambivalenz außerordentlich nachgelassen hat. Es gelingt jetzt leicht, die unbewußte, immer noch nachweisbare Feindseligkeit gegen die Toten niederzuhalten, ohne daß es eines besonderen seelischen Aufwandes hiefür bedürfte. Wo früher der befriedigte Haß und die schmerzhafte Zärtlichkeit miteinander gerungen haben, da erhebt sich heute wie eine Narbenbildung die Pietät und fordert das: *De mortuis nil nisi bene.* Nur die Neurotiker trüben noch die Trauer um den Verlust eines ihrer Teuren durch Anfälle von Zwangsvorwürfen, welche in der Psychoanalyse die alte ambivalente Gefühlseinstellung als ihr Geheimnis verraten. Auf welchem Wege diese Änderung herbeigeführt wurde, inwieweit sich konstitutionelle Änderung und reale Besserung der familiären Beziehungen in deren Verursachung teilen, das braucht hier nicht erörtert zu werden. Aber man könnte durch dieses Beispiel zur Annahme geführt werden, *es sei den Seelenregungen der Primitiven überhaupt ein höheres Maß von Ambivalenz zuzugestehen, als bei dem heute lebenden Kulturmenschen aufzufinden ist. Mit der Abnahme dieser Ambivalenz schwand auch langsam das Tabu, das Kompromißsymptom des Ambivalenzkonfliktes.* Von den Neurotikern, welche genötigt sind, diesen Kampf und das aus ihm hervorgehende Tabu zu reproduzieren, würden wir sagen, daß sie eine archaistische Konstitution als atavistischen Rest mit sich gebracht

---

[1] In den Psychoanalysen neurotischer Personen, die an Gespensterangst leiden oder in ihrer Kindheit gelitten haben, fällt es oft nicht schwer, diese Gespenster als die Eltern zu entlarven. Vgl. hiezu auch die ›Sexualgespenster‹ betitelte Mitteilung von P. Haeberlin (1912), in welcher es sich um eine andere erotisch betonte Person handelt, der Vater aber verstorben war.

haben, deren Kompensation im Dienste der Kulturanforderung sie nun zu so ungeheuerlichem seelischen Aufwand zwingt.

Wir erinnern uns an dieser Stelle der durch ihre Unklarheit verwirrenden Auskunft, welche uns Wundt über die Doppelbedeutung des Wortes Tabu: heilig und unrein geboten hat (s. oben [S. 317–18]). Ursprünglich habe das Wort Tabu heilig und unrein noch nicht bedeutet, sondern habe das Dämonische bezeichnet, das nicht berührt werden darf, und somit ein wichtiges, den beiden extremen Begriffen gemeinsames Merkmal hervorgehoben, doch beweise diese bleibende Gemeinschaft, daß zwischen den beiden Gebieten des Heiligen und des Unreinen eine ursprüngliche Übereinstimmung obwalte, die erst später einer Differenzierung gewichen sei.

Im Gegensatze hiezu leiten wir aus unseren Erörterungen mühelos ab, daß dem Worte Tabu von allem Anfang an die erwähnte Doppelbedeutung zukommt, daß es zur Bezeichnung einer bestimmten Ambivalenz dient und alles dessen, was auf dem Boden dieser Ambivalenz erwachsen ist. *Tabu* ist selbst ein ambivalentes Wort, und nachträglich meinen wir, man hätte aus dem festgestellten Sinne dieses Wortes allein erraten können, was sich als Ergebnis weitläufiger Untersuchung herausgestellt hat, daß das Tabuverbot als das Resultat einer Gefühlsambivalenz zu verstehen ist. Das Studium der ältesten Sprachen hat uns belehrt, daß es einst viele solche Worte gab, welche Gegensätze in sich faßten, in gewissem – wenn auch nicht in ganz dem nämlichen – Sinne wie das Wort Tabu ambivalent waren[1]. Geringe lautliche Modifikationen des gegensinnigen Urwortes haben später dazu gedient, um den beiden hier vereinigten Gegensätzen einen gesonderten sprachlichen Ausdruck zu schaffen.

Das Wort *Tabu* hat ein anderes Schicksal gehabt; mit der abnehmenden Wichtigkeit der von ihm bezeichneten Ambivalenz ist es selbst, respektive sind die ihm analogen Worte aus dem Sprachschatz geschwunden. Ich hoffe, in späterem Zusammenhange wahrscheinlich machen zu können, daß sich hinter dem Schicksal dieses Begriffes eine greifbare historische Wandlung verbirgt, daß das Wort zuerst an ganz bestimmten menschlichen Relationen haftete, denen die große Gefühlsambivalenz eigen war, und daß es von hier aus auf andere, analoge Relationen ausgedehnt wurde. [Vgl. S. 427 ff.]

Wenn wir nicht irren, so wirft das Verständnis des Tabu auch ein Licht auf die Natur und Entstehung des *Gewissens*. Man kann ohne Dehnung

1 Vgl. mein Referat (1910 *e*) über Abels *Gegensinn der Urworte* [1884].

der Begriffe von einem Tabugewissen und von einem Tabuschuldbewußtsein nach Übertretung des Tabu sprechen. Das Tabugewissen ist wahrscheinlich die älteste Form, in welcher uns das Phänomen des Gewissens entgegentritt.

Denn was ist »Gewissen«? Nach dem Zeugnis der Sprache gehört es zu dem, was man am gewissesten weiß; in manchen Sprachen scheidet sich seine Bezeichnung kaum von der des Bewußtseins [1].

Gewissen ist die innere Wahrnehmung von der Verwerfung bestimmter in uns bestehender Wunschregungen; der Ton liegt aber darauf, daß diese Verwerfung sich auf nichts anderes zu berufen braucht, daß sie ihrer selbst gewiß ist. Noch deutlicher wird dies beim Schuldbewußtsein, der Wahrnehmung der inneren Verurteilung solcher Akte, durch die wir bestimmte Wunschregungen vollzogen haben. Eine Begründung erscheint hier überflüssig; jeder, der ein Gewissen hat, muß die Berechtigung der Verurteilung, den Vorwurf der vollzogenen Handlung, in sich verspüren. Diesen nämlichen Charakter zeigt aber das Verhalten der Wilden gegen das Tabu; das Tabu ist ein Gewissensgebot, seine Verletzung läßt ein entsetzliches Schuldgefühl entstehen, welches ebenso selbstverständlich wie nach seiner Herkunft unbekannt ist [2].

Also entsteht wahrscheinlich auch das Gewissen auf dem Boden einer Gefühlsambivalenz aus ganz bestimmten menschlichen Relationen, an denen diese Ambivalenz haftet, und unter den für das Tabu und die Zwangsneurose geltend gemachten Bedingungen, daß das eine Glied des Gegensatzes unbewußt sei und durch das zwanghaft herrschende andere verdrängt erhalten werde. Zu diesem Schlusse stimmt mehrerlei, was wir aus der Analyse der Neurose gelernt haben. Erstens, daß im Charakter der Zwangsneurotiker der Zug der peinlichen Gewissenhaftigkeit hervortritt als Reaktionssymptom gegen die im Unbewußten lauernde Versuchung und daß bei Steigerung des Krankseins die höchsten Grade von Schuldbewußtsein von ihnen entwickelt werden. Man kann in der Tat den Ausspruch wagen, wenn wir nicht an den Zwangskranken die Herkunft des Schuldbewußtseins ergründen können, so haben wir überhaupt keine Aussicht, dieselbe zu erfahren. Die Lösung dieser Aufgabe gelingt nun beim einzelnen neurotischen Individuum; für die Völker getrauen wir uns eine ähnliche Lösung zu erschließen.

---

[1] [Z. B. hat das französische *»conscience«* beide Bedeutungen.]

[2] Es ist eine interessante Parallele, daß das Schuldbewußtsein des Tabu in nichts gemindert wird, wenn die Übertretung unwissentlich geschah (s. Beispiele oben [S. 334]), und daß noch im griechischen Mythus die Verschuldung des Ödipus nicht aufgehoben wird dadurch, daß sie ohne, ja gegen sein Wissen und Wollen erworben wurde.

Zweitens muß es uns auffallen, daß das Schuldbewußtsein viel von der Natur der Angst hat; es kann ohne Bedenken als »Gewissensangst« beschrieben werden. Die Angst deutet aber auf unbewußte Quellen hin; wir haben aus der Neurosenpsychologie gelernt, daß, wenn Wunschregungen der Verdrängung unterliegen, deren Libido in Angst verwandelt wird. Dazu wollen wir erinnern, daß auch beim Schuldbewußtsein etwas unbekannt und unbewußt ist, nämlich die Motivierung der Verwerfung. Diesem Unbekannten entspricht der Angstcharakter des Schuldbewußtseins[1].

Wenn das Tabu sich vorwiegend in Verboten äußert, so ist eine Überlegung denkbar, die uns sagt, es sei ganz selbstverständlich und bedürfe keines weitläufigen Beweises aus der Analogie mit der Neurose, daß ihm eine positive, begehrende Strömung zugrunde liege. Denn, was niemand zu tun begehrt, das braucht man doch nicht zu verbieten, und jedenfalls muß das, was aufs nachdrücklichste verboten wird, doch Gegenstand eines Begehrens sein. Wenden wir diesen plausiblen Satz auf unsere Primitiven an, so müßten wir schließen, es gehöre zu ihren stärksten Versuchungen, ihre Könige und Priester zu töten, Inzest zu verüben, ihre Toten zu mißhandeln u. dgl. Das ist nun kaum wahrscheinlich; den entschiedensten Widerspruch erwecken wir aber, wenn wir den nämlichen Satz an den Fällen messen, in welchen wir selbst die Stimme des Gewissens am deutlichsten zu vernehmen glauben. Wir würden dann mit einer nicht zu übertreffenden Sicherheit behaupten, daß wir nicht die geringste Versuchung verspüren, eines dieser Gebote zu übertreten, z. B. das Gebot: »Du sollst nicht morden«, und daß wir vor der Übertretung desselben nichts anderes verspüren als Abscheu.

Mißt man dieser Aussage unseres Gewissens die Bedeutung bei, die sie beansprucht, so wird einerseits das Verbot überflüssig – das Tabu sowohl wie unser Moralverbot –, anderseits bleibt die Tatsache des Gewissens unerklärt, und die Beziehungen zwischen Gewissen, Tabu und Neurose entfallen; es ist also jener Zustand unseres Verständnisses hergestellt, der auch gegenwärtig besteht, solange wir nicht psychoanalytische Gesichtspunkte auf das Problem anwenden.

Wenn wir aber der durch die Psychoanalyse – an den Träumen Ge-

---

1 [Es sei festgehalten, daß Freuds Ansichten über Wesen und Ursprung sowohl des Gewissens als auch der Angst sich in seinen späteren Arbeiten erheblich gewandelt haben. Hinsichtlich seiner späteren Auffassungen über das Gewissen s. die Kapitel VII und VIII von *Das Unbehagen in der Kultur* (1930*a*), oben, S. 250 ff. und S. 260 ff., über Angst s. *Hemmung, Symptom und Angst* (1926*d*) sowie die 32. Vorlesung der *Neuen Folge der Vorlesungen* (1933*a*), besonders *Studienausgabe*, Bd. 1, S. 520 ff.]

sunder – gefundenen Tatsache Rechnung tragen, daß die Versuchung, den anderen zu töten, auch bei uns stärker und häufiger ist, als wir ahnen, und daß sie psychische Wirkungen äußert, auch wo sie sich unserem Bewußtsein nicht kundgibt, wenn wir ferner in den Zwangsvorschriften gewisser Neurotiker die Sicherungen und Selbstbestrafungen gegen den verstärkten Impuls zu morden erkannt haben, dann werden wir zu dem vorhin aufgestellten Satz: Wo ein Verbot vorliegt, muß ein Begehren dahinter sein, mit neuer Schätzung zurückkehren. Wir werden annehmen, daß dies Begehren zu morden tatsächlich im Unbewußten vorhanden ist und daß das Tabu wie das Moralverbot psychologisch keineswegs überflüssig ist, vielmehr durch die ambivalente Einstellung gegen den Mordimpuls erklärt und gerechtfertigt wird.

Der eine so häufig als fundamental hervorgehobene Charakter dieses Ambivalenzverhältnisses, daß die positive, begehrende Strömung eine unbewußte ist, eröffnet einen Ausblick auf weitere Zusammenhänge und Erklärungsmöglichkeiten. Die psychischen Vorgänge im Unbewußten sind nicht durchwegs mit jenen identisch, die uns aus unserem bewußten Seelenleben bekannt sind, sondern genießen gewisse beachtenswerte Freiheiten, die den letzteren entzogen worden sind. Ein unbewußter Impuls braucht nicht dort entstanden zu sein, wo wir seine Äußerung finden; er kann von ganz anderer Stelle herstammen, sich ursprünglich auf andere Personen und Relationen bezogen haben und durch den Mechanismus der *Verschiebung* dorthin gelangt sein, wo er uns auffällt. Er kann ferner dank der Unzerstörbarkeit und Unkorrigierbarkeit unbewußter Vorgänge aus sehr frühen Zeiten, denen er angemessen war, in spätere Zeiten und Verhältnisse hinübergerettet werden, in denen seine Äußerungen fremdartig erscheinen müssen. All dies sind nur Andeutungen, aber eine sorgfältige Ausführung derselben würde zeigen, wie wichtig sie für das Verständnis der Kulturentwicklung werden können.

Zum Schlusse dieser Erörterungen wollen wir eine spätere Untersuchungen vorbereitende Bemerkung nicht versäumen. Wenn wir auch an der Wesensgleichheit von Tabuverbot und Moralverbot festhalten, so wollen wir doch nicht bestreiten, daß eine psychologische Verschiedenheit zwischen beiden bestehen muß. Eine Veränderung in den Verhältnissen der grundlegenden Ambivalenz kann allein die Ursache sein, daß das Verbot nicht mehr in der Form des Tabu erscheint.

Wir haben uns bisher in der analytischen Betrachtung der Tabuphänomene von den nachweisbaren Übereinstimmungen mit der Zwangsneurose leiten lassen, aber das Tabu ist doch keine Neurose, sondern eine soziale Bildung; somit obliegt uns die Aufgabe, auch darauf hinzuweisen, worin der prinzipielle Unterschied der Neurose von einer Kulturschöpfung wie das Tabu zu suchen ist.

Ich will hier wiederum eine einzelne Tatsache zum Ausgangspunkt nehmen. Von der Übertretung eines Tabu wird bei den Primitiven eine Strafe befürchtet, meist eine schwere Erkrankung oder der Tod. Diese Strafe droht nun dem, der sich die Übertretung hat zuschulden kommen lassen. Bei der Zwangsneurose ist dies anders. Wenn der Kranke etwas ihm Verbotenes ausführen soll, so fürchtet er die Strafe nicht für sich, sondern für eine andere Person, die meist unbestimmt gelassen ist, aber durch die Analyse leicht als eine der ihm nächsten und von ihm geliebtesten Personen erkannt wird. Der Neurotiker verhält sich also hiebei wie altruistisch, der Primitive wie egoistisch. Erst wenn die Tabuübertretung sich im Missetäter nicht spontan gerächt hat, dann erwacht bei den Wilden ein kollektives Gefühl, daß sie durch den Frevel alle bedroht wären, und sie beeilen sich, die ausgebliebene Bestrafung selbst zu vollstrecken. Wir haben es leicht, uns den Mechanismus dieser Solidarität zu erklären. Die Angst vor dem ansteckenden Beispiel, vor der Versuchung zur Nachahmung, also vor der Infektionsfähigkeit des Tabu ist hier im Spiele. Wenn einer es zustande gebracht hat, das verdrängte Begehren zu befriedigen, so muß sich in allen Gesellschaftsgenossen das gleiche Begehren regen; um diese Versuchung niederzuhalten, muß der eigentlich Beneidete um die Frucht seines Wagnisses gebracht werden, und die Strafe gibt den Vollstreckern nicht selten Gelegenheit, unter der Rechtfertigung der Sühne dieselbe frevle Tat auch ihrerseits zu begehen. Es ist dies ja eine der Grundlagen der menschlichen Strafordnung, und sie hat, wie gewiß richtig, die Gleichartigkeit der verbotenen Regungen beim Verbrecher wie bei der rächenden Gesellschaft zur Voraussetzung.

Die Psychoanalyse bestätigt hier, was die Frommen zu sagen pflegen, wir seien alle arge Sünder. Wie soll man nun den unerwarteten Edelsinn der Neurose erklären, die nichts für sich und alles für eine geliebte Person fürchtet? Die analytische Untersuchung zeigt, daß er nicht primär ist. Ursprünglich, das heißt zu Anfang der Erkrankung, galt die Strafandrohung wie bei den Wilden der eigenen Person; man fürchtete in jedem Falle für sein eigenes Leben; erst später wurde die Todesangst auf eine andere geliebte Person verschoben. Der Vorgang ist einigermaßen kompliziert, aber wir übersehen ihn vollständig. Zugrunde der Verbotbildung liegt regelmäßig eine böse Regung – ein Todeswunsch – gegen eine geliebte Person. Diese wird durch ein Verbot verdrängt, das Verbot an eine gewisse Handlung geknüpft, welche etwa die feindselige gegen die geliebte Person durch Verschiebung vertritt, die Ausführung dieser Handlung mit der Todesstrafe bedroht. Aber der Prozeß geht weiter, und der ursprüngliche Todeswunsch gegen den geliebten anderen ist dann durch die Todesangst um ihn ersetzt. Wenn die Neurose sich also so zärtlich altruistisch erweist, so *kompensiert* sie damit nur die ihr zugrunde liegende gegenteilige Einstellung eines brutalen Egoismus. Heißen wir die Gefühlsregungen, die durch die Rücksicht auf den anderen bestimmt werden und ihn nicht selbst zum Sexualobjekt nehmen, *soziale*, so können wir das Zurücktreten dieser sozialen Faktoren als einen später durch Überkompensation verhüllten Grundzug der Neurose herausheben.

Ohne uns bei der Entstehung dieser sozialen Regungen und ihrer Beziehung zu den anderen Grundtrieben des Menschen aufzuhalten, wollen wir an einem anderen Beispiel den zweiten Hauptcharakter der Neurose zum Vorschein bringen. Das Tabu hat in seiner Erscheinungsform die größte Ähnlichkeit mit der Berührungsangst der Neurotiker, dem *délire de toucher*. Nun handelt es sich bei dieser Neurose regelmäßig um das Verbot sexueller Berührung, und die Psychoanalyse hat ganz allgemein gezeigt, daß die Triebkräfte, welche in der Neurose abgelenkt und verschoben werden, sexueller Herkunft sind. Beim Tabu hat die verbotene Berührung offenbar nicht nur sexuelle Bedeutung, sondern vielmehr die allgemeinere des Angreifens, der Bemächtigung, des Geltendmachens der eigenen Person. Wenn es verboten ist, den Häuptling oder etwas, was mit ihm in Berührung war, selbst zu berühren, so soll damit demselben Impuls eine Hemmung angelegt wergen, der sich andere Male in der argwöhnischen Überwachung des Häuptlings, ja in seiner körperlichen Mißhandlung vor der Krönung (s. oben [S. 341]) zum Ausdruck bringt. *Somit ist das Überwiegen der sexuellen Triebanteile gegen die sozialen das für die Neurose charakteristische Moment.* Die sozialen Triebe sind aber selbst durch Zusammentreten von egoistischen und erotischen Komponenten zu besonderen Einheiten entstanden.

An dem einen Beispiele vom Vergleich des Tabu mit der Zwangsneurose läßt sich bereits erraten, welches das Verhältnis der einzelnen Formen von Neurose zu den Kulturbildungen ist und wodurch das Studium der Neurosenpsychologie für das Verständnis der Kulturentwicklung wichtig wird.

Die Neurosen zeigen einerseits auffällige und tiefreichende Übereinstimmungen mit den großen sozialen Produktionen der Kunst, der Religion und der Philosophie, anderseits erscheinen sie wie Verzerrungen derselben. Man könnte den Ausspruch wagen, eine Hysterie sei ein Zerrbild einer Kunstschöpfung, eine Zwangsneurose ein Zerrbild einer Religion, ein paranoischer Wahn ein Zerrbild eines philosophischen Systems. Diese Abweichung führt sich in letzter Auflösung darauf zurück, daß die Neurosen asoziale Bildungen sind; sie suchen mit privaten Mitteln zu leisten, was in der Gesellschaft durch kollektive Arbeit entstand. Bei der Triebanalyse der Neurosen erfährt man, daß in ihnen die Triebkräfte sexueller Herkunft den bestimmenden Einfluß ausüben, während die entsprechenden Kulturbildungen auf sozialen Trieben ruhen, solchen, die aus der Vereinigung egoistischer und erotischer Anteile hervorgegangen sind. Das Sexualbedürfnis ist eben nicht imstande, die Menschen in ähnlicher Weise wie die Anforderungen der Selbsterhaltung zu einigen; die Sexualbefriedigung ist zunächst die Privatsache des Individuums.

Genetisch ergibt sich die asoziale Natur der Neurose aus deren ursprünglichster Tendenz, sich aus einer unbefriedigenden Realität in eine lustvollere Phantasiewelt zu flüchten. In dieser vom Neurotiker gemiedenen realen Welt herrscht die Gesellschaft der Menschen und die von ihnen gemeinsam geschaffenen Institutionen; die Abkehrung von der Realität ist gleichzeitig ein Austritt aus der menschlichen Gemeinschaft[1].

---

[1] [Viele der in diesem Aufsatz gezogenen Vergleiche zwischen Tabu und Zwangsneurose werden durch die Krankengeschichte des »Rattenmannes« (1909 *d*) illustriert. Das Thema des Tabus erörtert Freud ferner in ›Das Tabu der Virginität‹ (1918 *a*). – Über die Frage der Einstellung des Menschen zum Tode s. auch ›Zeitgemäßes über Krieg und Tod‹ (1915 *b*), im vorliegenden Band, oben, S. 49 ff. – Der Antagonismus zwischen direkten Sexualstrebungen und sozialen Bildungen ist in Kapitel XII (D) der *Massenpsychologie* (1921 *c*), im vorliegenden Band, oben, S. 130–33, herausgearbeitet.]

III

ANIMISMUS, MAGIE UND ALLMACHT DER GEDANKEN

1

Es ist ein notwendiger Mangel der Arbeiten, welche Gesichtspunkte der Psychoanalyse auf Themen der Geisteswissenschaften anwenden wollen, daß sie dem Leser von beiden zu wenig bieten müssen. Sie beschränken sich darum auf den Charakter von Anregungen, sie machen dem Fachmanne Vorschläge, die er bei seiner Arbeit in Erwägung ziehen soll. Dieser Mangel wird sich aufs äußerste fühlbar machen in einem Aufsatz, welcher das ungeheure Gebiet dessen, was man Animismus nennt, behandeln will[1].

Animismus im engeren Sinne heißt die Lehre von den Seelenvorstellungen, im weiteren die von geistigen Wesen überhaupt. Man unterscheidet noch Animatismus, die Lehre von der Belebtheit der uns unbelebt erscheinenden Natur [s. unten, S. 379], und reiht hier den Animalismus und Manismus an. Der Name Animismus, früher für ein bestimmtes philosophisches System verwendet, scheint seine gegenwärtige Bedeutung durch E. B. Tylor erhalten zu haben[2].
Was zur Aufstellung dieser Namen Anlaß gegeben hat, ist die Einsicht in die höchst merkwürdige Natur- und Weltauffassung der uns bekannten primitiven Völker, der historischen sowohl wie der jetzt noch lebenden. Diese bevölkern die Welt mit einer Unzahl von geistigen Wesen, die ihnen wohlwollend oder übelgesinnt sind; sie schreiben diesen Geistern und Dämonen die Verursachung der Naturvorgänge zu und halten nicht nur die Tiere und Pflanzen, sondern auch die unbelebten Dinge der Welt für durch sie belebt. Ein drittes und vielleicht wich-

---

[1] Die geforderte Zusammendrängung des Stoffes bringt auch den Verzicht auf eingehende Literaturnachweise mit sich. An deren Stelle stehe der Hinweis auf die bekannten Werke von Herbert Spencer, J. G. Frazer, A. Lang, E. B. Tylor und W. Wundt, aus denen alle Behauptungen über Animismus und Magie entnommen sind. Die Selbständigkeit des Verfassers kann sich nur in der von ihm getroffenen Auswahl der Materien sowie der Meinungen kundgeben.

[2] E. B. Tylor (1891, Bd. 1, 425), W. Wundt (1906 [142 f. und] 173) [s. a. Marett (1900, 171)].

tigstes Stück dieser primitiven »Naturphilosophie«[1] erscheint uns weit weniger auffällig, weil wir selbst noch nicht weit genug von ihm entfernt sind, während wir doch die Existenz der Geister sehr eingeschränkt haben und die Naturvorgänge heute durch die Annahme unpersönlicher physikalischer Kräfte erklären. Die Primitiven glauben nämlich an eine ähnliche »Beseelung« auch der menschlichen Einzelwesen. Die menschlichen Personen enthalten Seelen, welche ihren Wohnsitz verlassen und in andere Menschen einwandern können; diese Seelen sind die Träger der geistigen Tätigkeiten und bis zu einem gewissen Grad von den »Leibern« unabhängig. Ursprünglich wurden die Seelen als sehr ähnlich den Individuen vorgestellt, und erst im Laufe einer langen Entwicklung haben sie die Charaktere des Materiellen bis zu einem hohen Grad von »Vergeistigung« abgestreift[2].

Die Mehrzahl der Autoren neigt zu der Annahme, daß diese Seelenvorstellungen der ursprüngliche Kern des animistischen Systems sind, daß die Geister nur selbständig gewordenen Seelen entsprechen und daß auch die Seelen von Tieren, Pflanzen und Dingen in Analogie mit den Menschenseelen gebildet wurden.

Wie sind die primitiven Menschen zu den eigentümlich dualistischen Grundanschauungen gekommen, auf denen dieses animistische System ruht? Man meint, durch die Beobachtung der Phänomene des Schlafes (mit dem Traum) und des ihm so ähnlichen Todes und durch die Bemühung, sich diese jeden Einzelnen so nahe angehenden Zustände zu erklären. Vor allem müßte das Todesproblem der Ausgangspunkt der Theoriebildung geworden sein. Für den Primitiven wäre die Fortdauer des Lebens – die Unsterblichkeit – das Selbstverständliche. Die Vorstellung des Todes ist etwas spät und nur zögernd Rezipiertes, sie ist ja auch für uns noch inhaltsleer und unvollziehbar. Über den Anteil, den andere Beobachtungen und Erfahrungen an der Gestaltung der animistischen Grundlehren gehabt haben mögen, die über Traumbilder, Spiegelbilder u. dgl., haben sehr lebhafte, zu keinem Abschluß gelangte Diskussionen stattgefunden[3].

Wenn der Primitive auf die sein Nachdenken anregenden Phänomene mit der Bildung der Seelenvorstellungen reagierte und diese dann auf die Objekte der Außenwelt übertrug, so wird sein Verhalten dabei als

---

[1] [Die pantheistische Philosophie Friedrich Schellings.]
[2] Wundt (1906), IV. Kapitel ›Die Seelenvorstellungen‹.
[3] Vgl. außer bei Wundt [loc. cit.] und H. Spencer [1893, I. Teil] die orientierenden Artikel der *Encyclopaedia Britannica* (1910–11) (›Animism‹, ›Mythology‹, usw.).

durchaus natürlich und weiter nicht rätselhaft beurteilt. Wundt (1906, 154) äußert angesichts der Tatsache, daß sich die nämlichen animistischen Vorstellungen bei den verschiedensten Völkern und zu allen Zeiten übereinstimmend gezeigt haben, dieselben »seien das notwendige psychologische Erzeugnis des mythenbildenden Bewußtseins und der primitive Animismus dürfte als der geistige Ausdruck des *menschlichen Naturzustandes* gelten, insoweit dieser überhaupt für unsere Beobachtung erreichbar ist«. Die Rechtfertigung der Belebung des Unbelebten hat bereits Hume in seiner *Natural History of Religion* [Abschnitt III] gegeben, indem er schrieb: *»There is an universal tendency among mankind to conceive all beings like themselves and to transfer to every object those qualities with which they are familiarly acquainted and of which they are intimately conscious.«* [1]

Der Animismus ist ein Denksystem, er gibt nicht nur die Erklärung eines einzelnen Phänomens, sondern gestattet es, das Ganze der Welt als einen einzigen Zusammenhang, aus einem Punkte zu begreifen. Die Menschheit hat, wenn wir den Autoren folgen wollen, drei solcher Denksysteme, drei große Weltanschauungen im Laufe der Zeiten hervorgebracht: die animistische (mythologische), die religiöse und die wissenschaftliche. Unter diesen ist die erstgeschaffene, die des Animismus, vielleicht die folgerichtigste und erschöpfendste, eine, die das Wesen der Welt restlos erklärt. Diese erste Weltanschauung der Menschheit ist nun eine psychologische Theorie. Es geht über unsere Absicht hinaus zu zeigen, wieviel von ihr noch im Leben der Gegenwart nachweisbar ist, entweder entwertet in der Form des Aberglaubens, oder lebendig als Grundlage unseres Sprechens, Glaubens und Philosophierens.

Es greift auf die Stufenfolge der drei Weltanschauungen zurück, wenn gesagt wird, daß der Animismus selbst noch keine Religion ist, aber die Vorbedingungen enthält, auf denen sich später die Religionen aufbauen. Es ist auch augenfällig, daß der Mythus auf animistischen Voraussetzungen ruht; die Einzelheiten der Beziehung von Mythus und Animismus erscheinen aber als in wesentlichen Punkten ungeklärt.

2

Unsere psychoanalytische Arbeit wird an anderer Stelle einsetzen. – Man darf nicht annehmen, daß die Menschen sich aus reiner spekulativer

[1] Bei Tylor (1891, Bd. 1, 477).

Wißbegierde zur Schöpfung ihres ersten Weltsystems aufgeschwungen haben. Das praktische Bedürfnis, sich der Welt zu bemächtigen, muß seinen Anteil an dieser Bemühung haben. Wir sind darum nicht erstaunt zu erfahren, daß mit dem animistischen System etwas anderes Hand in Hand geht, eine Anweisung, wie man verfahren müsse, um der Menschen, Tiere und Dinge, respektive ihrer Geister, Herr zu werden. Diese Anweisung, welche unter dem Namen »*Zauberei* und *Magie*« bekannt ist, will S. Reinach [1905–12, Bd. 2, XV] die Strategie des Animismus heißen; ich würde es vorziehen, sie mit Hubert und Mauß (1904 [142 ff.]) der Technik [des Animismus] zu vergleichen.
Kann man Zauberei und Magie begrifflich voneinander trennen? Es ist möglich, wenn man sich mit einiger Eigenmächtigkeit über die Schwankungen des Sprachgebrauches hinwegsetzen will. Dann ist Zauberei im wesentlichen die Kunst, die Geister zu beeinflussen, indem man sie behandelt wie unter gleichen Bedingungen die Menschen, also indem man sie beschwichtigt, versöhnt, sich geneigt macht, sie einschüchtert, ihrer Macht beraubt, sie seinem Willen unterwirft, durch dieselben Mittel, die man für lebende Menschen wirksam gefunden hat. Magie ist aber etwas anderes; sie sieht im Grunde von den Geistern ab, und sie bedient sich besonderer Mittel, nicht der banalen psychologischen Methodik. Wir werden leicht erraten, daß die Magie das ursprünglichere und bedeutsamere Stück der animistischen Technik ist, denn unter den Mitteln, mit denen Geister behandelt werden sollen, befinden sich auch magische[1], und die Magie findet ihre Anwendung auch in Fällen, wo die Vergeistigung der Natur, wie uns scheint, nicht durchgeführt worden ist.
Die Magie muß den mannigfaltigsten Absichten dienen, die Naturvorgänge dem Willen des Menschen unterwerfen, das Individuum gegen Feinde und Gefahren schützen und ihm die Macht geben, seine Feinde zu schädigen. Die Prinzipien aber, auf deren Voraussetzung das magische Tun beruht – oder vielmehr das Prinzip der Magie – ist so auffällig, daß es von allen Autoren erkannt werden mußte. Man kann es am knappsten, wenn man von dem beigefügten Werturteil absieht, mit den Worten E. B. Tylors [1891, Bd. 1, 116] ausdrücken: *»mistaking an ideal connection for a real one«*. An zwei Gruppen von magischen Handlungen wollen wir diesen Charakter erläutern.

---

[1] Wenn man einen Geist durch Lärm und Geschrei verscheucht, so ist dies eine rein zauberische Handlung; wenn man ihn zwingt, indem man sich seines Namens bemächtigt, so hat man Magie gegen ihn gebraucht.

Eine der verbreitetsten magischen Prozeduren, um einem Feind zu schaden, besteht darin, sich ein Ebenbild von ihm aus beliebigem Material zu machen. Auf die Ähnlichkeit kommt es dabei wenig an. Man kann auch irgendein Objekt zu seinem Bild »ernennen«. Was man dann diesem Ebenbild antut, das stößt auch dem gehaßten Urbild zu; an welcher Körperstelle man das erstere verletzt, an derselben erkrankt das letztere. Man kann dieselbe magische Technik anstatt in den Dienst privater Feindseligkeit auch in den der Frömmigkeit stellen und so Göttern gegen böse Dämonen zu Hilfe kommen. Ich zitiere nach Frazer (1911*a*, Bd. 1, 67): »Jede Nacht, wenn der Sonnengott Ra (im alten Ägypten) zu seinem Heim im glühenden Westen herabstieg, hatte er einen bitteren Kampf gegen eine Schar von Dämonen zu bestehen, die ihn unter der Führung des Erzfeindes Apepi überfielen. Er kämpfte mit ihnen die ganze Nacht, und häufig waren die Mächte der Finsternis stark genug, noch des Tags dunkle Wolken an den blauen Himmel zu senden, die seine Kraft schwächten und sein Licht abhielten. Um dem Gotte beizustehen, wurde in seinem Tempel zu Theben täglich folgende Zeremonie aufgeführt: Es wurde aus Wachs ein Bild seines Feindes Apepi gemacht, in der Gestalt eines scheußlichen Krokodils oder einer langgeringelten Schlange und der Name des Dämons mit grüner Tinte darauf geschrieben. In ein Papyrusgehäuse gehüllt, auf dem eine ähnliche Zeichnung angebracht war, wurde dann diese Figur mit schwarzem Haar umwickelt, vom Priester angespuckt, mit einem Steinmesser bearbeitet und auf den Boden geworfen. Dann trat er mit seinem linken Fuß auf sie, und endlich verbrannte er sie in einem von gewissen Pflanzen genährten Feuer. Nachdem Apepi in solcher Weise beseitigt worden war, geschah mit allen Dämonen seines Gefolges das nämliche. Dieser Gottesdienst, bei dem gewisse Reden hergesagt werden mußten, wurde nicht nur morgens, mittags und abends wiederholt, sondern auch jederzeit dazwischen, wenn ein Sturm wütete, wenn ein heftiger Regenguß niederging oder schwarze Wolken die Sonnenscheibe am Himmel verdeckten. Die bösen Feinde verspürten die Züchtigung, die ihren Bildern widerfahren war, als ob sie sie selbst erlitten hätten; sie flohen, und der Sonnengott triumphierte von neuem.« [1]

Aus der unübersehbaren Fülle ähnlich begründeter magischer Handlungen will ich nur noch zweierlei hervorheben, die bei den primitiven

[1] Das biblische Verbot, sich ein Bild von irgendetwas Lebendem zu machen, entstammte wohl keiner prinzipiellen Ablehnung der bildenden Kunst, sondern sollte der von der hebräischen Religion verpönten Magie ein Werkzeug entziehen. Frazer (1911 *a*, Bd. 1, 87 Anm.).

Völkern jederzeit eine große Rolle gespielt haben und zum Teil im Mythus und Kultus höherer Entwicklungsstufen erhalten geblieben sind, nämlich die Arten des Regen- und des Fruchtbarkeitszaubers. Man erzeugt den Regen auf magischem Wege, indem man ihn imitiert, etwa auch noch die ihn erzeugenden Wolken oder den Sturm nachahmt. Es sieht aus, als ob man »regnen spielen« wollte. Die japanischen Ainos z. B. machen Regen in der Weise, daß ein Teil von ihnen Wasser aus großen Sieben ausgießt, während ein anderer eine große Schüssel mit Segel und Ruder ausstattet, als ob sie ein Schiff wäre, und sie so um Dorf und Gärten herumzieht[1]. Die Fruchtbarkeit des Bodens sicherte man sich aber auf magische Weise, indem man ihm das Schauspiel eines menschlichen Geschlechtsverkehrs zeigte. So pflegen – ein Beispiel anstatt unendlich vieler – in manchen Teilen Javas zur Zeit des Herannahens der Reisblüte Bauer und Bäuerin sich nachts auf die Felder zu begeben, um durch das Beispiel, das sie ihm geben, den Reis zur Fruchtbarkeit anzuregen[2]. Dagegen fürchtete man von verpönten inzestuösen Geschlechtsbeziehungen, daß sie Mißwuchs und Unfruchtbarkeit des Bodens erzeugen würden[3].

Auch gewisse negative Vorschriften – magische Vorsichten also – sind dieser ersten Gruppe einzureihen. Wenn ein Teil der Bewohner eines Dayakdorfes auf Wildschweinjagd ausgezogen ist, so dürfen die Zurückgebliebenen unterdes weder Öl noch Wasser mit ihren Händen berühren, sonst würden die Jäger weiche Finger bekommen und die Beute aus ihren Händen schlüpfen lassen[4]. Oder, wenn ein Gilyakjäger im Walde dem Wilde nachstellt, so ist es seinen Kindern zu Hause verboten, Zeichnungen auf Holz oder im Sand zu machen. Die Pfade im dichten Wald könnten sonst so verschlungen werden wie die Linien der Zeichnung, so daß der Jäger den Weg nach Hause nicht fände[5].

Wenn in diesen letzten wie in so vielen anderen Beispielen magischer Wirkung die Entfernung keine Rolle spielt, die Telepathie also als selbstverständlich hingenommen wird, so wird auch uns das Verständnis dieser Eigentümlichkeit der Magie keine Schwierigkeit bereiten.

Es unterliegt keinem Zweifel, was an all diesen Beispielen als das Wirksame betrachtet wird. Es ist die *Ähnlichkeit* zwischen der vollzogenen

---

[1] [Frazer (1911 *a*, Bd. 1, 251), nach Batchelor (1901, 333).]

[2] Frazer (1911 *a*, Bd. 2, 98) [nach Wilken (1884, 958)].

[3] Davon ein Nachklang im *König Ödipus* des Sophokles [z. B. im Prolog und ersten Chor].

[4] Frazer (1911 *a*, Bd. 1, 120) [nach Roth (1896, Bd. 1, 430)].

[5] Frazer (1911 *a*, Bd. 1, 122) [nach Labbé (1903, 268)].

Handlung und dem erwarteten Geschehen. Frazer nennt darum diese Art der Magie *imitative* oder *homöopathische*. Wenn ich will, daß es regne, so brauche ich nur etwas zu tun, was wie Regen aussieht oder an Regen erinnert. In einer weiteren Phase der Kulturentwicklung wird man anstatt dieses magischen Regenzaubers Bittgänge zu einem Gotteshaus veranstalten und den dort wohnenden Heiligen um Regen anflehen. Endlich wird man auch diese religiöse Technik aufgeben und dafür versuchen, durch welche Einwirkungen auf die Atmosphäre Regen erzeugt werden kann.

In einer anderen Gruppe von magischen Handlungen kommt das Prinzip der Ähnlichkeit nicht mehr in Betracht, dafür ein anderes, welches sich aus den nachstehenden Beispielen leicht ergeben wird.

Um einem Feinde zu schaden, kann man sich auch eines anderen Verfahrens bedienen. Man bemächtigt sich seiner Haare, Nägel, Abfallstoffe oder selbst eines Teiles seiner Kleidung und stellt mit diesen Dingen etwas Feindseliges an. Es ist dann geradeso, als hätte man sich der Person selbst bemächtigt, und was man den von der Person herrührenden Dingen angetan hat, muß ihr selbst widerfahren. Zu den wesentlichen Bestandteilen einer Persönlichkeit gehört nach der Anschauung der Primitiven ihr Name; wenn man also den Namen einer Person oder eines Geistes weiß, hat man eine gewisse Macht über den Träger des Namens erworben. Daher die merkwürdigen Vorsichten und Beschränkungen im Gebrauche der Namen, die in dem Aufsatz über das Tabu gestreift worden sind. (Vgl. S. 345 ff.) Die Ähnlichkeit wird in diesen Beispielen offenbar ersetzt durch *Zusammengehörigkeit*.

Der Kannibalismus der Primitiven leitet seine sublimere Motivierung in ähnlicher Weise ab. Indem man Teile vom Leib einer Person durch den Akt des Verzehrens in sich aufnimmt, eignet man sich auch die Eigenschaften an, welche dieser Person angehört haben. Daraus erfolgen dann Vorsichten und Beschränkungen der Diät unter besonderen Umständen. Eine Frau wird in der Gravidität vermeiden, das Fleisch gewisser Tiere zu genießen, weil deren unerwünschte Eigenschaften, z. B. die Feigheit, so auf das von ihr genährte Kind übergehen könnten. Es macht für die magische Wirkung keinen Unterschied, auch wenn der Zusammenhang ein bereits aufgehobener ist oder wenn er überhaupt nur in einmaliger, bedeutungsvoller Berührung bestand. So ist z. B. der Glaube an ein magisches Band, welches das Schicksal einer Wunde mit dem der Waffe verknüpft, durch welche sie hervorgerufen wurde, unverändert durch Jahrtausende zu verfolgen. Wenn ein Melanesier sich des Bogens bemächtigt hat, durch den er verwundet wurde, so wird er ihn sorgfältig an einem kühlen Ort verwahren, um so die Entzündung der Wunde niederzuhalten. Ist der Bogen aber im Besitz der Feinde geblieben, so wird er gewiß in nächster Nähe eines Feuers aufgehängt werden, damit die Wunde nur ja recht entzündet werde und brenne[1]. Plinius rät in seiner *Naturalis Historica* XXVIII [Kapitel 7], wenn man bereut, einen anderen verletzt zu haben, solle man auf die Hand spukken, welche die Verletzung verschuldet hat; der Schmerz des Verletzten werde dann sofort gelindert. [Frazer, 1911 *a*, Bd. 1, 201.] Francis Bacon erwähnt in seiner *Natural History* [*Sylva Sylvarum*, X, § 998] den allgemein gültigen Glauben, daß das Salben einer Waffe, welche eine Wunde geschlagen hat, diese Wunde selbst heilt. Die englischen Bauern sollen noch heute nach diesem Rezept handeln, und wenn sie sich mit einer Sichel geschnitten haben, das Instrument von da an sorgfältig rein halten, damit die Wunde nicht in Eiterung gerate. Im Juni des Jahres 1902, berichtete eine lokale englische Wochenschrift, stieß sich eine Frau namens Matilda Henry in Norwich zufällig einen eisernen Nagel in die Sohle. Ohne die Wunde untersuchen zu lassen oder auch nur den Strumpf auszuziehen, hieß sie ihre Tochter, den Nagel gut einölen, in der Erwartung, daß ihr dann nichts geschehen könne. Sie selbst starb einige Tage später an Wundstarrkrampf infolge dieser verschobenen Antisepsis. (Frazer, ibid., 203.)

Die Beispiele der letzteren Gruppe erläutern, was Frazer als *kontagiöse* Magie von der *imitativen* sondert. Was in ihnen als wirksam gedacht wird, ist nicht mehr die Ähnlichkeit, sondern der Zusammenhang im Raum, die *Kontiguität*, wenigstens die vorgestellte Kontiguität, die Erinnerung an ihr Vorhandensein. Da aber Ähnlichkeit und Kontiguität die beiden wesentlichen Prinzipien der Assoziationsvorgänge sind, stellt sich als Erklärung für all die Tollheit der magischen Vorschriften wirklich die Herrschaft der Ideenassoziation heraus. Man sieht, wie zutreffend sich Tylors oben [S. 367] zitierte Charakteristik der Magie erweist: *mistaking an ideal connection for a real one*, oder wie es fast gleichlautend Frazer ausgedrückt hat (ibid., 420): *»men mistook the order of their ideas for the order of nature, and hence imagined that the control which they have, or seem to have, over their thoughts, permitted them to exercise a corresponding control over things«*.

[1] [Frazer (1911 *a*, Bd. 1, 201), nach Codrington (1891, 310).]

Es wird dann zunächst befremdend wirken, daß diese einleuchtende Erklärung der Magie von manchen Autoren als unbefriedigend verworfen werden konnte[1]. Bei näherer Überlegung muß man aber dem Einwand recht geben, daß die Assoziationstheorie der Magie bloß die Wege aufklärt, welche die Magie geht, aber nicht deren eigentliches Wesen, nämlich nicht das Mißverständnis, welches sie psychologische Gesetze an die Stelle natürlicher setzen heißt. Es bedarf hier offenbar eines dynamischen Moments, aber während die Suche nach einem solchen die Kritiker der Frazerschen Lehre in die Irre führt, wird es leicht, eine befriedigende Aufklärung der Magie zu geben, wenn man nur die Assoziationstheorie derselben weiterführen und vertiefen will.

Betrachten wir zunächst den einfacheren und bedeutsameren Fall der imitativen Magie. Nach Frazer (1911*a*, Bd. 1, 54) kann diese allein geübt werden, während die kontagiöse Magie in der Regel die imitative voraussetzt. Die Motive, welche zur Ausübung der Magie drängen, sind leicht zu erkennen, es sind die Wünsche des Menschen. Wir brauchen nun bloß anzunehmen, daß der primitive Mensch ein großartiges Zutrauen zur Macht seiner Wünsche hat. Im Grunde muß all das, was er auf magischem Wege herstellt, doch nur darum geschehen, weil er es will. So ist anfänglich bloß sein Wunsch das Betonte.

Für das Kind, welches sich unter analogen psychischen Bedingungen befindet, aber motorisch noch nicht leistungsfähig ist, haben wir an anderer Stelle die Annahme vertreten, daß es seine Wünsche zunächst halluzinatorisch befriedigt, indem es die befriedigende Situation durch die zentrifugalen Erregungen seiner Sinnesorgane herstellen läßt[2]. Für den erwachsenen Primitiven ergibt sich ein anderer Weg. An seinem Wunsch hängt ein motorischer Impuls, der Wille, und dieser – der später im Dienst der Wunschbefriedigung das Antlitz der Erde verändern wird – wird jetzt dazu verwendet, die Befriedigung darzustellen, so daß man sie gleichsam durch motorische Halluzinationen erleben kann. Eine solche *Darstellung* des befriedigten Wunsches ist dem *Spiele* der Kinder völlig vergleichbar, welches bei diesen die rein sensorische Technik der Befriedigung ablöst. Wenn Spiel und imitative Darstellung dem Kinde und dem Primitiven genügen, so ist dies nicht ein Zeichen von Bescheidenheit in unserem Sinne oder von Resignation infolge Erkenntnis ihrer realen Ohnmacht, sondern die wohl verständ-

---

[1] Vgl. den Artikel ›Magic‹ (N. W. T.) in der 11. Auflage der *Encyclopaedia Britannica*. [Thomas (1910–11 *a*).]

[2] ›Formulierungen über die zwei Prinzipien des psychischen Geschehens‹ (1911 *b*).

liche Folge der überwiegenden Wertung ihres Wunsches, des von ihm abhängigen Willens und der von ihm eingeschlagenen Wege. Mit der Zeit verschiebt sich der psychische Akzent von den Motiven der magischen Handlung auf deren Mittel, auf die Handlung selbst. Vielleicht sagen wir richtiger, an diesen Mitteln erst wird ihm die Überschätzung seiner psychischen Akte evident. Nun hat es den Anschein, als wäre es nichts anderes als die magische Handlung, die kraft ihrer Ähnlichkeit mit dem Gewünschten dessen Geschehen erzwingt. Auf der Stufe des animistischen Denkens gibt es noch keine Gelegenheit, den wahren Sachverhalt objektiv zu erweisen, wohl aber auf späteren, wenn alle solche Prozeduren noch gepflegt werden, aber das psychische Phänomen des Zweifels als Ausdruck einer Verdrängungsneigung bereits möglich ist. Dann werden die Menschen zugeben, daß die Beschwörungen von Geistern nichts leisten, wenn nicht der Glaube an sie dabei ist, und daß auch die Zauberkraft des Gebets versagt, wenn keine Frömmigkeit dahinter wirkt[1].

Die Möglichkeit einer auf der Kontiguitätsassoziation beruhenden kontagiösen Magie wird uns dann zeigen, daß sich die psychische Wertschätzung vom Wunsch und vom Willen her auf alle psychischen Akte, die dem Willen zu Gebote stehen, ausgedehnt hat. Es besteht also jetzt eine allgemeine Überschätzung der seelischen Vorgänge, das heißt eine Einstellung zur Welt, welche uns nach unseren Einsichten in die Beziehung von Realität und Denken als solche Überschätzung des letzteren erscheinen muß. Die Dinge treten gegen deren Vorstellungen zurück; was mit den letzteren vorgenommen wird, muß sich auch an den ersteren ereignen. Die Relationen, die zwischen den Vorstellungen bestehen, werden auch zwischen den Dingen vorausgesetzt. Da das Denken keine Entfernungen kennt, das räumlich Entlegenste wie das zeitlich Verschiedenste mit Leichtigkeit in einen Bewußtseinsakt zusammenbringt, wird auch die magische Welt sich telepathisch über die räumliche Distanz hinaussetzen und ehemaligen Zusammenhang wie gegenwärtigen behandeln. Das Spiegelbild der Innenwelt muß im animistischen Zeitalter jenes andere Weltbild, das wir zu erkennen glauben, unsichtbar machen.

Heben wir übrigens hervor, daß die beiden Prinzipien der Assoziation – Ähnlichkeit und Kontiguität – in der höheren Einheit der *Berührung*

---

[1] Der König in *Hamlet* (III. Akt, 3. Szene):

»*My words fly up, my thoughts remain below:*
Words without thoughts never to heaven go.«

zusammentreffen. Kontiguitätsassoziation ist Berührung im direkten, Ähnlichkeitsassoziation solche im übertragenen Sinne. Eine von uns noch nicht erfaßte Identität im psychischen Vorgang wird wohl durch den Gebrauch des nämlichen Wortes für beide Arten der Verknüpfung verbürgt. Es ist derselbe Umfang des Begriffes Berührung, der sich bei der Analyse des Tabu herausstellte[1].

Zusammenfassend können wir nun sagen: das Prinzip, welches die Magie, die Technik der animistischen Denkweise, regiert, ist das der »Allmacht der Gedanken«.

3

Die Bezeichnung »Allmacht der Gedanken« habe ich von einem hochintelligenten, an Zwangsvorstellungen leidenden Manne angenommen, dem es nach seiner Herstellung durch psychoanalytische Behandlung möglich geworden ist, auch seine Tüchtigkeit und Verständigkeit zu erweisen[2]. Er hatte sich dieses Wort geprägt zur Begründung aller jener sonderbaren und unheimlichen Geschehnisse, die ihn wie andere mit seinem Leiden Behaftete zu verfolgen schienen. Dachte er eben an eine Person, so kam sie ihm auch schon entgegen, als ob er sie beschworen hätte; erkundigte er sich plötzlich nach dem Befinden eines lange vermißten Bekannten, so mußte er hören, daß dieser eben gestorben sei, so daß er glauben konnte, jener habe sich ihm telepathisch bemerkbar gemacht; stieß er gegen einen Fremden eine nicht einmal ganz ernst gemeinte Verwünschung aus, so durfte er erwarten, daß dieser bald darauf starb und ihn mit der Verantwortlichkeit für sein Ableben belastete. Von den meisten dieser Fälle konnte er mir im Laufe der Behandlung selbst mitteilen, wie der täuschende Anschein entstanden war und was er selbst an Veranstaltungen hinzugetan hatte, um sich in seinen abergläubischen Erwartungen zu bestärken[3]. Alle Zwangskranken sind in solcher Weise, meist gegen ihre bessere Einsicht, abergläubisch.

Der Fortbestand der Allmacht der Gedanken tritt uns bei der Zwangs-

---

[1] Vgl. die vorige Abhandlung dieser Reihe [S. 319].

[2] ›Bemerkungen über einen Fall von Zwangsneurose‹ (1909 *d*). [Der betreffende Patient war der »Rattenmann«. Vgl. *Studienausgabe*, Bd. 7, S. 92–3.]

[3] Es scheint, daß wir den Charakter des »Unheimlichen« solchen Eindrücken verleihen, welche die Allmacht der Gedanken und die animistische Denkweise überhaupt bestätigen wollen, während wir uns bereits im Urteil von ihr abgewendet haben. [Vgl. Freuds spätere Arbeit ›Das Unheimliche‹ (1919 *h*).]

neurose am deutlichsten entgegen, die Ergebnisse dieser primitiven Denkweise sind hier dem Bewußtsein am nächsten. Wir müssen uns aber davor hüten, darin einen auszeichnenden Charakter dieser Neurose zu erblicken, denn die analytische Untersuchung deckt das nämliche bei den anderen Neurosen auf. Bei ihnen allen ist nicht die Realität des Erlebens, sondern die des Denkens für die Symptombildung maßgebend. Die Neurotiker leben in einer besonderen Welt, in welcher, wie ich es an anderer Stelle ausgedrückt habe[1], nur die »neurotische Währung« gilt, das heißt nur das intensiv Gedachte, mit Affekt Vorgestellte ist bei ihnen wirksam, dessen Übereinstimmung mit der äußeren Realität aber nebensächlich. Der Hysteriker wiederholt in seinen Anfällen und fixiert durch seine Symptome Erlebnisse, die sich nur in seiner Phantasie so zugetragen haben, allerdings in letzter Auflösung auf wirkliche Ereignisse zurückgehen oder aus solchen aufgebaut worden sind. Das Schuldbewußtsein der Neurotiker würde man ebenso schlecht verstehen, wenn man es auf reale Missetaten zurückführen wollte. Ein Zwangsneurotiker kann von einem Schuldbewußtsein gedrückt sein, das einem Massenmörder wohl anstünde; er wird sich dabei gegen seine Mitmenschen als der rücksichtsvollste und skrupulöseste Genosse benehmen und seit seiner Kindheit so benommen haben. Doch ist sein Schuldgefühl begründet; es fußt auf den intensiven und häufigen Todeswünschen, die sich in ihm unbewußt gegen seine Mitmenschen regen. Es ist begründet, insofern unbewußte Gedanken und nicht absichtliche Taten in Betracht kommen. So erweist sich die Allmacht der Gedanken, die Überschätzung der seelischen Vorgänge gegen die Realität, als unbeschränkt wirksam im Affektleben des Neurotikers und in allen von diesem ausgehenden Folgen. Unterzieht man ihn aber der psychoanalytischen Behandlung, welche das bei ihm Unbewußte bewußtmacht, so wird er nicht glauben können, daß Gedanken frei sind, und wird sich jedesmal fürchten, böse Wünsche zu äußern, als ob sie infolge dieser Äußerung in Erfüllung gehen müßten. Durch dieses Verhalten wie durch seinen im Leben betätigten Aberglauben zeigt er uns aber, wie nahe er dem Wilden steht, der durch seine bloßen Gedanken die Außenwelt zu verändern vermeint.

Die primären Zwangshandlungen dieser Neurotiker sind eigentlich durchaus magischer Natur. Sie sind, wenn nicht Zauber, so doch Gegenzauber, zur Abwehr der Unheilserwartungen bestimmt, mit denen die

[1] [S. ›Formulierungen über die zwei Prinzipien des psychischen Geschehens‹ (1911 *b*), gegen Schluß der Arbeit.]

Neurose zu beginnen pflegt. Sooft ich das Geheimnis zu durchdringen vermochte, zeigte es sich, daß diese Unheilserwartung den Tod zum Inhalt hatte. Das Todesproblem steht nach Schopenhauer am Eingang jeder Philosophie; wir haben gehört [S. 365], daß auch die Bildung der Seelenvorstellungen und des Dämonenglaubens, die den Animismus kennzeichnen, auf den Eindruck zurückgeführt wird, den der Tod auf den Menschen macht. Ob diese ersten Zwangs- oder Schutzhandlungen dem Prinzip der Ähnlichkeit, respektive des Kontrastes folgen, ist schwer zu beurteilen, denn sie werden unter den Bedingungen der Neurose gewöhnlich durch die Verschiebung auf irgendein Kleinstes, eine an sich höchst geringfügige Aktion entstellt[1]. Auch die Schutzformeln der Zwangsneurose finden ihr Gegenstück in den Zauberformeln der Magie. Die Entwicklungsgeschichte der Zwangshandlungen kann man aber beschreiben, indem man hervorhebt, wie sie, vom Sexuellen möglichst weit entfernt, als Zauber gegen böse Wünsche beginnen, um als Ersatz für verbotenes sexuelles Tun, das sie möglichst getreu nachahmen, zu enden.

Wenn wir die vorhin erwähnte Entwicklungsgeschichte der menschlichen Weltanschauungen annehmen, in welcher die *animistische* Phase von der *religiösen*, diese von der *wissenschaftlichen* abgelöst wird, wird es uns nicht schwer, die Schicksale der »Allmacht der Gedanken« durch diese Phasen zu verfolgen. Im animistischen Stadium schreibt der Mensch sich selbst die Allmacht zu; im religiösen hat er sie den Göttern abgetreten, aber nicht ernstlich auf sie verzichtet, denn er behält sich vor, die Götter durch mannigfache Beeinflussungen nach seinen Wünschen zu lenken. In der wissenschaftlichen Weltanschauung ist kein Raum mehr für die Allmacht des Menschen, er hat sich zu seiner Kleinheit bekannt und sich resigniert dem Tode wie allen anderen Naturnotwendigkeiten unterworfen. Aber in dem Vertrauen auf die Macht des Menschengeistes, welcher mit den Gesetzen der Wirklichkeit rechnet, lebt ein Stück des primitiven Allmachtglaubens weiter.

Bei der Rückverfolgung der Entwicklung libidinöser Strebungen im Einzelmenschen, von ihrer Gestaltung in der Reife bis zu den ersten Anfängen der Kindheit, hat sich zunächst eine wichtige Unterscheidung ergeben, die in den *Drei Abhandlungen zur Sexualtheorie* (1905*d*) nie-

---

[1] Ein weiteres Motiv für diese Verschiebung auf eine kleinste Aktion wird sich aus den nachstehenden Erörterungen ergeben. [Vgl. die Krankengeschichte des »Rattenmannes« (1909*d*), *Studienausgabe*, Bd. 7, S. 97 f.]

dergelegt ist. Die Äußerungen der sexuellen Triebe sind von Anfang an zu erkennen, aber sie richten sich zuerst noch auf kein äußeres Objekt. Die einzelnen Triebkomponenten der Sexualität arbeiten jede für sich auf Lustgewinn und finden ihre Befriedigung am eigenen Körper. Dies Stadium heißt das des *Autoerotismus*, es wird von dem der *Objektwahl* abgelöst.

Es hat sich bei weiterem Studium als zweckmäßig, ja als unabweisbar gezeigt, zwischen diesen beiden Stadien ein drittes einzuschieben, oder, wenn man so will, das erste Stadium des Autoerotismus in zwei zu zerlegen. In diesem Zwischenstadium, dessen Bedeutsamkeit sich der Forschung immer mehr aufdrängt, haben die vorher vereinzelten Sexualtriebe sich bereits zu einer Einheit zusammengesetzt und auch ein Objekt gefunden; dies Objekt ist aber kein äußeres, dem Individuum fremdes, sondern es ist das eigene, um diese Zeit konstituierte Ich. Mit Rücksicht auf später zu beobachtende pathologische Fixierungen dieses Zustandes heißen wir das neue Stadium das des *Narzißmus*. Die Person verhält sich so, als wäre sie in sich selbst verliebt; die Ichtriebe und die libidinösen Wünsche sind für unsere Analyse noch nicht voneinander zu sondern.

Wenngleich uns eine genügend scharfe Charakteristik dieses narzißtischen Stadiums, in welchem die bisher dissoziierten Sexualtriebe zu einer Einheit zusammentreten und das Ich als Objekt besetzen, noch nicht möglich ist, so ahnen wir doch bereits, daß die narzißtische Organisation nie mehr völlig aufgegeben wird. Der Mensch bleibt in gewissem Maße narzißtisch, auch nachdem er äußere Objekte für seine Libido gefunden hat; die Objektbesetzungen, die er vornimmt, sind gleichsam Emanationen der beim Ich verbleibenden Libido und können wieder in dieselbe zurückgezogen werden. Die psychologisch so merkwürdigen Zustände von Verliebtheit, die Normalvorbilder der Psychosen, entsprechen dem höchsten Stande dieser Emanationen im Vergleich zum Niveau der Ichliebe[1].

Es liegt nun nahe, die von uns aufgefundene Hochschätzung der psychischen Aktionen – die wir von unserem Standpunkt aus eine Überschätzung heißen – bei den Primitiven und Neurotikern in Beziehung zum Narzißmus zu bringen und sie als wesentliches Teilstück desselben aufzufassen. Wir würden sagen, das Denken ist bei den Primitiven noch in hohem Maße sexualisiert, daher rührt der Glaube an die Allmacht

---

[1] [Das gesamte Problem des Narzißmus wurde von Freud wenig später in seiner Arbeit ›Zur Einführung des Narzißmus‹ (1914 *c*) ausführlich erörtert.]

der Gedanken, die unerschütterliche Zuversicht auf die Möglichkeit der Weltbeherrschung und die Unzugänglichkeit gegen die leicht zu machenden Erfahrungen, welche den Menschen über seine wirkliche Stellung in der Welt belehren könnten. Bei den Neurotikern ist einerseits ein beträchtliches Stück dieser primitiven Einstellung konstitutionell verblieben, anderseits wird durch die bei ihnen eingetretene Sexualverdrängung eine neuerliche Sexualisierung der Denkvorgänge herbeigeführt. Die psychischen Folgen müssen in beiden Fällen dieselben sein, bei ursprünglicher wie bei regressiv erzielter libidinöser Überbesetzung des Denkens: intellektueller Narzißmus, Allmacht der Gedanken[1].

Wenn wir im Nachweis der Allmacht der Gedanken bei den Primitiven ein Zeugnis für den Narzißmus erblicken dürfen, so können wir den Versuch wagen, die Entwicklungsstufen der menschlichen Weltanschauung mit den Stadien der libidinösen Entwicklung des Einzelnen in Vergleich zu ziehen. Es entspricht dann zeitlich wie inhaltlich die animistische Phase dem Narzißmus, die religiöse Phase jener Stufe der Objektfindung, welche durch die Bindung an die Eltern charakterisiert ist, und die wissenschaftliche Phase hat ihr volles Gegenstück in jenem Reifezustand des Individuums, welcher auf das Lustprinzip verzichtet hat und unter Anpassung an die Realität sein Objekt in der Außenwelt sucht[2].

Nur auf einem Gebiete ist auch in unserer Kultur die »Allmacht der Gedanken« erhalten geblieben, auf dem der Kunst. In der Kunst allein kommt es noch vor, daß ein von Wünschen verzehrter Mensch etwas der Befriedigung Ähnliches macht und daß dieses Spielen – dank der künstlerischen Illusion – Affektwirkungen hervorruft, als wäre es etwas Reales. Mit Recht spricht man vom Zauber der Kunst und vergleicht den Künstler mit einem Zauberer. Aber dieser Vergleich ist vielleicht bedeutsamer, als er zu sein beansprucht. Die Kunst, die gewiß nicht als *l'art pour l'art* begonnen hat, stand ursprünglich im Dienste von Tendenzen, die heute zum großen Teil erloschen sind. Unter diesen lassen sich mancherlei magische Absichten vermuten[3].

---

[1] *»It is almost an axiom with writers on this subject, that a sort of Solipsism or Berkeleianism (as Professor Sully terms it as he finds it in the Child), operates in the savage to make him refuse to recognise death as a fact.«* – (Marett, 1900, 178.)

[2] Es soll hier nur angedeutet werden, daß der ursprüngliche Narzißmus des Kindes maßgebend für die Auffassung seiner Charakterentwicklung ist und die Annahme eines primitiven Minderwertigkeitsgefühles bei demselben ausschließt. [Eine Annahme Adlers (1910). Vgl. auch Abschnitt III von Freuds Narzißmusarbeit (1914 *c*).]

[3] S. Reinach, ›L'art et la magie‹ in der Sammlung *Cultes, mythes et religions* (1905–12, Bd. 1, 125–36). – Reinach meint, die primitiven Künstler, welche uns die eingeritzten

4

Die erste Weltauffassung, welche den Menschen gelang, die des Animismus, war also eine psychologische, sie bedurfte noch keiner Wissenschaft zu ihrer Begründung, denn Wissenschaft setzt erst ein, wenn man eingesehen hat, daß man die Welt nicht kennt und darum nach Wegen suchen muß, um sie kennenzulernen. Der Animismus war aber dem primitiven Menschen natürlich und selbstgewiß; er wußte, wie die Dinge der Welt sind, nämlich so, wie der Mensch sich selbst verspürte. Wir sind also darauf vorbereitet zu finden, daß der primitive Mensch Strukturverhältnisse seiner eigenen Psyche in die Außenwelt verlegte[1], und dürfen anderseits den Versuch machen, was der Animismus von der Natur der Dinge lehrt, in die menschliche Seele zurückzuversetzen.

Die Technik des Animismus, die Magie, zeigt uns am deutlichsten und unvermengtesten die Absicht, den realen Dingen die Gesetze des Seelenlebens aufzuzwingen, wobei Geister noch keine Rolle spielen müssen, während auch Geister zu Objekten magischer Behandlung genommen werden können. Die Voraussetzungen der Magie sind also ursprünglicher und älter als die Geisterlehre, die den Kern des Animismus bildet. Unsere psychoanalytische Betrachtung trifft hier mit einer Lehre von R. R. Marett zusammen, welcher ein *präanimistisches* Stadium dem Animismus vorhergehen läßt, dessen Charakter am besten durch den Namen *Animatismus* (Lehre von der allgemeinen Belebtheit) angedeutet wird. Es ist wenig mehr aus der Erfahrung über den Präanimismus zu sagen, da man noch kein Volk angetroffen hat, welches der Geistervorstellungen entbehrte[2].

Während die Magie noch alle Allmacht den Gedanken vorbehält, hat der Animismus einen Teil dieser Allmacht den Geistern abgetreten und damit den Weg zur Bildung einer Religion eingeschlagen. Was soll nun den Primitiven zu dieser ersten Verzichtleistung bewogen haben? Kaum

---

oder aufgemalten Tierbilder in den Höhlen Frankreichs hinterlassen haben, wollten nicht »Gefallen erregen«, sondern »beschwören«. Er erklärt es so, daß sich diese Zeichnungen an den dunkelsten und unzugänglichsten Stellen der Höhlen befinden und daß die Darstellungen der gefürchteten Raubtiere unter ihnen fehlen. *»Les modernes parlent souvent, par hyperbole, de la magie du pinceau ou du ciseau d'un grand artiste et, en général, de la magie de l'art. Entendu au sens propre, qui est celui d'une contrainte mystique exercée par la volonté de l'homme sur d'autres volontés ou sur les choses, cette expression n'est plus admissible; mais nous avons vu qu'elle était autrefois rigoureusement vraie, du moins dans l'opinion des artistes.«* (Ibid., 136.)

[1] Durch sogenannte endopsychische Wahrnehmung erkannte.

[2] R. R. Marett (1900). – Vgl. Wundt (1906, 171 ff.).

die Einsicht in die Unrichtigkeit seiner Voraussetzungen, denn er behält ja die magische Technik bei.

Die Geister und Dämonen sind, wie an anderer Stelle angedeutet wurde, nichts als die Projektionen seiner Gefühlsregungen[1]; er macht seine Affektbesetzungen zu Personen, bevölkert mit ihnen die Welt und findet nun seine inneren seelischen Vorgänge außer seiner wieder, ganz ähnlich wie der geistreiche Paranoiker Schreber, der die Bindungen und Lösungen seiner Libido in den Schicksalen der von ihm kombinierten »Gottesstrahlen« gespiegelt fand[2].

Wir wollen hier wie bei einem früheren Anlasse[3] dem Problem ausweichen, woher die Neigung überhaupt rührt, seelische Vorgänge nach außen zu projizieren. Der einen Annahme dürfen wir uns aber getrauen, daß diese Neigung dort eine Verstärkung erfährt, wo die Projektion den Vorteil einer psychischen Erleichterung mit sich bringt. Ein solcher Vorteil ist mit Bestimmtheit zu erwarten, wenn die nach Allmacht strebenden Regungen in Konflikt miteinander geraten sind; dann können sie offenbar nicht alle allmächtig werden. Der Krankheitsprozeß der Paranoia bedient sich tatsächlich des Mechanismus der Projektion, um solche im Seelenleben entstandenen Konflikte zu erledigen. Nun ist der vorbildliche Fall eines solchen Konflikts der zwischen den beiden Gliedern eines Gegensatzpaares, der Fall der ambivalenten Einstellung, den wir in der Situation des Trauernden beim Tode eines teuern Angehörigen eingehend zergliedert haben. [Vgl. S. 350 ff.] Ein solcher Fall wird uns besonders geeignet scheinen, die Schöpfung von Projektionsgebilden zu motivieren. Wir treffen hier wiederum mit Meinungen der Autoren zusammen, welche die bösen Geister für die erstgeborenen unter den Geistern erklären und die Entstehung der Seelenvorstellungen aus dem Eindruck des Todes auf die Überlebenden ableiten. Wir machen nur den einen Unterschied, daß wir nicht das intellektuelle Problem voranstellen, welches der Tod dem Lebenden aufgibt, sondern die zur Erforschung treibende Kraft in den Gefühlskonflikt verlegen, in welchen diese Situation den Überlebenden stürzt.

---

[1] Wir nehmen an, daß in diesem frühen narzißtischen Stadium Besetzungen aus libidinöser und anderen Erregungsquellen vielleicht noch ununterscheidbar miteinander vereinigt sind.

[2] Schreber, *Denkwürdigkeiten eines Nervenkranken* (1903). – Freud, ›Psychoanalytische Bemerkungen über einen autobiographisch beschriebenen Fall von Paranoia‹ (1911 *c* [Abschnitt III (4)]).

[3] Vgl. die letztzitierte Abhandlung über Schreber (Freud, 1911 *c* [Abschnitt III]).

Die erste theoretische Leistung des Menschen – die Schöpfung der Geister – würde also aus derselben Quelle entspringen wie die ersten sittlichen Beschränkungen, denen er sich unterwirft, die Tabuvorschriften. Doch soll die Gleichheit des Ursprungs nichts für die Gleichzeitigkeit der Entstehung präjudizieren. Wenn es wirklich die Situation des Überlebenden gegen den Toten war, die den primitiven Menschen zuerst nachdenklich machte, ihn nötigte, einen Teil seiner Allmacht an die Geister abzugeben und ein Stück der freien Willkür seines Handelns zu opfern, so wären diese Kulturschöpfungen eine erste Anerkennung der Ἀνάγκη [Ananke; gr. Notwendigkeit], die sich dem menschlichen Narzißmus widersetzt. Der Primitive würde sich vor der Übermacht des Todes beugen mit derselben Geste, durch die er diesen zu verleugnen scheint.

Wenn wir den Mut zur weiteren Ausbeutung unserer Voraussetzungen haben, können wir fragen, welches wesentliche Stück unserer psychologischen Struktur in der Projektionsschöpfung der Seelen und Geister seine Spiegelung und Wiederkehr findet. Es ist dann schwer zu bestreiten, daß die primitive Seelenvorstellung, soweit sie auch noch von der späteren völlig immateriellen Seele absteht, doch im wesentlichen mit dieser zusammentrifft, also Person oder Ding als eine Zweiheit auffaßt, auf deren beide Bestandteile die bekannten Eigenschaften und Veränderungen des Ganzen verteilt sind. Diese ursprüngliche Dualität – nach einem Ausdruck von H. Spencer[1] – ist bereits identisch mit jenem Dualismus, der sich in der uns geläufigen Trennung von Geist und Körper kundgibt und dessen unzerstörbare sprachliche Äußerungen wir z. B. in der Beschreibung des Ohnmächtigen oder Rasenden: *er sei nicht bei sich*, erkennen[2].

Was wir so, ganz ähnlich wie der Primitive, in die äußere Realität projizieren, kann kaum etwas anderes sein als die Erkenntnis eines Zustandes, in dem ein Ding den Sinnen und dem Bewußtsein gegeben, *präsent* ist, neben welchem ein anderer besteht, in dem dasselbe *latent* ist, aber wiedererscheinen kann, also die Koexistenz von Wahrnehmen und Erinnern, oder, ins Allgemeine ausgedehnt, die Existenz *unbewußter* Seelenvorgänge neben den *bewußten*[3]. Man könnte sagen, der »Geist« einer Person oder eines Dinges reduziere sich in letzter Analyse auf

[1] Im I. Band der *Principien der Sociologie* [engl. Ausg., 1893].
[2] H. Spencer, ibid., 179 [engl. Ausg., S. 144].
[3] Vgl. meine kleine Schrift: ›A note on the Unconscious in Psycho-Analysis‹ [1912 g] aus den *Proceedings* of the Society for Psychical Research, Part LXVI, vgl. XXVI, London 1912.

deren Fähigkeit, erinnert und vorgestellt zu werden, wenn sie der Wahrnehmung entzogen sind.

Man wird nun freilich weder von der primitiven noch von der heutigen Vorstellung der »Seele« erwarten dürfen, daß ihre Abgrenzung vom anderen Teile die Linien einhalte, welche unsere heutige Wissenschaft zwischen der bewußten und der unbewußten Seelentätigkeit zieht. Die animistische Seele vereinigt vielmehr Bestimmungen von beiden Seiten in sich. Ihre Flüchtigkeit und Beweglichkeit, ihre Fähigkeit, den Körper zu verlassen, dauernd oder vorübergehend von einem anderen Leibe Besitz zu nehmen, dies sind Charaktere, die unverkennbar an das Wesen des Bewußtseins erinnern. Aber die Art, wie sie sich hinter der persönlichen Erscheinung verborgen hält, mahnt an das Unbewußte; die Unveränderlichkeit und Unzerstörbarkeit schreiben wir heute nicht mehr den bewußten, sondern den unbewußten Vorgängen zu, und diese betrachten wir auch als die eigentlichen Träger der seelischen Tätigkeit.

Wir sagten vorhin [S. 355 f.], der Animismus sei ein Denksystem, die erste vollständige Theorie der Welt, und wollen nun aus der psychoanalytischen Auffassung eines solchen Systems gewisse Folgerungen ableiten. Die Erfahrung jedes unserer Tage kann uns die Haupteigenschaften des »Systems« immer von neuem vorführen. Wir träumen in der Nacht und haben es erlernt, am Tage den Traum zu deuten. Der Traum kann, ohne seine Natur zu verleugnen, wirr und zusammenhanglos erscheinen, er kann aber auch im Gegenteil die Ordnung der Eindrücke eines Erlebnisses nachahmen, eine Begebenheit aus der anderen ableiten und ein Stück seines Inhaltes auf ein anderes beziehen. Dies scheint ihm besser oder schlechter gelungen zu sein, fast niemals gelingt es so vollkommen, daß nicht irgendwo eine Absurdität, ein Riß im Gefüge zum Vorschein käme. Wenn wir den Traum der Deutung unterziehen, erfahren wir, daß die inkonstante und ungleichmäßige Anordnung der Traumbestandteile auch etwas für das Verständnis des Traumes recht Unwichtiges ist. Das Wesentliche am Traum sind die Traumgedanken, die allerdings sinnreich, zusammenhängend und geordnet sind. Aber deren Ordnung ist eine ganz andere als die von uns am manifesten Trauminhalt erinnerte. Der Zusammenhang der Traumgedanken ist aufgegeben worden und kann dann entweder überhaupt verloren bleiben oder durch den neuen Zusammenhang des Trauminhalts ersetzt werden. Fast regelmäßig hat, außer der Verdichtung der Traumelemente, eine Umordnung derselben stattgefunden, die von der früheren Anordnung mehr oder weniger unabhängig ist. Wir sagen abschließend, das, was durch die Traumarbeit aus dem Material der Traumgedanken geworden ist, hat eine neue Beeinflussung erfahren, die sogenannte *»sekundäre Bearbeitung«*, deren Absicht offenbar dahin geht, die aus der Traumarbeit resultierende Zusammenhanglosigkeit und Unverständlichkeit zugunsten eines neuen »Sinnes« zu beseitigen. Dieser neue, durch die sekundäre Bearbeitung erzielte Sinn ist nicht mehr der Sinn der Traumgedanken[1].

Die sekundäre Bearbeitung des Produkts der Traumarbeit ist ein vortreffliches Beispiel für das Wesen und die Ansprüche eines Systems. Eine intellektuelle Funktion in uns fordert Vereinheitlichung, Zusammenhang und Verständlichkeit von jedem Material der Wahrnehmung oder des Denkens, dessen sie sich bemächtigt, und scheut sich nicht, einen unrichtigen Zusammenhang herzustellen, wenn sie infolge besonderer Umstände den richtigen nicht erfassen kann. Wir kennen solche Systembildungen nicht nur vom Traume, sondern auch von den Phobien, dem Zwangsdenken und den Formen des Wahnes. Bei den Wahnerkrankungen (der Paranoia) ist die Systembildung das Sinnfälligste, sie beherrscht das Krankheitsbild, sie darf aber auch bei den anderen Formen von Neuropsychosen nicht übersehen werden. In allen Fällen können wir dann nachweisen, daß eine *Umordnung* des psychischen Materials zu einem neuen Ziel stattgefunden hat, oft eine im Grunde recht gewaltsame, wenn sie nur unter dem Gesichtspunkt des Systems begreiflich erscheint. Es wird dann zum besten Kennzeichen der Systembildung, daß jedes der Ergebnisse desselben mindestens zwei Motivierungen aufdecken läßt, eine Motivierung aus den Voraussetzungen des Systems – also eventuell eine wahnhafte – und eine versteckte, die wir aber als die eigentlich wirksame, reale anerkennen müssen.

Zur Erläuterung ein Beispiel aus der Neurose: In der Abhandlung über das Tabu erwähnte ich eine Kranke, deren Zwangsverbote die schönsten Übereinstimmungen mit dem Tabu der Maori zeigen (S. 320). Die Neurose dieser Frau ist auf ihren Mann gerichtet; sie gipfelt in der Abwehr des unbewußten Wunsches nach seinem Tod. Ihre manifeste, systematische Phobie gilt aber der Erwähnung des Todes überhaupt, wobei ihr Mann völlig ausgeschaltet ist und niemals Gegenstand bewußter Sorge wird. Eines Tages hört sie den Mann den Auftrag erteilen, seine stumpf gewordenen Rasiermesser sollen in einen bestimmten Laden zum Schleifen gebracht werden. Von einer eigentümlichen Unruhe getrieben, macht sie sich selbst auf den Weg nach diesem Laden und for-

[1] [Vgl. Anm. 2 auf S. 355, oben.]

dert nach ihrer Rückkehr von dieser Rekognoszierung von ihrem Manne, er müsse diese Messer für alle Zeiten aus dem Wege räumen, denn sie habe entdeckt, daß neben dem von ihm genannten Laden sich eine Niederlage von Särgen, Trauerwaren u. dgl. befindet. Die Messer seien durch seine Absicht in eine unlösbare Verbindung mit dem Gedanken an den Tod geraten. Dies ist nun die *systematische* Motivierung des Verbotes. Wir dürfen sicher sein, daß die Kranke auch ohne die Entdeckung jener Nachbarschaft das Verbot der Rasiermesser nach Hause gebracht hätte. Denn es hätte dazu hingereicht, daß sie auf dem Wege nach dem Laden einem Leichenwagen, einer Person in Trauerkleidung oder einer Trägerin eines Leichenkranzes begegnete. Das Netz der Bedingungen war weit genug ausgespannt, um die Beute in jedem Falle zu fangen; es lag dann an ihr, ob sie es zuziehen wollte oder nicht. Man konnte mit Sicherheit feststellen, daß sie für andere Fälle die Bedingungen des Verbotes nicht aktivierte. Dann hieß es eben, es sei ein »besserer Tag« gewesen. Die *wirkliche* Ursache des Verbotes der Rasiermesser war natürlich, wie wir mit Leichtigkeit erraten, ihr Sträuben gegen eine Lustbetonung der Vorstellung, ihr Mann könne sich mit dem geschärften Rasiermesser den Hals abschneiden.

In ganz ähnlicher Weise vervollständigt und detailliert sich eine Gehhemmung, eine Abasie oder Agoraphobie, wenn es diesem Symptom einmal gelungen ist, sich zur Vertretung eines unbewußten Wunsches und der Abwehr gegen denselben aufzuschwingen. Was sonst noch an unbewußten Phantasien und an wirksamen Reminiszenzen in dem Kranken vorhanden ist, drängt diesem einmal eröffneten Ausweg zum symptomatischen Ausdruck zu und bringt sich in zweckmäßiger Neuordnung im Rahmen der Gehstörung unter. Es wäre also ein vergebliches, eigentlich ein törichtes Beginnen, wenn man das symptomatische Gefüge und die Einzelheiten z. B. einer Agoraphobie aus der Grundvoraussetzung derselben verstehen wollte. Alle Konsequenz und Strenge des Zusammenhanges ist doch nur scheinbar. Schärfere Beobachtung kann, wie bei der Fassadenbildung des Traumes, die ärgsten Inkonsequenzen und Willkürlichkeiten der Symptombildung aufdecken. Die Einzelheiten einer solchen systematischen Phobie entnehmen ihre reale Motivierung versteckten Determinanten, die mit der Gehhemmung nichts zu tun haben müssen, und darum fallen auch die Gestaltungen einer solchen Phobie bei verschiedenen Personen so mannigfaltig und so widersprechend aus.

Suchen wir nun den Rückweg zu dem uns beschäftigenden System des

Animismus, so schließen wir aus unseren Einsichten über andere psychologische Systeme, daß die Motivierung einer einzelnen Sitte oder Vorschrift durch den »Aberglauben« auch bei den Primitiven nicht die einzige und die eigentliche Motivierung zu sein braucht und uns der Verpflichtung nicht überhebt, nach den versteckten Motiven derselben zu suchen. Unter der Herrschaft eines animistischen Systems ist es nicht anders möglich, als daß jede Vorschrift und jede Tätigkeit eine systematische Begründung erhalte, welche wir heute eine »abergläubische« heißen. »Aberglaube« ist wie »Angst«, wie »Traum«, wie »Dämon« eine der psychologischen Vorläufigkeiten, die vor der psychologischen analytischen Forschung zergangen sind. Kommt man hinter diese die Erkenntnis wie Wandschirme abwehrenden Konstruktionen, so ahnt man, daß dem Seelenleben und der Kulturhöhe der Wilden ein Stück verdienter Würdigung bisher vorenthalten wurde.

Betrachtet man die Triebverdrängung als ein Maß des erreichten Kulturniveaus, so muß man zugestehen, daß auch unter dem animistischen System Fortschritte und Entwicklungen vorgefallen sind, die man mit Unrecht ihrer abergläubischen Motivierung wegen geringschätzt. Wenn wir hören, daß Krieger eines wilden Volksstammes sich die größte Keuschheit und Reinlichkeit auferlegen, sobald sie sich auf den Kriegspfad begeben (Frazer, 1911*b*, 158), so wird uns die Erklärung nahegelegt, daß sie ihren Unrat beseitigen, damit sich der Feind dieses Teiles ihrer Person nicht bemächtige, um ihnen auf magische Weise zu schaden [ibid., 157], und für ihre Enthaltsamkeit sollen wir analoge abergläubische Motivierungen vermuten. Nichtsdestoweniger bleibt die Tatsache des Triebverzichts bestehen, und wir verstehen den Fall wohl besser, wenn wir annehmen, daß der wilde Krieger sich solche Beschränkungen zur Ausgleichung auferlegt, weil er im Begriffe steht, sich die sonst untersagte Befriedigung grausamer und feindseliger Regungen im vollen Ausmaße zu gestatten. Dasselbe gilt für die zahlreichen Fälle von sexueller Beschränkung, solange man mit schwierigen oder verantwortlichen Arbeiten beschäftigt ist (ibid., 200 f.). Mag sich die Begründung dieser Verbote immerhin auf einen magischen Zusammenhang berufen, die fundamentale Vorstellung, durch Verzicht auf Triebbefriedigung größere Kraft zu gewinnen, bleibt doch unverkennbar, und die hygienische Wurzel des Verbotes ist neben der magischen Rationalisierung derselben nicht zu vernachlässigen. Wenn die Männer eines wilden Volksstammes zur Jagd, zum Fischfang, zum Krieg, zum Einsammeln kostbarer Pflanzenstoffe ausgezogen sind, so bleiben ihre Frauen unterdes im Hause zahlreichen drückenden Beschränkungen unterworfen, denen von den Wilden selbst eine in die Ferne reichende, sympathetische Wirkung auf das Gelingen der Expedition zugeschrieben wird. Doch gehört wenig Scharfsinn dazu, um zu erraten, daß jenes in die Ferne wirkende Moment kein anderes als das Heimwärtsdenken, die Sehnsucht der Abwesenden ist und daß hinter diesen Einkleidungen die gute psychologische Einsicht steckt, die Männer werden ihr Bestes nur dann tun, wenn sie über den Verbleib der unbeaufsichtigten Frauen vollauf beruhigt sind. Andere Male wird es direkt, ohne magische Motivierung ausgesprochen, daß die eheliche Untreue der Frau die Bemühungen des in verantwortlicher Tätigkeit abwesenden Mannes zum Scheitern bringt.

Die unzähligen Tabuvorschriften, denen die Frauen der Wilden während ihrer Menstruation unterliegen, werden durch die abergläubische Scheu vor dem Blute motiviert und haben in ihr wohl auch eine reale Begründung. Aber es wäre unrecht, die Möglichkeit zu übersehen, daß diese Blutscheu hier auch ästhetischen und hygienischen Absichten dient, die sich in allen Fällen mit magischen Motivierungen drapieren müßten.

Wir täuschen uns wohl nicht darüber, daß wir uns durch solche Erklärungsversuche dem Vorwurfe aussetzen, daß wir den heutigen Wilden eine Feinheit der seelischen Tätigkeiten zumuten, die weit über die Wahrscheinlichkeit hinausgeht. Allein ich meine, es könnte uns mit der Psychologie dieser Völker, die auf der animistischen Stufe stehengeblieben sind, leicht so ergehen wie mit dem Seelenleben des Kindes, das wir Erwachsene nicht mehr verstehen und dessen Reichhaltigkeit und Feinfühligkeit wir darum so sehr unterschätzt haben.

Ich will noch einer Gruppe von bisher unerklärten Tabuvorschriften gedenken, weil sie eine dem Psychoanalytiker vertraute Aufklärung zuläßt. Bei vielen wilden Völkern ist es unter verschiedenen Verhältnissen verboten, scharfe Waffen und schneidende Instrumente im Hause zu halten (Frazer, 1911*b*, 237). Frazer zitiert einen deutschen Aberglauben, daß man ein Messer nicht mit der Schneide nach oben liegen lassen dürfe. Gott und die Engel könnten sich daran verletzen [ibid., 238]. Soll man in diesem Tabu nicht die Ahnung gewisser »Symptomhandlungen« erkennen, zu denen die scharfe Waffe durch unbewußte böse Regungen gebraucht werden könnte? [1]

[1] [Eine Erörterung des Aberglaubens, besonders im Hinblick auf die Zwangsneurose, findet sich in der Krankengeschichte des »Rattenmannes« (1909 *d*), *Studienausgabe*, Bd. 7, S. 88 ff.]

IV
DIE INFANTILE WIEDERKEHR DES TOTEMISMUS

Von der Psychoanalyse, welche zuerst die regelmäßige Überdeterminierung psychischer Akte und Bildungen aufgedeckt hat, braucht man nicht zu besorgen, daß sie versucht sein werde, etwas so Kompliziertes wie die Religion aus einem einzigen Ursprung abzuleiten. Wenn sie in notgedrungener, eigentlich pflichtgemäßer Einseitigkeit eine einzige der Quellen dieser Institution zur Anerkennung bringen will, so beansprucht sie zunächst für dieselbe die Ausschließlichkeit so wenig wie den ersten Rang unter den zusammenwirkenden Momenten. Erst eine Synthese aus verschiedenen Gebieten der Forschung kann entscheiden, welche relative Bedeutung dem hier zu erörternden Mechanismus in der Genese der Religion zuzuteilen ist; eine solche Arbeit überschreitet aber sowohl die Mittel als auch die Absicht des Psychoanalytikers.

1

In der ersten Abhandlung dieser Reihe haben wir den Begriff des Totemismus kennengelernt. Wir haben gehört, daß der Totemismus ein System ist, welches bei gewissen primitiven Völkern in Australien, Amerika, Afrika die Stelle einer Religion vertritt und die Grundlage der sozialen Organisation abgibt. Wir wissen, daß der Schotte McLennan 1869 das allgemeinste Interesse für die bis dahin nur als Kuriosa gewürdigten Phänomene des Totemismus in Anspruch nahm, indem er die Vermutung aussprach, eine große Anzahl von Sitten und Gebräuchen in verschiedenen alten wie modernen Gesellschaften seien als Überreste einer totemistischen Epoche zu verstehen. Die Wissenschaft hat seither diese Bedeutung des Totemismus im vollen Umfange anerkannt. Als eine der letzten Äußerungen über diese Frage will ich eine Stelle aus den *Elementen der Völkerpsychologie* von W. Wundt (1912, 139) zitieren: »Nehmen wir alles dies zusammen, so ergibt sich mit hoher Wahrscheinlichkeit der Schluß, daß die totemistische Kultur überall einmal eine Vorstufe der späteren Entwicklungen und eine Übergangsstufe zwischen dem Zustand des primitiven Menschen und dem Helden- und Götterzeitalter gebildet hat.«

Die Absichten der vorliegenden Abhandlungen nötigen uns zu einem tieferen Eingehen auf die Charaktere des Totemismus. Aus Gründen, welche später ersichtlich werden sollen, bevorzuge ich hier eine Darstellung von S. Reinach, der im Jahre 1900 nachstehenden *Code du totémisme* in zwölf Artikeln, gleichsam einen Katechismus der totemistischen Religion, entworfen hat[1].

1. Gewisse Tiere dürfen weder getötet noch gegessen werden, aber die Menschen ziehen Individuen dieser Tiergattungen auf und schenken ihnen Pflege.
2. Ein zufällig verstorbenes Tier wird betrauert und unter den gleichen Ehrenbezeigungen bestattet wie ein Mitglied des Stammes.
3. Das Speiseverbot bezieht sich gelegentlich nur auf einen bestimmten Körperteil des Tieres.
4. Wenn man ein für gewöhnlich verschontes Tier unter dem Drange der Notwendigkeit töten muß, so entschuldigt man sich bei ihm und sucht die Verletzung des Tabu, den Mord, durch mannigfache Kunstgriffe und Ausflüchte abzuschwächen.
5. Wenn das Tier rituell geopfert wird, wird es feierlich beweint.
6. Bei gewissen feierlichen Gelegenheiten, religiösen Zeremonien, legt man die Haut bestimmter Tiere an. Wo der Totemismus noch besteht, sind dies die Totemtiere.
7. Stämme und Einzelpersonen legen sich Tiernamen bei, eben die der Totemtiere.
8. Viele Stämme gebrauchen Tierbilder als Wappen und verzieren mit ihnen ihre Waffen; Männer malen sich Tierbilder auf den Leib oder lassen sich solche durch Tätowierung einritzen.
9. Wenn der Totem zu den gefürchteten und gefährlichen Tieren gehört, so wird angenommen, daß er die Mitglieder des nach ihm genannten Stammes verschont.
10. Das Totemtier beschützt und warnt die Angehörigen des Stammes.
11. Das Totemtier kündigt seinen Getreuen die Zukunft an und dient ihnen als Führer.
12. Die Mitglieder eines Totemstammes glauben oft daran, daß sie mit dem Totemtier durch das Band gemeinsamer Abstammung verknüpft sind.

Man kann diesen Katechismus der Totemreligion erst würdigen, wenn

---

[1] *Revue scientifique*, Oktober 1900, abgedruckt in des Autors vierbändigem Werke *Cultes, mythes et religions* (1905–12, Bd. 1, 17 ff.).

man in Betracht zieht, daß Reinach hier auch alle Anzeichen und Resterscheinungen eingetragen hat, aus denen man den einstigen Bestand des totemistischen Systems erschließen kann. Eine besondere Stellung dieses Autors zum Problem zeigt sich darin, daß er dafür die wesentlichen Züge des Totemismus einigermaßen vernachlässigt. Wir werden uns überzeugen, daß er von den zwei Hauptsätzen des totemistischen Katechismus den einen in den Hintergrund gedrängt, den anderen völlig übergangen hat.

Um von den Charakteren des Totemismus ein richtiges Bild zu gewinnen, wenden wir uns an einen Autor, welcher dem Thema ein vierbändiges Werk gewidmet hat, das die vollständigste Sammlung der hieher gehörigen Beobachtungen mit der eingehendsten Diskussion der durch sie angeregten Probleme verbindet. Wir werden J. G. Frazer, dem Verfasser von *Totemism and Exogamy* (1910), für Genuß und Belehrung verpflichtet bleiben, auch wenn die psychoanalytische Untersuchung zu Ergebnissen führen sollte, welche weit von den seinigen abweichen [1].
»Ein Totem«, schrieb Frazer in seinem ersten Aufsatz [2], »ist ein mate-

[1] Vielleicht tun wir aber vorher gut daran, dem Leser die Schwierigkeiten vorzuführen, mit denen Feststellungen auf diesem Gebiete zu kämpfen haben:
Zunächst: die Personen, welche die Beobachtungen sammeln, sind nicht dieselben, welche sie verarbeiten und diskutieren, die ersteren Reisende und Missionäre, die letzteren Gelehrte, welche die Objekte ihrer Forschung vielleicht niemals gesehen haben. – Die Verständigung mit den Wilden ist nicht leicht. Nicht alle der Beobachter waren mit den Sprachen derselben vertraut, sondern mußten sich der Hilfe von Dolmetschern bedienen oder in der Hilfssprache des *pidgin-english* mit den Ausgefragten verkehren. Die Wilden sind nicht mitteilsam über die intimsten Angelegenheiten ihrer Kultur und eröffnen sich nur solchen Fremden, die viele Jahre in ihrer Mitte zugebracht haben. Sie geben aus den verschiedenartigsten Motiven (vgl. Frazer, 1910, Bd. 1, 150 f.) oft falsche oder mißverständliche Auskünfte. – Man darf nicht daran vergessen, daß die primitiven Völker keine jungen Völker sind, sondern eigentlich ebenso alt wie die zivilisiertesten, und daß man kein Recht zur Erwartung hat, sie würden ihre ursprünglichen Ideen und Institutionen ohne jede Entwicklung und Entstellung für unsere Kenntnisnahme aufbewahrt haben. Es ist vielmehr sicher, daß sich bei den Primitiven tiefgreifende Wandlungen nach allen Richtungen vollzogen haben, so daß man niemals ohne Bedenken entscheiden kann, was an ihren gegenwärtigen Zuständen und Meinungen nach Art eines Petrefakts die ursprüngliche Vergangenheit erhalten hat und was einer Entstellung und Veränderung derselben entspricht. Daher die überreichlichen Streitigkeiten unter den Autoren, was an den Eigentümlichkeiten einer primitiven Kultur als primär und was als spätere sekundäre Gestaltung aufzufassen sei. Die Feststellung des ursprünglichen Zustandes bleibt also jedesmal eine Sache der Konstruktion. – Es ist endlich nicht leicht, sich in die Denkungsart der Primitiven einzufühlen. Wir mißverstehen sie ebenso leicht wie die Kinder und sind immer geneigt, ihr Tun und Fühlen nach unseren eigenen psychischen Konstellationen zu deuten.
[2] *Totemism*, Edinburgh 1887, abgedruckt im ersten Band des großen Werkes *Totemism and Exogamy* (1910 [3 ff.]).

rielles Objekt, welchem der Wilde einen abergläubischen Respekt bezeugt, weil er glaubt, daß zwischen seiner eigenen Person und jedem Ding dieser Gattung eine ganz besondere Beziehung besteht ... Die Verbindung zwischen einem Menschen und seinem Totem ist eine wechselseitige, der Totem beschützt den Menschen, und der Mensch beweist seine Achtung vor dem Totem auf verschiedene Arten, so z. B. daß er ihn nicht tötet, wenn es ein Tier, und nicht abpflückt, wenn es eine Pflanze ist. Der Totem unterscheidet sich vom Fetisch darin, daß er nie ein Einzelding ist wie dieser, sondern immer eine Gattung, in der Regel eine Tier- oder Pflanzenart, seltener eine Klasse von unbelebten Dingen und noch seltener von künstlich hergestellten Gegenständen ...«

»Man kann mindestens drei Arten von Totem unterscheiden:

1. den Stammestotem, an dem ein ganzer Stamm teilhat und der sich erblich von einer Generation auf die nächste überträgt;
2. den Geschlechtstotem, der allen männlichen oder allen weiblichen Mitgliedern eines Stammes mit Ausschluß des anderen Geschlechtes angehört, und
3. den individuellen Totem, der einer einzelnen Person eignet und nicht auf deren Nachkommenschaft übergeht ...« Die beiden letzten Arten von Totem kommen an Bedeutung gegen den Stammestotem nicht in Betracht. Es sind, wenn nicht alles täuscht, späte und für das Wesen des Totem wenig bedeutsame Bildungen.

»Der Stammestotem (Clantotem) ist Gegenstand der Verehrung einer Gruppe von Männern und Frauen, die sich nach dem Totem nennen, sich für blutsverwandte Abkömmlinge eines gemeinsamen Ahnen halten und durch gemeinsame Pflichten gegeneinander wie durch den Glauben an ihren Totem miteinander fest verbunden sind.«

»Der Totemismus ist sowohl ein religiöses wie ein soziales System. Nach seiner religiösen Seite besteht er in den Beziehungen gegenseitiger Achtung und Schonung zwischen einem Menschen und seinem Totem, nach seiner sozialen Seite in den Verpflichtungen der Clanmitglieder gegeneinander und gegen andere Stämme. In der späteren Geschichte des Totemismus zeigen dessen beide Seiten eine Neigung auseinanderzugehen; das soziale System überlebt häufig das religiöse, und umgekehrt verbleiben Reste von Totemismus in der Religion solcher Länder, in denen das auf den Totemismus gegründete soziale System verschwunden ist. Wie diese beiden Seiten des Totemismus ursprünglich miteinander zusammenhängen, können wir bei unserer Unkenntnis über dessen Ursprünge nicht mit Sicherheit sagen. Doch ergibt sich im ganzen eine starke Wahrscheinlichkeit dafür, daß die beiden Seiten des Totemismus zu Anfang unzertrennlich voneinander waren. Mit anderen Worten, je weiter wir zurückgehen, desto deutlicher zeigt es sich, daß der Stammesangehörige sich zur selben Art zählt wie seinen Totem und sein Verhalten gegen den Totem von dem gegen einen Stammesgenossen nicht unterscheidet.«

In der speziellen Beschreibung des Totemismus als eines religiösen Systems stellt Frazer voran, daß die Mitglieder eines Stammes sich nach ihrem Totem nennen und *in der Regel auch glauben, daß sie von ihm abstammen.* Die Folge dieses Glaubens ist es, daß sie das Totemtier nicht jagen, nicht töten und nicht essen und sich jeden anderen Gebrauch des Totem versagen, wenn er etwas anderes als ein Tier ist. Die Verbote, den Totem nicht zu töten und nicht zu essen, sind nicht die einzigen Tabu, die ihn betreffen; manchmal ist es auch verboten, ihn zu berühren, ja, ihn anzuschauen; in einer Anzahl von Fällen darf der Totem nicht bei seinem richtigen Namen genannt werden. Die Übertretung dieser den Totem schützenden Tabugebote straft sich automatisch durch schwere Erkrankungen oder Tod[1].

Exemplare des Totemtieres werden gelegentlich von dem Clan aufgezogen und in der Gefangenschaft gehegt[2]. Ein tot aufgefundenes Totemtier wird betrauert und bestattet wie ein Clangenosse. Mußte man ein Totemtier töten, so geschah es unter einem vorgeschriebenen Rituale von Entschuldigungen und Sühnezeremonien.

Von seinem Totem erwartete der Stamm Schutz und Schonung. Wenn er ein gefährliches Tier war (Raubtier, Giftschlange), so setzte man voraus, daß er seinen Genossen nichts zuleide tun würde, und wo sich diese Voraussetzung nicht bestätigte, wurde der Beschädigte aus dem Stamme ausgestoßen. Eide, meint Frazer, waren ursprünglich Ordalien; viele Abstammungs- und Echtheitsproben wurden so dem Totem zur Entscheidung überlassen. Der Totem hilft in Krankheiten, gibt dem Stamme Vorzeichen und Warnungen. Die Erscheinung des Totemtieres in der Nähe eines Hauses wurde häufig als Ankündigung eines Todesfalles angesehen. Der Totem war gekommen, seinen Verwandten zu holen[3].

Unter verschiedenen bedeutsamen Verhältnissen sucht der Clangenosse seine Verwandtschaft mit dem Totem zu betonen, indem er sich ihm äußerlich ähnlich macht, sich in die Haut des Totemtieres hüllt, sich das Bild desselben einritzt u. dgl. Bei den feierlichen Gelegenheiten der Ge-

[1] Vgl. die Abhandlung über das Tabu [oben, S. 313].

[2] Wie heute noch die Wölfe im Käfig an der Kapitolsstiege in Rom, die Bären im Zwinger von Bern.

[3] Also wie die weiße Frau mancher Adelsgeschlechter.

burt, der Männerweihe, des Begräbnisses wird diese Identifizierung mit dem Totem in Taten und Worten durchgeführt. Tänze, bei denen alle Genossen des Stammes sich in ihren Totem verkleiden und wie er gebärden, dienen mannigfaltigen magischen und religiösen Absichten. Endlich gibt es Zeremonien, bei denen das Totemtier in feierlicher Weise getötet wird[1].

Die soziale Seite des Totemismus prägt sich vor allem in einem streng gehaltenen Gebot und in einer großartigen Einschränkung aus. Die Mitglieder eines Totemclans sind Brüder und Schwestern, verpflichtet, einander zu helfen und zu beschützen; im Falle der Tötung eines Clangenossen durch einen Fremden haftet der ganze Stamm des Täters für die Bluttat, und der Clan des Gemordeten fühlt sich solidarisch in der Forderung nach Sühne für das vergossene Blut. Die Totembande sind stärker als die Familienbande in unserem Sinne; sie fallen mit diesen nicht zusammen, da die Übertragung des Totem in der Regel durch mütterliche Vererbung geschieht und ursprünglich die väterliche Vererbung vielleicht überhaupt nicht in Geltung war.

Die entsprechende Tabubeschränkung aber besteht in dem Verbot, daß Mitglieder desselben Totemclans einander nicht heiraten und überhaupt nicht in Sexualverkehr miteinander treten dürfen. Dies ist die berühmte und rätselhafte, mit dem Totemismus verknüpfte *Exogamie*. Wir haben ihr die ganze erste Abhandlung dieser Reihe gewidmet und brauchen darum hier nur anzuführen, daß sie der verschärften Inzestscheu der Primitiven entspringt, daß sie als Sicherung gegen Inzest bei Gruppenehe vollkommen verständlich würde und daß sie zunächst die Inzestverhütung für die jüngere Generation besorgt und erst in weiterer Ausbildung auch der älteren Generation zum Hindernis wird[2].

An diese Darstellung des Totemismus bei Frazer, eine der frühesten in der Literatur des Gegenstandes, will ich nun einige Auszüge aus einer der letzten Zusammenfassungen anschließen. In den 1912 erschienenen *Elementen der Völkerpsychologie* sagt W. Wundt (S. 116 ff.): »Das Totemtier gilt als Ahnentier der betreffenden Gruppe. ›Totem‹ ist also einerseits Gruppen-, anderseits Abstammungsname, und in letzterer Beziehung hat dieser Name zugleich eine mythologische Bedeutung. Alle diese Verwendungen des Begriffes spielen aber ineinander, und die einzelnen dieser Bedeutungen können zurücktreten, so daß in manchen

---

[1] Frazer (1910, Bd. 1, 45). – S. unten [S. 417 ff.] die Erörterung über das Opfer.

[2] S. die erste Abhandlung [oben, S. 298 f. und S. 299, Anm.].

Fällen die Totems fast zu einer bloßen Nomenklatur der Stammesabteilungen geworden sind, während in anderen die Vorstellung der Abstammung oder aber auch die kultische Bedeutung des Totems im Vordergrund steht ...« Der Begriff des Totem wird für die *Stammesgliederung* und *Stammesorganisation* maßgebend. »Mit diesen Normen und mit ihrer Befestigung im Glauben und Fühlen der Stammesgenossen hängt es zusammen, daß man das Totemtier ursprünglich jedenfalls nicht bloß als einen Namen für eine Gruppe von Stammesgliedern betrachtete, sondern daß das Tier meist als Stammvater der betreffenden Abteilung gilt ... Damit hängt dann zusammen, daß diese Tierahnen einen Kult genießen ... Dieser Tierkult äußert sich ursprünglich, abgesehen von bestimmten Zeremonien und zeremoniellen Festen, vor allem in dem Verhalten gegenüber dem Totemtier: nicht nur ein einzelnes Tier, sondern jeder Repräsentant der gleichen Spezies ist in gewissem Grade ein geheiligtes Tier, es ist den Totemgenossen verboten oder nur unter gewissen Umständen erlaubt, das Fleisch des Totemtieres zu genießen. Dem entspricht die in solchem Zusammenhange bedeutsame Gegenerscheinung, daß unter gewissen Bedingungen eine Art von zeremoniellem Genuß des Totemfleisches stattfindet ...«

»... Die wichtigste soziale Seite dieser totemistischen Stammesgliederung besteht aber darin, daß mit ihr bestimmte Normen der Sitte für den Verkehr der Gruppen untereinander verbunden sind. Unter diesen Normen stehen in erster Linie die für den Eheverkehr. So hängt diese Stammesgliederung mit einer wichtigen Erscheinung zusammen, die zum erstenmal im totemistischen Zeitalter auftritt: mit der *Exogamie.*«

Wenn wir durch all das hindurch, was späterer Fortbildung oder Abschwächung entsprechen mag, zu einer Charakteristik des ursprünglichen Totemismus gelangen wollen, so ergeben sich uns folgende wesentliche Züge: *Die Totem waren ursprünglich nur Tiere, sie galten als die Ahnen der einzelnen Stämme. Der Totem vererbte sich nur in weiblicher Linie; es war verboten, den Totem zu töten* (oder *zu essen*, was für primitive Verhältnisse zusammenfällt); *es war den Totemgenossen verboten, Sexualverkehr miteinander zu pflegen*[1].

Es darf uns nun auffallen, daß in dem *Code du totémisme*, den Reinach aufgestellt hat, das eine der Haupttabu, das der Exogamie, überhaupt

[1] Übereinstimmend mit diesem Text lautet das Fazit des Totemismus, welches Frazer in seiner zweiten Arbeit über den Gegenstand (›The Origin of Totemism‹, *Fortnightly Review* 1899) zieht: *»Thus, Totemism has commonly been treated as a primitive system both of religion and of society. As a system of religion it embraces the mystic*

nicht vorkommt, während die Voraussetzung des zweiten, die Abstammung vom Totemtier, nur eine beiläufige Erwähnung findet. Ich habe aber die Darstellung Reinachs, eines um den Gegenstand sehr verdienten Autors, ausgewählt, um auf die Meinungsverschiedenheiten unter den Autoren vorzubereiten, welche uns nun beschäftigen sollen.

2

Je unabweisbarer die Einsicht auftrat, daß der Totemismus eine regelmäßige Phase aller Kulturen gebildet habe, desto dringender wurde das Bedürfnis, zu einem Verständnis desselben zu gelangen, die Rätsel seines Wesens aufzuhellen. Rätselhaft ist wohl alles am Totemismus; die entscheidenden Fragen sind die nach der Herkunft der Totemabstammung, nach der Motivierung der Exogamie (respektive des durch sie vertretenen Inzesttabu) und nach der Beziehung zwischen den beiden, der Totemorganisation und dem Inzestverbot. Das Verständnis sollte in einem ein historisches und ein psychologisches sein, Auskunft geben, unter welchen Bedingungen sich diese eigentümliche Institution entwickelt und welchen seelischen Bedürfnissen der Menschen sie Ausdruck gegeben hatte.

Meine Leser werden nun gewiß erstaunt sein zu hören, von wie verschiedenen Gesichtspunkten her die Beantwortung dieser Fragen versucht wurde und wie weit die Meinungen der sachkundigen Forscher hierüber auseinandergehen. Es steht so ziemlich alles in Frage, was man allgemein über Totemismus und Exogamie behaupten möchte; auch das vorangeschickte, aus einer von Frazer 1887 veröffentlichten Schrift geschöpfte Bild kann der Kritik nicht entgehen, eine willkürliche Vorliebe des Referenten auszudrücken, und würde heute von Frazer selbst, der seine Ansichten über den Gegenstand wiederholt geändert hat, beanständet werden [1].

---

union of the savage with his totem; as a system of society it comprises the relations in which men and women of the same totem stand to each other and to the members of other totemic groups. And corresponding to these two sides of the system are two rough and ready tests or canons of Totemism: first, the rule that a man may not kill or eat his totem animal or plant; and second the rule that he may not marry or cohabit with a woman of the same totem.« [Abgedruckt in Frazer, 1910, Bd. 1, 101.] Frazer fügt dann hinzu, was uns mitten in die Diskussionen über den Totemismus hineinführt: *»Whether the two sides – the religious and the social – have always co-existed or are essentially independent, is a question which has been variously answered.«*

[1] Anläßlich einer solchen Sinnesänderung schrieb er den schönen Satz nieder: *»That my conclusions on these difficult questions are final, I am not so foolish as to pretend. I*

Es ist eine naheliegende Annahme, daß man das Wesen des Totemismus und der Exogamie am ehesten erfassen könnte, wenn man den Ursprüngen der beiden Institutionen näherkäme. Dann ist aber für die Beurteilung der Sachlage die Bemerkung von Andrew Lang nicht zu vergessen, daß auch die primitiven Völker uns diese ursprünglichen Formen der Institutionen und die Bedingungen für deren Entstehung nicht mehr aufbewahrt haben, so daß wir einzig und allein auf Hypothesen angewiesen bleiben, um die mangelnde Beobachtung zu ersetzen[1]. Unter den vorgebrachten Erklärungsversuchen erscheinen einige dem Urteil des Psychologen von vornherein als inadäquat. Sie sind allzu rationell und nehmen auf den Gefühlscharakter der zu erklärenden Dinge keine Rücksicht. Andere ruhen auf Voraussetzungen, denen die Beobachtung die Bestätigung versagt; noch andere berufen sich auf ein Material, welches besser einer anderen Deutung unterworfen werden sollte. Die Widerlegung der verschiedenen Ansichten hat in der Regel wenig Schwierigkeiten; die Autoren sind wie gewöhnlich in der Kritik, die sie aneinander üben, stärker als in ihren eigenen Produktionen. Ein *Non liquet* ist für die meisten der behandelten Punkte das Endergebnis. Es ist daher nicht zu verwundern, wenn in der neuesten, hier meist übergangenen Literatur des Gegenstandes das unverkennbare Bestreben auftritt, eine allgemeine Lösung der totemistischen Probleme als undurchführbar abzuweisen. So z. B. Goldenweiser (1910). (Referat in *Britannica Year Book* 1913.) Ich habe mir gestattet, bei der Mitteilung dieser einander widerstreitenden Hypothesen von deren Zeitfolge abzusehen.

a) DIE HERKUNFT DES TOTEMISMUS

Die Frage nach der Entstehung des Totemismus läßt sich auch so formulieren: Wie kamen primitive Menschen dazu, sich (ihre Stämme) nach Tieren, Pflanzen, leblosen Gegenständen zu benennen?[2]

---

have changed my views repeatedly, and I am resolved to change them again with every change of the evidence, for like a chameleon, the candid enquirer should shift his colours with the shifting colours of the ground he treads.« Vorrede zum I. Band von *Totemism and Exogamy* (1910 [XIII]).

[1] *»By the nature of the case, as the origin of totemism lies far beyond our powers of historical examination or of experiment, we must have recourse as regards this matter to conjecture«*, A. Lang (1905, 27). – *»Nowhere do we see absolutely primitive man, and a totemic system in the making.«* (Ibid., 29.)

[2] Wahrscheinlich ursprünglich nur nach Tieren.

Der Schotte McLennan, der Totemismus und Exogamie für die Wissenschaft entdeckte (1869–70 und 1865), enthielt sich, eine Ansicht über die Entstehung des Totemismus zu veröffentlichen. Nach einer Mitteilung von A. Lang (1905, 34) war er eine Zeitlang geneigt, den Totemismus auf die Sitte des Tätowierens zurückzuführen. Die verlautbarten Theorien zur Ableitung des Totemismus möchte ich in drei Gruppen bringen, als *α*) nominalistische, *β*) soziologische, *γ*) psychologische.

α) Die nominalistischen Theorien

Die Mitteilungen über diese Theorien werden deren Zusammenfassung unter dem von mir gebrachten Titel rechtfertigen.

Schon Garcilaso de la Vega, ein Abkömmling der peruanischen Inka, der im 17. Jahrhundert die Geschichte seines Volkes schrieb, soll, was ihm von totemistischen Phänomenen bekannt war, auf das Bedürfnis der Stämme, sich durch Namen voneinander zu unterscheiden, zurückgeführt haben. (Nach Lang, 1905, 34.) Derselbe Gedanke taucht Jahrhunderte später in der Ethnology von A. K. Keane auf: Die Totem seien aus *»heraldic badges«* (Wappenabzeichen) hervorgegangen, durch die Individuen, Familien und Stämme sich voneinander unterscheiden wollten [1].

Max Müller äußerte dieselbe Ansicht über die Bedeutung der Totem in seinen *Contributions to the Science of Mythology* [2]. Ein Totem sei: 1. ein Clanabzeichen, 2. ein Clanname, 3. der Name des Ahnherrn des Clan, 4. der Name des vom Clan verehrten Gegenstandes. Später J. Pikler (1899): »Die Menschen bedurften eines bleibenden, schriftlich fixierbaren Namens für Gemeinschaften und Individuen ... So entspringt also der Totemismus nicht aus dem religiösen, sondern aus dem nüchternen Alltagsbedürfnis der Menschheit. Der Kern des Totemismus, die Benennung, ist eine Folge der primitiven Schrifttechnik. Der Charakter der Totem ist auch der von leicht darstellbaren Schriftzeichen. Wenn die Wilden aber erst den Namen eines Tieres trugen, so leiteten sie daraus die Idee einer Verwandtschaft mit diesem Tiere ab.« [3]

Herbert Spencer (1870 und 1893, 331–46) legte gleichfalls der Namengebung die entscheidende Bedeutung für die Entstehung des Totemismus bei. Einzelne Individuen, führte er aus, hätten durch ihre Eigenschaften herausgefordert, sie nach Tieren zu benennen, und seien so zu

1 [Keane (1899, 396)] bei Lang [1903, IX f.].

2 [1897, Bd. 1, 201] bei Lang [1905, 118].

3 Pikler und Somló [1900]. Die Autoren kennzeichnen ihren Erklärungsversuch mit Recht als »Beitrag zur materialistischen Geschichtstheorie«.

Ehrennamen oder Spitznamen gekommen, welche sich auf ihre Nachkommen fortsetzten. Infolge der Unbestimmtheit und Unverständlichkeit der primitiven Sprachen seien diese Namen von den späteren Generationen so aufgefaßt worden, als seien sie ein Zeugnis für ihre Abstammung von diesen Tieren selbst. Der Totemismus hätte sich so als mißverständliche Ahnenverehrung ergeben. (Übersetzung, §§ 169–76.)
Ganz ähnlich, obwohl ohne Hervorhebung des Mißverständnisses hat Lord Avebury (bekannter unter seinem früheren Namen Sir John Lubbock) die Entstehung des Totemismus beurteilt: Wenn wir die Tierverehrung erklären wollen, dürfen wir nicht daran vergessen, wie häufig die menschlichen Namen von den Tieren entlehnt werden. Die Kinder und das Gefolge eines Mannes, der Bär oder Löwe genannt wurde, machten daraus natürlich einen Stammesnamen. Daraus ergab sich, daß das Tier selbst zu einer gewissen Achtung und endlich Verehrung gelangte. [Lubbock, 1870, 171.]
Einen, wie es scheint, unwiderleglichen Einwand gegen solche Zurückführung der Totemnamen auf die Namen von Individuen hat Fison vorgebracht[1]. Er zeigt an den Verhältnissen von Australien, daß der Totem stets das Merkzeichen einer Gruppe von Menschen, nie eines einzelnen ist. Wäre es aber anders und der Totem ursprünglich der Name eines einzelnen Menschen [Mannes], so könnte er bei dem System der mütterlichen Vererbung nie auf dessen Kinder übergehen.
Die bisher mitgeteilten Theorien sind übrigens in offenkundiger Weise unzureichend. Sie erklären etwa die Tatsache der Tiernamen für die Stämme der Primitiven, aber niemals die Bedeutung, welche diese Namengebung für sie gewonnen hat, das totemistische System. Die beachtenswerteste Theorie dieser Gruppe ist die von A. Lang in seinen Büchern *Social Origins* 1903 und *The Secret of the Totem* 1905 entwickelte. Sie macht immer noch die Namengebung zum Kern des Problems, aber sie verarbeitet zwei interessante psychologische Momente und beansprucht so, das Rätsel des Totemismus der endgültigen Lösung zugeführt zu haben.
A. Lang meint, es sei zunächst gleichgültig, auf welche Weise die Clans zu ihren Tiernamen gekommen seien. Man wolle nur annehmen, sie erwachten eines Tages zum Bewußtsein, daß sie solche tragen, und wußten sich keine Rechenschaft zu geben, woher. *Der Ursprung dieser Namen sei vergessen.* Dann würden sie versuchen, sich durch Spekulation Auskunft darüber zu schaffen, und bei ihren Überzeugungen von der Be-

[1] Fison [und Howitt] (1880, 165), bei Lang (1905 [141]).

deutung der Namen müßten sie notwendigerweise zu all den Ideen kommen, die im totemistischen System enthalten sind. Namen sind für die Primitiven – wie für die heutigen Wilden und selbst für unsere Kinder[1] – nicht etwa etwas Gleichgültiges und Konventionelles, wie sie uns erscheinen, sondern etwas Bedeutungsvolles und Wesentliches. Der Name eines Menschen ist ein Hauptbestandteil seiner Person, vielleicht ein Stück seiner Seele. Die Gleichnamigkeit mit dem Tiere mußte die Primitiven dazu führen, ein geheimnisvolles und bedeutsames Band zwischen ihren Personen und dieser Tiergattung anzunehmen. Welches Band konnte da anders in Betracht kommen als das der Blutsverwandtschaft? War diese aber infolge der Namensgleichheit einmal angekommen, so ergaben sich aus ihr als direkte Folgen des Bluttabu alle Totemvorschriften mit Einschluß der Exogamie.

»No more than these three things – a group animal name of unknown origin; belief in a transcendental connection between all bearers, human and bestial, of the same name; and belief in the blood superstitions – was needed to give rise to all the totemic creeds and practices, including exogamy.« (Lang, 1905, 125 f.)

Langs Erklärung ist sozusagen zweizeitig. Sie leitet das totemistische System mit psychologischer Notwendigkeit aus der Tatsache der Totemnamen ab unter der Voraussetzung, daß die Herkunft dieser Namengebung vergessen worden sei. Das andere Stück der Theorie sucht nun den Ursprung dieser Namen aufzuklären; wir werden sehen, daß es von ganz anderem Gepräge ist.

Dies andere Stück der Langschen Theorie entfernt sich nicht wesentlich von den übrigen, die ich »nominalistisch« genannt habe. Das praktische Bedürfnis nach Unterscheidung nötigte die einzelnen Stämme, Namen anzunehmen, und darum ließen sie sich die Namen gefallen, die jedem Stamm von den anderen gegeben wurden. Dies *»naming from without«* ist die Eigentümlichkeit der Langschen Konstruktion. Daß die Namen, die so zustande kamen, von Tieren entlehnt waren, ist nicht weiter auffällig und braucht von den Primitiven nicht als Schimpf oder Spott empfunden worden zu sein. Übrigens hat Lang die keineswegs vereinzelten Fälle aus späteren Epochen der Geschichte herangezogen, in denen von außen gegebene, ursprünglich als Spott gemeinte Namen von den so Bezeichneten akzeptiert und bereitwillig getragen wurden (*Geusen*, *Whigs* und *Tories*[2]). Die Annahme, daß die Entstehung dieser

[1] Vgl. oben die Abhandlung über das Tabu, S. 345 ff.

[2] [»Les Gueux«, »Bettler«: holländische Aufständische im 16. Jahrhundert. »Whigs«

Namen im Laufe der Zeit vergessen wurde, verknüpft dies zweite Stück der Langschen Theorie mit dem vorhin dargestellten ersten.

β) Die soziologischen Theorien

S. Reinach, der den Überbleibseln des totemistischen Systems in Kult und Sitte späterer Perioden erfolgreich nachgespürt, aber von Anfang an das Moment der Abstammung vom Totemtier geringgeschätzt hat, äußert einmal ohne Bedenken, der Totemismus scheine ihm nichts anderes zu sein als *»une hypertrophie de l'instinct social«* [1].
Dieselbe Auffassung scheint das neue Werk von E. Durkheim: *Les formes élémentaires de la vie religieuse: Le système totémique en Australie* (1912), zu durchziehen. Der Totem ist der sichtbare Repräsentant der sozialen Religion dieser Völker. Er verkörpert die Gemeinschaft, welche der eigentliche Gegenstand der Verehrung ist.
Andere Autoren haben nach näherer Begründung für diese Beteiligung der sozialen Triebe an der Bildung der totemistischen Institutionen gesucht. So hat A. C. Haddon angenommen, daß jeder primitive Stamm ursprünglich von einer besonderen Tier- oder Pflanzenart lebte, vielleicht auch mit diesem Nahrungsmittel Handel trieb und ihn anderen Stämmen im Austausch zuführte. So konnte es nicht fehlen, daß der Stamm den anderen unter dem Namen des Tieres, welches für ihn eine so wichtige Rolle spielte, bekannt wurde. Gleichzeitig mußte sich bei diesem Stamm eine besondere Vertrautheit mit dem betreffenden Tier und eine Art von Interesse für dasselbe entwickeln, welches aber auf kein anderes psychisches Motiv als auf das elementarste und dringendste der menschlichen Bedürfnisse, den Hunger, gegründet war [2].
Die Einwendungen gegen diese rationalste aller Totemtheorien besagen, daß ein solcher Zustand der Ernährung bei den Primitiven nirgends gefunden werde und wahrscheinlich niemals bestanden habe. Die Wilden seien omnivor, und zwar um so mehr, je niedriger sie stehen. Ferner sei es nicht zu verstehen, wie aus solcher ausschließlicher Diät sich ein fast religiöses Verhältnis zu dem Totem entwickelt haben konnte, das in der absoluten Enthaltung von der Vorzugsnahrung gipfelte. [Vgl. Frazer, 1910, Bd. 4, 51.]

---

und »Tories«: die aus dem 17. Jahrhundert stammenden Namen der beiden großen Parteien im britischen Parlament, die später durch die Bezeichnungen »Liberale« und »Konservative« ersetzt wurden.]

[1] Reinach (1905–12, Bd. 1, 41).

[2] Haddon (1902 [745]), bei Frazer (1910, Bd. 4, 50).

Die erste der drei Theorien, welche Frazer über die Entstehung des Totemismus ausgesprochen, war eine psychologische; sie wird an anderer Stelle berichtet werden.

Die zweite hier zu besprechende Theorie Frazers entstand unter dem Eindruck der bedeutungsvollen Publikation zweier Forscher über die Eingeborenen von Zentralaustralien.

Spencer und Gillen (1899) beschrieben bei einer Gruppe von Stämmen, der sogenannten Aruntanation, eine Reihe von eigentümlichen Einrichtungen, Gebräuchen und Ansichten, und Frazer schloß sich ihrem Urteile an, daß diese Besonderheiten als Züge eines primitiven Zustandes zu betrachten seien und über den ersten und eigentlichen Sinn des Totemismus Aufschluß geben können.

Diese Eigentümlichkeiten sind bei dem Aruntastamm selbst (einem Teil der Aruntanation) folgende:

1. Sie haben die Gliederung in Totemclans, aber der Totem wird nicht erblich übertragen, sondern (auf später mitzuteilende Weise) individuell bestimmt.

2. Die Totemclans sind nicht exogam, die Heiratsbeschränkungen werden durch eine hochentwickelte Gliederung in Heiratsklassen hergestellt, welche mit den Totem nichts zu tun haben.

3. Die Funktion der Totemclans besteht in der Ausführung einer Zeremonie, welche auf exquisit magische Weise die Vermehrung des eßbaren Totemobjekts bezweckt (diese Zeremonie heißt *Intichiuma*).

4. Die Arunta haben eine eigenartige Konzeptions- und Wiedergeburtstheorie. Sie nehmen an, daß an bestimmten Stellen ihres Landes [Totembezirke] die Geister der Verstorbenen desselben Totem auf ihre Wiedergeburt warten und in den Leib der Frauen eindringen, die jene Stellen passieren. Wird ein Kind geboren, so gibt die Mutter an, auf welcher Geisterstätte sie ihr Kind empfangen zu haben glaubt. Danach wird der Totem des Kindes bestimmt. Es wird ferner angenommen, daß die Geister (der Verstorbenen wie der Wiedergeborenen) an eigentümliche Steinamulette gebunden sind (namens *Churinga*), welche an jenen Stätten gefunden werden.

Zwei Momente scheinen Frazer zum Glauben bewogen zu haben, daß man in den Einrichtungen der Arunta die älteste Form des Totemismus aufgefunden habe. Erstens die Existenz gewisser Mythen, welche behaupteten, daß die Ahnen der Arunta sich regelmäßig von ihrem Totem genährt und keine anderen Frauen als die aus ihrem eigenen Totem geheiratet hätten. Zweitens die anscheinende Zurücksetzung des Geschlechtsaktes in ihrer Konzeptionstheorie. Menschen, die noch nicht erkannt hatten, daß die Empfängnis die Folge des Geschlechtsverkehrs sei, dürfte man wohl als die zurückgebliebensten und primitivsten unter den heute lebenden ansehen.

Indem Frazer sich für die Beurteilung des Totemismus an die *Intichiuma*zeremonie hielt, erschien ihm das totemistische System auf einmal in gänzlich verändertem Lichte als eine durchwegs praktische Organisation zur Bestreitung der natürlichsten Bedürfnisse des Menschen (vgl. oben [S. 399], Haddon)[1]. Das System war einfach ein großartiges Stück von *»co-operative magic«*. Die Primitiven bildeten sozusagen einen magischen Produktions- und Konsumverein. Jeder Totemclan hatte die Aufgabe übernommen, für die Reichlichkeit eines gewissen Nahrungsmittels zu sorgen. Wenn es sich um nicht eßbare Totem handelte, wie um schädliche Tiere, um Regen, Wind u. dgl., so war die Pflicht des Totemclan, dieses Stück Natur zu beherrschen und dessen Schädlichkeit abzuwehren. Die Leistungen eines jeden Clan kamen allen anderen zugute. Da der Clan von seinem Totem nichts oder nur sehr wenig essen durfte, so beschaffte er dieses wertvolle Gut für die anderen und wurde dafür von ihnen mit dem versorgt, was sie selbst als ihre soziale Totempflicht zu besorgen hatten. Im Lichte dieser durch die *Intichiuma*zeremonie vermittelten Auffassung wollte es Frazer scheinen, als wäre man durch das Verbot, von seinem Totem zu essen, verblendet worden, die wichtigere Seite des Verhältnisses zu vernachlässigen, nämlich das Gebot, möglichst viel von dem eßbaren Totem für den Bedarf der anderen herbeizuschaffen.

Frazer nahm die Tradition der Arunta an, daß jeder Totemclan sich ursprünglich ohne Einschränkung von seinem Totem genährt habe. Dann bereitete es Schwierigkeiten, die folgende Entwicklung zu verstehen, die sich damit begnügte, den Totem für andere zu sichern, während man selbst auf seinen Genuß fast verzichtete. Er nahm dann an, diese Einschränkung sei keineswegs aus einer Art von religiösem Respekt hervorgegangen, sondern vielleicht aus der Beobachtung, daß kein Tier seinesgleichen zu verzehren pflege, so daß dieser Abbruch der Identifizierung mit dem Totem der Macht, die man über denselben zu erlangen wünschte, Schaden brächte. Oder aus einem Bestreben, sich das Wesen geneigt zu machen, indem man es selbst verschonte. Frazer

[1] *»There is nothing vague or mystical about it, nothing of that metaphysical haze which some writers love to conjure up over the humble beginnings of human speculation, but which is utterly foreign to the simple, sensuous and concrete modes of thought of the savage.«* (Frazer, 1910, Bd. 1, 117.)

verhehlte sich aber die Schwierigkeiten dieser Erklärung nicht (1910, Bd. 1, 121 ff.), und ebensowenig getraute er sich anzugeben, auf welchem Wege die von den Mythen der Arunta behauptete Gewohnheit, innerhalb des Totem zu heiraten, sich zur Exogamie gewandelt habe.

Die auf das *Intichiuma* gegründete Theorie Frazers steht und fällt mit der Anerkennung der primitiven Natur der Aruntainstitutionen. Es scheint aber unmöglich, diese letztere gegen die von Durkheim[1] und Lang (1903 und 1905) vorgebrachten Einwendungen zu halten. Die Arunta scheinen vielmehr die entwickeltsten der australischen Stämme zu sein, eher ein Auflösungsstadium als den Beginn des Totemismus zu repräsentieren. Die Mythen, welche auf Frazer so großen Eindruck gemacht haben, weil sie im Gegensatz zu den heute herrschenden Institutionen die Freiheit betonen, vom Totem zu essen und innerhalb des Totem zu heiraten, würden sich uns leicht als Wunschphantasien erklären, welche in die Vergangenheit projiziert sind, ähnlich wie der Mythus vom goldenen Zeitalter.

γ) Die psychologischen Theorien

Die erste psychologische Theorie Frazers, noch vor seiner Bekanntschaft mit den Beobachtungen von Spencer und Gillen geschaffen, ruhte auf dem Glauben an die »äußerliche Seele«[2]. Der Totem sollte einen sicheren Zufluchtsort für die Seele darstellen, an dem sie deponiert wird, um den Gefahren, die sie bedrohen, entzogen zu bleiben. Wenn der Primitive seine Seele in seinem Totem untergebracht hatte, so war er selbst unverletzlich, und natürlich hütete er sich, den Träger seiner Seele selbst zu beschädigen. Da er aber nicht wußte, welches Individuum der Tierart sein Seelenträger war, lag es ihm nahe, die ganze Art zu verschonen. Frazer hat diese Ableitung des Totemismus aus dem Seelenglauben später selbst aufgegeben.

Als er mit den Beobachtungen von Spencer und Gillen bekannt wurde, stellte er die andere, soziologische Theorie des Totemismus auf, welche eben vorhin mitgeteilt wurde, aber er fand dann selbst, daß das Motiv, aus dem er den Totemismus abgeleitet, allzu »rationell« sei und daß er dabei eine soziale Organisation vorausgesetzt habe, die allzu kompliziert sei, als daß man sie primitiv heißen dürfe[3]. Die magischen

[1] *L'année sociologique,* Bd. I, V, VIII [1898, 1902, 1905] und an anderen Stellen. S. besonders die Abhandlung ›Sur le totémisme‹, Bd. V (1902 [89 f.]).

[2] *The Golden Bough* (1890), Bd. 2, 332 ff. [Vgl. auch Frazer, 1910, Bd. 4, 52 ff.]

[3] *»It is unlikely that a community of savages should deliberately parcel out the realm*

Kooperativgesellschaften erschienen ihm jetzt eher als späte Früchte denn als Keime des Totemismus. Er suchte ein einfacheres Moment, einen primitiven Aberglauben, hinter diesen Bildungen, um aus ihm die Entstehung des Totemismus abzuleiten. Dieses ursprüngliche Moment fand er dann in der merkwürdigen Konzeptionstheorie der Arunta.

Die Arunta heben, wie bereits erwähnt, den Zusammenhang der Konzeption mit dem Geschlechtsakt auf. Wenn ein Weib sich Mutter fühlt, so ist in diesem Augenblick einer der auf Wiedergeburt lauernden Geister von der nächstliegenden Geisterstätte in ihren Leib eingedrungen und wird von ihr als Kind geboren. Dies Kind hat denselben Totem wie alle an der gewissen Stelle lauernden Geister. Diese Konzeptionstheorie kann den Totemismus nicht erklären, denn sie setzt den Totem voraus. Aber wenn man einen Schritt weiter zurückgehen und annehmen will, daß das Weib ursprünglich geglaubt, das Tier, die Pflanze, der Stein, das Objekt, welches ihre Phantasie in dem Moment beschäftigte, da sie sich zuerst Mutter fühlte, sei wirklich in sie eingedrungen und werde dann von ihr in menschlicher Form geboren, dann wäre die Identität eines Menschen mit seinem Totem durch den Glauben der Mutter wirklich begründet, und alle weiteren Totemgebote (mit Ausschluß der Exogamie) ließen sich leicht daraus ableiten. Der Mensch würde sich weigern, von diesem Tier, dieser Pflanze zu essen, weil er damit gleichsam sich selbst essen würde. Er würde sich aber veranlaßt finden, gelegentlich in zeremoniöser Weise etwas von seinem Totem zu genießen, weil er dadurch seine Identifizierung mit dem Totem, welche das Wesentliche am Totemismus ist, verstärken könnte. Beobachtungen von W. H. R. Rivers an den Eingeborenen der Banksinseln schienen die direkte Identifizierung der Menschen mit ihrem Totem auf Grund einer solchen Konzeptionstheorie zu erweisen[1].

Die letzte Quelle des Totemismus wäre also die Unwissenheit der Wilden über den Prozeß, wie Menschen und Tiere ihr Geschlecht fortpflanzen. Des besonderen die Unkenntnis der Rolle, welche das Männchen bei der Befruchtung spielt. Diese Unkenntnis muß erleichtert werden durch das lange Intervall, welches sich zwischen den befruchtenden Akt und die Geburt des Kindes (oder das Verspüren der ersten Kindsbewegungen) einschiebt. Der Totemismus ist daher eine Schöpfung

---

of nature into provinces, assign each province to a particular band of magicians, and bid all the bands to work their magic and weave their spells for the common good.« (Frazer, 1910, Bd. 4, 57.)

[1] Frazer (1910, Bd. 2, 89 ff., und Bd. 4, 59) [nach Rivers (1909, 173 f.)].

nicht des männlichen, sondern des weiblichen Geistes. Die Gelüste *(sick fancies)* des schwangeren Weibes sind die Wurzel desselben. »*Anything indeed that struck a woman at that mysterious moment of her life when she first knows herself to be a mother might easily be identified by her with the child in her womb. Such maternal fancies, so natural and seemingly so universal, appear to be the root of totemism.*« (Frazer, 1910, Bd. 4, 63.)

Der Haupteinwand gegen diese dritte Frazersche Theorie ist derselbe, der bereits gegen die zweite, soziologische vorgebracht wurde. Die Arunta scheinen sich von den Anfängen des Totemismus weit weg entfernt zu haben. Ihre Verleugnung der Vaterschaft scheint nicht auf primitiver Unwissenheit zu beruhen; sie haben selbst in manchen Stücken väterliche Vererbung. Sie scheinen die Vaterschaft einer Art von Spekulation geopfert zu haben, welche die Ahnengeister zu Ehren bringen will[1]. Wenn sie den Mythus der unbefleckten Empfängnis durch den Geist zur allgemeinen Konzeptionstheorie erheben, darf man ihnen darum Unwissenheit über die Bedingungen der Fortpflanzung ebensowenig zumuten wie den alten Völkern um die Zeit der Entstehung der christlichen Mythen.

Eine andere psychologische Theorie der Herkunft des Totemismus hat der Holländer G. A. Wilken [1884, 997] aufgestellt. Sie stellt eine Verknüpfung des Totemismus mit der Seelenwanderung her. »Dasjenige Tier, in welches die Seelen der Toten nach allgemeinem Glauben übergingen, wurde zum Blutsverwandten, Ahnherrn und als solcher verehrt.« Aber der Glauben an die Tierwanderung der Seelen mag eher aus dem Totemismus abgeleitet sein als umgekehrt[2].

Eine andere Theorie des Totemismus wird von ausgezeichneten amerikanischen Ethnologen, Fr. Boas, Hill-Tout u. a., vertreten. Sie geht von den Beobachtungen an totemistischen Indianerstämmen aus und behauptet, der Totem sei ursprünglich der Schutzgeist eines Ahnen, den dieser durch einen Traum erworben und auf seine Nachkommenschaft vererbt habe. Wir haben schon früher gehört, welche Schwierigkeiten die Ableitung des Totemismus aus der Vererbung von einem Einzelnen her bietet [vgl. S. 397]; überdies sollen die australischen Beobachtungen die Zurückführung des Totem auf den Schutzgeist keineswegs unterstützen. (Frazer, 1910, Bd. 4, 48 ff.)

Für die letzte der psychologischen Theorien, die von Wundt ausgespro-

---

1 »*That belief is a philosophy far from primitive.*« (A. Lang, 1905, 192.)

2 Bei Frazer (1910, Bd. 4, 45 f.).

chene, sind die beiden Tatsachen entscheidend geworden, daß erstens das ursprüngliche Totemobjekt und das dauernd verbreitetste das Tier ist und daß zweitens unter den Totemtieren wieder die ursprünglichsten mit Seelentieren zusammenfallen. (Wundt, 1912, 190.) Seelentiere, wie Vögel, Schlange, Eidechse, Maus, eignen sich durch ihre schnelle Beweglichkeit, ihren Flug in der Luft, durch andere Überraschung und Grauen erregende Eigenschaften dazu, als die Träger der den Körper verlassenden Seele erkannt zu werden. Das Totemtier ist ein Abkömmling der Tierverwandlungen der Hauchseele. So mündet hier für Wundt der Totemismus unmittelbar in den Seelenglauben oder Animismus ein.

b) und *c)* DIE HERKUNFT DER EXOGAMIE UND IHRE BEZIEHUNG ZUM TOTEMISMUS

Ich habe die Theorien des Totemismus mit einiger Ausführlichkeit vorgebracht und muß dennoch befürchten, daß ich deren Eindruck durch die immerhin notwendige Verkürzung geschadet habe. In betreff der weiteren Fragen nehme ich mir im Interesse der Leser die Freiheit einer noch weitergehenden Zusammendrängung. Die Diskussionen über Exogamie der Totemvölker werden durch die Natur des dabei verwerteten Materials besonders kompliziert und unübersehbar; man könnte sagen: verworren. Die Ziele dieser Abhandlung gestatten es auch, daß ich mich hier auf Hervorhebung einiger Richtlinien beschränke und für eine gründlichere Verfolgung des Gegenstandes auf die mehrmals zitierten eingehenden Fachschriften verweise.
Die Stellung eines Autors zu den Problemen der Exogamie ist natürlich nicht unabhängig von seiner Parteinahme für diese oder jene Totemtheorie. Einige von diesen Erklärungen des Totemismus lassen jede Anknüpfung an die Exogamie vermissen, so daß die beiden Institutionen glatt auseinanderfallen. So stehen hier zwei Anschauungen einander gegenüber, die eine, welche den ursprünglichen Anschein festhalten will, die Exogamie sei ein wesentliches Stück des totemistischen Systems, und eine andere, welche einen solchen Zusammenhang bestreitet und an ein zufälliges Zusammentreffen der beiden Züge ältester Kulturen glaubt. Frazer hat in seinen späteren Arbeiten diesen letzteren Standpunkt mit Entschiedenheit vertreten.
»I must request the reader to bear constantly in mind that the two institutions of totemism and exogamy are fundamentally distinct in

origin and nature, though they have accidentally crossed and blended in many tribes.« (1910, Bd. 1, Vorrede XII.)
Er warnt direkt vor der gegenteiligen Ansicht als einer Quelle unendlicher Schwierigkeiten und Mißverständnisse. Im Gegensatz hiezu haben andere Autoren den Weg gefunden, die Exogamie als notwendige Folge der totemistischen Grundanschauungen zu begreifen. Durkheim hat in seinen Arbeiten (1898, 1902 und 1905) ausgeführt, wie das an den Totem geknüpfte Tabu das Verbot mit sich bringen mußte, ein Weib des nämlichen Totem zum geschlechtlichen Verkehr zu gebrauchen. Der Totem ist von demselben Blut wie der Mensch, und darum verbietet der Blutbann (mit Rücksicht auf Defloration und Menstruation) den sexuellen Verkehr mit dem Weibe, das demselben Totem angehört [1]. A. Lang, der sich hierin Durkheim anschließt, meint sogar, es bedürfte nicht des Bluttabu, um das Verbot der Frauen des gleichen Stammes zu bewirken. (Lang, 1905, 125.) Das allgemeine Totemtabu, welches z. B. verbietet, im Schatten des Totembaumes zu sitzen, würde hiefür hingereicht haben. A. Lang verficht übrigens auch eine andere Ableitung der Exogamie (s. unten [S. 411]) und läßt es zweifelhaft, wie sich diese beiden Erklärungen zueinander verhalten.
In betreff der zeitlichen Verhältnisse huldigt die Mehrzahl der Autoren der Ansicht, der Totemismus sei die ältere Institution, die Exogamie später hinzugekommen [2].
Unter den Theorien, welche die Exogamie unabhängig vom Totemismus erklären wollen, seien nur einige hervorgehoben, welche die verschiedenen Einstellungen der Autoren zum Inzestproblem erläutern.
McLennan (1865) hatte die Exogamie in geistreicher Weise aus den Überresten von Sitten erraten, welche auf den ehemaligen Frauenraub hindeuteten. Er nahm nun an, daß es in Urzeiten allgemein gebräuchlich gewesen sei, sich das Weib aus einem fremden Stamm zu holen, und die Heirat mit einem Weib aus dem eigenen Stamm sei allmählich unerlaubt geworden, weil sie ungewöhnlich war [3]. Das Motiv für diese Gewohnheit der Exogamie suchte er in einem Frauenmangel jener primitiven Stämme, der sich aus dem Gebrauch, die meisten weiblichen Kinder bei der Geburt zu töten, ergeben hatte. Wir haben es hier nicht mit der Nachprüfung zu tun, ob die tatsächlichen Verhältnisse die An-

[1] S. die Kritik der Erörterungen Durkheims bei Frazer (1910, Bd. 4, 100 ff.).
[2] Zum Beispiel Frazer (1910, Bd. 4, 75): *»The totemic clan is a totally different social organism from the exogamous clan, and we have good grounds for thinking that it is far older.«*
[3] *»Improper because it was unusual.«* [Ibid., 289.]

nahmen McLennans bestätigen. Weit mehr interessiert uns das Argument, daß es unter den Voraussetzungen des Autors doch unerklärlich bliebe, warum sich die männlichen Mitglieder des Stammes auch die wenigen Frauen aus ihrem Blut unzugänglich machen sollten, und die Art, wie hier das Inzestproblem gänzlich beiseite gelassen wird. (Frazer, 1910, Bd. 4, 71–92.)

Im Gegensatz hiezu und offenbar mit mehr Recht haben andere Forscher die Exogamie als eine Institution zur Verhütung des Inzests erfaßt[1].

Überblickt man die allmählich wachsende Komplikation der australischen Heiratsbeschränkungen, so kann man nicht anders als der Ansicht von Morgan, Frazer, Howitt, Baldwin Spencer[2] beistimmen, daß diese Einrichtungen das Gepräge zielbewußter Absicht (*»deliberate design«* nach Frazer) an sich tragen und daß sie das erreichen sollten, was sie tatsächlich geleistet haben. *»In no other way does it seem possible to explain in all its details a system at once so complex and so regular.«* (Frazer, ibid., 106.)

Es ist interessant hervorzuheben, daß die ersten der durch die Einführung von Heiratsklassen erzeugten Beschränkungen die Sexualfreiheit der jüngeren Generation, also den Inzest von Geschwistern und von Söhnen mit ihrer Mutter trafen, während der Inzest zwischen Vater und Tochter erst durch weitergehende Maßregeln aufgehoben wurde.

Die Zurückführung der exogamischen Sexualbeschränkungen auf gesetzgeberische Absicht leistet aber nichts für das Verständnis des Motivs, welches diese Institutionen geschaffen hat. Woher stammt in letzter Auflösung die Inzestscheu, welche als die Wurzel der Exogamie erkannt werden muß? Es ist offenbar nicht genügend, sich zur Erklärung der Inzestscheu auf eine instinktive Abneigung gegen sexuellen Verkehr unter Blutsverwandten, d. h. also auf die Tatsache der Inzestscheu zu berufen, wenn die soziale Erfahrung nachweist, daß der Inzest diesem Instinkt zum Trotz kein seltenes Vorkommnis selbst in unserer heutigen Gesellschaft ist, und wenn die historische Erfahrung Fälle kennen lehrt, in denen die inzestuöse Ehe bevorzugten Personen zur Vorschrift gemacht wurde.

Westermarck[3] machte zur Erklärung der Inzestscheu geltend, »daß zwischen Personen, die von Kindheit an beisammen leben, eine ange-

---

[1] Vgl. die erste Abhandlung.

[2] Morgan (1877). – Frazer (1910, Bd. 4, 105 ff.). [S. auch Howitt (1904, 143).]

[3] (1906–08, Bd. 2 [368].) Dort auch die Verteidigung des Autors gegen ihm bekannt gewordene Einwendungen. [Deutsche Übersetzung (1907–09), Bd. 2.]

borene Abneigung gegen den Geschlechtsverkehr herrscht und daß dieses Gefühl, da diese Personen in der Regel blutsverwandt sind, in Sitte und Gesetz einen natürlichen Ausdruck findet durch den Abscheu vor dem Geschlechtsumgang unter nahen Verwandten«. Havelock Ellis bestritt zwar den triebhaften Charakter dieser Abneigung in seinen *Studies in the Psychology of Sex* [1914, 205 f.], trat aber sonst im wesentlichen derselben Erklärung bei, indem er äußerte: »Das normale Unterbleiben des Zutagetretens des Paarungstriebes dort, wo es sich um Brüder und Schwestern oder um von Kindheit auf beisammenlebende Mädchen und Knaben handelt, ist eine rein negative Erscheinung, welche daher kommt, daß unter jenen Umständen die den Paarungstrieb erweckenden Vorbedingungen durchaus fehlen müssen ... Zwischen Personen, die von Kindheit zusammen aufgewachsen sind, hat die Gewöhnung alle sinnlichen Reize des Sehens, des Hörens und der Berührung abgestumpft, in die Bahn einer ruhigen Zuneigung gelenkt und ihrer Macht beraubt, die zur Erzeugung geschlechtlicher Tumeszenz erforderliche nötige erethistische Erregung hervorzurufen.«

Es erscheint mir sehr merkwürdig, daß Westermarck diese angeborene Abneigung gegen den Geschlechtsverkehr mit Personen, mit denen man die Kindheit geteilt hat, gleichzeitig als psychische Repräsentanz der biologischen Tatsache ansieht, daß Inzucht eine Schädigung der Gattung bedeutet. Ein derartiger biologischer Instinkt würde in seiner psychologischen Äußerung so weit irregehen, daß er anstatt der für die Fortpflanzung schädlichen Blutsverwandten die in dieser Hinsicht ganz harmlosen Haus- und Herdgenossen träfe. Ich kann es mir aber auch nicht versagen, die ganz ausgezeichnete Kritik mitzuteilen, welche Frazer der Behauptung von Westermarck entgegenstellt. Frazer findet es unbegreiflich, daß das sexuelle Empfinden sich heute so gar nicht gegen den Verkehr mit Herdgenossen sträubt, während die Inzestscheu, die nur ein Abkömmling von diesem Sträuben sein soll, gegenwärtig so übermächtig angewachsen ist. Tiefer dringen aber andere Bemerkungen Frazers, die ich unverkürzt hieher setze, weil sie im Wesen mit den in meinem Aufsatz über das Tabu entwickelten Argumenten zusammentreffen.

»Es ist nicht leicht einzusehen, warum ein tief wurzelnder menschlicher Instinkt die Verstärkung durch ein Gesetz benötigen sollte. Es gibt kein Gesetz, welches den Menschen befiehlt zu essen und zu trinken, oder ihnen verbietet, ihre Hände ins Feuer zu stecken. Die Menschen essen und trinken und halten ihre Hände vom Feuer weg, instinktgemäß, aus

Angst vor natürlichen und nicht vor gesetzlichen Strafen, die sie sich durch Beleidigung dieser Triebe zuziehen würden. Das Gesetz verbietet den Menschen nur, was sie unter dem Drängen ihrer Triebe ausführen könnten. Was die Natur selbst verbietet und bestraft, das braucht nicht erst das Gesetz zu verbieten und zu strafen. Wir dürfen daher auch ruhig annehmen, daß Verbrechen, die durch ein Gesetz verboten werden, Verbrechen sind, die viele Menschen aus natürlichen Neigungen gern begehen würden. Wenn es keine solche Neigung gäbe, kämen keine solche Verbrechen vor, und wenn solche Verbrechen nicht begangen würden, wozu brauchte man sie zu verbieten? Anstatt also aus dem gesetzlichen Verbot des Inzests zu schließen, daß eine natürliche Abneigung gegen den Inzest besteht, sollten wir eher den Schluß ziehen, daß ein natürlicher Instinkt zum Inzest treibt und daß, wenn das Gesetz diesen Trieb wie andere natürliche Triebe unterdrückt, dies seinen Grund in der Einsicht zivilisierter Menschen hat, daß die Befriedigung dieser natürlichen Triebe der Gesellschaft Schaden bringt.« (Frazer, 1910, Bd. 4, 97 f.)

Ich kann dieser kostbaren Argumentation Frazers noch hinzufügen, daß die Erfahrungen der Psychoanalyse die Annahme einer angeborenen Abneigung gegen den Inzestverkehr vollends unmöglich machen. Sie haben im Gegenteile gelehrt, daß die ersten sexuellen Regungen des jugendlichen Menschen regelmäßig inzestuöser Natur sind und daß solche verdrängte Regungen als Triebkräfte der späteren Neurosen eine kaum zu überschätzende Rolle spielen.

Die Auffassung der Inzestscheu als eines angeborenen Instinkts muß also fallengelassen werden. Nicht besser steht es um eine andere Ableitung des Inzestverbots, welche sich zahlreicher Anhänger erfreut, um die Annahme, daß die primitiven Völker frühzeitig bemerkt haben, mit welchen Gefahren die Inzucht ihr Geschlecht bedrohe, und daß sie darum in bewußter Absicht das Inzestverbot erlassen hätten. Die Einwendungen gegen diesen Erklärungsversuch drängen einander[1]. Nicht nur, daß das Inzestverbot älter sein muß als alle Haustierwirtschaft, an welcher der Mensch Erfahrungen über die Wirkung der Inzucht auf die Eigenschaften der Rasse machen konnte, sondern die schädlichen Folgen der Inzucht sind auch heute noch nicht über jeden Zweifel sichergestellt und beim Menschen nur schwer nachweisbar. Ferner macht alles, was wir über die heutigen Wilden wissen, es sehr unwahrscheinlich, daß die Gedanken ihrer entferntesten Ahnen bereits

[1] Vgl. Durkheim (1898 [33 ff.]).

mit der Verhütung von Schäden für ihre spätere Nachkommenschaft beschäftigt waren. Es klingt fast lächerlich, wenn man diesen ohne jeden Vorbedacht lebenden Menschenkindern hygienische und eugenische Motive zumuten will, wie sie noch kaum in unserer heutigen Kultur Berücksichtigung gefunden haben[1].

Endlich wird man auch geltend machen müssen, daß das aus praktisch hygienischen Motiven gegebene Verbot der Inzucht als eines die Rasse schwächenden Moments ganz unangemessen erscheint, um den tiefen Abscheu zu erklären, welcher sich in unserer Gesellschaft gegen den Inzest erhebt. Wie ich an anderer Stelle dargetan habe[2], erscheint diese Inzestscheu bei den heute lebenden primitiven Völkern eher noch reger und stärker als bei den zivilisierten.

Während man erwarten konnte, auch für die Ableitung der Inzestscheu die Wahl zu haben zwischen soziologischen, biologischen und psychologischen Erklärungsmöglichkeiten, wobei noch die psychologischen Motive vielleicht als Repräsentanz von biologischen Mächten zu würdigen wären, sieht man sich am Ende der Untersuchung genötigt, dem resignierten Ausspruch Frazers beizutreten: Wir kennen die Herkunft der Inzestscheu nicht und wissen selbst nicht, worauf wir raten sollen. Keine der bisher vorgebrachten Lösungen des Rätsels erscheint uns befriedigend[3].

Ich muß noch eines Versuches erwähnen, die Entstehung der Inzestscheu zu erklären, welcher von ganz anderer Art ist als die bisher betrachteten. Man könnte ihn als eine historische Ableitung bezeichnen.

Dieser Versuch knüpft an eine Hypothese von Ch. Darwin über den sozialen Urzustand des Menschen an. Darwin schloß aus den Lebensgewohnheiten der höheren Affen, daß auch der Mensch ursprünglich in kleineren Horden[4] gelebt habe, innerhalb welcher die Eifersucht des ältesten und stärksten Männchens die sexuelle Promiskuität verhinderte. »Wir können in der Tat, nach dem, was wir von der Eifersucht aller

[1] Ch. Darwin [1875, Bd. 2, 127] meint von den Wilden: *»they are not likely to reflect on distant evils to their progeny.«*

[2] Vgl. die erste Abhandlung [oben, S. 302 f.].

[3] *»Thus the ultimate origin of exogamy and with it the law of incest – since exogamy was devised to prevent incest – remains a problem nearly as dark as ever.«* (Frazer, 1910, Bd. 1, 165.)

[4] [Aus dem Zusammenhang ergibt sich, daß Freud mit »Horde« kleinere, mehr oder weniger organisierte Gruppen meinte – das, was Atkinson (1903) »zyklopische Familie« nannte. Vgl. die editorische Fußnote zu Kapitel IV von *Das Unbehagen in der Kultur* (1930 *a*), S. 230, Anm. 1, oben. Ein weiterer editorischer Kommentar zu der von Fachwissenschaftlern verschiedener Länder verwendeten Terminologie findet sich in einer Fußnote zur *Massenpsychologie* (1921 *c*), S. 67, Anm., oben.]

Säugetiere wissen, von denen viele mit speziellen Waffen zum Kämpfen mit ihren Nebenbuhlern bewaffnet sind, schließen, daß allgemeine Vermischung der Geschlechter im Naturzustand äußerst unwahrscheinlich ist ... Wenn wir daher im Strome der Zeit weit genug zurückblicken ... und nach den sozialen Gewohnheiten des Menschen, wie er jetzt existiert, schließen, ... ist die wahrscheinlichste Ansicht die, daß der Mensch ursprünglich in kleinen Gesellschaften lebte, jeder Mann mit einer Frau oder, hatte er die Macht, mit mehreren, welche er eifersüchtig gegen alle anderen Männer verteidigte. Oder er mag kein soziales Tier gewesen sein und doch mit mehreren Frauen für sich allein gelebt haben wie der Gorilla; denn alle Eingeborenen ›stimmen darin überein, daß nur ein erwachsenes Männchen in einer Gruppe zu sehen ist. Wächst das junge Männchen heran, so findet ein Kampf um die Herrschaft statt, und der Stärkste setzt sich dann, indem er die anderen getötet oder vertrieben hat, als Oberhaupt der Gesellschaft fest‹ (Dr. Savage in *Boston Journal of Nat. Hist.* Bd. 5, 1845 bis 1847 [S. 423]). Die jüngeren Männchen, welche hiedurch ausgestoßen sind und nun herumwandern, werden auch, wenn sie zuletzt beim Finden einer Gattin erfolgreich sind, die zu enge Inzucht innerhalb der Glieder einer und derselben Familie verhüten.«[1] [Darwin, 1871, Bd. 2, 362 f.]

Atkinson[2] scheint zuerst erkannt zu haben, daß diese Verhältnisse der Darwinschen Urhorde die Exogamie der jungen Männer praktisch durchsetzen mußten. Jeder dieser Vertriebenen konnte eine ähnliche Horde gründen, in welcher dasselbe Verbot des Geschlechtsverkehrs dank der Eifersucht des Oberhauptes galt, und im Laufe der Zeit würde sich aus diesen Zuständen die jetzt als Gesetz bewußte Regel ergeben haben: Kein Sexualverkehr mit den Herdgenossen. Nach Einsetzung des Totemismus hätte sich die Regel in die andere Form gewandelt: Kein Sexualverkehr innerhalb des Totem.

A. Lang (1905, 114 und 143) hat sich dieser Erklärung der Exogamie angeschlossen. Er vertritt aber in demselben Buche die andere (Durkheimsche) Theorie, welche die Exogamie als Konsequenz aus den Totemgesetzen hervorgehen läßt. [Vgl. S. 406.] Es ist nicht ganz einfach, die beiden Auffassungen miteinander zu vereinigen; im ersten Falle hätte die Exogamie vor dem Totemismus bestanden, im zweiten wäre sie eine Folge desselben[3].

---

1 *Abstammung des Menschen,* übersetzt von V. Carus [1875], Bd. 2, Kapitel 20, 341.

2 *Primal Law* (1903) (mit A. Lang, 1903).

3 *»If it be granted that exogamy existed in practice, on the lines of Mr. Darwin's theory, before the totem beliefs lent to the practice a s a c r e d sanction, our task is*

3

Einen einzigen Lichtstrahl wirft die psychoanalytische Erfahrung in dieses Dunkel.

Das Verhältnis des Kindes zum Tiere hat viel Ähnlichkeit mit dem des Primitiven zum Tiere. Das Kind zeigt noch keine Spur von jenem Hochmut, welcher dann den erwachsenen Kulturmenschen bewegt, seine eigene Natur durch eine scharfe Grenzlinie von allem anderen Animalischen abzusetzen. Es gesteht dem Tiere ohne Bedenken die volle Ebenbürtigkeit zu; im ungehemmten Bekennen zu seinen Bedürfnissen fühlt es sich wohl dem Tiere verwandter als dem ihm wahrscheinlich rätselhaften Erwachsenen.

In diesem ausgezeichneten Einverständnis zwischen Kind und Tier tritt nicht selten eine merkwürdige Störung auf. Das Kind beginnt plötzlich eine bestimmte Tierart zu fürchten und sich vor der Berührung oder dem Anblick aller einzelnen dieser Art zu schützen. Es stellt sich das klinische Bild einer *Tierphobie* her, eine der häufigsten unter den psychoneurotischen Erkrankungen dieses Alters und vielleicht die früheste Form solcher Erkrankung. Die Phobie betrifft in der Regel Tiere, für welche das Kind bis dahin ein besonders lebhaftes Interesse gezeigt hatte, sie hat mit dem Einzeltier nichts zu tun. Die Auswahl unter den Tieren, welche Objekte der Phobie werden können, ist unter städtischen Bedingungen nicht groß. Es sind Pferde, Hunde, Katzen, seltener Vögel, auffällig häufig kleinste Tiere wie Käfer und Schmetterlinge. Manchmal werden Tiere, die dem Kind nur aus Bilderbuch und Märchenerzählung bekannt worden sind, Objekte der unsinnigen und unmäßigen Angst, welche sich bei diesen Phobien zeigt; selten gelingt es einmal, die Wege zu erfahren, auf denen sich eine ungewöhnliche Wahl des Angsttieres vollzogen hat. So verdanke ich K. Abraham die Mitteilung eines Falles[1], in welchem ein Kind seine Angst vor Wespen selbst durch die

---

relatively easy. The first practical rule would be that of the jealous Sire, ›No males to touch the females in my camp‹, with expulsion of adolescent sons. In efflux of time that rule, become habitual, would be, ›No marriage within the local group‹. Next let the local groups receive names, such as Emus, Crows, Opossums, Snipes, and the rule becomes, ›No marriage within the local group of animal name; no Snipe to marry a Snipe‹. But, if the primal groups were not exogamous, they would become so, as soon as totemic myths and tabus were developed out of the animal, vegetable, and other names of small local groups.« (1905, 143.) (Die Hervorhebung in der Mitte dieser Stelle ist mein Werk.) – In seiner letzten Äußerung über den Gegenstand (1911 [404]) teilt A. Lang übrigens mit, daß er die Ableitung der Exogamie aus dem *»general totemic«* Tabu aufgegeben habe.

[1] [Später veröffentlicht (Abraham, 1914, 82).]

Angabe aufklärte, die Farbe und Streifung des Wespenleibes hätte es an den Tiger denken lassen, vor dem es sich nach allem Gehörten fürchten durfte.

Die Tierphobien der Kinder sind noch nicht Gegenstand aufmerksamer analytischer Untersuchung geworden, obwohl sie es im hohen Grade verdienen. Die Schwierigkeiten der Analyse mit Kindern in so zartem Alter sind wohl das Motiv der Unterlassung gewesen. Man kann daher nicht behaupten, daß man den allgemeinen Sinn dieser Erkrankungen kennt, und ich meine selbst, daß er sich nicht als einheitlich herausstellen dürfte. Aber einige Fälle von solchen auf größere Tiere gerichteten Phobien haben sich der Analyse zugänglich erwiesen und so dem Untersucher ihr Geheimnis verraten. Es war in jedem Falle das nämliche: die Angst galt im Grunde dem Vater, wenn die untersuchten Kinder Knaben waren, und war nur auf das Tier verschoben worden.

Jeder in der Psychoanalyse Erfahrene hat gewiß solche Fälle gesehen und von ihnen den nämlichen Eindruck empfangen. Doch kann ich mich nur auf wenige ausführliche Publikationen darüber berufen. Es ist dies ein Zufall der Literatur, aus welchem nicht geschlossen werden sollte, daß wir unsere Behauptung überhaupt nur auf vereinzelte Beobachtungen stützen können. Ich erwähne z. B. einen Autor, welcher sich verständnisvoll mit den Neurosen des Kindesalters beschäftigt hat, M. Wulff (Odessa)[1]. Er erzählt im Zusammenhange der Krankengeschichte eines neunjährigen Knaben, daß dieser mit vier Jahren an einer Hundephobie gelitten hat. »Als er auf der Straße einen Hund vorbeilaufen sah, weinte er und schrie: ›Lieber Hund, fasse mich nicht, ich will artig sein.‹ Unter ›artig sein‹ meinte er: ›nicht mehr Geige spielen‹ (onanieren).« (Wulff, 1912, 15.)

Derselbe Autor resumiert später: »Seine Hundephobie ist eigentlich die auf die Hunde verschobene Angst vor dem Vater, denn seine sonderbare Äußerung: ›Hund, ich will artig sein‹ – d. h. nicht masturbieren – bezieht sich doch eigentlich auf den Vater, der die Masturbation verboten hat.« In einer Anmerkung setzt er dann hinzu, was sich eben so völlig mit meiner Erfahrung deckt und gleichzeitig die Reichlichkeit solcher Erfahrungen bezeugt: »Solche Phobien (Pferdephobien, Hundephobien, Katzen, Hühner und andere Haustiere) sind, glaube ich, im Kindesalter mindestens ebenso verbreitet wie der *pavor nocturnus* und lassen sich in der Analyse fast immer als eine Verschiebung der Angst von einem der Eltern auf die Tiere entpuppen. Ob die so verbreitete

[1] [Später Dr. M. Woolf in Tel Aviv.]

Mäuse- und Rattenphobie denselben Mechanismus hat, möchte ich nicht behaupten.« [Ibid., 16.]

Im ersten Band des *Jahrbuches für psychoanalytische und psychopathologische Forschungen* teilte ich die ›Analyse der Phobie eines fünfjährigen Knaben‹ mit [Freud, 1909*b*], welche mir der Vater des kleinen Patienten zur Verfügung gestellt hatte. Es war eine Angst vor Pferden, in deren Konsequenz der Knabe sich weigerte, auf die Straße zu gehen. Er äußerte die Befürchtung, das Pferd werde ins Zimmer kommen, werde ihn beißen. Es erwies sich, daß dies die Strafe für seinen Wunsch sein sollte, daß das Pferd umfallen (sterben) möge. Nachdem man dem Knaben durch Zusicherungen die Angst vor dem Vater benommen hatte, ergab es sich, daß er gegen Wünsche ankämpfte, die das Wegsein (Abreisen, Sterben) des Vaters zum Inhalt hatten. Er empfand den Vater, wie er überdeutlich zu erkennen gab, als Konkurrenten in der Gunst der Mutter, auf welche seine keimenden Sexualwünsche in dunkeln Ahnungen gerichtet waren. Er befand sich also in jener typischen Einstellung des männlichen Kindes zu den Eltern, welche wir als den »Ödipuskomplex« bezeichnen und in der wir den Kernkomplex der Neurosen überhaupt erkennen. Was wir neu aus der Analyse des »kleinen Hans« erfahren, ist die für den Totemismus wertvolle Tatsache, daß das Kind unter solchen Bedingungen einen Anteil seiner Gefühle von dem Vater weg auf ein Tier verschiebt.

Die Analyse weist die inhaltlich bedeutsamen wie die zufälligen Assoziationswege nach, auf welchen eine solche Verschiebung vor sich geht. Sie läßt auch die Motive derselben erraten. Der aus der Nebenbuhlerschaft bei der Mutter hervorgehende Haß kann sich im Seelenleben des Knaben nicht ungehemmt ausbreiten, er hat mit der seit jeher bestehenden Zärtlichkeit und Bewunderung für dieselbe Person zu kämpfen, das Kind befindet sich in doppelsinniger – *ambivalenter* – Gefühlseinstellung gegen den Vater und schafft sich Erleichterung in diesem Ambivalenzkonflikt, wenn es seine feindseligen und ängstlichen Gefühle auf ein Vatersurrogat verschiebt. Die Verschiebung kann den Konflikt allerdings nicht in der Weise erledigen, daß sie eine glatte Scheidung der zärtlichen von den feindseligen Gefühlen herstellt. Der Konflikt setzt sich vielmehr auf das Verschiebungsobjekt fort, die Ambivalenz greift auf dieses letztere über. Es ist unverkennbar, daß der kleine Hans den Pferden nicht nur Angst, sondern auch Respekt und Interesse entgegenbringt. Sowie sich seine Angst ermäßigt hat, identifiziert er sich selbst mit dem gefürchteten Tier, springt als Pferd herum und beißt nun seinerseits den Vater[1]. In einem anderen Auflösungsstadium der Phobie macht es ihm nichts, die Eltern mit anderen großen Tieren zu identifizieren[2].

Man darf den Eindruck aussprechen, daß in diesen Tierphobien der Kinder gewisse Züge des Totemismus in negativer Ausprägung wiederkehren. Wir verdanken aber S. Ferenczi die vereinzelt schöne Beobachtung eines Falles, den man nur als positiven Totemismus bei einem Kinde bezeichnen kann (1913*a*). Bei dem kleinen Árpád, von dem Ferenczi berichtet, erwachen die totemistischen Interessen allerdings nicht direkt im Zusammenhang des Ödipuskomplexes, sondern auf Grund der narzißtischen Voraussetzung desselben, der Kastrationsangst. Wer aber die Geschichte des kleinen Hans aufmerksam durchsieht, wird auch in dieser die reichlichsten Zeugnisse dafür finden, daß der Vater als der Besitzer des großen Genitales bewundert und als der Bedroher des eigenen Genitales gefürchtet wird. Im Ödipus- wie im Kastrationskomplex spielt der Vater die nämliche Rolle, die des gefürchteten Gegners der infantilen Sexualinteressen. Die Kastration und ihr Ersatz durch die Blendung ist die von ihm drohende Strafe[3].

Als der kleine Árpád zweieinhalb Jahre alt war, versuchte er einmal in einem Sommeraufenthalte ins Geflügelhaus zu urinieren, wobei ihn ein Huhn ins Glied biß oder nach seinem Glied schnappte. Als er ein Jahr später an denselben Ort zurückkehrte, wurde er selbst zum Huhn, er interessierte sich nur mehr für das Geflügelhaus und alles, was darin vorging, und gab seine menschliche Sprache gegen Gackern und Krähen auf. Zur Zeit der Beobachtung (fünf Jahre) sprach er wieder, aber beschäftigte sich auch in der Rede ausschließlich nur mit Hühnern und anderem Geflügel. Er spielte mit keinem anderen Spielzeug, sang nur Lieder, in denen etwas vom Federvieh vorkam. Sein Benehmen gegen sein Totemtier war exquisit ambivalent, übermäßiges Hassen und Lieben. Am liebsten spielte er Hühnerschlachten. »Das Schlachten des Federviehs ist ihm überhaupt ein Fest. Er ist imstande, stundenlang um die Tierleichen erregt herumzutanzen.« Aber dann küßte und streichelte er das geschlachtete Tier, reinigte und liebkoste die von ihm selbst mißhandelten Ebenbilder von Hühnern.

Der kleine Árpád sorgte selbst dafür, daß der Sinn seines sonderbaren

---

1 (1909*b*) [*Studienausgabe*, Bd. 8, S. 49].

2 Die Giraffenphantasie [ibid., S. 37 ff.].

3 Über den Ersatz der Kastration durch die auch im Ödipus-Mythus enthaltene Blendung vgl. die Mitteilungen von Reitler (1913), Ferenczi (1913*b*), Rank (1913) und Eder (1913).

Treibens nicht verborgen bleiben konnte. Er übersetzte gelegentlich seine Wünsche aus der totemistischen Ausdrucksweise zurück in die des Alltagslebens. »Mein Vater ist der Hahn«, sagte er einmal. »Jetzt bin ich klein, jetzt bin ich ein Küchlein. Wenn ich größer werde, bin ich ein Huhn. Wenn ich noch größer werde, bin ich ein Hahn.« Ein andermal wünscht er sich plötzlich eine »eingemachte Mutter« zu essen (nach der Analogie des eingemachten Huhns). Er war sehr freigebig mit deutlichen Kastrationsandrohungen gegen andere, wie er sie wegen onanistischer Beschäftigung mit seinem Gliede selbst erfahren hatte.

Über die Quelle seines Interesses für das Treiben im Hühnerhof blieb nach Ferenczi kein Zweifel: »Der rege Sexualverkehr zwischen Hahn und Henne, das Eierlegen und das Herauskriechen der jungen Brut« befriedigten seine sexuelle Wißbegierde, die eigentlich dem menschlichen Familienleben galt. Nach dem Vorbild des Hühnerlebens hatte er seine Objektwünsche geformt, wenn er einmal der Nachbarin sagte: »Ich werde Sie heiraten und Ihre Schwester und meine drei Cousinen und die Köchin, nein, statt der Köchin lieber die Mutter.«

Wir werden an späterer Stelle die Würdigung dieser Beobachtung vervollständigen können; heben wir jetzt nur als wertvolle Übereinstimmungen mit dem Totemismus zwei Züge hervor: die volle Identifizierung mit dem Totemtier [1] und die ambivalente Gefühlseinstellung gegen dasselbe. Wir halten uns nach diesen Beobachtungen für berechtigt, in die Formel des Totemismus – für den Mann – den Vater an Stelle des Totemtieres einzusetzen. Wir merken dann, daß wir damit keinen neuen oder besonders kühnen Schritt getan haben. Die Primitiven sagen es ja selbst und bezeichnen, soweit noch heute das totemistische System in Kraft besteht, den Totem als ihren Ahnherrn und Urvater. Wir haben nur eine Aussage dieser Völker wörtlich genommen, mit welcher die Ethnologen wenig anzufangen wußten und die sie darum gern in den Hintergrund gerückt haben. Die Psychoanalyse mahnt uns, im Gegenteile gerade diesen Punkt hervorzusuchen und an ihn den Erklärungsversuch des Totemismus zu knüpfen [2].

Das erste Ergebnis unserer Ersetzung ist sehr merkwürdig. Wenn das

---

[1] In welcher nach Frazer (1910, Bd. 4, 5) das Wesentliche des Totemismus gegeben ist: »*Totemism is an identification of a man with his totem.*«

[2] O. Rank verdanke ich die Mitteilung eines Falles von Hundephobie bei einem intelligenten jungen Manne, dessen Erklärung, wie er zu seinem Leiden gekommen sei, merklich an die oben (S. 400) erwähnte Totemtheorie der Arunta anklingt. Er meinte, von seinem Vater erfahren zu haben, daß seine Mutter während der Schwangerschaft mit ihm einmal vor einem Hunde erschrocken sei.

Totemtier der Vater ist, dann fallen die beiden Hauptgebote des Totemismus, die beiden Tabuvorschriften, die seinen Kern ausmachen, den Totem nicht zu töten und kein Weib, das dem Totem angehört, sexuell zu gebrauchen, inhaltlich zusammen mit den beiden Verbrechen des Ödipus, der seinen Vater tötete und seine Mutter zum Weibe nahm, und mit den beiden Urwünschen des Kindes, deren ungenügende Verdrängung oder deren Wiedererweckung den Kern vielleicht aller Psychoneurosen bildet. Sollte diese Gleichung mehr als ein irreleitendes Spiel des Zufalls sein, so müßte sie uns gestatten, ein Licht auf die Entstehung des Totemismus in unvordenklichen Zeiten zu werfen. Mit anderen Worten, es müßte uns gelingen, wahrscheinlich zu machen, daß das totemistische System sich aus den Bedingungen des Ödipuskomplexes ergeben hat wie die Tierphobie des »kleinen Hans« und die Geflügelperversion des »kleinen Árpád«. Um dieser Möglichkeit nachzugehen, werden wir im folgenden eine Eigentümlichkeit des totemistischen Systems oder, wie wir sagen können, der Totemreligion studieren, welche bisher kaum Erwähnung finden konnte.

4

Der im Jahre 1894 verstorbene W. Robertson Smith, Physiker, Philologe, Bibelkritiker und Altertumsforscher, ein ebenso vielseitiger wie scharfsichtiger und freidenkender Mann, sprach in seinem 1889 veröffentlichten Werke über die Religion der Semiten[1] die Annahme aus, daß eine eigentümliche Zeremonie, die sogenannte *Totemmahlzeit*, von allem Anfang an einen integrierenden Bestandteil des totemistischen Systems gebildet habe. Zur Stütze dieser Vermutung stand ihm damals nur eine einzige, aus dem 5. Jahrhundert n. Chr. überlieferte Beschreibung eines solchen Aktes zu Gebote, aber er verstand es, die Annahme durch die Analyse des Opferwesens bei den alten Semiten zu einem hohen Grad von Wahrscheinlichkeit zu erheben. Da das Opfer eine göttliche Person voraussetzt, handelt es sich dabei um den Rückschluß von einer höheren Phase des religiösen Ritus auf die niedrigste des Totemismus.

Ich will nun versuchen, aus dem ausgezeichneten Buch von Robertson Smith die für unser Interesse entscheidenden Sätze über Ursprung und

[1] W. Robertson Smith, *The Religion of the Semites.* [Die hier zitierte zweite, revidierte Auflage erschien posthum im Jahre 1894.]

Bedeutung des Opferritus herauszuheben unter Weglassung aller oft so reizvollen Details und mit konsequenter Hintansetzung aller späteren Entwicklungen. Es ist ganz ausgeschlossen, in einem solchen Auszug dem Leser etwas von der Luzidität oder von der Beweiskraft der Darstellung im Original zu übermitteln.

Robertson Smith [1894, 214] führt aus, daß das Opfer am Altar das wesentliche Stück im Ritus der alten Religion gewesen ist. Es spielt in allen Religionen die nämliche Rolle, so daß man seine Entstehung auf sehr allgemeine und überall gleichartig wirkende Ursachen zurückführen muß.

Das Opfer – die heilige Handlung κατ' ἐξοχήν (*sacrificium*, ἱερουργία) – bedeutete aber ursprünglich etwas anderes, als was spätere Zeiten darunter verstanden: die Darbringung an die Gottheit, um sie zu versöhnen oder sich geneigt zu machen. (Von dem Nebensinn der Selbstentäußerung ging dann die profane Verwendung des Wortes aus. [S. unten, S. 433.]) Das Opfer war nachweisbar zuerst nichts anderes als *»an act of social fellowship between the deity and his worshippers«* [ibid., 224], ein Akt der Geselligkeit, eine Kommunion der Gläubigen mit ihrem Gotte.

Als Opfer wurden dargebracht eßbare und trinkbare Dinge; dasselbe, wovon der Mensch sich nährte, Fleisch, Zerealien, Früchte, Wein und Öl, das opferte er auch seinem Gotte. Nur in bezug auf das Opferfleisch bestanden Einschränkungen und Abweichungen. Von den Tieropfern speist der Gott gemeinsam mit seinen Anbetern, die vegetabilischen Opfer sind ihm allein überlassen. Es ist kein Zweifel, daß die Tieropfer die älteren sind und einmal die einzigen waren. Die vegetabilischen Opfer sind aus der Darbringung der Erstlinge aller Früchte hervorgegangen und entsprechen einem Tribut an den Herrn des Bodens und des Landes. Das Tieropfer ist aber älter als der Ackerbau. [Ibid., 222.]

Es ist aus sprachlichen Überresten gewiß, daß der dem Gott bestimmte Anteil des Opfers zuerst als seine wirkliche Nahrung angesehen wurde. Mit der fortschreitenden Dematerialisierung des göttlichen Wesens wurde diese Vorstellung anstößig; man wich ihr aus, indem man allein den flüssigen Anteil der Mahlzeit der Gottheit zuwies. Später gestattete der Gebrauch des Feuers, welcher das Opferfleisch auf dem Altar in Rauch aufgehen ließ, eine Zurichtung der menschlichen Nahrungsmittel, durch welche sie dem göttlichen Wesen angemessener wurden. [Ibid., 224, 229.] Die Substanz des Trinkopfers war ursprünglich das Blut der Opfertiere; Wein wurde später der Ersatz des Blutes. Der Wein galt

den Alten als das »Blut der Rebe«, wie ihn unsere Dichter jetzt noch heißen. [Ibid., 230.]
Die älteste Form des Opfers, älter als der Gebrauch des Feuers und die Kenntnis des Ackerbaues, war also das Tieropfer, dessen Fleisch und Blut der Gott und seine Anbeter gemeinsam genossen. Es war wesentlich, daß jeder der Teilnehmer seinen Anteil an der Mahlzeit erhalte.
Ein solches Opfer war eine öffentliche Zeremonie, das Fest eines ganzen Clan. Die Religion war überhaupt eine allgemeine Angelegenheit, die religiöse Pflicht ein Stück der sozialen Verpflichtung. Opfer und Festlichkeit fallen bei allen Völkern zusammen, jedes Opfer bringt ein Fest mit sich, und kein Fest kann ohne Opfer gefeiert werden. Das Opferfest war eine Gelegenheit der freudigen Erhebung über die eigenen Interessen, der Betonung der Zusammengehörigkeit untereinander und mit der Gottheit. [Ibid., 255.]
Die ethische Macht der öffentlichen Opfermahlzeit ruhte auf uralten Vorstellungen über die Bedeutung des gemeinsamen Essens und Trinkens. Mit einem anderen zu essen und zu trinken war gleichzeitig ein Symbol und eine Bekräftigung von sozialer Gemeinschaft und von Übernahme gegenseitiger Verpflichtungen; die Opfermahlzeit brachte zum direkten Ausdruck, daß der Gott und seine Anbeter *Commensalen*[1] sind, aber damit waren alle ihre anderen Beziehungen gegeben. Gebräuche, die noch heute unter den Arabern der Wüste in Kraft sind, beweisen, daß das Bindende an der gemeinsamen Mahlzeit nicht ein religiöses Moment ist, sondern der Akt des Essens selbst. Wer den kleinsten Bissen mit einem solchen Beduinen geteilt oder einen Schluck von seiner Milch getrunken hat, der braucht ihn nicht mehr als Feind zu fürchten, sondern darf seines Schutzes und seiner Hilfe sicher sein. Allerdings nicht für ewige Zeiten; strenggenommen nur für so lange, als der gemeinsam genossene Stoff der Annahme nach in seinem Körper verbleibt. So realistisch wird das Band der Vereinigung aufgefaßt; es bedarf der Wiederholung, um es zu verstärken und dauerhaft zu machen. [Ibid., 269–70.]
Warum wird aber dem gemeinsamen Essen und Trinken diese bindende Kraft zugeschrieben? In den primitivsten Gesellschaften gibt es nur ein Band, welches unbedingt und ausnahmslos einigt, das der Stammesgemeinschaft *(kinship)*. Die Mitglieder dieser Gemeinschaft treten solidarisch füreinander ein, ein *Kin* ist eine Gruppe von Personen, deren Leben solcherart zu einer physischen Einheit verbunden sind, daß man

[1] [D. h. gemeinsam an einem Tisch Sitzende.]

sie wie Stücke eines gemeinsamen Lebens betrachten kann. Es heißt dann beim Mord eines Einzelnen aus dem *Kin* nicht: das Blut dieses oder jenes ist vergossen worden, sondern unser Blut ist vergossen worden. Die hebräische Phrase, mit welcher die Stammesverwandtschaft anerkannt wird, lautet: Du bist mein Bein und mein Fleisch. *Kinship* bedeutet also einen Anteil haben an einer gemeinsamen Substanz. Es ist dann natürlich, daß sie nicht nur auf die Tatsache gegründet wird, daß man ein Teil von der Substanz seiner Mutter ist, von der man geboren und mit deren Milch man genährt wurde, sondern daß auch die Nahrung, die man späterhin genießt und durch die man seinen Körper erneuert, *Kinship* erwerben und bestärken kann. Teilte man die Mahlzeit mit seinem Gotte, so drückte es die Überzeugung aus, daß man von einem Stoff mit ihm sei, und wen man als Fremden erkannte, mit dem teilte man keine Mahlzeit. [Ibid., 273–5.]

Die Opfermahlzeit war also ursprünglich ein Festmahl von Stammverwandten, dem Gesetze folgend, daß nur Stammverwandte miteinander essen. In unserer Gesellschaft einigt die Mahlzeit die Mitglieder der Familie, aber mit der Familie hat die Opfermahlzeit nichts zu tun. *Kinship* ist älter als Familienleben; die ältesten uns bekannten Familien umfassen regelmäßig Personen, die verschiedenen Verwandtschaftsverbänden angehören. Die Männer heiraten Frauen aus fremden Clans, die Kinder erben den Clan der Mutter; es besteht keine Stammesverwandtschaft zwischen dem Manne und den übrigen Familienmitgliedern. In einer solchen Familie gibt es keine gemeinsame Mahlzeit. Die Wilden essen noch heute abseits und allein, und die religiösen Speiseverbote des Totemismus machen ihnen oft die Eßgemeinschaft mit ihren Frauen und Kindern unmöglich. [Ibid., 277–8.]

Wenden wir uns nun zum Opfertier. Es gab, wie wir gehört, keine Stammeszusammenkunft ohne Tieropfer, aber – was nun bedeutsam ist – auch kein Schlachten eines Tieres außer für solche feierliche Gelegenheit. Man nährte sich ohne Bedenken von Früchten, Wild und von der Milch der Haustiere, aber religiöse Skrupel machten es dem Einzelnen unmöglich, ein Haustier für seinen eigenen Gebrauch zu töten. [Ibid., 280, 281.] Es leidet nicht den leisesten Zweifel, sagt Robertson Smith, daß jedes Opfer ursprünglich Clanopfer war und daß das *Töten eines Schlachtopfers* ursprünglich zu jenen Handlungen gehörte, *die dem Einzelnen verboten sind und nur dann gerechtfertigt werden, wenn der ganze Stamm die Verantwortlichkeit mit übernimmt*[1]. Es

[1] [Hervorhebung von Freud.]

gibt bei den Primitiven nur eine Klasse von Handlungen, für welche diese Charakteristik zutrifft, nämlich Handlungen, welche an die Heiligkeit des dem Stamme gemeinsamen Blutes rühren. Ein Leben, welches kein Einzelner wegnehmen darf und das nur durch die Zustimmung, unter der Teilnahme aller Clangenossen geopfert werden kann, steht auf derselben Stufe wie das Leben der Stammesgenossen selbst. Die Regel, daß jeder Gast der Opfermahlzeit vom Fleisch des Opfertieres genießen müsse, hat denselben Sinn wie die Vorschrift, daß die Exekution an einem schuldigen Stammesgenossen von dem ganzen Stamm zu vollziehen sei. [Ibid., 284–5.] Mit anderen Worten: Das Opfertier wurde behandelt wie ein Stammverwandter, *die opfernde Gemeinde, ihr Gott und das Opfertier waren eines Blutes,* Mitglieder eines Clan.

Robertson Smith identifiziert auf Grund einer reichen Evidenz das Opfertier mit dem alten Totemtier. Es gab im späteren Altertum zwei Arten von Opfern, solche von Haustieren, die auch für gewöhnlich gegessen wurden, und ungewöhnliche Opfer von Tieren, die als unrein verboten waren. Die nähere Erforschung zeigt dann, daß diese unreinen Tiere heilige Tiere waren, daß sie den Göttern als Opfer dargebracht wurden, denen sie heilig waren, daß diese Tiere ursprünglich identisch waren mit den Göttern selbst und daß die Gläubigen in irgendeiner Weise beim Opfer ihre Blutsverwandtschaft mit dem Tiere und dem Gotte betonten. [Ibid., 290–5.] Für noch frühere Zeiten entfällt aber dieser Unterschied zwischen gewöhnlichen und »mystischen« Opfern. Alle [Opfer-] Tiere sind ursprünglich heilig, ihr Fleisch ist verboten und darf nur bei feierlichen Gelegenheiten unter Teilnahme des ganzen Stammes genossen werden. Das Schlachten des Tieres kommt dem Vergießen von Stammesblut gleich und muß unter den nämlichen Vorsichten und Sicherungen gegen Vorwurf geschehen. [Ibid., 312, 313.]

Die Zähmung von Haustieren und das Emporkommen der Viehzucht scheint überall dem reinen und strengen Totemismus der Urzeit ein Ende bereitet zu haben[1]. Aber was in der nun »pastoralen« Religion den Haustieren an Heiligkeit verblieb, ist deutlich genug, um den ursprünglichen Totemcharakter derselben erkennen zu lassen. Noch in späten klassischen Zeiten schrieb der Ritus an verschiedenen Orten dem Opferer vor, nach vollzogenem Opfer die Flucht zu ergreifen, wie um

---

1 »*The inference is that the domestication to which totemism invariably leads (when there are any animals capable of domestication) is fatal to totemism.*« (Jevons, 1902, 120.)

sich einer Ahndung zu entziehen. In Griechenland muß die Idee, daß die Tötung eines Ochsen eigentlich ein Verbrechen sei, einst allgemein geherrscht haben. An dem athenischen Fest der *Buphonien* [›Ochsenmorde‹] wurde nach dem Opfer ein förmlicher Prozeß eingeleitet, bei dem alle Beteiligten zum Verhör kamen. Endlich einigte man sich, die Schuld an der Mordtat auf das Messer abzuwälzen, welches dann ins Meer geworfen wurde. [Smith, 1894, 304.]

Trotz der Scheu, welche das Leben des heiligen Tieres als eines Stammesgenossen schützt, wird es zur Notwendigkeit, ein solches Tier von Zeit zu Zeit in feierlicher Gemeinschaft zu töten und Fleisch und Blut desselben unter die Clangenossen zu verteilen. Das Motiv, welches diese Tat gebietet, gibt den tiefsten Sinn des Opferwesens preis. Wir haben gehört, daß in späteren Zeiten jedes gemeinsame Essen, die Teilnahme an der nämlichen Substanz, welche in ihre Körper eindringt, ein heiliges Band zwischen den Commensalen herstellt; in ältesten Zeiten scheint diese Bedeutung nur der Teilnahme an der Substanz eines heiligen Opfers zuzukommen. *Das heilige Mysterium des Opfertodes rechtfertigt sich, indem nur auf diesem Wege das heilige Band hergestellt werden kann, welches die Teilnehmer untereinander und mit ihrem Gotte einigt*[1]. (Ibid., 313.)

Dieses Band ist nichts anderes als das Leben des Opfertieres, welches in seinem Fleisch und in seinem Blute wohnt und durch die Opfermahlzeit allen Teilnehmern mitgeteilt wird. Eine solche Vorstellung liegt allen *Blutbündnissen* zugrunde, durch die sich noch in späten Zeiten Menschen gegeneinander verpflichten. [Loc. cit.] Die durchaus realistische Auffassung der Blutsgemeinschaft als Identität der Substanz läßt die Notwendigkeit verstehen, sie von Zeit zu Zeit durch den physischen Prozeß der Opfermahlzeit zu erneuern. [Ibid., 319.]

Brechen wir hier die Mitteilung der Gedankengänge von Robertson Smith ab, um ihren Kern in gedrängtester Kürze zu resumieren: Als die Idee des Privateigentums aufkam, wurde das Opfer als eine Gabe an die Gottheit, als eine Übertragung aus dem Eigentum des Menschen in das des Gottes aufgefaßt. Allein diese Deutung ließ alle Eigentümlichkeiten des Opferrituals unaufgeklärt. In ältesten Zeiten war das Opfertier selbst heilig, sein Leben unverletzlich gewesen; es konnte nur unter der Teilnahme und Mitschuld des ganzen Stammes und in Gegenwart des Gottes genommen werden, um die heilige Substanz zu liefern, durch deren Genuß die Clangenossen sich ihrer stofflichen Identität

[1] [Hervorhebung von Freud.]

untereinander und mit der Gottheit versicherten. Das Opfer war ein Sakrament, das Opfertier selbst ein Stammesgenosse. Es war in Wirklichkeit das alte Totemtier, der primitive Gott selbst, durch dessen Tötung und Verzehrung die Clangenossen ihre Gottähnlichkeit auffrischten und versicherten.

Aus dieser Analyse des Opferwesens zog Robertson Smith den Schluß, daß die periodische Tötung und Aufzehrung des Totem in Zeiten *vor der Verehrung anthropomorpher Gottheiten* ein bedeutsames Stück der Totemreligion gewesen sei. [Ibid., 295.] Das Zeremoniell einer solchen Totemmahlzeit, meinte er, sei uns in der Beschreibung eines Opfers aus späteren Zeiten erhalten. Der hl. Nilus berichtet von einer Opfersitte der Beduinen in der sinaitischen Wüste um das Ende des vierten Jahrhunderts nach Christi Geburt. Das Opfer, ein Kamel, wurde gebunden auf einen rohen Altar von Steinen gelegt; der Anführer des Stammes ließ die Teilnehmer dreimal unter Gesängen um den Altar herumgehen, brachte dem Tiere die erste Wunde bei und trank gierig das hervorquellende Blut; dann stürzte sich die ganze Gemeinde auf das Opfer, hieb mit den Schwertern Stücke des zuckenden Fleisches los und verzehrte sie roh in solcher Hast, daß in der kurzen Zwischenzeit zwischen dem Aufgang des Morgensterns, dem dieses Opfer galt, und dem Erblassen des Gestirns vor den Sonnenstrahlen alles vom Opfertier, Leib, Knochen, Haut, Fleisch und Eingeweide, vertilgt war. [Ibid., 338.] Dieser barbarische, von höchster Altertümlichkeit zeugende Ritus war allen Beweismitteln nach kein vereinzelter Gebrauch, sondern die allgemeine, ursprüngliche Form des Totemopfers, die in späterer Zeit die verschiedensten Abschwächungen erfuhr.

Viele Autoren haben sich geweigert, der Konzeption der Totemmahlzeit Gewicht beizulegen, weil sie durch die direkte Beobachtung auf der Stufe des Totemismus nicht erhärtet werden konnte. Robertson Smith hat noch selbst auf die Beispiele hingewiesen, in denen die sakramentale Bedeutung der Opfer gesichert scheint, z. B. bei den Menschenopfern der Azteken, und auf andere, welche an die Bedingungen der Totemmahlzeit erinnern, die Bärenopfer des Bärenstammes der Ouataouaks [Otawa-Stamm] in Amerika und die Bärenfeste der Ainos in Japan. [Ibid., 295 Anm.] Frazer hat diese und ähnliche Fälle in den beiden letzterschienenen Abteilungen seines großen Werkes ausführlich mitgeteilt[1]. Ein Indianerstamm in Kalifornien, der einen großen Raubvogel (Bussard) verehrt, tötet diesen in feierlicher Zeremonie einmal im

[1] (1912, Bd. 2 [Kapitel X, XIII und XIV].)

Jahre, worauf er betrauert und seine Haut mit den Federn aufbewahrt wird. [Ibid., Bd. 2, 170.] Die Zuniindianer in Neumexiko verfahren ebenso mit ihrer heiligen Schildkröte. [Ibid., Bd. 2, 175.]

In den *Intichiuma*zeremonien der zentralaustralischen Stämme ist ein Zug beobachtet worden, welcher zu den Voraussetzungen von Robertson Smith vortrefflich stimmt. Jeder Stamm, der für die Vermehrung seines Totem, dessen Genuß ihm doch selbst verwehrt ist, Magie treibt, ist gehalten, bei der Zeremonie etwas von seinem Totem selbst zu genießen, ehe derselbe den anderen Stämmen zugänglich wird. [Frazer, 1910, Bd. 1, 110 ff.] Das schönste Beispiel für den sakramentalen Genuß des sonst verbotenen Totem soll sich nach Frazer bei den Bini in Westafrika in Verbindung mit dem Begräbniszeremoniell dieser Stämme finden. (Ibid., Bd. 2, 590.)

Wir aber wollen Robertson Smith in der Annahme folgen, daß die sakramentale Tötung und gemeinsame Aufzehrung des sonst verbotenen Totemtieres ein bedeutungsvoller Zug der Totemreligion gewesen sei[1].

5

Stellen wir uns nun die Szene einer solchen Totemmahlzeit vor und statten sie noch mit einigen wahrscheinlichen Zügen aus, die bisher nicht gewürdigt werden konnten. Der Clan, der sein Totemtier bei feierlichem Anlasse auf grausame Art tötet und es roh verzehrt, Blut, Fleisch und Knochen; dabei sind die Stammesgenossen in die Ähnlichkeit des Totem verkleidet, imitieren es in Lauten und Bewegungen, als ob sie seine und ihre Identität betonen wollten. Es ist das Bewußtsein dabei, daß man eine jedem Einzelnen verbotene Handlung ausführt, die nur durch die Teilnahme aller gerechtfertigt werden kann; es darf sich auch keiner von der Tötung und der Mahlzeit ausschließen. Nach der Tat wird das hingemordete Tier beweint und beklagt. Die Totenklage ist eine zwangsmäßige, durch die Furcht vor einer drohenden Vergeltung erzwungene, ihre Hauptabsicht geht dahin, wie Robertson Smith bei einer analogen Gelegenheit bemerkt, die Verantwortlichkeit für die Tötung von sich abzuwälzen. (1894, 412.)

Aber nach dieser Trauer folgt die lauteste Festfreude, die Entfesselung

[1] Die von verschiedenen Autoren (Marillier [1898, 204 ff.], Hubert und Mauss [1899, 30 ff.] u. a.) gegen diese Theorie des Opfers vorgebrachten Einwendungen sind mir nicht unbekannt geblieben, haben aber den Eindruck der Lehren von Robertson Smith im wesentlichen nicht beeinträchtigt.

aller Triebe und Gestattung aller Befriedigungen. Die Einsicht in das Wesen des *Festes* fällt uns hier ohne jede Mühe zu.

Ein Fest ist ein gestatteter, vielmehr ein gebotener Exzeß, ein feierlicher Durchbruch eines Verbotes. Nicht weil die Menschen infolge irgendeiner Vorschrift froh gestimmt sind, begehen sie die Ausschreitungen, sondern der Exzeß liegt im Wesen des Festes; die festliche Stimmung wird durch die Freigebung des sonst Verbotenen erzeugt.

Was soll aber die Einleitung zu dieser Festesfreude, die Trauer über den Tod des Totemtieres? Wenn man sich über die Tötung des Totem, die sonst versagt ist, freut, warum trauert man auch über sie?

Wir haben gehört, daß sich die Clangenossen durch den Genuß des Totem heiligen, in ihrer Identifizierung mit ihm und untereinander bestärken. Daß sie das heilige Leben, dessen Träger die Substanz des Totem ist, in sich aufgenommen haben, könnte ja die festliche Stimmung und alles, was aus ihr folgt, erklären.

Die Psychoanalyse hat uns verraten, daß das Totemtier wirklich der Ersatz des Vaters ist, und dazu stimmte wohl der Widerspruch, daß es sonst verboten ist, es zu töten, und daß seine Tötung zur Festlichkeit wird, daß man das Tier tötet und es doch betrauert. Die ambivalente Gefühlseinstellung, welche den Vaterkomplex heute noch bei unseren Kindern auszeichnet und sich oft ins Leben der Erwachsenen fortsetzt, würde sich auch auf den Vaterersatz des Totemtieres erstrecken.

Allein, wenn man die von der Psychoanalyse gegebene Übersetzung des Totem mit der Tatsache der Totemmahlzeit und der Darwinschen Hypothese über den Urzustand der menschlichen Gesellschaft zusammenhält, ergibt sich die Möglichkeit eines tieferen Verständnisses, der Ausblick auf eine Hypothese, die phantastisch erscheinen mag, aber den Vorteil bietet, eine unvermutete Einheit zwischen bisher gesonderten Reihen von Phänomenen herzustellen.

Die Darwinsche Urhorde hat natürlich keinen Raum für die Anfänge des Totemismus. Ein gewalttätiger, eifersüchtiger Vater, der alle Weibchen für sich behält und die heranwachsenden Söhne vertreibt, nichts weiter. Dieser Urzustand der Gesellschaft ist nirgends Gegenstand der Beobachtung geworden. Was wir als primitivste Organisation finden, was noch heute bei gewissen Stämmen in Kraft besteht, das sind *Männerverbände,* die aus gleichberechtigten Mitgliedern bestehen und den Einschränkungen des totemistischen Systems unterliegen, dabei mütterliche Erblichkeit. Kann das eine aus dem anderen hervorgegangen sein, und auf welchem Wege war es möglich?

Die Berufung auf die Feier der Totemmahlzeit gestattet uns eine Antwort zu geben: Eines Tages[1] taten sich die ausgetriebenen Brüder zusammen, erschlugen und verzehrten den Vater und machten so der Vaterhorde ein Ende. Vereint wagten sie und brachten zustande, was dem Einzelnen unmöglich geblieben wäre. (Vielleicht hatte ein Kulturfortschritt, die Handhabung einer neuen Waffe, ihnen das Gefühl der Überlegenheit gegeben.) Daß sie den Getöteten auch verzehrten, ist für den kannibalen Wilden selbstverständlich. Der gewalttätige Urvater war gewiß das beneidete und gefürchtete Vorbild eines jeden aus der Brüderschar gewesen. Nun setzten sie im Akte des Verzehrens die Identifizierung mit ihm durch, eigneten sich ein jeder ein Stück seiner Stärke an. Die Totemmahlzeit, vielleicht das erste Fest der Menschheit, wäre die Wiederholung und die Gedenkfeier dieser denkwürdigen, verbrecherischen Tat, mit welcher so vieles seinen Anfang nahm, die sozialen Organisationen, die sittlichen Einschränkungen und die Religion[2].

---

[1] Zu dieser Darstellung, die sonst mißverständlich würde, bitte ich die Schlußsätze der nachfolgenden Anmerkung als Korrektiv hinzuzunehmen.

[2] Die ungeheuerlich erscheinende Annahme der Überwältigung und Tötung des tyrannischen Vaters durch die Vereinigung der ausgetriebenen Söhne hat sich auch Atkinson als direkte Folgerung aus den Verhältnissen der Darwinschen Urhorde ergeben. *»A youthful band of brothers living together in forced celibacy, or at most in polyandrous relation with some single female captive. A horde as yet weak in their impubescence they are, but they would, when strength was gained with time, inevitably wrench by combined attacks, renewed again and again, both wife and life from the paternal tyrant«* (1903, 220 f.). Atkinson, der übrigens sein Leben in Neu-Caledonien verbrachte und ungewöhnliche Gelegenheit zum Studium der Eingeborenen hatte, beruft sich auch darauf, daß die von Darwin supponierten Zustände der Urhorde bei wilden Rinder- und Pferdeherden leicht zu beobachten sind und regelmäßig zur Tötung des Vatertieres führen. [Ibid., 222 f.] Er nimmt dann weiter an, daß nach der Beseitigung des Vaters ein Zerfall der Horde durch den erbitterten Kampf der siegreichen Söhne untereinander eintritt. Auf diese Weise käme eine neue Organisation der Gesellschaft niemals zustande: *»an ever recurring violent succession to the solitary paternal tyrant by sons, whose parricidal hands were so soon again clenched in fratricidal strife«* (ibid., 228). Atkinson, dem die Winke der Psychoanalyse nicht zu Gebote standen und dem die Studien von Robertson Smith nicht bekannt waren, findet einen minder gewaltsamen Übergang von der Urhorde zur nächsten sozialen Stufe, auf welcher zahlreiche Männer in friedlicher Gemeinschaft zusammenleben. Er läßt es die Mutterliebe durchsetzen, daß anfangs nur die jüngsten, später auch andere Söhne in der Horde verbleiben, wofür diese Geduldeten das sexuelle Vorrecht des Vaters in Form der von ihnen geübten Entsagung gegen Mutter und Schwestern anerkennen. [Ibid., 231 ff.]
So viel über die höchst bemerkenswerte Theorie von Atkinson, ihre Übereinstimmung mit der hier vorgetragenen im *wesentlichen* Punkte und ihre Abweichung davon, welche den Verzicht auf den Zusammenhang mit so vielem anderen mit sich bringt.
Die Unbestimmtheit, die zeitliche Verkürzung und inhaltliche Zusammendrängung der Angaben in meinen obenstehenden Ausführungen darf ich als eine durch die Natur des Gegenstandes geforderte Enthaltung hinstellen. Es wäre ebenso unsinnig, in dieser Materie Exaktheit anzustreben, wie es unbillig wäre, Sicherheiten zu fordern.

Um, von der Voraussetzung absehend, diese Folgen glaubwürdig zu finden, braucht man nur anzunehmen, daß die sich zusammenrottende Brüderschar von denselben einander widersprechenden Gefühlen gegen den Vater beherrscht war, die wir als Inhalt der Ambivalenz des Vaterkomplexes bei jedem unserer Kinder und unserer Neurotiker nachweisen können. Sie haßten den Vater, der ihrem Machtbedürfnis und ihren sexuellen Ansprüchen so mächtig im Wege stand, aber sie liebten und bewunderten ihn auch. Nachdem sie ihn beseitigt, ihren Haß befriedigt und ihren Wunsch nach Identifizierung mit ihm durchgesetzt hatten, mußten sich die dabei überwältigten zärtlichen Regungen zur Geltung bringen[1]. Es geschah in der Form der Reue, es entstand ein Schuldbewußtsein, welches hier mit der gemeinsam empfundenen Reue zusammenfällt. Der Tote wurde nun stärker, als der Lebende gewesen war; all dies, wie wir es noch heute an Menschenschicksalen sehen. Was er früher durch seine Existenz verhindert hatte, das verboten sie sich jetzt selbst in der psychischen Situation des uns aus den Psychoanalysen so wohl bekannten *»nachträglichen Gehorsams«*. Sie widerriefen ihre Tat, indem sie die Tötung des Vaterersatzes, des Totem, für unerlaubt erklärten, und verzichteten auf deren Früchte, indem sie sich die freigewordenen Frauen versagten. So schufen sie aus dem *Schuldbewußtsein des Sohnes* die beiden fundamentalen Tabu des Totemismus, die eben darum mit den beiden verdrängten Wünschen des Ödipuskomplexes übereinstimmen mußten. Wer dawiderhandelte, machte sich der beiden einzigen Verbrechen schuldig, welche die primitive Gesellschaft bekümmerten[2].

Die beiden Tabu des Totemismus, mit denen die Sittlichkeit der Menschen beginnt, sind psychologisch nicht gleichwertig. Nur das eine, die Schonung des Totemtieres, ruht ganz auf Gefühlsmotiven; der Vater war ja beseitigt, in der Realität war nichts mehr gutzumachen. Das andere aber, das Inzestverbot, hatte auch eine starke praktische Begründung. Das sexuelle Bedürfnis einigt die Männer nicht, sondern entzweit sie. Hatten sich die Brüder verbündet, um den Vater zu überwältigen, so

---

[1] Dieser neuen Gefühlseinstellung mußte auch zugute kommen, daß die Tat keinem der Täter die volle Befriedigung bringen konnte. Sie war in gewisser Hinsicht vergeblich geschehen. Keiner der Söhne konnte ja seinen ursprünglichen Wunsch durchsetzen, die Stelle des Vaters einzunehmen. Der Mißerfolg ist aber, wie wir wissen, der moralischen Reaktion weit günstiger als die Befriedigung.

[2] *»Murder and incest, or offences of a like kind against the sacred law of blood, are in primitive society the only crimes of which the community as such takes cognizance ...«* (Smith, 1894, 419).

war jeder des anderen Nebenbuhler bei den Frauen. Jeder hätte sie wie der Vater alle für sich haben wollen, und in dem Kampfe aller gegen alle wäre die neue Organisation zugrunde gegangen. Es war kein Überstarker mehr da, der die Rolle des Vaters mit Erfolg hätte aufnehmen können. Somit blieb den Brüdern, wenn sie miteinander leben wollten, nichts übrig, als – vielleicht nach Überwindung schwerer Zwischenfälle – das Inzestverbot aufzurichten, mit welchem sie alle zugleich auf die von ihnen begehrten Frauen verzichteten, um derentwegen sie doch in erster Linie den Vater beseitigt hatten. Sie retteten so die Organisation, welche sie stark gemacht hatte und die auf homosexuellen Gefühlen und Betätigungen ruhen konnte, welche sich in der Zeit der Vertreibung bei ihnen eingestellt haben mochten. Vielleicht war es auch diese Situation, welche den Keim zu den von Bachofen [1861] erkannten Institutionen des *Mutterrechts* legte, bis dieses von der patriarchalischen Familienordnung abgelöst wurde.

An das andere Tabu, welches das Leben des Totemtieres beschützt, knüpft hingegen der Anspruch des Totemismus an, als erster Versuch einer Religion gewertet zu werden. Bot sich dem Empfinden der Söhne das Tier als natürlicher und nächstliegender Ersatz des Vaters, so fand sich in der ihnen zwanghaft gebotenen Behandlung desselben doch noch mehr Ausdruck als das Bedürfnis, ihre Reue zur Darstellung zu bringen. Es konnte mit dem Vatersurrogat der Versuch gemacht werden, das brennende Schuldgefühl zu beschwichtigen, eine Art von Aussöhnung mit dem Vater zu bewerkstelligen. Das totemistische System war gleichsam ein Vertrag mit dem Vater, in dem der letztere all das zusagte, was die kindliche Phantasie vom Vater erwarten durfte, Schutz, Fürsorge und Schonung, wogegen man sich verpflichtete, sein Leben zu ehren, das heißt die Tat an ihm nicht zu wiederholen, durch die der wirkliche Vater zugrunde gegangen war. Es lag auch ein Rechtfertigungsversuch im Totemismus. »Hätte der Vater uns behandelt wie der Totem, wir wären nie in die Versuchung gekommen, ihn zu töten.« So verhalf der Totemismus dazu, die Verhältnisse zu beschönigen und das Ereignis vergessen zu machen, dem er seine Entstehung verdankte.

Es wurden hiebei Züge geschaffen, die fortan für den Charakter der Religion bestimmend blieben. Die Totemreligion war aus dem Schuldbewußtsein der Söhne hervorgegangen als Versuch, dies Gefühl zu beschwichtigen und den beleidigten Vater durch den nachträglichen Gehorsam zu versöhnen. Alle späteren Religionen erweisen sich als Lösungsversuche desselben Problems, variabel je nach dem kulturellen Zustand, in dem sie unternommen werden, und nach den Wegen, die sie einschlagen, aber es sind alle gleichzielende Reaktionen auf dieselbe große Begebenheit, mit der die Kultur begonnen hat und die seitdem die Menschheit nicht zur Ruhe kommen läßt.

Auch ein anderer Charakter, den die Religion treu bewahrt hat, ist damals schon im Totemismus hervorgetreten. Die Ambivalenzspannung war wohl zu groß, um durch irgendeine Veranstaltung ausgeglichen zu werden, oder die psychologischen Bedingungen sind der Erledigung dieser Gefühlsgegensätze überhaupt nicht günstig. Man merkt jedenfalls, daß die dem Vaterkomplex anhaftende Ambivalenz sich auch in den Totemismus und in die Religionen überhaupt fortsetzt. Die Religion des Totem umfaßt nicht nur die Äußerungen der Reue und die Versuche der Versöhnung, sondern dient auch der Erinnerung an den Triumph über den Vater. Die Befriedigung darüber läßt das Erinnerungsfest der Totemmahlzeit einsetzen, bei dem die Einschränkungen des nachträglichen Gehorsams wegfallen, macht es zur Pflicht, das Verbrechen des Vatermordes in der Opferung des Totemtieres immer wieder von neuem zu wiederholen, sooft der festgehaltene Erwerb jener Tat, die Aneignung der Eigenschaften des Vaters, infolge der verändernden Einflüsse des Lebens zu entschwinden droht. Wir werden nicht überrascht sein zu finden, daß auch der Anteil des Sohnestrotzes, oft in den merkwürdigsten Verkleidungen und Umwendungen, in späteren Religionsbildungen wieder auftaucht.

Verfolgen wir in Religion und sittlicher Vorschrift, die im Totemismus noch wenig scharf gesondert sind, bisher die Folgen der in Reue verwandelten zärtlichen Strömung gegen den Vater, so wollen wir doch nicht übersehen, daß im wesentlichen die Tendenzen, welche zum Vatermord gedrängt haben, den Sieg behalten. Die sozialen Brudergefühle, auf denen die große Umwälzung ruht, bewahren von nun an über lange Zeiten den tiefstgehenden Einfluß auf die Entwicklung der Gesellschaft. Sie schaffen sich Ausdruck in der Heiligung des gemeinsamen Blutes, in der Betonung der Solidarität aller Leben desselben Clan. Indem die Brüder sich einander so das Leben zusichern, sprechen sie aus, daß niemand von ihnen vom anderen behandelt werden dürfe wie der Vater von ihnen allen gemeinsam. Sie schließen eine Wiederholung des Vaterschicksals aus. Zum religiös begründeten Verbot, den Totem zu töten, kommt nun das sozial begründete Verbot des Brudermordes hinzu. Es wird dann noch lange währen, bis das Gebot die Einschränkung auf den Stammesgenossen abstreifen und den einfachen Wortlaut annehmen wird: Du sollst nicht morden. Zunächst ist an Stelle der *Vaterhorde* der *Brüderclan* getreten, welcher sich durch das Blutband versichert hat. Die Gesellschaft ruht jetzt auf der Mitschuld an dem gemeinsam verübten Verbrechen, die Religion auf dem Schuldbewußtsein und der Reue darüber, die Sittlichkeit teils auf den Notwendigkeiten dieser Gesellschaft, zum anderen Teil auf den vom Schuldbewußtsein geforderten Bußen.

Im Gegensatz zu den neueren und in Anlehnung an die älteren Auffassungen des totemistischen Systems heißt uns also die Psychoanalyse einen innigen Zusammenhang und gleichzeitigen Ursprung von Totemismus und Exogamie vertreten.

6

Ich stehe unter der Einwirkung einer großen Anzahl von starken Motiven, die mich vom Versuche zurückhalten werden, die weitere Entwicklung der Religionen von ihrem Beginn im Totemismus an bis zu ihrem heutigen Stande zu schildern. Ich will nur zwei Fäden hindurch verfolgen, wo ich sie im Gewebe besonders deutlich auftauchen sehe: das Motiv des Totemopfers und das Verhältnis des Sohnes zum Vater[1].

Robertson Smith hat uns belehrt, daß die alte Totemmahlzeit in der ursprünglichen Form des Opfers wiederkehrt. Der Sinn der Handlung ist derselbe: die Heiligung durch die Teilnahme an der gemeinsamen Mahlzeit; auch das Schuldbewußtsein ist dabei geblieben, welches nur durch die Solidarität aller Teilnehmer beschwichtigt werden kann. Neu hinzugekommen ist die Stammesgottheit, in deren gedachter Gegenwart das Opfer stattfindet, die an dem Mahle teilnimmt wie ein Stammesgenosse und mit der man sich durch den Genuß am Opfer identifiziert. Wie kommt der Gott in die ihm ursprünglich fremde Situation?

Die Antwort könnte lauten, es sei unterdes – unbekannt woher – die Gottesidee aufgetaucht, habe sich das ganze religiöse Leben unterworfen, und wie alles andere, was bestehenbleiben wollte, hätte auch die Totemmahlzeit den Anschluß an das neue System gewinnen müssen. Allein die psychoanalytische Erforschung des einzelnen Menschen lehrt

[1] Vgl. die zum Teil von abweichenden Gesichtspunkten beherrschte Arbeit von C. G. Jung (1912).

mit einer ganz besonderen Nachdrücklichkeit, daß für jeden der Gott nach dem Vater gebildet ist, daß sein persönliches Verhältnis zu Gott von seinem Verhältnis zum leiblichen Vater abhängt, mit ihm schwankt und sich verwandelt und daß Gott im Grunde nichts anderes ist als ein erhöhter Vater. Die Psychoanalyse rät auch hier wie im Falle des Totemismus, den Gläubigen Glauben zu schenken, die Gott Vater nennen, wie sie den Totem Ahnherrn genannt haben. Wenn die Psychoanalyse irgendwelche Beachtung verdient, so muß, unbeschadet aller anderen Ursprünge und Bedeutungen Gottes, auf welche die Psychoanalyse kein Licht werfen kann, der Vateranteil an der Gottesidee ein sehr gewichtiger sein. Dann wäre aber in der Situation des primitiven Opfers der Vater zweimal vertreten, einmal als Gott und dann als das Totemopfertier, und bei allem Bescheiden mit der geringen Mannigfaltigkeit der psychoanalytischen Lösungen müssen wir fragen, ob das möglich ist und welchen Sinn es haben kann.

Wir wissen, daß mehrfache Beziehungen zwischen dem Gott und dem heiligen Tier (Totem, Opfertier) bestehen: 1. Jedem Gott ist gewöhnlich ein Tier heilig, nicht selten selbst mehrere; 2. in gewissen, besonders heiligen Opfern, den »mystischen«, wurde dem Gotte gerade das ihm geheiligte Tier zum Opfer dargebracht (Smith, 1894 [290]); 3. der Gott wurde häufig in der Gestalt eines Tieres verehrt oder, anders gesehen, Tiere genossen göttliche Verehrung lange nach dem Zeitalter des Totemismus; 4. in den Mythen verwandelt sich der Gott häufig in ein Tier, oft in das ihm geheiligte. So läge die Annahme nahe, daß der Gott selbst das Totemtier wäre, sich auf einer späteren Stufe des religiösen Fühlens aus dem Totemtier entwickelt hätte. Aller weiteren Diskussion überhebt uns aber die Erwägung, daß der Totem selbst nichts anderes ist als ein Vaterersatz. So mag er die erste Form des Vaterersatzes sein, der Gott aber eine spätere, in welcher der Vater seine menschliche Gestalt wiedergewonnen. Eine solche Neuschöpfung aus der Wurzel aller Religionsbildung, der *Vatersehnsucht,* konnte möglich werden, wenn sich im Laufe der Zeiten am Verhältnis zum Vater – und vielleicht auch zum Tiere – Wesentliches geändert hatte.

Solche Veränderungen lassen sich leicht erraten, auch wenn man von dem Beginn einer psychischen Entfremdung von dem Tiere und von der Zersetzung des Totemismus durch die Domestikation absehen will. (S. oben S. 421.) In der durch die Beseitigung des Vaters hergestellten Situation lag ein Moment, welches im Laufe der Zeit eine außerordentliche Steigerung der Vatersehnsucht erzeugen mußte. Die Brüder, welche sich zur Tötung des Vaters zusammengetan hatten, waren ja jeder für sich vom Wunsche beseelt gewesen, dem Vater gleich zu werden, und hatten diesem Wunsche durch Einverleibung von Teilen seines Ersatzes in der Totemmahlzeit Ausdruck gegeben. Dieser Wunsch mußte infolge des Druckes, welchen die Bande des Brüderclan auf jeden Teilnehmer übten, unerfüllt bleiben. Es konnte und durfte niemand mehr die Machtvollkommenheit des Vaters erreichen, nach der sie doch alle gestrebt hatten. Somit konnte im Laufe langer Zeiten die Erbitterung gegen den Vater, die zur Tat gedrängt hatte, nachlassen, die Sehnsucht nach ihm wachsen, und es konnte ein Ideal entstehen, welches die Machtfülle und Unbeschränktheit des einst bekämpften Urvaters und die Bereitwilligkeit, sich ihm zu unterwerfen, zum Inhalt hatte. Die ursprüngliche demokratische Gleichstellung aller einzelnen Stammesgenossen war infolge einschneidender kultureller Veränderungen nicht mehr festzuhalten; somit zeigte sich eine Geneigtheit, in Anlehnung an die Verehrung einzelner Menschen, die sich vor anderen hervorgetan hatten, das alte Vaterideal in der Schöpfung von Göttern wiederzubeleben. Daß ein Mensch zum Gott wird und daß ein Gott stirbt, was uns heute als empörende Zumutung erscheint, war ja noch für das Vorstellungsvermögen des klassischen Altertums keineswegs anstößig[1]. Die Erhöhung des einst gemordeten Vaters zum Gott, von dem nun der Stamm seine Herkunft ableitete, war aber ein weit ernsthafterer Sühneversuch als seinerzeit der Vertrag mit dem Totem.

Wo sich in dieser Entwicklung die Stelle für die großen Muttergottheiten findet, die vielleicht allgemein den Vatergöttern vorhergegangen sind, weiß ich nicht anzugeben. Sicher scheint aber, daß die Wandlung im Verhältnis zum Vater sich nicht auf das religiöse Gebiet beschränkte, sondern folgerichtig auf die andere durch die Beseitigung des Vaters beeinflußte Seite des menschlichen Lebens, auf die soziale Organisation, übergriff. Mit der Einsetzung der Vatergottheiten wandelte sich die vaterlose Gesellschaft allmählich in die patriarchalisch geordnete um. Die Familie war eine Wiederherstellung der einstigen Urhorde und gab den Vätern auch ein großes Stück ihrer früheren Rechte wieder. Es gab jetzt wieder Väter, aber die sozialen Errungenschaften des Brüderclan

[1] »*To us moderns, for whom the breach which divides the human and the divine has deepened into an impassible gulf, such mimicry may appear impious, but it was otherwise with the ancients. To their thinking gods and men were akin, for many families traced their descent from a divinity, and the deification of a man probably seemed as little extraordinary to them as the canonization of a saint seems to a modern Catholic.*« (Frazer, 1911 *a*, Bd. 2, 177 f.)

waren nicht aufgegeben worden, und der faktische Abstand der neuen Familienväter vom unumschränkten Urvater der Horde war groß genug, um die Fortdauer des religiösen Bedürfnisses, die Erhaltung der ungestillten Vatersehnsucht, zu versichern.

In der Opferszene vor dem Stammesgott ist also der Vater wirklich zweimal enthalten, als Gott und als Totemopfertier. Aber bei dem Versuch, diese Situation zu verstehen, werden wir uns vor Deutungen in acht nehmen, welche sie in flächenhafter Auffassung wie eine Allegorie übersetzen wollen und dabei der historischen Schichtung vergessen. Die zweifache Anwesenheit des Vaters entspricht den zwei einander zeitlich ablösenden Bedeutungen der Szene. Die ambivalente Einstellung gegen den Vater hat hier plastischen Ausdruck gefunden und ebenso der Sieg der zärtlichen Gefühlsregungen des Sohnes über seine feindseligen. Die Szene der Überwältigung des Vaters, seiner größten Erniedrigung, ist hier zum Material für eine Darstellung seines höchsten Triumphes geworden. Die Bedeutung, die das Opfer ganz allgemein gewonnen hat, liegt eben darin, daß es dem Vater die Genugtuung für die an ihm verübte Schmach in derselben Handlung bietet, welche die Erinnerung an diese Untat fortsetzt.

In weiterer Folge verliert das Tier seine Heiligkeit und das Opfer die Beziehung zur Totemfeier; es wird zu einer einfachen Darbringung an die Gottheit, zu einer Selbstentäußerung zugunsten des Gottes. Gott selbst ist jetzt so hoch über den Menschen erhaben, daß man mit ihm nur durch die Vermittlung des Priesters verkehren kann. Gleichzeitig kennt die soziale Ordnung göttergleiche Könige, welche das patriarchalische System auf den Staat übertragen. Wir müssen sagen, die Rache des gestürzten und wiedereingesetzten Vaters ist eine harte geworden, die Herrschaft der Autorität steht auf ihrer Höhe. Die unterworfenen Söhne haben das neue Verhältnis dazu benützt, um ihr Schuldbewußtsein noch weiter zu entlasten. Das Opfer, wie es jetzt ist, fällt ganz aus ihrer Verantwortlichkeit heraus. Gott selbst hat es verlangt und angeordnet. Zu dieser Phase gehören Mythen, in welchen der Gott selbst das Tier tötet, das ihm heilig ist, das er eigentlich selbst ist. Dies ist die äußerste Verleugnung der großen Untat, mit welcher die Gesellschaft und das Schuldbewußtsein begann. Eine zweite Bedeutung dieser letzteren Opferdarstellung ist nicht zu verkennen. Sie drückt die Befriedigung darüber aus, daß man den früheren Vaterersatz zugunsten der höheren Gottesvorstellung verlassen hat. Die flach allegorische Übersetzung der Szene fällt hier ungefähr mit ihrer psychoanalytischen Deutung zusammen. Jene lautet: es werde dargestellt, daß der Gott den tierischen Anteil seines Wesens überwindet[1].

Es wäre indes irrig, wenn man glauben wollte, in diesen Zeiten der erneuerten Vaterautorität seien die feindseligen Regungen, welche dem Vaterkomplex zugehören, völlig verstummt. Aus den ersten Phasen der Herrschaft der beiden neuen Vaterersatzbildungen, der Götter und der Könige, kennen wir vielmehr die energischesten Äußerungen jener Ambivalenz, welche für die Religion charakteristisch bleibt.

Frazer hat in seinem großen Werk *The Golden Bough* [1911*a*, Bd. 2, Kapitel XVIII] die Vermutung ausgesprochen, daß die ersten Könige der lateinischen Stämme Fremde waren, welche die Rolle einer Gottheit spielten und in dieser Rolle an einem bestimmten Festtage feierlich hingerichtet wurden. Die jährliche Opferung (Variante: Selbstopferung) eines Gottes scheint ein wesentlicher Zug der semitischen Religionen gewesen zu sein. Das Zeremoniell der Menschenopfer an den verschiedensten Stellen der bewohnten Erde läßt wenig Zweifel darüber, daß diese Menschen als Repräsentanten der Gottheit ihr Ende fanden, und in der Ersetzung des lebenden Menschen durch eine leblose Nachahmung (Puppe) läßt sich dieser Opfergebrauch noch in späte Zeiten verfolgen. Das theanthropische Gottesopfer, welches ich hier leider nicht mit der gleichen Vertiefung wie das Tieropfer behandeln kann, wirft ein helles Licht nach rückwärts auf den Sinn der älteren Opferformen. [Smith, 1894, 410 f.] Es bekennt mit kaum zu überbietender Aufrichtigkeit, daß das Objekt der Opferhandlung immer das nämliche war, dasselbe, was nun als Gott verehrt wird, der Vater also. Die Frage nach dem Verhältnis von Tier- und Menschenopfer findet jetzt eine einfache Lösung. Das ursprüngliche Tieropfer war bereits ein Ersatz für ein Menschenopfer, für die feierliche Tötung des Vaters, und als der Vaterersatz seine menschliche Gestalt wiedererhielt, konnte sich das Tieropfer auch wieder in das Menschenopfer verwandeln.

So hatte sich die Erinnerung an jene erste große Opfertat als unzerstörbar erwiesen, trotz aller Bemühungen, sie zu vergessen, und gerade

---

[1] Die Überwindung einer Göttergeneration durch eine andere in den Mythologien bedeutet bekanntlich den historischen Vorgang der Ersetzung eines religiösen Systems durch ein neues, sei es infolge von Eroberung durch ein Fremdvolk oder auf dem Wege psychologischer Entwicklung. Im letzteren Falle nähert sich der Mythus den »funktionalen Phänomenen« im Sinne von H. Silberer [1909]. [Vgl. Freud, *Die Traumdeutung* (1900*a*), *Studienausgabe*, Bd. 2, S. 483 ff.] Daß der das Tier tötende Gott ein Libidosymbol ist, wie C. G. Jung (1912) behauptet, setzt einen anderen Begriff der Libido als den bisher verwendeten voraus und erscheint mir überhaupt fragwürdig.

als man sich von ihren Motiven am weitesten entfernen wollte, mußte in der Form des Gottesopfers ihre unentstellte Wiederholung zutage treten. Welche Entwicklungen des religiösen Denkens als Rationalisierungen diese Wiederkehr ermöglicht haben, brauche ich an dieser Stelle nicht auszuführen. Robertson Smith, dem ja unsere Zurückführung des Opfers auf jenes große Ereignis der menschlichen Urgeschichte fernliegt, gibt an, daß die Zeremonien jener Feste, mit denen die alten Semiten den Tod einer Gottheit feierten, als *»commemoration of a mythical tragedy«* ausgelegt wurden [ibid., 413] und daß die Klage dabei nicht den Charakter einer spontanen Teilnahme hatte, sondern etwas Zwangsmäßiges, von der Furcht vor dem göttlichen Zorn Gebotenes an sich trug[1]. Wir glauben zu erkennen, daß diese Auslegung im Rechte war und daß die Gefühle der Feiernden in der zugrunde liegenden Situation ihre gute Aufklärung fanden.

Nehmen wir es nun als Tatsache hin, daß auch in der weiteren Entwicklung der Religionen die beiden treibenden Faktoren, das Schuldbewußtsein des Sohnes und der Sohnestrotz, niemals erlöschen. Jeder Lösungsversuch des religiösen Problems, jede Art der Versöhnung der beiden widerstreitenden seelischen Mächte wird allmählich hinfällig, wahrscheinlich unter dem kombinierten Einfluß von historischen Ereignissen, kulturellen Änderungen und inneren psychischen Wandlungen.

Mit immer größerer Deutlichkeit tritt das Bestreben des Sohnes hervor, sich an die Stelle des Vatergottes zu setzen. Mit der Einführung des Ackerbaues hebt sich die Bedeutung des Sohnes in der patriarchalischen Familie. Er getraut sich neuer Äußerungen seiner inzestuösen Libido, die in der Bearbeitung der Mutter Erde eine symbolische Befriedigung findet. Es entstehen die Göttergestalten des Attis, Adonis, Tammuz u. a., Vegetationsgeister und zugleich jugendliche Gottheiten, welche die Liebesgunst mütterlicher Gottheiten genießen, den Mutterinzest dem Vater zum Trotze durchsetzen. Allein das Schuldbewußtsein, welches durch diese Schöpfungen nicht beschwichtigt ist, drückt sich in den Mythen aus, die diesen jugendlichen Geliebten der Muttergöttinnen ein kurzes Leben und eine Bestrafung durch Entmannung oder durch den

[1] (Ibid., 412): *»The mourning is not a spontaneous expression of sympathy with the divine tragedy, but obligatory and enforced by fear of supernatural anger. And a chief object of the mourners is to disclaim responsibility for the god's death – a point which has already come before us in connection with theanthropic sacrifices, such as the ›ox-murder at Athens‹.«* [Hervorhebung von Freud.]

Zorn des Vatergottes in Tierform bescheiden. Adonis wird durch den Eber getötet, das heilige Tier der Aphrodite; Attis, der Geliebte der Kybele, stirbt an Entmannung[1]. Die Beweinung und die Freude über die Auferstehung dieser Götter ist in das Rituale einer anderen Sohnesgottheit übergegangen, welche zu dauerndem Erfolge bestimmt war.
Als das Christentum seinen Einzug in die antike Welt begann, traf es auf die Konkurrenz der Mithrasreligion, und es war für eine Weile zweifelhaft, welcher Gottheit der Sieg zufallen würde.
Die lichtumflossene Gestalt des persischen Götterjünglings ist doch unserem Verständnis dunkel geblieben. Vielleicht darf man aus den Darstellungen der Stiertötungen durch Mithras schließen, daß er jenen Sohn vorstellte, der die Opferung des Vaters allein vollzog und somit die Brüder von der sie drückenden Mitschuld an der Tat erlöste. Es gab einen anderen Weg zur Beschwichtigung dieses Schuldbewußtseins, und diesen beschritt erst Christus. Er ging hin und opferte sein eigenes Leben, und dadurch erlöste er die Brüderschar von der Erbsünde.
Die Lehre von der Erbsünde ist *orphischer* Herkunft; sie wurde in den Mysterien erhalten und drang von da aus in die Philosophenschulen des griechischen Altertums ein. (Reinach, 1905–12, Bd. 2, 75 ff.) Die Menschen waren die Nachkommen von Titanen, welche den jungen Dionysos-Zagreus getötet und zerstückelt hatten; die Last dieses Verbrechens drückte auf sie. In einem Fragment von Anaximander wird gesagt, daß die Einheit der Welt durch ein urzeitliches Verbrechen zerstört worden sei und daß alles, was daraus hervorgegangen, die Strafe dafür weiter tragen muß[2]. Erinnert die Tat der Titanen durch die Züge der Zusammenrottung, der Tötung und Zerreißung deutlich genug an das von St. Nilus beschriebene Totemopfer [ibid., Bd. 2, 93] – wie übrigens viele andere Mythen des Altertums, z. B. der Tod des Orpheus

[1] Die Kastrationsangst spielt eine außerordentlich große Rolle in der Störung des Verhältnisses zum Vater bei unseren jugendlichen Neurotikern. Aus der schönen Beobachtung von Ferenczi (1913 *a*) haben wir ersehen, wie der Knabe seinen Totem in dem Tier erkennt, welches nach seinem kleinen Gliede schnappt. Wenn unsere Kinder von der rituellen Beschneidung erfahren, stellen sie dieselbe der Kastration gleich. Die völkerpsychologische Parallele zu diesem Verhalten der Kinder ist meines Wissens noch nicht ausgeführt worden. Die in der Urzeit und bei primitiven Völkern so häufige Beschneidung gehört dem Zeitpunkt der Männerweihe an, wo sie ihre Bedeutung finden muß, und ist erst sekundär in frühere Lebenszeiten zurückgeschoben worden. Es ist überaus interessant, daß die Beschneidung bei den Primitiven mit Haarabschneiden und Zahnausschlagen kombiniert oder durch sie ersetzt ist und daß unsere Kinder, die von diesem Sachverhalt nichts wissen können, in ihren Angstreaktionen diese beiden Operationen wirklich wie Äquivalente der Kastration behandeln.

[2] *»Une sorte de péché proethnique«* (Reinach, 1905–12, Bd. 2, 76).

selbst –, so stört uns hier doch die Abweichung, daß die Mordtat an einem jugendlichen Gotte vollzogen wird.

Im christlichen Mythus ist die Erbsünde des Menschen unzweifelhaft eine Versündigung gegen Gottvater. Wenn nun Christus die Menschen von dem Drucke der Erbsünde erlöst, indem er sein eigenes Leben opfert, so zwingt er uns zu dem Schlusse, daß diese Sünde eine Mordtat war. Nach dem im menschlichen Fühlen tiefgewurzelten Gesetz der Talion kann ein Mord nur durch die Opferung eines anderen Lebens gesühnt werden; die Selbstaufopferung weist auf eine Blutschuld zurück[1]. Und wenn dies Opfer des eigenen Lebens die Versöhnung mit Gottvater herbeiführt, so kann das zu sühnende Verbrechen kein anderes als der Mord am Vater gewesen sein.

So bekennt sich denn in der christlichen Lehre die Menschheit am unverhülltesten zu der schuldvollen Tat der Urzeit, weil sie nun im Opfertod des einen Sohnes die ausgiebigste Sühne für sie gefunden hat. Die Versöhnung mit dem Vater ist um so gründlicher, weil gleichzeitig mit diesem Opfer der volle Verzicht auf das Weib erfolgt, um dessentwillen man sich gegen den Vater empört hatte. Aber nun fordert auch das psychologische Verhängnis der Ambivalenz seine Rechte. Mit der gleichen Tat, welche dem Vater die größtmögliche Sühne bietet, erreicht auch der Sohn das Ziel seiner Wünsche gegen den Vater. Er wird selbst zum Gott neben, eigentlich an Stelle des Vaters. Die Sohnesreligion löst die Vaterreligion ab. Zum Zeichen dieser Ersetzung wird die alte Totemmahlzeit als Kommunion wiederbelebt, in welcher nun die Brüderschar vom Fleisch und Blut des Sohnes, nicht mehr des Vaters, genießt, sich durch diesen Genuß heiligt und mit ihm identifiziert. Unser Blick verfolgt durch die Länge der Zeiten die Identität der Totemmahlzeit mit dem Tieropfer, dem theanthropischen Menschenopfer und mit der christlichen Eucharistie und erkennt in all diesen Feierlichkeiten die Nachwirkung jenes Verbrechens, welches die Menschen so sehr bedrückte und auf das sie doch so stolz sein mußten. Die christliche Kommunion ist aber im Grunde eine neuerliche Beseitigung des Vaters, eine Wiederholung der zu sühnenden Tat. Wir merken, wie berechtigt der Satz von Frazer ist, daß *»the Christian communion has absorbed within itself a sacrament which is doubtless far older than Christianity«*[2].

[1] Die Selbstmordimpulse unserer Neurotiker erweisen sich regelmäßig als Selbstbestrafungen für Todeswünsche, die gegen andere gerichtet sind.

[2] Frazer (1912, Bd. 2, 51). – Niemand, der mit der Literatur des Gegenstandes vertraut ist, wird annehmen, daß die Zurückführung der christlichen Kommunion auf die Totemmahlzeit eine Idee des Schreibers dieses Aufsatzes sei.

7

Ein Vorgang wie die Beseitigung des Urvaters durch die Brüderschar mußte unvertilgbare Spuren in der Geschichte der Menschheit hinterlassen und sich in desto zahlreicheren Ersatzbildungen zum Ausdruck bringen, je weniger er selbst erinnert werden sollte[1]. Ich gehe der Versuchung aus dem Wege, diese Spuren in der Mythologie, wo sie nicht schwer zu finden sind, nachzuweisen, und wende mich einem anderen Gebiete zu, indem ich einem Fingerzeig von S. Reinach in einer inhaltsreichen Abhandlung über den Tod des Orpheus folge[2].

In der Geschichte der griechischen Kunst gibt es eine Situation, welche auffällige Ähnlichkeiten und nicht minder tiefgehende Verschiedenheiten mit der von Robertson Smith erkannten Szene der Totemmahlzeit zeigt. Es ist die Situation der ältesten griechischen Tragödie. Eine Schar von Personen, alle gleich benannt und gleich gekleidet, umsteht einen einzigen, von dessen Reden und Handeln sie alle abhängig sind: es ist der Chor und der ursprünglich einzige Heldendarsteller. Spätere Entwicklungen brachten einen zweiten und dritten Schauspieler, um Gegenspieler und Abspaltungen des Helden darzustellen, aber der Charakter des Helden wie sein Verhältnis zum Chor blieben unverändert. Der Held der Tragödie mußte leiden; dies ist noch heute der wesentliche Inhalt einer Tragödie. Er hatte die sogenannte »tragische Schuld« auf sich geladen, die nicht immer leicht zu begründen ist; sie ist oft keine Schuld im Sinne des bürgerlichen Lebens. Zumeist bestand sie in der Auflehnung gegen eine göttliche oder menschliche Autorität, und der Chor begleitete den Helden mit seinen sympathischen Gefühlen, suchte

---

1 Ariel im *Sturm:*

Full fathom five thy father lies:
Of his bones are coral made;
Those are pearls that were his eyes:
Nothing of him that doth fade,
But doth suffer a sea-change
Into something rich and strange.

In der schönen Übersetzung von Schlegel:

Fünf Faden tief liegt Vater dein.
Sein Gebein wird zu Korallen,
Perlen sind die Augen sein.
Nichts an ihm, das soll verfallen,
Das nicht wandelt Meeres-Hut
In ein reich und seltnes Gut.

2 ›La Mort d'Orphée‹ in dem hier oft zitierten Buche: *Cultes, mythes et religions* (1905–12, Bd. 2, 100 ff.).

ihn zurückzuhalten, zu warnen, zu mäßigen und beklagte ihn, nachdem er für sein kühnes Unternehmen die als verdient hingestellte Bestrafung gefunden hatte.
Warum muß aber der Held der Tragödie leiden, und was bedeutet seine »tragische« Schuld? Wir wollen die Diskussion durch rasche Beantwortung abschneiden. Er muß leiden, weil er der Urvater, der Held jener großen urzeitlichen Tragödie ist, die hier eine tendenziöse Wiederholung findet, und die tragische Schuld ist jene, die er auf sich nehmen muß, um den Chor von seiner Schuld zu entlasten. Die Szene auf der Bühne ist durch zweckmäßige Entstellung, man könnte sagen: im Dienste raffinierter Heuchelei, aus der historischen Szene hervorgegangen. In jener alten Wirklichkeit waren es gerade die Chorgenossen, die das Leiden des Helden verursachten; hier aber erschöpfen sie sich in Teilnahme und Bedauern, und der Held ist selbst an seinem Leiden schuld. Das auf ihn gewälzte Verbrechen, die Überhebung und Auflehnung gegen eine große Autorität, ist genau dasselbe, was in Wirklichkeit die Genossen des Chors, die Brüderschar, bedrückt. So wird der tragische Held – noch wider seinen Willen – zum Erlöser des Chors gemacht.
Waren speziell in der griechischen Tragödie die Leiden des göttlichen Bockes Dionysos und die Klage des mit ihm sich identifizierenden Gefolges von Böcken der Inhalt der Aufführung, so wird es leicht verständlich, daß das bereits erloschene Drama sich im Mittelalter an der Passion Christi neu entzündete.

So möchte ich denn zum Schlusse dieser mit äußerster Verkürzung geführten Untersuchung das Ergebnis aussprechen, daß im Ödipuskomplex die Anfänge von Religion, Sittlichkeit, Gesellschaft und Kunst zusammentreffen, in voller Übereinstimmung mit der Feststellung der Psychoanalyse, daß dieser Komplex den Kern aller Neurosen bildet, soweit sie bis jetzt unserem Verständnis nachgegeben haben. Es erscheint mir als eine große Überraschung, daß auch diese Probleme des Völkerseelenlebens eine Auflösung von einem einzigen konkreten Punkte her, wie es das Verhältnis zum Vater ist, gestatten sollten. Vielleicht ist selbst ein anderes psychologisches Problem in diesen Zusammenhang einzubeziehen. Wir haben so oft Gelegenheit gehabt, die Gefühlsambivalenz im eigentlichen Sinne, also das Zusammentreffen von Liebe und Haß gegen dasselbe Objekt, an der Wurzel wichtiger Kulturbildungen aufzuzeigen. Wir wissen nichts über die Herkunft dieser Ambivalenz. Man kann die Annahme machen, daß sie ein fundamentales Phänomen unseres Gefühlslebens sei. Aber auch die andere Möglichkeit scheint mir wohl beachtenswert, daß sie, dem Gefühlsleben ursprünglich fremd, von der Menschheit an dem Vaterkomplex [1] erworben wurde, wo die psychoanalytische Erforschung des Einzelmenschen heute noch ihre stärkste Ausprägung nachweist [2].

Bevor ich nun abschließe, muß ich der Bemerkung Raum geben, daß der hohe Grad von Konvergenz zu einem umfassenden Zusammenhange, den wir in diesen Ausführungen erreicht haben, uns nicht gegen die Unsicherheiten unserer Voraussetzungen und die Schwierigkeiten unserer Resultate verblenden kann. Von den letzteren will ich nur noch zwei behandeln, die sich manchem Leser aufgedrängt haben dürften.

Es kann zunächst niemandem entgangen sein, daß wir überall die Annahme einer Massenpsyche zugrunde legen, in welcher sich die seelischen Vorgänge vollziehen wie im Seelenleben eines Einzelnen. Wir lassen vor allem das Schuldbewußtsein wegen einer Tat über viele Jahrtausende fortleben und in Generationen wirksam bleiben, welche von dieser Tat nichts wissen konnten. Wir lassen einen Gefühlsprozeß, wie er bei Generationen von Söhnen entstehen konnte, die von ihrem Vater mißhandelt wurden, sich auf neue Generationen fortsetzen, welche einer solchen Behandlung gerade durch die Beseitigung des Vaters entzogen worden waren. Dies scheinen allerdings schwerwiegende Bedenken, und jede andere Erklärung scheint den Vorzug zu verdienen, welche solche Voraussetzungen vermeiden kann.

Allein eine weitere Erwägung zeigt, daß wir die Verantwortlichkeit für solche Kühnheit nicht allein zu tragen haben. Ohne die Annahme einer Massenpsyche, einer Kontinuität im Gefühlsleben der Menschen, welche gestattet, sich über die Unterbrechungen der seelischen Akte durch das Vergehen der Individuen hinwegzusetzen, kann die Völkerpsychologie überhaupt nicht bestehen. Setzen sich die psychischen Prozesse der einen Generation nicht auf die nächste fort, müßte jede ihre

---

[1] Respektive Elternkomplex.

[2] Der Mißverständnisse gewöhnt, halte ich es nicht für überflüssig, ausdrücklich hervorzuheben, daß die hier gegebenen Zurückführungen an die komplexe Natur der abzuleitenden Phänomene keineswegs vergessen haben und daß sie nur den Anspruch erheben, zu den bereits bekannten oder noch unerkannten Ursprüngen der Religion, Sittlichkeit und der Gesellschaft ein neues Moment hinzuzufügen, welches sich aus der Berücksichtigung der psychoanalytischen Anforderungen ergibt. Die Synthese zu einem Ganzen der Erklärung muß ich anderen überlassen. Es geht aber diesmal aus der Natur dieses neuen Beitrages hervor, daß er in einer solchen Synthese keine andere als die zentrale Rolle spielen könnte, wenngleich die Überwindung von großen affektiven Widerständen erfordert werden dürfte, ehe man ihm eine solche Bedeutung zugesteht.

Einstellung zum Leben neu erwerben, so gäbe es auf diesem Gebiet keinen Fortschritt und so gut wie keine Entwicklung. Es erheben sich nun zwei neue Fragen, wieviel man der psychischen Kontinuität innerhalb der Generationsreihen zutrauen kann und welcher Mittel und Wege sich die eine Generation bedient, um ihre psychischen Zustände auf die nächste zu übertragen. Ich werde nicht behaupten, daß diese Probleme weit genug geklärt sind oder daß die direkte Mitteilung und Tradition, an die man zunächst denkt, für das Erfordernis hinreichen. Im allgemeinen kümmert sich die Völkerpsychologie wenig darum, auf welche Weise die verlangte Kontinuität im Seelenleben der einander ablösenden Generationen hergestellt wird. Ein Teil der Aufgabe scheint durch die Vererbung psychischer Dispositionen besorgt zu werden, welche aber doch gewisser Anstöße im individuellen Leben bedürfen, um zur Wirksamkeit zu erwachen. Es mag dies der Sinn des Dichterwortes sein:

> Was du ererbt von deinen Vätern hast,
> erwirb es, um es zu besitzen [1].

Das Problem erschiene noch schwieriger, wenn wir zugestehen könnten, daß es seelische Regungen gibt, welche so spurlos unterdrückt werden können, daß sie keine Resterscheinungen zurücklassen. Allein solche gibt es nicht. Die stärkste Unterdrückung muß Raum lassen für entstellte Ersatzregungen und aus ihnen folgende Reaktionen. Dann dürfen wir aber annehmen, daß keine Generation imstande ist, bedeutsamere seelische Vorgänge vor der nächsten zu verbergen. Die Psychoanalyse hat uns nämlich gelehrt, daß jeder Mensch in seiner unbewußten Geistestätigkeit einen Apparat besitzt, der ihm gestattet, die Reaktionen anderer Menschen zu deuten, das heißt die Entstellungen wieder rückgängig zu machen, welche der andere an dem Ausdruck seiner Gefühlsregungen vorgenommen hat. Auf diesem Wege des unbewußten Verständnisses all der Sitten, Zeremonien und Satzungen, welche das ursprüngliche Verhältnis zum Urvater zurückgelassen hatte, mag auch den späteren Generationen die Übernahme jener Gefühlserbschaft gelungen sein.

Ein anderes Bedenken dürfte gerade von seiten der analytischen Denkweise erhoben werden.

Wir haben die ersten Moralvorschriften und sittlichen Beschränkungen der primitiven Gesellschaft als Reaktion auf eine Tat aufgefaßt, welche ihren Urhebern den Begriff des Verbrechens gab. Sie bereuten diese Tat

[1] [Goethe, *Faust*, I. Teil, 1. Szene.]

und beschlossen, daß sie nicht mehr wiederholt werden solle und daß ihre Ausführung keinen Gewinn gebracht haben dürfe. Dies schöpferische Schuldbewußtsein ist nun unter uns nicht erloschen. Wir finden es bei den Neurotikern in asozialer Weise wirkend, um neue Moralvorschriften, fortgesetzte Einschränkungen zu produzieren, als Sühne für die begangenen und als Vorsicht gegen neu zu begehende Untaten[1]. Wenn wir aber bei diesen Neurotikern nach den Taten forschen, welche solche Reaktionen wachgerufen haben, so werden wir enttäuscht. Wir finden nicht Taten, sondern nur Impulse, Gefühlsregungen, welche nach dem Bösen verlangen, aber von der Ausführung abgehalten worden sind. Dem Schuldbewußtsein der Neurotiker liegen nur psychische Realitäten zugrunde, nicht faktische. Die Neurose ist dadurch charakterisiert, daß sie die psychische Realität über die faktische setzt, auf Gedanken ebenso ernsthaft reagiert wie die Normalen nur auf Wirklichkeiten.

Kann es sich bei den Primitiven nicht ähnlich verhalten haben? Wir sind berechtigt, ihnen eine außerordentliche Überschätzung ihrer psychischen Akte als Teilerscheinung ihrer narzißtischen Organisation zuzuschreiben[2]. Demnach könnten die bloßen Impulse von Feindseligkeit gegen den Vater, die Existenz der Wunschphantasie, ihn zu töten und zu verzehren, hingereicht haben, um jene moralische Reaktion zu erzeugen, die Totemismus und Tabu geschaffen hat. Man würde so der Notwendigkeit entgehen, den Beginn unseres kulturellen Besitzes, auf den wir mit Recht so stolz sind, auf ein gräßliches, alle unsere Gefühle beleidigendes Verbrechen zurückzuführen. Die kausale, von jenem Anfang bis in unsere Gegenwart reichende Verknüpfung litte dabei keinen Schaden, denn die psychische Realität wäre bedeutsam genug, um alle diese Folgen zu tragen. Man wird dagegen einwenden, daß ja eine Veränderung der Gesellschaft von der Form der Vaterhorde zu der des Brüderclan wirklich vorgefallen ist. Dies ist ein starkes Argument, aber doch nicht entscheidend. Die Veränderung könnte auf minder gewaltsame Weise erreicht worden sein und doch die Bedingung für das Hervortreten der moralischen Reaktion enthalten haben. Solange der Druck des Urvaters sich fühlbar machte, waren die feindseligen Gefühle gegen ihn berechtigt, und die Reue über sie mußte einen anderen Zeitpunkt abwarten. Ebensowenig ist der zweite Einwand stichhaltig, daß alles, was sich aus der ambivalenten Relation zum Vater ableitet, Tabu und

[1] Vgl. den zweiten Aufsatz dieser Reihe über das Tabu [S. 357 ff.].
[2] S. den Aufsatz über ›Animismus, Magie und Allmacht der Gedanken‹ [oben, S. 373].

Opfervorschrift, den Charakter des höchsten Ernstes und der vollsten Realität an sich trägt. Auch das Zeremoniell und die Hemmungen der Zwangsneurotiker zeigen diesen Charakter und gehen doch nur auf psychische Realität, auf Vorsatz und nicht auf Ausführungen zurück. Wir müssen uns hüten, aus unserer nüchternen Welt, die voll ist von materiellen Werten, die Geringschätzung des bloß Gedachten und Gewünschten in die nur innerlich reiche Welt des Primitiven und des Neurotikers einzutragen.

Wir stehen hier vor einer Entscheidung, die uns wirklich nicht leicht gemacht ist. Beginnen wir aber mit dem Bekenntnis, daß der Unterschied, der anderen fundamental erscheinen kann, für unser Urteil nicht das Wesentliche des Gegenstandes trifft. Wenn für den Primitiven Wünsche und Impulse den vollen Wert von Tatsachen haben, so ist es an uns, solcher Auffassung verständnisvoll zu folgen, anstatt sie nach unserem Maßstab zu korrigieren. Dann aber wollen wir das Vorbild der Neurose, das uns in diesen Zweifel gebracht hat, selbst schärfer ins Auge fassen. Es ist nicht richtig, daß die Zwangsneurotiker, welche heute unter dem Drucke einer Übermoral stehen, sich nur gegen die psychische Realität von Versuchungen verteidigen und wegen bloß verspürter Impulse bestrafen. Es ist auch ein Stück historischer Realität dabei[1]; in ihrer Kindheit hatten diese Menschen nichts anderes als die bösen Impulse, und insoweit sie in der Ohnmacht des Kindes es konnten, haben sie diese Impulse auch in Handlungen umgesetzt. Jeder von diesen Überguten hatte in der Kindheit seine böse Zeit, eine perverse Phase als Vorläufer und Voraussetzung der späteren übermoralischen. Die Analogie der Primitiven mit den Neurotikern wird also viel gründlicher hergestellt, wenn wir annehmen, daß auch bei den ersteren die psychische Realität, an deren Gestaltung kein Zweifel ist, anfänglich mit der faktischen Realität zusammenfiel, daß die Primitiven das wirklich getan haben, was sie nach allen Zeugnissen zu tun beabsichtigten.

Allzuweit dürfen wir unser Urteil über die Primitiven auch nicht durch die Analogie mit den Neurotikern beeinflussen lassen. Es sind auch die Unterschiede in Rechnung zu ziehen. Gewiß sind bei beiden, Wilden wie Neurotikern, die scharfen Scheidungen zwischen Denken und Tun,

[1] [Die Unterscheidung zwischen verschiedenen Arten von Realität oder Wahrheit ist eine Frage, die Freud in seinen späteren Arbeiten immer wieder erörterte. Eine besondere Rolle spielt sie in Teil II, Abschnitt G, des Aufsatzes III von *Der Mann Moses und die monotheistische Religion* (1939 *a*); s. unten, S. 572 ff., sowie die weiteren Hinweise in der editorischen Anmerkung, S. 575.]

wie wir sie ziehen, nicht vorhanden. Allein der Neurotiker ist vor allem im Handeln gehemmt, bei ihm ist der Gedanke der volle Ersatz für die Tat. Der Primitive ist ungehemmt, der Gedanke setzt sich ohneweiters in Tat um, die Tat ist ihm sozusagen eher ein Ersatz des Gedankens, und darum meine ich, ohne selbst für die letzte Sicherheit der Entscheidung einzutreten, man darf in dem Falle, den wir diskutieren, wohl annehmen: »Im Anfang war die Tat.« [1]

---

[1] [(Goethe, *Faust*, I. Teil, 3. Szene.) – Gedankengänge dieses Aufsatzes nahm Freud in seiner *Massenpsychologie* (1921 *c*), Kapitel X, und später noch in *Die Zukunft einer Illusion* (1927 *c*), besonders in Kapitel IV, sowie schließlich in *Der Mann Moses und die monotheistische Religion* (1939 *a*) wieder auf und verfolgte sie weiter. Alle diese Werke sind im vorliegenden Band enthalten.]

Zur Gewinnung des Feuers

(1932 [1931])

EDITORISCHE VORBEMERKUNG

Deutsche Ausgaben:
1932 *Imago*, Bd. 18 (1), 8–13.
1932 *Almanach 1933*, 28–35.
1934 *G. S.*, Bd. 12, 141–7.
1950 *G. W.*, Bd. 16, 3–9.

Diese Arbeit scheint in den letzten Monaten des Jahres 1931 geschrieben worden zu sein (s. Jones, 1962 *b*, S. 200).

Die Beziehung zwischen Feuer und Urindrang, die im Mittelpunkt dieser Erörterung des Prometheus-Mythos steht, war Freud seit langem bekannt. Sie lieferte ihm den Schlüssel zum ersten Traum in der Fallgeschichte der »Dora« (1905 *e*), *Studienausgabe*, Bd. 6, S. 136 ff., und sie taucht auch in der viel späteren Analyse des »Wolfsmannes« (1918 *b*), ibid., Bd. 8, S. 205 und Anm. 2, wieder auf. In beiden Fällen spielt das Thema der Enuresis eine Rolle, und hieran knüpft in der vorliegenden Arbeit ein weiterer wichtiger Faden an: die enge physiologische wie psychische Verbindung zwischen den beiden Funktionen des Penis (S. 453 f., unten). Auch das läßt sich in Freuds früheren Schriften weit zurückverfolgen und ist gleichfalls ausdrücklich schon in der »Dora«-Analyse vermerkt (ibid., Bd. 6, S. 108). Früher noch hatte Freud in einem Brief vom 27. September 1898 an Fließ erklärt: »Nun muß ein Kind, das regelmäßig bis ins siebente Jahr bettnäßt (ohne epileptisch u. dgl. zu sein), sexuelle Erregungen in früherer Kindheit durchgemacht haben.« (Freud, 1950 *a*, Brief 97.) [1] Die Gleichwertigkeit von Enuresis und Masturbation hat Freud wiederholt und in allen Schaffensperioden betont: so beispielsweise wiederum in der »Dora«-Analyse, *Studienausgabe*, Bd. 6, S. 148–9; in den *Drei Abhandlungen* (1905 *d*), ibid., Bd. 5, S. 96; in der Arbeit über den hysterischen Anfall (1909 *a*), ibid., Bd. 6, S. 202, und, viel später, in ›Der Untergang des Ödipuskomplexes‹ (1924 *d*), ibid., Bd. 5, S. 246, und in der Studie über den anatomischen Geschlechtsunterschied (1925 *j*), ibid., Bd. 5, S. 259.

Eine andere Verbindung der Urethralerotik, nämlich im Bereich der Charakterbildung, ist in der vorliegenden Arbeit nicht erwähnt, erscheint jedoch in einer Fußnote zum *Unbehagen in der Kultur* (1930 *a*), oben, S. 221, Anm.; der vorliegende Artikel stellt eine Erweiterung jenes Werks dar. Auf die Beziehung zwischen Urethralerotik und Ehrgeiz wird erstmals ausdrücklich in

---

[1] Die frühe Arbeit ›Über ein Symptom, das häufig die Enuresis nocturna der Kinder begleitet‹ (1893 g) ist rein neurologisch und ohne psychologische Bezüge.

›Charakter und Analerotik‹ (1908 *b*), *Studienausgabe*, Bd. 7, S. 29 f., hingewiesen; etwas sehr Ähnliches, nämlich die Beziehung der Urethralerotik zu Gefühlen von Größe und Größensucht, wird schon an zwei Stellen in der *Traumdeutung* (1900 *a*), ibid., Bd. 2, S. 226 und S. 452, erörtert; an der letztgenannten Stelle wird beiläufig schon das Auslöschen von Feuer erwähnt. Auf die Beziehung zum Ehrgeiz kommt Freud auch später gelegentlich zurück; eine etwas längere Bemerkung findet sich in der kurz nach dem vorliegenden Artikel erschienenen 32. Vorlesung der *Neuen Folge der Vorlesungen* (1933 *a*), ibid., Bd. 1, S. 535.

In einer Anmerkung meiner Schrift *Das Unbehagen in der Kultur* [1930*a*] (s. oben, S. 221) habe ich – eher beiläufig – erwähnt, welche Vermutung über die Gewinnung des Feuers durch den Urmenschen man sich auf Grund des psychoanalytischen Materials bilden könnte. Der Widerspruch von Albrecht Schaeffer (1930) und der überraschende Hinweis in vorstehender Mitteilung von Erlenmeyer[1] über das mongolische Verbot, auf Asche zu pissen[2], veranlassen mich, das Thema wiederaufzunehmen[3].

Ich meine nämlich, daß meine Annahme, die Vorbedingung der Bemächtigung des Feuers sei der Verzicht auf die homosexuellbetonte Lust gewesen, es durch den Harnstrahl zu löschen, lasse sich durch die Deutung der griechischen Prometheussage bestätigen, wenn man die zu erwartenden Entstellungen von der Tatsache bis zum Inhalt des Mythus in Betracht zieht. Diese Entstellungen sind von derselben Art und nicht ärger als jene, die wir alltäglich anerkennen, wenn wir aus den Träumen von Patienten ihre verdrängten, doch so überaus bedeutsamen Kindheitserlebnisse rekonstruieren. Die dabei verwendeten Mechanismen sind die Darstellung durch Symbole und die Verwandlung ins Gegenteil. Ich kann es nicht wagen, alle Züge des Mythus in solcher Art zu erklären; außer dem ursprünglichen Sachverhalt mögen andere und spätere Vorgänge zu seinem Inhalt beigetragen haben. Aber die Elemente, die eine analytische Deutung zulassen, sind doch die auffälligsten und wichtigsten, nämlich die Art, wie Prometheus das Feuer transportiert, der Charakter der Tat (Frevel, Diebstahl, Betrug an den Göttern) und der Sinn seiner Bestrafung.

---

[1] E. H. Erlenmeyer (1932). [Erlenmeyers Aufsatz stand in der Nummer der *Imago*, in der Freuds Artikel erstmals abgedruckt war, unmittelbar vor diesem.]

[2] Wohl auf heiße Asche, aus der man noch Feuer gewinnen kann, nicht auf erloschene.

[3] Der Widerspruch von Lorenz in ›Chaos und Ritus‹ (1931) geht von der Voraussetzung aus, daß die Zähmung des Feuers überhaupt erst mit der Entdeckung begonnen habe, man sei imstande, es durch irgendeine Manipulation willkürlich hervorzurufen. – Dagegen verweist mich Dr. J. Hárnik auf eine Äußerung von Dr. Richard Lasch (in Georg Buschans Sammelwerk *Illustrierte Völkerkunde*, 1922, Bd. I, 24): »Vermutlich ist die Kunst der Feuer*erhaltung* der Feuer*erzeugung* lange vorausgegangen; einen entsprechenden Beweis hiefür liefert die Tatsache, daß die heutigen pygmäenartigen

Der Titane Prometheus, ein noch göttlicher Kulturheros[1], vielleicht selbst ursprünglich ein Demiurg und Menschenschöpfer, bringt also den Menschen das Feuer, das er den Göttern entwendet hat, versteckt in einem hohlen Stock, Fenchelrohr. Einen solchen Gegenstand würden wir in einer Traumdeutung gern als Penissymbol verstehen wollen, wenngleich die nicht gewöhnliche Betonung der Höhlung uns dabei stört. Aber wie bringen wir dieses Penisrohr mit der Aufbewahrung des Feuers zusammen? Das scheint aussichtslos, bis wir uns an den im Traum so häufigen Vorgang der Verkehrung, Verwandlung ins Gegenteil, Umkehrung der Beziehungen erinnern, der uns so oft den Sinn des Traumes verbirgt. Nicht das Feuer beherbergt der Mensch in seinem Penisrohr, sondern im Gegenteil das Mittel, um das Feuer zu löschen, das Wasser seines Harnstrahls. An diese Beziehung zwischen Feuer und Wasser knüpft dann reiches, wohlbekanntes analytisches Material an.

Zweitens, der Erwerb des Feuers ist ein Frevel, es wird durch Raub oder Diebstahl gewonnen. Dies ist ein konstanter Zug aller Sagen über die Gewinnung des Feuers, er findet sich bei den verschiedensten und entlegensten Völkern, nicht nur in der griechischen Sage vom Feuerbringer Prometheus. Hier muß also der wesentliche Inhalt der entstellten Menschheitsreminiszenz enthalten sein. Aber warum ist die Feuergewinnung untrennbar mit der Vorstellung eines Frevels verknüpft? Wer ist dabei der Geschädigte, Betrogene? Die Sage bei Hesiod gibt eine direkte Antwort, indem sie in einer anderen Erzählung, die nicht direkt mit dem Feuer zusammenhängt, Prometheus bei der Einrichtung der Opfer Zeus zugunsten der Menschen übervorteilen läßt[2]. Also die Götter sind die Betrogenen! Den Göttern teilt der Mythus bekanntlich die Befriedigung aller Gelüste zu, auf die das Menschenkind verzichten muß, wie wir es vom Inzest her kennen[3]. Wir würden in

---

Urbewohner der Andamanen [Negritos] wohl das Feuer besitzen und bewahren, eine autochthone Methode der Feuererzeugung aber nicht kennen.«

[1] Herakles ist dann halbgöttlich, Theseus ganz menschlich.

[2] [Als vereinbart wurde, daß die Menschen den Göttern opfern sollten, wurde Prometheus ausersehen, das Opfertier zu teilen. Listig löste er das Fleisch von den Knochen, hüllte es in die Rindshaut und deckte den Magen darüber; auf den zweiten Haufen schichtete er die Knochen und bedeckte sie mit dem Fett. Zeus wählte als seinen Anteil den größeren Haufen und ergrimmte, als er die Knochen erblickte. (Vgl. Hesiod, *Theogonie*, Vers 535 ff. Deutsche Ausgabe bei Artemis, Zürich und Stuttgart 1970.)]

[3] [Vgl. ›Zwangshandlungen und Religionsübungen‹ (1907 *b*), *Studienausgabe*, Bd. 7, S. 21.]

analytischer Ausdrucksweise sagen, das Triebleben, das Es, sei der durch die Feuerlöschentsagung betrogene Gott, ein menschliches Gelüste ist in der Sage in ein göttliches Vorrecht umgewandelt. Aber die Gottheit hat in der Sage nichts vom Charakter eines Über-Ichs, sie ist noch Repräsentant des übermächtigen Trieblebens.

Die Umwandlung ins Gegenteil ist am gründlichsten in einem dritten Zug der Sage, in der Bestrafung des Feuerbringers. Prometheus wird an einen Felsen geschmiedet, ein Geier frißt täglich an seiner Leber. Auch in den Feuersagen anderer Völker spielt ein Vogel eine Rolle, er muß etwas mit der Sache zu tun haben, ich enthalte mich zunächst der Deutung. Dagegen fühlen wir uns auf sicherem Boden, wenn es sich um die Erklärung handelt, warum die Leber zum Ort der Bestrafung gewählt ist. Die Leber galt den Alten als der Sitz aller Leidenschaften und Begierden; eine Strafe wie die des Prometheus war also das Richtige für einen triebhaften Verbrecher, der gefrevelt hatte unter dem Antrieb böser Gelüste. Das genaue Gegenteil trifft aber für den Feuerbringer zu; er hatte Triebverzicht geübt und gezeigt, wie wohltätig, aber auch wie unerläßlich ein solcher Triebverzicht in kultureller Absicht ist. Und warum mußte eine solche kulturelle Wohltat überhaupt von der Sage als strafwürdiges Verbrechen behandelt werden? Nun, wenn sie durch alle Entstellungen durchschimmern läßt, daß die Gewinnung des Feuers einen Triebverzicht zur Voraussetzung hatte, so drückt sie doch unverhohlen den Groll aus, den die triebhafte Menschheit gegen den Kulturheros verspüren mußte. Und das stimmt zu unseren Einsichten und Erwartungen. Wir wissen, daß die Aufforderung zum Triebverzicht und die Durchsetzung desselben Feindseligkeit und Aggressionslust hervorruft, die sich erst in einer späteren Phase der psychischen Entwicklung in Schuldgefühl umsetzt [1].

Die Undurchsichtigkeit der Prometheussage wie anderer Feuermythen wird durch den Umstand gesteigert, daß das Feuer dem Primitiven als etwas der verliebten Leidenschaft Analoges – wir würden sagen: als Symbol der Libido – erscheinen mußte. Die Wärme, die das Feuer ausstrahlt, ruft dieselbe Empfindung hervor, die den Zustand sexueller Erregtheit begleitet, und die Flamme mahnt in Form und Bewegungen an den tätigen Phallus. Daß die Flamme dem mythischen Sinn als Phallus erschien, kann nicht zweifelhaft sein, noch die Abkunftsage des

---

[1] [S. hierzu *Das Unbehagen in der Kultur* (1930 *a*), insbesondere Kapitel VII, S. 250 ff., oben.]

römischen Königs Servius Tullius zeugt dafür[1]. Wenn wir selbst von dem zehrenden Feuer der Leidenschaft und von den züngelnden Flammen reden, also die Flamme einer Zunge vergleichen, haben wir uns vom Denken unserer primitiven Ahnen nicht so sehr weit entfernt. In unserer Herleitung der Feuergewinnung [s. oben, S. 449] war ja auch die Voraussetzung enthalten, daß dem Urmenschen der Versuch, das Feuer durch sein eigenes Wasser zu löschen, ein lustvolles Ringen mit einem anderen Phallus bedeutete.

Auf dem Wege dieser symbolischen Angleichung mögen also auch andere, rein phantastische Elemente in den Mythus eingedrungen und in ihm mit den historischen verwebt worden sein. Man kann sich ja kaum der Idee erwehren, daß, wenn die Leber der Sitz der Leidenschaft ist, sie symbolisch dasselbe bedeutet wie das Feuer selbst und daß dann ihre tägliche Aufzehrung und Erneuerung eine zutreffende Schilderung von dem Verhalten der Liebesgelüste ist, die, täglich befriedigt, sich täglich wiederherstellen. Dem Vogel, der sich an der Leber sättigt, fiele dabei die Bedeutung des Penis zu, die ihm auch sonst nicht fremd ist, wie Sagen, Träume, Sprachgebrauch und plastische Darstellungen aus dem Altertum erkennen lassen[2]. Ein kleiner Schritt weiter führt zum Vogel Phönix, der aus jedem seiner Feuertode neu verjüngt hervorgeht und der wahrscheinlich eher und früher den nach seiner Erschlaffung neu belebten Phallus gemeint hat als die im Abendrot untergehende und dann wieder aufgehende Sonne.

Man darf die Frage aufwerfen, ob man es der mythenbildenden Tätigkeit zumuten darf, sich – gleichsam spielerisch – in der verkleideten Darstellung allgemein bekannter, wenn auch höchst interessanter seelischer Vorgänge mit körperlicher Äußerung zu versuchen ohne anderes Motiv als bloße Darstellungslust. Darauf kann man gewiß keine sichere Antwort geben, ohne das Wesen des Mythus verstanden zu haben, aber für unsere beiden Fälle [der Leber des Prometheus und des Vogels Phönix] ist es leicht, den nämlichen Inhalt und damit eine bestimmte Tendenz zu erkennen. Sie beschreiben die Wiederherstellung der libidinösen Gelüste nach ihrem Erlöschen durch eine Sättigung, also ihre Unzerstörbarkeit, und diese Hervorhebung ist als Trost durchaus an ihrem

[1] [Seine Mutter, Ocrisia, war eine Haussklavin des Königs Tarquinius. Eines Tages opferte sie »*as usual cakes and libations of wine on the royal hearth, when a flame in the shape of a male member shot out from the fire... Ocrisia conceived by the god or spirit of the fire and in due time brought forth Servius Tullius*« (Frazer, 1911 *a*, Bd. 2, 195).]

[2] [Vgl. *Die Traumdeutung* (1900 *a*), *Studienausgabe*, Bd. 2, S. 385 f. und S. 555.]

Platz, wenn der historische Kern des Mythus[1] eine Niederlage des Trieblebens, einen notwendig gewordenen Triebverzicht behandelt. Es ist wie das zweite Stück der begreiflichen Reaktion des in seinem Triebleben gekränkten Urmenschen; nach der Bestrafung des Frevlers die Versicherung, daß er im Grunde doch nichts ausgerichtet hat.

An unerwarteter Stelle begegnen wir der Verkehrung ins Gegenteil in einem anderen Mythus, der anscheinend sehr wenig mit dem Feuermythus zu tun hat. Die lernäische Hydra mit ihren zahllosen züngelnden Schlangenköpfen – unter ihnen ein unsterblicher – ist nach dem Zeugnis ihres Namens ein Wasserdrache. Der Kulturheros Herakles bekämpft sie, indem er ihre Köpfe abhaut, aber die wachsen immer nach, und er wird des Untiers erst Herr, nachdem er den unsterblichen Kopf mit Feuer ausgebrannt hat. Ein Wasserdrache, der durch das Feuer gebändigt wird – das ergibt doch keinen Sinn. Wohl aber, wie in so vielen Träumen, die Umkehrung des manifesten Inhalts. Dann ist die Hydra ein Brand, die züngelnden Schlangenköpfe sind die Flammen des Brandes, und als Beweis ihrer libidinösen Natur zeigen sie wie die Leber des Prometheus wieder das Phänomen des Nachwachsens, der Erneuerung nach der versuchten Zerstörung. Herakles löscht nun diesen Brand durch – Wasser. (Der unsterbliche Kopf ist wohl der Phallus selbst, seine Vernichtung die Kastration.) Herakles ist aber auch der Befreier des Prometheus, der den an der Leber fressenden Vogel tötet. Sollte man nicht einen tieferen Zusammenhang zwischen beiden Mythen erraten? Es ist ja so, als ob die Tat des einen Heros durch den anderen gutgemacht würde. Prometheus hatte die Löschung des Feuers verboten – wie das Gesetz des Mongolen –, Herakles sie für den Fall des Unheil drohenden Brandes freigegeben. Der zweite Mythus scheint der Reaktion einer späteren Kulturzeit auf den Anlaß der Feuergewinnung zu entsprechen. Man gewinnt den Eindruck, daß man von hier aus ein ganzes Stück weit in die Geheimnisse des Mythus eindringen könnte, aber freilich wird man nur für eine kurze Strecke vom Gefühl der Sicherheit begleitet.

Für den Gegensatz von Feuer und Wasser, der das ganze Gebiet dieser Mythen beherrscht, ist außer dem historischen und dem symbolisch-phantastischen noch ein drittes Moment aufzeigbar, eine physiologische Tatsache, die der Dichter in den Zeilen beschreibt:

---

[1] [Vgl. hierzu eine editorische Fußnote in Aufsatz III von *Der Mann Moses und die monotheistische Religion* (1939 *a*), S. 575, Anm., unten.]

»Was dem Menschen dient zum Seichen,
Damit schafft er Seinesgleichen.« (Heine.)[1]

Das Glied des Mannes hat zwei Funktionen, deren Beisammensein manchem ein Ärgernis ist. Es besorgt die Entleerung des Harnes, und es führt den Liebesakt aus, der das Sehnen der genitalen Libido stillt. Das Kind glaubt noch, die beiden Funktionen vereinen zu können; nach seiner Theorie kommen die Kinder dadurch zustande, daß der Mann in den Leib des Weibes uriniert[2]. Aber der Erwachsene weiß, daß die beiden Akte in Wirklichkeit unverträglich miteinander sind – so unverträglich wie Feuer und Wasser. Wenn das Glied in jenen Zustand von Erregung gerät, der ihm die Gleichstellung mit dem Vogel eingetragen hat, und während jene Empfindungen verspürt werden, die an die Wärme des Feuers mahnen, ist das Urinieren unmöglich; und umgekehrt, wenn das Glied der Entleerung des Körperwassers dient, scheinen alle seine Beziehungen zur Genitalfunktion erloschen. Der Gegensatz der beiden Funktionen könnte uns veranlassen zu sagen, daß der Mensch sein eigenes Feuer durch sein eigenes Wasser löscht. Und der Urmensch, der darauf angewiesen war, die Außenwelt mit Hilfe seiner eigenen Körperempfindungen und Körperverhältnisse zu begreifen, dürfte die Analogien, die ihm das Verhalten des Feuers zeigte, nicht unbemerkt und ungenützt gelassen haben.

---

[1] [›Zur Teleologie‹, in der *Nachlese,* ›Aus der Matratzengruft‹, Nr. XVII.]

[2] [Vgl. ›Über infantile Sexualtheorien‹ (1908 *c*), *Studienausgabe,* Bd. 5, S. 181 f. und S. 183.]

Der Mann Moses
und die monotheistische Religion:
Drei Abhandlungen

(1939 [1934–38])

EDITORISCHE VORBEMERKUNG

Deutsche Ausgaben:
1939 Amsterdam, Verlag Allert de Lange. 241 Seiten.
1950 *G. W.*, Bd. 16, 101–246.

Die beiden ersten der drei Abhandlungen, aus denen das Werk sich zusammensetzt, erschienen zuerst 1937 in *Imago*, Bd. 23 (1), 5–13, und (4), 387–419. Abschnitt C von Teil II der dritten Abhandlung wurde am 2. August 1938 im Auftrage des Verfassers von Anna Freud auf dem Pariser Internationalen Psychoanalytischen Kongreß verlesen und dann separat in der *Internationalen Zeitschrift für Psychoanalyse und Imago*, Bd. 24 (1/2) (1939), 6–9, unter dem Titel ›Der Fortschritt in der Geistigkeit‹ veröffentlicht. Die erste und die drei ersten Abschnitte der zweiten Abhandlung wurden ferner in den (1937 erschienenen) *Almanach 1938*, 9–43, aufgenommen. An diesen bereits erschienenen Arbeiten wurden bei der Aufnahme in das Buch nur ganz wenige, unbedeutende Änderungen vorgenommen. Diese Änderungen, die in den bisherigen deutschen Ausgaben nicht vermerkt wurden, sind in der vorliegenden Edition kenntlich gemacht.

Im Sommer 1934 hatte Freud offenbar seinen ersten Entwurf des vorliegenden Buches unter dem Titel *Der Mann Moses, ein historischer Roman* abgeschlossen (s. Jones, 1962*b*, S. 230). In einem langen Brief an Arnold Zweig vom 30. September 1934 (in Freud 1960*a* und 1968*a* enthalten) beschreibt er das Buch und führt die Gründe an, die ihn bestimmten, es nicht zu veröffentlichen. Es waren weitgehend die gleichen, die er in der ersten seiner Vorbemerkungen zur dritten Abhandlung (unten, S. 503 ff.) nennt, nämlich einerseits Zweifel an der Stichhaltigkeit seiner Argumente, andererseits Besorgnisse hinsichtlich der Reaktion der in der österreichischen Regierung damals maßgeblichen römisch-katholischen Kirche. Aus der Schilderung des Buches selbst ist zu entnehmen, daß es wohl bereits die Gestalt hatte, wie sie jetzt vorliegt; selbst die äußere Form, drei getrennte Teile, ist unverändert geblieben. Gewisse Änderungen müssen aber doch vorgenommen worden sein, zumal Freud immer wieder seine Unzufriedenheit mit dem Werk, vor allem der dritten Abhandlung, betont hatte. So scheint das Manuskript im Sommer 1936 noch einmal vollständig umgeschrieben worden zu sein, obwohl wir darüber nichts Genaues wissen (vgl. Jones, 1962*b*, S. 422). Sicher ist, daß die erste Abhandlung zu Beginn des folgenden Jahres (1937), die zweite Ende desselben Jahres veröffentlicht wurde. Die zweite hatte Freud am 11. August 1937 abgeschlossen, wie aus einem Brief an Marie Bonaparte vom 13. August hervorgeht (s. Freud, 1960 *a*). Die dritte Abhandlung aber hielt er zurück und gab sie erst nach seiner Ankunft in England im Frühjahr 1938 in Satz. Das Buch wurde im August 1938 in Holland gedruckt.

Was dem Leser an dem Werk *Der Mann Moses und die monotheistische Religion* zunächst auffallen dürfte, ist der recht ungewöhnliche, ja unausgewogene Aufbau: drei Abhandlungen von sehr unterschiedlicher Länge, zwei Vorbemerkungen zu Beginn der dritten und ein drittes Vorwort etwa in der Mitte dieser Abhandlung, ständige Rekapitulationen und Wiederholungen. Solche Abweichungen von der Regel sind in Freuds Schriften sonst nicht zu finden, und er selbst weist darauf hin und entschuldigt sich mehrmals. Die Erklärung liegt zweifellos bei den Umständen, unter denen das Buch entstand: die lange Zeit der Arbeit daran – vier Jahre oder mehr –, während welcher es ständig revidiert wurde, und die akuten äußeren Belastungen in der Schlußphase seiner Entstehung durch die politischen Wirren in Österreich, die in der Nazi-Besetzung Wiens und Freuds erzwungener Emigration nach England gipfelten. Daß diese Störungen sich nur auf dieses eine Buch auswirkten, beweist überzeugend das Werk, das unmittelbar danach entstand: der *Abriß der Psychoanalyse* (1940 *a*), eine der prägnantesten und am klarsten aufgebauten Schriften Freuds.
Mag eine gewisse Kritik an der Darstellungsform des vorliegenden Buches also berechtigt sein, so braucht diese sich gewiß nicht auf den Inhalt oder die Stringenz der Argumentation zu erstrecken. Fachwissenschaftler werden sich über die historischen Grundlagen streiten können, aber der Scharfsinn, mit welchem die psychologischen Entwicklungslinien mit den Prämissen zusammengeführt werden, dürfte den unvoreingenommenen Leser überzeugen. Vor allem Leser, die mit der Psychoanalyse des Individuums vertraut sind, werden fasziniert sein zu verfolgen, wie die gleiche Aufeinanderfolge von Entwicklungsschritten sich auch bei der Analyse einer Volksgruppe herausschält. Insgesamt ist das Werk natürlich als Fortsetzung der früheren Studien Freuds über die Ursprünge der gesellschaftlichen Organisation der Menschheit in *Totem und Tabu* (1912–13) und *Massenpsychologie* (1921 *c*) aufzufassen. Eine ausführliche und sehr informative Diskussion des Buches findet sich in Kapitel XIII des dritten Bandes von Ernest Jones' Freud-Biographie (1962 *b*, S. 422–36).

I
MOSES, EIN ÄGYPTER

Einem Volkstum den Mann abzusprechen, den es als den größten unter seinen Söhnen rühmt, ist nichts, was man gern oder leichthin unternehmen wird, zumal wenn man selbst diesem Volke angehört. Aber man wird sich durch kein Beispiel bewegen lassen, die Wahrheit zugunsten vermeintlicher nationaler Interessen zurückzusetzen, und man darf ja auch von der Klärung eines Sachverhalts einen Gewinn für unsere Einsicht erwarten.

Der Mann *Moses*, der dem jüdischen Volke Befreier, Gesetzgeber und Religionsstifter war, gehört so entlegenen Zeiten an, daß man die Vorfrage nicht umgehen kann, ob er eine historische Persönlichkeit oder eine Schöpfung der Sage ist. Wenn er gelebt hat, so war es im 13., vielleicht aber im 14. Jahrhundert vor unserer Zeitrechnung; wir haben keine andere Kunde von ihm als aus den heiligen Büchern und den schriftlich niedergelegten Traditionen der Juden. Wenn darum auch die Entscheidung der letzten Sicherheit entbehrt, so hat sich doch die überwiegende Mehrheit der Historiker dafür ausgesprochen, daß Moses wirklich gelebt und der an ihn geknüpfte Auszug aus Ägypten in der Tat stattgefunden hat. Man behauptet mit gutem Recht, daß die spätere Geschichte des Volkes Israel unverständlich wäre, wenn man diese Voraussetzung nicht zugeben würde. Die heutige Wissenschaft ist ja überhaupt vorsichtiger geworden und verfährt weit schonungsvoller mit Überlieferungen als in den Anfangszeiten der historischen Kritik.

Das erste, das an der Person Moses' unser Interesse anzieht, ist der Name, der im Hebräischen *Mosche* lautet. Man darf fragen: Woher stammt er? Was bedeutet er? Bekanntlich bringt schon der Bericht in *Exodus*, Kap. 2, eine Antwort. Dort wird erzählt, daß die ägyptische Prinzessin, die das im Nil ausgesetzte Knäblein gerettet, ihm diesen Namen gegeben mit der etymologischen Begründung: »denn ich habe ihn aus dem Wasser gezogen«[1]. Allein diese Erklärung ist offenbar unzulänglich. »Die biblische Deutung des Namens ›Der aus dem Wasser

1 [2. *Mose* 2, 10.]

Gezogene‹«, urteilt ein Autor im *Jüdischen Lexikon*[1], »ist Volksetymologie, mit der schon die aktive hebräische Form (›Mosche‹ kann höchstens ›der Herauszieher‹ heißen) nicht in Einklang zu bringen ist.« Man kann diese Ablehnung mit zwei weiteren Gründen unterstützen, erstens, daß es unsinnig ist, einer ägyptischen Prinzessin eine Ableitung des Namens aus dem Hebräischen zuzuschreiben, und zweitens, daß das Wasser, aus dem das Kind gezogen wurde, höchstwahrscheinlich nicht das Wasser des Nils war.

Hingegen ist seit langem und von verschiedenen Seiten die Vermutung ausgesprochen worden, daß der Name Moses aus dem ägyptischen Sprachschatz herrührt. Anstatt alle Autoren anzuführen, die sich in diesem Sinn geäußert haben, will ich die entsprechende Stelle aus einem neueren Buch von J. H. Breasted übersetzt einschalten[2], einem Autor, dessen *History of Egypt* (1906) als maßgebend geschätzt wird. »Es ist bemerkenswert, daß sein (dieses Führers) Name, Moses, ägyptisch war. Es ist einfach das ägyptische Wort ›mose‹, das ›Kind‹ bedeutet, und ist die Abkürzung von volleren Namensformen wie z. B. Amen-mose, das heißt Amon-Kind, oder Ptah-mose, Ptah-Kind, welche Namen selbst wieder Abkürzungen der längeren Sätze sind: Amon (hat geschenkt ein) Kind oder Ptah (hat geschenkt ein) Kind. Der Name ›Kind‹ wurde bald ein bequemer Ersatz für den weitläufigen, vollen Namen, und die Namensform ›Mose‹ findet sich auf ägyptischen Denkmälern nicht selten vor. Der Vater des Moses hatte seinem Sohn sicherlich einen mit Ptah oder Amon zusammengesetzten Namen gegeben, und der Gottesname fiel im täglichen Leben nach und nach aus, bis der Knabe einfach ›Mose‹ gerufen wurde. (Das ›s‹ am Ende des Namens Moses stammt aus der griechischen Übersetzung des Alten Testaments. Es gehört auch nicht dem Hebräischen an, wo der Name ›Mosche‹ lautet.)« Ich habe die Stelle wörtlich wiedergegeben und bin keineswegs bereit, die Verantwortung für ihre Einzelheiten zu teilen. Ich verwundere mich auch ein wenig, daß Breasted in seiner Aufzählung gerade die analogen theophoren Namen übergangen hat, die sich in der Liste der ägyptischen Könige vorfinden, wie *Ah-mose, Thut-mose* (Tothmes) und *Ra-mose* (Ramses).

Nun sollte man erwarten, daß irgendeiner der vielen, die den Namen Moses als ägyptisch erkannt haben, auch den Schluß gezogen oder wenigstens die Möglichkeit erwogen hätte, daß der Träger des ägyptischen

---

1 *Jüdisches Lexikon,* begründet von Herlitz und Kirschner, Bd. 4 (1930), [(1), 303]. Jüdischer Verlag, Berlin. [Der Beitrag stammt von M. Soloweitschik.]

2 *The Dawn of Conscience* (1934, 350).

Namens selbst ein Ägypter gewesen sei. Für moderne Zeiten gestatten wir uns solche Schlüsse ohne Bedenken, obwohl gegenwärtig eine Person nicht einen Namen führt, sondern zwei, Familiennamen und Vornamen, und obwohl Namensänderungen und Angleichungen unter neueren Bedingungen nicht ausgeschlossen sind. Wir sind dann keineswegs überrascht, bestätigt zu finden, daß der Dichter Chamisso französischer Abkunft ist, Napoleon Buonaparte dagegen italienischer und daß Benjamin Disraeli wirklich ein italienischer Jude ist, wie sein Name erwarten läßt. Und für alte und frühe Zeiten, sollte man meinen, müßte ein solcher Schluß vom Namen auf die Volkszugehörigkeit noch weit zuverlässiger sein und eigentlich zwingend erscheinen. Dennoch hat meines Wissens im Falle Moses' kein Historiker diesen Schluß gezogen, auch keiner von denen, die, wie gerade wieder Breasted, bereit sind anzunehmen, daß Moses »mit aller Weisheit der Ägypter« vertraut war (1934, 354)[1].

Was da im Wege stand, ist nicht sicher zu erraten. Vielleicht war der Respekt vor der biblischen Tradition unüberwindlich. Vielleicht erschien die Vorstellung zu ungeheuerlich, daß der Mann Moses etwas anderes als ein Hebräer gewesen sein sollte. Jedenfalls stellt sich heraus, daß die Anerkennung des ägyptischen Namens nicht als entscheidend für die Beurteilung der Abkunft Moses' betrachtet, daß nichts weiter aus ihr gefolgert wird. Hält man die Frage nach der Nationalität dieses großen Mannes für bedeutsam, so wäre es wohl wünschenswert, neues Material zu deren Beantwortung vorzubringen.

Dies unternimmt meine kleine Abhandlung. Ihr Anspruch auf einen Platz in der Zeitschrift *Imago* gründet sich darauf, daß ihr Beitrag eine Anwendung der Psychoanalyse zum Inhalt hat. Das so gewonnene Argument wird gewiß nur auf jene Minderheit von Lesern Eindruck machen, die mit analytischem Denken vertraut ist und dessen Ergebnisse zu schätzen weiß. Ihnen aber wird es hoffentlich bedeutsam scheinen.

Im Jahre 1909 hat O. Rank, damals noch unter meinem Einfluß, auf meine Anregung eine Schrift veröffentlicht, die betitelt ist *Der Mythus*

---

1 Obwohl die Vermutung, daß Moses Ägypter war, von den ältesten Zeiten bis zur Gegenwart häufig genug ohne Berufung auf den Namen geäußert wurde. [Freud erwähnt in seinen *Vorlesungen zur Einführung in die Psychoanalyse* (1916–17), *Studienausgabe*, Bd. 1, S. 170, eine diesbezügliche komische Anekdote. – Diese Fußnote erscheint erstmals in der Ausgabe von 1939. In der ursprünglichen *Imago*-Version von 1937 ist sie nicht enthalten. – Die nach Breasted zitierten Worte stammen in Wirklichkeit aus einer Predigt des heiligen Stephanus (*Apostelgeschichte* 7, 22).]

von der Geburt des Helden[1]. Sie behandelt die Tatsache, daß fast alle bedeutenden Kulturvölker ... frühzeitig ihre Helden, sagenhaften Könige und Fürsten, Religionsstifter, Dynastie-, Reichs- und Städtegründer, kurz ihre Nationalheroen in Dichtungen und Sagen verherrlicht« haben. »Besonders haben sie die Geburts- und Jugendgeschichte dieser Personen mit phantastischen Zügen ausgestattet, deren verblüffende Ähnlichkeit, ja teilweise wörtliche Übereinstimmung bei verschiedenen, mitunter weit getrennten und völlig unabhängigen Völkern längst bekannt und vielen Forschern aufgefallen ist.« Konstruiert man nach dem Vorgang von Rank, etwa in Galtonscher Technik[2], eine »Durchschnittssage«, welche die wesentlichen Züge all dieser Geschichten heraushebt, so erhält man folgendes Bild:

»Der Held ist das Kind *vornehmster* Eltern, meist ein Königssohn.«

»Seiner Entstehung gehen Schwierigkeiten voraus, wie Enthaltsamkeit oder lange Unfruchtbarkeit oder heimlicher Verkehr der Eltern infolge äußerer Verbote oder Hindernisse. Während der Schwangerschaft oder schon früher erfolgt eine vor seiner Geburt warnende Verkündigung (Traum, Orakel), die meist dem Vater Gefahr droht.«

»Infolgedessen wird das neugeborene Kind meist auf Veranlassung des *Vaters oder der ihn vertretenden Person* zur Tötung oder *Aussetzung* bestimmt; in der Regel wird es in einem *Kästchen* dem *Wasser* übergeben.«

»Es wird dann von Tieren oder *geringen Leuten (Hirten) gerettet* und von *einem weiblichen Tiere* oder einem *geringen Weibe* gesäugt.«

»Herangewachsen, findet es auf einem sehr wechselvollen Wege die vornehmen Eltern wieder, *rächt sich am Vater* einerseits, wird *anerkannt* anderseits und gelangt zu Größe und Ruhm.«

Die älteste der historischen Personen, an welche dieser Geburtsmythus geknüpft wurde, ist Sargon von Agade, der Gründer von Babylon (um 2800 v. Chr.). Es ist grade für uns nicht ohne Interesse, den ihm selbst zugeschriebenen Bericht hier wiederzugeben:

»Sargon, der mächtige König, König von Agade bin ich. Meine Mutter war eine Vestalin, meinen Vater kannte ich nicht, während der Bruder meines Vaters das Gebirge bewohnte. In meiner Stadt Azupirani, welche am Ufer des Euphrats gelegen ist, wurde mit mir schwan-

[1] Fünftes Heft der *Schriften zur angewandten Seelenkunde*, Fr. Deuticke, Wien [1909]. Es liegt mir ferne, den Wert der selbständigen Beiträge Ranks zu dieser Arbeit zu verkleinern.

[2] [Freud denkt hier an Galtons »Mischphotographien«, die er gern anführt; siehe z. B. *Die Traumdeutung* (1900 *a*), *Studienausgabe*, Bd. 2, S. 155.]

ger die Mutter, die Vestalin. *Im Verborgenen gebar sie mich. Sie legte mich in ein Gefäß von Schilfrohr,* verschloß mit Erdpech meine Türe *und ließ mich nieder in den Strom,* welcher mich nicht ertränkte. Der Strom führte mich zu Akki, dem Wasserschöpfer. Akki, der Wasserschöpfer, in der Güte seines Herzens hob er mich heraus. *Akki, der Wasserschöpfer, als seinen eigenen Sohn zog er mich auf.* Akki, der Wasserschöpfer, zu seinem Gärtner machte er mich. In meinem Gärtneramt gewann Istar [die Göttin] mich lieb, ich wurde König, und 45 Jahre übte ich die Königsherrschaft aus.«

Die uns vertrautesten Namen in der mit Sargon von Agade beginnenden Reihe sind Moses, Kyros und Romulus. Außerdem aber hat Rank eine große Anzahl von der Dichtung oder der Sage angehörigen Heldengestalten zusammengestellt, denen dieselbe Jugendgeschichte, entweder in ihrer Gänze oder in gut kenntlichen Teilstücken, nachgesagt wird, als: Ödipus, Karna, Paris, Telephos, Perseus, Herakles, Gilgamesch, Amphion und Zethos u. a.[1].

Quelle und Tendenz dieses Mythus sind uns durch die Untersuchungen von Rank bekannt gemacht worden. Ich brauche mich nur mit knappen Andeutungen darauf zu beziehen. Ein Held ist, wer sich mutig gegen seinen Vater erhoben und ihn am Ende siegreich überwunden hat. Unser Mythus verfolgt diesen Kampf bis in die Urzeit des Individuums, indem er das Kind gegen den Willen des Vaters geboren und gegen seine böse Absicht gerettet werden läßt. Die Aussetzung im Kästchen ist eine unverkennbare symbolische Darstellung der Geburt, das Kästchen der Mutterleib, das Wasser das Geburtswasser. In ungezählten Träumen wird das Eltern-Kind-Verhältnis durch Aus-dem-Wasser-Ziehen oder Aus-dem-Wasser-Retten dargestellt[2]. Wenn die Volksphantasie an eine hervorragende Persönlichkeit den hier behandelten Geburtsmythus heftet, so will sie den Betreffenden hiedurch als Helden anerkennen, verkünden, daß er das Schema eines Heldenlebens erfüllt hat. Die Quelle der ganzen Dichtung ist aber der sogenannte »Familienroman« des Kindes, in dem der Sohn auf die Veränderung seiner Gefühlsbeziehungen zu den Eltern, insbesondere zum Vater, reagiert[3]. Die ersten Kinderjahre werden von einer großartigen Überschätzung

---

[1] [Karna ist ein Held im Sanskrit-Epos *Mahabharata,* Gilgamesch ein babylonischer Held; die übrigen Gestalten stammen aus der griechischen Sagenwelt.]

[2] [Siehe z. B. *Die Traumdeutung* (1900 *a*), *Studienausgabe,* Bd. 2, S. 390–92 und S. 394.]

[3] [Vgl. Freuds Artikel ›Der Familienroman der Neurotiker‹ (1909 *c*). Er erschien erstmals in dem oben erwähnten Rankschen Band.]

des Vaters beherrscht, der entsprechend König und Königin in Traum und Märchen immer nur die Eltern bedeuten, während später unter dem Einfluß von Rivalität und realer Enttäuschung die Ablösung von den Eltern und die kritische Einstellung gegen den Vater einsetzt. Die beiden Familien des Mythus, die vornehme wie die niedrige, sind demnach beide Spiegelungen der eigenen Familie, wie sie dem Kind in aufeinander folgenden Lebenszeiten erscheinen.

Man darf behaupten, daß durch diese Aufklärungen sowohl die Verbreitung wie die Gleichartigkeit des Mythus von der Geburt des Helden voll verständlich werden. Um so mehr verdient es unser Interesse, daß die Geburts- und Aussetzungssage von Moses eine Sonderstellung einnimmt, ja, in einem wesentlichen Punkt den anderen widerspricht.

Wir gehen von den zwei Familien aus, zwischen denen die Sage das Schicksal des Kindes spielen läßt. Wir wissen, daß sie in der analytischen Deutung zusammenfallen, sich nur zeitlich voneinander sondern. In der typischen Form der Sage ist die erste Familie, in die das Kind geboren wird, die vornehme, meist ein königliches Milieu; die zweite, in der das Kind aufwächst, die geringe oder erniedrigte, wie es übrigens den Verhältnissen [des »Familienromans«], auf welche die Deutung zurückgeht, entspricht. Nur in der Ödipussage ist dieser Unterschied verwischt. Das aus der einen Königsfamilie ausgesetzte Kind wird von einem anderen Königspaar aufgenommen. Man sagt sich, es ist kaum ein Zufall, wenn gerade in diesem Beispiel die ursprüngliche Identität der beiden Familien auch in der Sage durchschimmert. Der soziale Kontrast der beiden Familien eröffnet dem Mythus, der, wie wir wissen, die Heldennatur des großen Mannes betonen soll, eine zweite Funktion, die besonders für historische Persönlichkeiten bedeutungsvoll wird. Er kann auch dazu verwendet werden, dem Helden einen Adelsbrief zu schaffen, ihn sozial zu erhöhen. So ist Kyros für die Meder ein fremder Eroberer, auf dem Wege der Aussetzungssage wird er zum Enkel des Mederkönigs. Ähnlich bei Romulus; wenn eine ihm entsprechende Person gelebt hat, so war es ein hergelaufener Abenteurer, ein Emporkömmling; durch die Sage wird er Abkomme und Erbe des Königshauses von Alba Longa.

Ganz anders ist es im Falle des Moses. Hier ist die erste Familie, sonst die vornehme, bescheiden genug. Er ist das Kind jüdischer Leviten. Die zweite aber, die niedrige Familie, in der sonst der Held aufwächst, ist durch das Königshaus von Ägypten ersetzt; die Prinzessin zieht ihn als ihren eigenen Sohn auf. Diese Abweichung vom Typus hat auf viele

befremdend gewirkt. Ed. Meyer [1906, 46 f.] und andere nach ihm haben angenommen, die Sage habe ursprünglich anders gelautet: Der Pharao sei durch einen prophetischen Traum[1] gewarnt worden, daß ein Sohn seiner Tochter ihm und dem Reiche Gefahr bringen werde. Er läßt darum das Kind nach seiner Geburt im Nil aussetzen. Aber es wird von jüdischen Leuten gerettet und als ihr Kind aufgezogen. Zufolge von »nationalen Motiven«, wie Rank es ausdrückt[2], habe die Sage eine Umarbeitung in die uns bekannte Form erfahren.
Aber die nächste Überlegung lehrt, daß eine solche ursprüngliche Mosessage, die nicht mehr von den anderen abweicht, nicht bestanden haben kann. Denn die Sage ist entweder ägyptischen oder jüdischen Ursprungs. Der erste Fall schließt sich aus; Ägypter hatten kein Motiv, Moses zu verherrlichen, er war kein Held für sie. Also sollte die Sage im jüdischen Volk geschaffen, d. h. in ihrer bekannten Form [d. h. in der typischen Form einer Geburtssage] an die Person des Führers geknüpft worden sein. Allein dazu war sie ganz ungeeignet, denn was sollte dem Volke eine Sage fruchten, die seinen großen Mann zu einem Volksfremden machte?
In der Form, in der die Mosessage uns heute vorliegt, bleibt sie in bemerkenswerter Weise hinter ihren geheimen Absichten zurück. Wenn Moses kein Königssprosse ist, so kann ihn die Sage nicht zum Helden stempeln; wenn er ein Judenkind bleibt, hat sie nichts zu seiner Erhöhung getan. Nur ein Stückchen des ganzen Mythus bleibt wirksam, die Versicherung, daß das Kind starken äußeren Gewalten zum Trotz sich erhalten hat, und diesen Zug hat denn auch die Kindheitsgeschichte Jesu wiederholt, in der König Herodes die Rolle des Pharao übernimmt. Es steht uns dann wirklich frei anzunehmen, daß irgendein später, ungeschickter Bearbeiter des Sagenstoffes sich veranlaßt fand, etwas der klassischen, den Helden auszeichnenden Aussetzungssage Ähnliches bei seinem Helden Moses unterzubringen, was wegen der besonderen Verhältnisse des Falles zu ihm nicht passen konnte.

Mit diesem unbefriedigenden und überdies unsicheren Ergebnis müßte sich unsere Untersuchung begnügen und hätte auch nichts zur Beantwortung der Frage geleistet, ob Moses ein Ägypter war. Aber es gibt zur Würdigung der Aussetzungssage noch einen anderen, vielleicht hoffnungsvolleren Zugang.

---

[1] Auch im Bericht von Flavius Josephus erwähnt.
[2] Rank (1909, 80, Anm.).

Wir kehren zu den zwei Familien des Mythus zurück. Wir wissen, auf dem Niveau der analytischen Deutung sind sie identisch, auf mythischem Niveau unterscheiden sie sich als die vornehme und die niedrige. Wenn es sich aber um eine historische Person handelt, an die der Mythus geknüpft ist, dann gibt es ein drittes Niveau, das der Realität. Die eine Familie ist die reale, in der die Person, der große Mann, wirklich geboren wurde und aufgewachsen ist; die andere ist fiktiv, vom Mythus in der Verfolgung seiner Absichten erdichtet. In der Regel fällt die reale Familie mit der niedrigen, die erdichtete mit der vornehmen zusammen. Im Falle Moses schien irgend etwas anders zu liegen. Und nun führt vielleicht der neue Gesichtspunkt zur Klärung, daß die erste Familie, die, aus der das Kind ausgesetzt wird, in allen Fällen, die sich verwerten lassen, die erfundene ist, die spätere aber, in der es aufgenommen wird und aufwächst, die wirkliche. Haben wir den Mut, diesen Satz als eine Allgemeinheit anzuerkennen, der wir auch die Mosessage unterwerfen, so erkennen wir mit einem Male klar: Moses ist ein – wahrscheinlich vornehmer – Ägypter, der durch die Sage zum Juden gemacht werden soll. Und das wäre unser Resultat! Die Aussetzung im Wasser war an ihrer richtigen Stelle; um sich der neuen Tendenz zu fügen, mußte ihre Absicht, nicht ohne Gewaltsamkeit, umgebogen werden; aus einer Preisgabe wurde sie zum Mittel der Rettung.

Die Abweichung der Mosessage von allen anderen ihrer Art konnte aber auf eine Besonderheit der Mosesgeschichte zurückgeführt werden. Während sonst ein Held sich im Laufe seines Lebens über seine niedrigen Anfänge erhebt, begann das Heldenleben des Mannes Moses damit, daß er von seiner Höhe herabstieg, sich herabließ zu den Kindern Israels.

Wir haben diese kleine Untersuchung in der Erwartung unternommen, aus ihr ein zweites, neues Argument für die Vermutung zu gewinnen, daß Moses ein Ägypter war. Wir haben gehört, daß das erste Argument, das aus dem Namen, auf viele keinen entscheidenden Eindruck gemacht hat[1]. Man muß darauf vorbereitet sein, daß das neue Argu-

[1] So sagt z. B. Ed. Meyer (1905, 651): »Der Name Mose ist wahrscheinlich der Name *Pinchas* in dem Priestergeschlecht von Silo ... zweifellos ägyptisch. Das beweist natürlich nicht, daß diese Geschlechter ägyptischen Ursprungs waren, wohl aber, daß sie Beziehungen zu Ägypten hatten.« Man kann freilich fragen, an welche Art von Beziehungen man dabei denken soll. [Dieser Artikel von Meyer (1905) ist die Zusammenfassung einer viel umfangreicheren Arbeit (1906), in welcher die Frage dieser ägyptischen Namen weiter untersucht wird (450–51). Danach scheint es, daß es zwei Männer namens »Pinchas« (in der deutschen Bibel »Pinehas«) gegeben hat, nämlich den Enkel

ment, aus der Analyse der Aussetzungssage, kein besseres Glück haben wird. Die Einwendungen werden wohl lauten, daß die Verhältnisse der Bildung und Umgestaltung von Sagen doch zu undurchsichtig sind, um einen Schluß wie den unsrigen zu rechtfertigen, und daß die Traditionen über die Heldengestalt Moses in ihrer Verworrenheit, ihren Widersprüchen, mit den unverkennbaren Anzeichen von jahrhundertelang fortgesetzter tendenziöser Umarbeitung und Überlagerung alle Bemühungen vereiteln müssen, den Kern von historischer Wahrheit dahinter ans Licht zu bringen. Ich selbst teile diese ablehnende Einstellung nicht, aber ich bin auch nicht imstande, sie zurückzuweisen.

Wenn nicht mehr Sicherheit zu erreichen war, warum habe ich diese Untersuchung überhaupt zur Kenntnis der Öffentlichkeit gebracht? Ich bedauere es, daß auch meine Rechtfertigung nicht über Andeutungen hinausgehen kann. Läßt man sich nämlich von den beiden hier angeführten Argumenten fortreißen und versucht, Ernst zu machen mit der Annahme, daß Moses ein vornehmer Ägypter war, so ergeben sich sehr interessante und weitreichende Perspektiven. Mit Hilfe gewisser, nicht weit abliegender Annahmen glaubt man die Motive zu verstehen, die Moses bei seinem ungewöhnlichen Schritt geleitet haben, und in engem Zusammenhang damit erfaßt man die mögliche Begründung von zahlreichen Charakteren und Besonderheiten der Gesetzgebung und der Religion, die er dem Volke der Juden gegeben hat, und wird selbst zu bedeutsamen Ansichten über die Entstehung der monotheistischen Religionen im allgemeinen angeregt. Allein Aufschlüsse so wichtiger Art kann man nicht allein auf psychologische Wahrscheinlichkeiten gründen. Wenn man das Ägyptertum Moses' als den einen historischen Anhalt gelten läßt, so bedarf man zum mindesten noch eines zweiten festen Punktes, um die Fülle der auftauchenden Möglichkeiten gegen die Kritik zu schützen, sie seien Erzeugnis der Phantasie und zu weit von der Wirklichkeit entfernt. Ein objektiver Nachweis, in welche Zeit das Leben Moses' und damit der Auszug aus Ägypten fällt, hätte etwa dem Bedürfnis genügt. Aber ein solcher fand sich nicht, und darum soll die Mitteilung aller weiteren Schlüsse aus der Einsicht, daß Moses ein Ägypter war, besser unterbleiben.

Aarons (2. *Mose* 6, 25, und 4. *Mose* 25, 7) und einen Priester zu Silo (1. *Samuel* 1, 3); beide sind Leviten. (Vgl. S. 488, unten.) Silo war der Ort, an dem die Bundeslade (in der Bibel: die Stiftshütte) stand, bevor sie nach Jerusalem überführt wurde. (Vgl. *Josua* 18, 1.)]

II
WENN MOSES EIN ÄGYPTER WAR ...

In einem früheren Beitrag zu dieser Zeitschrift[1] habe ich die Vermutung, daß der Mann *Moses,* der Befreier und Gesetzgeber des jüdischen Volkes, kein Jude, sondern ein Ägypter war, durch ein neues Argument zu bekräftigen versucht. Daß sein Name aus dem ägyptischen Sprachschatz stammt, war längst bemerkt, wenn auch nicht entsprechend gewürdigt worden; ich habe hinzugefügt, daß die Deutung des an Moses geknüpften Aussetzungsmythus zum Schluß nötige, er sei ein Ägypter gewesen, den das Bedürfnis eines Volkes zum Juden machen wollte. Am Ende meines Aufsatzes habe ich gesagt, daß sich wichtige und weittragende Folgerungen aus der Annahme ableiten, daß Moses ein Ägypter gewesen sei; ich sei aber nicht bereit, öffentlich für diese einzutreten, denn sie ruhen nur auf psychologischen Wahrscheinlichkeiten und entbehren eines objektiven Beweises. Je bedeutsamer die so gewonnenen Einsichten sind, desto stärker verspüre man die Warnung, sie nicht ohne sichere Begründung dem kritischen Angriff der Umwelt auszusetzen, gleichsam wie ein ehernes Bild auf tönernen Füßen. Keine noch so verführerische Wahrscheinlichkeit schütze vor Irrtum; selbst wenn alle Teile eines Problems sich einzuordnen scheinen wie die Stücke eines Zusammenlegspieles, müßte man daran denken, daß das Wahrscheinliche nicht notwendig das Wahre sei und die Wahrheit nicht immer wahrscheinlich. Und endlich sei es nicht verlockend, den Scholastikern und Talmudisten angereiht zu werden, die es befriedigt, ihren Scharfsinn spielen zu lassen, gleichgültig dagegen, wie fremd der Wirklichkeit ihre Behauptung sein mag.
Ungeachtet dieser Bedenken, die heute so schwer wiegen wie damals, ist aus dem Widerstreit meiner Motive der Entschluß hervorgegangen, auf jene erste Mitteilung diese Fortsetzung folgen zu lassen. Aber es ist wiederum nicht das Ganze und nicht das wichtigste Stück des Ganzen.

(1)

Wenn also Moses ein Ägypter war – so ist der erste Gewinn aus dieser Annahme eine neue, schwer zu beantwortende Rätselfrage. Wenn ein

[1] *Imago,* Bd. 23 (1937), Heft 1: ›Moses, ein Ägypter‹. [Abhandlung I, oben.]

Volk oder ein Stamm[1] sich zu einer großen Unternehmung anschickt, so ist nichts anderes zu erwarten, als daß einer von den Volksgenossen sich zum Führer aufwirft oder zu dieser Rolle durch Wahl bestimmt wird. Aber was einen vornehmen Ägypter – vielleicht Prinz, Priester, hoher Beamter – bewegen sollte, sich an die Spitze eines Haufens von eingewanderten, kulturell rückständigen Fremdlingen zu stellen und mit ihnen das Land zu verlassen, das ist nicht leicht zu erraten. Die bekannte Verachtung des Ägypters für ein ihm fremdes Volkstum macht einen solchen Vorgang besonders unwahrscheinlich. Ja, ich möchte glauben, gerade darum haben selbst Historiker, die den Namen als ägyptisch erkannten und dem Mann alle Weisheit Ägyptens zuschrieben [s. S. 461], die naheliegende Möglichkeit nicht aufnehmen wollen, daß Moses ein Ägypter war.

Zu dieser ersten Schwierigkeit kommt bald eine zweite hinzu. Wir dürfen nicht vergessen, daß Moses nicht nur der politische Führer der in Ägypten ansässigen Juden war, er war auch ihr Gesetzgeber, Erzieher und zwang sie in den Dienst einer neuen Religion, die noch heute nach ihm die mosaische genannt wird. Aber kommt ein einzelner Mensch so leicht dazu, eine neue Religion zu schaffen? Und wenn jemand die Religion eines anderen beeinflussen will, ist es nicht das natürlichste, daß er ihn zu seiner eigenen Religion bekehrt? Das Judenvolk in Ägypten war sicherlich nicht ohne irgendeine Form von Religion, und wenn Moses, der ihm eine neue gegeben, ein Ägypter war, so ist die Vermutung nicht abzuweisen, daß die andere, neue Religion die ägyptische war.

Dieser Möglichkeit steht etwas im Wege: die Tatsache des schärfsten Gegensatzes zwischen der auf Moses zurückgeführten jüdischen Religion und der ägyptischen. Die erstere ein großartig starrer Monotheismus; es gibt nur einen Gott, er ist einzig, allmächtig, unnahbar; man verträgt seinen Anblick nicht, darf sich kein Bild von ihm machen, nicht einmal seinen Namen aussprechen. In der ägyptischen Religion eine kaum übersehbare Schar von Gottheiten verschiedener Würdigkeit und Herkunft, einige Personifikationen von großen Naturmächten wie Himmel und Erde, Sonne und Mond, auch einmal eine Abstraktion wie die Maat (Wahrheit, Gerechtigkeit) oder eine Fratze wie der zwerghafte Bes, die meisten aber Lokalgötter aus der Zeit, da das Land in zahlreiche Gaue zerfallen war, tiergestaltig, als hätten sie die Ent-

[1] Wir haben keine Vorstellung davon, um welche Zahlen es sich beim Auszug aus Ägypten handelt.

wicklung aus den alten Totemtieren noch nicht überwunden, unscharf voneinander unterschieden, kaum daß einzelnen besondere Funktionen zugewiesen sind. Die Hymnen zu Ehren dieser Götter sagen ungefähr von jedem das nämliche aus, identifizieren sie miteinander ohne Bedenken in einer Weise, die uns hoffnungslos verwirren würde. Götternamen werden miteinander kombiniert, so daß der eine fast zum Beiwort des anderen herabsinkt; so heißt in der Blütezeit des »Neuen Reiches« der Hauptgott der Stadt Theben Amon-Re, in welcher Zusammensetzung der erste Teil den widderköpfigen Stadtgott bedeutet, während Re der Name des sperberköpfigen Sonnengottes von On [Heliopolis] ist. Magische und Zeremoniellhandlungen, Zaubersprüche und Amulette beherrschten den Dienst dieser Götter wie das tägliche Leben des Ägypters.

Manche dieser Verschiedenheiten mögen sich leicht aus dem prinzipiellen Gegensatz eines strengen Monotheismus zu einem uneingeschränkten Polytheismus ableiten. Andere sind offenbar Folgen des Unterschieds im geistigen Niveau[1], da die eine Religion primitiven Phasen sehr nahesteht, die andere sich zu den Höhen sublimer Abstraktion aufgeschwungen hat. Auf diese beiden Momente mag es zurückgehen, wenn man gelegentlich den Eindruck empfängt, der Gegensatz zwischen der mosaischen und der ägyptischen Religion sei ein gewollter und absichtlich verschärfter; z. B. wenn die eine jede Art von Magie und Zauberwesen aufs strengste verdammt, die doch in der anderen aufs üppigste wuchern. Oder wenn der unersättlichen Lust der Ägypter, ihre Götter in Ton, Stein und Erz zu verkörpern, der heute unsere Museen so viel verdanken, das rauhe Verbot entgegengestellt wird, irgendein lebendes oder gedachtes Wesen in einem Bildnis darzustellen. Aber es gibt noch einen anderen Gegensatz zwischen beiden Religionen, der durch die von uns versuchten Erklärungen nicht getroffen wird. Kein anderes Volk des Altertums hat soviel getan, um den Tod zu verleugnen, hat so peinlich vorgesorgt, eine Existenz im Jenseits zu ermöglichen, und dementsprechend war der Totengott Osiris, der Beherrscher dieser anderen Welt, der populärste und unbestrittenste aller ägyptischen Götter. Die altjüdische Religion hingegen hat auf die Unsterblichkeit voll verzichtet; der Möglichkeit einer Fortsetzung der Existenz nach dem Tode wird nirgends und niemals Erwähnung getan. Und dies ist um so merkwürdiger, als ja spätere Erfahrungen gezeigt

[1] [Das Konzept der »Geistigkeit« erhält gegen Ende dieser Arbeit große Bedeutung, besonders in Abhandlung III, Teil II, Abschnitt C.]

haben, daß der Glaube an ein jenseitiges Dasein mit einer monotheistischen Religion sehr gut vereinbart werden kann.
Wir hatten gehofft, die Annahme, Moses sei ein Ägypter gewesen, werde sich nach verschiedenen Richtungen als fruchtbar und aufklärend erweisen. Aber unsere erste Folgerung aus dieser Annahme, die neue Religion, die er den Juden gegeben, sei seine eigene, die ägyptische gewesen, ist an der Einsicht in die Verschiedenheit, ja Gegensätzlichkeit der beiden Religionen gescheitert.

(2)

Eine merkwürdige Tatsache der ägyptischen Religionsgeschichte, die erst spät erkannt und gewürdigt worden ist, eröffnet uns noch eine Aussicht. Es bleibt möglich, daß die Religion, die Moses seinem Judenvolke gab, doch seine eigene war, *eine* ägyptische Religion, wenn auch nicht *die* ägyptische.
In der glorreichen 18ten Dynastie, unter der Ägypten zuerst ein Weltreich wurde, kam um das Jahr 1375 v. Chr. ein junger Pharao auf den Thron, der zuerst Amenhotep (IV.) hieß wie sein Vater, später aber seinen Namen änderte, und nicht bloß seinen Namen. Dieser König unternahm es, seinen Ägyptern eine neue Religion aufzudrängen, die ihren jahrtausendealten Traditionen und all ihren vertrauten Lebensgewohnheiten zuwiderlief. Es war ein strenger Monotheismus, der erste Versuch dieser Art in der Weltgeschichte, soweit unsere Kenntnis reicht, und mit dem Glauben an einen einzigen Gott wurde wie unvermeidlich die religiöse Intoleranz geboren, die dem Altertum vorher – und noch lange nachher – fremd geblieben. Aber die Regierung Amenhoteps dauerte nur 17 Jahre; sehr bald nach seinem 1358 erfolgten Tode war die neue Religion hinweggefegt, das Andenken des ketzerischen Königs geächtet worden. Aus dem Trümmerfeld der neuen Residenz, die er erbaut und seinem Gott geweiht hatte, und aus den Inschriften in den zu ihr gehörigen Felsgräbern rührt das wenige her, was wir über ihn wissen. Alles, was wir über diese merkwürdige, ja einzigartige Persönlichkeit erfahren können, ist des höchsten Interesses würdig[1].
Alles Neue muß seine Vorbereitungen und Vorbedingungen in Früherem haben. Die Ursprünge des ägyptischen Monotheismus lassen sich mit einiger Sicherheit ein Stück weit zurückverfolgen[2]. In der Priester-

[1] »*The first individual in human history*«, nennt ihn Breasted [1906, 356].
[2] Das Nachfolgende hauptsächlich nach den Darstellungen von J. H. Breasted in seiner

schule des Sonnentempels zu On (Heliopolis) waren seit längerer Zeit Tendenzen tätig, um die Vorstellung eines universellen Gottes zu entwickeln und die ethische Seite seines Wesens zu betonen. Maat, die Göttin der Wahrheit, Ordnung, Gerechtigkeit war eine Tochter des Sonnengottes Re. Schon unter Amenhotep III., dem Vater und Vorgänger des Reformators, nahm die Verehrung des Sonnengottes einen neuen Aufschwung, wahrscheinlich in Gegnerschaft zum übermächtig gewordenen Amon von Theben. Ein uralter Name des Sonnengottes Aton oder Atum wurde neu hervorgeholt, und in dieser *Atonreligion* fand der junge König eine Bewegung vor, die er nicht erst zu erwecken brauchte, der er sich anschließen konnte.

Die politischen Verhältnisse Ägyptens hatten um diese Zeit begonnen, die ägyptische Religion nachhaltig zu beeinflussen. Durch die Waffentaten des großen Eroberers Thotmes III. war Ägypten eine Weltmacht geworden, im Süden war Nubien, im Norden Palästina, Syrien und ein Stück von Mesopotamien zum Reich hinzugekommen. Dieser Imperialismus spiegelte sich nun in der Religion als Universalismus und Monotheismus. Da die Fürsorge des Pharao jetzt außer Ägypten auch Nubien und Syrien umfaßte, mußte auch die Gottheit ihre nationale Beschränkung aufgeben, und wie der Pharao der einzige und unumschränkte Herrscher der dem Ägypter bekannten Welt war, so mußte wohl auch die neue Gottheit der Ägypter werden. Zudem war es natürlich, daß mit der Erweiterung der Reichsgrenzen Ägypten für ausländische Einflüsse zugänglicher wurde; manche der königlichen Frauen[1] waren asiatische Prinzessinnen, und möglicherweise waren selbst direkte Anregungen zum Monotheismus aus Syrien eingedrungen.

Amenhotep hat seinen Anschluß an den Sonnenkult von On niemals verleugnet. In den zwei Hymnen an den Aton, die uns durch die Inschriften in den Felsgräbern erhalten geblieben sind und wahrscheinlich von ihm selbst gedichtet wurden, preist er die Sonne als Schöpfer und Erhalter alles Lebenden in und außerhalb Ägyptens mit einer Inbrunst, wie sie erst viele Jahrhunderte später in den Psalmen zu Ehren des jüdischen Gottes Jahve wiederkehrt. Er begnügte sich aber nicht mit dieser erstaunlichen Vorwegnahme der wissenschaftlichen Erkenntnis von der Wirkung der Sonnenstrahlung. Es ist kein Zweifel, daß er einen Schritt weiter ging, daß er die Sonne nicht als materielles Objekt

---

History of Egypt (1906) sowie in *The Dawn of Conscience* (1934) und den entsprechenden Abschnitten in *The Cambridge Ancient History*, Bd. 2 [1924].

[1] Vielleicht selbst Amenhoteps geliebte Gemahlin Nofretete.

verehrte, sondern als Symbol eines göttlichen Wesens, dessen Energie sich in ihren Strahlen kundgab[1].

Wir werden dem König aber nicht gerecht, wenn wir ihn nur als den Anhänger und Förderer einer schon vor ihm bestehenden Atonreligion betrachten. Seine Tätigkeit war weit eingreifender. Er brachte etwas Neues hinzu, wodurch die Lehre vom universellen Gott erst zum Monotheismus wurde, das Moment der Ausschließlichkeit. In einer seiner Hymnen wird es direkt ausgesagt: »O Du einziger Gott, neben dem kein anderer ist.«[2] Und wir wollen nicht vergessen, daß für die Würdigung der neuen Lehre die Kenntnis ihres positiven Inhalts allein nicht genügt; beinahe ebenso wichtig ist ihre negative Seite, die Kenntnis dessen, was sie verwirft. Es wäre auch irrtümlich anzunehmen, daß die neue Religion mit einem Schlage fertig und voll gerüstet ins Leben gerufen wurde wie Athene aus dem Haupt des Zeus. Vielmehr spricht alles dafür, daß sie während der Regierung Amenhoteps allmählich erstarkte zu immer größerer Klarheit, Konsequenz, Schroffheit und Unduldsamkeit. Wahrscheinlich vollzog sich diese Entwicklung unter dem Einfluß der heftigen Gegnerschaft, die sich unter den Priestern des Amon gegen die Reform des Königs erhob. Im sechsten Jahre der Regierung Amenhoteps war die Verfeindung so weit gediehen, daß der König seinen Namen änderte, von dem der nun verpönte Gottesname Amon ein Teil war. Er nannte sich anstatt *Amenhotep* jetzt *Ikhnaton*[3]. Aber nicht nur aus seinem Namen tilgte er den des verhaßten Gottes aus, sondern auch aus allen Inschriften und selbst dort, wo er sich im Namen seines Vaters Amenhotep III. fand. Bald nach der Namensänderung verließ Ikhnaton das von Amon beherrschte Theben und erbaute sich stromabwärts eine neue Residenz, die er Akhetaton (Hori-

---

[1] Breasted (1906, 360): *»But however evident the Heliopolitan origin of the new state religion might be, it was not merely sun-worship; the word Aton was employed in the place of the old word for ›god‹* (nuter) *and the god is clearly distinguished from the material sun.« »It is evident that what the king was deifying was the force, by which the Sun made itself felt on earth«* (Breasted, 1934, 279) – ähnlich das Urteil über eine Formel zu Ehren des Gottes bei A. Erman (1905 [66]): »Es sind ... Worte, die möglichst abstrakt ausdrücken sollen, daß man nicht das Gestirn selbst verehrt, sondern das Wesen, das sich in ihm offenbart.«

[2] Breasted (1906, 374 Anm.).

[3] Ich folge bei diesem Namen der englischen Schreibart (sonst *Akhenaton* [Echnaton]). Der neue Name des Königs bedeutet ungefähr dasselbe wie sein früherer: Der Gott ist zufrieden. Vgl. unser Gotthold, Gottfried. [Tatsächlich war »Ikhnaton« Breasteds (amerikanische) Version. Englische Wissenschaftler ziehen im allgemeinen »Akhnaton« (nicht »Akhenaton«) oder neuerdings »Akhenaten« vor.]

zont des Aton) nannte. Ihre Trümmerstätte heißt heute Tell-el-Amarna[1].

Die Verfolgung des Königs traf Amon am härtesten, aber nicht ihn allein. Überall im Reiche wurden die Tempel geschlossen, der Gottesdienst untersagt, die Tempelgüter beschlagnahmt. Ja, der Eifer des Königs ging so weit, daß er die alten Denkmäler untersuchen ließ, um das Wort »Gott« in ihnen auszumerzen, wenn es in der Mehrzahl gebraucht war[2]. Es ist nicht zu verwundern, daß diese Maßnahmen Ikhnatons eine Stimmung fanatischer Rachsucht bei der unterdrückten Priesterschaft und beim unbefriedigten Volk hervorriefen, die sich nach des Königs Tode frei betätigen konnte. Die Atonreligion war nicht populär geworden, war wahrscheinlich auf einen kleinen Kreis um seine Person beschränkt geblieben. Der Ausgang Ikhnatons bleibt für uns in Dunkel gehüllt. Wir hören von einigen kurzlebigen, schattenhaften Nachfolgern aus seiner Familie. Schon sein Schwiegersohn Tutankhaton wurde genötigt, nach Theben zurückzukehren und in seinem Namen den Gott Aton durch Amon zu ersetzen. Dann folgte eine Zeit der Anarchie, bis es dem Feldherrn Haremhab 1350 gelang, die Ordnung wiederherzustellen. Die glorreiche 18te Dynastie war erloschen, gleichzeitig deren Eroberungen in Nubien und Asien verlorengegangen. In dieser trüben Zwischenzeit waren die alten Religionen Ägyptens wieder eingesetzt worden. Die Atonreligion war abgetan, die Residenz Ikhnatons zerstört und geplündert, sein Andenken als das eines Verbrechers geächtet.

Es dient einer bestimmten Absicht, wenn wir nun einige Punkte aus der negativen Charakteristik der Atonreligion herausheben. Zunächst, daß alles Mythische, Magische und Zauberische von ihr ausgeschlossen ist[3].

Sodann die Art der Darstellung des Sonnengottes, nicht mehr wie in früher Zeit durch eine kleine Pyramide und einen Falken[4], sondern, was beinahe nüchtern zu nennen ist, durch eine runde Scheibe, von der Strahlen ausgehen, die in menschlichen Händen endigen. Trotz aller Kunstfreudigkeit der Amarnaperiode ist eine andere Darstellung des

---

[1] Dort wurde 1887 die für die Geschichtskenntnis so wichtige Korrespondenz der ägyptischen Könige mit den Freunden und Vasallen in Asien gefunden.

[2] Breasted (1906, 363).

[3] Weigall (1922, 120–21) sagt, Ikhnaton wollte nichts von einer Hölle wissen, gegen deren Schrecken man sich durch ungezählte Zauberformeln schützen sollte. *»Akhnaton flung all these formulae into the fire. Djins, bogies, spirits, monsters, demigods, demons and Osiris himself with all his court, were swept into the blaze and reduced to ashes.«*

[4] [Es müßte hier wohl heißen: »eine Pyramide oder einen Falken«; vgl. Breasted (1934, 278).]

Sonnengottes, ein persönliches Bild des Aton, nicht gefunden worden, und man darf es zuversichtlich sagen, es wird nicht gefunden werden[1].

Endlich das völlige Schweigen über den Totengott Osiris und das Totenreich. Weder die Hymnen noch die Grabinschriften wissen etwas von dem, was dem Herzen des Ägypters vielleicht am nächsten lag. Der Gegensatz zur Volksreligion kann nicht deutlicher veranschaulicht werden[2].

(3)

Wir möchten jetzt den Schluß wagen: Wenn Moses ein Ägypter war und wenn er den Juden seine eigene Religion übermittelte, so war es die des Ikhnaton, die Atonreligion.

Wir haben vorhin die jüdische Religion mit der ägyptischen Volksreligion verglichen und die Gegensätzlichkeit zwischen beiden festgestellt. Nun sollen wir einen Vergleich der jüdischen mit der Atonreligion anstellen, in der Erwartung, die ursprüngliche Identität der beiden zu erweisen. Wir wissen, daß uns keine leichte Aufgabe gestellt ist. Von der Atonreligion wissen wir dank der Rachsucht der Amonpriester vielleicht zu wenig. Die mosaische Religion kennen wir nur in einer Endgestaltung, wie sie etwa 800 Jahre später in nachexilischer Zeit von der jüdischen Priesterschaft fixiert wurde. Sollten wir trotz dieser Ungunst des Materials einzelne Anzeichen finden, die unserer Annahme günstig sind, so werden wir sie hoch einschätzen dürfen.

Es gäbe einen kurzen Weg zum Erweis unserer These, daß die mosaische Religion nichts anderes ist als die des Aton, nämlich über ein Geständnis, eine Proklamation. Aber ich fürchte, man wird uns sagen, daß dieser Weg nicht gangbar ist. Das jüdische Glaubensbekenntnis lautet bekanntlich: »Schema Jisroel Adonai Elohenu Adonai Echod.«[3] Wenn der Name des ägyptischen Aton (oder Atum) nicht nur zufällig an das hebräische Wort Adonai und den syrischen Gottesnamen Adonis anklingt, sondern infolge urzeitlicher Sprach- und Sinngemeinschaft, so könnte man jene jüdische Formel übersetzen: »Höre Israel, unser Gott

[1] A. Weigall (1922, 103): *»Akhnaton did not permit any graven image to be made of the Aton. The True God, said the King, had no form; and he held to this opinion throughout his life.«*

[2] Erman (1905, 70): »vom Osiris und seinem Reich sollte man nichts mehr hören«. – Breasted (1934, 291): *»Osiris is completely ignored. He is never mentioned in any record of Ikhnaton or in any of the tombs at Amarna.«*

[3] [5. *Mose* 6, 4.]

Aton (Adonai) ist ein einziger Gott.« Ich bin leider völlig inkompetent, um diese Frage zu beantworten, konnte auch nur wenig darüber in der Literatur finden [1], aber wahrscheinlich darf man es sich nicht so leicht machen. Übrigens werden wir auf die Probleme des Gottesnamens noch einmal zurückkommen müssen.

Die Ähnlichkeiten wie die Verschiedenheiten der beiden Religionen sind leicht ersichtlich, ohne uns viel Aufklärung zu bringen. Beide sind Formen eines strengen Monotheismus, und man wird von vornherein geneigt sein, was an ihnen Übereinstimmung ist, auf diesen Grundcharakter zurückzuführen. Der jüdische Monotheismus benimmt sich in manchen Punkten noch schroffer als der ägyptische, z. B. wenn er bildliche Darstellungen überhaupt verbietet. Der wesentlichste Unterschied zeigt sich – vom Gottesnamen abgesehen – darin, daß die jüdische Religion völlig von der Sonnenverehrung abgeht, an die sich die ägyptische noch angelehnt hatte. Beim Vergleich mit der ägyptischen Volksreligion hatten wir den Eindruck empfangen, daß außer dem prinzipiellen Gegensatz ein Moment von absichtlichem Widerspruch an der Verschiedenheit der beiden Religionen beteiligt wäre. Dieser Eindruck erscheint nun als berechtigt, wenn wir im Vergleich die jüdische durch die Atonreligion ersetzen, die Ikhnaton, wie wir wissen, in absichtlicher Feindseligkeit gegen die Volksreligion entwickelt hat. Wir hatten uns mit Recht darüber verwundert, daß die jüdische Religion vom Jenseits und vom Leben nach dem Tode nichts wissen will, denn eine solche Lehre wäre mit dem strengsten Monotheismus vereinbar. Diese Verwunderung schwindet, wenn wir von der jüdischen auf die Atonreligion zurückgehen und annehmen, daß diese Ablehnung von dort her übernommen worden ist, denn für Ikhnaton war sie eine Notwendigkeit bei der Bekämpfung der Volksreligion, in der der Totengott Osiris eine vielleicht größere Rolle spielte als irgendein Gott der Oberwelt. Die Übereinstimmung der jüdischen mit der Atonreligion in diesem wichtigen Punkte ist das erste starke Argument zugunsten unserer These. Wir werden hören, daß es nicht das einzige ist.

Moses hat den Juden nicht nur eine neue Religion gegeben; man kann auch mit gleicher Bestimmtheit behaupten, daß er die Sitte der Be-

[1] Nur einige Stellen bei Weigall (1922, 12 und 19): »Der Gott Atum, der Re als die untergehende Sonne bezeichnete, war vielleicht gleichen Ursprungs wie der in Nordsyrien allgemein verehrte Aton, und eine ausländische Königin sowie ihr Gefolge mag sich darum eher zu Heliopolis hingezogen gefühlt haben als zu Theben.« [Die von Weigall angenommene Verbindung zwischen Aton und Atum ist von Ägyptologen nicht allgemein anerkannt.]

schneidung bei ihnen eingeführt hat. Diese Tatsache hat eine entscheidende Bedeutung für unser Problem und ist kaum je gewürdigt worden. Der biblische Bericht widerspricht ihr zwar mehrfach, er führt einerseits die Beschneidung in die Urväterzeit zurück als Zeichen des Bundes zwischen Gott und Abraham, anderseits erzählt er an einer ganz besonders dunkeln Stelle, daß Gott Moses zürnte, weil er den geheiligten[1] Gebrauch vernachlässigt hatte, daß er ihn darum töten wollte und daß Moses' Ehefrau, eine Midianiterin, den bedrohten Mann durch rasche Ausführung der Operation vor Gottes Zorn rettete[2]. Aber dies sind Entstellungen, die uns nicht irremachen dürfen; wir werden später Einsicht in ihre Motive gewinnen. Es bleibt bestehen, daß es auf die Frage, woher die Sitte der Beschneidung zu den Juden kam, nur eine Antwort gibt: aus Ägypten. Herodot, der »Vater der Geschichte«, teilt uns mit, daß die Sitte der Beschneidung in Ägypten seit langen Zeiten heimisch war[3], und seine Angaben sind durch die Befunde an Mumien, ja durch Darstellungen an den Wänden von Gräbern bestätigt worden. Kein anderes Volk des östlichen Mittelmeeres hat, soviel wir wissen, diese Sitte geübt; von den Semiten, Babyloniern, Sumerern ist es sicher anzunehmen, daß sie unbeschnitten waren. Von den Einwohnern Kanaans sagt es die biblische Geschichte selbst; es ist die Voraussetzung für den Ausgang des Abenteuers der Tochter Jakobs mit dem Prinzen von Sichem[4]. Die Möglichkeit, daß die in Ägypten weilenden Juden die Sitte der Beschneidung auf anderem Wege angenommen haben als im Zusammenhange mit der Religionsstiftung Moses', dürfen wir als völlig haltlos abweisen. Nun halten wir fest, daß die Beschneidung als allgemeine Volkssitte in Ägypten geübt wurde, und nehmen für einen Augenblick die gebräuchliche Annahme hinzu, daß Moses ein Jude war, der seine Volksgenossen vom ägyptischen Fron-

[1] [Vgl. unten, S. 565–6.]

[2] [1. *Mose* 17, 9 ff., und 2. *Mose* 4, 24 ff. Vgl. die Erklärung der Episode auf S. 493, unten.]

[3] [Herodot, *Historien*, Buch II, Kapitel 104.]

[4] [1. *Mose*, 34.] Wenn wir mit der biblischen Tradition so selbstherrlich und willkürlich verfahren, sie zur Bestätigung heranziehen, wo sie uns taugt, und sie unbedenklich verwerfen, wo sie uns widerspricht, so wissen wir sehr wohl, daß wir uns dadurch ernster methodischer Kritik aussetzen und die Beweiskraft unserer Ausführungen abschwächen. Aber es ist die einzige Art, wie man ein Material behandeln kann, von dem man mit Bestimmtheit weiß, daß seine Zuverlässigkeit durch den Einfluß entstellender Tendenzen schwer geschädigt worden ist. Eine gewisse Rechtfertigung hofft man später zu erwerben, wenn man jenen geheimen Motiven auf die Spur kommt. Sicherheit ist ja überhaupt nicht zu erreichen, und übrigens dürfen wir sagen, daß alle anderen Autoren ebenso verfahren sind.

dienst befreien, sie zur Entwicklung einer selbständigen und selbstbewußten nationalen Existenz außer Landes führen wollte – wie es ja wirklich geschah –, welchen Sinn konnte es haben, daß er ihnen zur gleichen Zeit eine beschwerliche Sitte aufdrängte, die sie gewissermaßen selbst zu Ägyptern machte, die ihre Erinnerung an Ägypten immer wachhalten mußte, während sein Streben doch nur aufs Gegenteil gerichtet sein konnte, daß sein Volk sich dem Lande der Knechtschaft entfremden und die Sehnsucht nach den »Fleischtöpfen Ägyptens« überwinden sollte? Nein, die Tatsache, von der wir ausgingen, und die Annahme, die wir an sie anfügten, sind so unvereinbar miteinander, daß man den Mut zu einer Schlußfolge findet: Wenn Moses den Juden nicht nur eine neue Religion, sondern auch das Gebot der Beschneidung gab, so war er kein Jude, sondern ein Ägypter, und dann war die mosaische Religion wahrscheinlich eine ägyptische, und zwar wegen des Gegensatzes zur Volksreligion die Religion des Aton, mit der die spätere jüdische Religion auch in einigen bemerkenswerten Punkten übereinstimmt.

Wir haben bemerkt, daß unsere Annahme, Moses sei kein Jude, sondern ein Ägypter, ein neues Rätsel schafft. Die Handlungsweise, die beim Juden leicht verständlich schien, wird beim Ägypter unbegreiflich. Wenn wir aber Moses in die Zeit des Ikhnaton versetzen und in Beziehung zu diesem Pharao bringen, dann schwindet dieses Rätsel, und es enthüllt sich die Möglichkeit einer Motivierung, die alle unsere Fragen beantwortet. Gehen wir von der Voraussetzung aus, daß Moses ein vornehmer und hochstehender Mann war, vielleicht wirklich ein Mitglied des königlichen Hauses, wie die Sage von ihm behauptet. Er war gewiß seiner großen Fähigkeiten bewußt, ehrgeizig und tatkräftig; vielleicht schwebte ihm selbst das Ziel vor, eines Tages das Volk zu leiten, das Reich zu beherrschen. Dem Pharao nahe, war er ein überzeugter Anhänger der neuen Religion, deren Grundgedanken er sich zu eigen gemacht hatte. Mit dem Tod des Königs und dem Einsetzen der Reaktion sah er all seine Hoffnungen und Aussichten zerstört; wenn er seine ihm teuren Überzeugungen nicht abschwören wollte, hatte ihm Ägypten nichts mehr zu bieten, er hatte sein Vaterland verloren. In dieser Notlage fand er einen ungewöhnlichen Ausweg. Der Träumer Ikhnaton hatte sich seinem Volk entfremdet und hatte sein Weltreich zerbröckeln lassen. Moses' energischer Natur entsprach der Plan, ein neues Reich zu gründen, ein neues Volk zu finden, dem er die von Ägypten verschmähte Religion zur Verehrung schenken wollte. Es war, wie man erkennt, ein heldenhafter Versuch, das Schicksal zu bestreiten, sich nach zwei Richtungen zu entschädigen für die Verluste, die ihm die Katastrophe Ikhnatons gebracht hatte. Vielleicht war er zur Zeit Statthalter jener Grenzprovinz (Gosen), in der sich (noch zur Zeit der Hyksos?[1]) gewisse semitische Stämme niedergelassen hatten. Diese wählte er aus, daß sie sein neues Volk sein sollten. Eine weltgeschichtliche Entscheidung![2] Er setzte sich mit ihnen ins Einvernehmen, stellte sich an ihre Spitze, besorgte ihre Abwanderung »mit starker Hand«[3]. In vollem Gegensatz zur biblischen Tradition sollte man annehmen, daß sich dieser Auszug friedlich und ohne Verfolgung vollzog. Die Autorität Moses' ermöglichte ihn, und eine Zentralgewalt, die ihn hätte verhindern wollen, war damals nicht vorhanden.

Zufolge dieser unserer Konstruktion würde der Auszug aus Ägypten in die Zeit zwischen 1358 und 1350 fallen, d. h. nach dem Tode Ikhnatons und *vor* der Herstellung der staatlichen Autorität durch Haremhab[4]. Das Ziel der Wanderung konnte nur das Land Kanaan sein. Dort waren nach dem Zusammenbruch der ägyptischen Herrschaft Scharen von kriegerischen Aramäern eingebrochen, erobernd und plündernd, und hatten so gezeigt, wo ein tüchtiges Volk sich neuen Landbesitz holen konnte. Wir kennen diese Krieger aus den Briefen, die 1887 im Archiv der Ruinenstadt Amarna gefunden wurden. Sie werden dort *Habiru* genannt, und der Name ist, man weiß nicht wie, auf die später kommenden jüdischen Eindringlinge – *Hebräer* – übergegangen, die in den Amarnabriefen nicht gemeint sein können. Südlich von Palästina – in Kanaan – wohnten auch jene Stämme, die die nächsten Verwandten der jetzt aus Ägypten ausziehenden Juden waren.

Die Motivierung, die wir für das Ganze des Auszugs erraten haben,

---

[1] [Eine Zeit der Wirren etwa 200 Jahre vor Ikhnaton, in der ein semitisches Volk (die sogenannten »Hirtenkönige«) Nordägypten beherrschte.]

[2] Wenn Moses ein hoher Beamter war, so erleichtert dies unser Verständnis für die Führerrolle, die er bei den Juden übernahm; wenn ein Priester, dann lag es ihm nahe, als Religionsstifter aufzutreten. In beiden Fällen wäre es die Fortsetzung seines bisherigen Berufs gewesen. Ein Prinz des königlichen Hauses konnte leicht beides sein, Statthalter und Priester. In der Erzählung des Flavius Josephus (*Antiquitates judaïcae*), der die Aussetzungssage annimmt, aber andere Traditionen als die biblische zu kennen scheint, hat Moses als ägyptischer Feldherr einen siegreichen Feldzug in Äthiopien durchgeführt. [Flavius Josephus, *Jüdische Altertümer*.]

[3] [2. *Mose* 13, 3, 14 und 16.]

[4] Das wäre etwa ein Jahrhundert früher, als die meisten Historiker annehmen, die ihn in die 19te Dynastie unter Merneptah verlegen. Vielleicht etwas später, denn die offizielle [ägyptische] Geschichtsschreibung scheint das Interregnum in die Regierungszeit Haremhabs eingerechnet zu haben. [S. unten, S. 497.]

deckt auch die Einsetzung der Beschneidung. Man weiß, in welcher Weise sich die Menschen, Völker wie Einzelne, zu diesem uralten, kaum mehr verstandenen Gebrauch verhalten. Denjenigen, die ihn nicht üben, erscheint er sehr befremdlich, und sie grausen sich ein wenig davor – die anderen aber, die die Beschneidung angenommen haben, sind stolz darauf. Sie fühlen sich durch sie erhöht, wie geadelt, und schauen verächtlich auf die anderen herab, die ihnen als unrein gelten. Noch heute beschimpft der Türke den Christen als »unbeschnittenen Hund«. Es ist glaublich, daß Moses, der als Ägypter selbst beschnitten war, diese Einstellung teilte. Die Juden, mit denen er das Vaterland verließ, sollten ihm ein besserer Ersatz für die Ägypter sein, die er im Lande zurückließ. Auf keinen Fall durften sie hinter diesen zurückstehen. Ein »geheiligtes Volk« wollte er aus ihnen machen, wie noch ausdrücklich im biblischen Text gesagt wird [1], und als Zeichen solcher Weihe führte er auch bei ihnen die Sitte ein, die sie den Ägyptern mindestens gleichstellte. Auch konnte es ihm nur willkommen sein, wenn sie durch ein solches Zeichen isoliert und von der Vermischung mit den Fremdvölkern abgehalten wurden, zu denen ihre Wanderung sie führen sollte, ähnlich wie die Ägypter selbst sich von allen Fremden abgesondert hatten [2].

Die jüdische Tradition aber benahm sich später, als wäre sie durch die Schlußfolge bedrückt, die wir vorhin entwickelt haben. Wenn man zugestand, daß die Beschneidung eine ägyptische Sitte war, die Moses

---

[1] [2. *Mose* 19, 6. Vgl. unten, S. 565–6.]

[2] Herodot, der Ägypten um 450 v. Chr. besuchte, gibt in seinem Reisebericht eine Charakteristik des ägyptischen Volkes, die eine erstaunliche Ähnlichkeit mit bekannten Zügen des späteren Judentums aufzeigt: »Sie sind überhaupt in allen Punkten frömmer als die übrigen Menschen, von denen sie sich auch schon durch manche ihrer Sitten trennen. So durch die Beschneidung, die sie zuerst, und zwar aus Reinlichkeitsgründen, eingeführt haben; des weiteren durch ihren Abscheu vor den Schweinen, der gewiß damit zusammenhängt, daß Set als ein schwarzes Schwein den Horus verwundet hatte, und endlich und am meisten durch ihre Ehrfurcht vor den Kühen, die sie nie essen oder opfern würden, weil sie damit die kuhhörnige Isis beleidigen würden. Deshalb würde kein Ägypter und keine Ägypterin je einen Griechen küssen oder sein Messer, seinen Bratspieß oder seinen Kessel gebrauchen oder von dem Fleisch eines (sonst) reinen Ochsen essen, das mit einem griechischen Messer geschnitten wäre ... sie sahen in hochmütiger Beschränktheit auf die anderen Völker herab, die unrein waren und den Göttern nicht so nahe standen wie sie.« (Nach Erman, 1905, 181.) [Eine Zusammenfassung der Kapitel 36 bis 47 des Buches II von Herodot durch Erman.]
Wir wollen natürlich Parallelen hiezu aus dem Leben des indischen Volkes nicht vergessen. Wer hat es übrigens dem jüdischen Dichter H. Heine im 19. Jahrhundert n. Chr. eingegeben, seine Religion zu beklagen als »die aus dem Niltal mitgeschleppte Plage, den altägyptisch ungesunden Glauben«? [Aus dem Gedicht ›Das neue Israelitische Hospital zu Hamburg‹, *Zeitgedichte*, XI.]

eingeführt hatte, so war das beinahe so viel wie eine Anerkennung, daß die Religion, die Moses ihnen überliefert, auch eine ägyptische gewesen war. Aber man hatte gute Gründe, diese Tatsache zu verleugnen; folglich mußte man auch dem Sachverhalt in betreff der Beschneidung widersprechen.

(4)

An dieser Stelle erwarte ich den Vorwurf, daß ich meine Konstruktion, die Moses, den Ägypter, in die Zeit von Ikhnaton versetzt, seinen Entschluß, sich des Judenvolkes anzunehmen, aus den derzeitigen politischen Zuständen im Lande ableitet, die Religion, die er seinen Schützlingen schenkt oder auferlegt, als die des Aton erkennt, die eben in Ägypten selbst zusammengebrochen war, daß ich diesen Aufbau von Mutmaßungen also mit allzugroßer, im Material nicht begründeter Bestimmtheit vorgetragen habe. Ich meine, der Vorwurf ist unberechtigt. Ich habe das Moment des Zweifels bereits in der Einleitung betont, es gleichsam vor die Klammer gesetzt, und durfte es mir dann ersparen, es bei jedem Posten innerhalb der Klammer zu wiederholen.

Einige meiner eigenen kritischen Bemerkungen dürfen die Erörterung fortsetzen. Das Kernstück unserer Aufstellung, die Abhängigkeit des jüdischen Monotheismus von der monotheistischen Episode in der Geschichte Ägyptens, ist von verschiedenen Autoren geahnt und angedeutet worden. Ich erspare mir, diese Stimmen hier wiederzugeben, da keine von ihnen anzugeben weiß, auf welchem Weg sich diese Beeinflussung vollzogen haben kann. Bleibt sie für uns an die Person des Moses geknüpft, so sind auch dann andere Möglichkeiten als die von uns bevorzugte zu erwägen. Es ist nicht anzunehmen, daß der Sturz der offiziellen Atonreligion die monotheistische Strömung in Ägypten völlig zu Ende gebracht hat. Die Priesterschule in On, von der sie ausgegangen war, überstand die Katastrophe und mochte noch Generationen nach Ikhnaton in den Bann ihrer Gedankengänge ziehen. Somit ist die Tat des Moses denkbar, auch wenn er nicht zur Zeit Ikhnatons lebte und nicht dessen persönlichen Einfluß erfahren hatte, wenn er nur Anhänger oder gar Mitglied der Schule von On war. Diese Möglichkeit würde den Zeitpunkt des Auszugs verschieben und näher an das gewöhnlich angenommene Datum (im 13. Jahrhundert) heranrücken; sie hat aber sonst nichts, was sie empfiehlt. Die Einsicht in die Motive Moses' ginge verloren, und die Erleichterung des Auszugs durch die im Lande herrschende Anarchie fiele weg. Die nächsten Könige der 19ten Dynastie haben ein starkes Regiment geführt. Alle für den Auszug günstigen äußeren und inneren Bedingungen treffen nur in der Zeit unmittelbar nach dem Tode des Ketzerkönigs zusammen.

Die Juden besitzen eine reichhaltige außerbiblische Literatur, in der man die Sagen und Mythen findet, die sich im Verlauf der Jahrhunderte um die großartige Figur des ersten Führers und Religionsstifters gebildet, sie verklärt und verdunkelt haben. In diesem Material mögen Stücke guter Tradition versprengt sein, die in den fünf Büchern keinen Raum gefunden haben. Eine solche Sage schildert in ansprechender Weise, wie sich der Ehrgeiz des Mannes Moses schon in seiner Kindheit geäußert. Als ihn der Pharao einmal in die Arme nahm und im Spiele hochhob, riß ihm das dreijährige Knäblein die Krone vom Haupt und setzte sie seinem eigenen auf. Der König erschrak über dies Vorzeichen und versäumte nicht, seine Weisen darüber zu befragen [1]. Ein andermal wird von siegreichen Kriegstaten erzählt, die er als ägyptischer Feldherr in Äthiopien vollführt, und daran geknüpft, daß er aus Ägypten floh, weil er den Neid einer Partei am Hofe oder des Pharao selbst zu fürchten hatte. Die biblische Darstellung selbst legt Moses einige Züge bei, denen man Glaubwürdigkeit zusprechen möchte. Sie beschreibt ihn als zornmütig, leicht aufbrausend, wie er in der Entrüstung den brutalen Aufseher erschlägt, der einen jüdischen Arbeiter mißhandelt, wie er in der Erbitterung über den Abfall des Volkes die Gesetzestafeln zerschmettert, die er vom Berge Gottes [Sinai] geholt [2], ja Gott selbst straft ihn am Ende wegen einer Tat der Ungeduld; es wird nicht gesagt, was sie war [3]. Da eine solche Eigenschaft nicht der Verherrlichung dient, könnte sie historischer Wahrheit entsprechen. Man kann auch die Möglichkeit nicht abweisen, daß manche Charakterzüge, die die Juden in die frühe Vorstellung ihres Gottes eintrugen, indem sie ihn eifervoll, streng und unerbittlich hießen, im Grunde von der Erinnerung an Moses hergenommen waren, denn in Wirklichkeit hatte nicht ein unsichtbarer Gott, hatte der Mann Moses sie aus Ägypten herausgeführt.

Ein anderer ihm zugeschriebener Zug hat besonderen Anspruch auf unser Interesse. Moses soll »schwer von Sprache« gewesen sein, also eine Sprachhemmung oder einen Sprachfehler besessen haben, so daß er bei

---

[1] Dieselbe Anekdote in leichter Abänderung bei Josephus [*Jüdische Altertümer*].

[2] [2. *Mose* 2, 11–12, und 32, 19.]

[3] [Falls damit gemeint ist, daß es Moses am Ende seines Lebens verwehrt war, in das Gelobte Land einzuziehen (5. *Mose* 34, 4), so wird an einer Stelle eine Begründung gegeben: Gott straft ihn wegen seiner Ungeduld, da er, statt mit dem Felsen bloß zu reden, um Wasser zu bekommen, ihn mit seinem Stab schlug (4. *Mose* 20, 11–12).]

den angeblichen Verhandlungen mit dem Pharao der Unterstützung des Aaron bedurfte, der sein Bruder genannt wird[1]. Das mag wiederum historische Wahrheit sein und wäre ein erwünschter Beitrag zur Belebung der Physiognomie des großen Mannes. Es kann aber auch eine andere und wichtigere Bedeutung haben. Der Bericht mag in leichter Entstellung der Tatsache gedenken, daß Moses ein Anderssprachiger war, der mit seinen semitischen Neu-Ägyptern nicht ohne Dolmetsch verkehren konnte, wenigstens nicht zu Anfang ihrer Beziehungen. Also eine neue Bestätigung der These: Moses war ein Ägypter.

Nun aber, scheint es, ist unsere Arbeit zu einem vorläufigen Ende gekommen. Aus unserer Annahme, daß Moses ein Ägypter war, sei sie erwiesen oder nicht, können wir zunächst nichts weiter ableiten. Den biblischen Bericht über Moses und den Auszug kann kein Historiker für anderes halten als für fromme Dichtung, die eine entlegene Tradition im Dienste ihrer eigenen Tendenzen umgearbeitet hat. Wie die Tradition ursprünglich gelautet hat, ist uns unbekannt; welches die entstellenden Tendenzen waren, möchten wir gern erraten, werden aber durch die Unkenntnis der historischen Vorgänge im Dunkel erhalten. Daß unsere Rekonstruktion für so manche Prunkstücke der biblischen Erzählung wie die zehn Plagen, den Durchzug durchs Schilfmeer, die feierliche Gesetzgebung am Berge Sinai, keinen Raum hat, dieser Gegensatz kann uns nicht beirren. Aber es kann uns nicht gleichgültig lassen, wenn wir finden, daß wir in Widerspruch zu den Ergebnissen der nüchternen Geschichtsforschung unserer Tage geraten sind.

Diese neueren Historiker, als deren Vertreter wir Ed. Meyer (1906) anerkennen mögen, schließen sich dem biblischen Bericht in einem entscheidenden Punkte an. Auch sie meinen, daß die jüdischen Stämme, aus denen später das Volk Israel hervorging, zu einem gewissen Zeitpunkt eine neue Religion angenommen haben. Aber dies Ereignis vollzog sich nicht in Ägypten, auch nicht am Fuße eines Berges auf der Sinaihalbinsel, sondern in einer Örtlichkeit, die Meribat-Qadeš genannt wird, einer durch ihren Reichtum an Quellen und Brunnen ausgezeichneten Oase in dem Landstrich südlich von Palästina zwischen dem östlichen Ausgang der Sinaihalbinsel und dem Westrand von Arabien[2]. Sie übernahmen dort die Verehrung eines Gottes Jahve, wahr-

[1] [2. *Mose* 4, 10 und 14.]

[2] [Die genaue Lage scheint ungewiß; sie ist eher im heutigen Negev anzunehmen, etwa auf dem Breitengrad von Petra, aber ungefähr achtzig Kilometer weiter westlich. Der Ort ist nicht identisch mit dem bekannteren Qadeš in Syrien, im Norden von Palästina, wo Ramses II. die Hethiter schlug.]

scheinlich von dem arabischen Stamm der nahebei wohnenden Midianiter. Vermutlich waren auch andere Nachbarstämme Anhänger dieses Gottes.
Jahve war sicherlich ein Vulkangott. Nun ist Ägypten bekanntlich frei von Vulkanen, und auch die Berge der Sinaihalbinsel sind nie vulkanisch gewesen; dagegen finden sich Vulkane, die noch bis in späte Zeit tätig gewesen sein mögen, längs des Westrandes Arabiens. Einer dieser Berge muß also der Sinai-Horeb gewesen sein, den man sich als den Wohnsitz Jahves dachte[1]. Trotz aller Umarbeitungen, die der biblische Bericht erlitten hat, läßt sich nach Ed. Meyer das ursprüngliche Charakterbild des Gottes rekonstruieren: Er ist ein unheimlicher, blutgieriger Dämon, der bei Nacht umgeht und das Tageslicht scheut[2].
Der Mittler zwischen Gott und Volk bei dieser Religionsstiftung wird Moses genannt. Er ist Schwiegersohn des midianitischen Priesters Jethro, hütete dessen Herden, als er die göttliche Berufung erfuhr. Er erhält auch in Qadeš den Besuch Jethros, der ihm Unterweisungen gibt[3].
Ed. Meyer sagt zwar, es sei ihm nie zweifelhaft gewesen, daß die Geschichte vom Aufenthalt in Ägypten und von der Katastrophe der Ägypter irgendeinen historischen Kern enthält[4], aber er weiß offenbar nicht, wie er die von ihm anerkannte Tatsache unterbringen und verwerten soll. Nur die Sitte der Beschneidung ist er bereit, von Ägypten abzuleiten. Er bereichert unsere frühere Argumentation durch zwei wichtige Hinweise. Erstens, daß Josua das Volk zur Beschneidung auffordert, »um das Höhnen der Ägypter von sich abzuwälzen«[5], sodann durch das Zitat aus Herodot, daß die Phöniker (wohl die Juden) und die Syrer in Palästina selbst zugeben, die Beschneidung von den Ägyptern gelernt zu haben[6]. Aber für einen ägyptischen Moses hat er wenig übrig. »Der Moses, den wir kennen, ist der Ahnherr der Priester von Qadeš, also eine mit dem Kultus in Beziehung stehende Gestalt der genealogischen Sage, nicht eine geschichtliche Persönlichkeit. Es hat denn auch (abgesehen von denen, die die Tradition in Bausch und Bogen als geschichtliche Wahrheit hinnehmen) noch niemand von denen, die ihn als eine geschichtliche Gestalt behandeln, ihn mit irgendwelchem

[1] An einigen Stellen des biblischen Textes ist noch stehengeblieben, daß Jahve vom Sinai herab nach Meribat-Qadeš kam [z. B. 4. *Mose* 20, 6–9. Man nimmt für gewöhnlich an, Sinai und Horeb seien verschiedene Namen für ein und denselben Berg.].
[2] Meyer (1906, 38, 58).
[3] [2. *Mose* 3, 1, und 18, 1–27.]
[4] Meyer (1906, 49).
[5] [*Josua* 5, 9.]
[6] Meyer (1906, 449). [Zitat aus Herodot, *Historien*, Buch II, Kapitel 104.]

Inhalt zu erfüllen, ihn als eine konkrete Individualität darzustellen oder etwas anzugeben gewußt, was er geschaffen hätte und was sein geschichtliches Werk wäre.«[1]

Dagegen wird er nicht müde, die Beziehung Moses' zu Qadeš und Midian zu betonen. »Die Gestalt des Moses, die mit Midian und den Kultusstätten in der Wüste eng verwachsen ist.«[2] »Diese Gestalt des Mose ist nun mit Qadeš (Massa und Merîba[3]) untrennbar verbunden, die Verschwägerung mit dem midianitischen Priester bildet die Ergänzung dazu. Die Verbindung mit dem Exodus dagegen und vollends die Jugendgeschichte sind durchaus sekundär und lediglich die Folge der Einfügung Moses' in eine zusammenhängend fortlaufende Sagengeschichte.«[4] Er verweist auch darauf, daß die in der Jugendgeschichte des Moses enthaltenen Motive später sämtlich fallengelassen werden. »Mose in Midian ist nicht mehr ein Ägypter und Enkel des Pharao, sondern ein Hirt, dem Jahve sich offenbart. In den Erzählungen von den Plagen ist von seinen alten Beziehungen nicht mehr die Rede, so leicht sie sich effektvoll hätten verwerten lassen, und der Befehl, die israelitischen Knaben zu töten[5], ist vollkommen vergessen. Bei dem Auszug und dem Untergang der Ägypter spielt Mose überhaupt keine Rolle, er wird nicht einmal genannt. Der Heldencharakter, den die Kindheitssage voraussetzt, fehlt dem späteren Mose gänzlich; er ist nur noch der Gottesmann, ein von Jahve mit übernatürlichen Kräften ausgestatteter Wundertäter ...«[6]

Wir können den Eindruck nicht bestreiten, dieser Moses von Qadeš und Midian, dem die Tradition selbst die Aufrichtung einer ehernen Schlange als Heilgott zuschreiben durfte[7], ist ein ganz anderer als der von uns erschlossene großherrliche Ägypter, der dem Volk eine Religion eröffnete, in der alle Magie und Zauberei aufs strengste verpönt war. Unser ägyptischer Moses ist vom midianitischen Moses vielleicht nicht weniger verschieden als der universelle Gott Aton von dem auf dem Götterberg hausenden Dämon Jahve. Und wenn wir den Ermittlungen der neueren Historiker irgendein Maß von Glauben schenken, müssen wir uns eingestehen, daß der Faden, den wir von der Annahme

---

1 Meyer (1906, 451 [Anm.]).
2 Meyer (1906, 49).
3 [Dies scheinen Namen von Quellen in Qadeš zu sein. Vgl. 2. *Mose* 17, 7.]
4 Meyer (1906, 72).
5 [2. *Mose* 1, 16 und 22.]
6 Meyer (1906, 47).
7 [4. *Mose* 21, 9.]

her spinnen wollten, Moses sei ein Ägypter gewesen, nun zum zweiten Mal abgerissen ist. Diesmal, wie es scheint, ohne Hoffnung auf Wiederanknüpfung.

(5)

Unerwarteterweise findet sich auch hier ein Ausweg. Die Bemühungen, in Moses eine Gestalt zu erkennen, die über den Priester von Qadeš hinausreicht, und die Großartigkeit zu bestätigen, welche die Tradition an ihm rühmt, sind auch nach Ed. Meyer nicht zur Ruhe gekommen (Gressmann [1913] u. a.). Im Jahre 1922 hat dann Ed. Sellin eine Entdeckung gemacht, die unser Problem entscheidend beeinflußt[1]. Er fand beim Propheten Hosea (zweite Hälfte des achten Jahrhunderts) die unverkennbaren Anzeichen einer Tradition, die zum Inhalt hat, daß der Religionsstifter Moses in einem Aufstand seines widerspenstigen und halsstarrigen Volkes ein gewaltsames Ende fand. Gleichzeitig wurde die von ihm eingesetzte Religion abgeworfen. Diese Tradition ist aber nicht auf Hosea beschränkt, sie kehrt bei den meisten späteren Propheten wieder, ja, sie ist nach Sellin die Grundlage aller späteren messianischen Erwartungen geworden. Am Ausgang des babylonischen Exils entwickelte sich im jüdischen Volke die Hoffnung, der so schmählich Gemordete werde von den Toten wiederkommen und sein reuiges Volk, vielleicht dieses nicht allein, in das Reich einer dauernden Seligkeit führen. Die naheliegenden Beziehungen zum Schicksal eines späteren Religionsstifters liegen nicht auf unserem Weg.

Ich bin natürlich wiederum nicht in der Lage zu entscheiden, ob Sellin die prophetischen Stellen richtig gedeutet hat. Aber wenn er recht hat, so darf man der von ihm erkannten Tradition historische Glaubwürdigkeit zusprechen, denn solche Dinge erdichtet man nicht leicht. Es fehlt an einem greifbaren Motiv dafür; haben sie sich aber wirklich ereignet, so versteht sich leicht, daß man sie vergessen will. Wir brauchen nicht alle Einzelheiten der Tradition anzunehmen. Sellin meint, daß Schittim im Ostjordanland als der Schauplatz der Gewalttat an Moses bezeichnet wird. Wir werden bald erkennen, daß eine solche Lokalität für unsere Überlegungen unannehmbar ist.

Wir entlehnen von Sellin die Annahme, daß der ägyptische Moses von den Juden erschlagen, die von ihm eingeführte Religion aufgegeben wurde. Sie gestattet uns, unsere Fäden weiterzuspinnen, ohne glaub-

[1] Ed. Sellin, *Mose und seine Bedeutung für die israelitisch-jüdische Religionsgeschichte* (1922).

würdigen Ergebnissen der historischen Forschung zu widersprechen. Aber wir wagen es, uns sonst unabhängig von den Autoren zu halten, selbständig »einherzutreten auf der eigenen Spur«. Der Auszug aus Ägypten bleibt unser Ausgangspunkt. Es muß eine beträchtliche Anzahl von Personen gewesen sein, die mit Moses das Land verließ; ein kleiner Haufe hätte dem ehrgeizigen, auf Großes abzielenden Mann nicht der Mühe gelohnt. Wahrscheinlich hatten die Einwanderer lange genug im Lande geweilt, um sich zu einer ansehnlichen Volkszahl zu entwickeln. Aber wir werden gewiß nicht irren, wenn wir mit der Mehrzahl der Autoren annehmen, daß nur ein Bruchteil des späteren Judenvolkes die Schicksale in Ägypten erfahren hat. Mit anderen Worten, der aus Ägypten zurückgekehrte Stamm vereinigte sich später im Landstrich zwischen Ägypten und Kanaan mit anderen, verwandten Stämmen, die dort seit längerer Zeit ansässig gewesen waren. Ausdruck dieser Vereinigung, aus der das Volk Israel hervorging, war die Annahme einer neuen, allen Stämmen gemeinsamen Religion, der des Jahve, welches Ereignis sich nach Ed. Meyer [1906, 60 ff.] unter midianitischem Einfluß in Qadeš vollzog. Darauf fühlte sich das Volk stark genug, seinen Einbruch in das Land Kanaan zu unternehmen. Mit diesem Hergang verträgt es sich nicht, daß die Katastrophe des Moses und seiner Religion im Ostjordanland vorfiel – sie muß lange vor der Vereinigung geschehen sein.

Es ist gewiß, daß recht verschiedene Elemente zum Aufbau des jüdischen Volkes zusammengetreten sind, aber den größten Unterschied unter diesen Stämmen muß es gemacht haben, ob sie den Aufenthalt in Ägypten, und was darauf folgte, miterlebt hatten oder nicht. Mit Rücksicht auf diesen Punkt kann man sagen, die Nation sei aus der Vereinigung von zwei Bestandteilen hervorgegangen, und dieser Tatsache entsprach es, daß sie auch nach einer kurzen Periode politischer Einheit in zwei Stücke, das Reich Israel und das Reich Juda, auseinanderbrach. Die Geschichte liebt solche Wiederherstellungen, in denen spätere Verschmelzungen rückgängig gemacht werden und frühere Trennungen wieder hervortreten. Das eindrucksvollste Beispiel dieser Art schuf bekanntlich die Reformation, als sie die Grenzlinie zwischen dem einst römisch gewesenen und dem unabhängig gebliebenen Germanien nach einem Intervall von mehr als einem Jahrtausend wieder zum Vorschein brachte. Für den Fall des jüdischen Volkes könnten wir eine so getreue Reproduktion des alten Tatbestands nicht erweisen; unsere Kenntnis dieser Zeiten ist zu unsicher, um die Behauptung zu gestatten, im Nordreich hätten sich die von jeher Ansässigen, im Südreich die aus Ägypten Zurückgekehrten wieder zusammengefunden, aber der spätere Zerfall kann auch hier nicht ohne Zusammenhang mit der früheren Verlötung gewesen sein. Die einstigen Ägypter waren wahrscheinlich in ihrer Volkszahl geringer als die anderen, aber sie erwiesen sich als die kulturell Stärkeren; sie übten einen mächtigeren Einfluß auf die weitere Entwicklung des Volkes, weil sie eine Tradition mitbrachten, die den anderen fehlte.

Vielleicht noch etwas anderes, was greifbarer war als eine Tradition. Zu den größten Rätseln der jüdischen Vorzeit gehört die Herkunft der Leviten. Sie werden von einem der zwölf Stämme Israels abgeleitet, vom Stamme Levi, aber keine Tradition hat anzugeben gewagt, wo dieser Stamm ursprünglich saß oder welches Stück des eroberten Landes Kanaan ihm zugewiesen war. Sie besetzen die wichtigsten Priesterposten, aber sie werden doch von den Priestern unterschieden, ein Levit ist nicht notwendig ein Priester; es ist nicht der Name einer Kaste. Unsere Voraussetzung über die Person des Moses legt uns eine Erklärung nahe. Es ist nicht glaubhaft, daß ein großer Herr wie der Ägypter Moses sich unbegleitet zu dem ihm fremden Volk begab. Er brachte gewiß sein Gefolge mit, seine nächsten Anhänger, seine Schreiber, sein Gesinde. Das waren ursprünglich die Leviten. Die Behauptung der Tradition, Moses war ein Levit, scheint eine durchsichtige Entstellung des Sachverhalts: Die Leviten waren die Leute des Moses. Diese Lösung wird durch die bereits in meinem früheren Aufsatz erwähnte Tatsache gestützt, daß einzig unter den Leviten später noch ägyptische Namen auftauchen[1]. Es ist anzunehmen, daß eine gute Anzahl dieser Mosesleute der Katastrophe entging, die ihn selbst und seine Religionsstiftung traf. Sie vermehrten sich in den nächsten Generationen, verschmolzen mit dem Volke, in dem sie lebten, aber sie blieben ihrem Herrn treu, bewahrten das Andenken an ihn und pflegten die Tradition seiner Lehren. Zur Zeit der Vereinigung mit den Jahvegläubigen bildeten sie eine einflußreiche, den anderen kulturell überlegene Minorität.

Ich stelle es vorläufig als Annahme hin, daß zwischen dem Untergang des Moses und der Religionsstiftung in Qadeš zwei Generationen, vielleicht selbst ein Jahrhundert verlief. Ich sehe keinen Weg, um zu entscheiden, ob die Neo-Ägypter, wie ich sie hier zur Unterscheidung

[1] [Diese frühere Erwähnung ist nicht aufzufinden. Sie ist wohl weggefallen, als Freud das Buch noch einmal überarbeitete. S. jedoch die editorische Hinzufügung zur Anmerkung auf S. 466 f., oben.] Diese Annahme verträgt sich gut mit den Angaben Yahudas über den ägyptischen Einfluß auf das frühjüdische Schrifttum. Siehe A. S. Yahuda (1929).

nennen möchte, die Rückkehrer also, mit ihren Stammverwandten zusammentrafen, nachdem diese bereits die Jahvereligion angenommen hatten oder schon vorher. Man mag das letztere für wahrscheinlicher halten. Für das Endergebnis macht es keinen Unterschied. Was in Qadeš vorging, war ein Kompromiß, an dem der Anteil der Mosesstämme unverkennbar ist.

Wir dürfen uns hier wiederum auf das Zeugnis der Beschneidung berufen, die uns wiederholt, als Leitfossil sozusagen, die wichtigsten Dienste geleistet hat. Diese Sitte wurde auch in der Jahvereligion Gebot, und da sie unlösbar mit Ägypten verknüpft ist, kann ihre Annahme nur eine Konzession an die Mosesleute gewesen sein, die – oder die Leviten unter ihnen – auf dies Zeichen ihrer Heiligung nicht verzichten wollten. [Vgl. S. 480.] Soviel wollten sie von ihrer alten Religion retten, und dafür waren sie bereit, die neue Gottheit anzunehmen und was die Midianpriester von ihr erzählten. Es ist möglich, daß sie noch andere Konzessionen durchsetzten. Wir haben bereits erwähnt, daß das jüdische Ritual gewisse Einschränkungen im Gebrauch des Gottesnamens vorschrieb. Anstatt »Jahve« mußte »Adonai« gesprochen werden. Es liegt nahe, diese Vorschrift in unseren Zusammenhang zu bringen, aber es ist eine Vermutung ohne weiteren Anhalt. Das Verbot des Gottesnamens ist bekanntlich ein uraltes Tabu. Warum es gerade in der jüdischen Gesetzgebung aufgefrischt wurde, versteht man nicht; es ist nicht ausgeschlossen, daß dies unter dem Einfluß eines neuen Motivs geschah. Man braucht nicht anzunehmen, daß das Verbot konsequent durchgeführt wurde; für die Bildung theophorer Personennamen, also für Zusammensetzungen, blieb der Name des Gottes Jahve frei (Jochanan, Jehu, Josua). Aber es hatte doch mit diesem Namen eine besondere Bewandtnis. Es ist bekannt, daß die kritische Bibelforschung zwei Quellenschriften des Hexateuchs annimmt[1]. Sie werden als J und als E bezeichnet, weil die eine den Gottesnamen »Jahve«, die andere den »Elohim« gebraucht. »Elohim« zwar, nicht »Adonai«, aber man mag der Bemerkung eines unserer Autoren gedenken: »Die verschiedenen Namen sind das deutliche Kennzeichen ursprünglich verschiedener Götter.«[2]

Wir ließen die Beibehaltung der Beschneidung als Beweis dafür gelten, daß bei der Religionsstiftung in Qadeš ein Kompromiß stattgefunden hat. Den Inhalt desselben ersehen wir aus den übereinstimmenden Be-

[1] [Darüber Weiteres auf S. 491 f., unten.]
[2] Gressmann (1913, 54).

richten von J und E, die also hierin auf eine gemeinsame Quelle (Niederschrift oder mündliche Tradition) zurückgehen. Die leitende Tendenz war, Größe und Macht des neuen Gottes Jahve zu erweisen. Da die Mosesleute so hohen Wert auf ihr Erlebnis des Auszugs aus Ägypten legten, mußte diese Befreiungstat Jahve verdankt werden, und dies Ereignis wurde mit Ausschmückungen versehen, die die schreckhafte Großartigkeit des Vulkangottes bekundeten, wie die Rauchsäule, die sich nachts in eine Feuersäule wandelte, der Sturm, der das Meer für eine Weile trockenlegte, so daß die Verfolger von den rückkehrenden Wassermassen ertränkt wurden [1]. Dabei wurden der Auszug und die Religionsstiftung nahe aneinandergerückt, das lange Intervall zwischen beiden verleugnet; auch die Gesetzgebung vollzog sich nicht in Qadeš, sondern am Fuß des Gottesberges unter den Anzeichen eines vulkanischen Ausbruches. Aber diese Darstellung beging ein schweres Unrecht gegen das Andenken des Mannes Moses; er war es ja, nicht der Vulkangott, der das Volk aus Ägypten befreit hatte. Somit war man ihm eine Entschädigung schuldig und fand sie darin, daß man Moses hinübernahm nach Qadeš oder an den Sinai-Horeb und ihn an die Stelle der midianitischen Priester setzte. Daß man durch diese Lösung eine zweite, unabweisbar dringende Tendenz befriedigte, werden wir später erörtern. Auf solche Weise hatte man gleichsam einen Ausgleich geschaffen; man ließ Jahve nach Ägypten übergreifen, der auf einem Berg in Midian hauste, und Moses' Existenz und Tätigkeit dafür nach Qadeš und bis ins Ostjordanland. Er wurde so mit der Person des späteren Religionsstifters, dem Schwiegersohn des Midianiters Jethro, verschmolzen [s. S. 485], dem er seinen Namen Moses lieh. Aber von diesem anderen Moses wissen wir nichts Persönliches auszusagen – er wird durch den anderen, den ägyptischen Moses so völlig verdunkelt. Es sei denn, daß man die Widersprüche in der Charakteristik Moses' aufgreift, die sich im biblischen Bericht finden. Er wird uns oft genug als herrisch, jähzornig, ja gewalttätig geschildert, und doch wird auch von ihm gesagt, er sei der sanftmütigste und geduldigste aller Menschen gewesen [2]. Es ist klar, diese letzteren Eigenschaften hätten dem Ägypter Moses, der mit seinem Volk so Großes und Schweres vorhatte, wenig getaugt; vielleicht gehörten sie dem anderen, dem Midianiter, an. Ich glaube, man ist berechtigt, die beiden Personen wieder voneinander zu scheiden und anzunehmen, daß der ägyptische Moses nie in Qadeš

---

[1] [2. *Mose* 13, 21, und 14, 21–28.]
[2] [S. beispielsweise 2. *Mose* 32, 19, und 4. *Mose* 12, 3.]

war und den Namen Jahve nie gehört hatte und daß der midianitische Moses Ägypten nie betreten hatte und von Aton nichts wußte. Zum Zwecke der Verlötung der beiden Personen fiel der Tradition oder der Sagenbildung die Aufgabe zu, den ägyptischen Moses nach Midian zu bringen, und wir haben gehört, daß mehr als eine Erklärung hiefür im Umlauf war.

(6)

Wir sind darauf vorbereitet, neuerdings den Tadel zu hören, daß wir unsere Rekonstruktion der Urgeschichte des Volkes Israel mit allzugroßer, mit unberechtigter Sicherheit vorgetragen haben. Diese Kritik wird uns nicht schwer treffen, da sie in unserem eigenen Urteil einen Widerhall findet. Wir wissen selbst, unser Aufbau hat seine schwachen Stellen, aber er hat auch seine starken Seiten. Im ganzen überwiegt der Eindruck, daß es der Mühe lohnt, das Werk in der eingeschlagenen Richtung fortzusetzen. Der uns vorliegende biblische Bericht enthält wertvolle, ja unschätzbare historische Angaben, die aber durch den Einfluß mächtiger Tendenzen entstellt und mit den Produktionen dichterischer Erfindung ausgeschmückt worden sind. Während unserer bisherigen Bemühungen haben wir eine dieser entstellenden Tendenzen erraten können [S. 489 f.]. Dieser Fund zeigt uns den weiteren Weg. Wir sollen andere solcher Tendenzen aufdecken. Haben wir Anhaltspunkte, um die durch sie erzeugten Entstellungen zu erkennen, so werden wir hinter ihnen neue Stücke des wahren Sachverhalts zum Vorschein bringen.

Lassen wir uns zunächst von der kritischen Bibelforschung erzählen, was sie über die Entstehungsgeschichte des Hexateuchs (der fünf Bücher Moses' und des Buches *Josua*, die uns hier allein interessieren) zu sagen weiß[1]. Als älteste Quellenschrift gilt J, der Jahvist, den man in neuester Zeit als den Priester Ebjatar, einen Zeitgenossen des Königs David, erkennen will[2]. Etwas später, man weiß nicht, um wieviel, setzt man den sogenannten Elohisten an [E], der dem Nordreich angehört[3]. Nach dem Untergang des Nordreiches 722 [v. Chr.] hat ein jüdischer Priester Stücke von J und E miteinander vereinigt und eigene Beiträge dazu-

---

[1] *Encyclopaedia Britannica*, XI. Auflage [Bd. 3], 1910. Artikel: ›Bible‹.
[2] Siehe Auerbach (1932).
[3] Jahvist und Elohist wurden zuerst 1753 von Astruc unterschieden. [Jean Astruc (1684–1766) war Arzt am Hofe Ludwigs XV.]

getan. Seine Kompilation wird als JE bezeichnet. Im siebenten Jahrhundert kommt das *Deuteronomium,* das fünfte Buch, hinzu, angeblich als Ganzes im Tempel neu gefunden. In die Zeit nach der Zerstörung des Tempels (586), während des Exils und nach der Rückkehr wird die Umarbeitung versetzt, die man den »Priesterkodex« nennt; im fünften Jahrhundert erfährt das Werk seine endgültige Redaktion und ist seither nicht wesentlich verändert worden[1].

Die Geschichte des Königs David und seiner Zeit ist höchstwahrscheinlich das Werk eines Zeitgenossen. Es ist richtige Geschichtsschreibung, fünfhundert Jahre vor Herodot, dem »Vater der Geschichte«. Man nähert sich dem Verständnis dieser Leistung, wenn man im Sinne unserer Annahme an ägyptischen Einfluß denkt[2]. Es ist selbst die Vermutung aufgetaucht, daß die Israeliten jener Urzeit, also die Schreiber des Moses, nicht unbeteiligt an der Erfindung des ersten Alphabets gewesen sind[3]. Inwieweit die Berichte über frühere Zeiten auf frühe Aufzeichnungen oder auf mündliche Traditionen zurückgehen und welche Zeitintervalle in den einzelnen Fällen zwischen Ereignis und Fixierung[4] liegen, entzieht sich natürlich unserer Kenntnis. Der Text aber, wie er uns heute vorliegt, erzählt uns genug auch über seine eigenen Schicksale. Zwei einander entgegengesetzte Behandlungen haben ihre Spuren an ihm zurückgelassen. Einerseits haben sich Bearbeitungen seiner bemächtigt, die ihn im Sinne ihrer geheimen Absichten verfälscht, verstümmelt und erweitert, bis in sein Gegenteil verkehrt haben, anderseits hat eine schonungsvolle Pietät über ihm gewaltet, die alles erhalten wollte, wie sie es vorfand, gleichgültig, ob es zusammenstimmte oder sich selbst aufhob. So sind fast in allen Teilen auffällige Lücken, störende Wiederholungen, greifbare Widersprüche zustande gekommen, Anzeichen, die

[1] Es ist historisch gesichert, daß die endgültige Fixierung des jüdischen Typus der Erfolg der Reform von Esra und Nehemia im fünften Jahrhundert vor Christi Geburt war, also nachexilisch, unter der den Juden wohlwollenden Perserherrschaft. Nach unserer Rechnung waren damals etwa 900 Jahre seit dem Auftreten Moses' vergangen. In dieser Reform wurde mit den Bestimmungen Ernst gemacht, welche die Heiligung des gesamten Volkes bezweckten, wurde die Absonderung von den Umlebenden durch das Verbot der Mischehen durchgesetzt, der Pentateuch, das eigentliche Gesetzbuch, in seine definitive Form gebracht, jene Umarbeitung abgeschlossen, die als Priesterkodex bekannt ist. Es scheint aber gesichert, daß die Reform keine neuen Tendenzen einführte, sondern frühere Anregungen aufnahm und befestigte.

[2] Vgl. Yahuda (1929).

[3] Wenn sie unter dem Druck des Bilderverbots standen, hatten sie sogar ein Motiv, die hieroglyphische Bilderschrift zu verlassen, während sie ihre Schriftzeichen für den Ausdruck einer neuen Sprache zurichteten. – Vgl. Auerbach (1932, 142). [Die Hieroglyphenschrift besitzt Zeichen sowohl für Gegenstände als auch für Laute.]

[4] [Vgl. die Anmerkung auf S. 511, unten.]

uns Dinge verraten, deren Mitteilung nicht beabsichtigt war. Es ist bei der Entstellung eines Textes ähnlich wie bei einem Mord. Die Schwierigkeit liegt nicht in der Ausführung der Tat, sondern in der Beseitigung ihrer Spuren. Man möchte dem Worte *»Entstellung«* den Doppelsinn verleihen, auf den es Anspruch hat, obwohl es heute keinen Gebrauch davon macht. Es sollte nicht nur bedeuten: in seiner Erscheinung verändern, sondern auch: an eine andere Stelle bringen, anderswohin verschieben. Somit dürfen wir in vielen Fällen von Textentstellung darauf rechnen, das Unterdrückte und Verleugnete doch irgendwo versteckt zu finden, wenn auch abgeändert und aus dem Zusammenhang gerissen. Es wird nur nicht immer leicht sein, es zu erkennen.

Die entstellenden Tendenzen, deren wir habhaft werden wollen, müssen schon auf die Traditionen vor allen Niederschriften eingewirkt haben. Die eine derselben, vielleicht die stärkste von allen, haben wir bereits entdeckt. Wir sagten, mit der Einsetzung des neuen Gottes Jahve in Qadeš ergab sich die Nötigung, etwas für seine Verherrlichung zu tun. Es ist richtiger zu sagen: man mußte ihn installieren, Raum für ihn schaffen, die Spuren früherer Religionen verwischen. Das scheint für die Religion der ansässigen Stämme restlos gelungen zu sein, wir hören nichts mehr von ihr. Mit den Rückkehrern hatte man es nicht so leicht, sie ließen sich den Auszug aus Ägypten, den Mann Moses und die Beschneidung nicht rauben. Sie waren also in Ägypten gewesen, aber sie hatten es wieder verlassen, und von nun an sollte jede Spur des ägyptischen Einflusses verleugnet werden. Den Mann Moses erledigte man, indem man ihn nach Midian und Qadeš versetzte und ihn mit dem Jahvepriester der Religionsstiftung verschmelzen ließ. Die Beschneidung, das gravierendste Anzeichen der Abhängigkeit von Ägypten, mußte man beibehalten, aber man versäumte die Versuche nicht, diese Sitte aller Evidenz zum Trotz von Ägypten abzulösen. Nur als absichtlichen Widerspruch gegen den verräterischen Sachverhalt kann man die rätselhafte, unverständlich stilisierte Stelle in *Exodus* [2. *Mose* 4, 24 bis 26] auffassen, daß Jahve einst dem Moses gezürnt, weil er die Beschneidung vernachlässigt hatte, und daß sein midianitisches Weib durch schleunige Ausführung der Operation sein Leben gerettet! [Vgl. S. 477.] Wir werden alsbald von einer anderen Erfindung hören, um das unbequeme Beweisstück unschädlich zu machen.

Man kann es kaum als das Auftreten einer neuen Tendenz bezeichnen, es ist vielmehr nur die Fortführung der früheren, wenn sich Bemühungen zeigen, die direkt in Abrede stellen, daß Jahve ein neuer, für die

Juden fremder Gott gewesen sei. In dieser Absicht werden die Sagen von den Urvätern des Volkes, Abraham, Isaak und Jakob, herangezogen. Jahve versichert, daß er schon der Gott dieser Väter gewesen sei; freilich, muß er selbst zugestehen, hätten sie ihn nicht unter diesem seinen Namen verehrt [1].

Er fügt nicht hinzu, unter welchem anderen. Und hier findet sich der Anlaß zu einem entscheidenden Streich gegen die ägyptische Herkunft der Beschneidungssitte. Jahve hat sie bereits von Abraham verlangt, hat sie als Zeichen des Bundes zwischen sich und Abrahams Nachkommen eingesetzt [2]. Aber das war eine besonders ungeschickte Erfindung. Als Abzeichen, das einen von anderen absondern und vor anderen bevorzugen soll, wählt man etwas, was bei den anderen nicht vorzufinden ist, und nicht etwas, was Millionen anderer in gleicher Weise aufzeigen können. Ein Israelit, nach Ägypten versetzt, hätte ja alle Ägypter als Bundesbrüder, als Brüder in Jahve, anerkennen müssen. Die Tatsache, daß die Beschneidung in Ägypten heimisch war, konnte den Israeliten, die den Text der Bibel schufen, unmöglich unbekannt sein. Die bei Ed. Meyer erwähnte Stelle aus *Josua* [5, 9] gibt es selbst unbedenklich zu [s. oben, S. 484], aber sie sollte eben um jeden Preis verleugnet werden.

An religiöse Mythenbildungen wird man nicht den Anspruch stellen dürfen, daß sie auf logischen Zusammenhalt große Rücksicht nehmen. Sonst hätte das Volksempfinden berechtigten Anstoß an dem Verhalten einer Gottheit finden können, die mit den Ahnherren einen Vertrag mit gegenseitigen Verpflichtungen schließt, sich dann jahrhundertelang um die menschlichen Partner nicht kümmert, bis es ihr plötzlich einfällt, sich den Nachkommen von neuem zu offenbaren. Noch mehr befremdend wirkt die Vorstellung, daß ein Gott sich mit einem Male ein Volk »auswählt«, es zu seinem Volk und sich zu seinem Gott erklärt. Ich glaube, es ist der einzige solche Fall in der Geschichte der menschlichen Religionen. Sonst gehören Gott und Volk untrennbar zusammen, sie sind von allem Anfang an eines; man hört wohl manchmal davon, daß ein Volk einen anderen Gott annimmt, aber nie, daß ein Gott sich ein anderes Volk aussucht. Vielleicht nähern wir uns dem Verständnis dieses einmaligen Vorgangs, wenn wir der Beziehungen zwischen Moses und dem Judenvolke gedenken. Moses hatte sich zu den Juden herab-

---

1 [Vgl. 2. *Mose* 6, 3.] Die Einschränkungen im Gebrauch dieses neuen Namens werden dadurch nicht verständlicher, wohl aber suspekter.

2 [1. *Mose* 17, 9–14.]

gelassen, sie zu seinem Volk gemacht; sie waren sein »auserwähltes Volk«[1].

Die Einbeziehung der Urväter diente auch noch einer anderen Absicht. Sie hatten in Kanaan gelebt, ihr Andenken war an bestimmte Örtlichkeiten des Landes geknüpft. Möglicherweise waren sie selbst ursprünglich kanaanäische Heroen oder lokale Göttergestalten, die dann von den eingewanderten Israeliten für ihre Vorgeschichte mit Beschlag belegt wurden. Wenn man sich auf sie berief, behauptete man gleichsam seine Bodenständigkeit und verwahrte sich gegen das Odium, das an dem landfremden Eroberer haftete. Es war eine geschickte Wendung, daß der Gott Jahve ihnen nur wiedergab, was ihre Vorfahren einmal besessen hatten.

In den späteren Beiträgen zum biblischen Text setzte sich die Absicht durch, die Erwähnung von Qadeš zu vermeiden. Die Stätte der Religionsstiftung wurde endgültig der Gottesberg Sinai-Horeb. Das Motiv hiefür ist nicht klar ersichtlich; vielleicht wollte man nicht an den Einfluß von Midian gemahnt werden. Aber alle späteren Entstellungen, insbesondere der Zeit des sogenannten Priesterkodex, dienen einer anderen Absicht. Man brauchte nicht mehr Berichte über Begebenheiten im gewünschten Sinne abzuändern, denn dies war längst geschehen. Son-

---

[1] Jahve war unzweifelhaft ein Vulkangott. Für Einwohner Ägyptens bestand kein Anlaß, ihn zu verehren. Ich bin gewiß nicht der erste, der von dem Gleichklang des Namens *Jahve* mit der Wurzel des anderen Götternamens Ju-piter (Jovis) betroffen wird. Der mit der Abkürzung des hebräischen Jahve zusammengesetzte Name *Jochanan* (etwa: Gotthold, punisches Äquivalent: Hannibal) ist in den Formen Johann, John, Jean, Juan der beliebteste Vorname der europäischen Christenheit geworden. Wenn die Italiener ihn als *Giovanni* wiedergeben und dann einen Tag der Woche *Giovedi* heißen, so bringen sie eine Ähnlichkeit wieder ans Licht, die möglicherweise nichts, vielleicht sehr viel bedeutet. Es eröffnen sich hier weitreichende, aber auch sehr unsichere Perspektiven. Es scheint, daß die Länder um das östliche Becken des Mittelmeers in jenen dunkeln, der Geschichtsforschung kaum eröffneten Jahrhunderten der Schauplatz häufiger und heftiger vulkanischer Ausbrüche waren, die den Umwohnern den stärksten Eindruck machen mußten. Evans nimmt an, daß auch die endgültige Zerstörung des Minos-Palastes in Knossos die Folge eines Erdbebens war. Auf Kreta wurde damals, wie wahrscheinlich allgemein in der ägäischen Welt, die große Muttergottheit verehrt. Die Wahrnehmung, daß sie nicht imstande war, ihr Haus gegen die Angriffe einer stärkeren Macht zu schützen, mag dazu beigetragen haben, daß sie einer männlichen Gottheit den Platz räumen mußte, und dann hatte der Vulkangott das erste Anrecht darauf, sie zu ersetzen. Zeus ist ja immer noch der »Erderschütterer«. Es ist wenig zweifelhaft, daß sich in jenen dunkeln Zeiten die Ablösung der Muttergottheiten durch männliche Götter (die vielleicht ursprünglich Söhne waren?) vollzog. Besonders eindrucksvoll ist das Schicksal der Pallas Athene, die gewiß die lokale Form der Muttergottheit war, durch den religiösen Umsturz zur Tochter herabgesetzt, ihrer eigenen Mutter beraubt und durch die ihr auferlegte Jungfräulichkeit dauernd von der Mutterschaft ausgeschlossen wurde. [Über Muttergottheiten s. unten, S. 531–2.]

dern man bemühte sich, Gebote und Institutionen der Gegenwart in frühe Zeiten zurückzuversetzen, in der Regel sie auf mosaische Gesetzgebung zu begründen, um daher ihren Anspruch auf Heiligkeit und Verbindlichkeit abzuleiten. Sosehr man auf solche Weise das Bild der Vergangenheit verfälschen mochte, dies Verfahren entbehrt nicht einer bestimmten psychologischen Berechtigung. Es spiegelte die Tatsache wider, daß im Laufe der langen Zeiten – vom Auszug aus Ägypten bis zur Fixierung des Bibeltextes unter Esra und Nehemia verflossen etwa 800 Jahre – die Jahvereligion sich zurückgebildet hatte zur Übereinstimmung, vielleicht bis zur Identität mit der ursprünglichen Religion des Moses.

Und dies ist das wesentliche Ergebnis, der schicksalsschwere Inhalt der jüdischen Religionsgeschichte.

(7)

Unter all den Begebenheiten der Vorzeit, die die späteren Dichter, Priester und Geschichtsschreiber zu bearbeiten unternahmen, hob sich eine heraus, deren Unterdrückung durch die nächstliegenden und besten menschlichen Motive geboten war. Es war die Ermordung des großen Führers und Befreiers Moses, die Sellin aus Andeutungen bei den Propheten erraten hat. Man kann die Aufstellung Sellins nicht phantastisch heißen, sie ist wahrscheinlich genug. Moses, aus der Schule Ikhnatons stammend, bediente sich auch keiner anderen Methoden als der König, er befahl, drängte dem Volke seinen Glauben auf[1]. Vielleicht war die Lehre des Moses noch schroffer als die seines Meisters, er brauchte die Anlehnung an den Sonnengott nicht festzuhalten, die Schule von On hatte für sein Fremdvolk keine Bedeutung. Moses wie Ikhnaton fanden dasselbe Schicksal, das aller aufgeklärten Despoten wartet. Das Judenvolk des Moses war ebensowenig imstande, eine so hoch vergeistigte[2] Religion zu ertragen, in ihren Darbietungen eine Befriedigung ihrer Bedürfnisse zu finden, wie die Ägypter der 18ten Dynastie. In beiden Fällen geschah dasselbe, die Bevormundeten und Verkürzten erhoben sich und warfen die Last der ihnen auferlegten Religion ab. Aber während die zahmen Ägypter damit warteten, bis das Schicksal die geheiligte Person des Pharao beseitigt hatte, nahmen

---

[1] In jenen Zeiten war eine andere Art der Beeinflussung auch kaum möglich.

[2] [S. unten, Abhandlung III, Teil II, Abschnitt C, S. 557 ff.]

die wilden Semiten das Schicksal in ihre Hand und räumten den Tyrannen aus dem Wege [1].

Auch kann man nicht behaupten, daß der erhaltene Bibeltext uns nicht auf einen solchen Ausgang Moses' vorbereitet. Der Bericht über die »Wüstenwanderung« [2] – die für die Zeit der Herrschaft Moses' stehen mag – schildert eine Kette von ernsthaften Empörungen gegen seine Autorität, die auch – nach Jahves Gebot – durch blutige Züchtigung unterdrückt werden. Man kann sich leicht vorstellen, daß einmal ein solcher Aufstand ein anderes Ende nahm, als der Text es haben will. Auch der Abfall des Volkes von der neuen Religion wird im Text erzählt, als Episode freilich. Es ist die Geschichte vom goldenen Kalb, in der mit geschickter Wendung das symbolisch zu verstehende Zerbrechen der Gesetzestafeln (»er hat das Gesetz gebrochen«) Moses selbst zugeschoben und durch seine zornige Entrüstung motiviert wird [3].

Es kam eine Zeit, da man den Mord an Moses bedauerte und zu vergessen suchte. Sicherlich war es so zur Zeit des Zusammentreffens in Qadeš. Aber wenn man den Auszug näher heranrückte an die Religionsstiftung in der Oase [in Qadeš] und Moses an Stelle des anderen [des Midianiters] an ihr mitwirken ließ [s. S. 490], so hatte man nicht nur den Anspruch der Mosesleute befriedigt, sondern auch die peinliche Tatsache seiner gewaltsamen Beseitigung erfolgreich verleugnet. In Wirklichkeit ist es sehr unwahrscheinlich, daß Moses an den Vorgängen in Qadeš hätte teilnehmen können, auch wenn sein Leben nicht verkürzt worden wäre.

Wir müssen hier den Versuch machen, die zeitlichen Verhältnisse dieser Begebenheiten aufzuklären. Wir haben den Auszug aus Ägypten in die Zeit nach dem Verlöschen der 18ten Dynastie versetzt (1350). Er mag damals oder eine Weile später erfolgt sein, denn die ägyptischen Chronisten haben die darauffolgenden Jahre der Anarchie in die Regierungszeit Haremhabs, der ihr ein Ende machte und bis 1315 herrschte, eingerechnet. Der nächste, aber auch der einzige Anhalt für die Chronologie ist durch die Stele Merneptahs [des Pharao] gegeben (1225–15), die sich des Sieges über Isiraal (Israel) und der Verwüstung

---

[1] Es ist wirklich bemerkenswert, wie wenig man in der jahrtausendelangen ägyptischen Geschichte von gewaltsamer Beseitigung oder Ermordung eines Pharao hört. Ein Vergleich, z. B. mit der assyrischen Geschichte, muß diese Verwunderung steigern. Natürlich kann dies daher kommen, daß die Geschichtsschreibung bei den Ägyptern ausschließlich offiziellen Absichten diente.

[2] [4. *Mose* 14, 33.]

[3] [2. *Mose* 32, 19.]

ihrer Saaten (?) rühmt. Die Verwertung dieser Inschrift ist leider zweifelhaft, man läßt sie als Beweis dafür gelten, daß israelitische Stämme damals schon in Kanaan ansässig waren [1]. Ed. Meyer schließt aus dieser Stele mit Recht, daß Merneptah nicht der Pharao des Auszugs gewesen sein kann, wie vorher gern angenommen wurde. Der Auszug muß einer früheren Zeit angehören. Die Frage nach dem Pharao des Auszugs erscheint uns überhaupt müßig. Es gab keinen Pharao des Auszugs, da dieser in ein Interregnum fiel. Aber auf das mögliche Datum der Vereinigung und Religionsannahme in Qadeš fällt auch durch die Entdeckung der Merneptah-Stele kein Licht. Irgendwann zwischen 1350 und 1215, ist alles, was wir mit Sicherheit sagen können. Innerhalb dieses Jahrhunderts, vermuten wir, kommt der Auszug dem Eingangsdatum sehr nahe, ist der Vorgang in Qadeš vom Enddatum nicht zu weit entfernt. Den größeren Teil des Zeitraumes möchten wir für das Intervall zwischen beiden Ereignissen in Anspruch nehmen. Wir brauchen nämlich eine längere Zeit, bis sich nach der Ermordung Moses' die Leidenschaften bei den Rückkehrern beruhigt haben und der Einfluß der Mosesleute, der Leviten, so groß geworden ist, wie das Kompromiß in Qadeš es voraussetzt. Zwei Generationen, 60 Jahre, würden hiefür etwa ausreichen, aber es geht nur knapp zusammen. Die Folgerung aus der Merneptah-Stele kommt uns zu früh, und da wir erkennen, daß in unserem Aufbau hier eine Annahme nur auf einer anderen begründet ist, gestehen wir zu, daß diese Diskussion eine schwache Seite unserer Konstruktion aufdeckt. Leider ist alles, was mit der Niederlassung des jüdischen Volkes in Kanaan zusammenhängt, so ungeklärt und verworren. Es bleibt uns etwa die Auskunft, daß der Name auf der Israelstele sich nicht auf die Stämme bezieht, deren Schicksale wir zu verfolgen bemüht sind und die zum späteren Volk Israel zusammengetreten sind. Ist doch auch der Name der *Habiru = Hebräer* aus der Amarnazeit auf dies Volk übergegangen [s. S. 479].

Wann immer die Vereinigung der Stämme zur Nation durch die Annahme einer gemeinsamen Religion vor sich ging, es hätte leicht ein für die Weltgeschichte recht gleichgültiger Akt werden können. Die neue Religion wäre vom Strom der Ereignisse weggeschwemmt worden, Jahve hätte seinen Platz einnehmen dürfen in der Prozession gewesener Götter, die der Dichter Flaubert gesehen hat [2], und von seinem Volk wären alle zwölf Stämme »verloren«gegangen, nicht nur

---

[1] Ed. Meyer (1906, 222 ff.).

[2] [In *La tentation de Saint Antoine*, V. Teil der letzten Fassung (1874).]

die zehn, die von den Angelsachsen so lange gesucht worden sind. Der Gott Jahve, dem der midianitische Moses damals ein neues Volk zuführte, war wahrscheinlich in keiner Hinsicht ein hervorragendes Wesen. Ein roher, engherziger Lokalgott, gewalttätig und blutdürstig; er hatte seinen Anhängern versprochen, ihnen das Land zu geben, in dem »Milch und Honig fließt«[1], und forderte sie auf, dessen gegenwärtige Einwohner auszurotten »mit der Schärfe des Schwertes«[2]. Man darf sich verwundern, daß trotz aller Umarbeitungen in den biblischen Berichten so viel stehengelassen wurde, um sein ursprüngliches Wesen zu erkennen. Es ist nicht einmal sicher, daß seine Religion ein wirklicher Monotheismus war, daß sie den Gottheiten anderer Völker die Gottesnatur bestritt. Es reichte wahrscheinlich hin, daß der eigene Gott mächtiger war als alle fremden Götter. Wenn dann in der Folge alles anders verlief, als solche Ansätze erwarten ließen, so können wir die Ursache hiefür nur in einer einzigen Tatsache finden. Einem Teil des Volkes hatte der ägyptische Moses eine andere, höher vergeistigte Gottesvorstellung gegeben, die Idee einer einzigen, die ganze Welt umfassenden Gottheit, die nicht minder alliebend war als allmächtig, die, allem Zeremoniell und Zauber abhold, den Menschen ein Leben in Wahrheit und Gerechtigkeit zum höchsten Ziel setzte. Denn so unvollkommen unsere Berichte über die ethische Seite der Atonreligion sein mögen, es kann nicht bedeutungslos sein, daß Ikhnaton sich in seinen Inschriften regelmäßig bezeichnete als »lebend in Maat« (Wahrheit, Gerechtigkeit)[3]. Auf die Dauer machte es nichts aus, daß das Volk, wahrscheinlich nach kurzer Zeit, die Lehre des Moses verwarf und ihn selbst beseitigte. Es blieb die *Tradition* davon, und ihr Einfluß erreichte, allerdings erst allmählich im Laufe der Jahrhunderte, was Moses selbst versagt geblieben war. Gott Jahve war zu unverdienten Ehren gekommen, als man von Qadeš an die Befreiungstat des Moses auf seine Rechnung schrieb, aber er hatte für diese Usurpation schwer zu büßen. Der Schatten des Gottes, dessen Stelle er eingenommen, wurde stärker als er; am Ende der Entwicklung war hinter seinem Wesen das des vergessenen mosaischen Gottes zum Vorschein gekommen. Niemand zweifelt daran, daß nur die Idee dieses anderen Gottes das Volk Israel alle

---

[1] [2. *Mose* 3, 8.]

[2] [5. *Mose* 13, 15.]

[3] Seine Hymnen betonen nicht nur die Universalität und Einzigkeit Gottes, sondern auch dessen liebevolle Fürsorge für alle Geschöpfe, fordern zur Freude an der Natur und zum Genuß ihrer Schönheit auf. Vgl. Breasted (1934 [281–302]).

Schicksalsschläge überstehen ließ und es bis in unsere Zeiten am Leben erhielt.

Beim Endsieg des mosaischen Gottes über Jahve kann man den Anteil der Leviten nicht mehr feststellen. Diese hatten sich seinerzeit für Moses eingesetzt, als das Kompromiß in Qadeš geschlossen wurde, in noch lebendiger Erinnerung an den Herrn, dessen Gefolge und Landsgenossen sie waren. In den Jahrhunderten seither waren sie mit dem Volk verschmolzen oder mit der Priesterschaft, und es war die Hauptleistung der Priester geworden, das Ritual zu entwickeln und zu überwachen, überdies die heiligen Niederschriften zu behüten und nach ihren Absichten zu bearbeiten. Aber war nicht aller Opferdienst und alles Zeremoniell im Grunde nur Magie und Zauberwesen, wie es die alte Lehre Moses' bedingungslos verworfen hatte? Da erhoben sich aus der Mitte des Volkes in einer nicht mehr abreißenden Reihe Männer, nicht durch ihre Herkunft mit Moses verbunden, aber von der großen und mächtigen Tradition erfaßt, die allmählich im Dunkeln angewachsen war, und diese Männer, die Propheten, waren es, die unermüdlich die alte mosaische Lehre verkündeten, die Gottheit verschmähe Opfer und Zeremoniell, sie fordere nur Glauben und ein Leben in Wahrheit und Gerechtigkeit (»Maat«). Die Bemühungen der Propheten hatten dauernden Erfolg; die Lehren, mit denen sie den alten Glauben wiederherstellten, wurden zum bleibenden Inhalt der jüdischen Religion. Es ist Ehre genug für das jüdische Volk, daß es eine solche Tradition erhalten und Männer hervorbringen konnte, die ihr eine Stimme liehen, auch wenn die Anregung dazu von außen, von einem großen fremden Mann gekommen war.

Ich würde mich mit dieser Darstellung nicht sicher fühlen, wenn ich mich nicht auf das Urteil anderer, sachkundiger Forscher berufen könnte, die die Bedeutung Moses' für die jüdische Religionsgeschichte im nämlichen Lichte sehen, auch wenn sie seine ägyptische Herkunft nicht anerkennen. So sagt z. B. Sellin (1922, 52): »Mithin haben wir uns die eigentliche Religion des Mose, den Glauben an den einen sittlichen Gott, den er verkündet, seitdem von vornherein als das Besitztum eines kleinen Kreises im Volke vorzustellen. Von vornherein dürfen wir nicht erwarten, jenen in dem offiziellen Kulte, in der Religion der Priester, in dem Glauben des Volkes anzutreffen. Wir können von vornherein nur damit rechnen, daß bald hie bald da einmal ein Funke wieder auftaucht von dem Geistesbrand, den er einst entzündet hat, daß seine Ideen nicht ausgestorben sind, sondern hie und da in aller

Stille auf Glaube und Sitte eingewirkt haben, bis sie etwa früher oder später unter der Einwirkung besonderer Erlebnisse oder von seinem Geist besonders erfaßter Persönlichkeiten einmal wieder stärker hervorbrachen und Einfluß gewannen auf breitere Volksmassen. Unter diesem Gesichtswinkel ist von vornherein die altisraelitische Religionsgeschichte zu betrachten. Wer nach der Religion, wie sie uns nach den Geschichtsurkunden im Volksleben der ersten fünf Jahrhunderte in Kanaan entgegentritt, etwa die mosaische Religion konstruieren wollte, der würde den schwersten methodischen Fehler begehen.« Und deutlicher noch Volz (1907, 64). Er meint, »daß Moses' himmelhohes Werk zunächst nur ganz schwach und spärlich verstanden und durchgeführt wurde, bis es im Lauf der Jahrhunderte mehr und mehr eindrang und endlich in den großen Propheten gleichgeartete Geister fand, die das Werk des Einsamen fortsetzten«.

Hiemit wäre ich zum Abschluß meiner Arbeit gelangt, die ja nur der einzigen Absicht dienen sollte, die Gestalt eines ägyptischen Moses in den Zusammenhang der jüdischen Geschichte einzufügen. Um unser Ergebnis in der kürzesten Formel auszudrücken: Zu den bekannten Zweiheiten dieser Geschichte – *zwei* Volksmassen, die zur Bildung der Nation zusammentreten, *zwei* Reiche, in die diese Nation zerfällt, *zwei* Gottesnamen in den Quellenschriften der Bibel – fügen wir zwei neue hinzu: *Zwei* Religionsstiftungen, die erste durch die andere verdrängt und später doch siegreich hinter ihr zum Vorschein gekommen, *zwei* Religionsstifter, die beide mit dem gleichen Namen Moses benannt werden und deren Persönlichkeiten wir voneinander zu sondern haben. Und alle diese Zweiheiten sind notwendige Folgen der ersten, der Tatsache, daß der eine Bestandteil des Volkes ein traumatisch zu wertendes Erlebnis gehabt hatte, das dem anderen fern geblieben war. Darüber hinaus gäbe es noch sehr viel zu erörtern, zu erklären und zu behaupten. Erst dann ließe sich eigentlich das Interesse an unserer rein historischen Studie rechtfertigen. Worin die eigentliche Natur einer Tradition besteht und worauf ihre besondere Macht beruht, wie unmöglich es ist, den persönlichen Einfluß einzelner großer Männer auf die Weltgeschichte zu leugnen, welchen Frevel an der großartigen Mannigfaltigkeit des Menschenlebens man begeht, wenn man nur Motive aus materiellen Bedürfnissen anerkennen will, aus welchen Quellen manche, besonders die religiösen Ideen die Kraft schöpfen, mit der sie Menschen wie Völker unterjochen – all dies am Spezialfall der jüdischen Geschichte zu studieren wäre eine verlockende Aufgabe. Eine solche Fortsetzung meiner Arbeit würde den Anschluß finden an Ausführungen, die ich vor 25 Jahren in *Totem und Tabu* [1912–13] niedergelegt habe. Aber ich traue mir nicht mehr die Kraft zu, dies zu leisten.

III
MOSES, SEIN VOLK UND DIE MONOTHEISTISCHE RELIGION

ERSTER TEIL

VORBEMERKUNG I

([Wien] Vor dem März 1938)

Mit der Verwegenheit dessen, der nichts oder wenig zu verlieren hat, gehe ich daran, einen gut begründeten Vorsatz zum zweitenmal zu brechen und den beiden Abhandlungen über Moses in *Imago* (Bd. XXIII, Heft 1 und 3)[1] das zurückgehaltene Endstück nachzuschicken. Ich schloß mit der Versicherung, ich wisse, daß meine Kräfte dazu nicht ausreichen würden, meinte natürlich die Abschwächung der schöpferischen Fähigkeiten, die mit dem hohen Alter einhergeht[2], aber ich dachte auch an ein anderes Hemmnis.

Wir leben in einer besonders merkwürdigen Zeit. Wir finden mit Erstaunen, daß der Fortschritt ein Bündnis mit der Barbarei geschlossen hat. In Sowjetrußland hat man es unternommen, etwa 100 Millionen in der Unterdrückung festgehaltener Menschen zu besseren Lebensformen zu erheben. Man war verwegen genug, ihnen das »Rauschgift« der Religion zu entziehen, und so weise, ihnen ein verständiges Maß von sexueller Freiheit zu geben, aber dabei unterwarf man sie dem grausamsten Zwang und raubte ihnen jede Möglichkeit der Denkfreiheit. Mit ähnlicher Gewalttätigkeit wird das italienische Volk zu Ordnung und Pflichtgefühl erzogen. Man empfindet es als Erleichterung von einer bedrückenden Sorge, wenn man im Fall des deutschen Volkes sieht, daß der Rückfall in nahezu vorgeschichtliche Barbarei auch ohne Anlehnung an irgendeine fortschrittliche Idee vor sich gehen kann. Immerhin hat es sich so gestaltet, daß heute die konservativen Demokratien die Hüter des kulturellen Fortschritts geworden sind und daß sonderbarerweise gerade die Institution der katholischen Kirche der Aus-

[1] [Die Abhandlungen I und II, oben.]

[2] Ich teile nicht die Ansicht meines Altersgenossen, Bernard Shaw, daß die Menschen erst dann etwas Rechtes leisten würden, wenn sie 300 Jahre alt werden könnten. Mit der Verlängerung der Lebensdauer wäre nichts erreicht, es müßte denn vieles andere an den Lebensbedingungen vom Grunde aus geändert werden.

breitung jener kulturellen Gefahr eine kräftige Abwehr entgegensetzt. Sie, bisher die unerbittliche Feindin der Denkfreiheit und des Fortschritts zur Erkenntnis der Wahrheit!
Wir leben hier in einem katholischen Land unter dem Schutz dieser Kirche, unsicher, wie lange er vorhalten wird. Solange er aber besteht, haben wir natürlich Bedenken, etwas zu tun, was die Feindschaft der Kirche erwecken muß. Es ist nicht Feigheit, sondern Vorsicht; der neue Feind, dem zu Dienst zu sein wir uns hüten wollen, ist gefährlicher als der alte, mit dem uns zu vertragen wir bereits gelernt haben. Die psychoanalytische Forschung, die wir pflegen, ist ohnedies der Gegenstand mißtrauischer Aufmerksamkeit von seiten des Katholizismus. Wir werden nicht behaupten, es sei so mit Unrecht. Wenn unsere Arbeit uns zu einem Ergebnis führt, das die Religion auf eine Menschheitsneurose reduziert und ihre großartige Macht in der gleichen Weise aufklärt wie den neurotischen Zwang bei den einzelnen unserer Patienten, so sind wir sicher, den stärksten Unwillen der bei uns herrschenden Mächte auf uns zu ziehen. Nicht, daß wir etwas zu sagen hätten, was neu wäre, was wir nicht schon vor einem Vierteljahrhundert deutlich genug gesagt haben [1], aber das ist seither vergessen worden, und es kann nicht wirkungslos bleiben, wenn wir es heute wiederholen und an einem für alle Religionsstiftungen maßgebenden Beispiel erläutern. Es würde wahrscheinlich dazu führen, daß uns die Betätigung in der Psychoanalyse verboten wird. Jene gewalttätigen Methoden der Unterdrückung sind der Kirche ja keineswegs fremd, sie empfindet es vielmehr als Einbruch in ihre Vorrechte, wenn auch andere sich ihrer bedienen. Die Psychoanalyse aber, die im Laufe meines langen Lebens überallhin gekommen ist, hat noch immer kein Heim, das wertvoller für sie wäre als eben die Stadt, wo sie geboren und herangewachsen ist.

Ich glaube es nicht nur, ich weiß es, daß ich mich durch dies andere Hindernis, durch die äußere Gefahr, abhalten lassen werde, den letzten Teil meiner Studie über Moses zu veröffentlichen. Ich habe noch einen Versuch gemacht, mir die Schwierigkeit aus dem Weg zu räumen, indem ich mir sagte, der Angst liege eine Überschätzung meiner persönlichen Bedeutung zugrunde. Wahrscheinlich werde es den maßgebenden Stellen recht gleichgültig sein, was ich über Moses und den Ursprung der monotheistischen Religionen schreiben wolle. Aber ich fühle mich da nicht sicher im Urteil. Viel eher erscheint es mir möglich, daß

[1] [In *Totem und Tabu* (1912–13).]

Bosheit und Sensationslust das wettmachen werden, was mir im Urteil der Mitwelt an Geltung fehlt. Ich werde diese Arbeit also nicht bekanntmachen, aber das braucht mich nicht abzuhalten, sie zu schreiben. Besonders da ich sie schon einmal, vor jetzt zwei Jahren, niedergeschrieben habe[1], so daß ich sie bloß umzuarbeiten und an die beiden vorausgeschickten Aufsätze anzufügen habe. Sie mag dann in der Verborgenheit aufbewahrt bleiben, bis einmal die Zeit kommt, wann sie sich gefahrlos ans Licht wagen darf, oder bis man einem, der sich zu denselben Schlüssen und Meinungen bekennt, sagen kann, es war schon einmal in dunkleren Zeiten jemand da, der sich das nämliche wie du gedacht hat.

[1] [Tatsächlich scheint Freud die Abhandlung erstmals 1934, also *vier* Jahre zuvor niedergeschrieben zu haben, während er sie 1936 einer ersten größeren Überarbeitung unterzog. S. die ›Editorische Vorbemerkung‹, oben, S. 457.]

VORBEMERKUNG II

([London] Im Juni 1938)

Die ganz besonderen Schwierigkeiten, die mich während der Abfassung dieser an die Person des Moses anknüpfenden Studie belastet haben – innere Bedenken sowie äußere Abhaltungen –, bringen es mit sich, daß dieser dritte, abschließende Aufsatz von zwei verschiedenen Vorreden eingeleitet wird, die einander widersprechen, ja einander aufheben. Denn in dem kurzen Zeitraum zwischen beiden haben sich die äußeren Verhältnisse des Schreibers gründlich geändert. Ich lebte damals unter dem Schutz der katholischen Kirche und stand unter der Angst, daß ich durch meine Publikation diesen Schutz verlieren und ein Arbeitsverbot für die Anhänger und Schüler der Psychoanalyse in Österreich heraufbeschwören würde. Und dann kam plötzlich die deutsche Invasion; der Katholizismus erwies sich, mit biblischen Worten zu reden, als ein »schwankes Rohr«. In der Gewißheit, jetzt nicht nur meiner Denkweise, sondern auch meiner »Rasse« wegen verfolgt zu werden, verließ ich mit vielen Freunden die Stadt, die mir von früher Kindheit an, durch 78 Jahre, Heimat gewesen war.

Ich fand die freundlichste Aufnahme in dem schönen, freien, großherzigen England. Hier lebe ich nun, ein gern gesehener Gast, atme auf, daß jener Druck von mir genommen ist und daß ich wieder reden und schreiben – bald hätte ich gesagt: denken darf, wie ich will oder muß. Ich wage es, das letzte Stück meiner Arbeit vor die Öffentlichkeit zu bringen.

Keine äußeren Abhaltungen mehr oder wenigstens keine solchen, vor denen man zurückschrecken darf. Ich habe in den wenigen Wochen meines Aufenthalts hier eine Unzahl von Begrüßungen erhalten von Freunden, die sich meiner Anwesenheit freuten, von Unbekannten, ja Unbeteiligten, die nur ihrer Befriedigung darüber Ausdruck geben wollten, daß ich hier Freiheit und Sicherheit gefunden habe. Und dazu kamen, in einer für den Fremden überraschenden Häufigkeit, Zuschriften anderer Art, die sich um mein Seelenheil bemühten, die mir die Wege Christi weisen und mich über die Zukunft Israels aufklären wollten.

Die guten Leute, die so schrieben, können nicht viel von mir gewußt haben; aber ich erwarte, wenn diese Arbeit über Moses durch eine Übersetzung unter meinen neuen Volksgenossen bekannt wird, werde ich auch bei einer Anzahl von anderen genug von den Sympathien einbüßen, die sie mir jetzt entgegenbringen.

An den inneren Schwierigkeiten konnten politischer Umschwung und Wechsel des Wohnorts nichts verändern. Nach wie vor fühle ich mich unsicher angesichts meiner eigenen Arbeit, vermisse ich das Bewußtsein der Einheit und Zusammengehörigkeit, das zwischen dem Autor und seinem Werk bestehen soll. Nicht etwa, daß es mir an der Überzeugung von der Richtigkeit des Ergebnisses mangeln sollte. Diese habe ich mir schon vor einem Vierteljahrhundert erworben, als ich das Buch über *Totem und Tabu* schrieb, 1912, und sie hat sich seither nur verstärkt. Ich habe seit damals nicht mehr bezweifelt, daß die religiösen Phänomene nur nach dem Muster der uns vertrauten neurotischen Symptome des Individuums zu verstehen sind, als Wiederkehren von längst vergessenen, bedeutsamen Vorgängen in der Urgeschichte der menschlichen Familie, daß sie ihren zwanghaften Charakter eben diesem Ursprung verdanken und also kraft ihres Gehalts an *historischer* Wahrheit[1] auf die Menschen wirken. Meine Unsicherheit setzt erst ein, wenn ich mich frage, ob es mir gelungen ist, diese Sätze für das hier gewählte Beispiel des jüdischen Monotheismus zu erweisen. Meiner Kritik erscheint diese vom Manne Moses ausgehende Arbeit wie eine Tänzerin, die auf einer Zehenspitze balanciert. Wenn ich mich nicht auf die eine analytische Deutung des Aussetzungsmythus stützen und von da aus zur Sellinschen Vermutung über den Ausgang des Moses übergreifen könnte, hätte das Ganze ungeschrieben bleiben müssen. Immerhin sei es jetzt gewagt.

---

[1] [S. unten, S. 572 ff.]

Ich beginne damit, die Ergebnisse meiner zweiten, der rein historischen Studie über Moses zu resümieren. Sie werden hier keiner neuerlichen Kritik unterzogen werden, denn sie bilden die Voraussetzung der psychologischen Erörterungen, die von ihnen ausgehen und immer wieder auf sie zurückkommen.

A
DIE HISTORISCHE VORAUSSETZUNG

Der historische Hintergrund der Ereignisse, die unser Interesse gefesselt haben, ist also folgender: Durch die Eroberungen der 18ten Dynastie ist Ägypten ein Weltreich geworden. Der neue Imperialismus spiegelt sich wider in der Entwicklung der religiösen Vorstellungen, wenn nicht des ganzen Volkes, so doch der herrschenden und geistig regsamen Oberschicht desselben. Unter dem Einfluß der Priester des Sonnengottes zu On (Heliopolis), vielleicht verstärkt durch Anregungen von Asien her, erhebt sich die Idee eines universellen Gottes Aton, an dem die Einschränkung auf ein Land und ein Volk nicht mehr haftet. Mit dem jungen Amenhotep IV. kommt ein Pharao zur Herrschaft, der kein höheres Interesse kennt als die Entwicklung dieser Gottesidee. Er erhebt die Atonreligion zur Staatsreligion, durch ihn wird der universelle Gott der *einzige* Gott; alles, was man von anderen Göttern erzählt, ist Trug und Lüge. Mit großartiger Unerbittlichkeit widersteht er allen Versuchungen des magischen Denkens, verwirft er die besonders dem Ägypter so teure Illusion eines Lebens nach dem Tode. In einer erstaunlichen Ahnung späterer wissenschaftlicher Einsicht erkennt er in der Energie der Sonnenstrahlung die Quelle alles Lebens auf der Erde und verehrt sie als das Symbol der Macht seines Gottes. Er rühmt sich seiner Freude an der Schöpfung und seines Lebens in Maat (Wahrheit und Gerechtigkeit).

Es ist der erste und vielleicht reinste Fall einer monotheistischen Religion in der Menschheitsgeschichte; ein tieferer Einblick in die historischen und psychologischen Bedingungen seiner Entstehung wäre von unschätzbarem Wert. Aber es ist dafür gesorgt worden, daß nicht allzuviel Nachrichten über die Atonreligion auf uns kommen sollten. Schon unter den schwächlichen Nachfolgern Ikhnatons brach alles zusammen, was er geschaffen hatte. Die Rache der von ihm unterdrückten Priesterschaften wütete nun gegen sein Andenken, die Atonreligion wurde abgeschafft, die Residenz des als Frevler gebrandmarkten Pharao zerstört und geplündert. Um 1350 v. Chr. erlosch die 18te Dynastie; nach einer Zeit der Anarchie stellte der Feldherr Haremhab, der bis 1315 regierte, die Ordnung wieder her. Die Reform Ikhnatons schien eine zum Vergessenwerden bestimmte Episode.

Soweit, was historisch festgestellt ist, und nun setzt unsere hypothetische Fortsetzung ein. Unter den Personen, die Ikhnaton nahestanden, befand sich ein Mann, der vielleicht Thothmes hieß, wie damals viele andere[1] – es kommt auf den Namen nicht viel an, nur daß sein zweiter Bestandteil *-mose* sein mußte. Er war in hoher Stellung, überzeugter Anhänger der Atonreligion, aber im Gegensatz zum grüblerischen König energisch und leidenschaftlich. Für diesen Mann bedeuteten der Ausgang Ikhnatons und die Abschaffung seiner Religion das Ende all seiner Erwartungen. Nur als ein Geächteter oder als ein Abtrünniger konnte er in Ägypten leben bleiben. Er war vielleicht als Statthalter der Grenzprovinz in Berührung mit einem semitischen Volksstamm gekommen, der dort vor einigen Generationen eingewandert war. In der Not der Enttäuschung und Vereinsamung wandte er sich diesen Fremden zu, suchte bei ihnen die Entschädigung für seine Verluste. Er wählte sie zu seinem Volke, versuchte seine Ideale an ihnen zu realisieren. Nachdem er, begleitet von seinen Gefolgsleuten, mit ihnen Ägypten verlassen hatte, heiligte er sie durch das Zeichen der Beschneidung, gab ihnen Gesetze, führte sie in die Lehren der Atonreligion ein, die die Ägypter eben abgeworfen hatten. Vielleicht waren die Vorschriften, die dieser Mann Moses seinen Juden gab, noch schroffer als die seines Herrn und Lehrers Ikhnaton, vielleicht gab er auch die Anlehnung an den Sonnengott von On auf, an der dieser noch festgehalten hatte.

Für den Auszug aus Ägypten müssen wir die Zeit des Interregnums nach 1350 ansetzen. Die nächsten Zeiträume bis zum Vollzug der Besitzergreifung im Lande Kanaan sind besonders undurchsichtig. Aus dem Dunkel, das der biblische Bericht hier gelassen oder vielmehr geschaffen hat, konnte die Geschichtsforschung unserer Tage zwei Tatsachen herausgreifen. Die erste, von E. Sellin aufgedeckt, ist, daß die Juden, selbst nach der Aussage der Bibel störrisch und widerspenstig

---

[1] So hieß z. B. auch der Bildhauer, dessen Werkstätte in Tell-el-Amarna gefunden wurde.

gegen ihren Gesetzgeber und Führer, sich eines Tages gegen ihn empörten, ihn erschlugen und die ihnen aufgedrängte Religion des Aton abwarfen wie früher die Ägypter. Die andere, von Ed. Meyer erwiesene, daß diese aus Ägypten zurückgekehrten Juden sich später mit anderen, ihnen nah verwandten Stämmen im Landgebiet zwischen Palästina, der Sinaihalbinsel und Arabien vereinigten und daß sie dort in einer wasserreichen Örtlichkeit Qadeš unter dem Einfluß der arabischen Midianiter eine neue Religion, die Verehrung des Vulkangottes Jahve, annahmen. Bald darauf waren sie bereit, als Eroberer in Kanaan einzubrechen.

Die zeitlichen Beziehungen dieser beiden Ereignisse zueinander und zum Auszug aus Ägypten sind sehr unsicher. Den nächsten historischen Anhaltspunkt gibt eine Stele des Pharao Merneptah (bis 1215), die im Bericht über Kriegszüge in Syrien und Palästina »Israel« unter den Besiegten anführt. Nimmt man das Datum dieser Stele als einen *terminus ad quem,* so bleibt für den ganzen Ablauf vom Auszug an etwa ein Jahrhundert (nach 1350 bis vor 1215). Es ist aber möglich, daß der Name »Israel« sich noch nicht auf die Stämme bezieht, deren Schicksale wir verfolgen, und daß uns in Wirklichkeit ein längerer Zeitraum zur Verfügung steht. Die Niederlassung des späteren jüdischen Volkes in Kanaan war gewiß keine rasch ablaufende Eroberung, sondern ein Vorgang, der sich in Schüben vollzog und über längere Zeiten erstreckte. Machen wir uns von der Einschränkung durch die Merneptah-Stele frei, so können wir um so leichter ein Menschenalter (30 Jahre) als die Zeit des Moses ansehen[1], dann mindestens zwei Generationen, wahrscheinlich aber mehr, bis zur Vereinigung in Qadeš vergehen lassen[2]; das Intervall zwischen Qadeš und dem Aufbruch nach Kanaan braucht nur kurz zu sein; die jüdische Tradition hatte, wie in der vorigen Abhandlung [S. 497] gezeigt, gute Gründe, das Intervall zwischen Auszug und Religionsstiftung in Qadeš zu verkürzen; das Umgekehrte liegt im Interesse unserer Darstellung.

Aber das ist alles noch Historie, Versuch, die Lücken unserer Geschichtskenntnis auszufüllen, zum Teil Wiederholung aus der zweiten Abhandlung in *Imago* [Abhandlung II, oben]. Unser Interesse folgt den Schicksalen des Moses und seiner Lehren, denen die Empörung der Juden nur

---

[1] Dies würde der 40jährigen Wüstenwanderung des biblischen Textes entsprechen [4. *Mose* 14, 33.]

[2] Also etwa 1350 (40) – 1320 (10) Moses, 1260 oder eher später Qadeš, die Merneptah-Stele vor 1215.

scheinbar ein Ende gesetzt hatte. Aus dem Bericht des Jahvisten, der um das Jahr 1000 niedergeschrieben wurde, aber sich gewiß auf frühere Fixierungen[1] stützte, haben wir erkannt, daß mit der Vereinigung und Religionsstiftung in Qadeš ein Kompromiß einherging, an dem beide Anteile noch gut zu unterscheiden sind. Dem einen Partner lag nur daran, die Neuheit und Fremdheit des Gottes Jahve zu verleugnen und seinen Anspruch auf die Ergebenheit des Volkes zu steigern, der andere wollte ihm teure Erinnerungen an die Befreiung aus Ägypten und an die großartige Gestalt des Führers Moses nicht preisgeben, und es gelang ihm auch, die Tatsache wie den Mann in der neuen Darstellung der Vorgeschichte unterzubringen, wenigstens das äußere Zeichen der Mosesreligion, die Beschneidung, zu erhalten und vielleicht gewisse Einschränkungen im Gebrauch des neuen Gottesnamens durchzusetzen. Wir haben gesagt, die Vertreter dieser Ansprüche waren die Nachkommen der Mosesleute, die Leviten, nur durch wenige Generationen von den Zeit- und Volksgenossen des Moses entfernt und noch durch lebendige Erinnerung an sein Andenken gebunden. Die poetisch ausgeschmückten Darstellungen, die wir dem Jahvisten und seinem späteren Konkurrenten, dem Elohisten, zuschreiben, waren wie die Grabbauten, unter denen die wahre Kunde von jenen frühen Dingen, von der Natur der mosaischen Religion und von der gewaltsamen Beseitigung des großen Mannes, dem Wissen der späteren Generationen entzogen, gleichsam ihre ewige Ruhe finden sollte. Und wenn wir den Vorgang richtig erraten haben, so ist auch weiter nichts Rätselhaftes an ihm; er könnte aber sehr wohl das definitive Ende der Mosesepisode in der Geschichte des jüdischen Volkes bedeutet haben.

Das Merkwürdige ist nun, daß dem nicht so ist, daß die stärksten Wirkungen jenes Erlebnisses des Volkes erst später zum Vorschein kommen, sich im Laufe vieler Jahrhunderte allmählich in die Wirklichkeit drängen sollten. Es ist nicht wahrscheinlich, daß Jahve sich im Charakter viel von den Göttern der umwohnenden Völker und Stämme unterschied; er rang zwar mit ihnen, wie die Völker selbst miteinander stritten, aber man darf annehmen, daß es einem Jahveverehrer jener Zeiten ebensowenig in den Sinn kam, die Existenz der Götter von Kanaan, Moab, Amalek usw. zu leugnen wie die Existenz der Völker, die an sie glaubten.

eben Monolatrie!

---

[1] [Das Wort »Fixierungen« wird hier selbstverständlich nicht im üblichen psychoanalytischen Sinne verwendet, sondern meint die Aufzeichnung von Überlieferungen. Vgl. oben, S. 492.]

Die monotheistische Idee, die mit Ikhnaton aufgeblitzt war, war wieder verdunkelt und sollte noch lange Zeit im Dunkel bleiben. Funde auf der Insel Elephantine, dicht vor dem ersten Katarakt des Nils, haben die überraschende Kunde ergeben, daß dort eine seit Jahrhunderten angesiedelte jüdische Militärkolonie bestand, in deren Tempel neben dem Hauptgott Jahu zwei weibliche Gottheiten verehrt wurden, die eine Anat-Jahu genannt. Diese Juden waren allerdings vom Mutterlande abgeschnitten, hatten die religiöse Entwicklung daselbst nicht mitgemacht; die persische Reichsregierung (5. Jahrhundert) übermittelte ihnen die Kenntnis der neuen Kultvorschriften von Jerusalem[1]. Zu älteren Zeiten zurückkehrend, dürfen wir sagen, daß Gott Jahve gewiß keine Ähnlichkeit mit dem mosaischen Gott hatte. Aton war Pazifist gewesen wie sein Vertreter auf Erden, eigentlich sein Vorbild, der Pharao Ikhnaton, der untätig zusah, wie das von seinen Ahnen gewonnene Weltreich auseinanderfiel. Für ein Volk, das sich zur gewaltsamen Besitzergreifung neuer Wohnsitze anschickte, war Jahve sicherlich besser geeignet. Und alles, was am mosaischen Gott verehrungswürdig war, entzog sich überhaupt dem Verständnis der primitiven Masse.

Ich habe schon gesagt – und mich dabei gern auf die Übereinstimmung mit anderen berufen –, die zentrale Tatsache der jüdischen Religionsentwicklung sei gewesen, daß der Gott Jahve im Laufe der Zeiten seine eigenen Charaktere verlor und immer mehr Ähnlichkeit mit dem alten Gotte Moses', dem Aton, gewann. Es blieben zwar Unterschiede, die man auf den ersten Blick hoch einzuschätzen geneigt wäre, aber diese sind leicht aufzuklären. Aton hatte in Ägypten zu herrschen begonnen in einer glücklichen Zeit gesicherten Besitzes, und selbst als das Reich zu wanken begann, hatten seine Verehrer sich von der Störung abwenden können und fuhren fort, seine Schöpfungen zu preisen und zu genießen.

Dem jüdischen Volk brachte das Schicksal eine Reihe von schweren Prüfungen und schmerzlichen Erfahrungen, sein Gott wurde hart und strenge, wie verdüstert. Er behielt den Charakter des universellen Gottes bei, der über alle Länder und Völker waltet, aber die Tatsache, daß seine Verehrung von den Ägyptern auf die Juden übergegangen war, fand ihren Ausdruck in dem Zusatz, die Juden seien sein auserwähltes Volk, dessen besondere Verpflichtungen am Ende auch besonderen Lohn finden würden. Es mag dem Volke nicht leicht geworden sein,

[1] Auerbach, Bd. 2 (1936).

den Glauben an die Bevorzugung durch seinen allmächtigen Gott mit den traurigen Erfahrungen seiner unglücklichen Schicksale zu vereinen. Aber man ließ sich nicht irremachen, man steigerte sein eigenes Schuldgefühl, um seine Zweifel an Gott zu ersticken, und vielleicht wies man am Ende auf »Gottes unerforschlichen Ratschluß« hin, wie es die Frommen noch heute tun. Wenn man sich darüber verwundern wollte, daß er immer neue Gewalttäter auftreten ließ, von denen man unterworfen und mißhandelt wurde, die Assyrier, Babylonier, Perser, so erkannte man doch seine Macht darin, daß all diese bösen Feinde selbst wieder besiegt wurden und ihre Reiche verschwanden.

In drei wichtigen Punkten ist der spätere Judengott endlich dem alten mosaischen Gott gleich geworden. Der erste und entscheidende ist, daß er wirklich als der einzige Gott anerkannt wurde, neben dem ein anderer undenkbar war. Der Monotheismus Ikhnatons wurde von einem ganzen Volke ernst genommen, ja, dies Volk klammerte sich so sehr an diese Idee, daß sie der Hauptinhalt seines Geisteslebens wurde und daß ihm für anderes kein Interesse blieb. Das Volk und die in ihm herrschend gewordene Priesterschaft waren in diesem Punkte einig, aber während die Priester ihre Tätigkeit darin erschöpften, das Zeremoniell für seine Verehrung auszubauen, gerieten sie in Gegensatz zu intensiven Strömungen im Volke, die zwei andere der Lehren Moses' über seinen Gott wiederzubeleben suchten. Die Stimmen der Propheten wurden nicht müde zu verkünden, daß der Gott Zeremoniell und Opferdienst verschmähe und nur fordere, daß man an ihn glaube und ein Leben in Wahrheit und Gerechtigkeit führe. Und wenn sie die Einfachheit und Heiligkeit des Wüstenlebens priesen, so standen sie sicherlich unter dem Einfluß der mosaischen Ideale.

Es ist an der Zeit, die Frage aufzuwerfen, ob es überhaupt notwendig ist, den Einfluß des Moses auf die Endgestaltung der jüdischen Gottesvorstellung anzurufen, ob nicht die Annahme einer spontanen Entwicklung zu höherer Geistigkeit während eines über Jahrhunderte reichenden Kulturlebens genügt. Zu dieser Erklärungsmöglichkeit, die all unserem Rätselraten ein Ende setzen würde, ist zweierlei zu sagen. Erstens, daß sie nichts erklärt. Die gleichen Verhältnisse haben beim gewiß höchst begabten griechischen Volk nicht zum Monotheismus geführt, sondern zur Auflockerung der polytheistischen Religion und zum Beginn des philosophischen Denkens. In Ägypten war der Monotheismus erwachsen, soweit wir es verstehen, als eine Nebenwirkung des

Imperialismus, Gott war die Spiegelung des ein großes Weltreich unumschränkt beherrschenden Pharao. Bei den Juden waren die politischen Zustände der Fortentwicklung von der Idee des exklusiven Volksgottes zu der des universellen Weltherrschers höchst ungünstig, und woher kam dieser winzigen und ohnmächtigen Nation die Vermessenheit, sich für das bevorzugte Lieblingskind des großen Herrn auszugeben? Die Frage nach der Entstehung des Monotheismus bei den Juden bliebe so unbeantwortet, oder man begnügte sich mit der geläufigen Antwort, das sei eben der Ausdruck des besonderen religiösen Genies dieses Volkes. Das Genie ist bekanntlich unbegreiflich und unverantwortlich, und darum soll man es nicht eher zur Erklärung anrufen, als bis jede andere Lösung versagt hat [1].

Ferner trifft man auf die Tatsache, daß die jüdische Berichterstattung und Geschichtsschreibung selbst uns den Weg zeigt, indem sie, diesmal ohne sich selbst zu widersprechen, mit größter Entschiedenheit behauptet, die Idee eines einzigen Gottes sei dem Volke von Moses gebracht worden. Wenn es einen Einwand gegen die Glaubwürdigkeit dieser Versicherung gibt, so ist es der, daß die priesterliche Bearbeitung des uns vorliegenden Textes offenbar viel zuviel auf Moses zurückführt. Institutionen wie Ritualvorschriften, die unverkennbar späteren Zeiten angehören, werden als mosaische Gebote ausgegeben, in der deutlichen Absicht, Autorität für sie zu gewinnen. Das ist für uns gewiß ein Grund zum Verdacht, aber nicht genügend für eine Verwerfung. Denn das tiefere Motiv einer solchen Übertreibung liegt klar zutage. Die priesterliche Darstellung will ein Kontinuum zwischen ihrer Gegenwart und der mosaischen Frühzeit herstellen, sie will gerade das verleugnen, was wir als die auffälligste Tatsache der jüdischen Religionsgeschichte bezeichnet haben, daß zwischen der Gesetzgebung des Moses und der späteren jüdischen Religion eine Lücke klafft, die zunächst vom Jahvedienst ausgefüllt und erst später langsam verstrichen wurde. Sie bestreitet diesen Vorgang mit allen Mitteln, obwohl seine historische Richtigkeit über jedem Zweifel feststeht, da bei der besonderen Behandlung, die der biblische Text erfahren hat, überreichliche Angaben stehengeblieben sind, die ihn erweisen. Die priesterliche Bearbeitung hat hier Ähnliches versucht wie jene entstellende Tendenz, die den

---

[1] Dieselbe Erwägung gilt auch für den merkwürdigen Fall des William Shakespeare aus Stratford. [Freud neigte zu der Ansicht, daß »Shakespeare« ein Pseudonym des Earl of Oxford, Edward de Vere, sei. Vgl. seine Ansprache im Frankfurter Goethe-Haus (1930 *e*), *Studienausgabe*, Bd. 10, S. 295; dort finden sich in einer editorischen Anmerkung weitere Hinweise.]

neuen Gott Jahve zum Gott der Väter machte [s. S. 493 f.]. Tragen wir diesem Motiv des Priesterkodex Rechnung, so wird es uns schwer, der Behauptung den Glauben zu versagen, daß wirklich Moses selbst seinen Juden die monotheistische Idee gegeben hat. Unsere Zustimmung sollte uns um so leichter werden, da wir zu sagen wissen, woher diese Idee zu Moses kam, was die jüdischen Priester gewiß nicht mehr gewußt haben.

Hier könnte jemand die Frage aufwerfen, was haben wir davon, wenn wir den jüdischen Monotheismus vom ägyptischen ableiten? Das Problem wird dadurch nur um ein Stück verschoben; von der Genese der monotheistischen Idee wissen wir darum nicht mehr. Die Antwort darauf lautet, es ist keine Frage des Gewinns, sondern der Forschung. Und vielleicht lernen wir etwas dabei, wenn wir den wirklichen Hergang erfahren.

B
LATENZZEIT UND TRADITION

Wir bekennen uns also zu dem Glauben, daß die Idee eines einzigen Gottes sowie die Verwerfung des magisch wirkenden Zeremoniells und die Betonung der ethischen Forderung in seinem Namen tatsächlich mosaische Lehren waren, die zunächst kein Gehör fanden, aber nach dem Ablauf einer langen Zwischenzeit zur Wirkung kamen und sich endlich für die Dauer durchsetzten. Wie soll man sich eine solche verspätete Wirkung erklären, und wo begegnet man ähnlichen Phänomenen?

Der nächste Einfall sagt, sie seien nicht selten auf sehr verschiedenen Gebieten zu finden und kommen wahrscheinlich auf mannigfache Weise zustande, mehr oder weniger leicht verständlich. Greifen wir z. B. das Schicksal einer neuen wissenschaftlichen Theorie wie der Darwinschen Evolutionslehre heraus. Sie findet zunächst erbitterte Ablehnung, wird durch Jahrzehnte heftig umstritten, aber es braucht nicht länger als eine Generation, bis sie als großer Fortschritt zur Wahrheit anerkannt wird. Darwin selbst erreicht noch die Ehre eines Grabes oder Kenotaphs in Westminster. Ein solcher Fall läßt uns wenig zu enträtseln. Die neue Wahrheit hat affektive Widerstände wachgerufen, diese lassen sich durch Argumente vertreten, mit denen man die Beweise zu Gunsten der unliebsamen Lehre bestreiten kann, der Kampf der Meinungen nimmt eine gewisse Zeit in Anspruch, von Anfang an gibt es Anhänger und Gegner, die Anzahl wie die Gewichtigkeit der ersteren nimmt immer zu, bis sie am Ende die Oberhand haben; während der ganzen Zeit des Kampfes ist niemals vergessen worden, um was es sich handelt. Wir verwundern uns kaum, daß der ganze Ablauf eine längere Zeit gebraucht hat, würdigen es wahrscheinlich nicht genug, daß wir es mit einem Vorgang der Massenpsychologie zu tun haben.

Es hat keine Schwierigkeit, zu diesem Vorgang eine voll entsprechende Analogie im Seelenleben eines Einzelnen zu finden. Dies wäre der Fall, daß jemand etwas als neu erfährt, was er auf Grund gewisser Beweise als Wahrheit anerkennen soll, was aber manchen seiner Wünsche widerspricht und einige der ihm wertvollen Überzeugungen beleidigt. Er wird dann zögern, nach Gründen suchen, mit denen er das Neue bezweifeln kann, und wird eine Weile mit sich selbst kämpfen, bis er sich am Ende eingesteht: es ist doch so, obwohl ich es nicht leicht annehme, obwohl es mir peinlich ist, daran glauben zu müssen. Wir lernen daraus nur, daß es Zeit verbraucht, bis die Verstandesarbeit des Ichs Einwendungen überwunden hat, die durch starke affektive Besetzungen gehalten werden. Die Ähnlichkeit zwischen diesem Fall und dem, um dessen Verständnis wir uns bemühen, ist nicht sehr groß.

Das nächste Beispiel, an das wir uns wenden, hat mit unserem Problem anscheinend noch weniger gemein. Es ereignet sich, daß ein Mensch scheinbar unbeschädigt die Stätte verläßt, an der er einen schreckhaften Unfall, z. B. einen Eisenbahnzusammenstoß, erlebt hat. Im Laufe der nächsten Wochen entwickelt er aber eine Reihe schwerer psychischer und motorischer Symptome, die man nur von seinem Schock, jener Erschütterung oder was sonst damals gewirkt hat, ableiten kann. Er hat jetzt eine »traumatische Neurose«. Das ist eine ganz unverständliche, also eine neue Tatsache. Man heißt die Zeit, die zwischen dem Unfall und dem ersten Auftreten der Symptome verflossen ist, die »Inkubationszeit« in durchsichtiger Anspielung an die Pathologie der Infektionskrankheiten. Nachträglich muß es uns auffallen, daß trotz der fundamentalen Verschiedenheit der beiden Fälle zwischen dem Problem der traumatischen Neurose und dem des jüdischen Monotheismus doch in einem Punkt eine Übereinstimmung besteht. Nämlich in dem Charakter, den man die *Latenz* heißen könnte. Nach unserer gesicherten Annahme gibt es ja in der jüdischen Religionsgeschichte eine lange Zeit nach dem Abfall von der Mosesreligion, in der von der monotheistischen Idee, von der Verschmähung des Zeremoniells und von der Überbetonung des Ethischen nichts verspürt wird. So werden wir auf die Möglichkeit vorbereitet, daß die Lösung unseres Problems in einer besonderen psychologischen Situation zu suchen ist.

Wir haben bereits wiederholt dargestellt, was in Qadeš geschah, als die beiden Anteile des späteren jüdischen Volkes zur Annahme einer neuen Religion zusammentraten. Auf der Seite derer, die in Ägypten gewesen waren, waren die Erinnerungen an den Auszug und an die Gestalt des Moses noch so stark und lebhaft, daß sie Aufnahme in einem Bericht über die Vorzeit forderten. Es waren vielleicht die Enkel von Personen, die Moses selbst gekannt hatten, und einige von ihnen fühlten sich noch als Ägypter und trugen ägyptische Namen. Sie hatten aber gute Motive, die Erinnerung an das Schicksal zu verdrängen, das ihrem Führer und Gesetzgeber bereitet worden war. Für die anderen war die Absicht maßgebend, den neuen Gott zu verherrlichen und seine Fremdheit zu bestreiten. Beide Teile hatten das gleiche Interesse daran, zu verleugnen, daß es bei ihnen eine frühere Religion gegeben hatte und welches ihr Inhalt gewesen war. So kam jenes erste Kompromiß zustande, das wahrscheinlich bald eine schriftliche Fixierung fand; die Leute aus Ägypten hatten die Schrift und die Lust zur Geschichtsschreibung mitgebracht, aber es sollte noch lange dauern, bis die Geschichtsschreibung erkannte, daß sie zur unerbittlichen Wahrhaftigkeit verpflichtet sei. Zunächst machte sie sich kein Gewissen daraus, ihre Berichte nach ihren jeweiligen Bedürfnissen und Tendenzen zu gestalten, als wäre ihr der Begriff der Verfälschung noch nicht aufgegangen. Infolge dieser Verhältnisse konnte sich ein Gegensatz herausbilden zwischen der schriftlichen Fixierung und der mündlichen Überlieferung desselben Stoffes, der *Tradition.* Was in der Niederschrift ausgelassen oder abgeändert worden war, konnte sehr wohl in der Tradition unversehrt erhalten geblieben sein. Die Tradition war die Ergänzung und zugleich der Widerspruch zur Geschichtsschreibung. Sie war dem Einfluß der entstellenden Tendenzen weniger unterworfen, vielleicht in manchen Stücken ganz entzogen, und konnte darum wahrhaftiger sein als der schriftlich fixierte Bericht. Ihre Zuverlässigkeit litt aber darunter, daß sie unbeständiger und unbestimmter war als die Niederschrift, mannigfachen Veränderungen und Verunstaltungen ausgesetzt, wenn sie durch mündliche Mitteilung von einer Generation auf die andere übertragen wurde. Eine solche Tradition konnte verschiedenartige

Schicksale haben. Am ehesten sollten wir erwarten, daß sie von der Niederschrift erschlagen wird, sich neben ihr nicht zu behaupten vermag, immer schattenhafter wird und endlich in Vergessenheit gerät. Aber es sind auch andere Schicksale möglich; eines davon ist, daß die Tradition selbst in einer schriftlichen Fixierung endet, und von noch anderen werden wir im weiteren Verlauf zu handeln haben.

Für das Phänomen der Latenz in der jüdischen Religionsgeschichte, das uns beschäftigt, bietet sich nun die Erklärung, daß die von der sozusagen offiziellen Geschichtsschreibung absichtlich verleugneten Tatbestände und Inhalte in Wirklichkeit nie verlorengegangen sind. Die Kunde von ihnen lebte in Traditionen fort, die sich im Volke erhielten. Nach der Versicherung von Sellin war ja selbst über den Ausgang Moses' eine Tradition vorhanden, die der offiziellen Darstellung glatt widersprach und der Wahrheit weit näherkam. Dasselbe, dürfen wir annehmen, traf auch für anderes zu, was scheinbar zugleich mit Moses seinen Untergang gefunden hatte, für manche Inhalte der mosaischen Religion, die für die Überzahl der Zeitgenossen Moses' unannehmbar gewesen waren.

Die merkwürdige Tatsache, der wir hier begegnen, ist aber, daß diese Traditionen, anstatt sich mit der Zeit abzuschwächen, im Laufe der Jahrhunderte immer mächtiger wurden, sich in die späteren Bearbeitungen der offiziellen Berichterstattung eindrängten und endlich sich stark genug zeigten, um das Denken und Handeln des Volkes entscheidend zu beeinflussen. Welche Bedingungen diesen Ausgang ermöglicht haben, das entzieht sich allerdings zunächst unserer Kenntnis.

Diese Tatsache ist so merkwürdig, daß wir uns berechtigt fühlen, sie uns nochmals vorzuhalten. In ihr liegt unser Problem beschlossen. Das Judenvolk hatte die ihm von Moses gebrachte Atonreligion verlassen und sich der Verehrung eines anderen Gottes zugewendet, der sich wenig von den Baalim[1] der Nachbarvölker unterschied. Allen Bemühungen späterer Tendenzen gelang es nicht, diesen beschämenden Sachverhalt zu verschleiern. Aber die Mosesreligion war nicht spurlos untergegangen, eine Art von Erinnerung an sie hatte sich erhalten, eine vielleicht verdunkelte und entstellte Tradition. Und diese Tradition einer großen Vergangenheit war es, die gleichsam aus dem Hintergrund zu wirken fortfuhr, allmählich immer mehr Macht über die Geister ge-

[1] [Lokale Gottheiten.]

wann und es endlich erreichte, den Gott Jahve in den mosaischen Gott zu verwandeln und die vor langen Jahrhunderten eingesetzte und dann verlassene Religion des Moses wieder zum Leben zu erwecken. Daß eine verschollene Tradition eine so mächtige Wirkung auf das Seelenleben eines Volkes üben sollte, ist keine uns vertraute Vorstellung. Wir finden uns da auf einem Gebiet der Massenpsychologie, in dem wir uns nicht heimisch fühlen. Wir halten Ausschau nach Analogien, nach Tatsachen von wenigstens ähnlicher Natur, wenn auch auf anderen Gebieten. Wir meinen, solche sind zu finden.

In den Zeiten, da sich bei den Juden die Wiederkehr der Mosesreligion vorbereitete, fand sich das griechische Volk im Besitz eines überaus reichen Schatzes von Geschlechtersagen und Heldenmythen. Im 9. oder 8. Jahrhundert, glaubt man, entstanden die beiden Homerischen Epen, die ihren Stoff diesem Sagenkreis entnahmen. Mit unseren heutigen psychologischen Einsichten hätte man lange vor Schliemann und Evans die Frage aufwerfen können: Woher nahmen die Griechen all das Sagenmaterial, das Homer und die großen attischen Dramatiker in ihren Meisterwerken verarbeiteten? Die Antwort hätte lauten müssen: Dies Volk hat wahrscheinlich in seiner Vorgeschichte eine Zeit von äußerem Glanz und kultureller Blüte erlebt, die in einer historischen Katastrophe untergegangen ist und von der sich in diesen Sagen eine dunkle Tradition erhalten hat. Die archäologische Forschung unserer Tage hat dann diese Vermutung bestätigt, die damals sicherlich für allzu gewagt erklärt worden wäre. Sie hat die Zeugnisse für die großartige minoisch-mykenische Kultur aufgedeckt, die auf dem griechischen Festland wahrscheinlich schon vor 1250 v. Chr. zu Ende kam. Bei den griechischen Historikern der späteren Zeit findet sich kaum ein Hinweis auf sie. Einmal die Bemerkung, daß es eine Zeit gab, da die Kreter die Seeherrschaft innehatten, der Name des Königs Minos und seines Palastes, des Labyrinths; das ist alles, sonst ist nichts von ihr übriggeblieben als die von den Dichtern aufgegriffenen Traditionen.

Es sind Volksepen noch bei anderen Völkern, bei den Deutschen, Indern, Finnen, bekannt geworden. Es fällt den Literarhistorikern zu zu untersuchen, ob deren Entstehung dieselben Bedingungen annehmen läßt wie im Falle der Griechen. Ich glaube, die Untersuchung wird ein positives Ergebnis bringen. Die Bedingung, die wir erkennen, ist: ein Stück Vorgeschichte, das unmittelbar nachher als inhaltreich, bedeutsam und großartig, vielleicht immer als heldenhaft erscheinen mußte, das aber so weit zurückliegt, so entlegenen Zeiten angehört, daß den späteren Geschlechtern nur eine dunkle und unvollständige Tradition von ihr Kunde gibt. Man hat sich darüber verwundert, daß das Epos als Kunstgattung in späteren Zeiten erloschen ist. Vielleicht liegt die Erklärung darin, daß seine Bedingung sich nicht mehr herstellte. Der alte Stoff war aufgearbeitet, und für alle späteren Begebenheiten war die Geschichtsschreibung an die Stelle der Tradition getreten. Die größten Heldentaten unserer Tage waren nicht imstande, ein Epos zu inspirieren, aber schon Alexander der Große hatte ein Recht zur Klage, daß er keinen Homer finden werde.

Längstvergangene Zeiten haben eine große, eine oft rätselhafte Anziehung für die Phantasie der Menschen. Sooft sie mit ihrer Gegenwart unzufrieden sind – und das sind sie oft genug –, wenden sie sich zurück in die Vergangenheit und hoffen, diesmal den nie erloschenen Traum von einem goldenen Zeitalter bewahrheiten zu können[1]. Wahrscheinlich stehen sie immer noch unter dem Zauber ihrer Kindheit, die ihnen von einer nicht unparteiischen Erinnerung als eine Zeit von ungestörter Seligkeit gespiegelt wird. Wenn von der Vergangenheit nur mehr die unvollständigen und verschwommenen Erinnerungen bestehen, die wir Tradition heißen, so ist das für den Künstler ein besonderer Anreiz, denn dann ist es ihm frei geworden, die Lücken der Erinnerung nach den Gelüsten seiner Phantasie auszufüllen und das Bild der Zeit, die er reproduzieren will, nach seinen Absichten zu gestalten. Beinahe könnte man sagen, je unbestimmter die Tradition geworden ist, desto brauchbarer wird sie für den Dichter. Über die Bedeutung der Tradition für die Dichtung brauchen wir uns also nicht zu verwundern, und die Analogie zur Bedingtheit des Epos wird uns der befremdlichen Annahme geneigter machen, daß es bei den Juden die Mosestradition war, welche den Jahvedienst im Sinne der alten Mosesreligion verwandelte. Aber die beiden Fälle sind sonst noch zu sehr verschieden. Dort ist das Ergebnis eine Dichtung, hier eine Religion, und für letztere haben wir angenommen, daß sie unter dem Antrieb der Tradition mit einer Treue reproduziert wurde, zu der der Fall des Epos natürlich das Gegenstück nicht zeigen kann. Somit bleibt von unserem Problem genug übrig, um das Bedürfnis nach besser zutreffenden Analogien zu rechtfertigen.

---

[1] Diese Situation hat Macaulay seinen *Lays of Ancient Rome* zugrunde gelegt. Er versetzt sich darin in die Rolle eines Sängers, der betrübt über die wüsten Parteikämpfe der Gegenwart seinen Zuhörern den Opfermut, die Einigkeit und den Patriotismus der Ahnen vorhält.

C
DIE ANALOGIE

Die einzige befriedigende Analogie zu dem merkwürdigen Vorgang, den wir in der jüdischen Religionsgeschichte erkannt haben, findet sich auf einem scheinbar weit abgelegenen Gebiet; aber sie ist sehr vollständig, sie kommt der Identität nahe. Dort begegnen uns wieder das Phänomen der Latenz, das Auftauchen unverständlicher, Erklärung heischender Erscheinungen und die Bedingung des frühen, später vergessenen Erlebnisses. Und ebenso der Charakter des Zwanges, der sich mit Überwältigung des logischen Denkens der Psyche aufdrängt, ein Zug, der z. B. bei der Genese des Epos nicht in Betracht kam.
Diese Analogie trifft sich in der Psychopathologie bei der Genese der menschlichen Neurosen, also auf einem Gebiet, das der Einzelpsychologie angehört, während die religiösen Phänomene natürlich zur Massenpsychologie zu rechnen sind. Es wird sich zeigen, daß diese Analogie nicht so überraschend ist, wie man zunächst meinen würde, ja, daß sie eher einem Postulat entspricht.
Die früh erlebten, später vergessenen Eindrücke, denen wir eine so große Bedeutung für die Ätiologie der Neurosen zuschreiben, heißen wir *Traumen*. Es mag dahingestellt bleiben, ob die Ätiologie der Neurosen allgemein als eine traumatische angesehen werden darf. Der naheliegende Einwand dagegen ist, daß sich nicht in allen Fällen ein offenkundiges Trauma aus der Urgeschichte des neurotischen Individuums herausheben läßt. Oft muß man sich bescheiden zu sagen, daß nichts anderes vorliegt als eine außergewöhnliche, abnorme Reaktion auf Erlebnisse und Anforderungen, die alle Individuen treffen und von ihnen in anderer, normal zu nennender Weise verarbeitet und erledigt werden. Wo zur Erklärung nichts anderes zur Verfügung steht als hereditäre und konstitutionelle Dispositionen, ist man begreiflicherweise versucht zu sagen, die Neurose werde nicht erworben, sondern entwickelt.
In diesem Zusammenhang heben sich aber zwei Punkte hervor. Der erste ist, daß die Genese der Neurose überall und jedesmal auf sehr frühe Kindheitseindrücke zurückgeht[1]. Zweitens, es ist richtig, daß es Fälle gibt, die man als »traumatische« auszeichnet, weil die Wir-

[1] So daß es also unsinnig ist zu behaupten, man übe Psychoanalyse, wenn man gerade diese Urzeiten von der Erforschung und Berücksichtigung ausschließt, wie es von manchen Seiten geschieht. [Anspielung auf Theorien und Methoden C. G. Jungs.]

kungen unverkennbar auf einen oder mehrere starke Eindrücke dieser Frühzeit zurückgehen, die sich einer normalen Erledigung entzogen haben, so daß man urteilen möchte, wären diese nicht vorgefallen, so wäre auch die Neurose nicht zustande gekommen. Es reichte nun für unsere Absichten hin, wenn wir die gesuchte Analogie nur auf diese traumatischen Fälle beschränken müßten. Aber die Kluft zwischen beiden Gruppen [von Fällen] scheint nicht unüberbrückbar. Es ist sehr wohl möglich, beide ätiologischen Bedingungen in einer Auffassung zu vereinigen; es kommt nur darauf an, was man als traumatisch definiert. Wenn man annehmen darf, daß das Erlebnis den traumatischen Charakter nur infolge eines quantitativen Faktors erwirbt, daß also in allen Fällen die Schuld an einem Zuviel von Anspruch liegt, wenn das Erlebnis ungewöhnliche, pathologische Reaktionen hervorruft, so kann man leicht zur Auskunft gelangen, daß bei der einen Konstitution etwas als Trauma wirkt, was bei einer anderen keine solche Wirkung hätte. Es ergibt sich dann die Vorstellung einer gleitenden sog. *Ergänzungsreihe*[1], in der zwei Faktoren zur ätiologischen Erfüllung zusammentreten, ein Minder von einem durch ein Mehr vom anderen ausgeglichen wird, im allgemeinen ein Zusammenwirken beider stattfindet und nur an den beiden Enden der Reihe von einer einfachen Motivierung die Rede sein kann. Nach dieser Erwägung kann man die Unterscheidung von traumatischer und nicht traumatischer Ätiologie als für die von uns gesuchte Analogie unwesentlich beiseite lassen.

Vielleicht ist es trotz der Gefahr der Wiederholung zweckmäßig, hier die Tatsachen zusammenzustellen, welche die für uns bedeutsame Analogie enthalten. Es sind folgende: Es hat sich für unsere Forschung herausgestellt, daß das, was wir die Phänomene (Symptome) einer Neurose heißen, die Folgen von gewissen Erlebnissen und Eindrücken sind, die wir eben darum als ätiologische Traumen anerkennen. Wir haben nun zwei Aufgaben vor uns: erstens die gemeinsamen Charaktere dieser Erlebnisse und zweitens die der neurotischen Symptome aufzusuchen, wobei gewisse Schematisierungen nicht vermieden zu werden brauchen.

Ad I: *a)* Alle diese Traumen gehören der frühen Kindheit bis etwa zu 5 Jahren an. Eindrücke aus der Zeit der beginnenden Sprachfähig-

---

[1] [Vgl. die 22. der *Vorlesungen zur Einführung in die Psychoanalyse* (1916–17), *Studienausgabe*, Bd. 1, S. 340–41.]

keit heben sich als besonders interessant hervor; die Periode von 2–4 Jahren erscheint als die wichtigste; wann nach der Geburt diese Zeit der Empfänglichkeit beginnt, läßt sich nicht sicher feststellen. *b*) Die betreffenden Erlebnisse sind in der Regel völlig vergessen, sie sind der Erinnerung nicht zugänglich, fallen in die Periode der infantilen Amnesie, die zumeist durch einzelne Erinnerungsreste, sog. Deckerinnerungen, durchbrochen wird[1]. *c*) Sie beziehen sich auf Eindrücke sexueller und aggressiver Natur, gewiß auch auf frühzeitige Schädigungen des Ichs (narzißtische Kränkungen). Dazu ist zu bemerken, daß so junge Kinder zwischen sexuellen und rein aggressiven Handlungen nicht scharf unterscheiden wie später (sadistisches Mißverständnis des Sexualaktes[2]). Das Überwiegen des sexuellen Moments ist natürlich sehr auffällig und verlangt nach theoretischer Würdigung.

Diese drei Punkte – frühzeitliches Vorkommen innerhalb der ersten 5 Jahre, Vergessenheit, sexuell-aggressiver Inhalt – gehören eng zusammen. Die Traumen sind entweder Erlebnisse am eigenen Körper oder Sinneswahrnehmungen, meist von Gesehenem und Gehörtem, also Erlebnisse oder Eindrücke. Der Zusammenhang jener drei Punkte wird durch eine Theorie hergestellt, ein Ergebnis der analytischen Arbeit, die allein eine Kenntnis der vergessenen Erlebnisse vermitteln, greller, aber auch inkorrekter ausgedrückt, sie in die Erinnerung zurückbringen kann. Die Theorie lautet, daß im Gegensatz zur populären Meinung das Geschlechtsleben der Menschen – oder was ihm in späterer Zeit entspricht – eine Frühblüte zeigt, die mit etwa 5 Jahren zu Ende ist, worauf die sogenannte Latenzzeit – bis zur Pubertät – folgt, in der keine Fortentwicklung der Sexualität vor sich geht, ja das Erreichte rückgängig gemacht wird. Diese Lehre wird durch anatomische Untersuchung des Wachstums der inneren Genitalien bestätigt; sie führt zur Vermutung, daß der Mensch von einer Tierart abstammt, die mit 5 Jahren geschlechtsreif wurde, und weckt den Verdacht, daß der Aufschub und zweizeitige Ansatz des Sexuallebens aufs innigste mit der Geschichte der Menschwerdung zusammenhängt. Der Mensch scheint das einzige Tierwesen mit solcher Latenz und Sexualverspätung zu sein. Untersuchungen an Primaten, die meines Wissens nicht vorliegen, wären für die Prüfung der Theorie unerläßlich. Psychologisch kann es nicht gleichgültig sein, daß die Periode der infantilen Amnesie mit dieser Frühzeit der Sexualität zusammenfällt. Vielleicht bringt die-

[1] [S. die 13. der *Vorlesungen* (1916–17), ibid., Bd. 1, S. 205.]
[2] [Vgl. ›Über infantile Sexualtheorien‹ (1908 *c*), ibid., Bd. 5, S. 180–81.]

ser Sachverhalt die wirkliche Bedingung für die Möglichkeit der Neurose, die ja im gewissen Sinne ein menschliches Vorrecht ist und in dieser Betrachtung als ein Überbleibsel *(survival)* der Urzeit erscheint wie gewisse Bestandstücke der Anatomie unseres Körpers.

Ad II, gemeinsame Eigenschaften oder Besonderheiten der neurotischen Phänomene: Es sind zwei Punkte hervorzuheben. *a)* Die Wirkungen des Traumas sind von zweierlei Art, positive und negative. Die ersteren sind Bemühungen, das Trauma wieder zur Geltung zu bringen, also das vergessene Erlebnis zu erinnern, oder noch besser, es real zu machen, eine Wiederholung davon von neuem zu erleben, wenn es auch nur eine frühere Affektbeziehung war, dieselbe in einer analogen Beziehung zu einer anderen Person neu wiederaufleben zu lassen. Man faßt diese Bemühungen zusammen als *Fixierung* an das Trauma und als *Wiederholungszwang*. Sie können in das sog. normale Ich aufgenommen werden und als ständige Tendenzen desselben ihm unwandelbare Charakterzüge verleihen, obwohl oder vielmehr gerade weil ihre wirkliche Begründung, ihr historischer Ursprung vergessen ist. So kann ein Mann, der seine Kindheit in übermäßiger, heute vergessener Mutterbindung verbracht hat, sein ganzes Leben über nach einer Frau suchen, von der er sich abhängig machen kann, von der er sich nähren und erhalten läßt. Ein Mädchen, das in früher Kindheit Objekt einer sexuellen Verführung wurde, kann ihr späteres Sexualleben darauf einrichten, immer wieder solche Angriffe zu provozieren. Es ist leicht zu erraten, daß wir durch solche Einsichten über das Problem der Neurose hinaus zum Verständnis der Charakterbildung überhaupt vordringen.

Die negativen Reaktionen verfolgen das entgegengesetzte Ziel, daß von den vergessenen Traumen nichts erinnert und nichts wiederholt werden soll. Wir können sie als *Abwehrreaktionen* zusammenfassen. Ihr Hauptausdruck sind die sog. *Vermeidungen*, die sich zu *Hemmungen* und *Phobien* steigern können. Auch diese negativen Reaktionen leisten die stärksten Beiträge zur Prägung des Charakters; im Grunde sind sie ebenso Fixierungen an das Trauma wie ihre Gegner, nur sind es Fixierungen mit entgegengesetzter Tendenz. Die Symptome der Neurose im engeren Sinne sind Kompromißbildungen, zu denen beiderlei von den Traumen ausgehende Strebungen zusammentreten, so daß bald der Anteil der einen, bald der anderen Richtung in ihnen überwiegenden Ausdruck findet. Durch diesen Gegensatz der Reaktionen werden Konflikte hergestellt, die regulärerweise zu keinem Abschluß kommen können.

b) Alle diese Phänomene, die Symptome wie die Einschränkungen des Ichs und die stabilen Charakterveränderungen, haben *Zwangs*charakter, d. h. bei großer psychischer Intensität zeigen sie eine weitgehende Unabhängigkeit von der Organisation der anderen seelischen Vorgänge, die den Forderungen der realen Außenwelt angepaßt sind, den Gesetzen des logischen Denkens gehorchen. Sie [die pathologischen Phänomene] werden durch die äußere Realität nicht oder nicht genug beeinflußt, kümmern sich nicht um sie und um ihre psychische Vertretung, so daß sie leicht in aktiven Widerspruch zu beiden geraten. Sie sind gleichsam ein Staat im Staat, eine unzugängliche, zur Zusammenarbeit unbrauchbare Partei, der es aber gelingen kann, das andere, sog. Normale zu überwinden und in ihren Dienst zu zwingen. Geschieht dies, so ist damit die Herrschaft einer inneren psychischen Realität über die Realität der Außenwelt erreicht, der Weg zur Psychose eröffnet [1]. Auch wo es nicht so weit kommt, ist die praktische Bedeutung dieser Verhältnisse kaum zu überschätzen. Die Lebenshemmung und Lebensunfähigkeit der von einer Neurose beherrschten Personen ist ein in der menschlichen Gesellschaft sehr bedeutsamer Faktor, und man darf in ihr den direkten Ausdruck ihrer Fixierung an ein frühes Stück ihrer Vergangenheit erkennen.

Und nun fragen wir, was ist es mit der Latenz, die uns mit Rücksicht auf die Analogie besonders interessieren muß? An das Trauma der Kindheit kann sich ein neurotischer Ausbruch unmittelbar anschließen, eine Kindheitsneurose, erfüllt von den Bemühungen zur Abwehr, unter Bildung von Symptomen. Sie kann längere Zeit anhalten, auffällige Störungen verursachen, aber auch latent verlaufen und übersehen werden. In ihr behält in der Regel die Abwehr die Oberhand; auf jeden Fall bleiben Ichveränderungen [2], den Narbenbildungen vergleichbar, zurück. Nur selten setzt sich die Kinderneurose ohne Unterbrechung in die Neurose des Erwachsenen fort. Weit häufiger wird sie

[1] [Vgl. die editorische Anmerkung, unten, S. 575.]

[2] [Die Beziehung zwischen Ichveränderungen, Gegenbesetzungen und Reaktionsbildungen wird erstmals in *Hemmung, Symptom und Angst* (1926 *d*) geklärt; s. *Studienausgabe,* Bd. 6, S. 295–7 und S. 301. Die *therapeutische* Ichveränderung (die hier nicht betrachtet wird) wird in Freuds späteren Werken als Rückgängigmachung derjenigen Ichveränderungen angesehen, die infolge von Abwehrvorgängen eingetreten sind. S. ›Die endliche und die unendliche Analyse‹ (1937 *c*), Abschnitt V, und *Abriß der Psychoanalyse* (1940 *a*), Kapitel VI.]

abgelöst von einer Zeit anscheinend ungestörter Entwicklung, ein Vorgang, der durch das Dazwischentreten der physiologischen Latenzperiode unterstützt oder ermöglicht wird. Erst später tritt die Wandlung ein, mit der die endgültige Neurose als verspätete Wirkung des Traumas manifest wird. Dies geschieht entweder mit dem Einbruch der Pubertät oder eine Weile später. Im ersteren Falle, indem die durch die physische Reifung verstärkten Triebe nun den Kampf wiederaufnehmen können, in dem sie anfänglich der Abwehr unterlegen sind, im anderen Falle, weil die bei der Abwehr hergestellten Reaktionen und Ichveränderungen sich nun als hinderlich für die Erledigung der neuen Lebensaufgaben erweisen, so daß es nun zu schweren Konflikten zwischen den Anforderungen der realen Außenwelt und dem Ich kommt, das seine im Abwehrkampf mühsam erworbene Organisation bewahren will. Das Phänomen einer Latenz der Neurose zwischen den ersten Reaktionen auf das Trauma und dem späteren Ausbruch der Erkrankung muß als typisch anerkannt werden. Man darf diese Erkrankung auch als Heilungsversuch ansehen, als Bemühung, die durch den Einfluß des Traumas abgespaltenen Anteile des Ichs wieder mit dem übrigen zu versöhnen und zu einem gegen die Außenwelt machtvollen Ganzen zu vereinigen. Aber ein solcher Versuch gelingt nur selten, wenn nicht die analytische Arbeit zu Hilfe kommt, auch dann nicht immer, und er endet häufig genug in einer völligen Verwüstung und Zersplitterung des Ichs oder in dessen Überwältigung durch den frühzeitig abgespaltenen, vom Trauma beherrschten Anteil.

Um die Überzeugung des Lesers zu gewinnen, wäre die ausführliche Mitteilung zahlreicher neurotischer Lebensgeschichten erforderlich. Aber bei der Weitläufigkeit und Schwierigkeit des Gegenstandes würde dies den Charakter dieser Arbeit völlig aufheben. Sie würde sich in eine Abhandlung über Neurosenlehre umwandeln und auch dann wahrscheinlich nur auf jene Minderzahl wirken, die das Studium und die Ausübung der Psychoanalyse zur Lebensaufgabe gewählt hat. Da ich mich hier an einen weiteren Kreis wende, kann ich nichts anderes tun, als den Leser ersuchen, daß er den im Vorstehenden abgekürzt mitgeteilten Ausführungen eine gewisse vorläufige Glaubwürdigkeit zugestehe, womit also das Zugeständnis meinerseits verbunden ist, daß er die Folgerungen, zu denen ich ihn führe, nur dann anzunehmen braucht, wenn die Lehren, die ihre Voraussetzungen sind, sich als richtig bewähren.

Ich kann immerhin versuchen, einen einzelnen Fall zu erzählen, der manche der erwähnten Eigentümlichkeiten der Neurose besonders deutlich erkennen läßt. Natürlich darf man von einem einzigen Fall nicht erwarten, daß er alles zeigen wird, und braucht nicht enttäuscht zu sein, wenn er sich inhaltlich weit von dem entfernt, wozu wir die Analogie suchen.

Das Knäblein, das, wie so häufig in kleinbürgerlichen Familien, in den ersten Lebensjahren das Schlafzimmer mit den Eltern teilte, hatte wiederholt, ja regelmäßig Gelegenheit, im Alter der kaum erreichten Sprachfähigkeit die sexuellen Vorgänge zwischen den Eltern zu beobachten, manches zu sehen und mehr noch zu hören. In seiner späteren Neurose, die unmittelbar nach der ersten spontanen Pollution ausbricht, ist Schlafstörung das früheste und lästigste Symptom. Er wird außerordentlich empfindlich gegen nächtliche Geräusche und kann, einmal geweckt, den Schlaf nicht wiederfinden. Diese Schlafstörung war ein richtiges Kompromißsymptom, einerseits der Ausdruck seiner Abwehr gegen jene nächtlichen Wahrnehmungen, andererseits ein Versuch, das Wachsein wiederherzustellen, in dem er jenen Eindrücken lauschen konnte.

Durch solche Beobachtung frühzeitig zu aggressiver Männlichkeit geweckt, begann das Kind seinen kleinen Penis mit der Hand zu erregen und verschiedene sexuelle Angriffe auf die Mutter zu unternehmen, in der Identifizierung mit dem Vater, an dessen Stelle er sich dabei setzte. Das ging so fort, bis er sich endlich von der Mutter das Verbot holte, sein Glied zu berühren, und des weiteren die Drohung von ihr hörte, sie werde es dem Vater sagen und der ihm zur Strafe das sündige Glied wegnehmen. Diese Kastrationsdrohung hatte eine außerordentlich starke traumatische Wirkung auf den Knaben. Er gab seine sexuelle Tätigkeit auf und änderte seinen Charakter. Anstatt sich mit dem Vater zu identifizieren, fürchtete er ihn, stellte sich passiv zu ihm ein und provozierte ihn durch gelegentliche Schlimmheit zu körperlichen Züchtigungen, die für ihn sexuelle Bedeutung hatten, so daß er sich dabei mit der mißhandelten Mutter identifizieren konnte. An die Mutter selbst klammerte er sich immer ängstlicher an, als ob er keinen Moment lang ihre Liebe entbehren könnte, in der er den Schutz gegen die vom Vater drohende Kastrationsgefahr erblickte. In dieser Modifikation des Ödipuskomplexes verbrachte er die Latenzzeit, die von auffälligen Störungen frei blieb. Er wurde ein Musterknabe, hatte guten Erfolg in der Schule.

Soweit haben wir die unmittelbare Wirkung des Traumas verfolgt und die Tatsache der Latenz bestätigt.

Der Eintritt der Pubertät brachte die manifeste Neurose und offenbarte deren zweites Hauptsymptom, die sexuelle Impotenz. Er hatte die Empfindlichkeit seines Gliedes eingebüßt, versuchte nicht, es zu berühren, wagte nicht, sich einer Frau in sexueller Absicht zu nähern. Seine sexuelle Betätigung blieb eingeschränkt auf psychische Onanie mit sadistisch-masochistischen Phantasien, in denen man unschwer die Ausläufer jener frühen Koitusbeobachtungen an den Eltern erkennt. Der Schub verstärkter Männlichkeit, den die Pubertät mit sich bringt, wurde für wütenden Vaterhaß und Widersetzlichkeit gegen den Vater aufgewendet. Dies extreme, bis zur Selbstzerstörung rücksichtslose Verhältnis zum Vater verschuldete auch seinen Mißerfolg im Leben und seine Konflikte mit der Außenwelt. Er durfte es in seinem Beruf zu nichts bringen, weil der Vater ihn in diesen Beruf gedrängt hatte. Er machte auch keine Freunde, stand nie gut zu seinen Vorgesetzten.

Als er, mit diesen Symptomen und Unfähigkeiten behaftet, nach dem Tode des Vaters endlich eine Frau gefunden hatte, kamen wie als Kern seines Wesens Charakterzüge bei ihm zum Vorschein, die den Umgang mit ihm zur schweren Aufgabe für alle ihm Näherstehenden machten. Er entwickelte eine absolut egoistische, despotische und brutale Persönlichkeit, der es offenbar Bedürfnis war, die anderen zu unterdrücken und zu kränken. Es war die getreue Kopie des Vaters, wie sich dessen Bild in seiner Erinnerung gestaltet hatte, also ein Wiederaufleben der Vateridentifizierung, in die sich seinerzeit der kleine Knabe aus sexuellen Motiven begeben hatte. In diesem Stück erkennen wir die *Wiederkehr* des Verdrängten, die wir nebst den unmittelbaren Wirkungen des Traumas und dem Phänomen der Latenz unter den wesentlichen Zügen einer Neurose beschrieben haben.

D
ANWENDUNG

Frühes Trauma – Abwehr – Latenz – Ausbruch der neurotischen Erkrankung – teilweise Wiederkehr des Verdrängten: so lautete die Formel, die wir für die Entwicklung einer Neurose aufgestellt haben. Der Leser wird nun eingeladen, den Schritt zur Annahme zu machen, daß im Leben der Menschenart Ähnliches vorgefallen ist wie in dem der Individuen. Also daß es auch hier Vorgänge gegeben hat sexuell-aggressiven Inhalts, die bleibende Folgen hinterlassen haben, aber zumeist abgewehrt, vergessen wurden, später, nach langer Latenz zur Wirkung gekommen sind und Phänomene, den Symptomen ähnlich in Aufbau und Tendenz, geschaffen haben.

Wir glauben diese Vorgänge erraten zu können und wollen zeigen, daß ihre symptomähnlichen Folgen die religiösen Phänomene sind. Da sich seit dem Auftauchen der Evolutionsidee nicht mehr bezweifeln läßt, daß das Menschengeschlecht eine Vorgeschichte hat, und da diese unbekannt, das heißt vergessen ist, hat ein solcher Schluß beinahe das Gewicht eines Postulats. Wenn wir erfahren, daß die wirksamen und vergessenen Traumen sich hier wie dort auf das Leben in der menschlichen Familie beziehen, werden wir dies als eine hocherwünschte, nicht vorhergesehene, von den bisherigen Erörterungen nicht erforderte Zugabe begrüßen.

Ich habe diese Behauptungen schon vor einem Vierteljahrhundert in meinem Buch *Totem und Tabu* (1912–13) aufgestellt und brauche sie hier nur zu wiederholen. Die Konstruktion geht von einer Angabe Ch. Darwins aus und bezieht eine Vermutung von Atkinson ein[1]. Sie besagt, daß in Urzeiten der Urmensch in kleinen Horden[2] lebte, jede unter der Herrschaft eines starken Männchens. Die Zeit ist nicht angebbar, der Anschluß an die uns bekannten geologischen Epochen nicht erreicht, wahrscheinlich hatte es jenes Menschenwesen in der Sprachentwicklung noch nicht weit gebracht. Ein wesentliches Stück der Konstruktion ist die Annahme, daß die zu beschreibenden Schicksale alle Urmenschen, also alle unsere Ahnen betroffen haben.

Die Geschichte wird in großartiger Verdichtung erzählt, als ob sich ein einziges Mal zugetragen hätte, was sich in Wirklichkeit über Jahrtausende erstreckt hat und in dieser langen Zeit ungezählt oft wiederholt worden ist. Das starke Männchen war Herr und Vater der ganzen Horde, unbeschränkt in seiner Macht, die er gewalttätig gebrauchte. Alle weiblichen Wesen waren sein Eigentum, die Frauen und Töchter der eigenen Horde, wie vielleicht auch die aus anderen Horden geraubten. Das Schicksal der Söhne war ein hartes; wenn sie die Eifersucht des Vaters erregten, wurden sie erschlagen oder kastriert oder ausgetrieben. Sie waren darauf angewiesen, in kleinen Gemeinschaften zusammenzuleben und sich Frauen durch Raub zu verschaffen, wo es dann

[1] [S. Darwin (1871, Bd. 2, 362 f.) und Atkinson (1903, 220 f.).]

[2] [S. die editorischen Anmerkungen oben, S. 410, Anm. 4, und S. 230, Anm. 1.]

dem einen oder anderen gelingen konnte, sich zu einer ähnlichen Position emporzuarbeiten wie die des Vaters in der Urhorde. Eine Ausnahmestellung ergab sich aus natürlichen Gründen für die jüngsten Söhne, die durch die Liebe der Mütter geschützt aus dem Altern des Vaters Vorteil ziehen und ihn nach seinem Ableben ersetzen konnten. Sowohl von der Austreibung der älteren wie von der Bevorzugung der jüngsten Söhne glaubt man Nachklänge in Sagen und Märchen zu erkennen.

Der nächste, entscheidende Schritt zur Änderung dieser ersten Art von »sozialer« Organisation soll gewesen sein, daß die vertriebenen, in Gemeinschaft lebenden Brüder sich zusammentaten, den Vater überwältigten und ihn nach der Sitte jener Zeiten roh verzehrten. An diesem Kannibalismus braucht man keinen Anstoß zu nehmen, er ragt weit in spätere Zeiten hinein. Wesentlich ist es aber, daß wir diesen Urmenschen die nämlichen Gefühlseinstellungen zuschreiben, wie wir sie bei den Primitiven der Gegenwart, unseren Kindern, durch analytische Erforschung feststellen können. Also daß sie den Vater nicht nur haßten und fürchteten, sondern auch ihn als Vorbild verehrten, und daß jeder sich in Wirklichkeit an seine Stelle setzen wollte. Der kannibalistische Akt wird dann verständlich als Versuch, sich durch Einverleibung eines Stücks von ihm der Identifizierung mit ihm zu versichern.

Es ist anzunehmen, daß nach der Vatertötung eine längere Zeit folgte, in der die Brüder miteinander um das Vatererbe stritten, das ein jeder für sich allein gewinnen wollte. Die Einsicht in die Gefahren und die Erfolglosigkeit dieser Kämpfe, die Erinnerung an die gemeinsam vollbrachte Befreiungstat und die Gefühlsbindungen aneinander, die während der Zeiten der Vertreibung entstanden waren, führten endlich zu einer Einigung unter ihnen, einer Art von Gesellschaftsvertrag. Es entstand die erste Form einer sozialen Organisation mit *Triebverzicht*[1], Anerkennung von gegenseitigen *Verpflichtungen*, Einsetzung bestimmter, für unverbrüchlich (heilig) erklärter *Institutionen*, die Anfänge also von Moral und Recht. Jeder einzelne verzichtete auf das Ideal, die Vaterstellung für sich zu erwerben, auf den Besitz von Mutter und Schwestern. Damit war das *Inzesttabu* und das Gebot der *Exogamie* gegeben. Ein gutes Stück der durch die Beseitigung des Vaters frei gewordenen Machtvollkommenheit ging auf die Frauen über, es kam die Zeit des *Matriarchats*. Das Andenken des Vaters lebte zu dieser Periode

---

[1] [Dieses Thema wird in Teil II, Abschnitt D, unten, S. 561 ff., abgehandelt.]

des »Brüderbundes« fort. Ein starkes, vielleicht zuerst immer auch gefürchtetes Tier wurde als Vaterersatz gefunden. Eine solche Wahl mag uns befremdend erscheinen, aber die Kluft, die der Mensch später zwischen sich und dem Tier hergestellt hat, bestand nicht für den Primitiven und besteht auch nicht bei unseren Kindern, deren Tierphobien wir als Vaterangst verstehen konnten. Im Verhältnis zum Totemtier war die ursprüngliche Zwiespältigkeit (Ambivalenz) der Gefühlsbeziehung zum Vater voll erhalten. Der Totem galt einerseits als leiblicher Ahnherr und Schutzgeist des Clans, er mußte verehrt und geschont werden, anderseits wurde ein Festtag eingesetzt, an dem ihm das Schicksal bereitet wurde, das der Urvater gefunden hatte. Er wurde von allen Genossen gemeinsam getötet und verzehrt (Totemmahlzeit nach Robertson Smith [1894]). Dieser große Festtag war in Wirklichkeit eine Triumphfeier des Sieges der verbündeten Söhne über den Vater.

Wo bleibt in diesem Zusammenhange die Religion? Ich meine, wir haben ein volles Recht, im Totemismus mit seiner Verehrung eines Vaterersatzes, der durch die Totemmahlzeit bezeugten Ambivalenz, der Einsetzung von Gedenkfeiern, von Verboten, deren Übertretung mit dem Tode bestraft wird – wir dürfen im Totemismus, sage ich, die erste Erscheinungsform der Religion in der menschlichen Geschichte erkennen und deren von Anfang an bestehende Verknüpfung mit sozialen Gestaltungen und moralischen Verpflichtungen bestätigen. Die weiteren Entwicklungen der Religion können wir hier nur in kürzester Überschau behandeln. Sie gehen ohne Zweifel parallel mit den kulturellen Fortschritten des Menschengeschlechts und den Veränderungen im Aufbau der menschlichen Gemeinschaften.

Der nächste Fortschritt vom Totemismus her ist die Vermenschlichung des verehrten Wesens. An die Stelle der Tiere treten menschliche Götter, deren Herkunft vom Totem nicht verhüllt ist. Entweder wird der Gott noch in Tiergestalt oder wenigstens mit dem Angesicht des Tieres gebildet, oder der Totem wird zum bevorzugten Begleiter des Gottes, von ihm unzertrennlich, oder die Sage läßt den Gott gerade dieses Tier erlegen, das doch nur seine Vorstufe war. An einer nicht leicht bestimmbaren Stelle dieser Entwicklung treten große Muttergottheiten auf, wahrscheinlich noch vor den männlichen Göttern, die sich dann lange Zeit neben diesen erhalten. Unterdes hat sich eine große soziale Umwälzung vollzogen. Das Mutterrecht wurde durch eine wiederhergestellte patriarchalische Ordnung abgelöst. Die neuen Väter erreichten freilich nie die Allmacht des Urvaters, es waren ihrer viele, die in größeren Verbänden, als die Horde gewesen war, miteinander lebten; sie mußten sich miteinander gut vertragen, blieben durch soziale Satzungen beschränkt. Wahrscheinlich entstanden die Muttergottheiten zur Zeit der Einschränkung des Matriarchats zur Entschädigung der zurückgesetzten Mütter. Die männlichen Gottheiten erscheinen zuerst als Söhne neben den großen Müttern, erst später nehmen sie deutlich die Züge von Vatergestalten an. Diese männlichen Götter des Polytheismus spiegeln die Verhältnisse der patriarchalischen Zeit wider. Sie sind zahlreich, beschränken einander gegenseitig, unterordnen sich gelegentlich einem überlegenen Obergott. Der nächste Schritt aber führt zu dem Thema, das uns hier beschäftigt, zur Wiederkehr des einen, einzigen, unumschränkt herrschenden Vatergottes [1].

Es ist zuzugeben, daß diese historische Übersicht lückenhaft und in manchen Punkten ungesichert ist. Aber wer unsere Konstruktion der Urgeschichte nur für phantastisch erklären wollte, der würde den Reichtum und die Beweiskraft des Materials, das in sie eingegangen ist, arg unterschätzen. Große Stücke der Vergangenheit, die hier zu einem Ganzen verknüpft werden, sind historisch bezeugt, der Totemismus, die Männerbünde. Anderes hat sich in ausgezeichneten Repliken erhalten. So ist es mehrmals einem Autor aufgefallen, wie getreu der Ritus der christlichen Kommunion, in der der Gläubige in symbolischer Form Blut und Fleisch seines Gottes sich einverleibt, Sinn und Inhalt der alten Totemmahlzeit wiederholt. Zahlreiche Überbleibsel der vergessenen Urzeit sind in den Sagen und Märchen der Völker erhalten, und in unerwarteter Reichhaltigkeit hat das analytische Studium des kindlichen Seelenlebens Stoff geliefert, um die Lücken unserer Kenntnis der Urzeiten auszufüllen. Als Beiträge zum Verständnis des so bedeutsamen Vaterverhältnisses brauche ich nur die Tierphobien, die so seltsam anmutende Furcht, vom Vater gefressen zu werden, und die ungeheure Intensität der Kastrationsangst anzuführen. Es ist nichts an unserer Konstruktion, was frei erfunden wäre, was sich nicht auf gute Grundlagen stützen könnte.

---

[1] [Große Teile des hier vorgetragenen Materials werden im vierten Aufsatz von *Totem und Tabu* (1912–13), oben, S. 387 ff., weit ausführlicher erörtert; dagegen enthält die vorliegende Arbeit etwas mehr über Muttergottheiten. (Vgl. dazu die Fußnote auf S. 495, oben; s. auch einige Bemerkungen in *Massenpsychologie* (1921 *c*), Kapitel XII, oben, S. 126 und S. 127.) Das Gesamtthema wird in Teil II, Abschnitt D, S. 564 ff. unten, erneut aufgenommen.]

Vat d. Urhorde – Polytheismus – Rel. d. Urvaters

Nimmt man unsere Darstellung der Urgeschichte als im ganzen glaubwürdig an, so erkennt man in den religiösen Lehren und Riten zweierlei Elemente: einerseits Fixierungen an die alte Familiengeschichte und Überlebsel derselben, anderseits Wiederherstellungen des Vergangenen, Wiederkehren des Vergessenen nach langen Intervallen. Der letztere Anteil ist der, der, bisher übersehen und darum nicht verstanden, hier an wenigstens einem eindrucksvollen Beispiel erwiesen werden soll.

Es ist besonderer Hervorhebung wert, daß jedes aus der Vergessenheit wiederkehrende Stück sich mit besonderer Macht durchsetzt, einen unvergleichlich starken Einfluß auf die Menschenmassen übt und einen unwiderstehlichen Anspruch auf Wahrheit erhebt, gegen den logischer Einspruch machtlos bleibt. Nach Art des *Credo quia absurdum*[1]. Dieser merkwürdige Charakter läßt sich nur nach dem Muster des Irrwahns der Psychotiker verstehen. Wir haben längst begriffen, daß in der Wahnidee ein Stück vergessener Wahrheit steckt, das sich bei seiner Wiederkehr Entstellungen und Mißverständnisse gefallenlassen mußte, und daß die zwanghafte Überzeugung, die sich für den Wahn herstellt, von diesem Wahrheitskern ausgeht und sich auf die umhüllenden Irrtümer ausbreitet. Einen solchen Gehalt an *historisch* zu nennender Wahrheit müssen wir auch den Glaubenssätzen der Religionen zugestehen, die zwar den Charakter psychotischer Symptome an sich tragen, aber als Massenphänomene dem Fluch der Isolierung entzogen sind[2].

Kein anderes Stück der Religionsgeschichte ist uns so durchsichtig geworden wie die Einsetzung des Monotheismus im Judentum und dessen Fortsetzung im Christentum, wenn wir die ähnlich lückenlos verständliche Entwicklung vom tierischen Totem zum menschlichen Gott mit seinem regelmäßigen Begleiter beiseite lassen. (Noch jeder der vier christlichen Evangelisten hat sein Lieblingstier.) Lassen wir vorläufig die pharaonische Weltherrschaft als Anlaß für das Auftauchen der monotheistischen Idee gelten, so sehen wir, daß diese, von ihrem Boden losgelöst und auf ein anderes Volk übertragen, von diesem Volk nach einer langen Zeit der Latenz Besitz ergreift, als kostbarster Besitz von ihm gehütet wird und nun ihrerseits das Volk am Leben erhält, indem sie ihm den Stolz der Auserwähltheit schenkt. Es ist die Religion des Urvaters, an die sich die Hoffnung auf Belohnung, Auszeichnung, endlich auf Weltherrschaft knüpft. Diese letztere Wunschphantasie, vom

---

[1] [Dies war von Freud schon in *Die Zukunft einer Illusion* (1927 *c*) behandelt worden; s. oben, S. 162 und Anm. 1. Vgl. auch S. 564, unten.]

[2] [S. Teil II, Abschnitt G, S. 572 ff., unten.]

jüdischen Volk längst aufgegeben, lebt noch heute bei den Feinden des Volkes im Glauben an die Verschwörung der »Weisen von Zion« fort. Wir behalten uns vor, in einem späteren Abschnitt darzustellen, wie die besonderen Eigentümlichkeiten der Ägypten entlehnten monotheistischen Religion auf das jüdische Volk wirken und seinen Charakter für die Dauer prägen mußten durch die Ablehnung von Magie und Mystik, die Anregung zu Fortschritten in der Geistigkeit[1], die Aufforderung zu Sublimierungen, wie das Volk durch den Besitz der Wahrheit beseligt, überwältigt vom Bewußtsein der Auserwähltheit, zur Hochschätzung des Intellektuellen und zur Betonung des Ethischen gelangte und wie die traurigen Schicksale, die realen Enttäuschungen dieses Volkes alle diese Tendenzen verstärken konnten. Für jetzt wollen wir die Entwicklung in anderer Richtung verfolgen.

Die Wiedereinsetzung des Urvaters in seine historischen Rechte war ein großer Fortschritt, aber es konnte nicht das Ende sein. Auch die anderen Stücke der prähistorischen Tragödie drängten nach Anerkennung. Was diesen Prozeß in Gang brachte, ist nicht leicht zu erraten. Es scheint, daß ein wachsendes Schuldbewußtsein sich des jüdischen Volkes, vielleicht der ganzen damaligen Kulturwelt bemächtigt hatte als Vorläufer der Wiederkehr des verdrängten Inhalts. Bis dann einer aus diesem jüdischen Volk in der Justifizierung eines politisch-religiösen Agitators den Anlaß fand, mit dem eine neue, die christliche Religion sich vom Judentum ablöste. Paulus, ein römischer Jude aus Tarsus, griff dieses Schuldbewußtsein auf und führte es richtig auf seine urgeschichtliche Quelle zurück. Er nannte diese die »Erbsünde«, es war ein Verbrechen gegen Gott, das nur durch den Tod gesühnt werden konnte. Mit der Erbsünde war der Tod in die Welt gekommen. In Wirklichkeit war dies todwürdige Verbrechen der Mord am später vergötterten Urvater gewesen. Aber es wurde nicht die Mordtat erinnert, sondern anstatt dessen ihre Sühnung phantasiert, und darum konnte diese Phantasie als Erlösungsbotschaft *(Evangelium)* begrüßt werden. Ein Sohn Gottes hatte sich als Unschuldiger töten lassen und damit die Schuld aller auf sich genommen. Es mußte ein Sohn sein, denn es war ja ein Mord am Vater gewesen. Wahrscheinlich hatten Traditionen aus orientalischen und griechischen Mysterien auf den Ausbau der Erlösungsphantasie Einfluß genommen. Das Wesentliche an ihr scheint Paulus' eigener Beitrag gewesen zu sein. Er war ein im eigentlichsten Sinn religiös veranlagter

[1] [Vgl. Teil II, Abschnitt C, S. 557 ff., unten.]

Mensch; die dunklen Spuren der Vergangenheit lauerten in seiner Seele, bereit zum Durchbruch in bewußtere Regionen.

Daß sich der Erlöser schuldlos geopfert hatte, war eine offenbar tendenziöse Entstellung, die dem logischen Verständnis Schwierigkeiten bereitete, denn wie soll ein an der Mordtat Unschuldiger die Schuld der Mörder auf sich nehmen können, dadurch, daß er sich selbst töten läßt? In der historischen Wirklichkeit bestand ein solcher Widerspruch nicht. Der »Erlöser« konnte kein anderer sein als der Hauptschuldige, der Anführer der Brüderbande, die den Vater überwältigt hatte. Ob es einen solchen Hauptrebellen und Anführer gegeben hat, muß man nach meinem Urteil unentschieden lassen. Es ist sehr wohl möglich, aber man muß auch in Betracht ziehen, daß jeder einzelne der Brüderbande gewiß den Wunsch hatte, für sich allein die Tat zu begehen und sich so eine Ausnahmestellung und einen Ersatz für die aufzugebende, in der Gemeinschaft untergehende Vateridentifizierung zu schaffen. Wenn es keinen solchen Anführer gab, dann ist Christus der Erbe einer unerfüllt gebliebenen Wunschphantasie, wenn ja, dann ist er sein Nachfolger und seine Reinkarnation. Aber gleichgültig, ob hier Phantasie oder Wiederkehr einer vergessenen Realität vorliegt, jedenfalls ist an dieser Stelle der Ursprung der Vorstellung vom Heros zu finden, vom Helden, der sich ja immer gegen den Vater empört und ihn in irgendeiner Gestalt tötet [1]. Auch die wirkliche Begründung der sonst schwer nachweisbaren »tragischen Schuld« des Helden im Drama. Es ist kaum zu bezweifeln, daß der Held und der Chor im griechischen Drama diesen selben rebellischen Helden und die Brüderbande darstellen, und es ist nicht bedeutungslos, daß im Mittelalter das Theater mit der Darstellung der Passionsgeschichte wieder neu beginnt.

Wir haben schon gesagt, daß die christliche Zeremonie der heiligen Kommunion, in der der Gläubige Blut und Fleisch des Heilands sich einverleibt, den Inhalt der alten Totemmahlzeit wiederholt, freilich nur in ihrem zärtlichen, die Verehrung ausdrückenden, nicht in ihrem aggressiven Sinn. Die Ambivalenz, die das Vaterverhältnis beherrscht, zeigte sich aber deutlich im Endergebnis der religiösen Neuerung. Angeblich zur Versöhnung des Vatergottes bestimmt, ging sie in dessen Entthronung und Beseitigung aus. Das Judentum war eine Vaterreligion gewesen, das Christentum wurde eine Sohnesreligion. Der alte Gott-

[1] Ernest Jones macht darauf aufmerksam, daß der Gott Mithras, der den Stier tötet, diesen Anführer darstellen könnte, der sich seiner Tat rühmt. Es ist bekannt, wie lange die Mithrasverehrung mit dem jungen Christentum um den Endsieg stritt.

vater trat hinter Christus zurück, Christus, der Sohn, kam an seine Stelle, ganz so, wie es in jener Urzeit jeder Sohn ersehnt hatte. Paulus, der Fortsetzer des Judentums, wurde auch sein Zerstörer. Seinen Erfolg dankte er gewiß in erster Linie der Tatsache, daß er durch die Erlösungsidee das Schuldbewußtsein der Menschheit beschwor, aber daneben auch dem Umstand, daß er die Auserwähltheit seines Volkes und ihr sichtbares Anzeichen, die Beschneidung, aufgab, so daß die neue Religion eine universelle, alle Menschen umfassende werden konnte. Mag an diesem Schritt des Paulus auch seine persönliche Rachsucht Anteil gehabt haben ob des Widerspruchs, den seine Neuerung in jüdischen Kreisen fand, so war doch damit ein Charakter der alten Atonreligion wiederhergestellt, eine Einengung aufgehoben worden, die sie beim Übergang auf einen neuen Träger, auf das jüdische Volk, erworben hatte.

In manchen Hinsichten bedeutete die neue Religion eine kulturelle Regression gegen die ältere, jüdische, wie es ja beim Einbruch oder bei der Zulassung neuer Menschenmassen von niedrigerem Niveau regelmäßig der Fall ist. Die christliche Religion hielt die Höhe der Vergeistigung nicht ein, zu der sich das Judentum aufgeschwungen hatte. Sie war nicht mehr streng monotheistisch, übernahm von den umgebenden Völkern zahlreiche symbolische Riten, stellte die große Muttergottheit wieder her und fand Platz zur Unterbringung vieler Göttergestalten des Polytheismus in durchsichtiger Verhüllung, obzwar in untergeordneten Stellungen. Vor allem verschloß sie sich nicht wie die Atonreligion und die ihr nachfolgende mosaische dem Eindringen abergläubischer, magischer und mystischer Elemente, die für die geistige Entwicklung der nächsten zwei Jahrtausende eine schwere Hemmung bedeuten sollten.

Der Triumph des Christentums war ein erneuerter Sieg der Ammonspriester über den Gott Ikhnatons nach anderthalbtausendjährigem Intervall und auf erweitertem Schauplatz. Und doch war das Christentum religionsgeschichtlich, d. h. in bezug auf die Wiederkehr des Verdrängten, ein Fortschritt, die jüdische Religion von da ab gewissermaßen ein Fossil.

Es wäre der Mühe wert zu verstehen, wie es kam, daß die monotheistische Idee grade auf das jüdische Volk einen so tiefen Eindruck machen und von ihm so zähe festgehalten werden konnte. Ich glaube, man kann diese Frage beantworten. Das Schicksal hatte dem jüdischen Volke die Großtat und Untat der Urzeit, die Vatertötung, nähergerückt, indem es dasselbe veranlaßte, sie an der Person des Moses, einer hervorragenden Vatergestalt, zu wiederholen. Es war ein Fall von »Agieren«, anstatt zu erinnern, wie er sich so häufig während der analytischen Arbeit am Neurotiker ereignet. Auf die Anregung zur Erinnerung, die ihnen die Lehre Moses' brachte, reagierten sie aber mit der Verleugnung ihrer Aktion, blieben bei der Anerkennung des großen Vaters stehen und sperrten sich so den Zugang zur Stelle, an der später Paulus die Fortsetzung der Urgeschichte anknüpfen sollte. Es ist kaum gleichgültig oder zufällig, daß die gewaltsame Tötung eines anderen großen Mannes auch der Ausgangspunkt für die religiöse Neuschöpfung des Paulus wurde. Eines Mannes, den eine kleine Anzahl von Anhängern in Judäa für den Sohn Gottes und den angekündigten Messias hielt, auf den auch später ein Stück der dem Moses angedichteten Kindheitsgeschichte überging [s. S. 465], von dem wir aber in Wirklichkeit kaum mehr Sicheres wissen als von Moses selbst, nicht wissen, ob er wirklich der große Lehrer war, den die Evangelien schildern, oder ob nicht vielmehr die Tatsache und die Umstände seines Todes entscheidend wurden für die Bedeutung, die seine Person gewonnen hat. Paulus, der sein Apostel wurde, hat ihn selbst nicht gekannt.

Die von Sellin aus ihren Spuren in der Tradition erkannte, merkwürdigerweise auch vom jungen Goethe ohne jeden Beweis angenommene Tötung des Moses durch sein Judenvolk[1] wird so ein unentbehrliches Stück unserer Konstruktion, ein wichtiges Bindeglied zwischen dem vergessenen Vorgang der Urzeit und dem späten Wiederauftauchen in der Form der monotheistischen Religionen[2]. Es ist eine ansprechende Vermutung, daß die Reue um den Mord an Moses den Antrieb zur Wunschphantasie vom Messias gab, der wiederkommen und seinem Volk die Erlösung und die versprochene Weltherrschaft bringen sollte. Wenn Moses dieser erste Messias war, dann ist Christus sein Ersatzmann und Nachfolger geworden, dann konnte auch Paulus mit einer gewissen historischen Berechtigung den Völkern zurufen: »Sehet, der Messias ist wirklich gekommen, er ist ja vor euren Augen hingemordet worden.« Dann ist auch an der Auferstehung Christi ein Stück historischer Wahrheit, denn er war [der auferstandene Moses und hinter ihm] der wiedergekehrte Urvater der primitiven Horde, verklärt und als Sohn an die Stelle des Vaters gerückt[3].

---

[1] ›Israel in der Wüste‹; Bd. 7 der Weimarer Ausgabe, S. 170.

[2] Vgl. zu diesem Thema die bekannten Ausführungen von Frazer, *The Golden Bough*, Part III, *The Dying God*. [Frazer, 1911 *c*.]

[3] [In *G. W.*, Bd. 16, S. 196, sind bei diesem Satz die Wörter »der auferstandene Moses und hinter ihm« weggefallen.]

Das arme jüdische Volk, das mit gewohnter Hartnäckigkeit den Mord am Vater zu verleugnen fortfuhr, hat im Laufe der Zeiten schwer dafür gebüßt. Es wurde ihm immer wieder vorgehalten: Ihr habt unseren Gott getötet. Und dieser Vorwurf hat recht, wenn man ihn richtig übersetzt. Er lautet dann auf die Geschichte der Religionen bezogen: Ihr wollt nicht *zugeben*, daß ihr Gott (das Urbild Gottes, den Urvater, und seine späteren Reinkarnationen) gemordet habt. Ein Zusatz sollte aussagen: Wir haben freilich dasselbe getan, aber wir haben es *zugestanden*, und wir sind seither entsühnt. Nicht alle Vorwürfe, mit denen der Antisemitismus die Nachkommen des jüdischen Volkes verfolgt, können sich auf eine ähnliche Rechtfertigung berufen. Ein Phänomen von der Intensität und Dauerhaftigkeit des Judenhasses der Völker muß natürlich mehr als nur einen Grund haben. Man kann eine ganze Reihe von Gründen erraten, manche offenkundig aus der Realität abgeleitet, die keiner Deutung bedürfen, andere, tieferliegende, aus geheimen Quellen stammend, die man als die spezifischen Motive anerkennen möchte. Von den ersteren ist der Vorwurf der Landfremdheit wohl der hinfälligste, denn an vielen heute vom Antisemitismus beherrschten Orten gehören die Juden zu den ältesten Anteilen der Bevölkerung oder sind selbst früher zur Stelle gewesen als die gegenwärtigen Einwohner. Das trifft z. B. zu für die Stadt Köln, wohin die Juden mit den Römern kamen, ehe sie noch von Germanen besetzt wurde [1]. Andere Begründungen des Judenhasses sind stärker, so der Umstand, daß sie zumeist als Minoritäten unter anderen Völkern leben, denn das Gemeinschaftsgefühl der Massen braucht zu seiner Ergänzung die Feindseligkeit gegen eine außenstehende Minderzahl, und die numerische Schwäche dieser Ausgeschlossenen fordert zu deren Unterdrückung auf. Ganz unverzeihlich sind aber zwei andere Eigenheiten der Juden. Erstens, daß sie in manchen Hinsichten verschieden sind von ihren »Wirtsvölkern«. Nicht grundverschieden, denn sie sind nicht fremdrassige Asiaten, wie die Feinde behaupten, sondern zumeist aus Resten der mediterranen Völker zusammengesetzt und Erben der Mittelmeerkultur. Aber sie sind doch anders, oft in undefinierbarer Art anders als zumal die nordischen Völker, und die Intoleranz der Massen äußert sich merkwürdigerweise gegen kleine Unterschiede stärker als gegen fundamentale Differenzen [2].

---

[1] [In seiner *Selbstdarstellung* (1925 *d*, ziemlich zu Anfang) erwähnt Freud, daß nach einer Überlieferung seine väterliche Familie lange Zeit in Köln ansässig war.]

[2] [Vgl. den »Narzißmus der kleinen Differenzen« in *Das Unbehagen in der Kultur* (1930 *a*), Kapitel V, oben, S. 243, wo auch über Antisemitismus diskutiert wird.]

Noch stärker wirkt der zweite Punkt, nämlich daß sie allen Bedrückungen trotzen, daß es den grausamsten Verfolgungen nicht gelungen ist, sie auszurotten, ja, daß sie vielmehr die Fähigkeit zeigen, sich im Erwerbsleben zu behaupten und, wo man sie zuläßt, wertvolle Beiträge zu allen kulturellen Leistungen zu machen.

Die tieferen Motive des Judenhasses wurzeln in längst vergangenen Zeiten, sie wirken aus dem Unbewußten der Völker, und ich bin darauf gefaßt, daß sie zunächst nicht glaubwürdig erscheinen werden. Ich wage die Behauptung, daß die Eifersucht auf das Volk, welches sich für das erstgeborene, bevorzugte Kind Gottvaters ausgab, bei den anderen heute noch nicht überwunden ist, so als ob sie dem Anspruch Glauben geschenkt hätten. Ferner hat unter den Sitten, durch die sich die Juden absonderten, die der Beschneidung einen unliebsamen, unheimlichen Eindruck gemacht, der sich wohl durch die Mahnung an die gefürchtete Kastration erklärt und damit an ein gern vergessenes Stück der urzeitlichen Vergangenheit rührt. Und endlich das späteste Motiv dieser Reihe, man sollte nicht vergessen, daß alle diese Völker, die sich heute im Judenhaß hervortun, erst in späthistorischen Zeiten Christen geworden sind, oft durch blutigen Zwang dazu getrieben. Man könnte sagen, sie sind alle »schlecht getauft«, unter einer dünnen Tünche von Christentum sind sie geblieben, was ihre Ahnen waren, die einem barbarischen Polytheismus huldigten. Sie haben ihren Groll gegen die neue, ihnen aufgedrängte Religion nicht überwunden, aber sie haben ihn auf die Quelle verschoben, von der das Christentum zu ihnen kam. Die Tatsache, daß die Evangelien eine Geschichte erzählen, die unter Juden und eigentlich nur von Juden handelt, hat ihnen eine solche Verschiebung erleichtert. Ihr Judenhaß ist im Grunde Christenhaß, und man braucht sich nicht zu wundern, daß in der deutschen nationalsozialistischen Revolution diese innige Beziehung der zwei monotheistischen Religionen in der feindseligen Behandlung beider so deutlichen Ausdruck findet[1].

---

[1] [Die unbewußten Wurzeln des Antisemitismus im Kastrationskomplex und in der Beschneidung scheint Freud erstmals in einer Fußnote zu seiner Falldarstellung des »kleinen Hans« (1909 *b*), *Studienausgabe,* Bd. 8, S. 36, Anm. 2, erwähnt zu haben. Er wiederholt dieses Argument in einer 1919 seiner Leonardo-Studie (1910 *c*) angefügten Fußnote, ibid., Bd. 10, S. 121, Anm. 2. Eine Stelle über Antisemitismus in *Das Unbehagen in der Kultur* wurde in der vorigen Fußnote genannt. Die in der vorliegenden Arbeit enthaltenen Erörterungen zu diesem Thema sind jedoch die ausführlichsten in Freuds Werk.]

E
SCHWIERIGKEITEN

Vielleicht ist es im Vorstehenden geglückt, die Analogie zwischen neurotischen Vorgängen und den religiösen Geschehnissen durchzuführen und damit auf den unvermuteten Ursprung der letzteren hinzuweisen. Bei dieser Übertragung aus der Individual- in die Massenpsychologie stellen sich zwei Schwierigkeiten heraus von verschiedener Natur und Würdigkeit, denen wir uns jetzt zuwenden müssen. Die erste ist, daß wir hier nur einen Fall aus der reichhaltigen Phänomenologie der Religionen behandelt, kein Licht geworfen haben auf die anderen. Mit Bedauern muß der Autor eingestehen, daß er nicht mehr geben kann als diese eine Probe, daß sein Fachwissen nicht ausreicht, um die Untersuchung zu vervollständigen. Er kann aus seiner beschränkten Kenntnis etwa noch hinzufügen, der Fall der mahomedanischen Religionsstiftung erscheine ihm wie eine abgekürzte Wiederholung der jüdischen, als deren Nachahmung sie auftrat. Es scheint ja, daß der Prophet ursprünglich die Absicht hatte, für sich und sein Volk das Judentum voll anzunehmen. Die Wiedergewinnung des einzigen großen Urvaters brachte bei den Arabern eine außerordentliche Hebung des Selbstbewußtseins hervor, die zu großen weltlichen Erfolgen führte, sich aber auch in ihnen erschöpfte. Allah zeigte sich seinem auserwählten Volk weit dankbarer als seinerzeit Jahve dem seinen. Aber die innere Entwicklung der neuen Religion kam bald zum Stillstand, vielleicht weil es an der Vertiefung fehlte, die im jüdischen Falle der Mord am Religionsstifter verursacht hatte. Die anscheinend rationalistischen Religionen des Ostens sind ihrem Kern nach Ahnenkult, machen also auch halt bei einer frühen Stufe der Rekonstruktion des Vergangenen. Wenn es richtig ist, daß bei primitiven Völkern der Jetztzeit die Anerkennung eines höchsten Wesens als einziger Inhalt ihrer Religion gefunden wird, so kann man dies nur als Verkümmerung der Religionsentwicklung auffassen und in Beziehung setzen zu den ungezählten Fällen rudimentärer Neurosen, die man auf jenem anderen Gebiet konstatiert. Warum es hier wie dort nicht weitergegangen ist, dafür fehlt uns in beiden Fällen das Verständnis. Man muß daran denken, die individuelle Begabung dieser Völker, die Richtung ihrer Tätigkeit und ihrer allgemeinen sozialen Zustände dafür verantwortlich zu machen. Übrigens ist es eine gute Regel der analytischen Arbeit, daß man sich mit der Erklärung des Vorhandenen begnüge und sich nicht bemühe zu erklären, was nicht zustande gekommen ist.

Die zweite Schwierigkeit bei dieser Übertragung auf die Massenpsychologie ist weit bedeutsamer, weil sie ein neues Problem von prinzipieller Natur aufwirft. Es stellt sich die Frage, in welcher Form ist die wirksame Tradition im Leben der Völker vorhanden, eine Frage, die es beim Individuum nicht gibt, denn hier ist sie durch die Existenz der Erinnerungsspuren des Vergangenen im Unbewußten erledigt. Gehen wir auf unser historisches Beispiel zurück. Wir haben das Kompromiß in Qades auf den Fortbestand einer mächtigen Tradition bei den aus Ägypten Zurückgekehrten begründet. Dieser Fall birgt kein Problem. Nach unserer Annahme stützte sich eine solche Tradition auf bewußte Erinnerung an mündliche Mitteilungen, die die damals Lebenden von ihren Vorfahren, nur zwei oder drei Generationen zurück, empfangen hatten, und letztere waren Teilnehmer und Augenzeugen der betreffenden Ereignisse gewesen. Aber können wir für die späteren Jahrhunderte dasselbe glauben, daß die Tradition immer ein auf normale Weise mitgeteiltes Wissen zur Grundlage hatte, das vom Ahn auf den Enkel übertragen worden? Welches die Personen waren, die ein solches Wissen bewahrten und es mündlich fortpflanzten, läßt sich nicht mehr wie im früheren Falle angeben. Nach Sellin war die Tradition vom Mord an Moses in Priesterkreisen immer vorhanden, bis sie endlich ihren schriftlichen Ausdruck fand, der allein es Sellin möglich machte, sie zu erraten. Aber sie kann nur wenigen bekannt gewesen sein, sie war nicht Volksgut. Und reicht das aus, um ihre Wirkung zu erklären? Kann man einem solchen Wissen von wenigen die Macht zuschreiben, die Massen so nachhaltig zu ergreifen, wenn es zu ihrer Kenntnis kommt? Es sieht doch eher so aus, als müßte auch in der unwissenden Masse etwas vorhanden sein, was dem Wissen der wenigen irgendwie verwandt ist und ihm entgegenkommt, wenn es geäußert wird.

Die Beurteilung wird noch schwieriger, wenn wir uns zum analogen Fall aus der Urzeit wenden. Daß es einen Urvater von den bekannten Eigenschaften gegeben und welches Schicksal ihn betroffen, ist im Laufe der Jahrtausende ganz gewiß vergessen worden, auch kann man keine mündliche Tradition davon wie im Falle Moses annehmen. In welchem Sinne kommt also eine Tradition überhaupt in Betracht? In welcher Form kann sie vorhanden gewesen sein?

Um es Lesern leichter zu machen, die nicht gewillt oder nicht vorbereitet sind, sich in einen komplizierten psychologischen Sachverhalt zu vertiefen, werde ich das Ergebnis der nun folgenden Untersuchung voranstellen. Ich meine, die Übereinstimmung zwischen dem Individuum und der Masse ist in diesem Punkt eine fast vollkommene, auch in den Massen bleibt der Eindruck der Vergangenheit in unbewußten Erinnerungsspuren erhalten.

Beim Individuum glauben wir klarzusehen. Die Erinnerungsspur des früh Erlebten ist in ihm erhalten geblieben, nur in einem besonderen psychologischen Zustand. Man kann sagen, das Individuum hat es immer gewußt, so wie man eben um das Verdrängte weiß. Wir haben uns da bestimmte, durch die Analyse unschwer zu erhärtende Vorstellungen gebildet, wie etwas vergessen werden und wie es nach einer Weile wieder zum Vorschein kommen kann. Das Vergessene ist nicht ausgelöscht, sondern nur »verdrängt«, seine Erinnerungsspuren sind in aller Frische vorhanden, aber durch »Gegenbesetzungen« isoliert. Sie können nicht in den Verkehr mit den anderen intellektuellen Vorgängen eintreten, sind unbewußt, dem Bewußtsein unzugänglich. Es kann auch sein, daß gewisse Anteile des Verdrängten sich dem Prozeß entzogen haben, der Erinnerung zugänglich bleiben, gelegentlich im Bewußtsein auftauchen, aber auch dann sind sie isoliert, wie Fremdkörper außer Zusammenhang mit dem anderen. Es kann so sein, aber es braucht nicht so zu sein, die Verdrängung kann auch vollständig sein, und an diesen Fall wollen wir uns für das Weitere halten.

Dies Verdrängte behält seinen Auftrieb, sein Streben, zum Bewußtsein vorzudringen. Es erreicht sein Ziel unter drei Bedingungen, 1) wenn die Stärke der Gegenbesetzung herabgesetzt wird durch Krankheitsprozesse, die das andere, das sogenannte Ich, befallen, oder durch eine andere Verteilung der Besetzungsenergien in diesem Ich, wie es regelmäßig im Schlafzustand geschieht; 2) wenn die am Verdrängten haftenden Triebanteile eine besondere Verstärkung erfahren, wofür die Vorgänge während der Pubertät das beste Beispiel geben; 3) wenn im rezenten Erleben zu irgendeiner Zeit Eindrücke, Erlebnisse auftreten, die dem Verdrängten so ähnlich sind, daß sie es zu erwecken vermögen. Dann verstärkt sich das Rezente durch die latente Energie des Verdrängten, und das Verdrängte kommt hinter dem Rezenten mit seiner Hilfe zur Wirkung. In keinem dieser drei Fälle kommt das bisher Verdrängte glatt, unverändert zum Bewußtsein, sondern immer muß es sich Entstellungen gefallen lassen, die den Einfluß des nicht ganz überwundenen Widerstandes aus der Gegenbesetzung bezeugen oder den modifizierenden Einfluß des rezenten Erlebnisses oder beides.

Als Kennzeichen und Anhalt zur Orientierung hat uns die Unterscheidung gedient, ob ein psychischer Vorgang bewußt oder unbewußt ist. Das Verdrängte ist unbewußt. Nun wäre es eine erfreuliche Vereinfachung, wenn dieser Satz auch eine Umkehrung zuließe, wenn also die Differenz der Qualitäten bewußt (bw) und unbewußt (ubw)[1] zusammenfiele mit der Scheidung: ichzugehörig und verdrängt. Die Tatsache, daß es in unserem Seelenleben solche isolierten und unbewußten Dinge gibt, wäre neu und wichtig genug. In Wirklichkeit liegt es komplizierter. Es ist richtig, daß alles Verdrängte unbewußt ist, aber nicht mehr richtig, daß alles, was zum Ich gehört, bewußt ist. Wir werden darauf aufmerksam, daß das Bewußtsein eine flüchtige Qualität ist, die einem psychischen Vorgang nur vorübergehend anhaftet. Wir müssen darum für unsere Zwecke »bewußt« ersetzen durch »bewußtseinsfähig« und nennen diese Qualität »vorbewußt« (vbw). Wir sagen dann richtiger, das Ich ist wesentlich vorbewußt (virtuell bewußt), aber Anteile des Ichs sind unbewußt.

Diese letztere Feststellung lehrt uns, daß die Qualitäten, an die wir uns bisher gehalten haben, zur Orientierung im Dunkel des Seelenlebens nicht ausreichen. Wir müssen eine andere Unterscheidung einführen, die nicht mehr qualitativ, sondern *topisch* und, was ihr einen besonderen Wert verleiht, gleichzeitig *genetisch* ist. Wir sondern jetzt in unserem Seelenleben, das wir als einen aus mehreren Instanzen, Bezirken, Provinzen zusammengesetzten Apparat auffassen, eine Region, die wir das eigentliche *Ich* heißen, von einer anderen, die wir das *Es* nennen. Das Es ist das ältere, das Ich hat sich aus ihm wie eine Rindenschicht durch den Einfluß der Außenwelt entwickelt. Im Es greifen unsere ursprünglichen Triebe an, alle Vorgänge im Es verlaufen unbewußt. Das Ich deckt sich, wie wir bereits erwähnt haben, mit dem Bereich des Vorbewußten, es enthält Anteile, die normalerweise unbewußt bleiben. Für die psychischen Vorgänge im Es gelten ganz andere Gesetze des Ablaufs und der gegenseitigen Beeinflussung, als die im Ich herrschen. In Wirklichkeit ist es ja die Entdeckung dieser Unterschiede, die uns zu unserer neuen Auffassung geleitet hat und diese rechtfertigt.

Das *Verdrängte* ist dem Es zuzurechnen und unterliegt auch den Mechanismen desselben, es sondert sich nur in Hinsicht der Genese von ihm ab. Die Differenzierung vollzieht sich in der Frühzeit, während sich das

---

[1] [Diese Abkürzungen hatte Freud seit dem fünfzehn Jahre zuvor in *Das Ich und das Es* (1923 *b*) vorgelegten Strukturmodell der Psyche kaum jemals wieder benutzt. Es ist ein Kuriosum, daß er sie in der vorliegenden Arbeit, entgegen seinen sonstigen Gepflogenheiten, im »deskriptiven« Sinne verwendet.]

Ich aus dem Es entwickelt. Dann wird ein Teil der Inhalte des Es vom Ich aufgenommen und auf den vorbewußten Zustand gehoben, ein anderer Teil wird von dieser Übersetzung nicht betroffen und bleibt als das eigentliche Unbewußte im Es zurück. Im weiteren Verlauf der Ichbildung werden aber gewisse psychische Eindrücke und Vorgänge im Ich durch einen Abwehrprozeß ausgeschlossen; der Charakter des Vorbewußten wird ihnen entzogen, so daß sie wiederum zu Bestandteilen des Es erniedrigt worden sind. Dies ist also das »Verdrängte« im Es. Was den Verkehr zwischen beiden seelischen Provinzen betrifft, so nehmen wir also an, daß einerseits der unbewußte Vorgang im Es aufs Niveau des Vorbewußten gehoben und dem Ich einverleibt wird und daß anderseits Vorbewußtes im Ich den umgekehrten Weg machen und ins Es zurückversetzt werden kann. Es bleibt außerhalb unseres gegenwärtigen Interesses, daß sich später im Ich ein besonderer Bezirk, der des »Über-Ich«, abgrenzt[1].

Das alles mag weit entfernt von einfach scheinen[2], aber wenn man sich mit der ungewohnten räumlichen Auffassung des seelischen Apparats befreundet hat, kann es der Vorstellung doch keine besonderen Schwierigkeiten bereiten. Ich füge noch die Bemerkung an, daß die hier entwickelte psychische Topik nichts mit der Gehirnanatomie zu tun hat, sie eigentlich nur an einer Stelle streift[3]. Das Unbefriedigende an dieser Vorstellung, das ich so deutlich wie jeder andere verspüre, geht von unserer völligen Unwissenheit über die *dynamische* Natur der seelischen Vorgänge aus. Wir sagen uns, was eine bewußte Vorstellung von einer vorbewußten, diese von einer unbewußten unterscheidet, kann nichts anderes sein als eine Modifikation, vielleicht auch eine andere Verteilung der psychischen Energie. Wir sprechen von Besetzungen und Überbesetzungen, aber darüber hinaus fehlt uns jede Kenntnis und sogar jeder Ansatz zu einer brauchbaren Arbeitshypothese. Über das Phänomen des Bewußtseins können wir noch angeben, daß es ursprünglich an der Wahrnehmung hängt. Alle Empfindungen, die durch Wahrnehmung von Schmerz-, Getast-, Gehörs- oder Gesichtsreizungen entstehen, sind am ehesten bewußt. Die Denkvorgänge und was ihnen im Es analog

---

1 [Einiges über das Über-Ich findet sich jedoch weiter unten auf S. 562 f.]

2 [Eine ausführlichere Darstellung gibt Freud in der 31. Vorlesung der *Neuen Folge der Vorlesungen* (1933 *a*).]

3 [Wie Freud in ähnlichem Zusammenhang in *Jenseits des Lustprinzips* (1920 *g*), zu Beginn von Kapitel IV, und in *Das Ich und das Es* (1923 *b*), am Anfang von Kapitel II, darlegt, ist diese eine Stelle das Wahrnehmungssystem, das sowohl in der Anatomie als auch in Freuds Metapsychologie in der Großhirnrinde lokalisiert wird.]

sein mag, sind an sich unbewußt und erwerben sich den Zugang zum Bewußtsein durch Verknüpfung mit Erinnerungsresten von Wahrnehmungen des Gesichts und Gehörs auf dem Wege der Sprachfunktion [1]. Beim Tier, dem die Sprache fehlt, müssen diese Verhältnisse einfacher liegen.

Die Eindrücke der frühen Traumen, von denen wir ausgegangen sind, werden entweder nicht ins Vorbewußte übersetzt oder bald durch die Verdrängung in den Eszustand zurückversetzt. Ihre Erinnerungsreste sind dann unbewußt und wirken vom Es aus. Wir glauben ihr weiteres Schicksal gut verfolgen zu können, solange es sich bei ihnen um Selbsterlebtes handelt. Eine neue Komplikation tritt aber hinzu, wenn wir auf die Wahrscheinlichkeit aufmerksam werden, daß im psychischen Leben des Individuums nicht nur selbsterlebte, sondern auch bei der Geburt mitgebrachte Inhalte wirksam sein mögen, Stücke von phylogenetischer Herkunft, eine *archaische Erbschaft*. Es entstehen dann die Fragen, worin besteht diese, was enthält sie, was sind ihre Beweise?
Die nächste und sicherste Antwort lautet, sie besteht in bestimmten Dispositionen, wie sie allen Lebewesen eigen sind. Also in der Fähigkeit und Neigung, bestimmte Entwicklungsrichtungen einzuschlagen und auf gewisse Erregungen, Eindrücke und Reize in einer besonderen Weise zu reagieren. Da die Erfahrung zeigt, daß sich bei den Einzelwesen der Menschenart in dieser Hinsicht Differenzen ergeben, so schließt die archaische Erbschaft diese Differenzen ein, sie stellen dar, was man als das *konstitutionelle* Moment im Einzelnen anerkennt. Da nun alle Menschen wenigstens in ihrer Frühzeit ungefähr das nämliche erleben, reagieren sie darauf auch in gleichartiger Weise, und es konnte der Zweifel entstehen, ob man nicht diese Reaktionen mitsamt ihren individuellen Differenzen der archaischen Erbschaft zurechnen soll. Der Zweifel ist abzuweisen; durch die Tatsache dieser Gleichartigkeit wird unsere Kenntnis von der archaischen Erbschaft nicht bereichert.
Indes hat die analytische Forschung einzelne Ergebnisse gebracht, die uns zu denken geben. Da ist zunächst die Allgemeinheit der Sprachsymbolik. Die symbolische Vertretung eines Gegenstands durch einen anderen – dasselbe ist bei Verrichtungen der Fall – ist all unseren Kindern geläufig und wie selbstverständlich. Wir können ihnen nicht nachweisen, wie sie es erlernt haben, und müssen in vielen Fällen zuge-

[1] [Eine lange technische Erörterung dieser Vorgänge findet sich in der metapsychologischen Arbeit ›Das Unbewußte‹ (1915 *e*), in der zweiten Hälfte von Teil VII.]

stehen, daß ein Erlernen unmöglich ist. Es handelt sich um ein ursprüngliches Wissen, das der Erwachsene später vergessen hat. Er verwendet die nämlichen Symbole zwar in seinen Träumen, aber er versteht sie nicht, wenn der Analytiker sie ihm nicht deutet, und auch dann schenkt er der Übersetzung ungern Glauben. Wenn er sich einer der so häufigen Redensarten bedient hat, in denen sich diese Symbolik fixiert findet, so muß er zugestehen, daß ihm deren eigentlicher Sinn völlig entgangen ist. Die Symbolik setzt sich auch über die Verschiedenheiten der Sprachen hinweg; Untersuchungen würden wahrscheinlich ergeben, daß sie ubiquitär ist, bei allen Völkern die nämliche. Hier scheint also ein gesicherter Fall von archaischer Erbschaft aus der Zeit der Sprachentwicklung vorzuliegen, aber man könnte immer noch eine andere Erklärung versuchen. Man könnte sagen, es handle sich um Denkbeziehungen zwischen Vorstellungen, die sich während der historischen Sprachentwicklung hergestellt hatten und die nun jedesmal wiederholt werden müssen, wo eine Sprachentwicklung individuell durchgemacht wird. Es wäre dann ein Fall von Vererbung einer Denkdisposition wie sonst einer Triebdisposition und wiederum kein neuer Beitrag zu unserem Problem.

Die analytische Arbeit hat aber auch anderes zutage gefördert, was in seiner Tragweite über das Bisherige hinausreicht. Wenn wir die Reaktionen auf die frühen Traumen studieren, sind wir oft genug überrascht zu finden, daß sie sich nicht strenge an das wirklich selbst Erlebte halten, sondern sich in einer Weise von ihm entfernen, die weit besser zum Vorbild eines phylogenetischen Ereignisses paßt und ganz allgemein nur durch dessen Einfluß erklärt werden kann. Das Verhalten des neurotischen Kindes zu seinen Eltern im Ödipus- und Kastrationskomplex ist überreich an solchen Reaktionen, die individuell ungerechtfertigt erscheinen und erst phylogenetisch, durch die Beziehung auf das Erleben früherer Geschlechter, begreiflich werden. Es wäre durchaus der Mühe wert, dies Material, auf das ich mich hier berufen kann, der Öffentlichkeit gesammelt vorzulegen. Seine Beweiskraft erscheint mir stark genug, um den weiteren Schritt zu wagen und die Behauptung aufzustellen, daß die archaische Erbschaft des Menschen nicht nur Dispositionen, sondern auch Inhalte umfaßt, Erinnerungsspuren an das Erleben früherer Generationen. Damit wären Umfang wie Bedeutung der archaischen Erbschaft in bedeutungsvoller Weise gesteigert.

Bei näherer Besinnung müssen wir uns eingestehen, daß wir uns seit langem so benommen haben, als stände die Vererbung von Erinnerungsspuren an das von Voreltern Erlebte, unabhängig von direkter Mitteilung und von dem Einfluß der Erziehung durch Beispiel, nicht in Frage. Wenn wir von dem Fortbestand einer alten Tradition in einem Volk, von der Bildung eines Volkscharakters sprechen, hatten wir meist eine solche ererbte Tradition und nicht eine durch Mitteilung fortgepflanzte im Sinne. Oder wir haben wenigstens zwischen den beiden nicht unterschieden und uns nicht klargemacht, welche Kühnheit wir durch solche Vernachlässigung begehen. Unsere Sachlage wird allerdings durch die gegenwärtige Einstellung der biologischen Wissenschaft erschwert, die von der Vererbung erworbener Eigenschaften auf die Nachkommen nichts wissen will. Aber wir gestehen in aller Bescheidenheit, daß wir trotzdem diesen Faktor in der biologischen Entwicklung nicht entbehren können. Es handelt sich zwar in beiden Fällen nicht um das gleiche, dort um erworbene Eigenschaften, die schwer zu fassen sind, hier um Erinnerungsspuren an äußere Eindrücke, gleichsam Greifbares. Aber es wird wohl sein, daß wir uns im Grunde das eine nicht ohne das andere vorstellen können. Wenn wir den Fortbestand solcher Erinnerungsspuren in der archaischen Erbschaft annehmen, haben wir die Kluft zwischen Individual- und Massenpsychologie überbrückt, können die Völker behandeln wie den einzelnen Neurotiker. Zugegeben, daß wir für die Erinnerungsspuren in der archaischen Erbschaft derzeit keinen stärkeren Beweis haben als jene Resterscheinungen der analytischen Arbeit, die eine Ableitung aus der Phylogenese erfordern, so erscheint uns dieser Beweis doch stark genug, um einen solchen Sachverhalt zu postulieren. Wenn es anders ist, kommen wir weder in der Analyse noch in der Massenpsychologie auf dem eingeschlagenen Weg einen Schritt weiter. Es ist eine unvermeidliche Kühnheit.

Wir tun damit auch noch etwas anderes. Wir verringern die Kluft, die frühere Zeiten menschlicher Überhebung allzuweit zwischen Mensch und Tier aufgerissen haben. Wenn die sogenannten Instinkte der Tiere, die ihnen gestatten, sich von Anfang an in der neuen Lebenssituation so zu benehmen, als wäre sie eine alte, längst vertraute, wenn dies Instinktleben der Tiere überhaupt eine Erklärung zuläßt, so kann es nur die sein, daß sie die Erfahrungen ihrer Art in die neue eigene Existenz mitbringen, also Erinnerungen an das von ihren Voreltern Erlebte in sich bewahrt haben. Beim Menschentier wäre es im Grunde auch nicht anders. Den Instinkten der Tiere entspricht seine eigene archaische Erbschaft, sei sie auch von anderem Umfang und Inhalt.

Nach diesen Erörterungen trage ich kein Bedenken auszusprechen, die

Menschen haben es – in jener besonderen Weise – immer gewußt, daß sie einmal einen Urvater besessen und erschlagen haben.

Zwei weitere Fragen sind hier zu beantworten. Erstens, unter welchen Bedingungen tritt eine solche Erinnerung in die archaische Erbschaft ein; zweitens, unter welchen Umständen kann sie aktiv werden, d. h. aus ihrem unbewußten Zustand im Es zum Bewußtsein, wenn auch verändert und entstellt, vordringen? Die Antwort auf die erste Frage ist leicht zu formulieren: Wenn das Ereignis wichtig genug war oder sich oft genug wiederholt hat oder beides. Für den Fall der Vatertötung sind beide Bedingungen erfüllt. Zur zweiten Frage ist zu bemerken: Es mögen eine ganze Anzahl von Einflüssen in Betracht kommen, die nicht alle bekannt zu sein brauchen, auch ist ein spontaner Ablauf denkbar in Analogie zum Vorgang bei manchen Neurosen. Sicherlich ist aber von entscheidender Bedeutung die Erweckung der vergessenen Erinnerungsspur durch eine rezente reale Wiederholung des Ereignisses. Eine solche Wiederholung war der Mord an Moses; später der vermeintliche Justizmord an Christus, so daß diese Begebenheiten in den Vordergrund der Verursachung rücken. Es ist, als ob die Genese des Monotheismus diese Vorfälle nicht hätte entbehren können. Man wird an den Ausspruch des Dichters erinnert:

»Was unsterblich im Gesang soll leben,
muß im Leben untergehen.«[1]

Zum Schluß eine Bemerkung, die ein psychologisches Argument beibringt. Eine Tradition, die nur auf Mitteilung gegründet wäre, könnte nicht den Zwangscharakter erzeugen, der den religiösen Phänomenen zukommt. Sie würde angehört, beurteilt, eventuell abgewiesen werden wie jede andere Nachricht von außen, erreichte nie das Privileg der Befreiung vom Zwang des logischen Denkens. Sie muß erst das Schicksal der Verdrängung, den Zustand des Verweilens im Unbewußten durchgemacht haben, ehe sie bei ihrer Wiederkehr so mächtige Wirkungen entfalten, die Massen in ihren Bann zwingen kann, wie wir es an der religiösen Tradition mit Erstaunen und bisher ohne Verständnis gesehen haben. Und diese Überlegung fällt schwer ins Gewicht, um uns glauben zu machen, daß die Dinge wirklich so vorgefallen sind, wie wir zu schildern bemüht waren, oder wenigstens so ähnlich[2].

---

[1] Schiller, ›Die Götter Griechenlands‹.

[2] [Diese Erörterung der »archaischen Erbschaft« ist die weitaus längste in Freuds Werk. Die Frage, welche Rolle Vererbung bzw. Erfahrung im Seelenleben spielen, ist natür-

lich von Freud von seinen frühesten Arbeiten an immer wieder aufgeworfen worden. Das hier vorgetragene Argument der möglichen Vererbung tatsächlicher Erlebnisse der Voreltern taucht allerdings verhältnismäßig spät auf. Das Problem der Weitergabe früher Erfahrungen der Menschheit ist selbstverständlich auch in *Totem und Tabu* (1912–13), s. oben, S. 440 f., behandelt. Freuds Auffassung in jener Passage erscheint unverbindlich, obwohl er offenbar meint, daß es sich um einen teils bewußt, teils unbewußt ablaufenden Kommunikationsprozeß zwischen den Generationen handelt. Aber es ist unschwer zu erkennen, daß er bereits damals andere, noch unausgesprochene Vorstellungen hegte. Tatsächlich wird die Möglichkeit der Vererbung einer »archaistischen Konstitution« als eines atavistischen Rests dort im Zusammenhang mit der Ambivalenz ausdrücklich erwähnt (s. oben, S. 356). Es ist anzunehmen, daß Freud diese Ideen (wie so viele andere) im Zusammenhang mit der Analyse des »Wolfsmannes«, speziell mit dem Thema der »Urphantasien«, zugeflossen sind. Diese Analyse fand ja statt, während Freud an *Totem und Tabu* schrieb. Der Gedanke einer möglichen »phylogenetischen Erbschaft« war allerdings schon im Zusammenhang mit der Symbolik aufgetaucht. Andeutungsweise hat Freud ihn in der 10. der *Vorlesungen* (1916–17), *Studienausgabe*, Bd. 1, S. 174 f., und ausdrücklicher in einem Satz ziemlich am Anfang der 13. Vorlesung, ibid., S. 204, erörtert. Die erste definitive Erwähnung von Urphantasien als »phylogenetischem Besitz« erscheint in der 23. der *Vorlesungen* (1916–17), ibid., S. 361–2; der Gedanke wird weiterentwickelt in einer danach in die Krankengeschichte des »Wolfsmannes« (1918 *b*) eingefügten Passage (*Studienausgabe*, Bd. 8, S. 209–10). Der Terminus »archaische Erbschaft« selbst kommt zum erstenmal wohl im Jahre 1919 vor, z. B. in einem damals der *Traumdeutung* (1900 *a*, *Studienausgabe*, Bd. 2, S. 524) hinzugefügten Absatz; ferner in ›»Ein Kind wird geschlagen«‹ (1919 *e*), ibid., Bd. 7, S. 254. In der Folge erscheinen Terminus und Begriff häufiger; das Thema selbst wird jedoch nur noch in Kapitel III von *Das Ich und das Es* (1923 *b*) etwas ausführlicher erörtert. – Die Frage der Ansichten Freuds über die Erblichkeit erworbener Eigenschaften wird von Ernest Jones in seiner Freud-Biographie, Bd. 3, Kapitel X (1962 *b*), im Zusammenhang dargestellt.]

ZWEITER TEIL

ZUSAMMENFASSUNG UND WIEDERHOLUNG

Der nun folgende Teil dieser Studie kann nicht ohne weitläufige Erklärungen und Entschuldigungen in die Öffentlichkeit geschickt werden. Er ist nämlich nichts anderes als eine getreue, oft wörtliche Wiederholung des ersten Teils [der dritten Abhandlung], verkürzt in manchen kritischen Untersuchungen und vermehrt um Zusätze, die sich auf das Problem, wie entstand der besondere Charakter des jüdischen Volkes, beziehen. Ich weiß, daß eine solche Art der Darstellung ebenso unzweckmäßig wie unkünstlerisch ist. Ich mißbillige sie selbst uneingeschränkt.

Warum habe ich sie nicht vermieden? Die Antwort darauf ist für mich nicht schwer zu finden, aber nicht leicht einzugestehen. Ich war nicht imstande, die Spuren der immerhin ungewöhnlichen Entstehungsgeschichte dieser Arbeit zu verwischen.

In Wirklichkeit ist sie zweimal geschrieben worden. Zuerst vor einigen Jahren in Wien, wo ich nicht an die Möglichkeit glaubte, sie veröffentlichen zu können. Ich beschloß, sie liegenzulassen, aber sie quälte mich wie ein unerlöster Geist, und ich fand den Ausweg, zwei Stücke von ihr selbständig zu machen und in unserer Zeitschrift *Imago* zu publizieren, den psychoanalytischen Auftakt des Ganzen (›Moses, ein Ägypter‹ [Abhandlung I]) und die darauf gebaute historische Konstruktion (›Wenn Moses ein Ägypter war …‹ [Abhandlung II]). Den Rest, der das eigentlich Anstößige und Gefährliche enthielt, die Anwendung auf die Genese des Monotheismus und die Auffassung der Religion überhaupt, hielt ich zurück, wie ich meinte, für immer. Da kam im März 1938 die unerwartete deutsche Invasion, zwang mich, die Heimat zu verlassen, befreite mich aber auch von der Sorge, durch meine Veröffentlichung ein Verbot der Psychoanalyse dort heraufzubeschwören, wo sie noch geduldet war. Kaum in England eingetroffen, fand ich die Versuchung unwiderstehlich, meine verhaltene Weisheit der Welt zugänglich zu ma-

chen, und begann, das dritte Stück der Studie im Anschluß an die beiden bereits erschienenen umzuarbeiten. Damit war natürlich eine teilweise Umordnung des Materials verbunden. Nun gelang es mir nicht, den ganzen Stoff in dieser zweiten Bearbeitung unterzubringen; anderseits konnte ich mich nicht entschließen, auf die früheren ganz zu verzichten, und so kam die Auskunft zustande, daß ich ein ganzes Stück der ersten Darstellung unverändert an die zweite anschloß, womit eben der Nachteil einer weitgehenden Wiederholung verbunden war.
Nun könnte ich mich mit der Erwägung trösten, die Dinge, die ich behandle, seien immerhin so neu und so bedeutsam, abgesehen davon, wieweit meine Darstellung derselben richtig ist, daß es kein Unglück sein kann, wenn das Publikum veranlaßt wird, darüber zweimal das nämliche zu lesen. Es gibt Dinge, die mehr als einmal gesagt werden sollen und die nicht oft genug gesagt werden können. Aber es muß der freie Entschluß des Lesers dabei sein, bei dem Gegenstand zu verweilen oder auf ihn zurückzukommen. Es darf nicht in der Art erschlichen werden, daß man ihm in demselben Buch das Gleiche zweimal vorsetzt. Das bleibt eine Ungeschicklichkeit, für die man den Tadel auf sich nehmen muß. Die Schöpferkraft eines Autors folgt leider nicht immer seinem Willen; das Werk gerät, wie es kann, und stellt sich dem Verfasser oft wie unabhängig, ja wie fremd gegenüber.

A
DAS VOLK ISRAEL

Wenn man sich klar darüber ist, daß ein Verfahren wie das unsrige, vom überlieferten Stoff anzunehmen, was uns brauchbar scheint, zu verwerfen, was uns nicht taugt, und die einzelnen Stücke nach der psychologischen Wahrscheinlichkeit zusammenzusetzen – daß eine solche Technik keine Sicherheit gibt, die Wahrheit zu finden, dann fragt man mit Recht, wozu man eine solche Arbeit überhaupt unternimmt. Die Antwort beruft sich auf ihr Ergebnis. Wenn man die Strenge der Anforderungen an eine historisch-psychologische Untersuchung weit mildert, wird es vielleicht möglich sein, Probleme zu klären, die immer der Aufmerksamkeit würdig schienen und die infolge rezenter Ereignisse sich von neuem dem Beobachter aufdrängen. Man weiß, von allen Völkern, die im Altertum um das Becken des Mittelmeers gewohnt haben, ist das jüdische Volk nahezu das einzige, das heute dem Namen und wohl auch der Substanz nach noch besteht. Mit beispielloser Widerstandsfähigkeit hat es Unglücksfällen und Mißhandlungen getrotzt, besondere Charakterzüge entwickelt und sich nebstbei die herzliche Abneigung aller anderen Völker erworben. Woher diese Lebensfähigkeit der Juden kommt und wie ihr Charakter mit ihren Schicksalen zusammenhängt, davon möchte man gerne mehr verstehen.

Man darf von einem Charakterzug der Juden ausgehen, der ihr Verhältnis zu den anderen beherrscht. Es ist kein Zweifel daran, sie haben eine besonders hohe Meinung von sich, halten sich für vornehmer, höherstehend, den anderen überlegen, von denen sie auch durch viele ihrer Sitten geschieden sind[1]. Dabei beseelt sie eine besondere Zuversicht im Leben, wie sie durch den geheimen Besitz eines kostbaren Gutes verliehen wird, eine Art von Optimismus; Fromme würden es Gottvertrauen nennen.

Wir kennen den Grund dieses Verhaltens und wissen, was ihr geheimer Schatz ist. Sie halten sich wirklich für das von Gott auserwählte Volk, glauben ihm besonders nahezustehen, und dies macht sie stolz und zuversichtlich. Nach guten Nachrichten benahmen sie sich schon in hellenistischen Zeiten so wie heute, der Jude war also damals schon fertig, und die Griechen, unter denen und neben denen sie lebten, reagierten auf die jüdische Eigenart in der nämlichen Weise wie die heutigen »Wirtsvölker«. Man könnte meinen, sie reagierten, als ob auch sie an den Vorzug glaubten, den das Volk Israel für sich in Anspruch nahm. Wenn man der erklärte Liebling des gefürchteten Vaters ist, braucht man sich über die Eifersucht der Geschwister nicht zu verwundern, und wozu diese Eifersucht führen kann, zeigt sehr schön die jüdische Sage von Josef und seinen Brüdern. Der Verlauf der Weltgeschichte schien dann die jüdische Anmaßung zu rechtfertigen, denn als es später Gott gefiel, der Menschheit einen Messias und Erlöser zu senden, wählte er ihn wiederum aus dem Volke der Juden. Die anderen Völker hätten damals Anlaß gehabt, sich zu sagen: »Wirklich, sie haben recht gehabt, sie sind das von Gott auserwählte Volk.« Aber es geschah anstatt dessen, daß ihnen die Erlösung durch Jesus Christus nur eine Verstärkung

---

1 Die in alten Zeiten so häufige Schmähung, die Juden seien »Aussätzige« (s. Manetho) hat wohl den Sinn einer Projektion: »Sie halten sich von uns so fern, als ob wir Aussätzige wären.« [Manetho war ein ägyptischer Priester und Geschichtsschreiber um 300 v. Chr.; seine Geschichte Ägyptens wurde in griechischer Sprache verfaßt; erhalten sind nur Auszüge, die andere Schriftsteller der Antike angefertigt haben; für eine deutsche Ausgabe vgl. z. B. C. R. Lepsius, *Über die Manethonische Bestimmung des Umfangs der ägyptischen Geschichte*, 1857.]

ihres Judenhasses brachte, während die Juden selbst aus dieser zweiten Bevorzugung keinen Vorteil zogen, da sie den Erlöser nicht anerkannten.

Auf Grund unserer früheren Erörterungen dürfen wir nun behaupten, daß es der Mann Moses war, der dem jüdischen Volk diesen für alle Zukunft bedeutsamen Zug aufgeprägt hat. Er hob ihr Selbstgefühl durch die Versicherung, daß sie Gottes auserwähltes Volk seien, er legte ihnen die Heiligung auf [s. S. 565 f.] und verpflichtete sie zur Absonderung von den anderen. Nicht etwa, daß es den anderen Völkern an Selbstgefühl gemangelt hätte. Genau wie heute hielt sich auch damals jede Nation für besser als jede andere. Aber das Selbstgefühl der Juden erfuhr durch Moses eine religiöse Verankerung, es wurde ein Teil ihres religiösen Glaubens. Durch ihre besonders innige Beziehung zu ihrem Gott erwarben sie einen Anteil an seiner Großartigkeit. Und da wir wissen, daß hinter dem Gott, der die Juden ausgewählt und aus Ägypten befreit hat, die Person Moses' steht, die grade das, vorgeblich in seinem Auftrag, getan hatte, getrauen wir uns zu sagen: Es war der eine Mann Moses, der die Juden geschaffen hat. Ihm dankt dieses Volk seine Zählebigkeit, aber auch viel von der Feindseligkeit, die es erfahren hat und noch erfährt.

B
DER GROSSE MANN

Wie ist es möglich, daß ein einzelner Mensch eine so außerordentliche Wirksamkeit entfaltet, daß er aus indifferenten Individuen und Familien ein Volk formt, ihm seinen endgültigen Charakter prägt und sein Schicksal für Jahrtausende bestimmt? Ist eine solche Annahme nicht ein Rückschritt auf die Denkungsart, die die Schöpfermythen und Heldenverehrung entstehen ließ, auf Zeiten, in denen die Geschichtsschreibung sich in der Berichterstattung der Taten und Schicksale einzelner Personen, Herrscher oder Eroberer erschöpfte? Die Neigung der Neuzeit geht vielmehr dahin, die Vorgänge der Menschheitsgeschichte auf verstecktere, allgemeine und unpersönliche Momente zurückzuführen, auf den zwingenden Einfluß ökonomischer Verhältnisse, den Wechsel in der Ernährungsweise, die Fortschritte im Gebrauch von Materialien und Werkzeugen, auf Wanderungen, die durch Volksvermehrung und Veränderungen des Klimas veranlaßt werden. Den Einzelpersonen fällt dabei keine

andere Rolle zu als die von Exponenten oder Repräsentanten von Massenstrebungen, welche notwendigerweise ihren Ausdruck finden mußten und ihn mehr zufälligerweise in jenen Personen fanden.
Das sind durchaus berechtigte Gesichtspunkte, aber sie geben uns Anlaß, an eine bedeutsame Unstimmigkeit zwischen der Einstellung unseres Denkorgans und der Einrichtung der Welt zu mahnen, die mittels unseres Denkens erfaßt werden soll. Unserem allerdings gebieterischen Kausalbedürfnis genügt es, wenn jeder Vorgang *eine* nachweisbare Ursache hat. In der Wirklichkeit außerhalb uns ist das aber kaum so der Fall; vielmehr scheint jedes Ereignis überdeterminiert zu sein, stellt sich als die Wirkung mehrerer konvergierender Ursachen heraus. Durch die unübersehbare Komplikation des Geschehens geschreckt, ergreift unsere Forschung Partei für den einen Zusammenhang gegen einen anderen, stellt Gegensätze auf, die nicht bestehen, nur durch die Zerreißung von umfassenderen Beziehungen entstanden sind[1]. Wenn uns also die Untersuchung eines bestimmten Falles den überragenden Einfluß einer einzelnen Persönlichkeit beweist, so braucht uns unser Gewissen nicht vorzuwerfen, daß wir mit dieser Annahme der Lehre von der Bedeutung jener allgemeinen, unpersönlichen Faktoren ins Gesicht geschlagen haben. Es ist grundsätzlich Raum für beides. Bei der Genese des Monotheismus können wir allerdings auf kein anderes äußeres Moment hinweisen als auf das bereits erwähnte, daß diese Entwicklung mit der Herstellung intimerer Beziehungen zwischen verschiedenen Nationen und dem Aufbau eines großen Reiches verknüpft ist.
Wir wahren also dem »großen Mann« seine Stelle in der Kette oder vielmehr im Netzwerk der Verursachungen. Aber vielleicht wird es nicht ganz zwecklos sein zu fragen, unter welchen Bedingungen wir diesen Ehrennamen vergeben. Wir sind überrascht zu finden, daß es nicht ganz leicht ist, diese Frage zu beantworten. Eine erste Formulierung: wenn ein Mensch die Eigenschaften, die wir hochschätzen, in besonders hohem Maß besitzt, ist offenbar nach allen Richtungen unzutreffend. Schönheit z. B. und Muskelstärke, so beneidet sie auch sein mögen, geben keinen Anspruch auf »Größe«. Es müßten also geistige Qualitäten sein, psychische und intellektuelle Vorzüge. Bei letzteren kommt uns das Be-

[1] Ich protestiere aber gegen das Mißverständnis, als wollte ich sagen, die Welt sei so kompliziert, daß jede Behauptung, die man aufstellt, irgendwo ein Stück der Wahrheit treffen muß. Nein, unser Denken hat sich die Freiheit bewahrt, Abhängigkeiten und Zusammenhänge aufzufinden, denen nichts in der Wirklichkeit entspricht, und schätzt diese Gabe offenbar sehr hoch, da es innerhalb wie außerhalb der Wissenschaft so reichlichen Gebrauch von ihr macht.

denken, daß wir einen Menschen, der ein außerordentlicher Könner auf einem bestimmten Gebiet ist, darum doch nicht ohne weiteres einen großen Mann heißen würden. Gewiß nicht einen Meister des Schachspiels oder einen Virtuosen auf einem Musikinstrument, aber auch nicht leicht einen ausgezeichneten Künstler oder Forscher. Es entspricht uns, in solchem Falle zu sagen, er sei ein großer Dichter, Maler, Mathematiker oder Physiker, ein Bahnbrecher auf dem Feld dieser oder jener Tätigkeit, aber wir halten mit der Anerkennung, er sei ein großer Mann, zurück. Wenn wir z. B. Goethe, Leonardo da Vinci, Beethoven unbedenklich für große Männer erklären, so muß uns noch etwas anderes bewegen als die Bewunderung ihrer großartigen Schöpfungen. Wären nicht grade solche Beispiele im Wege, so würde man wahrscheinlich auf die Idee kommen, der Name »ein großer Mann« sei vorzugsweise für Männer der Tat reserviert, also Eroberer, Feldherrn, Herrscher, und anerkenne die Größe ihrer Leistung, die Stärke der Wirkung, die von ihnen ausging. Aber auch dies ist unbefriedigend und wird voll widerlegt durch unsere Verurteilung so vieler nichtswürdiger Personen, denen man doch die Wirkung auf Mit- und Nachwelt nicht bestreiten kann. Auch den Erfolg wird man nicht zum Kennzeichen der Größe wählen dürfen, wenn man an die Überzahl von großen Männern denkt, die, anstatt Erfolg zu haben, im Unglück zugrunde gegangen sind.
So wird man vorläufig der Entscheidung geneigt, es verlohne sich nicht, nach einem eindeutig bestimmten Inhalt des Begriffs »großer Mann« zu suchen. Es sei nur eine locker gebrauchte und ziemlich willkürlich vergebene Anerkennung der überdimensionalen Entwicklung gewisser menschlicher Eigenschaften in ziemlicher Annäherung an den ursprünglichen Wortsinn der »Größe«. Auch dürfen wir uns besinnen, daß uns nicht so sehr das Wesen des großen Mannes interessiert als die Frage, wodurch er auf seine Nebenmenschen wirkt. Wir werden aber diese Untersuchung möglichst abkürzen, weil sie uns weit von unserem Ziel abzuführen droht.
Lassen wir es also gelten, daß der große Mann seine Mitmenschen auf zwei Wegen beeinflußt, durch seine Persönlichkeit und durch die Idee, für die er sich einsetzt. Diese Idee mag ein altes Wunschgebilde der Massen betonen oder ihnen ein neues Wunschziel zeigen oder in noch anderer Weise die Masse in ihren Bann ziehen. Mitunter – und das ist gewiß der ursprünglichere Fall – wirkt die Persönlichkeit allein, und die Idee spielt eine recht geringfügige Rolle. Warum der große Mann überhaupt zu einer Bedeutung kommen sollte, das ist uns keinen Augenblick

unklar. Wir wissen, es besteht bei der Masse der Menschen ein starkes Bedürfnis nach einer Autorität, die man bewundern kann, der man sich beugt, von der man beherrscht, eventuell sogar mißhandelt wird. Aus der Psychologie des Einzelmenschen haben wir erfahren, woher dies Bedürfnis der Masse stammt. Es ist die Sehnsucht nach dem Vater, die jedem von seiner Kindheit her innewohnt, nach demselben Vater, den überwunden zu haben der Held der Sage sich rühmt. Und nun mag uns die Erkenntnis dämmern, daß alle Züge, mit denen wir den großen Mann ausstatten, Vaterzüge sind, daß in dieser Übereinstimmung das von uns vergeblich gesuchte Wesen des großen Mannes besteht. Die Entschiedenheit der Gedanken, die Stärke des Willens, die Wucht der Taten gehören dem Vaterbilde zu, vor allem aber die Selbständigkeit und Unabhängigkeit des großen Mannes, seine göttliche Unbekümmertheit, die sich zur Rücksichtslosigkeit steigern darf. Man muß ihn bewundern, darf ihm vertrauen, aber man kann nicht umhin, ihn auch zu fürchten. Wir hätten uns vom Wortlaut leiten lassen sollen; wer anders als der Vater soll denn in der Kindheit der »große Mann« gewesen sein!

Unzweifelhaft war es ein gewaltiges Vatervorbild, das sich in der Person des Moses zu den armen jüdischen Fronarbeitern herabließ, um ihnen zu versichern, daß sie seine lieben Kinder seien. Und nicht minder überwältigend muß die Vorstellung eines einzigen, ewigen, allmächtigen Gottes auf sie gewirkt haben, dem sie nicht zu gering waren, um einen Bund mit ihnen zu schließen, und der für sie zu sorgen versprach, wenn sie seiner Verehrung treu blieben. Wahrscheinlich wurde es ihnen nicht leicht, das Bild des Mannes Moses von dem seines Gottes zu scheiden, und sie ahnten recht darin, denn Moses mag Züge seiner eigenen Person in den Charakter seines Gottes eingetragen haben wie die Zornmütigkeit und Unerbittlichkeit. Und wenn sie dann einmal diesen ihren großen Mann erschlugen, so wiederholten sie nur eine Untat, die sich in Urzeiten als Gesetz gegen den göttlichen König gerichtet hatte und die, wie wir wissen, auf ein noch älteres Vorbild zurückging[1].

Ist uns so auf der einen Seite die Gestalt des großen Mannes ins Göttliche gewachsen, so ist es anderseits Zeit, sich zu besinnen, daß auch der Vater einmal ein Kind gewesen war. Die große religiöse Idee, die der Mann Moses vertrat, war nach unseren Ausführungen nicht sein Eigentum; er hatte sie von seinem König Ikhnaton übernommen. Und dieser, dessen Größe als Religionsstifter unzweideutig bezeugt ist, folgte viel-

---

[1] Vgl. Frazer, loc. cit. [S. oben, S. 537, Anm. 2.]

leicht Anregungen, die durch Vermittlung seiner Mutter oder auf anderen Wegen – aus dem näheren oder ferneren Asien – zu ihm gelangt waren[1].

Weiter können wir die Verkettung nicht verfolgen, aber wenn diese ersten Stücke richtig erkannt sind, dann ist die monotheistische Idee bumerangartig in das Land ihrer Herkunft zurückgekommen. Es erscheint so unfruchtbar, das Verdienst eines Einzelnen um eine neue Idee feststellen zu wollen. Viele haben offenbar an ihrer Entwicklung mitgetan und Beiträge zu ihr geleistet. Anderseits wäre es offenkundiges Unrecht, die Kette der Verursachung bei Moses abzubrechen und zu vernachlässigen, was seine Nachfolger und Fortsetzer, die jüdischen Propheten, geleistet haben. Die Saat des Monotheismus war in Ägypten nicht aufgegangen. Dasselbe hätte in Israel geschehen können, nachdem das Volk die beschwerliche und anspruchsvolle Religion abgeschüttelt hatte. Aber aus dem jüdischen Volk erhoben sich immer wieder Männer, die die verblassende Tradition auffrischten, die Mahnungen und Anforderungen Moses' erneuerten und nicht rasteten, ehe das Verlorene wiederhergestellt war. In der stetigen Bemühung von Jahrhunderten und endlich durch zwei große Reformen, die eine vor, die andere nach dem babylonischen Exil, vollzog sich die Verwandlung des Volksgottes Jahve in den Gott, dessen Verehrung Moses den Juden aufgedrängt hatte. Und es ist der Beweis einer besonderen psychischen Eignung in der Masse, die zum jüdischen Volk geworden war, wenn sie so viele Personen hervorbringen konnte, die bereit waren, die Beschwerden der Mosesreligion auf sich zu nehmen, für den Lohn des Auserwähltseins und vielleicht noch andere Prämien von ähnlichem Rang.

C
DER FORTSCHRITT IN DER GEISTIGKEIT[2]

Um nachhaltige psychische Wirkungen bei einem Volke zu erzielen, reicht es offenbar nicht hin, ihm zu versichern, es sei von der Gottheit

[1] [Die zeitweilig vertretene Annahme, Ikhnatons Mutter, die Königin Teje, sei Nicht-Ägypterin gewesen, mußte nach der Entdeckung der Gräber ihrer Eltern in Theben aufgegeben werden.]

[2] [Wie in der ›Editorischen Vorbemerkung‹, oben, S. 457, erwähnt, war dieser Abschnitt zuerst als selbständiger Artikel in der *Int. Z. Psychoanal. Imago* veröffentlicht worden. Weiter unten sind zwei in der endgültigen Fassung vorgenommene Änderungen notiert.]

auserlesen. Man muß es ihm auch irgendwie beweisen, wenn es daran glauben und aus dem Glauben Konsequenzen ziehen soll. In der Mosesreligion diente der Auszug aus Ägypten als dieser Beweis; Gott oder Moses in seinem Namen wurde nicht müde, sich auf diese Gunstbezeugung zu berufen. Das Passahfest wurde eingesetzt, um die Erinnerung an dies Ereignis festzuhalten, oder vielmehr ein altbestehendes Fest mit dem Inhalt dieser Erinnerung erfüllt. Aber es war doch nur eine Erinnerung, der Auszug gehörte einer verschwommenen Vergangenheit an. In der Gegenwart waren die Zeichen von Gottes Gunst recht spärlich, die Schicksale des Volkes deuteten eher auf seine Ungnade hin. Primitive Völker pflegten ihre Götter abzusetzen oder selbst zu züchtigen, wenn sie nicht ihre Pflicht erfüllten, ihnen Sieg, Glück und Behagen zu gewähren. Könige sind zu allen Zeiten nicht anders behandelt worden als Götter; eine alte Identität beweist sich darin, die Entstehung aus gemeinsamer Wurzel. Auch moderne Völker pflegen also ihre Könige zu verjagen, wenn der Glanz ihrer Regierung durch Niederlagen mit den dazugehörigen Verlusten an Land und Geld gestört wird. Warum aber das Volk Israel seinem Gott immer nur unterwürfiger anhing, je schlechter es von ihm behandelt wurde, das ist ein Problem, welches wir vorläufig bestehen lassen müssen.

Es mag uns die Anregung geben zu untersuchen, ob die Mosesreligion dem Volke nichts anderes gebracht hatte als die Steigerung des Selbstgefühls durch das Bewußtsein der Auserwähltheit. Und das nächste Moment ist wirklich leicht zu finden. Die Religion brachte den Juden auch eine weit großartigere Gottesvorstellung oder, wie man nüchterner sagen könnte, die Vorstellung eines großartigeren Gottes. Wer an diesen Gott glaubte, hatte gewissermaßen Anteil an seiner Größe, durfte sich selbst gehoben fühlen. Das ist für einen Ungläubigen nicht ganz selbstverständlich, aber vielleicht erfaßt man es leichter durch den Hinweis auf das Hochgefühl eines Briten in einem fremden, durch Aufruhr unsicher gewordenen Land, das dem Angehörigen irgendeines kontinentalen Kleinstaates völlig abgeht. Der Brite rechnet nämlich damit, daß sein *Government* ein Kriegsschiff ausschicken wird, wenn ihm ein Härchen gekrümmt wird, und daß die Aufständischen es sehr wohl wissen, während der Kleinstaat überhaupt kein Kriegsschiff besitzt. Der Stolz auf die Größe des *British Empire* hat also auch eine Wurzel im Bewußtsein der größeren Sicherheit, des Schutzes, den der einzelne Brite genießt. Das mag bei der Vorstellung des großartigen Gottes ähnlich sein, und da man schwerlich beanspruchen wird, Gott in der Verwaltung der Welt zu assistieren, fließt der Stolz auf die Gottesgröße mit dem auf das Auserwähltsein zusammen.

Unter den Vorschriften der Mosesreligion findet sich eine, die bedeutungsvoller ist, als man zunächst erkennt. Es ist das Verbot, sich ein Bild von Gott zu machen, also der Zwang, einen Gott zu verehren, den man nicht sehen kann. [Vgl. S. 476, oben.] Wir vermuten, daß Moses in diesem Punkt die Strenge der Atonreligion überboten hat; vielleicht wollte er nur konsequent sein, sein Gott hatte dann weder einen Namen noch ein Angesicht, vielleicht war es eine neue Vorkehrung gegen magische Mißbräuche[1]. Aber wenn man dies Verbot annahm, mußte es eine tiefgreifende Wirkung ausüben. Denn es bedeutete eine Zurücksetzung der sinnlichen Wahrnehmung gegen eine abstrakt zu nennende Vorstellung, einen Triumph der Geistigkeit über die Sinnlichkeit, strenggenommen einen Triebverzicht mit seinen psychologisch notwendigen Folgen.

Um glaubwürdig zu finden, was auf den ersten Blick nicht einleuchtend scheint, muß man sich an andere Vorgänge gleichen Charakters in der Entwicklung der menschlichen Kultur erinnern. Der früheste unter ihnen, der wichtigste vielleicht, verschwimmt im Dunkel der Urzeit. Seine erstaunlichen Wirkungen nötigen uns, ihn zu behaupten. Bei unseren Kindern, bei den Neurotikern unter den Erwachsenen wie bei den primitiven Völkern finden wir das seelische Phänomen, das wir als den Glauben an die »Allmacht der Gedanken« bezeichnen. Nach unserem Urteil ist es eine Überschätzung des Einflusses, den unsere seelischen, hier die intellektuellen Akte auf die Veränderung der Außenwelt üben können. Im Grunde ruht ja alle Magie, die Vorläuferin unserer Technik, auf dieser Voraussetzung. Auch aller Zauber der Worte gehört hieher und die Überzeugung von der Macht, die mit der Kenntnis und dem Aussprechen eines Namens verbunden ist. Wir nehmen an, daß die »Allmacht der Gedanken« der Ausdruck des Stolzes der Menschheit war auf die Entwicklung der Sprache, die eine so außerordentliche Förderung der intellektuellen Tätigkeiten zur Folge hatte. Es eröffnete sich das neue Reich der Geistigkeit, in dem Vorstellungen, Erinnerungen und Schlußprozesse maßgebend wurden, im Gegensatz zur niedrigeren psychischen Tätigkeit, die unmittelbare Wahrnehmungen der Sinnesorgane zum Inhalt hatte. Es war gewiß eine der wichtigsten Etappen auf dem Wege zur Menschwerdung.

---

[1] [Vgl. eine Bemerkung hierüber in *Totem und Tabu* (1912–13), oben, S. 368, Anm.]

Weit greifbarer tritt uns ein anderer Vorgang späterer Zeit entgegen. Unter dem Einfluß äußerer Momente, die wir hier nicht zu verfolgen brauchen, die zum Teil auch nicht genügend bekannt sind, geschah es, daß die matriarchalische Gesellschaftsordnung von der patriarchalischen abgelöst wurde, womit natürlich ein Umsturz der bisherigen Rechtsverhältnisse verbunden war. Man glaubt den Nachklang dieser Revolution noch in der *Orestie* des Äschylos zu verspüren[1]. Aber diese Wendung von der Mutter zum Vater bezeichnet überdies einen Sieg der Geistigkeit über die Sinnlichkeit, also einen Kulturfortschritt, denn die Mutterschaft ist durch das Zeugnis der Sinne erwiesen, während die Vaterschaft eine Annahme ist, auf einen Schluß und auf eine Voraussetzung aufgebaut. Die Parteinahme, die den Denkvorgang über die sinnliche Wahrnehmung erhebt, bewährt sich als ein folgenschwerer Schritt.

Irgenwann zwischen den beiden vorerwähnten Fällen[2] ereignete sich ein anderer, der am meisten Verwandtschaft zeigt mit dem von uns in der Religionsgeschichte untersuchten. Der Mensch fand sich veranlaßt, überhaupt »geistige« Mächte anzuerkennen, d. h. solche, die mit den Sinnen, speziell mit dem Gesicht, nicht erfaßt werden können, aber doch unzweifelhafte, sogar überstarke Wirkungen äußern. Wenn wir uns dem Zeugnis der Sprache anvertrauen dürften, war es die bewegte Luft, die das Vorbild der Geistigkeit abgab, denn der Geist entlehnt den Namen vom Windhauch (*animus, spiritus*[3], hebräisch: *ruach*, Hauch). Damit war auch die Entdeckung der Seele gegeben als des geistigen Prinzips im einzelnen Menschen. Die Beobachtung fand die bewegte Luft im Atmen des Menschen wieder, das mit dem Tode aufhört; noch heute haucht der Sterbende seine Seele aus. Nun aber war dem Menschen das Geisterreich eröffnet; er war bereit, die Seele, die er bei sich entdeckt hatte, allem anderen in der Natur zuzutrauen. Die ganze Welt wurde beseelt, und die Wissenschaft, die soviel später kam, hatte genug zu tun, um einen Teil der Welt wieder zu entseelen, ist auch noch heute mit dieser Aufgabe nicht fertig geworden.

Durch das mosaische Verbot wurde Gott auf eine höhere Stufe der Geistigkeit gehoben, der Weg eröffnet für weitere Abänderungen der Got-

---

1 [Das Thema der Trilogie ist die Ermordung Agamemnons durch seine Gattin Klytämnestra, der den Vater rächende Muttermord durch den Sohn Orest, die Verfolgung Orests durch die Erynnien und das gegen ihn eingeleitete und mit einem Freispruch endende Gerichtsverfahren vor dem Areopag in Athen.]

2 [Nämlich der Entwicklung der Sprache und dem Ende des Matriarchats.]

3 [In der Urfassung dieses Abschnitts (s. S. 557, Anm. 2) steht hier außerdem noch das griechische Wort ἄνεμος (anemos, Wind).]

tesvorstellung, von denen noch zu berichten ist. Aber zunächst darf uns eine andere Wirkung desselben beschäftigen. Alle solchen Fortschritte in der Geistigkeit haben den Erfolg, das Selbstgefühl der Person zu steigern, sie stolz zu machen, so daß sie sich anderen überlegen fühlt, die im Banne der Sinnlichkeit verblieben sind. Wir wissen, daß Moses den Juden das Hochgefühl vermittelt hatte, ein auserwähltes Volk zu sein; durch die Entmaterialisierung Gottes kam ein neues, wertvolles Stück zu dem geheimen Schatz des Volkes hinzu. Die Juden behielten die Richtung auf geistige Interessen bei, das politische Unglück der Nation lehrte sie, den einzigen Besitz, der ihnen geblieben war, ihr Schrifttum, seinem Werte nach einzuschätzen. Unmittelbar nach der Zerstörung des Tempels in Jerusalem durch Titus erbat sich Rabbi Jochanan ben Sakkai die Erlaubnis, die erste Thoraschule in Jabne zu eröffnen [1]. Fortan war es die Heilige Schrift und die geistige Bemühung um sie, die das versprengte Volk zusammenhielt.

Soviel ist allgemein bekannt und angenommen. Ich wollte nur einfügen, daß diese charakteristische Entwicklung des jüdischen Wesens durch das Verbot Moses', Gott in sichtbarer Gestalt zu verehren, eingeleitet wurde.

Der Vorrang, der durch etwa 2000 Jahre im Leben des jüdischen Volkes geistigen Bestrebungen eingeräumt war, hat natürlich seine Wirkung getan; er half, die Roheit und die Neigung zur Gewalttat einzudämmen, die sich einzustellen pflegen, wo die Entwicklung der Muskelkraft Volksideal ist. Die Harmonie in der Ausbildung geistiger und körperlicher Tätigkeit, wie das griechische Volk sie erreichte, blieb den Juden versagt. Im Zwiespalt trafen sie wenigstens die Entscheidung für das Höherwertige [2].

D
TRIEBVERZICHT

Es ist nicht selbstverständlich und nicht ohne weiteres einzusehen, warum ein Fortschritt in der Geistigkeit, eine Zurücksetzung der Sinnlichkeit das Selbstbewußtsein einer Person wie eines Volkes erhöhen sollte.

---

[1] [Nach der Überlieferung entkam er in einem Sarg aus Jerusalem und erhielt danach vom römischen Befehlshaber die Erlaubnis, das Gesetz (die *Thora*) in einer Stadt am Meer westlich von Jerusalem zu lehren (A. D. 70).]

[2] [In der Urfassung (s. S. 557, Anm. 2): »die Entscheidung zu Gunsten des kulturell Bedeutsameren«.]

Das scheint einen bestimmten Wertmaßstab vorauszusetzen und eine andere Person oder Instanz, die ihn handhabt. Wir wenden uns zur Klärung an einen analogen Fall aus der Psychologie des Individuums, der uns verständlich geworden ist.

Erhebt das Es in einem menschlichen Wesen einen Triebanspruch erotischer oder aggressiver Natur, so ist das Einfachste und Natürlichste, daß das Ich, dem der Denk- und der Muskelapparat zur Verfügung steht, ihn durch eine Aktion befriedigt. Diese Befriedigung des Triebes wird vom Ich als Lust empfunden, wie die Unbefriedigung unzweifelhaft Quelle von Unlust geworden wäre. Nun kann sich der Fall ereignen, daß das Ich die Triebbefriedigung mit Rücksicht auf äußere Hindernisse unterläßt, nämlich dann, wenn es einsieht, daß die betreffende Aktion eine ernste Gefahr für das Ich hervorrufen würde. Ein solches Abstehen von der Befriedigung, ein Triebverzicht infolge äußerer Abhaltung, wie wir sagen: im Gehorsam gegen das Realitätsprinzip, ist auf keinen Fall lustvoll. Der Triebverzicht würde eine anhaltende Unlustspannung zur Folge haben, wenn es nicht gelänge, die Triebstärke selbst durch Energieverschiebungen herabzusetzen. Der Triebverzicht kann aber auch aus anderen, wie wir mit Recht sagen, *inneren* Gründen erzwungen werden. Im Laufe der individuellen Entwicklung wird ein Anteil der hemmenden Mächte in der Außenwelt verinnerlicht, es bildet sich im Ich eine Instanz, die sich beobachtend, kritisierend und verbietend dem übrigen entgegenstellt. Wir nennen diese neue Instanz das *Über-Ich*. Von nun an hat das Ich, ehe es die vom Es geforderten Triebbefriedigungen ins Werk setzt, nicht nur auf die Gefahren der Außenwelt, sondern auch auf den Einspruch des Über-Ichs Rücksicht zu nehmen und wird um so mehr Anlässe haben, die Triebbefriedigung zu unterlassen. Während aber der Triebverzicht aus äußeren Gründen nur unlustvoll ist, hat der aus inneren Gründen, aus Gehorsam gegen das Über-Ich, eine andere ökonomische Wirkung. Er bringt außer der unvermeidlichen Unlustfolge dem Ich auch einen Lustgewinn, eine Ersatzbefriedigung gleichsam. Das Ich fühlt sich gehoben, es wird stolz auf den Triebverzicht wie auf eine wertvolle Leistung. Den Mechanismus dieses Lustgewinns glauben wir zu verstehen. Das Über-Ich ist Nachfolger und Vertreter der Eltern (und Erzieher), die die Handlungen des Individuums in seiner ersten Lebensperiode beaufsichtigt hatten; es setzt die Funktionen derselben fast ohne Veränderung fort. Es hält das Ich in dauernder Abhängigkeit, es übt einen ständigen Druck auf dasselbe aus. Das Ich ist ganz wie in der Kindheit besorgt, die Liebe des Oberherrn aufs Spiel zu setzen, empfindet seine Anerkennung als Befreiung und Befriedigung, seine Vorwürfe als Gewissensbisse. Wenn das Ich dem Über-Ich das Opfer eines Triebverzichts gebracht hat, erwartet es als Belohnung dafür, von ihm mehr geliebt zu werden. Das Bewußtsein, diese Liebe zu verdienen, empfindet es als Stolz. Zur Zeit, da die Autorität noch nicht als Über-Ich verinnerlicht war, konnte die Beziehung zwischen drohendem Liebesverlust und Triebanspruch die nämliche sein. Es gab ein Gefühl von Sicherheit und Befriedigung, wenn man aus Liebe zu den Eltern einen Triebverzicht zustande gebracht hatte. Den eigentümlich narzißtischen Charakter des Stolzes konnte dies gute Gefühl erst annehmen, nachdem die Autorität selbst ein Teil des Ichs geworden war.

Was leistet uns diese Aufklärung der Befriedigung durch Triebverzicht für das Verständnis der Vorgänge, die wir studieren wollen, der Hebung des Selbstbewußtseins bei Fortschritten der Geistigkeit? Anscheinend sehr wenig. Die Verhältnisse liegen ganz anders. Es handelt sich um keinen Triebverzicht, und es ist keine zweite Person oder Instanz da, der zuliebe das Opfer gebracht wird. An der zweiten Behauptung wird man bald schwankend werden. Man kann sagen, der große Mann ist eben die Autorität, der zuliebe man die Leistung vollbringt, und da der große Mann selbst dank seiner Ähnlichkeit mit dem Vater wirkt, darf man sich nicht verwundern, wenn ihm in der Massenpsychologie die Rolle des Über-Ichs zufällt. Das würde also auch für den Mann Moses im Verhältnis zum Judenvolk gelten. Im anderen Punkte will sich aber keine richtige Analogie herstellen. Der Fortschritt in der Geistigkeit besteht darin, daß man gegen die direkte Sinneswahrnehmung zu Gunsten der sogenannten höheren intellektuellen Prozesse entscheidet, also der Erinnerungen, Überlegungen, Schlußvorgänge. Daß man z. B. bestimmt, die Vaterschaft ist wichtiger als die Mutterschaft, obwohl sie nicht wie letztere durch das Zeugnis der Sinne erweisbar ist. Darum soll das Kind den Namen des Vaters tragen und nach ihm erben. Oder: unser Gott ist der größte und mächtigste, obwohl er unsichtbar ist wie der Sturmwind und die Seele. Die Abweisung eines sexuellen oder aggressiven Triebanspruches scheint etwas davon ganz Verschiedenes zu sein. Auch ist bei manchen Fortschritten der Geistigkeit, z. B. beim Sieg des Vaterrechts, die Autorität nicht aufzeigbar, die den Maßstab für das abgibt, was als höher geachtet werden soll. Der Vater kann es in diesem Falle nicht sein, denn er wird erst durch den Fortschritt zur Autorität erhoben. Man steht also vor dem Phänomen, daß in der Entwicklung der Menschheit die Sinnlichkeit allmählich von der Geistigkeit überwältigt wird und daß die Menschen sich durch jeden solchen Fortschritt stolz und gehoben fühlen. Man weiß aber nicht zu sagen, warum das so sein sollte. Später ereignet es sich dann noch, daß die Geistigkeit selbst von dem ganz rätselhaften emotionellen Phänomen des Glaubens überwältigt wird. Das ist das berühmte *Credo quia absurdum*[1], und auch wer dies zustande gebracht hat, sieht es als eine Höchstleistung an. Vielleicht ist das Gemeinsame all dieser psychologischen Situationen etwas anderes. Vielleicht erklärt der Mensch einfach das für das Höhere, was das Schwierigere ist, und sein Stolz ist bloß der durch das Bewußtsein einer überwundenen Schwierigkeit gesteigerte Narzißmus.

Das sind gewiß wenig fruchtbare Erörterungen, und man könnte meinen, sie haben mit unserer Untersuchung, was den Charakter des jüdischen Volkes bestimmt hat, überhaupt nichts zu tun. Das wäre nur ein Vorteil für uns, aber eine gewisse Zugehörigkeit zu unserem Problem verrät sich doch durch eine Tatsache, die uns später noch mehr beschäftigen wird. Die Religion, die mit dem Verbot begonnen hat, sich ein Bild von Gott zu machen, entwickelt sich im Laufe der Jahrhunderte immer mehr zu einer Religion der Triebverzichte. Nicht daß sie sexuelle Abstinenz fordern würde, sie begnügt sich mit einer merklichen Einengung der sexuellen Freiheit. Aber Gott wird der Sexualität völlig entrückt und zum Ideal ethischer Vollkommenheit erhoben. Ethik ist aber Triebeinschränkung. Die Propheten werden nicht müde zu mahnen, daß Gott nichts anderes von seinem Volke verlange als gerechte und tugendhafte Lebensführung, also Enthaltung von allen Triebbefriedigungen, die auch noch von unserer heutigen Moral als lasterhaft verurteilt werden. Und selbst die Forderung, an ihn zu glauben, scheint gegen den Ernst dieser ethischen Forderungen zurückzutreten. Somit scheint der Triebverzicht eine hervorragende Rolle in der Religion zu spielen, auch wenn er nicht von Anfang an in ihr hervortritt.

Hier ist aber Raum für einen Einspruch, der ein Mißverständnis abwehren soll. Mag es auch scheinen, daß der Triebverzicht und die auf ihn gegründete Ethik nicht zum wesentlichen Inhalt der Religion gehört, so ist er doch genetisch aufs innigste mit ihr verbunden. Der Totemismus[2], die erste Form einer Religion, die wir erkennen, bringt als un-

---

[1] [S. oben, S. 533, Anm. 1.]
[2] [Vgl. oben, S. 529 ff.]

erläßliche Bestände des Systems eine Anzahl von Geboten und Verboten mit sich, die natürlich nichts anderes als Triebverzichte bedeuten, die Verehrung des Totem, die das Verbot einschließt, ihn zu schädigen oder zu töten, die Exogamie, also den Verzicht auf die leidenschaftlich begehrten Mütter und Schwestern in der Horde, das Zugeständnis gleicher Rechte für alle Mitglieder des Brüderbundes, also die Einschränkung der Tendenz zu gewalttätiger Rivalität unter ihnen. In diesen Bestimmungen müssen wir die ersten Anfänge einer sittlichen und sozialen Ordnung erblicken. Es entgeht uns nicht, daß sich hier zwei verschiedene Motivierungen geltend machen. Die beiden ersten Verbote liegen im Sinne des beseitigten Vaters, sie setzen gleichsam seinen Willen fort; das dritte Gebot, das der Gleichberechtigung der Bundesbrüder, sieht vom Willen des Vaters ab, es rechtfertigt sich durch die Berufung auf die Notwendigkeit, die neue Ordnung, die nach der Beseitigung des Vaters entstanden war, für die Dauer zu erhalten. Sonst wäre der Rückfall in den früheren Zustand unvermeidlich geworden. Hier sondern sich die sozialen Gebote von den anderen ab, die, wie wir sagen dürfen, direkt aus religiösen Beziehungen stammen.

In der abgekürzten Entwicklung des menschlichen Einzelwesens wiederholt sich das wesentliche Stück dieses Hergangs. Auch hier ist es die Autorität der Eltern, im wesentlichen die des unumschränkten, mit der Macht zur Strafe drohenden Vaters, die das Kind zu Triebverzichten auffordert, die für dasselbe festsetzt, was ihm erlaubt und was ihm verboten ist. Was beim Kinde »brav« oder »schlimm« heißt, wird später, wenn Gesellschaft und Über-Ich an die Stelle der Eltern getreten sind, »gut« und »böse«, tugendhaft oder lasterhaft genannt werden, aber es ist immer noch das nämliche, Triebverzicht durch den Druck der den Vater ersetzenden, ihn fortsetzenden Autorität.

Diese Einsichten erfahren eine weitere Vertiefung, wenn wir eine Untersuchung des merkwürdigen Begriffs der Heiligkeit unternehmen. Was erscheint uns eigentlich als »heilig« in Hervorhebung von anderem, das wir hochschätzen und als wichtig und bedeutungsvoll anerkennen?[1] Einerseits ist der Zusammenhang des Heiligen mit dem Religiösen un-

---

[1] [In seinem Aufsatz ›Die »kulturelle« Sexualmoral und die moderne Nervosität‹ (1908 *d*) macht Freud etwas andere Aussagen über das Wort »heilig«; s. oben, S. 18 und die editorische Anmerkung dazu. Das Wort erscheint, diesmal auf Personen bezogen, auch in *Das Unbehagen in der Kultur* (1930 *a*), Kapitel VII, s. oben, S. 252, wo auch umfassendere Aspekte des Themas erörtert werden. S. besonders S. 252–6.]

verkennbar, er wird in aufdringlicher Weise betont; alles Religiöse ist heilig, es ist geradezu der Kern der Heiligkeit. Anderseits wird unser Urteil durch die zahlreichen Versuche gestört, den Charakter der Heiligkeit für soviel anderes, Personen, Institutionen, Verrichtungen in Anspruch zu nehmen, die wenig mit Religion zu tun haben. Diese Bemühungen dienen offenkundigen Tendenzen. Wir wollen von dem Verbotcharakter ausgehen, der so fest am Heiligen haftet. Das Heilige ist offenbar etwas, was nicht berührt werden darf. Ein heiliges Verbot ist sehr stark affektiv betont, aber eigentlich ohne rationelle Begründung. Denn warum sollte es z. B. ein so besonders schweres Verbrechen sein, Inzest mit Tochter oder Schwester zu begehen, soviel ärger als jeder andere Sexualverkehr?[1] Fragt man nach einer solchen Begründung, so wird man gewiß hören, daß sich alle unsere Gefühle dagegen sträuben. Aber das heißt nur, daß man das Verbot für selbstverständlich hält, daß man es nicht zu begründen weiß.

Die Nichtigkeit einer solchen Erklärung ist leicht genug zu erweisen. Was angeblich unsere heiligsten Gefühle beleidigt, war in den Herrscherfamilien der alten Ägypter und anderer frühen Völker allgemeine Sitte, man möchte sagen geheiligter Brauch. Es war selbstverständlich, daß der Pharao in seiner Schwester seine erste und vornehmste Frau fand, und die späten Nachfolger der Pharaonen, die griechischen Ptolemäer„ zögerten nicht, dies Vorbild nachzuahmen. Soweit drängt sich uns eher die Einsicht auf, daß der Inzest – in diesem Falle zwischen Bruder und Schwester – ein Vorrecht war, das gewöhnlichen Sterblichen entzogen, aber den die Götter vertretenden Königen vorbehalten war, wie ja auch die Welt der griechischen und der germanischen Sage keinen Anstoß an solchen inzestuösen Beziehungen nahm. Man darf vermuten, daß die ängstliche Wahrung der Ebenbürtigkeit in unserem Hochadel noch ein Residuum dieses alten Privilegs ist, und kann feststellen, daß infolge der über so viele Generationen fortgesetzten Inzucht in den höchsten sozialen Schichten Europa heute nur von Mitgliedern einer und einer zweiten Familie regiert wird.

Der Hinweis auf den Inzest bei Göttern, Königen und Heroen hilft auch mit zur Erledigung eines anderen Versuches, der die Inzestscheu biologisch erklären will, sie auf ein dunkles Wissen um die Schädlichkeit der Inzucht zurückführt. Es ist aber nicht einmal sicher, daß eine Gefahr der Schädigung durch die Inzucht besteht, geschweige denn, daß

---

[1] [Die »Inzestscheu« bildet das Thema des ersten Aufsatzes in *Totem und Tabu* (1912–13), oben, S. 295 ff.]

die Primitiven sie erkannt und gegen sie reagiert hätten. Die Unsicherheit in der Bestimmung der erlaubten und der verbotenen Verwandtschaftsgrade spricht ebensowenig für die Annahme eines »natürlichen Gefühls« als Urgrund der Inzestscheu.

Unsere Konstruktion der Vorgeschichte drängt uns eine andere Erklärung auf. Das Gebiet der Exogamie, dessen negativer Ausdruck die Inzestscheu ist, lag im Willen des Vaters und setzte diesen Willen nach seiner Beseitigung fort. Daher die Stärke seiner affektiven Betonung und die Unmöglichkeit einer rationellen Begründung, also seine Heiligkeit. Wir erwarten zuversichtlich, daß die Untersuchung aller anderen Fälle von heiligem Verbot zu demselben Ergebnis führen würde wie im Falle der Inzestscheu, daß das Heilige ursprünglich nichts anderes ist als der fortgesetzte Wille des Urvaters. Damit fiele auch ein Licht auf die bisher unverständliche Ambivalenz der Worte, die den Begriff der Heiligkeit ausdrücken. Es ist die Ambivalenz, die das Verhältnis zum Vater überhaupt beherrscht. *»Sacer«* bedeutet nicht nur »heilig«, »geweiht«, sondern auch etwas, was wir nur mit »verrucht«, »verabscheuenswert« übersetzen können *(»auri sacra fames«* [1]*)*. Der Wille des Vaters aber war nicht nur etwas, woran man nicht rühren durfte, was man hoch in Ehren halten mußte, sondern auch etwas, wovor man erschauerte, weil es einen schmerzlichen Triebverzicht erforderte. Wenn wir hören, daß Moses sein Volk »heiligte« [s. S. 480] durch die Einführung der Sitte der Beschneidung, so verstehen wir jetzt den tiefen Sinn dieser Behauptung. Die Beschneidung ist der symbolische Ersatz der Kastration, die der Urvater einst aus der Fülle seiner Machtvollkommenheit über die Söhne verhängt hatte, und wer dies Symbol annahm, zeigte damit, daß er bereit war, sich dem Willen des Vaters zu unterwerfen, auch wenn er ihm das schmerzlichste Opfer auferlegte.

Um zur Ethik zurückzukehren, dürfen wir abschließend sagen: Ein Teil ihrer Vorschriften rechtfertigt sich auf rationelle Weise durch die Notwendigkeit, die Rechte der Gemeinschaft gegen den Einzelnen, die Rechte des Einzelnen gegen die Gesellschaft und die der Individuen gegeneinander abzugrenzen. Was aber an der Ethik uns großartig, geheimnisvoll, in mystischer Weise selbstverständlich erscheint, das dankt diese Charaktere dem Zusammenhang mit der Religion, der Herkunft aus dem Willen des Vaters.

---

[1] [»O fluchwürdiger Hunger nach Gold!« Virgil, *Aeneas* III, 57. Vgl. Freud, ›»Über den Gegensinn der Urworte«‹ (1910 *e*), *Studienausgabe*, Bd. 4, S. 233.]

E
DER WAHRHEITSGEHALT DER RELIGION

Wie beneidenswert erscheinen uns, den Armen im Glauben, jene Forscher, die von der Existenz eines höchsten Wesens überzeugt sind! Für diesen großen Geist hat die Welt keine Probleme, weil er selbst alle ihre Einrichtungen geschaffen hat. Wie umfassend, erschöpfend und endgültig sind die Lehren der Gläubigen im Vergleich mit den mühseligen, armseligen und stückhaften Erklärungsversuchen, die das Äußerste sind, was wir zustande bringen! Der göttliche Geist, der selbst das Ideal ethischer Vollkommenheit ist, hat den Menschen die Kenntnis dieses Ideals eingepflanzt und gleichzeitig den Drang, ihr Wesen dem Ideal anzugleichen. Sie verspüren unmittelbar, was höher und edler und was niedriger und gemeiner ist. Ihr Empfindungsleben ist auf ihre jeweilige Distanz vom Ideal eingestellt. Es bringt ihnen hohe Befriedigung, wenn sie, im Perihel gleichsam, ihm näherkommen, es straft sich durch schwere Unlust, wenn sie, im Aphel, sich von ihm entfernt haben. Das ist alles so einfach und so unerschütterlich festgelegt. Wir können nur bedauern, wenn gewisse Lebenserfahrungen und Weltbeobachtungen es uns unmöglich machen, die Voraussetzung eines solchen höchsten Wesens anzunehmen. Als hätte die Welt der Rätsel nicht genug, wird uns die neue Aufgabe gestellt zu verstehen, wie jene anderen den Glauben an das göttliche Wesen erwerben konnten und woher dieser Glaube seine ungeheure, »Vernunft und Wissenschaft« überwältigende Macht bezieht[1].

Kehren wir zu dem bescheideneren Problem zurück, das uns bisher beschäftigt hat. Wir wollten erklären, woher der eigentümliche Charakter des jüdischen Volkes rührt, der wahrscheinlich auch seine Erhaltung bis auf den heutigen Tag ermöglicht hat. Wir fanden, der Mann Moses hat diesen Charakter geprägt, dadurch, daß er ihnen eine Religion gab, welche ihr Selbstgefühl so erhöhte, daß sie sich allen anderen Völkern überlegen glaubten. Sie erhielten sich dann dadurch, daß sie sich von den anderen fernhielten. Blutvermischungen störten dabei wenig, denn was sie zusammenhielt, war ein ideelles Moment, der gemeinsame Besitz bestimmter intellektueller und emotioneller Güter. Die Mosesreligion hatte diese Wirkung, weil sie 1) das Volk Anteil nehmen ließ an der Großartigkeit einer neuen Gottesvorstellung, 2) weil sie behauptete, daß dies Volk von diesem großen Gott auserwählt und für die Beweise seiner besonderen Gunst bestimmt war, 3) weil sie dem Volk

---

1 [Anspielung auf eine ironische Bemerkung des Mephisto in *Faust*, I. Teil, 4. Szene.]

einen Fortschritt in der Geistigkeit aufnötigte, der, an sich bedeutungsvoll genug, überdies den Weg zur Hochschätzung der intellektuellen Arbeit und zu weiteren Triebverzichten eröffnete.

Dies ist unser Ergebnis, und obwohl wir nichts davon zurücknehmen mögen, können wir uns doch nicht verhehlen, daß es irgendwie unbefriedigend ist. Die Verursachung deckt sozusagen nicht den Erfolg, die Tatsache, die wir erklären wollen, scheint von einer anderen Größenordnung als alles, wodurch wir sie erklären. Wäre es möglich, daß alle unsere bisherigen Untersuchungen nicht die ganze Motivierung aufgedeckt haben, sondern nur eine gewissermaßen oberflächliche Schicht, und dahinter noch ein anderes, sehr bedeutsames Moment auf Entdeckung wartet? Bei der außerordentlichen Komplikation aller Verursachung in Leben und Geschichte mußte man auf etwas dergleichen gefaßt sein.

Der Zugang zu dieser tieferen Motivierung ergäbe sich an einer bestimmten Stelle der vorstehenden Erörterungen. Die Religion des Moses hat ihre Wirkungen nicht unmittelbar geübt, sondern in einer merkwürdig indirekten Weise. Das will nicht besagen, sie habe nicht sofort gewirkt, sie habe lange Zeiten, Jahrhunderte gebraucht, um ihre volle Wirkung zu entfalten, denn soviel versteht sich von selbst, wenn es sich um die Ausprägung eines Volkscharakters handelt. Sondern die Einschränkung bezieht sich auf eine Tatsache, die wir der jüdischen Religionsgeschichte entnommen, oder, wenn man will, in sie eingetragen haben. Wir haben gesagt, das jüdische Volk warf die Mosesreligion nach einer gewissen Zeit wieder ab – ob vollständig, ob einige ihrer Vorschriften beibehalten wurden, können wir nicht erraten. Mit der Annahme, daß in den langen Zeiten der Besitzergreifung Kanaans und des Ringens mit den dort wohnenden Völkern die Jahvereligion sich nicht wesentlich von der Verehrung der anderen Baalim unterschied [s. S. 518], stehen wir auf historischem Boden trotz aller Anstrengungen späterer Tendenzen, diesen beschämenden Sachverhalt zu verschleiern. Die Mosesreligion war aber nicht spurlos untergegangen, eine Art von Erinnerung an sie hatte sich erhalten, verdunkelt und entstellt, vielleicht bei einzelnen Mitgliedern der Priesterkaste durch alte Aufzeichnungen gestützt. Und diese Tradition einer großen Vergangenheit war es, die aus dem Hintergrunde gleichsam zu wirken fortfuhr, allmählich immer mehr Macht über die Geister gewann und es endlich erreichte, den Gott Jahve in den Gott Moses' zu verwandeln und die vor langen Jahrhunderten eingesetzte und dann verlassene Religion Moses' wieder zum Leben zu erwecken.

Wir haben in einem früheren Abschnitt dieser Abhandlung [Teil I, C, D und E, S. 521 ff.] erörtert, welche Annahme unabweisbar scheint, wenn wir eine solche Leistung der Tradition begreiflich finden sollen.

F
DIE WIEDERKEHR DES VERDRÄNGTEN

Es gibt nun eine Menge ähnlicher Vorgänge unter denen, die uns die analytische Erforschung des Seelenlebens kennen gelehrt hat. Einen Teil derselben heißt man pathologisch, andere rechnet man in die Mannigfaltigkeit der Normalität ein. Aber darauf kommt es wenig an, denn die Grenzen zwischen beiden sind nicht scharf gezogen, die Mechanismen sind im weiten Ausmaß die nämlichen, und es ist weit wichtiger, ob die betreffenden Veränderungen sich am Ich selbst vollziehen oder ob sie sich ihm fremd entgegenstellen, wo sie dann Symptome genannt werden. Aus der Fülle des Materials hebe ich zunächst Fälle hervor, die sich auf Charakterentwicklung beziehen. Das junge Mädchen hat sich in den entschiedensten Gegensatz zu seiner Mutter gebracht, alle Eigenschaften gepflegt, die sie an der Mutter vermißt, und alles vermieden, was an die Mutter erinnert. Wir dürfen ergänzen, daß sie in früheren Jahren wie jedes weibliche Kind eine Identifizierung mit der Mutter vorgenommen hatte und sich nun energisch gegen diese auflehnt. Wenn aber dieses Mädchen heiratet, selbst Frau und Mutter wird, dürfen wir nicht erstaunt sein zu finden, daß sie anfängt, ihrer befeindeten Mutter immer mehr ähnlich zu werden, bis sich schließlich die überwundene Mutteridentifizierung unverkennbar wiederhergestellt hat. Das gleiche ereignet sich auch bei Knaben, und selbst der große Goethe, der in seiner Geniezeit den steifen und pedantischen Vater gewiß geringgeschätzt hat, entwickelte im Alter Züge, die dem Charakterbild des Vaters angehörten. Auffälliger kann der Erfolg noch werden, wo der Gegensatz zwischen beiden Personen schärfer ist. Ein junger Mann, dem es zum Schicksal wurde, neben einem nichtswürdigen Vater aufzuwachsen, entwickelte sich zunächst, ihm zum Trotz, zu einem tüchtigen, zuverlässigen und ehrenhaften Menschen. Auf der Höhe des Lebens schlug sein Charakter um, und er verhielt sich von nun an so, als ob er sich diesen selben Vater zum Vorbild genommen hätte. Um den Zusammenhang mit unserem Thema nicht zu verlieren, muß man im Sinne behalten, daß zu Anfang eines solchen Ablaufs immer eine frühkindliche Identifizierung mit dem Vater steht. Diese wird dann verstoßen, selbst überkompensiert, und hat sich am Ende wieder durchgesetzt.

Es ist längst Gemeingut geworden, daß die Erlebnisse der ersten fünf Jahre einen bestimmenden Einfluß auf das Leben nehmen, dem sich nichts Späteres widersetzen kann. Über die Art, wie sich diese frühen Eindrücke gegen alle Einwirkungen reiferer Lebenszeiten behaupten, wäre viel Wissenswertes zu sagen, das nicht hierher gehört. Weniger bekannt dürfte aber sein, daß die stärkste zwangsartige Beeinflussung von jenen Eindrücken herrührt, die das Kind zu einer Zeit treffen, da wir seinen psychischen Apparat für noch nicht vollkommen aufnahmefähig halten müssen. An der Tatsache selbst ist nicht zu zweifeln, sie ist so befremdend, daß wir uns ihr Verständnis durch den Vergleich mit einer photographischen Aufnahme erleichtern dürfen, die nach einem beliebigen Aufschub entwickelt und in ein Bild verwandelt werden mag. Immerhin weist man gern darauf hin, daß ein phantasievoller Dichter mit der Poeten gestatteten Kühnheit diese unsere unbequeme Entdeckung vorweggenommen hat. E. T. A. Hoffmann pflegte den Reichtum an Gestalten, die sich ihm für seine Dichtungen zur Verfügung stellten, auf den Wechsel der Bilder und Eindrücke während einer wochenlangen Reise im Postwagen zurückzuführen, die er noch als Säugling an der Mutterbrust erlebt hatte. Was die Kinder im Alter von zwei Jahren erlebt und nicht verstanden haben, brauchen sie außer in Träumen nie zu erinnern. Erst durch eine psychoanalytische Behandlung kann es ihnen bekannt werden, aber es bricht zu irgendeiner späteren Zeit mit Zwangsimpulsen in ihr Leben ein, dirigiert ihre Handlungen, drängt ihnen Sympathien und Antipathien auf, entscheidet oft genug über ihre Liebeswahl, die so häufig rationell nicht zu begründen ist. Es ist nicht zu verkennen, in welchen zwei Punkten diese Tatsachen unser Problem berühren. Erstens in der Entlegenheit der Zeit[1], die hier als das eigentlich maßgebende Moment erkannt wird, z. B. in dem besonderen Zustand der Erinnerung, die wir bei diesen Kindheitserlebnissen als »unbewußt« klassifizieren. Wir erwarten hierin eine Analogie mit dem Zustand zu finden, den wir der Tradition im Seelenleben des Volkes zuschreiben möchten. Freilich war es nicht leicht, die Vorstellung des Unbewußten in die Massenpsychologie einzutragen.

---

[1] Auch hierin darf ein Dichter das Wort haben. Um seine Bindung zu erklären, erfindet er: »Du warst in abgelebten Zeiten meine Schwester oder meine Frau.« (Goethe, Bd. 4 der Weimarer Ausgabe, S. 97.) [Aus einem Charlotte von Stein gewidmeten Gedicht: ›Warum gabst du uns die tiefen Blicke‹. Freud hatte in seiner Ansprache im Goethe-Haus (1930*e*) daraus zitiert (*Studienausgabe*, Bd. 10, S. 293).]

Regelmäßige Beiträge zu den von uns gesuchten Phänomenen bringen [zweitens] die Mechanismen, die zur Neurosenbildung führen. Auch hier fallen die maßgebenden Ereignisse in frühen Kinderzeiten vor, aber der Akzent ruht dabei nicht auf der Zeit, sondern auf dem Vorgang, der dem Ereignis entgegentritt, auf der Reaktion gegen dasselbe. In schematischer Darstellung kann man sagen: Als Folge des Erlebnisses erhebt sich ein Triebanspruch, der nach Befriedigung verlangt. Das Ich verweigert diese Befriedigung, entweder weil es durch die Größe des Anspruchs gelähmt wird oder weil es in ihm eine Gefahr erkennt. Die erstere dieser Begründungen ist die ursprünglichere, beide laufen auf die Vermeidung einer Gefahrsituation hinaus [1]. Das Ich erwehrt sich der Gefahr durch den Prozeß der Verdrängung. Die Triebregung wird irgendwie gehemmt, der Anlaß mit den zugehörigen Wahrnehmungen und Vorstellungen vergessen. Damit ist aber der Prozeß nicht abgeschlossen, der Trieb hat entweder seine Stärke behalten, oder er sammelt sie wieder, oder er wird durch einen neuen Anlaß wieder geweckt. Er erneuert dann seinen Anspruch, und da ihm der Weg zur normalen Befriedigung durch das, was wir die Verdrängungsnarbe nennen können, verschlossen bleibt, bahnt er sich irgendwo an einer schwachen Stelle einen anderen Weg zu einer sogenannten Ersatzbefriedigung, die nun als Symptom zum Vorschein kommt, ohne die Einwilligung, aber auch ohne das Verständnis des Ichs. Alle Phänomene der Symptombildung können mit gutem Recht als »Wiederkehr des Verdrängten« [2] beschrieben werden. Ihr auszeichnender Charakter ist aber die weitgehende Entstellung, die das Wiederkehrende im Vergleich zum Ursprünglichen erfahren hat. Vielleicht wird man meinen, daß wir uns mit der letzten Gruppe von Tatsachen zu weit von der Ähnlichkeit mit der Tradition entfernt haben. Aber es soll uns nicht gereuen, wenn wir damit in die Nähe der Probleme des Triebverzichts gekommen sind.

G
DIE HISTORISCHE WAHRHEIT

Wir haben alle diese psychologischen Exkurse unternommen, um es uns glaubhafter zu machen, daß die Mosesreligion ihre Wirkung auf das

[1] [Bezüglich »Gefahrsituation« s. Nachtrag B in Kapitel XI von *Hemmung, Symptom und Angst* (1926 *d*), *Studienausgabe*, Bd. 6, S. 298 ff.]

[2] [Terminus wie Begriff gehen auf die Zeit der ganz frühen psychoanalytischen Veröffentlichungen Freuds zwischen 1890 und 1900 zurück.]

jüdische Volk erst als Tradition durchgesetzt hat. Mehr als eine gewisse Wahrscheinlichkeit haben wir wahrscheinlich nicht zustande gebracht. Aber nehmen wir an, es sei uns der volle Nachweis gelungen; es bliebe doch der Eindruck, daß wir bloß dem qualitativen Faktor der Anforderung genügt haben, nicht auch dem quantitativen. Allem, was mit der Entstehung einer Religion, gewiß auch der jüdischen, zu tun hat, hängt etwas Großartiges an, das durch unsere bisherigen Erklärungen nicht gedeckt wird. Es müßte noch ein anderes Moment beteiligt sein, für das es wenig Analoges und nichts Gleichartiges gibt, etwas Einziges und etwas von der gleichen Größenordnung wie das, was daraus geworden ist, wie die Religion selbst. [Vgl. S. 568–9, oben.]

Versuchen wir, uns dem Gegenstand von der Gegenseite zu nähern. Wir verstehen, daß der Primitive einen Gott braucht als Weltschöpfer, Stammesoberhaupt, persönlichen Fürsorger. Dieser Gott hat seine Stelle hinter den verstorbenen Vätern, von denen die Tradition noch etwas zu sagen weiß. Der Mensch späterer Zeiten, unserer Zeit, benimmt sich in der gleichen Weise. Auch er bleibt infantil und schutzbedürftig selbst als Erwachsener; er meint, er kann den Anhalt an seinem Gott nicht entbehren. Soviel ist unbestritten, aber minder leicht ist es zu verstehen, warum es nur einen einzigen Gott geben darf, warum grade der Fortschritt vom Henotheismus[1] zum Monotheismus die überwältigende Bedeutung erwirbt. Gewiß nimmt, wie wir es ausgeführt haben [S. 553 und S. 568], der Gläubige Anteil an der Größe seines Gottes, und je größer der Gott, desto zuverlässiger der Schutz, den er spenden kann. Aber die Macht eines Gottes hat nicht seine Einzigkeit zur notwendigen Voraussetzung. Viele Völker sahen nur eine Verherrlichung ihres Obergottes darin, wenn er andere, ihm untergebene Gottheiten beherrschte, und nicht eine Verkleinerung seiner Größe, wenn andere außer ihm existierten. Auch bedeutete es ja ein Opfer an Intimität, wenn dieser Gott universell wurde und sich um alle Länder und Völker bekümmerte. Man teilte gleichsam seinen Gott mit den Fremden und mußte sich dafür durch den Vorbehalt, daß man von ihm bevorzugt sei, entschädigen. Man kann auch noch geltend machen, daß die Vorstellung des einzigen Gottes selbst einen Fortschritt in der Geistigkeit bedeute, aber man kann den Punkt so hoch unmöglich schätzen.

Für diese offenkundige Lücke in der Motivierung wissen nun die

[1] [Das Wort ist nicht sehr klar definiert. Es wird gebraucht, um den Glauben einer Menschengruppe an einen Stammesgott oder auch den Glauben an die Oberherrschaft eines Gottes über eine Hierarchie von Göttern zu bezeichnen. In keinem der beiden Fälle ist jedenfalls der Glaube an einen *einzigen* Gott gemeint.]

Frommgläubigen eine zureichende Ausfüllung. Sie sagen, die Idee eines einzigen Gottes hat darum so überwältigend auf die Menschen gewirkt, weil sie ein Stück der ewigen *Wahrheit* ist, die, lange verhüllt, endlich zum Vorschein kam und dann alle mit sich fortreißen mußte. Wir müssen zugeben, ein Moment dieser Art ist endlich der Größe des Gegenstands wie des Erfolgs angemessen.

Auch wir möchten diese Lösung annehmen. Aber wir stoßen auf ein Bedenken. Das fromme Argument ruht auf einer optimistisch-idealistischen Voraussetzung. Es hat sich sonst nicht feststellen lassen, daß der menschliche Intellekt eine besonders feine Witterung für die Wahrheit besitzt und daß das menschliche Seelenleben eine besondere Geneigtheit zeigt, die Wahrheit anzuerkennen. Wir haben eher im Gegenteil erfahren, daß unser Intellekt sehr leicht ohne alle Warnung irregeht und daß nichts leichter von uns geglaubt wird, als was, ohne Rücksicht auf die Wahrheit, unseren Wunschillusionen entgegenkommt. Darum müssen wir unserer Zustimmung eine Einschränkung anfügen. Wir glauben auch, daß die Lösung der Frommen die Wahrheit enthält, aber nicht die *materielle,* sondern die *historische* Wahrheit. Und wir nehmen uns das Recht, eine gewisse Entstellung zu korrigieren, welche diese Wahrheit bei ihrer Wiederkehr erfahren hat. Das heißt, wir glauben nicht, daß es einen einzigen großen Gott heute gibt, sondern daß es in Urzeiten eine einzige Person gegeben hat, die damals übergroß erscheinen mußte und die dann zur Gottheit erhöht in der Erinnerung der Menschen wiedergekehrt ist.

Wir hatten angenommen, daß die Moses-Religion zunächst verworfen und halb vergessen wurde und dann als Tradition zum Durchbruch kam. Wir nehmen jetzt an, daß dieser Vorgang sich damals zum zweiten Mal wiederholte. Als Moses dem Volk die Idee des einzigen Gottes brachte, war sie nichts Neues, sondern sie bedeutete die Wiederbelebung eines Erlebnisses aus den Urzeiten der menschlichen Familie, das dem bewußten Gedächtnis der Menschen längst entschwunden war. Aber es war so wichtig gewesen, hatte so tief einschneidende Veränderungen im Leben der Menschen erzeugt oder angebahnt, daß man nicht umhin kann zu glauben, es habe irgendwelche dauernden Spuren, einer Tradition vergleichbar, in der menschlichen Seele hinterlassen.

Wir haben aus den Psychoanalysen von Einzelpersonen erfahren, daß ihre frühesten Eindrücke, zu einer Zeit aufgenommen, da das Kind noch kaum sprachfähig war, irgend einmal Wirkungen von Zwangscharakter äußern, ohne selbst bewußt erinnert zu werden. Wir halten uns berechtigt, dasselbe von den frühesten Erlebnissen der ganzen Menschheit anzunehmen. Eine dieser Wirkungen wäre das Auftauchen der Idee eines einzigen großen Gottes, die man als zwar entstellte, aber durchaus berechtigte Erinnerung anerkennen muß. Eine solche Idee hat Zwangscharakter, sie muß Glauben finden. Soweit ihre Entstellung reicht, darf man sie als *Wahn* bezeichnen, insofern sie die Wiederkehr des Vergangenen bringt, muß man sie *Wahrheit* heißen. Auch der psychiatrische Wahn enthält ein Stückchen Wahrheit, und die Überzeugung des Kranken greift von dieser Wahrheit aus auf die wahnhafte Umhüllung über[1].

Was nun folgt, ist bis zum Ende eine wenig abgeänderte Wiederholung der Ausführungen im ersten Teil [der vorliegenden (dritten) Abhandlung].

Im Jahre 1912 habe ich in *Totem und Tabu* versucht, die alte Situation, von der solche Wirkungen ausgingen, zu rekonstruieren. Ich habe mich dabei gewisser theoretischer Gedanken von Ch. Darwin, Atkinson, besonders aber von W. Robertson Smith bedient und sie mit Funden und Andeutungen aus der Psychoanalyse kombiniert. Von Darwin entlehnte ich die Hypothese, daß die Menschen ursprünglich in kleinen Horden lebten, eine jede unter der Gewaltherrschaft eines älteren Männchens, das sich alle Weibchen aneignete und die jungen Männer, auch seine Söhne, züchtigte oder beseitigte. Von Atkinson in Fortsetzung dieser Schilderung, daß dies patriarchalische System sein Ende fand in einer Empörung der Söhne, die sich gegen den Vater vereinigten, ihn überwältigten und gemeinsam verzehrten. Im Anschluß an die Totem-

[1] [Die in diesem letzten Satz enthaltene Vorstellung ist von Freud in sehr ähnlicher Formulierung auch schon in der ersten Auflage von *Zur Psychopathologie des Alltagslebens* (1901 *b*), Kapitel XII, sowie in seiner *Gradiva*-Studie (1907 *a*), *Studienausgabe*, Bd. 10, S. 73, ausgedrückt worden. In ›Über einige neurotische Mechanismen‹ (1922 *b*), ibid., Bd. 7, S 221 ff., beschäftigt sich Freud ausführlicher mit dem Problem; die allgemeine Idee kann jedoch noch viel weiter zurückverfolgt werden, z. B. auf Passagen in den Briefen an Fließ vom 24. Januar 1897 und 1. Januar 1896 (Freud, 1950 *a*, Brief 57 und der Abschnitt über Paranoia in Ms K). – Die damit verwandte, in diesem Abschnitt vorgenommene Unterscheidung zwischen »historischer« und »materieller« Wahrheit ist dagegen wesentlich jüngeren Ursprungs. Der Gedanke taucht am Schluß von *Totem und Tabu* (1912–13), S. 442 f., oben, auf; eine Andeutung findet sich in *Die Zukunft einer Illusion* (1927 *c*), oben, S. 178, während eine deutlichere Erwähnung, im Zusammenhang mit Mythen, in ›Zur Gewinnung des Feuers‹ (1932 *a*), oben, S. 452 f., zu finden ist. Aber die erste explizite Formulierung steht in der ›Nachschrift‹ zur *Selbstdarstellung* (1935 *a*); die betreffende Passage ist in der ›Editorischen Vorbemerkung‹ zu *Die Zukunft einer Illusion*, oben, S. 137 f., im Wortlaut zitiert. Das Thema selbst wird in der vorliegenden Arbeit schon berührt, s. oben, S. 507 und S. 533. – Bezüglich einer vielleicht analogen Unterscheidung zwischen psychischer und äußerer Realität s. S. 525, oben.]

theorie von Robertson Smith nahm ich an, daß nachher die Vaterhorde dem totemistischen Brüderclan Platz machte. Um miteinander in Frieden leben zu können, verzichteten die siegreichen Brüder auf die Frauen, derentwegen sie doch den Vater erschlagen hatten, und legten sich Exogamie auf. Die väterliche Macht war gebrochen, die Familien nach Mutterrecht eingerichtet. Die ambivalente Gefühlseinstellung der Söhne gegen den Vater blieb über die ganze weitere Entwicklung in Kraft. An Stelle des Vaters wurde ein bestimmtes Tier als Totem eingesetzt; es galt als Ahnherr und Schutzgeist, durfte nicht geschädigt oder getötet werden, aber einmal im Jahr fand sich die ganze Männergemeinschaft zu einem Festmahl zusammen, bei dem das sonst verehrte Totemtier in Stücke gerissen und gemeinsam verzehrt wurde. Niemand durfte sich von diesem Mahle ausschließen, es war die feierliche Wiederholung der Vatertötung, mit der die soziale Ordnung, Sittengesetze und Religion ihren Anfang genommen hatten. Die Übereinstimmung der Robertson Smithschen Totemmahlzeit mit dem christlichen Abendmahl ist manchen Autoren vor mir aufgefallen. [S. oben, S. 529–32.]

Ich halte an diesem Aufbau noch heute fest. Ich habe wiederholt heftige Vorwürfe zu hören bekommen, daß ich in späteren Auflagen des Buches meine Meinungen nicht abgeändert habe, nachdem doch neuere Ethnologen die Aufstellungen von Robertson Smith einmütig verworfen und zum Teil andere, ganz abweichende Theorien vorgebracht haben. Ich habe zu entgegnen, daß mir diese angeblichen Fortschritte wohl bekannt sind. Aber ich bin weder von der Richtigkeit dieser Neuerungen noch von den Irrtümern Robertson Smiths überzeugt worden. Ein Widerspruch ist noch keine Widerlegung, eine Neuerung nicht notwendig ein Fortschritt. Vor allem aber, ich bin nicht Ethnologe, sondern Psychoanalytiker. Ich hatte das Recht, aus der ethnologischen Literatur herauszugreifen, was ich für die analytische Arbeit brauchen konnte. Die Arbeiten des genialen Robertson Smith haben mir wertvolle Berührungen mit dem psychologischen Material der Analyse, Anknüpfungen für dessen Verwertung gegeben. Mit seinen Gegnern traf ich nie zusammen.

H
DIE GESCHICHTLICHE ENTWICKLUNG

Ich kann den Inhalt von *Totem und Tabu* hier nicht ausführlicher wiederholen, aber ich muß für die Ausfüllung der langen Strecke zwischen jener angenommenen Urzeit und dem Sieg des Monotheismus in historischen Zeiten sorgen. Nachdem das Ensemble von Brüderclan, Mutterrecht, Exogamie und Totemismus eingerichtet war, setzte eine Entwicklung ein, die als langsame »Wiederkehr des Verdrängten« zu beschreiben ist. Den Terminus »das Verdrängte« gebrauchen wir hier im uneigentlichen Sinn. Es handelt sich um etwas Vergangenes, Verschollenes, Überwundenes im Völkerleben, das wir dem Verdrängten im Seelenleben des Einzelnen gleichzustellen wagen. In welcher psychologischen Form dies Vergangene während der Zeit seiner Verdunkelung vorhanden war, wissen wir zunächst nicht zu sagen. Es wird uns nicht leicht, die Begriffe der Einzelpsychologie auf die Psychologie der Massen zu übertragen, und ich glaube nicht, daß wir etwas erreichen, wenn wir den Begriff eines »kollektiven«« Unbewußten einführen. Der Inhalt des Unbewußten ist ja überhaupt kollektiv, allgemeiner Besitz der Menschen. Wir behelfen uns also vorläufig mit dem Gebrauch von Analogien. Die Vorgänge, die wir hier im Völkerleben studieren, sind den uns aus der Psychopathologie bekannten sehr ähnlich, aber doch nicht ganz die nämlichen. Wir entschließen uns endlich zur Annahme, daß die psychischen Niederschläge jener Urzeiten Erbgut geworden waren, in jeder neuen Generation nur der Erweckung, nicht der Erwerbung bedürftig. Wir denken hierbei an das Beispiel der sicherlich »mitgeborenen« Symbolik, die aus der Zeit der Sprachentwicklung stammt, allen Kindern vertraut ist, ohne daß sie eine Unterweisung erhalten hätten, und die bei allen Völkern trotz der Verschiedenheit der Sprachen gleich lautet. Was uns etwa noch an Sicherheit fehlt, gewinnen wir aus anderen Ergebnissen der psychoanalytischen Forschung. Wir erfahren, daß unsere Kinder in einer Anzahl von bedeutsamen Relationen nicht so reagieren, wie es ihrem eigenen Erleben entspricht, sondern instinktmäßig, den Tieren vergleichbar, wie es nur durch phylogenetischen Erwerb erklärlich ist[1].

Die Wiederkehr des Verdrängten vollzieht sich langsam, gewiß nicht spontan, sondern unter dem Einfluß all der Änderungen in den Lebensbedingungen, welche die Kulturgeschichte der Menschen erfüllen. Ich kann hier weder eine Übersicht dieser Abhängigkeiten noch eine mehr als lückenhafte Aufzählung der Etappen dieser Wiederkehr geben. Der Vater wird wiederum das Oberhaupt der Familie, längst nicht so unbeschränkt, wie es der Vater der Urhorde gewesen war. Das Totem-

[1] [Freud hat hier wahrscheinlich vor allem die »Urphantasien« im Sinn. S. die editorische Fußnote über »archaische Erbschaft«, S. 548–9, oben.]

tier weicht dem Gotte in noch sehr deutlichen Übergängen. Zunächst trägt der menschengestaltige Gott noch den Kopf des Tieres, später verwandelt er sich mit Vorliebe in dies bestimmte Tier, dann wird dies Tier ihm heilig und sein Lieblingsbegleiter, oder er hat das Tier getötet und trägt selbst den Beinamen danach. Zwischen dem Totemtier und dem Gotte taucht der Heros auf, häufig als Vorstufe der Vergottung. Die Idee einer höchsten Gottheit scheint sich frühzeitig einzustellen, zunächst nur schattenhaft, ohne Einmengung in die täglichen Interessen des Menschen. Mit dem Zusammenschluß der Stämme und Völker zu größeren Einheiten organisieren sich auch die Götter zu Familien, zu Hierarchien. Einer unter ihnen wird häufig zum Oberherrn über Götter und Menschen erhöht. Zögernd geschieht dann der weitere Schritt, nur einem Gott zu zollen, und endlich erfolgt die Entscheidung, einem einzigen Gott alle Macht einzuräumen und keine anderen Götter neben ihm zu dulden. Erst damit war die Herrlichkeit des Urhordenvaters wiederhergestellt, und die ihm geltenden Affekte konnten wiederholt werden.

Die erste Wirkung des Zusammentreffens mit dem so lange Vermißten und Ersehnten war überwältigend und so, wie die Tradition der Gesetzgebung vom Berge Sinai sie beschreibt. Bewunderung, Ehrfurcht und Dankbarkeit dafür, daß man Gnade gefunden in seinen Augen – die Mosesreligion kennt keine anderen als diese positiven Gefühle gegen den Vatergott. Die Überzeugung von seiner Unwiderstehlichkeit, die Unterwerfung unter seinen Willen können bei dem hilflosen, eingeschüchterten Sohn des Hordenvaters nicht unbedingter gewesen sein, ja, sie werden erst durch die Versetzung in das primitive und infantile Milieu voll begreiflich. Kindliche Gefühlsregungen sind in ganz anderem Ausmaß als die Erwachsener intensiv und unausschöpfbar tief, nur die religiöse Ekstase kann das wiederbringen. So ist ein Rausch der Gottesergebenheit die nächste Reaktion auf die Wiederkehr des großen Vaters.

Die Richtung dieser Vaterreligion war damit für alle Zeiten festgelegt, doch war ihre Entwicklung damit nicht abgeschlossen. Zum Wesen des Vaterverhältnisses gehört die Ambivalenz; es konnte nicht ausbleiben, daß sich im Laufe der Zeiten auch jene Feindseligkeit regen wollte, die einst die Söhne angetrieben, den bewunderten und gefürchteten Vater zu töten. Im Rahmen der Mosesreligion war für den direkten Ausdruck des mörderischen Vaterhasses kein Raum; nur eine mächtige Reaktion auf ihn konnte zum Vorschein kommen, das Schuldbewußtsein wegen dieser Feindseligkeit, das schlechte Gewissen, man habe sich gegen Gott versündigt und höre nicht auf zu sündigen. Dieses Schuldbewußtsein, das von den Propheten ohne Unterlaß wachgehalten wurde, das bald einen integrierenden Inhalt des religiösen Systems bildete, hatte noch eine andere, oberflächliche Motivierung, die seine wirkliche Herkunft geschickt maskierte. Es ging dem Volke schlecht, die auf Gottes Gunst gesetzten Hoffnungen wollten sich nicht erfüllen, es war nicht leicht, an der über alles geliebten Illusion festzuhalten, daß man Gottes auserwähltes Volk sei. Wollte man auf dieses Glück nicht verzichten, so bot das Schuldgefühl ob der eigenen Sündhaftigkeit eine willkommene Entschuldung Gottes. Man verdiente nichts Besseres, als von ihm bestraft zu werden, weil man seine Gebote nicht hielt, und im Bedürfnis, dieses Schuldgefühl, das unersättlich war und aus soviel tieferer Quelle kam, zu befriedigen, mußte man diese Gebote immer strenger, peinlicher und auch kleinlicher werden lassen. In einem neuen Rausch moralischer Askese legte man sich immer neue Triebverzichte auf und erreichte dabei wenigstens in Lehre und Vorschrift ethische Höhen, die den anderen alten Völkern unzugänglich geblieben waren. In dieser Höherentwicklung erblicken viele Juden den zweiten Hauptcharakter und die zweite große Leistung ihrer Religion. Aus unseren Erörterungen soll hervorgehen, wie sie mit der ersteren, der Idee des einzigen Gottes, zusammenhängt. Diese Ethik kann aber ihren Ursprung aus dem Schuldbewußtsein wegen der unterdrückten Gottesfeindschaft nicht verleugnen. Sie hat den unabgeschlossenen und unabschließbaren Charakter zwangsneurotischer Reaktionsbildungen; man errät auch, daß sie den geheimen Absichten der Bestrafung dient.

Die weitere Entwicklung geht über das Judentum hinaus. Das übrige, was von der Urvatertragödie wiederkehrte, war mit der Mosesreligion in keiner Art mehr vereinbar. Das Schuldbewußtsein jener Zeit war längst nicht mehr auf das jüdische Volk beschränkt, es hatte als ein dumpfes Unbehagen, als eine Unheilsahnung, deren Grund niemand anzugeben wußte, alle Mittelmeervölker ergriffen. Die Geschichtsschreibung unserer Tage spricht von einem Altern der antiken Kultur; ich vermute, sie hat nur Gelegenheitsursachen und Beihilfen zu jener Völkerverstimmung erfaßt. Die Klärung der bedrückten Situation ging vom Judentum aus. Ungeachtet aller Annäherungen und Vorbereitungen ringsum war es doch ein jüdischer Mann Saulus aus Tarsus, der sich als römischer Bürger Paulus nannte, in dessen Geist zuerst die Erkenntnis durchbrach: »Wir sind so unglücklich, weil wir Gottvater getötet haben.« Und es ist überaus verständlich, daß er dies Stück Wahrheit nicht anders erfassen konnte als in der wahnhaften Einkleidung der frohen Botschaft: »Wir sind von aller Schuld erlöst, seitdem einer von uns sein Leben geopfert hat, um uns zu entsühnen.« In dieser Formulierung war die Tötung Gottes natürlich nicht erwähnt, aber ein Verbrechen, das durch einen Opfertod gesühnt werden mußte, konnte nur ein Mord gewesen sein. Und die Vermittlung zwischen dem Wahn und der historischen Wahrheit stellte die Versicherung her, daß das Opfer Gottes Sohn gewesen sei. Mit der Kraft, die ihm aus der Quelle historischer Wahrheit zufloß, warf dieser neue Glaube alle Hindernisse nieder; an die Stelle der beseligenden Auserwähltheit trat nun die befreiende Erlösung. Aber die Tatsache der Vatertötung hatte bei ihrer Rückkehr in die Erinnerung der Menschheit größere Widerstände zu überwinden als die andere, die den Inhalt des Monotheismus ausgemacht hatte[1]; sie mußte sich auch eine stärkere Entstellung gefallen lassen. Das unnennbare Verbrechen wurde ersetzt durch die Annahme einer eigentlich schattenhaften Erbsünde.

Erbsünde und Erlösung durch den Opfertod wurden die Grundpfeiler der neuen, durch Paulus begründeten Religion. Ob es in der Brüderschar, die sich gegen den Urvater empörte, wirklich einen Anführer und Anstifter der Mordtat gegeben hat oder ob diese Gestalt von der Phantasie der Dichter zur Heroisierung der eigenen Person später geschaffen und in die Tradition eingefügt wurde, muß dahingestellt bleiben. Nachdem die christliche Lehre den Rahmen des Judentums gesprengt hatte, nahm sie Bestandteile aus vielen anderen Quellen auf, verzichtete auf manche Züge des reinen Monotheismus, schmiegte sich in vielen Einzelheiten dem Rituale der übrigen Mittelmeervölker an. Es war, als ob neuerdings Ägypten Rache nähme an den Erben des Ikhnaton. Beachtenswert ist, in welcher Weise die neue Religion sich mit der alten Ambivalenz im Vaterverhältnis auseinandersetzte. Ihr Hauptinhalt war zwar die Versöhnung mit Gottvater, die Sühne des an ihm begangenen Verbrechens, aber die andere Seite der Gefühlsbeziehung zeigte sich darin, daß der Sohn, der die Sühne auf sich genommen, selbst Gott wurde neben dem Vater und eigentlich an Stelle des Vaters. Aus einer Vaterreligion hervorgegangen, wurde das Christentum eine Sohnesreligion. Dem Verhängnis, den Vater beseitigen zu müssen, ist es nicht entgangen.

---

[1] [Nämlich die Tatsache der Existenz des Urvaters.]

Nur ein Teil des jüdischen Volkes nahm die neue Lehre an. Jene, die sich dessen weigerten, heißen noch heute Juden. Sie sind durch diese Scheidung noch schärfer von den anderen abgesondert als vorher. Sie mußten von der neuen Religionsgemeinschaft, die außer Juden Ägypter, Griechen, Syrer, Römer und endlich auch Germanen aufgenommen hat, den Vorwurf hören, daß sie Gott gemordet haben. Unverkürzt würde dieser Vorwurf lauten: »Sie wollen es nicht wahrhaben, daß sie Gott gemordet haben, während wir es zugeben und von dieser Schuld gereinigt worden sind.« Man sieht dann leicht ein, wieviel Wahrheit hinter diesem Vorwurf steckt. Warum es den Juden unmöglich gewesen ist, den Fortschritt mitzumachen, den das Bekenntnis zum Gottesmord bei aller Entstellung enthielt, wäre Gegenstand einer besonderen Untersuchung. Sie haben damit gewissermaßen eine tragische Schuld auf sich geladen; man hat sie dafür schwer büßen lassen.

Unsere Untersuchung hat vielleicht einiges Licht auf die Frage geworfen, wie das jüdische Volk die Eigenschaften erworben hat, die es kennzeichnen. Weniger Aufklärung fand das Problem, wieso sie sich bis auf den heutigen Tag als Individualität erhalten konnten. Aber erschöpfende Beantwortungen solcher Rätsel wird man billigerweise weder verlangen noch erwarten dürfen. Ein Beitrag, nach den eingangs [S. 551] erwähnten Einschränkungen zu beurteilen, ist alles, was ich bieten kann.

Anhang

BIBLIOGRAPHIE

Vorbemerkung: Titel von Büchern und Zeitschriften sind kursiv, Titel von Beiträgen zu Zeitschriften oder Büchern in einfache Anführungszeichen gesetzt. Die Abkürzungen entsprechen der *World List of Scientific Periodicals* (London, 1963–65). Weitere in diesem Band verwendete Abkürzungen finden sich in der *Liste der Abkürzungen* auf Seite 601. Die in runde Klammern gesetzten Zahlen am Ende der bibliographischen Eintragungen geben die Seite bzw. Seiten des vorliegenden Bandes an, wo auf das betreffende Werk hingewiesen wird. Die kursivierten Kleinbuchstaben hinter den Jahreszahlen der unten aufgeführten Freud-Schriften beziehen sich auf die verbindliche Freud-Gesamtbibliographie, die im letzten Band der englischen Gesamtausgabe, der *Standard Edition of the Complete Psychological Works of Sigmund Freud,* enthalten ist. Eine deutsche Fassung dieser Gesamtbibliographie ist 1975 in der Broschüre *Sigmund Freud-Konkordanz und -Gesamtbibliographie,* S. Fischer, Frankfurt am Main, 3., korr. Aufl. 1980, erschienen. Für nicht-wissenschaftliche Autoren und für wissenschaftliche Autoren, von denen kein spezielles Werk zitiert wird, siehe das *Namen- und Sachregister.*

ABEL, K. (1884) *Über den Gegensinn der Urworte,* Leipzig. (357)

ABRAHAM, K. (1911) ›Über die determinierende Kraft des Namens‹, *Zentbl. Psychoanal.,* Bd. 2, S. 133. Neuausgabe in: K. Abraham, *Psychoanalytische Studien I,* hrsg. von J. Cremerius, *Conditio humana,* Frankfurt am Main, 1969, 2., erg. Aufl. 1971, S. 39. (347)

(1912) ›Ansätze zur psychoanalytischen Erforschung und Behandlung des manisch-depressiven Irreseins und verwandter Zustände‹, *Zentbl. Psychoanal.,* Bd. 2, S. 302. Neuausgabe in: K. Abraham, *Psychoanalytische Studien II,* hrsg. von J. Cremerius, *Conditio humana,* Frankfurt am Main, 1971, S. 146. (123)

(1914) ›Über Einschränkungen und Umwandlungen der Schaulust bei den Psychoneurotikern‹, *Jb. Psychoanalyse,* Bd. 6, S. 25. Neuausgabe in: K. Abraham, *Psychoanalytische Studien I,* wie vor, S. 324. (412–413)

(1916) ›Untersuchungen über die früheste prägenitale Entwicklungsstufe der Libido‹, *Int. Z. ärztl. Psychoanal.,* Bd. 4, S. 71. Neuausgabe in: K. Abraham, *Psychoanalytische Studien I,* wie vor, S. 84. (98)

ADLER, A. (1910) ›Der psychische Hermaphroditismus im Leben und in der Neurose‹, *Fortschr. Med.*, Bd. 28, S. 486. (378)

AICHHORN, A. (1925) *Verwahrloste Jugend*, Wien. (256)

ALEXANDER, F. (1927) *Die Psychoanalyse der Gesamtpersönlichkeit*, Wien. (256)

ATKINSON, J. J. (1903) *Primal Law*, London. Enthalten in Lang, A., *Social Origins*. (230, 410, 411, 426, 529, 575)

AUERBACH, E. (1932, 1936) *Wüste und Gelobtes Land* (2 Bde.), Berlin. (491, 492, 512)

AVEBURY, LORD *siehe* Lubbock, J.

BACHOFEN, J. J. (1861). *Das Mutterrecht*, Stuttgart. (428)

BASTIAN, A. (1874–75) *Die deutsche Expedition an der Loango-Küste* (2 Bde.), Jena. (337–338)

BATCHELOR, J. (1901) *The Ainu and their Folk-Lore*, London. (369)

BEARD, G. M. (1881) *Amèrican Nervousness, its Causes and Consequences*, New York. (16)

(1884) *Sexual Neurasthenia (Nervous Exhaustion), its Hygiene, Causes, Symptoms and Treatment*, New York. (16)

BINSWANGER, O. L. (1896) *Die Pathologie und Therapie der Neurasthenie*, Jena. (15–16)

BLEULER, E. (1910) ›Vortrag über Ambivalenz‹ (Bern), Bericht in *Zentbl. Psychoanal.*, Bd. 1, S. 266. (321)

(1912) ›Das autistische Denken‹, *Jb. psychoanalyt. psychopath. Forsch.*, Bd. 4, S. 1; in Buchform: Leipzig und Wien, 1912. (65)

(1913) ›Der Sexualwiderstand‹, *Jb. psychoanalyt. psychopath. Forsch.*, Bd. 5, S. 442. (235)

BLUMENTRITT, F. (1891) ›Über die Eingeborenen der Insel Palawan‹, *Globus*, Bd. 59, S. 181. (344–345)

BOAS, F. (1888) ›The Central Eskimo‹, *Sixth Ann. Rep. Bur. Amer., Ethn.*, S. 399. (349)

(1890) ›Second General Report on the Indians of British Columbia‹, *Report of Sixtieth Meeting of the British Association*, S. 562. (344)

BRANDES, G. (1896) *William Shakespeare*, Paris, Leipzig, München. (222)

BREASTED, J. H. (1906) *A History of Egypt*, London. (460, 471–472, 473, 474)

(1934) *The Dawn of Conscience*, London. (460–461, 471 bis 472, 473, 474, 475, 499)

siehe auch CAMBRIDGE ANCIENT HISTORY.

BROWN, W. (1845) *New Zealand and its Aborigines*, London. (334)

BRUGEILLES, R. (1913) ›L'essence du phénomène social: la suggestion‹, *Rev. phil.*, Bd. 75, S. 593. (83)

BUSCHAN, G. (Hrsg.) (1922–26) *Illustrierte Völkerkunde* (2 Bde. in 3), Stuttgart. (449–450)

CAMBRIDGE ANCIENT HISTORY, THE (1924) (hrsg. von J. B. Bury, S. A. Cook und F. E. Adcock), Bd. 2, *The Egyptian and Hittite Empires to 1000 B. C.*, Cambridge. (Historische ägyptische Kapitel von J. H. Breasted.) (472)

(1928) Bd. 7. (Enthält: ›The Founding of Rome‹, von Hugh Last.) (201)

CAMERON, A. L. P. (1885) ›Notes on some Tribes of New South Wales‹, *J. anthrop. Inst.*, Bd. 14, S. 344. (298)

CODRINGTON, R. H. (1891) *The Melanesians*, Oxford. (303, 306, 371)

CRAWLEY, E. (1902) *The Mystic Rose*, London. (306–307)

DALY, C. D. (1927) ›Hindumythologie und Kastrationskomplex‹, *Imago*, Bd. 13, S. 145. (229)

DARWIN, C. (1871) *The Descent of Man* (2 Bde.), London (410–411, 425–426, 529, 575) [*Deutsche Übersetzung* von J. Victor Carus: *Die Abstammung des Menschen und die geschlechtliche Zuchtwahl*, 2. Aufl. (2 Bde.), Stuttgart, 1872.]

(1875) *The Variation of Animals and Plants under Domestication* (2 Bde.), 2. Aufl., London. (410) [*Deutsche Übersetzung* von J. Victor Carus: *Das Variiren der Thiere und Pflanzen im Zustande der Domestication*, 2., durchgeseh. u. bericht. Ausgabe (2 Bde.), Stuttgart, 1873.]

DOBRIZHOFFER, M. (1784) *Historia de Abiponibus* (3 Bde.), Wien. (346–347)

DORSEY, J. O. (1884) ›An Account of the War Customs of the Osages‹, *Amer. Nat.*, Bd. 18, S. 113. (329)

DURKHEIM, E. (1898) ›La prohibition de l'inceste et ses origines‹, *Année sociolog.*, Bd. 1, S. 1. (402, 406, 409)

(1902) ›Sur le totémisme‹, *Année sociolog.*, Bd. 5, S. 82. (402, 406)

DURKHEIM, E. (Forts.) (1905) ›Sur l'organisation matrimoniale des sociétés australiennes‹, *Année sociolog.*, Bd. 8, S. 118. (402, 406)

(1912) *Les formes élémentaires de la vie religieuse: Le système totémique en Australie*, Paris. (399)

EDER, M. D. (1913) ›Augenträume‹, *Int. Z. ärztl. Psychoanal.*, Bd. 1, S. 157. (415)

EHRENFELS, C. VON (1907) *Sexualethik, Grenzfragen des Nerven- und Seelenlebens*, hrsg. von L. Löwenfeld, Bd. 56, Wiesbaden. (13–14, 16, 32)

EINSTEIN, A. (1933 [1932]) und Freud, S., *Warum Krieg?*, Paris. (272 bis 274)

ELLIS, HAVELOCK (1914) *Studies in the Psychology of Sex*, Vol. IV: *Sexual Selection in Man*, Philadelphia. (408) [*Deutsche Übersetzung* von Hans Kurella: *Die Gattenwahl beim Menschen mit Rücksicht auf Sinnesphysiologie und allgemeine Biologie*, Würzburg, 1906. (Neuauflage Leipzig, 1922.)]

ELLIS, W. (1832–36) *Polynesian Researches*, 2. Aufl. (4 Bde.), London. (343)

ENCYCLOPAEDIA BRITANNICA (1910–11) 11. Aufl., Cambridge. (311, 365, 491)

ERB, W. (1893) *Über die wachsende Nervosität unserer Zeit*, Heidelberg. (14–15, 16)

ERLENMEYER, E. H. (1932) ›Notiz zur Freudschen Hypothese über die Zähmung des Feuers‹, *Imago*, Bd. 18, S. 5. (449)

ERMAN, A. (1905) *Die ägyptische Religion*, Berlin. (473, 475, 480)

FEDERN, P. (1919) *Die vaterlose Gesellschaft*, Wien. (93)

(1926) ›Einige Variationen des Ichgefühls‹, *Int. Z. Psychoanal.*, Bd. 12, S. 263. (199)

(1927) ›Narzißmus im Ichgefüge‹, *Int. Z. Psychoanal.*, Bd. 13, S. 420. (199)

FELSZEGHY, BELA VON (1920) ›Panik und Pan-Komplex‹, *Imago*, Bd. 6, S. 1. (92)

FERENCZI, S. (1909) ›Introjektion und Übertragung‹, *Jb. psychoanal. psychopath. Forsch.*, Bd. 1, S. 422. Neuausgabe in: S. Ferenczi, *Schriften zur Psychoanalyse I*, hrsg. von M. Balint, *Conditio humana*, Frankfurt am Main, 1970, S. 12. (106, 118)

(1913*a*) ›Ein kleiner Hahnemann‹, *Int. Z. ärztl. Psychoanal.*, Bd. 1, S. 240. Neuausgabe in: S. Ferenczi, *Schriften zur Psychoanalyse I*, wie vor, S. 164. (415–416, 417, 436)

FERENCZI, S. (Forts.)

(1913 *b*) ›Zur Augensymbolik‹, *Int. Z. ärztl. Psychoanal.*, Bd. 1, S. 161. (415)

(1913 *c*) ›Entwicklungsstufen des Wirklichkeitssinnes‹, *Int. Z. ärztl. Psychoanal.*, Bd. 1, S. 124. Neuausgabe in: S. Ferenczi, *Schriften zur Psychoanalyse I*, wie vor, S. 148. (199)

FISON, L. (1885) ›The Nanga‹, *J. anthrop. Inst.*, Bd. 14, S. 14. (304)

FISON, L., und HOWITT, A. W. (1880) *Kamilaroi und Kurnai*, Melbourne. (306–307, 309, 397)

FRASER, J. (1892) *The Aborigines of New South Wales*, Sydney. (349)

FRAZER, J. G. (1910) *Totemism and Exogamy* (4 Bde.), London. (56, 296–298, 303–306, 389–392, 393–395, 399–410, 416, 424)

(1911 *a*) *The Magic Art* (2 Bde.) *(The Golden Bough*, 3. Aufl., I. Teil), London. (334, 342, 368–372, 432, 434, 452)

(1911 *b*) *Taboo and the Perils of the Soul* (*The Golden Bough*, 3. Aufl., II. Teil), London. (320, 328–39, 341, 343 bis 349, 385–386)

(1911 *c*) *The Dying God* (*The Golden Bough*, 3. Aufl., II. Teil), London. (537, 556)

(1912) *Spirits of the Corn and of the Wild* (2 Bde.) (*The Golden Bough*, 3. Aufl., V. Teil), London. (423–424, 437)

(1914) *Adonis, Attis, Osiris*, 3. Aufl. (2 Bde.) (*The Golden Bough*, 3. Aufl., IV. Teil), London. (329)

FREUD, S. (1893 g) ›Über ein Symptom, das häufig die Enuresis nocturna der Kinder begleitet‹, *Neurol. Zentbl.* Bd. 12, S. 735. (447)

(1895 *b* [1894]) ›Über die Berechtigung, von der Neurasthenie einen bestimmten Symptomenkomplex als »Angstneurose« abzutrennen‹, *G. W.*, Bd. 1, S. 315; *Studienausgabe*, Bd. 6, S. 25. (16, 245)

(1898 *a*) ›Die Sexualität in der Ätiologie der Neurosen‹, *G. W.*, Bd. 1, S. 491; *Studienausgabe*, Bd. 5, S. 11. (11, 24)

(1900 *a*) *Die Traumdeutung*, Wien. *G. W.*, Bd. 2–3; *Studienausgabe*, Bd. 2. (37, 46, 72, 73, 151, 199, 289, 352, 355, 434, 448, 452, 462, 463, 549)

(1901 *b*) *Zur Psychopathologie des Alltagslebens*, Berlin, 1904. *G. W.*, Bd. 4. (575)

(1905 *c*) *Der Witz und seine Beziehung zum Unbewuß-*

FREUD, S. (Forts.) *ten*, Wien. *G. W.*, Bd. 6; *Studienausgabe*, Bd. 4, S. 9. (13, 29, 118, 183, 281, 347)

(1905 *d*) *Drei Abhandlungen zur Sexualtheorie*, Wien. *G. W.*, Bd. 5, S. 29; *Studienausgabe*, Bd. 5, S. 37. (11, 19, 21, 41, 74, 87, 97, 98, 104, 128, 133, 193–195, 214, 236, 310, 376–377, 447)

(1905 *e* [1901]) ›Bruchstück einer Hysterie-Analyse‹, *G. W.*, Bd. 5, S. 163; *Studienausgabe*, Bd. 6, S. 83. (99, 236, 447)

(1906 *f*) Antwort auf eine Rundfrage *Vom Lesen und von guten Büchern, Neue Blätter für Literatur und Kunst*, Heft 1, Wien. (187)

(1907 *a*) *Der Wahn und die Träume in W. Jensens ›Gradiva‹*, Wien. *G. W.*, Bd. 7, S. 31; *Studienausgabe*, Bd. 10, S. 9. (575)

(1907 *b*) ›Zwangshandlungen und Religionsübungen‹, *G. W.*, Bd. 7, S. 129; *Studienausgabe*, Bd. 7, S. 11. (137, 177, 450)

(1907 *c*) ›Zur sexuellen Aufklärung der Kinder‹, *G. W.*, Bd. 7, S. 19; *Studienausgabe*, Bd. 5, S. 159. (26, 187)

(1908 *b*) ›Charakter und Analerotik‹, *G. W.*, Bd. 7, S. 203; *Studienausgabe*, Bd. 7, S. 23. (227, 447–448)

(1908 *c*) ›Über infantile Sexualtheorien‹, *G. W.*, Bd. 7, S. 171; *Studienausgabe*, Bd. 5, S. 169. (454, 523)

(1908 *d*) ›Die »kulturelle« Sexualmoral und die moderne Nervosität‹, *G. W.*, Bd. 7, S. 143; *Studienausgabe*, Bd. 9, S. 9. (34, 181, 193, 238, 289, 565)

(1908 *e* [1907]) ›Der Dichter und das Phantasieren‹, *G. W.*, Bd. 7, S. 213; *Studienausgabe*, Bd. 10, S. 169. (56, 147)

(1909 *a* [1908]) ›Allgemeines über den hysterischen Anfall‹, *G. W.*, Bd. 7, S. 235; *Studienausgabe*, Bd. 6, S. 197. (22, 447)

(1909 *b*) ›Analyse der Phobie eines fünfjährigen Knaben‹, *G. W.*, Bd. 7, S. 243; *Studienausgabe*, Bd. 8, S. 9. (195, 414–415, 417, 539)

(1909 *c*) ›Der Familienroman der Neurotiker‹, *G. W.*, Bd. 7, S. 227; *Studienausgabe*, Bd. 4, S. 222. (463)

(1909 *d*) ›Bemerkungen über einen Fall von Zwangsneurose‹, *G. W.*, Bd. 7, S. 381; *Studienausgabe*, Bd. 7, S. 381. (29, 194, 363, 374, 376, 386)

(1910 *c*) *Eine Kindheitserinnerung des Leonardo da Vinci*, Wien. *G. W.*, Bd. 8, S. 128; *Studienausgabe*, Bd. 10, S. 87. (101, 178, 539)

FREUD, S. (Forts.) (1910 *e*) ››Über den Gegensinn der Urworte‹«, *G. W.*, Bd. 8, S. 214; *Studienausgabe*, Bd. 4, S. 227. (357, 567)

(1911 *b*) ›Formulierungen über die zwei Prinzipien des psychischen Geschehens‹, *G. W.*, Bd. 8, S. 230; *Studienausgabe*, Bd. 3. (200, 212, 372, 375)

(1911 *c* [1910]) ›Psychoanalytische Bemerkungen über einen autobiographisch beschriebenen Fall von Paranoia (Dementia paranoides)‹, *G. W.*, Bd. 8, S. 240; *Studienausgabe*, Bd. 7, S. 133. (380)

(1912 *c*) ›Über neurotische Erkrankungstypen‹, *G. W.*, Bd. 8, S. 322; *Studienausgabe*, Bd. 6, S. 215. (19)

(1912 *d*) ›Über die allgemeinste Erniedrigung des Liebeslebens‹, *G. W.*, Bd. 8, S. 78; *Studienausgabe*, Bd. 5, S. 197. (11, 105, 131, 194, 236)

(1912 *g*) ›A Note on the Unconscious in Psycho-Analysis‹ (in Englisch), *Standard Ed.*, Bd. 12, S. 257. (381) [*Deutsche Übersetzung* von Hanns Sachs: ›Einige Bemerkungen über den Begriff des Unbewußten in der Psychoanalyse‹, *G. W.*, Bd. 8, S. 430; *Studienausgabe*, Bd. 3.]

(1912–13) *Totem und Tabu*, Wien, 1913. *G. W.*, Bd. 9; *Studienausgabe*, Bd. 9, S. 287. (34, 52–57, 63, 72, 74, 103, 114–117, 122, 126, 133, 137, 138, 151, 156–158, 176, 230, 257, 262, 276, 458, 502, 504, 507, 529–532, 549, 559, 566, 575–576)

(1914 *c*) ›Zur Einführung des Narzißmus‹, *G. W.*, Bd. 10, S. 138; *Studienausgabe*, Bd. 3. (63, 96, 98, 102–103, 105, 121, 122, 157, 377, 378)

(1915 *b*) ›Zeitgemäßes über Krieg und Tod‹, *G. W.*, Bd. 10, S. 324; *Studienausgabe*, Bd. 9, S. 33. (11, 70, 172, 252, 273, 363)

(1915 *c*) ›Triebe und Triebschicksale‹, *G. W.*, Bd. 10, S. 210; *Studienausgabe*, Bd. 3. (195, 199)

(1915 *e*) ›Das Unbewußte‹, *G. W.*, Bd. 10, S. 264; *Studienausgabe*, Bd. 3. (545)

(1915 *f*) ›Mitteilung eines der psychoanalytischen Theorie widersprechenden Falles von Paranoia‹, *G. W.*, Bd. 10, S. 243; *Studienausgabe*, Bd. 7, S. 205. (237)

(1916 *a*) ›Vergänglichkeit‹, *G. W.*, Bd. 10, S. 358; *Studienausgabe*, Bd. 10, S. 223. (34)

(1916–17) *Vorlesungen zur Einführung in die Psychoanalyse*, Wien. *G. W.*, Bd. 11; *Studienausgabe*, Bd. 1, S. 33. (92, 111, 212, 461, 522, 523, 549)

(1917 *d* [1915]) ›Metapsychologische Ergänzung zur

Freud, S. (Forts.) Traumlehre‹, *G. W.*, Bd. 10, S. 412; *Studienausgabe*, Bd. 3. (107)

(1917 *e* [1915]) ›Trauer und Melancholie‹, *G. W.*, Bd. 10, S. 428; *Studienausgabe*, Bd. 3. (63, 102, 121)

(1918 *a* [1917]) ›Das Tabu der Virginität‹, *G. W.*, Bd. 12, S. 161; *Studienausgabe*, Bd. 5, S. 211. (106, 243, 363)

(1918 *b* [1914]) ›Aus der Geschichte einer infantilen Neurose‹, *G. W.*, Bd. 12, S. 29; *Studienausgabe*, Bd. 8, S. 125. (447, 549)

(1919 *e*) ›»Ein Kind wird geschlagen«‹, *G. W.*, Bd. 12, S. 197; *Studienausgabe*, Bd. 7, S. 229. (549)

(1919 *h*) ›Das Unheimliche‹, *G. W.*, Bd. 12, S. 229; *Studienausgabe*, Bd. 4, S. 241. (117, 374)

(1920 *a*) ›Über die Psychogenese eines Falles von weiblicher Homosexualität‹, *G. W.*, Bd. 12, S. 271; *Studienausgabe*, Bd. 7, S. 255. (101)

(1920 *g*) *Jenseits des Lustprinzips*, Wien. *G. W.*, Bd. 13, S. 3; *Studienausgabe*, Bd. 3. (63–64, 96, 110, 195, 246 bis 247, 249, 544)

(1921 *c*) *Massenpsychologie und Ich-Analyse*, Wien. *G. W.*, Bd. 13, S. 73; *Studienausgabe*, Bd. 9, S. 61. (137, 178, 242, 243, 244, 245, 363, 410, 444, 458, 532)

(1922 *b*) ›Über einige neurotische Mechanismen bei Eifersucht, Paranoia und Homosexualität‹, *G. W.*, Bd. 13, S. 195; *Studienausgabe*, Bd. 7, S. 217. (101, 575)

(1923 *b*) *Das Ich und das Es*, Wien. *G. W.*, Bd. 13, S. 237; *Studienausgabe*, Bd. 3. (57, 64, 99, 107, 124, 145, 195, 543, 544, 549)

(1924 *d*) ›Der Untergang des Ödipuskomplexes‹, *G. W.*, Bd. 13, S. 395; *Studienausgabe*, Bd. 5, S. 243. (447)

(1925 *d* [1924]) *Selbstdarstellung*, Wien. 1934. *G. W.*, Bd. 14, S. 33. (538)

(1925 *h*) ›Die Verneinung‹, *G. W.*, Bd. 14, S. 11; *Studienausgabe*, Bd. 3. (199)

(1925 *j*) ›Einige psychische Folgen des anatomischen Geschlechtsunterschieds‹, *G. W.*, Bd. 14, S. 19; *Studienausgabe*, Bd. 5, S. 253. (447)

(1926 *d* [1925]) *Hemmung, Symptom und Angst*, Wien. *G. W.*, Bd. 14, S. 113; *Studienausgabe*, Bd. 6, S. 227. (57, 92, 261, 359, 525, 572)

(1927 *c*) *Die Zukunft einer Illusion*, Wien. *G. W.*, Bd. 14, S. 325; *Studienausgabe*, Bd. 9, S. 135. (11, 28, 42, 132, 193, 197, 206, 216, 218, 220, 224, 240, 261, 269, 273, 285, 444, 533, 575)

FREUD, S. (Forts.) (1930*a*) *Das Unbehagen in der Kultur,* Wien. *G. W.*, Bd. 14, S. 421; *Studienausgabe,* Bd. 9, S. 191. (12, 40, 95, 132, 137, 143, 145, 162, 177, 178, 273, 283, 286, 359, 410, 447, 449, 451, 538, 539, 565)

(1930*e*) Ansprache im Frankfurter Goethe-Haus, *G. W.*, Bd. 14, S. 547; *Studienausgabe,* Bd. 10, S. 292. (514, 571)

(1931*a*) ›Über libidinöse Typen‹, *G. W.*, Bd. 14, S. 509; *Studienausgabe,* Bd. 5, S. 267. (215)

(1932*a*) ›Zur Gewinnung des Feuers‹, *G. W.*, Bd. 16, S. 3; *Studienausgabe,* Bd. 9, S. 445. (178, 221, 575)

(1933*a* [1932]) *Neue Folge der Vorlesungen zur Einführung in die Psychoanalyse,* Wien. *G. W.*, Bd. 15; *Studienausgabe,* Bd. 1, S. 447. (137, 143, 181, 195, 236, 242, 284, 359, 448, 544)

(1933*b* [1932]) *Warum Krieg?*, Paris. *G. W.*, Bd. 16, S. 13; *Studienausgabe,* Bd. 9, S. 271. (11–12, 34, 137, 143, 181, 194, 195)

(1934*b* [1930]) Vorrede zur hebräischen Ausgabe von *Totem und Tabu, G. W.*, Bd. 14, S. 569; *Studienausgabe,* Bd. 9, S. 293. (288, 289, 293)

(1935*a*) ›Nachschrift 1935 zur *Selbstdarstellung*‹, 2. Aufl., Wien. *G. W.*, Bd. 16, S. 31. (137–138, 575)

(1936*a*) Brief an Romain Rolland: ›Eine Erinnerungsstörung auf der Akropolis‹, *G. W.*, Bd. 16, S. 250; *Studienausgabe,* Bd. 4, S. 283. (159)

(1937*b*) ›Moses, ein Ägypter‹, *G. W.*, Bd. 16, S. 103; *Studienausgabe,* Bd. 9, S. 459. (457)

(1937*c*) ›Die endliche und die unendliche Analyse‹, *G. W.*, Bd. 16, S. 59; *Studienausgabe,* Nicht-numerierter Ergänzungsband: *Schriften zur Behandlungstechnik.* (525)

(1937*e*) ›Wenn Moses ein Ägypter war ...‹, *G. W.*, Bd. 16, S. 114; *Studienausgabe,* Bd. 9, S. 468. (457)

(1939*a* [1934–38]) *Der Mann Moses und die monotheistische Religion, G. W.*, Bd. 16, S. 103; *Studienausgabe,* Bd. 9, S. 455. (18, 137, 138, 162, 177, 178, 194, 243, 253, 286, 443, 444, 453)

(1940*a* [1938]) *Abriß der Psychoanalyse, G. W.*, Bd. 17, S. 67. Kapitel VI in *Studienausgabe,* Nicht numerierter Ergänzungsband: *Schriften zur Behandlungstechnik.* (458, 525)

(1950*a* [1887–1902]) *Aus den Anfängen der Psychoanalyse,* London; Frankfurt am Main (Fischer Paperbacks), 1962. (Enthält ›Entwurf einer Psychologie‹, 1895.) (11, 18, 194, 236, 253, 289, 447, 575)

Freud, S. (Forts.) (1960 *a*) *Briefe 1873–1939* (hrsg. von E. L. Freud), Frankfurt am Main. (2., erweiterte Aufl., 1968). (272, 457 bis 458)

(1968 *a* [1927–39]) *Sigmund Freud / Arnold Zweig. Briefwechsel* (hrsg. von E. L. Freud), Frankfurt am Main. (457)

Goldenweiser, A. (1910) ›Totemism, an Analytical Study‹, *J. Am. Folklore,* Bd. 23, S. 179. (393)

Gramberg, J. S. G. (1872) ›Eene maand in de binnenlanden van Timor I‹, *Verh. batavia Genoot.*, Bd. 36, S. 161. (329)

Gressmann, H. (1913) *Mose und seine Zeit: ein Kommentar zu den Mose-Sagen,* Göttingen. (486, 489)

Guis, le Père J. (1902) ›Les Canaques‹, *Missions Catholiques,* Bd. 34, S. 208. (345)

Haddon, A. C. (1902) ›Presidential Address to the Anthropological Section‹, *Report of the Seventy-Second Meeting of the British Association,* S. 738. (399, 401)

Haeberlin, P. (1912) ›Sexualgespenster‹, *Sexualprobleme,* Bd. 8, S. 96. (356)

Herlitz, G., und Kirschner, B. (Hrsg.) (1930) *Jüdisches Lexikon,* Bd. 4, Berlin. (459–460)

Herodot *Geschichte.* (477, 480, 484) [*Deutsche Übersetzung* von Friedrich Lange: *Die Geschichten des Herodotos* (neu hrsg. von O. Güthling), Leipzig [um 1885].]

Howitt, A. W. (1904) *The Native Tribes of South-East Australia,* London. (407)

Howitt, A. W., und Fison, L. *siehe* Fison, L., und Howitt, A. W.

Hubert, H., und Mauss, M. (1899) ›Essai sur la nature et le fonction du sacrifice‹, *Année sociolog.*, Bd. 2, S. 29. (424)

(1904) ›Esquisse d'une théorie générale de la magie‹, *Année sociolog.*, Bd. 7, S. 1. (367)

Jevons, F. B. (1902) *An Introduction to the History of Religion,* 2. Aufl., London. (1. Aufl., 1896.) (421)

Jones, E. (1918) ›Anal-Erotic Character Traits‹, *J. abnorm. Psychol.*, Bd. 13, S. 261. *Papers on Psycho-Analysis,* von der 2. Aufl. an, London und New York, 1918, Kapitel XL. (227)

JONES, E. (Forts.) (1962 *a*) *Das Leben und Werk von Sigmund Freud*, Bd. 2, Bern und Stuttgart. (34, 288–289)

(1962 *b*) *Das Leben und Werk von Sigmund Freud*, Bd. 3, Bern und Stuttgart. (196, 272–273, 447, 457, 458, 549)

JOUSTRA, M. (1902) ›Het leven, de zeden en gewoonten der Bataks‹, *Meded. ned. Zend.*, Bd. 46, S. 385. (304)

JOSEPHUS, FLAVIUS *Antiquitates Judaicae.* (465, 479, 482) [*Deutsche Übersetzung: Jüdische Altertümer* (hrsg. und übers. von Heinrich Clementz), Halle, 1900, Bd. 1. (Nachdruck Berlin und Wien, 1923.)]

JUNG, C. G. (1912) *Wandlungen und Symbole der Libido*, Leipzig und Wien. (291, 430, 434)

(1913) ›Versuch einer Darstellung der psychoanalytischen Theorie‹, *Jb. psychoanalyt. psychopath. Forsch.*, Bd. 5, S. 307. (291)

JUNOD, H. A. (1898) *Les Ba-Ronga*, Neuchâtel. (305)

KAEMPFER, E. (1727) *The History of Japan* (2 Bde.), London. (336)

KEANE, A. H. (1899) *Man, Past and Present*, Cambridge. (396)

KELSEN, H. (1922) ›Der Begriff des Staates und die Sozialpsychologie‹, *Imago*, Bd. 8, S. 97. (82)

KIRSCHNER B., und HERLITZ, G. *siehe* HERLITZ, G., und KIRSCHNER, B.

KLEINPAUL, R. (1898) *Die Lebendigen und die Toten in Volksglauben, Religion und Sage*, Leipzig. (349–350)

KRAFFT-EBING, R. VON (1895) *Nervosität und neurasthenische Zustände*, Wien. (16)

KRAŠKOVIČ, B. (1915) *Die Psychologie der Kollektivitäten*, Vukovar. (Deutsche Übersetzung aus dem Kroatischen von Siegmund von Posaveč.) (77)

KROEBER, A. L. (1920) Referat über Freuds *Totem und Tabu*, *Amer. Anthropol.*, New Series, Bd. 22, S. 48. (114)

LABBÉ, P. (1903) *Un bagne russe, l'île de Sakhaline*, Paris. (369)

LAMBERT, LE PÈRE (1900) *Mœurs et superstitions des Néo-Calédoniens*, Nouméa. (304)

LANG, A. (1903) *Social Origins*, London. (Enthält ATKINSON, J. J., *Primal Law.*) (396, 397, 402, 411)

LANG, A. (Forts.) (1905) *The Secret of the Totem,* London. (297, 395, 396 bis 399, 402, 404, 406, 411–412)

(1910–11) ›Totemism‹, *Encyclopaedia Britannica,* 11. Aufl., Bd. 27, S. 79. (302)

(1911) ›Lord Avebury on Marriage, Totemism, and Religion‹, *Folk-Lore,* Bd. 22, S. 402. (411)

LE BON, G. (1895) *Psychologie des Foules,* Paris. (67–78, 83, 109 bis 111, 119, 120) [*Deutsche Übersetzung* von Rudolf Eisler: *Psychologie der Massen,* 2. Aufl., Leipzig, 1912.]

LEPSIUS, C. R. (1857) *Über die Manethonische Bestimmung des Umfangs der ägyptischen Geschichte,* Berlin. (552)

LESLIE, D. (1895) *Among the Zulus and Amatongas,* 2. Aufl., Edinburgh. (307)

LORENZ, E. (1931) ›Chaos und Ritus‹, *Imago,* Bd. 17, S. 433. (449)

LOW, H. (1848) *Sarawak,* London. (329)

LOZANO, P. (1733) *Descripción corográfica del Gran Chaco Gualamba,* Cordova. (346)

LUBBOCK, J. (LORD AVEBURY) (1870) *The Origin of Civilisation,* London. (3. Aufl., 1875.) (307, 397) [*Deutsche Übersetzung: Die Entstehung der Zivilisation,* Jena, 1875.]

McDOUGALL, W. (1920 *a*) *The Group Mind,* Cambridge. (67, 78–82, 83–84, 91–92, 110–111)

(1920 *b*) ›A Note on Suggestion‹, *J. Neurol. Psychopath.,* Bd. 1, S. 1. (84–85)

McLENNAN, J. F. (1865) *Primitive Marriage,* Edinburgh. (Nachdruck in: ders., *Studies in Ancient History,* London, 1876.) (396, 406–407)

(1869–70) ›The Worship of Animals and Plants‹, *Fortnightly Rev.,* N. S. Bd. 6, S. 407 und 562; N. S. Bd. 7, S. 194. (Nachdruck in: ders., *Studies in Ancient History: Second Series,* London, 1896.) (297, 387, 396)

MANN, T. (1929) ›Die Stellung Freuds in der modernen Geistesgeschichte‹, *Psychoanal. Bewegung,* Bd. 1, S. 3. (289–290)

MAORI, A. PAKEHA [MANING, F. E.] (1884) *Old New Zealand,* Neue Auflage, London. (334)

MARCUSZEWICZ, R. (1920) ›Beitrag zum autistischen Denken bei Kindern‹, *Int. Z. Psychoanal.,* Bd. 6, S. 248. (101–102)

MARETT, R. R. (1900) ›Pre-Animistic Religion‹, *Folk-Lore,* Bd. 11, S. 162. (364, 378, 379)

MARETT, R. R. (Forts.) — (1920) Referat über Freuds *Totem und Tabu*, *The Athenaeum*, Feb. 13., S. 206. (114)

MARILLIER, L. — (1898) ›La place du totémisme dans l'évolution religieuse‹, *Rev. Hist. Relig.*, Bd. 37, S. 204. (424)

MARINER, W. — (1818) *An Account of the Natives of the Tonga Islands*, 2. Aufl. (2 Bde.), London. (1. Aufl., 1817.) (344)

MAX-MÜLLER, F. — (1897) *Contributions to the Science of Mythology* (2 Bde.), London. (396)

MEYER, E. — (1905) ›Die Mosesagen und die Lewiten‹, *S. B. Akad. Wiss. Berl.* (Phil.-Hist. Kl.), Bd. 31, S. 640. (466)

(1906) *Die Israeliten und ihre Nachbarstämme*, Halle. (465, 466–467, 483–487, 494, 498, 510)

MOEBIUS, P. J. — (1903) *Über den physiologischen Schwachsinn des Weibes*, (5. Aufl.) Halle. (28, 181)

MOEDE, W. — (1915) ›Die Massen- und Sozialpsychologie im kritischen Überblick‹, *Z. pädag. Psychol.*, Bd. 16, S. 385. (77)

MORGAN, L. H. — (1877) *Ancient Society*, London. (300, 407)

MÜLLER, S. — (1857) *Reizen en Onderzoekingen in den Indischen Archipel*, Amsterdam. (330)

»MULTATULI« [E. D. DEKKER] — (1906) *Multatuli-Briefe* (2 Bde.), Frankfurt am Main. (187)

NACHMANSOHN, M. — (1915) ›Freuds Libidotheorie, verglichen mit der Eroslehre Platos‹, *Int. Z. ärztl. Psychoanal.*, Bd. 3, S. 65. (86)

PARKINSON, R. — (1907) *Dreißig Jahre in der Südsee*, Stuttgart. (304)

PAULITSCHKE, P. — (1893–96) *Ethnographie Nordost-Afrikas* (2 Bde.), Berlin. (329)

PECKEL, P. G. — (1908) ›Die Verwandtschaftsnamen des mittleren Neumecklenburg‹, *Anthropos*, Bd. 3, S. 456. (304)

PFISTER, O. — (1910) *Die Frömmigkeit des Grafen Ludwig von Zinzendorf*, Wien. (130)

(1921) ›Plato als Vorläufer der Psychoanalyse‹, *Int. Z. ärztl. Psychoanal.*, Bd. 7, S. 264. (86)

PICKLER, J., und SOMLÓ, F. — (1900) *Der Ursprung des Totemismus*, Berlin. (396)

RANK, O. — (1907) *Der Künstler, Ansätze zu einer Sexualpsychologie*, Leipzig und Wien. (310)

Rank, O. (Forts.) (1909) *Der Mythus von der Geburt des Helden*, Leipzig und Wien. (461–465)

(1912) *Das Inzestmotiv in Dichtung und Sage*, Leipzig und Wien. (310)

(1913) ›Eine noch nicht beschriebene Form des Ödipus-Traumes‹, *Int. Z. ärztl. Psychoanal.*, Bd. 1, S. 151. (415)

(1922) ›Die Don Juan-Gestalt‹, *Imago*, Bd. 8, S. 142; in Buchform: Wien, 1924. (126)

Reik, T. (1927) ›Dogma und Zwangsidee: eine psychoanalytische Studie zur Entwicklung der Religion‹, *Imago*, Bd. 13, S. 247; in Buchform: Wien, 1927. (177)

Reinach, S. (1905–12) *Cultes, mythes et religions* (4 Bde.), Paris. (367, 378–379, 388–389, 399, 436–437, 438)

Reitler, R. (1913) ›Zur Augensymbolik‹, *Int. Z. ärztl. Psychoanal.*, Bd. 1, S. 159. (415)

Ribbe, C. (1903) *Zwei Jahre unter den Kannibalen der Salomo-Inseln*, Dresden. (306)

Rivers, W. H. R. (1909) ›Totemism in Polynesia and Melanesia‹, *J. R. anthrop. Inst.*, Bd. 39, S. 156. (403)

Roth, H. Ling (1896) *The Natives of Sarawak and British North Borneo*, (2 Bde.) London. (369)

Sachs, H. (1912) ›Traumdeutung und Menschenkenntnis‹, *Jb. psychoanalyt. psychopath. Forsch.*, Bd. 3, S. 568. (73)

(1920) ›Gemeinsame Tagträume‹, *Int. Z. ärztl. Psychoanal.*, Bd. 6, S. 395. (Enthalten in: ders., *Gemeinsame Tagträume*, Leipzig und Wien, 1924.) (127)

Schaeffer, A. (1930) ›Der Mensch und das Feuer‹, *Psychoanal. Bewegung*, Bd. 2, S. 201. (449)

Schopenhauer, A. (1851) ›Gleichnisse, Parabeln und Fabeln‹, *Parerga und Paralipomena*, Bd. 2, Leipzig. (2. Aufl., Berlin, 1862.) In: *Sämtliche Werke* (hrsg. von Hübscher), Leipzig, 1938, Bd. 5. (95)

Schreber, D. P. (1903) *Denkwürdigkeiten eines Nervenkranken*, Leipzig. (380)

Sellin, E. (1922) *Moses und seine Bedeutung für die israelitisch-jüdische Religionsgeschichte*, Leipzig. (486, 496, 500–501, 507, 509–510, 518, 537, 541)

Silberer, H. (1909) ›Bericht über eine Methode, gewisse symbolische Halluzinations-Erscheinungen hervorzurufen und zu be-

SILBERER, H. (Forts.) obachten‹, *Jb. psychoanalyt. psychopath. Forsch.*, Bd. 1, S. 513. (434)

SIMMEL, E. (1918) *Kriegsneurosen und ›psychisches Trauma‹*, München. (90)

SMITH, W. ROBERTSON (1885) *Kinship and Marriage*, London. (103)

(1894) *Lectures on the Religion of the Semites*, neue [2.] Aufl., London. (1. Aufl., 1889.) (417–424, 426, 427, 431, 434–435, 531, 575–576)

SOLOWEITSCHIK, M. (1930) Beitrag zum *Jüdischen Lexikon* (hrsg. von Herlitz und Kirschner), Berlin, Bd. 4 (1), S. 303. (459–460)

SPENCER, B., und GILLEN, F. J. (1899) *The Native Tribes of Central Australia*, London. (300–301, 400, 402)

SPENCER, H. (1870) ›The Origin of Animal Worship‹, *Fortnightly Rev.*, N. S., Bd. 7, S. 535. (396)

(1893) *The Principles of Sociology*, 3. Aufl., Bd. 1, London. (1. Aufl., 1876.) (365, 381, 396–397, 407) [*Deutsche Übersetzung* von B. Vetter: *System der synthetischen Philosophie*, Bd. 6: *Die Principien der Sociologie*, Bd. 1, Stuttgart, 1877.]

STEKEL, W. (1911) ›Die Verpflichtung des Namens‹, *Z. Psychother. med. Psychol.*, Bd. 3, S. 110. (347)

STORFER, A. J. (1911) *Zur Sonderstellung des Vatermordes*, Wien. (302)

TARDE, G. (1890) *Les lois de l'imitation*, Paris. (83)

TAYLOR, R. (1870) *Te Ika a Maui*, 2. Aufl., London. (1. Aufl., 1855.) (320, 334, 349)

TEIT, J. A. (1900) *The Thompson Indians of British Columbia* (*Jesup North Pacific Expedition*, Bd. I), New York. (344)

THOMAS, N. W. (1910–11 *a*) ›Magic‹, *Encyclopaedia Britannica*, 11. Aufl., Bd. 17, S. 304. (372)

(1910–11 *b*) ›Taboo‹, *Encyclopaedia Britannica*, 11. Aufl., Bd. 26, S. 337. (311–314)

TROTTER, W. (1916) *Instincts of the Herd in Peace and War*, London. (81–82, 110–111, 113, 122)

TYLOR, E. B. (1889) ›A Method of Investigating the Development of Institutions‹, *J. anthrop. Inst.*, Bd. 18, S. 245. (307)

(1891) *Primitive Culture*, 3. Aufl. (2 Bde.), London. (1. Aufl., 1871.) (364, 366, 367, 371)

VAIHINGER, H. (1922) *Die Philosophie des Als Ob,* (7. und 8. Aufl.) Berlin. (1. Aufl., 1911.) (162)

VOLZ, P. (1907) *Mose: ein Beitrag zur Untersuchung über die Ursprünge der Israelitischen Religion,* Tübingen. (501)

WEIGALL, A. (1922) *The Life and Times of Akhnaton,* neue und revidierte Ausgabe, London. (1. Aufl., 1910.) (474, 475, 476)

WESTERMARCK, E. (1901) *The History of Human Marriage,* 3. Aufl., London. (1. Aufl., 1891.) (300) [*Deutsche Übersetzung* von L. Katscher und R. Grazer: *Geschichte der menschlichen Ehe,* Jena, 1893.]

(1906–08) *The Origin and Development of the Moral Ideas* (2 Bde.), London. (349, 350, 352, 407–408) [*Deutsche Übersetzung* von Leopold Katscher: *Ursprung und Entwicklung der Moralbegriffe* (2 Bde.), Leipzig, 1907, 1909.]

WILKEN, G. A. (1884) ›Het animisme bij de volken van den Indischen Archipel‹, *Ind. Gids,* Bd. 6 (Teil I), S. 925. (369, 404)

WULFF, M. [WOOLF, M.] (1912) ›Beiträge zur infantilen Sexualität‹, *Zentbl. Psychoanal.,* Bd. 2, S. 6. (413–414)

WUNDT, W. (1906) *Mythus und Religion,* Teil II (*Völkerpsychologie,* Bd. 2), Leipzig. (297, 311, 315–318, 349, 355, 364–365, 379)

(1912) *Elemente der Völkerpsychologie,* Leipzig. (387, 392–393, 404–405)

YAHUDA, A. S. (1929) *Die Sprache des Pentateuch in ihren Beziehungen zum Ägyptischen,* Berlin. (488, 492)

ZWEIFEL, J., und MOUSTIER, M. (1880) *Voyage aux sources du Niger,* Marseille. (341)

LISTE DER ABKÜRZUNGEN

G. S.	Freud, *Gesammelte Schriften* (12 Bände), Wien, 1924 bis 1934.
G. W.	Freud, *Gesammelte Werke* (18 Bände), Bände 1–17 London, 1940–52, Band 18 Frankfurt am Main, 1968. Die ganze Edition seit 1960 bei S. Fischer Verlag, Frankfurt am Main.
Studienausgabe	Freud, *Studienausgabe* (10 Bände), S. Fischer Verlag, Frankfurt am Main, seit 1969. Unnumerierter Ergänzungsband: *Schriften zur Behandlungstechnik.*
S. K. S. N.	Freud, *Sammlung kleiner Schriften zur Neurosenlehre* (5 Bände), Wien, 1906–22.
Standard Ed.	*Standard Edition of the Complete Psychological Works of Sigmund Freud* (24 Bände), The Institute of Psycho-Analysis. Hogarth Press, London, seit 1953.
Almanach 1933	*Almanach der Psychoanalyse 1933,* Wien, Internationaler Psychoanalytischer Verlag, 1932.
Almanach 1938	*Almanach der Psychoanalyse* 1938, Wien, Internationaler Psychoanalytischer Verlag, 1937.
Sexualtheorie und Traumlehre	Freud, *Kleine Schriften zur Sexualtheorie und zur Traumlehre*, Wien, 1931.
Theoretische Schriften	Freud, *Theoretische Schriften (1911–1925)*, Wien, 1931.
Conditio humana	Reihe *Conditio humana, Ergebnisse aus den Wissenschaften vom Menschen,* S. Fischer Verlag, Frankfurt am Main, seit 1969.

Sonstige in diesem Band verwendete Abkürzungen entsprechen der *World List of Scientific Periodicals* (4. Auflage), London, 1963.

NAMEN- UND SACHREGISTER

Zusammengestellt von Ingeborg Meyer-Palmedo

In dieses Register sind sämtliche Namen nicht-wissenschaftlicher Autoren aufgenommen. Es enthält auch Namen wissenschaftlicher Autoren, die angegebenen Seitenzahlen beziehen sich dann aber auf Textstellen, wo Freud nur den Namen des betreffenden Autors, nicht aber ein spezielles Werk erwähnt. Für Hinweise auf bestimmte Werke wissenschaftlicher Autoren möge der Leser die Bibliographie konsultieren.

Aaron (biblischer) 483
Abasie 384
Abendmahl, christliches (*s. a.* Kommunion) 437, 576
Aberglaube 55, 314, 330, 340, 366, 374 f., 385 f., 390, 403, 536
Abfuhr 108 f., 322
Abhängigkeit 109, 251, 562
Ablenkungen (v. Lebenselend) 207
Abkunfts-/Aussetzungssage(n) 451 f., 459 f., 462–468, 478, 479 Anm. 2, 485, 507
Abraham (biblischer) 494
Abscheu 318
Abstinenz, sexuelle 21, 23, 25–29, 116, 130, 564
Absurdität, religiöse 162 f., 181, 240, 533, 563
Abstrakte Denksprache 355
Abstrakte Ideen 89, 94, 106, 206
Abstraktion, religiöse (*s. a.* Geistigkeit) 166, 469 f., 559
Abwehr (*s. a.* Ich-Abwehr) 229 Anm., 235 Anm. 2, 268, 354, 375, 383 f., 524–529
Abwehrmaßregeln 310, 319 f., 327
Achilleus 54
Ackerbau 295, 419, 435
Adel, europäischer 566
Adler, Alfred (*s. a.* Bibliographie) 195
Adonai 475 f., 489
Adonis 435, 475
Affektive Grundlagen
 d. Kulturgehorsams 179 f.
 d. Totemismus 395, 427
Affektleben (*s. a.* Gefühl-) 84, 95, 213, 380, 440 f., 524
 infantiles 73 Anm., 74 Anm. 1, 185, 427, 578
 d. Neurotikers 375, 378, 427
 Stärke d. (*s. a.* Übermaß) 75, 566 f.
 u. Triebverzicht 177, 184 f., 566 f.
Affektsteigerung in d. Masse 71 f., 77, 79 f., 83, 91, 109, 114
Affenprozeß in Dayton 172
Agamemnon 560 Anm. 1
Aggression(en) (*s. a.* Feind-; Grausamkeit) 96, 124, 240, 242 f., 247, 254–257, 260, 263, 523
 Verhältnis z. Gewissen/Über-Ich 250, 254 f., 263 f., 267, 282
 Verhältnis z. Schuldgefühl 250, 254, 257 f., 262–264
 Verinnerlichung d. 250, 254 f., 263, 267, 282, 286
Aggressionslust 145 f., 174, 242, 250, 282, 451
Aggressionsneigung 235 Anm. 2, 240 bis 242, 249, 255, 258, 262, 264, 561
Aggressionstrieb 12, 194–196, 241, 245, 247–249, 255, 264, 267, 270, 276, 280 f., 283, 562

Aggressionsunterdrückung 250, 256 bis 258, 264, 268
Aggressionsverzicht 255, 262
Aggressivität, sexuelle 523, 527, 529
Agoraphobie 384
Agrippa, Marcus V. 202
Ägypten (im Altertum) (*s. a.* Auszug aus Ägypten) 471–474, 479, 480 Anm. 2, 481 f., 484 f., 496 f., 508 f., 512 f., 533, 556 f., 566, 580
Ägyptische Könige (*s. a. Ikhnaton*) 460, 464 f., 471–474, 481, 496 bis 498, 510, 566
Ägyptische Religion (*s. a.* Atonreligion; Volksreligion) 469–472, 474–476, 478, 481, 511–513, 515
Ah-mose 460
Ahnenverehrung 356, 397, 400, 404, 520 Anm., 540
Ähnlichkeit(sassoziation) 347, 369 bis 371, 373 f., 376, 378
Akhetaton 473
Akki 463
Akropolis 159
Aktivität u. Passivität 213, 235 Anm. 2, 333 f.
Alchimie, Illusionen d. 165
Alexander d. Große 520
Alexander, Franz (*s. a.* Bibliographie) 264 Anm.
Allah 540
Allgüte (Gottes) 153, 248
Alliebe (*s. a.* Auserwähltes Volk; Massenführer, Liebe d.) 499, 556
Allmacht
  d. Gedanken 364, 374–379, 559
  d. Geister 379, 381
  d. Gottes 222, 248, 335, 376, 469, 499, 512 f., 556, 578
  d. Menschen (*s. a.* Naturbeherrschung) 376, 378–381
  d. Urvaters (*s. a.* Macht d. Vaters) 115, 230, 257, 425 f., 532, 577
Allmachtgefühl in d. Masse 69, 72 f., 79 f.
Allmachtswünsche 249
Altruismus 41–43, 46, 73, 77, 97, 142, 156, 265, 361 f.
Amarna *s.* Tell-el-Amarna
Ambivalenz (Ambivalente Einstellung(en)/Tendenzen) (*s. a.* Gefühlsambivalenz; Trauer, Ambivalenz d.) 321–324, 326 f., 329 f., 342, 355–357, 360, 380, 414, 433 f., 437, 567, 576, 578, 580
Ambivalenzkonflikt (*s. a.* Psychischer Konflikt) 53, 58, 74, 258 f., 263, 324, 356, 380, 414, 429
Amenhotep III. 472 f.
Amenhotep IV. s. Ikhnaton
Amentia 177
Amerika 16, 46, 172, 182, 244
Amnesie (*s. a.* Vergessen)
  infantile 322, 523
Amon 472–475, 536
Amon-Re 470
Amphion 463
Analerotik 227, 230 Anm., 235 Anm. 2, 242
Anästhesie, weibliche 27, 29 f.
Anat-Jahu 512
Anaximander 436
Anekdote(n) 58, 219
'Ανάγκη (Ananke) *s.* Lebensnot
Angeborene (*s. a.* Hereditäre Faktoren; Mitgebrachte Organisation)
  Ideen (*s. a.* Archaische Erbschaft) 323
  menschliche Neigung(en) (*s. a.* Erworbene Eigenschaften; Mensch, Natur d.; Menschliche Eigenschaften; Triebe) 110, 248 f., 407 bis 409
  menschliche Ungleichheit 284
Angst (*s. a.* Berührungsangst; Gewissensangst; Phobien; Soziale Angst; Todesangst; Vaterangst; Versuchungsangst) 90–93, 151, 164, 204, 251–254, 261 f., 306, 317, 359, 385
  vor Dämonen (*s. a.* Dämonenglaube) 349, 352, 355 f.

Angst (Forts.)
infantile 110 f., 176
Infektions- 112 f.
neurotische 91 f., 261, 319
als Signal 209
u. Schuldgefühl 57, 261 f.
Ängstliche Erwartung 150
Ängstlichkeit 175, 340
Angstmöglichkeit 261
Angstschutz 158
Angststimmung 270
Animalismus 364
Animatismus 364, 379
Animismus 355, 364–368, 373 f., 376, 378–383, 385 f., 405, 560
Animistisches System 355, 366, 382 f., 385 f.
Anonymität (in d. Masse) 69
Anpassung (an d. Umwelt) 215 f., 265, 378, 525
Ansteckung *s.* Gefühlsansteckung; Tabu, Übertragbarkeit d.; Zwangsneurose, Ansteckung in d.
Antike/Altertum (*s. a.* Griechen; Römer) 36, 38, 57, 152, 201 f., 220, 330, 432, 436, 463, 465, 552, 579
Antisemitismus 95, 220, 243, 506, 538 f., 552 f.
Anzengruber, Ludwig 56
Anziehung u. Abstoßung, physikalische (Beziehung zu Liebe u. Haß) 281
Arbeit (*s. a.* Kulturarbeit) 141, 146, 229 f.
als Leidabwehr 207, 211 f. Anm.
Arbeitsgemeinschaft 140, 225, 229, 232, 237, 241 f., 249, 363
Arbeitsscheu 142, 212 Anm.
Arbeitsteilung 81
Archaische Erbschaft (*s. a.* Phylogenetische Erbschaft; Seelenleben, Erhaltung d. Vergangenen im; Tradition; Urzeit, Überbleibsel d.; Vererbung psychischer Dispositionen; Wiederkehr) 56, 69 Anm., 118 f., 155, 161, 177, 545 bis 549, 577
Archaistische Konstitution 356, 549
Argos 54
Aristoteles 164
Armee *s.* Heer
Arterhaltung 245
Arunta(stamm) 400–404, 416 Anm. 2
Äschylos 560
Asozialität/Antisozialität 11, 141, 143, 169, 171
d. Neurotiker/d. Neurosen 132 f., 144, 237, 363, 442
Asra(stamm) 50 u. Anm.
Assoziation(en) (*s. a.* Ähnlichkeit; Freies Assoziieren) 326, 347 Anm. 4, 367
Prinzipien d. 371–374
Ästhetik 214, 286, 386
Astronomische Gesetzmäßigkeiten 223 f., 266
Astruc, Jean 491 Anm. 3
Athene (Pallas Athene) 473, 495 Anm.
Atkinson, J. J. (*s. a.* Bibliographie) 52
Aton 472, 474–476, 485, 491, 508, 512 f., 517, 536, 556
Atonreligion 471–476, 478, 481, 496, 499, 508 f., 511–515, 518, 520, 536, 556 f., 559, 569
Attis 435
Atum 472, 475, 476 Anm., 479
Auferstehung *Christi* 537
Aufmerksamkeit 355
Ablenkung d. 117 f., 204
Aufrechter Gang d. Menschen 194, 229 f. Anm., 235 Anm. 2
Aufschub, Unfähigkeit d. Masse z. 71 f., 109, 114
Aurelianus, Lucius Domitius 201
Ausbeutung 147, 233, 240
Auserwähltes Volk 153, 253, 494 f., 512, 514, 533 f., 536, 539 f., 552 f., 557–559, 561, 568, 573, 579 f.
Auslese 14, 219, 270
Außenseiter 18, 93, 147, 242 f., 538

Außenwelt (*s. a.* Autorität, äußere; Realität; Unglück, äußeres; Verbot, äußeres; Versagung, äußere; Zwang, äußerer) 187–189, 199, 204, 209
Abwendung von d. 204, 209, 212 f., 363, 525
Anpassung an d. 215 f., 265, 378, 525
Einfluß d. 43, 209–213, 215, 355, 525, 534, 543, 547 f., 560
Gestaltung d. (*s. a.* Naturbeherrschung) 212 f., 353–355, 559
u. Innenwelt, Unterscheidung v. (*s. a.* Projektion nach außen) 121, 198–200, 354 f., 365, 373, 379 f.
Konflikt mit d. 525 f., 528
Auszug aus Ägypten 459, 467, 469, 478–483, 485, 487, 490, 493, 496 bis 498, 501, 509–511, 517, 553, 558
Autismus 65
Autoerotismus 19 f., 377
Autorität 274, 279 f., 284, 323, 326, 433, 514, 563
Auflehnung gegen d. 438 f., 497
äußere 251 f., 254 f., 262 f., 279 f., 326
elterliche (*s. a.* Vaterautorität) 323, 565
Verinnerlichung d. 251–255, 262 f., 562 f.
Autoritätsbedürfnis 73, 119 f., 284, 556

Baalim 518, 569
Babylonisches Exil 486, 492 Anm. 1, 557
Bacon, Francis 370
Balzac, Honoré de 58
Barbarisch (als Gegensatz zu kulturell) 39, 71, 223
Beduinen 419, 423
Beeinflussung (*s. a.* Ansteckung; Suggestion) 553–555
Beethoven, Ludwig van 555
Befriedigung (*s. a.* Ersatzbefriedigung; Sexualbefriedigung; Triebbefriedigung) 102, 208–212, 215, 218 f., 225, 227, 242, 249
durch Triebverzicht 563
d. Unterdrückten zugleich mit Unterdrückendem 342
Begabung (*s. a.* Individuelle Eignungen; Konstitution; Kultureignung; Kulturfähigkeit; Psychische Eignung) 211, 215, 540
Begeisterung (als Massenphänomen) 78
Begräbnis(sitten) 350, 392, 424
Bemächtigung 325, 362, 367
Bemächtigungstrieb 195, 245, 281, 367
Bernheim, Hippolyte 84, 119 Anm.
Berührung 333, 339, 343, 348, 370, 373 f., 408
im übertragenen Sinne 319, 344, 374
Berührungsangst 319, 321, 362
Berührungsgefahr 312–315, 333 f., 339
Berührungslust 321 f.
Berührungsscheu 317 f., 325, 333, 339
Berührungsverbot (*s. a.* Tabu d. Berührung) 527
Bes 469
Beschneidung 436 Anm. 1, 476–478, 480 f., 484, 489, 493 f., 509, 511, 536, 539, 567
Besetzungsvorgänge (*s. a.* Objektbesetzung) 378, 380 Anm. 1, 542, 544
Besitzgier (*s. a.* Habgier) 16, 240 f., 268
Betrug 14, 36, 39 f., 146, 449–451
Bettnässen 447
Bevölkerungsausdehnung 230 f., 285
Bewußtes Seelenleben (*s. a.* Unbewußt-) 355, 543 f.
Bewußtsein 260 f., 263, 355, 543 f.
Zugang z. 321, 542, 545, 548
Bewußtseinsfähigkeit 543
Bewußtseinswahrnehmung 355

Bibel 86, 368 Anm., 459–461, 466 f. Anm., 477, 479 f., 482–484, 489 bis 497, 499, 501, 506, 509, 510 Anm. 1, 511, 514, 517, 534, 537, 539, 561
Bilderverbot 368 Anm., 469 f., 475 f., 492 Anm. 3, 559–561, 564
Bindung(en) *s.* Gefühlsbindung; Massenbindung; Zärtliche Gefühle
Biologische (*s. a.* Organisch; Physiologisch)
  Entwicklung 547
  Erklärung(en) 28, 221 Anm., 246, 282, 523 f., 544, 566 f.
  Formen 319
  Grundlagen d. Massenbildung (*s. a.* Herdentrieb) 82, 110
  Tatsachen, psychische Repräsentanz d. 408, 410
  Wissenschaft 547
Bisexualität 235 Anm. 2
Bloch, Iwan 236
Blutopfer 418 f., 421, 423
Blutscheu/Bluttabu 386
Blutschuld 52, 55, 437
Blutsgemeinschaft 420–422, 429 f.
Blutsverwandtschaft 296, 299 f., 304, 309, 390, 398, 404, 406–408, 419 bis 421
B'nai B'rith 34
Boas, Franz (*s. a.* Bibliographie) 404
Bolschewismus (*s. a.* Kommunismus) 179, 280, 283
Bonaparte, Marie 196, 458
Bonifazius 174
Book of Rights 338
Böse/d. Böse (*s. a.* Gut und böse) 35, 40 f., 52, 69, 153, 248, 251
Böse Impulse/Regungen 40, 251 f., 376, 386, 442, 451
Briod, Blaise 272
Brüderbund 230 Anm. 1, 257, 531, 565
Brüderclan (*s. a.* Stammesgemeinschaft; Totemgemeinschaft) 430 bis 432, 442, 531, 576 f.
Brüdergemeinde 89, 93, 114
Brüderschar/-bande 426–429, 436 f., 439, 529 f., 535, 580
Bundeslade 467 Anm.
Buphonien 422
Busch, Wilhelm 207 Anm. 2
Buße/Bußhandlungen (*s. a.* Sühne) 55, 171, 253, 313, 320, 326, 430

Caesar, Gajus J. 89
Cervantes Saavedra, Miguel de 342
Chamisso, Adelbert v. 461
Chaos 169
Charakter 41, 227
Charakterbildung/-entwicklung 44, 227 Anm. 2, 378 Anm. 2, 447, 524, 570
Charakterveränderung 525, 527 f., 570
Charcot, Jean-Martin 63
Charles I. (König v. England) 333
Charles II. (König v. England) 333
Charybdis 129
Chemismus d. Körpers 207, 210
Christentum (*s. a.* Judentum; Kirche) 52, 89, 93, 125 f., 132, 154, 172, 218, 238, 243, 261, 280, 302, 342, 404, 436 f., 503 f., 506, 532 f., 535 f., 539, 580
Christian Science 248
Christus 52, 88–90, 92–94, 125, 267, 436 f., 439, 465, 534–537, 548, 552
Clangemeinschaft *s.* Brüderclan; Stammesgemeinschaft; Totemgemeinschaft

Dämonen(glaube) (*s. a.* Geisterglaube; Seelenglaube) 54, 229 Anm., 312 f., 315–318, 349–356, 364, 368, 376, 380, 385, 484 f.
Darstellung
  bildliche (*s. a.* Bilderverbot) 368
  imitative 372
  symbolische 178, 449, 463, 473 f.
Darstellungslust 452
Darwin, Charles (*s. a.* Bibliographie) 52, 114, 425, 515

David (König) 491 f.
Deckerinnerung 523
Defloration 406
délire de toucher 319, 325, 362
Demokratien 503
Demokratische Gleichstellung (*s. a.* Gleichberechtigung) 432
Demokratischer Zug d. Kirche 89, 503 f.
Demut 106 f., 166 f.
Denkdisposition, Vererbung d. 546
Denken (*s. a.* Intellekt; Vorstellungen; Zwangsdenken) 156, 162 bis 164, 166, 168, 197 f., 554–556
  abstraktes (*s. a.* Abstrakte Ideen) 355
  u. Handeln (*s. a.* Gleichwertung v. Absicht u. Tat; Realität, psychische u. faktische) 197, 443 f.
  infantiles 180, 185, 347
  kausales *s.* Kausalitätsdenken
  logisches 521, 548
  primitives 156, 185, 347, 371, 373, 375, 377 f., 389 Anm. 1, 452
  schlußfolgerndes 160, 559 f., 563
  Sexualisierung d. (*s. a.* Überschätzung d. Psychischen) 377 f.
  unbewußtes 347, 352, 375, 441, 544 f.
  wissenschaftliches (*s. a.* Wissenschaft) 173, 554 Anm.
Denkentwicklung 180 f.
Denker 78, 86, 185, 206
Denkillusionen (*s. a.* Illusion) 289
Denkschwäche (*s. a.* Intellektuelle Leistungen in d. Masse) 180 f., 184
Denksystem(e) 366, 382 f.
Denkverbot (*s. a.* Religiöses Denkverbot) 27 f., 181, 503 f., 506
Destruktionstrieb 12, 73, 141, 144, 194, 196, 247–250, 258, 262, 270, 273 f., 276, 280–283
Dichter 78, 85, 126 f., 206 f., 259, 355 Anm. 3, 441, 453, 496, 519 f., 548, 555, 571, 580
Dichtung(en) 51, 105, 245, 310, 462 f., 519–521, 535, 571
Diesseits, Begriff d. 350
Diktator 149
Dionysos-Zagreus 436, 439
Direkte Sexualstrebungen (*s. a.* Ungehemmte Triebe) 97, 104–108, 128–133, 232, 363 Anm.
  u. Massenbildung 130–133, 363 Anm.
  Verhältnis zu zielgehemmten 116, 129, 132–134
Disposition(en) (*s. a.* Konstitution; Mitgebrachte Organisation)
  neurotische 23, 133, 351, 521 f.
  sexuelle 30
  Trieb- 42, 546
  Vererbung v. 42, 68, 118 f., 441, 545–549
Disraeli, Benjamin 461
Domestikation (*s. a.* Haustiere) 285, 431
Doppelindividuum 237
Drakon 57
Dschengis Khan 241
Dualistische Weltanschauung 54, 364 f., 381
Durkheim, Emile (*s. a.* Bibliographie) 411

Ebjatar 491
Echnaton s. Ikhnaton
Edward de Vere, Earl of Oxford 514 Anm.
Egoismus 41–43, 46, 97, 116, 169, 187, 265, 361–363, 528
Ehe (*s. a.* Gruppenehe; Heirat) 24–27, 29–31, 95, 130, 301, 307 f., 407
Ehegatten 233, 340
Ehelosigkeit 132
Ehrfurcht 318
Ehrgeiz 221 Anm., 447 f., 478, 482, 487
Eid 391
Eifersucht 30, 111 f., 127 f., 131, 308, 410 f., 425, 529, 539, 552
Eigentum, persönliches (*s. a.* Besitzgier) 115 Anm., 241 f., 316, 328, 334, 339, 422

Einfühlung (*s. a.* Intuition) 101, 103 Anm. 2, 220
Einheitsstreben *s.* Vereinigungsstreben
Einsamkeit 131, 209
Einstein, Albert 11, 34, 272–275
Eisler, Rudolf 67 Anm.
Ekel 230 Anm.
Ekstase 162, 205, 578 f.
Elend (*s. a.* Leid) 207, 210, 212, 220, 244
Elephantine (Insel) 512
Elisabeth (Königin v. England) 333
Elohim 489
Elohist 491, 511
Elternersatz 251, 253, 562, 565
Eltern-Kind-Beziehung(en) (*s. a.* Mutter; Ödipuskomplex; Vater) 30, 85, 104, 111 f., 118, 128, 151, 232, 308, 310, 378, 413 f., 463 f., 546, 562 f., 565
Elternkomplex 440 Anm. 1
Empfängnisverhütung 11, 24, 30, 219
Energie, psychische (*s. a.* Triebenergie) 210, 233, 263
  Verteilung d. 31, 118, 263, 542, 544, 562
Energieaufwand d. Kultur 237, 241
Entbehrung 144, 150, 152
Entsagung (*s. a.* Tabuvorschriften; Verzicht) 141, 255, 314
Entstellung 178, 216, 255, 439, 441, 449, 451, 477, 483, 488, 491, 493, 495 f., 514, 517, 533, 535, 542, 569, 572, 574 f., 580 f.
Enttäuschung 24 f., 27, 35, 38, 40, 44, 47, 207, 218, 534
Entwicklung (*s. a.* Ichentwicklung; Individualentwicklung; Kulturentwicklung; Menschheitsentwicklung; Religiöse Entwicklung; Seelische Entwicklung; Sexualentwicklung; Sprachentwicklung) 40–42, 45, 74 Anm. 1, 184, 228
  biologische 547
  geistige (*s. a.* Geistigkeit) 180 f., 536
  organische 233, 525 f.
  phylogenetische 257
Entwicklungshemmung 310
Entwicklungsphasen/-stufen 45, 176 f., 186, 202 f., 229 Anm., 297 Anm., 451
Entwicklungsspaltung 201
Entwicklungsrichtungen 545
Entwicklungsstörungen 237
Enuresis 447
Epos 519–521
Erbsünde 52 f., 436 f., 534, 580
Eremit 212
Erfahrung 187, 200, 571
  Religion u. 164, 568
Ergänzungsreihe 522
Erholung 15 f., 223
Erinnern
  durch Agieren ersetzt 536 f.
  u. Wahrnehmen 381 f., 545
Erinnerung 221, 326, 520, 523 f., 528, 530, 541, 547 f., 558 f., 563, 571
  als Grundlage d. Kultur 152
  als Grundlage d. Religion (*s. a.* Tradition) 53, 517 f., 520, 537, 569, 574 f., 580
  als Grundlage d. Unsterblichkeitsglaubens 54
  unbewußte 541, 545–48, 571, 574 f.
Erinnerungsbild 53
Erinnerungsreste 523, 545
Erinnerungsspuren 541 f., 546–548, 574
Erinnerungsvermögen 221
Erlösung (*s. a.* Opfertod *Christi*) 52, 436 f., 439, 534–537, 552 f., 580
Ernährungstrieb 110
Ernährungsweisen (*s. a.* Nahrungsaufnahme) 399–402, 553
Erogene Zonen 19
Eros (*s. a.* Liebe) 86 f., 237, 248 u. Anm. 2, 270, 281, 283
  Ausbreitungstendenz d. (*s. a.* Vereinigungsstreben) 246 Anm.
  Kulturprozeß im Dienste d. 230, 249, 258, 264 f.
  u. Todestrieb 246–250, 258 f., 264, 266, 270

Erotische Triebe/Erotik (*s. a.* Analerotik; Urethralerotik) 18, 42, 281, 561
Erotischer Menschentyp 215
Ersatzbefriedigung 17, 28, 31, 40, 207, 345, 562, 572
Kunst als 147, 207
neurotische Symptome als 21, 23, 44, 133, 216, 237, 264, 376, 572
Ersatzbildungen/-handlungen 44, 51, 151, 322, 354, 415, 434, 438, 567
Ersatzobjekt(e) (*s. a.* Elternersatz; Führerersatz; Vaterersatz) 25, 74 Anm. 1, 221 f., 332
Erworbene Eigenschaften/Fähigkeiten, Verhältnis zu angeborenen 40, 42 f., 234, 521, 547, 577
Erziehbarkeit, Schranken d. 142
Erziehung 19, 21, 25 f., 42 f., 47, 142, 177, 180, 184 f., 194, 230 Anm., 260 Anm., 323
z. Guten 40
d. Mädchens 27–31, 181
z. Massenführer 284
z. Realität 178, 180–184, 187
religiöse 180–182, 184 f.
Strenge d. 256
Zwang d. 42, 503
Erziehungsideal 28, 31
Es (das) 198, 268, 451, 543–545, 548
Ich u. 69 Anm., 198, 268, 543 f., 562
Esra 492 Anm. 1, 496
Ethik (*s. a.* Moral; Sittlichkeit) 40, 58, 225, 231 f., 240, 253, 267 f., 564, 567
Betonung d., in d. mosaischen Religion 499, 515, 517, 534, 564, 579
religiöse 268, 567 f.
Ethische Gebote/Forderungen (*s. a.* Sittliche Normen) 15, 55 f., 240, 260 Anm., 267 f., 286, 567
Ethisches Niveau (*s. a.* Moralisches Niveau) 73, 579
Etikette, höfische 334–336, 340, 342
Etrusker 151, 202
Evangelien 537, 539
Evangelisten 533
Evangelium 534
Evans, Sir Arthur 495 Anm., 519
Evolution 200 f., 515, 529
Exkretion/Exkremente 115 Anm., 128, 227, 230 Anm.
Exogamie (*s. a.* Totemexogamie) 297 f., 395 f., 411, 567, 577
Beziehung z. Totemismus 405 f., 411, 430
Entstehung d. 405–411, 530, 576
Extreme *s.* Übermaß
Exzesse 122, 425

Falstaff 47, 49 Anm.
Familie (*s. a.* Patriarchalische Familienordnung; Primitive Familie; Urfamilie) 116, 130, 217, 308, 420, 464, 466, 529, 533
Ablösung von d. 232 f., 464
Beseitigung d. 242
Mitglieder d. 217, 225, 229 f., 232
Verhältnis z. Gemeinschaft 89, 130, 232 f., 258, 289
zyklopische 230 Anm. 1, 410 Anm. 4
Familienbildung 229, 232, 249
nach d. Urvorbild 126, 230, 432 f.
Familiengefühle 18, 66
Familienroman 463–466
Feinde (*s. a.* Fremde; Tote als Feinde) 55
Behandlung d. 328–332, 368, 370 f.
Feindselige Gefühle/Impulse 53, 58 f., 95, 112 f., 129 Anm., 308, 433 f., 442, 538 f.
Feindseligkeit (*s. a.* Aggression; Gefühlsambivalenz) 147, 239, 241 f., 308, 341, 352–354, 451, 579
Feminine Einstellung *s.* Passive Einstellung
Ferenczi, Sándor (*s. a.* Bibliographie) 63, 273
Feste (*s. a.* Orgien; Zeremoniell) 122, 299, 419 f., 424–426, 429, 434 f., 531, 558, 576

Fetisch 253, 390
Feuer 221, 447–454
Fiktionen 162
Fison, L. (*s. a.* Bibliographie) 300
Fixierung 18, 20, 116, 216, 310, 321, 377, 524 f., 533
Flaubert, Gustave 498
Fließ, Wilhelm 11, 18 Anm., 194, 253 Anm. 1, 289, 447, 575 Anm.
Flucht in d. Krankheit 22, 25, 216
Folklore 78
Fontane, Theodor 207
Fortleben nach d. Tode (*s. a.* Jenseits; Unsterblichkeit) 49, 54 f., 153, 164, 167 f., 173, 183, 187, 197, 206, 268, 365, 470 f., 476, 508
Fortpflanzung (*s. a.* Vermehrung) 19 f., 32, 234, 404, 408
Fortschritt (*s. a.* Entwicklung; Geistigkeit; Kultureller Fortschritt; Religiöser Fortschritt; Sozialer Fortschritt; Technischer Fortschritt; Wissenschaftlicher Fortschritt) 14, 38, 73, 145, 503, 576
Foucault, J. B. L. 160
Franziskus v. Assissi 231
Französische Revolution 78, 179
Frau(en) (*s. a.* Männer; Weib) 24 f., 27–31, 181, 233
Frauenraub 307, 406, 529
Frazer, Sir James G. (*s. a.* Bibliographie) 364 Anm. 1
Freies Assoziieren 72, 118 Anm. 2
Freiheit (*s. a.* Sexualfreiheit)
  persönliche 90, 226, 277, 336 f., 339
Freimann 332
Fremde 238 f., 420, 517
  mit Feinden identisch 36, 52 f., 55, 58 f., 308, 349, 538
  als Führer 469, 500, 509
  als (erste) Könige 338, 342, 434, 464 f.
Freud, Anna 457
Freud, Ernst 273
Freundschaft 85, 95, 129, 232, 238
Frieden 278 f.
Friedrich d. Große 215 Anm. 1
Frigidität 27, 29 f.
Frömmigkeit 373
Fruchtbarkeitszauber 369
Führer (*s. a.* Massenführer) 535
Führerersatz 89, 94
Führerpersönlichkeit 75, 115, 120, 141, 244, 266 f., 284
Funktionale Phänomene (*Silberer*) 434 Anm.
Furcht (*s. a.* Vaterangst) 318, 323

Galsworthy, John 235 Anm. 1
Galtons Mischphotographien 462
Garcilaso de la Vega (El Inca) 396
Gargantua 221 Anm.
Gebet 370, 373
Geburt (*s. a.* Tabu d. Geburt; Wiedergeburt) 121, 331, 391 f., 403, 463
Geburtsmythen 461–468, 485
Gefahr (*s. a.* Berührungsgefahr) 91 f., 149, 151 f., 158, 164, 174, 204, 251, 298, 325, 562, 572
Gefühl(e) (*s. a.* Affekt-; Gemeinschaftsgefühl; Ichgefühl; Intellekt, Verhältnis z. Gefühlsleben; Zärtliche Gefühle) 198, 204, 259, 566 f.
  ozeanisches 197 f., 200, 204
Gefühlsambivalenz (*s. a.* Ambivalenz) 41, 53–55, 58 f., 74 Anm. 1, 95, 98, 158, 258, 308, 332, 340, 351 bis 354, 356–358, 414–416, 425, 427, 439 f., 442, 530 f., 535, 576
Gefühlsansteckung (*s. a.* Suggestion)
  in d. Masse 70 f., 79, 83 f., 91
Gefühlsbindung 91 f., 97–101, 129 f., 180, 242, 283
  in d. Masse (*s. a.* Massenbindung) 86, 92, 115 Anm., 277, 279, 284
Gefühlserbschaft (*s. a.* Archaische Erbschaft; Vererbung psychischer Dispositionen) 440 f.
Gefühlston 198
Gefühlswiderstand (*s. a.* Widerstand) 47, 515 f.
Gegenbesetzung 542

Gegensinn d. Urworte 357, 567
Gegenteil, Verwandlung ins 449–451, 453, 492
Gegenwart, Vergangenheit u. Zukunft 139, 176, 558
Gegnerschaft 241
Gehirn(anatomie) 544, 554
Gehörsinn 408, 544
Gehorsam (*s. a.* Glaubenszwang; Kulturgehorsam) 75, 80, 171–173, 179, 562
  nachträglicher 427–429
Gehstörung 384
Geist 381 f., 560, 568
Geister(glaube) (*s. a.* Seelenglaube) 54 f., 161 f., 315, 330, 332, 344 bis 346, 348–350, 352, 356, 364 f., 373, 379–381, 400, 403, 560
Geisteskrankheit 45
Geistige Tätigkeit (*s. a.* Intellekt) 227, 365
Geistigkeit (*s. a.* Vergeistigung) 560
  Fortschritt in d. 194, 457, 470, 500 f., 513 f., 534, 536, 557, 559 bis 561, 563, 569, 573, 581
  durch Glauben überwältigt 564, 568
  religiöse (*s. a.* Gott, einziger; Gottesidee; Gottesvorstellung, höhere) 496, 508, 513
  Triumph d., über d. Sinnlichkeit 559–561, 563 f.
Geliebtwerden 42, 213, 231
Gemeinsame Mahlzeiten, Bedeutung d. 419–422, 424, 430, 437
Gemeinsame Substanz *s.* Totemgenossen
Gemeinsames Töten 126, 157, 174, 230, 420–422, 424–426, 429 f., 432, 530 f., 535
Gemeinsamkeiten in d. Masse 79, 112, 114 f. Anm. 3, 280
Gemeinschaft (*s. a.* Blutsgemeinschaft; Gemein-; Gesellschaft; Interessengemeinschaft; Macht d. Einzelnen, Verhältnis z. Macht d. Gemeinschaft; Stammesgemeinschaft; Totemgemeinschaft) 277, 279 f., 419, 531
  als Eltern-/Vaterersatz 225, 251, 565
Gemeinschaftsgefühl(e) (*s. a.* Herdentrieb) 111–113, 277, 283, 362, 429, 538
Gemeinschaftsinteresse 70, 79, 169, 174 f., 567
Gemeinschaftsneurosen 177, 269
Gemeinschaftsschuld *s.* Gemeinsames Töten; Schuld, gemeinschaftliche
Gemeinwille 114 Anm. 3
Generationsreihen (*s. a.* Psychische Kontinuität; Vererbung psychischer Dispositionen) 441
Genie 514
Genitale Liebe/Befriedigung (*s. a.* Direkte Sexualstrebungen) 85, 213, 229, 231 f., 234, 237
Genitalerotik 231
Genitalgeruch 236
Genitalien 29, 214, 229 Anm., 523
Genitalorganisation 74 Anm. 1
Genitalprimat 19
Genitalziel 130
Genuß 15, 31, 214, 227, 234
Gerechtigkeit (*s. a. Maat*; Ungerechtigkeit) 112, 115 f., 153, 168, 171, 226, 278
Gerechtigkeitsforderung 112, 164, 225, 242 Anm. 1
Germanische Weltherrschaft 243
Geruchssinn 194, 229 f. Anm., 235 f. Anm. 2
Geschlechtliche Liebe *s.* Genitale Liebe
Geschwisterbeziehungen 232, 300, 304, 310, 407 f., 552, 566
Gesellschaft (*s. a.* Gemeinschaft; Masse; Menschliche Beziehungen; Menschliches Zusammenleben; Sozial-) 174, 217, 525
  Beginn/Entwicklung d. 425, 429 f., 433, 439, 440 Anm. 2, 530, 565
  Urzustand d. 425

Gesellschaft (Forts.)
Veränderung d. (*s. a.* Kultureller Wandel) 442, 531
Gesetz(e) (*s. a.* Recht; Sittengesetze; Verbote) 39, 175, 233, 277 f., 315, 317, 441, 532, 565
Gesetzeskodex (*s. a.* Priesterkodex) 311
Gesetzestafeln 482, 497
Gesetzgebung (*s. a.* Göttliche Gesetzgebung; Mosaische Gesetzgebung; Verbote) 302, 328, 361
Gewalt(herrschaft) 225 f., 275–280, 565
Gesichtssinn 194, 229 Anm., 408, 544
Gewissen 102, 252–258, 262, 319, 357–359
böses/schlechtes 55, 251, 330, 579
Genese d. 250–259, 282, 357–359
moralisches 102, 108
mit sozialer Angst identisch 40, 69, 251
soziales 112
mit Über-Ich identisch 250, 253 f., 262, 562
Gewissenhaftigkeit 358
Gewissensangst 254 f., 267, 359
Gewissensausschaltung beim Individuum 106
in d. Masse 80
Gilbert, Stuart 272
Gilgamesch 463
Giovanni 495 Anm.
Glaube (*s. a.* Geisterglaube; Seelenglaube) 159–162, 172, 175, 185, 366, 373, 558, 568, 573–575, 580
Entreißen d. 169, 179 f., 182
mit Illusion identisch 165, 188, 197
in d. Masse 75
Verhältnis z. Geistigkeit 564, 568
Glaubensbekenntnis, jüdisches 475 f.
Glaubenszwang/-forderung 159 f., 165 f., 168, 173, 186, 471, 496, 500, 513, 564
Gleichberechtigung 112 f., 115 f., 225 f., 278, 425, 432, 565
Gleichnisse
Aggressionshemmung durch Über-Ich wie Überwachung einer eroberten Stadt durch Besatzung 250
Bedürfnisbefriedigung durch verschiedene Strebungen wie Kapitalanlagen d. Kaufmanns 215
Beweisbarkeit religiöser Lehrsätze wie die naturwissenschaftlicher Aussagen 161
Biblische Darstellungen wie Grabbauten 511
Einschränkende Zweifel wie arithmetische Klammer 481
Entstellung historischer Berichte wie Beseitigung von Mordspuren 493
Erforschung religiöser Lehre wie archäologische Ausgrabungen 168
Erhaltung kultureller Vergangenheit wie Petrefakt 389 Anm. 1
Erhaltung d. Vergangenen im Psychischen wie Überreste d. alten Roms 201–203
Erziehungspraktiken wie mangelhaftes Ausrüsten v. Polarexpeditionen 260 Anm.
Fortleben nach d. Tode wie unsichtbares Stück d. Spektrums 153
Gehobenheit in d. Gottesvorstellung wie Hochgefühl eines Briten im Ausland 558
Gott ist unsichtbar wie d. Sturmwind u. d. Seele 563
Historische Zeugnisse wie Leitfossilien 489
Ichveränderungen wie Narbenbildung 525
Idealannäherung wie Lagepunkte im Planetensystem 568
Individualentwicklung wie Entwicklung photographischer Aufnahme 571
Individual- u. Menschheitsentwicklung wie Planetenbewegungen 266

Gleichnisse (Forts.)
Jenseitserwartungen wie Großgrundbesitz auf d. Mond 183
Jüdische Religion wie ein Fossil 536
Kontinuität d. Sexualbedürfnisse wie Dauermieter 229
Kriegsverhinderung so langwierig wie langsam mahlende Mühlen 284
Kulturprozeß wie Domestikation 285
Kulturverhalten gegen Sexualität wie Ausbeuten v. Bevölkerungsschichten 233
Leben wie Schachspiel 51
Lebensspiel wie amerikanischer Flirt 50
Massen verschiedener Arten wie unterschiedliche Wellen der See 78
Massenauflösung wie Zerstieben eines Bologneser Fläschchens 92
Menschenmengen wie frierende Stachelschweine (*Schopenhauer*) 95
Moses-Aufsatz wie Spitzentänzerin 507
Pathologische Phänomene wie Staat im Staate; wie unbrauchbare Partei 525
Pietät wie Narbenbildung 356
Psychoanalyse, ein Forschungsinstrument wie Infinitesimalrechnung 171
Psychologische Einsichten ohne sichere Begründung wie ein ehernes Bild auf tönernen Füßen 468
Psychologische Masse wie Zellenverbund d. Organismus (*Le Bon*) 68
Psychologische Vorläufigkeiten wie Wandschirme 385
Religionskritik wie archäologische Unterhöhlungen 168
Religionsstiftung nicht wie Schaffung d. *Athene* aus d. Haupt d. *Zeus* 473
Religiöse Illusionen wie Vorspiegelung eines Großgrundbesitzes auf d. Mond 183
Religiöse Tröstung wie Narkotikum 182
Rückkehr d. monotheistischen Idee wie Bumerang 557
Seelische Provinz wie Rindenschicht 543
Sittlichkeits-Entblößung im Schlaf wie Abwerfen eines Gewandes 46
Wahrheitsgehalt d. Religionen wie symbolische Verhüllung in d. Geschichte v. Storch 178
Symptombildung wie Fassadenbildung d. Träume 384
Übertragung v. Zauberkraft wie elektrische Ladung 333
Umwandlung v. Massenpsychologie in Individualpsychologie wie v. Bienenarbeiterinnen in Königinnen 116
Verschiebungsprozeß wie Wärmeumsetzung in mechanische Arbeit 19
Verständnis f. sadistische Triebkomponente wie Liebesklage d. verprügelten Bäuerin 235 Anm. 2
Gleichwertung v. Absicht u. Tat (*s. a.* Denken u. Handeln; Realität, psychische u. faktische; Schuld, tragische; Tabuverletzung, unwissentliche) 57, 75, 251 f., 254, 258 f., 263, 350, 352, 375, 442 bis 444
Glück/Glücksstreben 32, 171 f., 208 bis 220, 222, 231, 234, 243 f., 260, 265 f., 268, 270, 335, 579
Gold 165
Goldenes Kalb 497
Goldenes Zeitalter 165, 402, 520

Goethe, Johann Wolfgang v. 206, 208 Anm., 248 Anm. 1 u. 2, 259, 441, 444, 514 Anm., 537, 555, 568 Anm., 570, 571 Anm.
Gott/Gottheit(en) 128, 152 f., 157, 166–168, 172–175, 179, 187, 206, 222, 317, 431, 433, 435 f., 450 f., 469 f., 499, 514, 564, 566, 568, 573, 578
siehe auch:
Christus
Gott-Vater
Jahve
Muttergottheit
Sohnesgottheit
Sonnengott
Stammesgottheit
Totengott
Vatergott
Vergottung
Vulkangott
abstrakte (*s. a.* Abstraktion, religiöse) 469
Allgüte/Alliebe d. (*s. a.* Auserwähltes Volk) 153, 248, 499, 556
Allmacht/Macht d. 152, 222, 248, 313, 335, 376, 469, 499, 508, 512 f., 556, 573, 578
Allwissenheit d. 222
u. Anbeter, Verhältnis zwischen 418–422, 431, 433, 469, 494, 511, 553, 556, 558 f., 573
Anblick d. 117, 469
anthropomorphe 423, 431, 434, 531, 533
Betrug an 449–451
als Dämonen 54, 229 Anm., 318, 484 f., 499
»einziger« 153, 469, 471, 473, 476, 499 f., 508, 512–515, 532, 540, 556, 558, 573–575, 578 f.
Entmaterialisierung v. (*s. a.* Abstraktion, religiöse; Geistigkeit) 561
Identifizierung mit d. (*s. a.* Identifizierung mit d. Totemtier) 430
Λόγος 187
Gott/Gottheit(en) (Forts.)
männliche (*s. a.* Gott-Vater; Vatergott) 531 f.
tierische (*s. a.* Totemtier) 157, 289, 421, 423, 431, 433 f., 436, 469 f., 531, 578
Tod d. 432, 435
Töten d. (*s. a.* Gottesopfer) 423, 436 f., 537 f., 579–581
weibliche *s.* Muttergottheiten
als Weltenschöpfer 126, 153, 167 f., 568, 573
Gottähnlichkeit d. Menschen (*s. a.* Könige, göttergleiche) 222, 248, 335, 423, 553, 556
Göttermythen 431, 433, 434 Anm., 531
im alten Ägypten (*s. a.* Ägyptische Religion) 368, 469 f.
Götternahrung 418
Götterreihe 127, 434 Anm., 498 f., 578
Gottes unerforschlicher Ratschluß 216, 513
Gottesbedürfnis 111
Gottesidee (*s. a.* Geistigkeit) 153, 158, 430 f., 499–451, 508, 512 bis 515, 517, 574 f., 578 f.
Gottesname(n) (*s. a.* Tabu d. Namen) 460, 469 f., 472 f., 475 f., 489, 494, 495 Anm., 501, 511, 559, 578
Gottesopfer 423, 433–435, 437
Gottesvorstellung, höhere (*s. a.* Geistigkeit) 166, 432–434, 499, 513, 558–561, 563, 568, 573, 578 f.
Gotthold 495 Anm.
Göttlich(e, er)
Geist 568
Gesetzgebung (*s. a.* Mosaische Gesetzgebung; Verbote) 152, 173, 175 f., 330
Gnade 172, 335
Offenbarung 155, 161, 494
Vorsehung 153, 164, 167, 182, 206
Weltordnung (*s. a.* Weltschöpfung) 168
Wille 253, 578

Gott-Vater (*s. a.* Vatergott) 53, 153, 206, 253, 431–434, 437, 535 f., 538–540, 556, 573, 579 f.
Grabbe, Christian D. 198
Grausamkeit 31, 40 f., 52, 73, 93, 195, 245, 248, 282
Griechen, antike (*s. a.* Antike) 280, 422, 436, 463, 513, 519 f., 552, 561, 566
Griechische Tragödie 438 f., 519, 535
Große Männer (*s. a.* Held) 197, 461, 464–466, 486, 500 f., 511, 553 bis 556, 563
Größensucht 448
Gruppenehe 130 f., 300–303, 392
Gull, C. Ranger 92 Anm. 2
Gulliver 221 Anm.
Gut/d. Gute/Güte 31, 42 f., 73, 153, 172, 241, 248 Anm. 2, 443, 565
Gut u. böse 40–42, 240, 251, 281, 565
Gütererzeugung/-verteilung 140–142, 144, 146

Habgier (*s. a.* Besitzgier) 39, 145, 174
Habiru 479, 498
Hadrian (*Publius Aelius Hadrianus*) 202
Hal (Prinz) 49 Anm.
Halluzinatorische Verworrenheit 177
Halluzinatorische Wunschbefriedigung 372
Hamlet 373 Anm.
Handeln (*s. a.* Denken u. Handeln) 281
Hannibal 198, 495 Anm.
Hansa (Deutscher Städtebund) 51
Haremhab 474, 497, 509
Harnerotik 221 Anm., 447 f.
Hárnik, J. 449 Anm. 3
Haß (*s. a.* Liebe u. Haß) 30, 39, 47, 73, 94, 96, 195, 239, 274, 280, 283, 356, 414, 427, 530, 538 f., 578
Hast 15 f.
Haus (als Ersatz f. Mutterleib) 221 f.
Haustiere (*s. a.* Domestikation) 223, 295, 306, 409, 420 f.
Hebbel, Friedrich 92
Hebräer, Name d. 479, 498
Heer (als künstliche Masse) 88–91, 113, 116, 125, 131
Heilgott (Schlange als) 485
Heilig 18 Anm., 248 Anm. 2, 565 bis 567
  Verhältnis zu unrein 311 f., 315, 317 f., 357, 421, 567
Heilige Bücher (*s. a. Bibel*) 459, 500, 514, 517 f.
Heilige Scheu 311
Heilige Tiere (*s. a.* Totemtiere) 157, 393, 421–425, 431, 433, 436, 578
Heiligkeit (*s. a.* Jüdisches Volk, Heiligung d.)
  d. Blutsgemeinschaft 421, 425, 429 f., 437
  d. Herrschers 334, 336, 338 f., 343
  d. kulturellen u. d. sozialen Institutionen 18, 175, 184, 496, 530, 566
  Religion u. 166, 184, 565 f.
  Sündhaftigkeit u. 252
  d. Tabus 312, 315, 333 f., 566 f.
Heine, Heinrich 50 Anm., 54, 183 Anm., 239 Anm., 249 Anm. 3, 454, 480 Anm. 2
Heirat (*s. a.* Ehe)
  bei Primitiven 298, 300, 304–306, 392, 420
Heiratsklassen 301 f., 306, 400, 407
Heiratsverbote (*s. a.* Exogamie; Inzesttabu)
  katholische 302
Held/Heros/Heldentum 18, 51, 56 f., 59, 73, 126 f., 438 f., 450 f., 453, 462–467, 495, 535, 556, 566, 578, 580
Heldenmythus (*s. a.* Geburtsmythen; Prometheussage) 126 f., 519 f., 553
Heliopolis *s.* On

Hemmung (*s. a.* Entwicklungshemmung; Zielgehemmte Triebe) 524 f., 562
neurotische 443 f.
Hemmungsaufhebung in d. Masse 80, 83
Henker 332
Henotheismus 573
Herakles 450 Anm. 1, 453, 463
Herdentrieb 82, 87, 109–113, 122 Anm. 2, 130
Hereditäre Faktoren (*s. a.* Angeborene –; Mitgebrachte Organisation; Vererbung)
d. Neurosen 521
d. Sexualität 17, 30, 194
Hermaphroditismus 235 Anm. 2
Herodes 465
Herodot (*s. a.* Bibliographie) 492
Herrscher *s.* Führer; Könige; Primitive Herrscher
Hesiod 450
Heuchelei 44, 439
Hieroglyphen 492 Anm. 3
Hilflosigkeit 108, 150–152, 156 bis 158, 164, 182, 204, 214, 222, 251, 325, 578
Hill-Tout, C. 404
Hingabe 106 f.
Historische
Abläufe/Vorgänge (*s. a.* Urzeit/Urgeschichte; Vorgeschichte) 155, 282, 338, 357, 434 Anm., 435, 471, 483 f., 487 f., 490–492, 496 bis 498, 501, 508–510, 514, 532, 541, 552, 569, 576 f.
Berichterstattung 480 Anm. 2, 491, 497 Anm. 1, 514, 517–520, 553
Katastrophen (*s. a.* Auszug aus Ägypten) 484, 495 Anm., 519
Momente 278, 410, 433, 452 f.
Persönlichkeiten 459, 464, 466, 469, 484 f., 501
Realität(en) 439, 443, 535, 537
Wahrheit 138, 175 f., 178 u. Anm. 2, 467, 482–484, 486, 507, 517, 533, 537, 572, 574, 575 Anm., 580
Historische (Forts.)
Wissenschaft 347, 458 f., 461, 483, 487, 579
Hitler, Adolf 270 Anm.
Hoffmann, E. T. A. 571
Höhlenmalereien 379 Anm.
Hölle 474 Anm. 3
Holofernes 92
Homer 54, 519 f.
Homosexualität 20, 29, 97, 101, 116 Anm., 132, 221 Anm., 428, 449
Horde (*s. a.* Urhorde; Vaterhorde) 113, 276, 410, 529, 532, 575
Horeb *s.* Sinai
Hörigkeit 106
Hosea 486
Humanität 14, 270
Hume, David 366
Humor 122
Hund 230 Anm., 295
Hunger 157, 245, 399
Hunnen, Einbruch d. 240 f.
Hydra 453
Hygiene 14, 16, 29, 219, 224, 229 Anm., 385 f., 409
Hymnen 470, 472 f., 475
Hypnose 63, 70 f., 75, 107–109, 117 bis 119, 133
Hysterie 17, 75, 99 f., 363, 375

Ich (*s. a.* Objekt-Ich-Beziehungen; Über-Ich) 198, 200, 268, 524 f., 542–544, 572
u. Es 69 Anm., 198, 268, 543 f.
Ich-Abwehr 200, 246, 544, 572
Ich-Analyse 61–134
Ichentwicklung 74 Anm. 1, 100–103, 120–122, 199 f., 544
Ichgefühl 198–200, 204
Ichideal 102 f., 105–108, 119 f., 122, 124, 127
Ersetzung durch d. Objekt 105 bis 108, 120 f., 123–125, 133
Verhältnis z. Ich 120–124, 133 f.
Ichidentifizierung 99–102, 106–108, 125
Ichinstanzen 123, 562

Ichtriebe 245 f., 377
Ichveränderungen 524–526, 570
Ichverarmung/-bereicherung 106
Ichzerfall 74 Anm. 1, 102 f., 526
Ichzugehörigkeit 543
Ideal(e) (*s. a.* Ichideal; Kulturideal; Massenideal; Vaterideal) 222, 224–226, 280, 568
Idealforderung(en) 28, 31, 267, 270, 286, 568
Idealisierung 105
Idealismus 268
Idee(n) (*s. a.* Abstrakte Ideen; Gottesidee) 224, 280, 555–557, 568
  als Führerersatz 89, 94
Ideenassoziation (*s. a.* Assoziation) 319, 367, 371–374
Identifizierung (*s. a.* Ichidentifizierung; Mutteridentifizierung; Vateridentifizierung) 97–103, 106 f., 110, 123 f., 241
  mit d. Autorität 255
  mit d. Führer 125, 244
  mit d. Geschwistern 112
  mit d. Gott 430
  mit d. Kinde 308
  in d. Masse 108, 112 f., 120 f., 125, 133, 147, 238, 244, 279, 283
  mit d. Totemtier (*s. a.* Totemabstammung; Totemgenossen, gemeinsame Substanz d.) 392, 401, 403, 416, 425
Ikhnaton (Echnaton/Amenhotep IV.) 471–476, 478 f., 481 f., 496, 499, 508 f., 512–514, 536, 556 f., 580
Illusion(en) (*s. a.* Glaube; Phantasie; Religiöse Illusionen) 40, 44, 60, 74, 88 f., 164–166, 168, 184–187, 189, 197, 212, 241, 270, 289
Imperialismus 243, 472, 508, 513 f., 533
Impotenz, sexuelle 29 f., 528
Individualentwicklung 176, 250, 257, 264 f., 376 f., 546, 562, 565, 571
  Vergleich mit Menschheitsentwicklung 47, 97, 176 f., 264–269, 378, 458, 528 f., 546, 562, 565
Individualpsychologie (*s. a.* Massenpsychologie) 65, 67, 115, 164, 516
Individuelle
  Charaktere 26
  Eignungen (*s. a.* Begabung; Disposition) 119, 545
  Glücksbefriedigung 32, 171 f., 187, 265 f., 268
Individuum *s.* Doppelindividuum; Macht d. Einzelnen; Masse u. Individuum; Massenindividuum
Indogermanen 165
Industrielle Verhältnisse 15 f.
Infantil(e, es) (*s. a.* Kind-)
  Affektleben 73 Anm., 74 Anm. 1, 185, 427, 578
  Angst 110 f., 176
  Ätiologie d. Neurosen 310, 443, 521–524, 572
  Denken 156, 180, 185, 347
  Seelenleben 157 f., 386, 532
  Sexualität 30, 128 f., 165, 234, 310, 409, 415 f., 523
  Sexualtheorie(n) 128, 454, 523
  Vorbild (*s. a.* Totemismus, infantile Spuren d.; Wiederherstellung d. Vergangenen) 156 f., 310, 341
  Wiederkehr d. Totemismus 387 bis 444
  Wünsche 128, 144, 187, 255, 324, 372 f., 414, 416 f., 443
Infantilismus 182, 206, 216, 310, 573
Infektion(sangst) 29, 112 f.
Innenwelt *s.* Außenwelt u. Innenwelt, Unterscheidung v.
Inquisition 220, 282
Instinkt 52, 56, 73, 75, 110, 407 bis 409, 547, 577
Intellekt/Intelligenz (*s. a.* Denk-; Rationelle Begründung; Vernunft) 47, 53, 169, 184–186, 188, 274
  Einschüchterung d. 80, 216
  d. Frau 28, 181
  u. Gefühlsleben, Verhältnis v. 47, 80, 142, 176 f., 521, 548, 566 f.

Intellekt/Intelligenz (Forts.)
Hochschätzung/Primat d. (*s. a.* Geistigkeit) 181, 184–186, 534, 559, 563, 569
u. Triebleben 169, 176 f., 179–182, 184, 186, 241, 284, 286, 559, 574
Überschätzung d. (*s. a.* Überschätzung d. Psychischen) 373, 378, 559
Vereinheitlichungstendenz d. 383
Intellektuelle Arbeit/Leistung(en) 15, 19, 115, 169, 173, 176 f., 211, 224
in d. Masse (*s. a.* Ungebildetes Volk) 46 f., 72–74, 77 f., 80 f., 83, 109, 141 f., 177, 533
Interessengemeinschaft 47, 237, 241, 277
Interessenkonflikt 95 f., 276, 278 f.
Intichiuma 400–402, 424
Intoleranz 73, 93, 96, 116, 130, 243, 255, 286, 471, 538
Intoxikation 182, 209, 216
Introjektion (*s. a.* Verinnerlichung) 100–102, 106, 250
Intuition (*s. a.* Einfühlung) 166
Inzest 11, 310, 369, 406 f., 409, 566
Inzestscheu/Inzestverhütung 289, 295 bis 310, 392, 407–410, 566 f., 426 Anm. 2
Inzesttabu/Inzestverbot 145, 157, 233, 301, 304, 306, 324, 394, 409, 411, 417, 427 f., 530, 565
Inzestwünsche 144 f., 309 f., 324, 407, 409, 435
Inzucht 408–411, 566
Irrtum 164, 172, 184, 186, 188
Isaacs, Susan 264 Anm.
Isaak 494
Isola Bella 223
Istar 463

Jahu 512
Jahve 483–485, 487–491, 493–495, 497–500, 510–515, 518 f., 540, 557
Jahve (Forts.)
Umwandlung d. Volksgottes in d. »einzigen« Gott 499 f., 512–514, 557, 578
Verschmelzung mit *Aton/Moses* 490 f., 499, 512 f., 519, 557, 569
Jahvereligion 483–485, 487–490, 494, 496, 498 f., 510, 514, 518, 520, 569
Jahvist 491 u. Anm. 3, 511
Jakob (biblischer) 477, 494
Janet, Pierre 244 Anm. 1
Japan 336, 339, 345, 369
Jean 495 Anm.
Jehova 117
Jehu 489
Jenseits (*s. a.* Fortleben nach d. Tode) 289, 350, 470, 476
Jerusalem 241, 512, 561
Jethro 484, 490
Jochanan 489, 495 Anm.
Jochanan ben Sakkai 561
Johann 495 Anm.
John 495 Anm.
Jones, Ernest (*s. a.* Bibliographie) 46, 264 Anm., 535 Anm.
Josef (biblischer) 552
Josef von Arimathäa 92
Josua 484, 489, 491, 494
Jovis 495 Anm.
Juan 495 Anm.
Jude(n) 243, 248, 482, 539, 552, 579, 581
Judentum 293, 480 Anm. 2, 533, 535 f., 540, 579
Scheidung v. Christentum 534 bis 537, 539, 553, 579–581
Judenverfolgung 95, 220, 243, 506, 538 f., 552 f.
Jüdisch(e, er, es)
Bund 34, 477, 494, 556
Geschichte, Zweiheiten d. 501
Gesetzgebung *s.* Mosaische Gesetzgebung
Leviten 464, 488 f., 498, 500, 509, 511
Religion 469 f., 475 f., 478, 481 f., 488, 493, 496, 498, 500 f., 507,

Jüdisch(e, er, es) (Forts.)
512–518, 533, 536, 540, 553, 557 f., 564, 569, 573, 579
Scheidung v. christlicher 534 bis 537, 539, 553, 579–581
Ritual 475 f., 489, 514
Jüdisches Volk/Volk Israel (*s. a.* Auserwähltes Volk) 253, 469, 478 bis 480, 483, 487–492, 494–502, 509–515, 517–520, 533 f., 536 bis 538, 551–553, 557 f., 561, 563, 568 f., 573, 579, 581
Charakterzüge d. 534, 538 f., 550, 552 f., 557, 561, 564, 568 f., 581
Heiligung d. 480, 489, 492, 509, 513, 553, 567
Judith 92
Jung, C. G. (*s. a.* Bibliographie) 246, 289, 521 Anm.
Jupiter 337, 495 Anm.

Kameradschaft 125
Kannibalismus 52, 98, 144 f., 296, 370, 426, 432, 530
Kant, Immanuel 292
Karna 463
Karneval 122
Kästchen (als Symbol) 462 f.
Kastration 436, 453, 529
symbolischer Ersatz f. d. 415, 567
Kastrationsangst 415, 436 Anm. 1, 532, 539
Kastrationsdrohung 416, 527
Kastrationskomplex 415, 546
Kastrationsstrafe 415, 435 f.
Kategorischer Imperativ 292, 315
Katholizismus 132, 302, 503 f., 506
Kausalitätsdenken (*s. a.* Motivierung; Ursachen) 554
Kind(er) (*s. a.* Infantil-) 546, 577
Vergleich mit Massenseele 72, 73 Anm., 74, 80, 109
Vergleich mit Primitiven 310, 372, 386, 389 Anm. 1, 398, 412, 436 Anm. 1, 530 f., 559
Verhältnis z. Erwachsenen 178, 386, 412, 425, 546, 578
Kind(er) (Forts.)
Verhältnis z. Tier 412–416, 531, 577
Kinderlosigkeit 308
Kinderneurose(n) 176 f., 186, 412 f., 525, 527
Kindheitserlebnisse/-eindrücke, Bedeutsamkeit d. 30, 142, 157, 204, 321 f., 520–525, 545 f., 571 f., 574
Kindliche Charakterzüge/Eigentümlichkeiten (*s. a.* Infantil-) 42, 49, 178, 184, 372, 545 f., 559, 577 f.
kinship 103 Anm. 2, 419 f., 432 Anm.
Kipling, Rudyard 114 Anm. 2
Kirche (*s. a.* Christentum)
demokratischer Zug d. 89, 503 f.
als künstliche Masse 88–90, 113, 116, 125, 131 f.
Klein, Melanie 256 Anm. 1, 264 Anm.
Kleinheitswahn 123
Klytämnestra 560 Anm. 1
Koitus (*s. a.* Sexualakt) 29
Kollektive Intelligenzhemmung *s.* Intellektuelle Leistungen in d. Masse
Kolumbus, Christoph 164
Kommunikation zwischen Generationen *s.* Psychische Kontinuität; Tradition
Kommunion 418, 437, 532, 535, 576
Kommunismus (*s. a.* Bolschewismus) 241–243, 503
Komplexempfindlichkeit 347
Kompromißbildung(en) 54, 185, 322, 356, 524, 527
Konflikt (*s. a.* Ambivalenzkonflikt; Psychischer Konflikt) 241
König(e) (*s. a.* Ägyptische Könige; Priesterkönige; Primitive Herrscher) 338 f., 342, 464, 566
Behandlung d. (*s. a.* Tabu d. Herrscher) 333–342, 556, 558
Fremde als 338, 342, 434, 464 f.
göttergleiche 433 f., 556, 558, 566
Königsheilungen 333 f., 339

Konkurrenz(kampf) 14 f., 36, 95
Können als Kulturbesitz 140
Konservatismus 503
Konstitution (*s. a.* Disposition) 31, 119, 208, 215, 231, 267 f., 286, 545
u. Kulturanforderungen 14, 21 f.
d. Neurotikers 133, 378
sexuelle 20, 133, 234
u. Triebverzicht 18, 23, 256
Zusammenwirken mit Milieueinflüssen 256, 356 f.
Konstitutiver Besitz 13
Kontinuität (*s. a.* Psychische Kontinuität) d. Masse 81
Konzeptionstheorie(n) 400 f., 403 f., 416 Anm. 2
Körperliche Züchtigung 527
Kränkung 150, 453, 523
Kraus, Karl 28, 29 Anm.
Krauß, Friedrich S. 236
Kreuzzüge 241
Krieg(e) 90, 220, 241, 273 f., 278 bis 280, 285 f.
Einflüsse d. 46 f., 51, 59
Einstellung d. 35 f., 55, 59, 275, 279, 283–286
Unvermeidlichkeit d. 38, 284
Kriegsneurosen 90
Kritiklosigkeit 46 f., 106 f.
in d. Masse 72, 75, 79
Kultur
abendländische/europäische 13, 172, 233 f., 307
Anfänge d. 144, 221, 229 f., 285, 381, 394, 429, 442
Aufgabe(n) d. 149 f., 223–227, 232
Aufhebung d. 149, 175, 241
Aufrechterhaltung d. 44, 146 f., 175, 185
Definition d. 139 f., 144, 217, 220
Druck d. 44 f., 149, 175, 183, 235
Energieaufwand d. 237, 241
Frauen u. 233
u. Liebe, Verhältnis v. (*s. a.* Kultur u. Sexualleben) 97, 115, 132, 229 bis 233, 237 f., 249
Kultur (Forts.)
u. Neurose 14–17, 23–25, 30 f., 218, 269, 362 f.
d. Primitiven *s.* Primitive Völker/Menschen
Quellen d. 12, 289
u. Religion *s.* Religion u. Kultur
u. Schuldbewußtsein (*s. a.* Schuldbewußtsein) 260–262
u. Sexualleben/Sexualität 11–13, 16, 18–23, 25, 29, 31 f., 168, 193 f., 232–238, 241, 243, 270, 285, 363, 385 f.
u. Triebleben/(Trieb-)Verzicht 11 f., 18, 23, 25, 34, 36, 42 f., 140 bis 142, 144 f., 147, 149, 177, 193 f., 221 Anm., 225–227, 230, 232 f., 237, 243 f., 249 f., 270, 289, 357, 385, 409, 451
u. Verdrängung 12, 176 f., 193 f., 227
Wesen/Inhalt d. 150, 184, 214, 220 bis 228, 230, 237, 244, 258, 267, 269 f., 286, 439, 513
Zivilisation u. 140
Zukunft d. 139, 142, 145, 149, 242, 266
Kulturanforderungen 14, 21 f., 175, 218, 223–227
Kulturarbeit 13, 141 f., 144, 150, 169, 233, 267
Kulturbesitz 13, 18, 144–146, 152, 154, 161, 168, 222, 442
Kultureignung 42–44, 46, 172, 557, 561
Kulturell(e, er, es)
barbarisch als Gegensatz v. 39, 71, 223
Fortschritt (*s. a.* Geistigkeit) 175, 182, 222, 260, 385, 503 f., 513, 531, 560
Illusion(en) 168, 184
Institutionen (*s. a.* Soziale Institutionen 25, 140, 142, 144, 175, 217
Heiligkeit d. 18, 175, 184, 496

Kulturell(e, er, es) (Forts.)
Niveau (*s. a.* Ethisches Niveau; Geistigkeit; Moralisches Niveau) 14, 225, 385, 428 f., 488, 536
Opfer *s.* Triebverzicht
Regression 536
Strebungen 265 f., 269
Wandel (*s. a.* Gesellschaft, Veränderung d.; Kulturentwicklung; Kulturprozeß; Kulturveränderung) 16, 172, 278, 285 f., 432, 435, 577
Kulturentwicklung (*s. a.* Menschheitsentwicklung) 194, 222, 225, 227 f., 229 Anm., 237, 242, 249, 258, 260, 266, 269 f., 285 f., 360, 363, 370, 394, 453, 559, 577
Kulturfähigkeit 165, 539
Kulturfeindlichkeit 31, 137, 140 f., 143–147, 149 f., 171, 173, 217 f., 226–228, 233, 243 f.
Kulturforderungen/-vorschriften 152, 267 f.
menschlicher Ursprung d. 175, 330
rationelle Begründung d. 174–179, 566 f.
Religion als Stütze d. 18, 152, 168 f., 171–173, 175, 178–180, 185
Verinnerlichung d. 145 f.
Kulturformen 140, 150, 184, 226
Kulturgehorsam 39, 43 f., 173, 179 f.
Kulturheros (*s. a.* Held) 450 f., 453, 462
Kulturheuchelei 44
Kulturideal(e) 146–148, 218, 222, 238, 241, 267 f.
Kulturkreis, Ausdehnung d. 233, 242 f.
Kulturleistung(en) (*s. a.* Fortschritt; Geistigkeit) 146–148, 222–225, 379, 381, 539
Kulturprozeß 194, 226–228, 229 Anm., 249, 265–267, 273, 278, 285 f.
im Dienste d. Eros 230, 249, 258, 264 f.
Kulturreife 185
Kulturschaden 13 f., 150, 244
Kulturträger 145, 171, 173
Kultur-Über-Ich 266–269, 563
Kulturunzufriedenheit 141, 146, 171, 218–220, 261, 269
Kulturveränderung (*s. a.* Kultureller Wandel) 142 f., 171, 178, 181, 244, 268
Kulturverbot(e) (*s. a.* Verbote) 144 bis 146, 149, 218
Kulturversagung 227 f.
Kulturversöhnung 175, 177
Kulturvölker, Einigung d. 36–39, 47
Kulturweltbürger 37, 40, 46 f.
Kulturziel(e) 13, 25, 32, 219, 225, 266, 269
Kunst 15, 146–148, 439
als Ersatzbefriedigung 147, 207, 378
u. Magie 378
u. Neurose 363
u. Religion 206 f.
Kunstgenuß 212
Künstler 26, 378, 555
Künstlerisches Schaffen 211, 214, 224 f., 227
Kyros 463 f.

Labyrinth (d. *Minos*) 289, 495 Anm., 519
Lang, Andrew (*s. a.* Bibliographie) 364 Anm. 1
Lasch, Richard 449 Anm. 3
Laster 564 f.
Latenz(zeit) 11, 128, 130, 133, 193, 515 f., 518, 521, 523, 525–529, 533
Leben (*s. a.* Fortleben nach d. Tode; Tod u. Leben) 50 f., 211, 219, 246 f., 264–266, 281
in Wahrheit u. Gerechtigkeit (*Maat*) 469, 499 f., 508, 513
Lebensinhalt 249
Lebensnot 18, 37, 155, 182 f., 186 f., 212, 230, 265, 284, 381
Lebenstechnik 206–216, 231

Lebenstrieb 249, 282
Lebenstüchtigkeit/-untüchtigkeit 13, 15, 31, 50 f., 525, 528
Lebenswert(e) 56, 60, 197, 207, 216, 218
Lebensziel/-zweck 152, 207 f., 211, 213–215, 219, 235
Leber (als Sitz d. Leidenschaften) 451–453
Leib u. Seele, Verhältnis v. 54, 203, 365, 381
Leid 150, 152 f., 161, 186 f., 208–210, 219 f., 237, 246
  Notwendigkeit d. (*s. a.* Lebensnot; Realität, Ertragen d.) 35, 209
Leidabwehr/Leidensschutz 209–211, 213–217, 220, 244
Leidquellen 211 f., 214, 217, 231, 237
Leonardo da Vinci 555
Libidinöse Struktur (*s. a.* Masse, libidinöse Struktur d.)
  d. Kultur 238
Libidinöse Triebe (*s. a.* Sexualtrieb) 245, 264
Libido (*s. a.* Narzißtische Libido; Zielgehemmte Libido) 97, 157
  Auswärtswendung d. 196
  Definition/Begriff d. 85 f., 245 f., 248, 434 Anm.
  Gegenstück z. Aggressionstrieb 196
  gestaute 23
  Ströme d. 29, 104, 129, 234
  Trägheit d. (*s. a.* Familie, Ablösung von d.) 237
  Verwandlung in Angst 359
Libidoentwicklung (*s. a.* Sexualentwicklung) 97 f., 104, 128, 133 f., 227 f., 376–378
Libidoökonomie 210, 212 Anm., 215, 216 Anm., 228, 233, 266
Libidotheorie 110, 133
Libidoverschiebung 211–213, 235 Anm. 2
Lichtenberg, Georg Christoph 281
Liebe (*s. a.* Eros; Genitale Liebe; Kultur u. Liebe; Massenführer, Liebe d.; Menschenliebe; Nächstenliebe; Objektliebe; Verliebtheit) 85 f., 104, 213 f., 232, 238 f., 245, 283
  Bipolarität d. 247
  Liebe u. Haß 41, 53, 55, 59, 96 Anm. 1, 195, 258, 281, 439
  schwärmerische 105, 112
  unglückliche 106, 214, 231
  als Vorbild f. Glück 213 f., 231
Liebesleben, Erniedrigung d. 105
Liebesobjekt (*s. a.* Objekt-; Sexualobjekt) 112, 214, 231 f., 571
  erstes 97, 104, 128, 157, 309 f.
Liebespaar 95, 130 f., 237
Liebesprämie 42 f.
Liebesverblendung 106
Liebesverlust 214, 231, 251, 253 f., 562 f.
Logik *s.* Denken, logisches; Intellektuelle Leistungen in d. Masse
London 203
Long, J. 297 Anm.
Ludwig XIV. (Roi Soleil) 223
Ludwig XV. 491
Lüge 36, 39, 146
Lustgefühl 208, 220, 355, 562
Lustgewinn 19, 80, 122, 209–211, 213, 215 f., 219, 225, 363, 377, 562
Lustprinzip 200, 208 f., 214, 231, 265, 378
Lustquellen 212, 216, 234

Maat 469, 472, 499 f., 508
Macauly, Thomas 520 Anm.
Macbeth 330
Macht (*s. a.* Allmacht) 140, 183, 188, 241 f., 274
  d. Einzelnen, Verhältnis z. Macht d. Gemeinschaft 141, 149, 169, 174, 225, 230, 277, 341, 426, 432, 530
  d. Gottes (*s. a.* Allmacht) 152, 313, 508, 573
  d. Herrscher bei Primitiven 335, 339, 341

Macht (Forts.)
d. Namen 559
u. Recht 274–280
Trennung v. geistlicher u. weltlicher 338 f.
d. Vaters (*s. a.* Allmacht d. Urvaters) 118, 341, 432, 529–532, 565, 567, 576
Machtgefühl in d. Masse 69, 72 f., 79 f.
Machtstreben 39, 169, 197, 432, 435, 478, 530
Magie (*s. a.* Zauber) 364, 367–373, 375 f., 378–380, 385 f., 392, 400 bis 403, 424, 470, 485, 536, 559
Verbot d., in d. mosaischen Religion 470, 474, 485, 499 f., 508, 515, 534, 536, 559
Magische Kräfte 74, 314
Makrokosmos u. Mikrokosmos 208
Mana 117, 312 f., 325 f.
Manetho 552 Anm.
Manie 122–124, 210
Manismus 364
Männer, Vergleich mit Frauen 22, 233
Männerverbände (*s. a.* Brüder-) 425, 532, 576
Männerweihe 312, 316, 392, 436 Anm. 1
Männlichkeit u. Weiblichkeit 229 f., 235 f. Anm. 2
Märchen 127, 128 Anm. 1, 222, 295, 464, 530, 532
Masochismus 118, 247, 262, 528
Masse(n) (*s. a.* Gemeinschaft) 78, 81, 88, 111
Auflösung d. 90–93
Beeinflussung d. (*s. a.* Gefühlsansteckung; Suggestion) 553–555
mit Führern/führerlose 88, 94, 108
u. Individuum 26, 39 f., 48, 67–71, 73, 77–83, 87, 90, 109, 115, 120, 225 f., 265 f., 277, 553–555, 567
künstliche/natürliche (*s. a.* Heer; Kirche) 88, 90, 94, 109, 113, 116, 125, 131
Masse(n) (Forts.)
libidinöse Struktur d. (*s. a.* Gefühlsbindung; Massenbindung) 86 f., 89–91, 93, 95–97, 103, 108, 119, 121, 125, 131 f., 230, 249, 265, 283
organisierte/primitive 78–83, 88, 108 f.
primäre 108
psychologische 67–71, 79, 86, 94
stabile/flüchtige 88, 94, 110, 120
Unterschied z. Haufen 78 f., 115
Unterschied z. Menge 94
Wesen d. 90, 94 f., 97, 109, 111, 114, 119, 141 f., 538
Massenbildung (*s. a.* Vereinigungsstreben) 130, 132 f., 244
biologische Grundlagen d. (*s. a.* Herdentrieb) 82, 110
direkte Sexualstrebungen u. 130 bis 133, 363 Anm.
Vergleich mit Hypnose 70 f., 75, 107–109, 117, 133
Massenbindung (*s. a.* Gefühlsbindung; Masse, libidinöse Struktur d.) 86 f., 91, 93, 96, 108 f., 121, 130
an d. Führer 89 f., 92–94, 101, 107, 109 f., 113, 116, 120
gegenseitige 89 f., 92, 94, 96 f., 100, 107, 110, 116, 232, 243 f.
an d. herrschende Schicht 147
Massenführer (*s. a.* Fremde als Führer; Führerpersönlichkeit; *Moses*) 71, 75 f., 83, 88–90, 92, 94, 111, 113, 115, 119 f., 125, 141, 465, 479 Anm. 2, 482, 496, 510 f.
Liebe d. (*s. a.* Auserwähltes Volk) 89, 93, 113, 115 f., 125
Massengefühl (*s. a.* Gemeinschaftsgefühl; Herdentrieb) 111 f., 130
Massenideal 116, 119 f., 125, 197
Massenindividuen 69, 71–73, 96, 109
Gleichartigkeit d. 69, 71, 96, 109, 112, 114–116
Massenpsychologie (*s. a.* Völkerpsychologie) 65–67, 78, 115, 516, 519, 563, 571

Massenpsychologie (Forts.)
Umwandlung in Individualpsychologie 116, 126 f.
Vergleich mit Individualpsychologie 65, 115, 177, 186, 253, 258, 267 f., 358, 363, 440, 458, 501, 516, 521, 540–542, 547, 556, 574 f., 577
Massenseele 67 f., 72–81, 86, 114, 120, 440
Vergleich mit Kindern 72, 73 Anm., 74, 80, 109
Vergleich mit Neurotikern 74, 92
Vergleich mit Primitiven 72–74, 77, 80, 109
Vergleich mit Traum 72 Anm. 4, 73 Anm., 75
Vergleich mit unbewußtem Seelenleben 74
Massentherapie 269
Massenwahn *s.* Religion, wahnhafter Charakter d.
Masturbation 28 f., 413, 416, 447, 527 f.
Materielle Motivierungen (*s. a.* Nutzen) 501
Materielle Wahrheit 138, 178 Anm. 2, 574, 575 Anm.
Matriarchat 126, 428, 530–532, 560, 576 f.
Medizin 164, 219, 224
Melancholie 102, 122–124
Mensch (*s. a.* Gottähnlichkeit d. Menschen; Gottheit, menschliche; Natur, Vermenschlichung d.)
animalische Existenz/tierische Abstammung d. 144, 172, 222, 229, 235 Anm. 2, 523, 547
als Herden-/Hordentier (*s. a.* Herdentrieb) 113
Natur/Wesen d. (*s. a.* Menschliche Eigenschaften) 41, 56–59, 70, 84, 152, 180–182, 184, 187–189, 226, 232, 240–242, 248, 252, 268, 520
Verhältnis z./Vergleich mit Tier 18, 52, 75, 80, 108, 110, 139 f., 201, 203, 207 f., 220, 229 Anm., 250, 276, 364 f., 410 f., 523, 531, 545, 547, 577
ζῷον πολιτικόν 111
Menschenart, Lebenskampf d. 226, 249 f.
Menschenfreund 42, 206
Menschenleben, Mannigfaltigkeit d. 197, 501
Menschenliebe 85, 186, 231 f., 243
Menschenmenge (*s. a.* Masse) 94
Menschenopfer (*s. a.* Opfertod) 342, 423, 434, 437
Menschheitsentwicklung (*s. a.* Kulturentwicklung) 42, 97, 126, 145, 177, 185 f., 270, 292, 295, 355 f., 429, 438, 508, 523, 553, 559, 564
Vergleich mit Individualentwicklung 47, 97, 176 f., 264–269, 378, 458, 528 f., 546, 562, 565
Menschlich(e, er, es)
Bedürfnisse (*s. a.* Befriedigung) 169, 185, 225, 399, 401
Beziehungen (*s. a.* Gesellschaft; Menschliches Zusammenleben) 140 f., 209, 212 Anm., 217, 220, 225 f., 237 f., 249, 258, 267, 283, 363
Eigenschaften/Veranlagungen (*s. a.* Mensch, Natur d.) 37, 87, 96, 109, 114 Anm. 3, 139, 141 f., 156, 194, 207, 211, 224, 229 f. Anm., 233, 235 Anm. 2, 248 f., 267 f., 283 f., 351, 407–409, 439 f., 451, 554 f., 574
Gelüste (*s. a.* Mordlust; Verbot, Begehren hinter d.; Wünsche d. Menschheit) 324–326
Kleinheit u. Ohnmacht (*s. a.* Hilflosigkeit) 156, 166 f., 182, 376
Naturzustand 149, 366
Zusammenleben (*s. a.* Familie; Gemeinschaft; Gesellschaft; Menschliche Beziehungen) 152, 174, 177, 185, 230, 232 f., 265, 270, 278

Menstruation 229 Anm., 313, 315 f., 325, 331, 386, 406
Mephistopheles 248 Anm. 2, 568 Anm.
Merneptah 479 Anm. 4, 497 f., 510
Messianische Erwartung 486, 537
Messias 165, 537, 552
Meynerts Amentia 177 Anm. 2
Mikado 336
Minderwertigkeitsgefühl 122, 378 Anm. 2
Minos 289, 495 Anm., 519
Mißerfolg/Mißgeschick 253 Anm. 1, 427 Anm. 1, 528, 579
Mißtrauen 178, 335, 339–341, 362
Mitgebrachte Organisation (*s. a.* Angeborene –; Disposition; Hereditäre Faktoren; Konstitution) 42, 44, 256, 258, 356 f., 545, 577
  sexuelle 19–22, 26, 29 f.
Mithrasreligion 436, 535 Anm.
Mitleid 41 f., 100
Mittelalter 243, 332, 439, 535
Molière, Jean Baptiste 129
Monarchie 289
Monogamie 13 f., 130, 234
Monotheismus 467, 469–473, 476, 481, 499, 507 f., 512–517, 533 f., 536 f., 539, 548, 550, 554, 557, 573, 577, 580
Moral (*s. a.* Ethik) 152, 442, 564
  Anfänge d. 530
  doppelte 13, 24
  Förderung d., durch Mißgeschick 253 Anm. 1, 427 Anm. 1, 579
Moralforderungen/-vorschriften 21 f., 24, 29, 145, 441, 443, 531, 579
Moralisches Niveau (*s. a.* Ethisches Niveau) 146
Moralverbot(e) (*s. a.* Mordverbot) 311, 315, 359 f.
Mord (*s. a. Moses,* Ermordung d.; Muttermord; Töten; Vatermord) 52, 55, 57, 145, 149, 174, 176, 437, 580
Mordlust 52 f., 56, 59, 144, 359 f.
Mordverbot (*s. a.* Tabu d. Totemtiers) 55–58, 149, 157, 173–176, 359, 425, 427, 429 f.
Mosaische Gesetzgebung 459, 467 bis 469, 483, 489 f., 492, 496, 509 f., 514 f., 517, 557, 578
Mosaische Religion (*s. a.* Atonreligion) 467, 469–471, 475 f., 478, 481, 488 f., 496, 499–501, 511 bis 513, 516, 518–520, 536 f., 556 f., 564, 567–569, 572, 574, 578 f.
Moses 117, 465, 467, 481, 486, 500 f., 510 f., 513–515, 517, 536 f., 553, 556 f., 561, 563, 568
  ein Ägypter 461, 465–469, 471, 475, 478, 480, 483–486, 488, 490 f., 493, 497, 499–501
  Charakterzüge d. 478 f., 482 f., 485, 487, 490, 497, 509, 556
  Ermordung d. 486–488, 496–499, 507, 510 f., 518, 536–538, 540 f., 548, 556
  als Gesetzgeber 459, 468–469, 517
  historische Angaben über 459, 461, 467 f., 477 f.
  mit Messias identisch 537
  d. midianitische 484–486, 490 f., 493, 497, 499
  Name d. 459–461, 466, 468 f., 501, 509
  Verschmelzung mit *Jahve s. Jahve*
Mosessage 459–461, 463–467, 478, 482, 484 f., 491, 537
Motivierung(en) 43 f.
  mehrfache (*s. a.* Ursachen, konvergierende) 53, 68, 155–157, 281 f., 322 f., 342, 344, 348, 383–386, 565, 569, 573, 579
Motorischer Impuls 372
Musik/Musiker 15, 555
Muskelkraft als Ideal 554, 561
Mutter
  Begriff d. 300
  Schwieger- 305–309
Mutterbrust 199
Mutter-Erde (als Symbol) 435

Muttergottheit(en) 126 f., 432, 435, 495 Anm., 512, 531 f., 536
Mutteridentifizierung 527, 570
Mutterinzest 435
Mutter-Kind-Beziehung 30, 95 Anm. 2, 157 f., 230, 340
Mutterleib 221, 463
Muttermord 560 Anm. 1
Mutterrecht 428, 530–532, 560, 576 f.
Mutterschaft 560, 563
Mutter-Sohn-Verhältnis 95 Anm. 2, 127, 242, 309 f., 407, 414, 426 Anm. 2, 435, 495 Anm., 524, 527, 530, 532, 560 Anm. 1
Mutter-Tochter-Beziehung 308, 570
Muttervorbild 118, 309
Mystik 205, 431, 534, 536, 567
Mythenbildung 366, 452, 494
Mythologie 289, 318, 366, 434 Anm., 438
Mythus/Mythen (*s. a.* Geburtsmythen; Göttermythen; Heldenmythus; Sagen) 126 f., 128 Anm., 295, 369, 435 f., 452 f., 482, 553, 575 Anm.
  d. Arunta 400, 402
  Beziehungen z. Animismus 366
  christliche 342, 404
  endopsychische 289
  v. goldenen Zeitalter 402, 520

Nachahmung 83 f., 99 f., 103 Anm. 2, 324 f., 361, 369 f., 372, 376
Nächstenliebe 238–241, 267 f., 283
Nachträglicher Gehorsam 427–429
Nahrungsaufnahme (bei Primitiven) (*s. a.* Ernährungsweisen; Tabu d. Speisen) 303, 330–332, 337, 343, 420
Name(n) (*s. a.* Gottesnamen; *Moses*, Name d.; Tabu d. Namen; Tiernamen; Totemname; Verwandtschaftsnamen) 397–399, 461, 488, 495 Anm., 498, 510, 517, 559
  Dingbedeutung d. 347 f., 367 Anm., 370, 398
Namensänderung 346, 349, 461, 473, 479, 494
Nansen, Fridtjof 275
Napoleon I. 89, 223, 461
Narzißmus 65, 96 f., 102, 115 f., 120 f., 195, 204, 238 f., 246, 377 f., 381, 442
  d. kleinen Differenzen 95 Anm. 4, 243, 538
  Verhältnis z. Objektlibido 97, 105 f., 115 f., 133, 157, 216 Anm. 1, 246, 377
Narzißtisch(e, er)
  Befriedigung 147 f., 249, 268
  Charakter d. Stolzes 563 f.
  Kränkung 150, 523
  Libido 105, 133, 246, 377, 380 Anm. 1
  Menschentyp 215
Nationale Ideale 89, 280
Nationale Überheblichkeit 95, 147, 243, 280, 480, 484, 552 f., 568
Natur
  Vergeistigung d. (*s. a.* Geistigkeit) 365, 367
  Vermenschlichung d. (*s. a.* Animismus; Personifikation; Projektion) 150 f., 155 f., 380, 469
  Zeugungskraft d. 248 Anm. 2
Naturbeherrschung (*s. a.* Allmacht d. Menschen) 140–142, 149–152, 209, 217–224, 230, 249, 270, 339, 367, 371 f., 378, 401, 559
Naturelemente/-kräfte (*s. a.* Außenwelt) 149–153, 155 f., 217, 222, 296, 469
Natürliche Auslese 219, 270
Naturmythus 127
Naturnotwendigkeiten (*s. a.* Schicksal) 270, 376
Naturphilosophie 365
Naturschönheit 214, 223
Naturwissenschaft 74 Anm. 1, 151 f., 218, 283, 365, 547
  Ersatz durch Psychologie (*s. a.* Primitive Völker, Natur u. Weltauffassung d.) 151, 366, 372 f., 379
Nehemia 492, 496

Neid 111 f., 146, 174, 324 f., 350, 361, 426
Nero 202
Nervosität (*s. a.* Neurose) 14–16, 18, 21, 24
Nestroy, Johann Nepomuk 92
Neuerungen, Bekämpfung d. 515 f.
Neurasthenie 11, 15–17
Neurose(n) (*s. a.* Gemeinschaftsneurosen; Hysterie; Kinderneurosen; Kriegsneurosen; Traumatische Neurose; Zwangsneurose) 17, 21, 30 f., 121, 133, 245 f., 268, 375, 417, 442, 521, 524–528
  Asozialität/asoziale Wirkung d. 132 f., 144, 237, 363, 442
  Ätiologie d. (*s. a.* Infantile Ätiologie; Sexuelle Ätiologie) 30, 200
  Eheleben u. 24 f., 27, 30 f., 308
  als Entwicklungsphase 176 f., 186
  Formen d. 17, 261, 362 f.
  Kernkomplex d. 310, 324, 414, 417, 439
  Kultur u. *s.* Kultur
  Massenbildung als Mittel gegen 132 f.
  als Negativ d. Perversionen 20–22
  Quellen d. 58, 218, 354
  u. Religion(en) *s.* Religion, neurotischer Charakter d. / wahnhafter Charakter d. / Zwangscharakter d.
  Schuldbewußtsein u. 75, 99 f., 261, 264, 350 f., 375, 442
  Therapie d. 132, 268 f., 526
Neurosenpsychologie 74 f., 260 f.
  Vergleich mit Völkerpsychologie 295, 521, 547 f., 577
Neurotiker 133, 237, 244 Anm. 11, 356, 375, 378, 427, 437 Anm. 1, 537
  Seelenleben d., Übereinstimmung mit primitivem Seelenleben 287, 295, 310, 323, 326, 340 f., 347 f., 351, 355, 361, 375, 377 f., 427, 442–444, 559
Neurotiker (Forts.)
  Seelenleben d., Vergleich mit Massenseele 74, 92
Neurotische
  Angst 91 f., 261, 319
  Disposition/Konstitution 23, 133, 351, 378, 521 f.
  Symptombildung(en) (*s. a.* Ersatzbefriedigung, Symptome als) 99 f., 133, 237, 375, 525
  Symptome 17, 75, 264, 375, 384, 522, 524 f., 527–529
  Währung 375
Neuzeit, Errungenschaften d. *s.* Technischer Fortschritt
Nietzsche, Friedrich 115
Nilus (Heiliger) 423, 436
Nofretete 472 Anm. 1
Normal(es) u. Pathologisch(es) 20, 129, 182, 234, 268 f., 522, 525, 570
Not d. Lebens *s.* Lebensnot
Nutzen (als Triebfeder menschlicher Tätigkeiten) (*s. a.* Materielle Motivierungen) 222–225

Objektbesetzung(en) 97–99, 104, 106 f., 377
Objektbeziehungen 194 f.
Objektfindung 121, 377 f.
Objekt-Ich-Beziehungen (*s. a.* Identifizierung) 103, 105–108, 115, 120 f., 123–125, 133 f., 196, 199 f., 231, 245, 249, 255, 266, 377
Objektivität u. Subjektivität (d. Betrachtungsweise) 220
Objektlibido *s.* Narzißmus, Verhältnis z. Objektlibido
Objektliebe 19 f., 96, 125, 245, 281
Objekttriebe 245 f.
Objektverlust 102, 106, 123, 214, 231
Objektvermeidung 121
Objektwahl 98 f., 105, 125, 130 f., 232–234, 309 f., 377, 524
  Anlehnungstypus d. 98, 157

Objektwechsel 74 Anm. 1, 101, 129 f., 309
Ocrisia 452 Anm. 1
Ödipus 358, 369 Anm. 3, 417, 463
Ödipuskomplex 98 f., 101, 128, 177, 257 f., 414 f., 417, 427, 439, 527, 546
Ödipussage 464
Odysseus 54
Öffentliche Meinung 109
Ökonomische Verhältnisse 233, 553
On (Heliopolis) 470, 472, 476 Anm., 481, 496, 508 f.
Opfer (*s. a.* Buße; Gottesopfer; Religiöse Opfer; Ritual; Sühne; Tieropfer; Totemopfer; Versöhnung) 171, 238, 318, 338, 417 bis 423, 431, 433–435, 443
Opferritus 418, 421–423, 433 f.
Opfertod (*s. a.* Menschenopfer) 342, 422, 434
  Christi 52, 261, 436 f., 534 f., 580 f.
Orakel 462
Orale Phase (d. Libidoorganisation) 98
Ordalien 391
Ordnung 223 f., 227, 503
Orest 560 Anm. 1
Organische (*s. a.* Biologisch; Physiologisch)
  Bedingungen d. Sexualentwicklung 194, 523
  Bedingungen d. Sexuallebens 229, 235 f. Anm. 2, 453 f.
  Begründung v. Idealen 286
  Entwicklung 233, 525 f.
  Erkrankung 31
  Parallelen 31, 203, 234, 524 f.
  Veranlagungen 208 f., 217
  Verdrängung 12, 194, 229 f. Anm., 235 Anm. 2
Orgien 131, 304
Originalität (in d. Masse) 109, 120
Orpheus 436, 438
Osiris 470, 474 Anm. 3, 475 u. Anm. 2
Österreich 46
Panhellenismus 280
Panik 90–92
Pansexualismus 86
Paranoia 213, 341, 363, 380, 383, 575 Anm.
Paris 463
Partialtriebe 18, 23, 85, 195, 246 f.
Passahfest 558
Passive Einstellung (*s. a.* Aktivität u. Passivität) 98 f., 118, 527
Patriarchalische Familienordnung 126, 428, 432, 435, 577
Patriarchalische Gesellschaftsordnung 432 f., 531 f., 560, 575
Paulus (Apostel) 86, 243, 534–537, 579 f.
Pazifismus 285 f.
Penis 447, 454
Penissymbol(e) 221 Anm., 450–453
Pericles 222 Anm.
Perseus 463
Personifikation(en) (*s. a.* Natur, Vermenschlichung d.) 355 Anm. 3, 380, 469
Persönlichkeit 553–557
Persönlichkeitseinschränkung in d. Masse (*s. a.* Masse u. Individuum) 70–73, 77, 83, 90
Persönlichkeitsintegration 74 Anm. 1
Persönlichkeitsverlust (*s. a.* Ichzerfall) 70 f., 114
Pflichtgefühl (*s. a.* Soziale Verpflichtungen; Verantwortlichkeitsgefühl) 110, 112, 503
Phallische Auffassung d. Feuers 221 Anm., 451 f.
Phallus 453
Phantasie(n) (*s. a.* Illusionen; Realität u. Phantasie; Sexuelle Phantasien; Unbewußte Phantasien; Urphantasien; Wunschphantasien) 72, 74 Anm. 1, 133, 442, 520, 534
  dichterische 126 f., 571, 580
Philosophie (*s. a.* Weltauffassung; Welterkenntnis) 365 f., 376, 513
  Anfänge d. 53, 381, 367

Philosophie (Forts.)
des »Als ob« 162 f., 169
u. Religion 166, 185, 206
als System 224 f., 366 f.
Vergleich mit Neurosen 363
Phobien (*s. a.* Tierphobien) 383 f., 524
Phönix 452
Phratrien 301 f.
Phylogenetische Erbschaft (*s. a.* Archaische Erbschaft) 133, 151 f., 155, 257, 545–547, 549, 577
Physik 273, 281, 283, 365, 555
Physiologisch(e, er) (*s. a.* Biologisch; Organisch)
Bedingungen d. Suggestion 70
Begründung mystischer Weisheiten 205
Schwachsinn d. Frau 28, 181
Pietät 356
Pinchas 466 f. Anm.
Plato 86, 245 Anm. 3, 281
Plautus 240 Anm. 2
Plinius 371
Politik 15 f., 273 f.
Polygamie 130
Polytheismus 469 f., 499, 508, 511, 513, 532, 536, 539, 573
Prestige 75 f., 83
Priester (*s. a.* Tabu d. Priester) 171 f., 433
Priesterkodex (*s. a.* Gesetzeskodex) 492, 495, 515
Priesterkönig(e) 337 f., 343
Priesterreligion 253
Primäre Triebe 110 f., 195, 211, 543
Primitive (das), Erhaltung d., im Psychischen (*s. a.* Archaische Erbschaft) 177, 200–205, 252 f., 258, 295, 369, 371, 378, 577
Primitiv(e, es)
Denken 156, 185, 295, 347, 371, 373, 375, 377 f., 389 Anm. 1, 452
Familie 229 f., 243, 299, 420, 507, 533, 574–577
Geistesproduktion, Ähnlichkeit mit Religion 172
Primitiv(e, es) (Forts.)
Herrscher (*s. a.* Könige; Tabu d. Herrscher) 335–344, 362
Menschen *s.* Primitive Völker (eig. Eintrag)
Seelenleben 326, 354 f., 372, 381, 386
Sprachen 295, 300, 397
Triebleben 41–43, 45, 48
Primitive Völker/Menschen 425
Einstellung d., z. Mord (*s. a.* Tabu d. Mörders) 55, 420
Einstellung d., z. Sterben/Tod 52 f., 350, 352
Ernährung bei 295, 399–402
Kultur d. 218, 220, 244, 295–297, 385 f., 389 Anm. 1, 395, 441
Natur- u. Weltauffassung d. (*s. a.* Animismus) 53 f., 150 f., 155 f., 355, 364–369, 379, 381
psychisches/kulturelles Niveau d. 55, 385 f., 428 f.
Religion d. *s.* Religion
Seelenleben d. (*s. a.* Neurotiker, Seelenleben d.) 55, 295, 352, 355 f., 364 f., 372, 379–381, 385 f., 442 f., 573
Sitten u. Gebräuche bei (*s. a.* Tabugebräuche; Totemismus) 295, 299, 302 f., 306 f., 315, 317, 387, 393, 406, 558
Sittlichkeit d. (*s. a.* Sittlichkeit, Anfänge d.) 296, 298
Vergleich mit Kindern 310, 347, 372, 386, 389 Anm. 1, 398, 412, 436 Anm. 1, 530 f., 559
Vergleich mit Massenseele 72–74, 77, 80, 109
Vergleich mit modernen Menschen 55, 253, 347, 356, 371, 381, 389 Anm. 1, 410, 531, 559, 573
Verhältnis z. Tier (*s. a.* Totemtier) 388, 412, 420–422, 431, 531
Verwandtschaftsnamen bei 300 bis 302
Verwandtschaftsverbände bei (*s. a.* Blutsgemeinschaft; Stammesge-

Primitive Völker/Menschen (Forts.)
meinschaft; Totemgemeinschaft) 420
Verzichtleistung, erste, d. 379, 381
Privateigentum *s.* Eigentum
Privilegien (*s. a.* Urvater, sexuelles Vorrecht d.) 328, 337, 339 f., 566
Prohibition 182
Projektion 351–354, 381, 552 Anm.
nach außen 156, 289, 353–355, 380
in d. Vergangenheit 402
Prometheus 449
Prometheussage 447, 449–453
Propheten 253, 486, 496, 500 f., 513, 540, 557, 564, 579
Psalmen 472
Psychisch(e, er) (*s. a.* Seelisch)
Dynamik 372, 544
Eignung (*s. a.* Begabung; Vererbung psychischer Dispositionen) 211, 215, 540, 557
Genetik 543
Infektion 100
Instanzen 145, 211, 250, 262, 342, 543
Intensität 525
Konflikt (*s. a.* Ambivalenzkonflikt) 74 u. Anm. 1, 133 f., 245 f., 258, 262, 266, 321, 353 f., 356, 380, 435, 525 f., 528
Kontinuität (*s. a.* Archaische Erbschaft; Tradition) 440 f., 547 bis 549
Realität *s.* Realität, psychische u. faktische
Repräsentanz biologischer Tatsachen 408, 410
Topik 543 f.
Veränderungen auf Grund d. Kulturprozesses 285 f.
Vorgänge/Zustände 210, 380, 542 bis 544, 557, 564, 577
Wertschätzung (*s. a.* Überschätzung d. Psychischen) 372 f., 375, 377, 379, 443
Psychoanalyse 170, 245–247, 254, 523, 526, 537, 540, 571
Psychoanalyse (Forts.)
als Forschungsmethode 170 f., 364, 504, 506, 545–547, 575–577
als Massentherapie 269
als Untersuchungsverfahren 17, 56, 521
Psychologie (*s. a.* Individualpsychologie; Massenpsychologie; Völkerpsychologie) 53, 115, 151, 317
Psychologisch(e, es)
Elend d. Masse 244
Systeme 366, 382–385
Vorläufigkeiten 385
Weltanschauung 151, 366, 372 f., 379
Psychomythologie 289
Psychoneurosen (*s. a.* Neurosen) 17, 21, 417
Psychopathologie 74 Anm. 1
Psychose(n) 28, 121, 216, 246, 383, 525, 533
Pubertät 104, 203, 315, 523, 526, 528, 542
Pubertätszeremoniell 233, 303

Qades 483–490, 493, 495, 497–500, 510 f., 517, 541
Qualität/Quantität 573

Ra (*s. a. Re*) 368
Rabelais, François 221 Anm.
Rache 31, 55, 102, 174, 255 f., 259, 312, 361, 433, 462, 508, 560 Anm. 1, 580
Rachsucht 276, 350, 474 f., 536
Raffael 37 Anm.
Ra-mose 460
Ramses 460
Ramses II. 483 Anm. 2
Rank, Otto (*s. a.* Bibliographie) 127, 416 Anm. 2
Rasse(n) 109, 132, 165
Rassenseele 68, 69 u. Anm., 120
Rationalisierung 47, 435
Rationelle Begründung
d. Kulturforderungen 174–179, 566 f.
d. Liebeswahl 571

Rätsel d. Lebens/d. Welt/d. Todes 53, 150, 161, 165–167, 181, 206
Raum u. Zeit
Ausnützung v. 218, 224
Überbrücken d., im Denken 373
Rauschmittel 182, 207, 210, 503
Re (*Ra*) 368, 470, 472, 476 Anm.
Reaktionsbildung(en) 41, 44, 55, 59, 111 f., 158, 176, 241, 358, 427 Anm. 1, 429, 441, 524, 525 Anm. 2, 526, 546, 572, 578 f.
Reaktionsfähigkeit (v. Organismen) 545
Realgefahr 91, 562
Realität (*s. a.* Außenwelt) 59, 165 f., 185, 188, 212 f., 268
äußere (*s. a.* Realität, psychische u. faktische) 168, 186 f., 381, 525
Erkennen d. (*s. a.* Welterkenntnis) 168, 178, 185
Ertragen d. 60, 182–184, 186–188, 207, 210, 212 u. Anm., 216 f., 381
Erziehung z. 178, 180–184, 187
historische (*s. a.* Wahrheit, historische) 443, 535, 537
u. Phantasie 28, 40, 74 f., 127, 165, 207, 212, 363, 375
psychische u. faktische (*s. a.* Projektion; Überschätzung d. Psychischen) 57, 75, 371–375, 378, 381, 442 f., 525, 575 Anm.
Verleugnung d. 177, 212
verschiedene Arten v. 443 Anm.
wahnhafte Umbildung d. 213, 215
Realitätsprinzip 200, 209, 211, 562
Realitätsprüfung 75, 107, 212
Recht (*s. a.* Gerechtigkeit; Gesetz; Gleichberechtigung; Macht; Mutterrecht; Ungerechtigkeit; Vaterrecht) 174, 225 f., 230, 241, 277 f., 280, 530, 560, 567
Reformation 487
Regenzauber 369 f.
Regression 45 f., 59, 99 f., 109, 114, 121 f., 201, 205
kulturelle 536
Regression (Forts.)
neurotische 133
sexuelle 28, 129, 131, 310
Reinigung 318, 320, 326, 328, 331, 336
Reinigungszeremonie(n) 313, 320 f., 330, 332, 337
Reinlichkeit 223 f., 227, 229 f. Anm.
Reik, Theodor (*s. a.* Bibliographie) 264 Anm.
Reiz (*s. a.* Überreizung) 121, 214, 355
Rekonstruktion d. Vergangenheit *s.* Wiederherstellung; Wiederholung; Wiederkehr
Religion(en) 52, 55, 93, 137 f., 157 f., 171, 197, 204, 206–208, 216, 231, 253, 261, 494, 520, 531, 533, 540, 548, 550, 573
siehe auch:
Ägyptische Religion
Atonreligion
Jahvereligion
Jüdische Religion
Mithrasreligion
Monotheismus
Mosaische Religion
Polytheismus
Priesterreligion
Sohnesreligion
Vaterreligion
Volksreligion
Abwerfen d. 474, 486–488, 493, 496 f., 499, 509 f., 516, 518 f., 557, 569, 574
Anfänge d. 114, 156, 167, 311, 366, 379, 387, 426, 428, 430, 439, 440 Anm. 2, 471 f., 531, 533, 564, 573, 576
Aufhebung/Schwinden d. 93, 132, 167, 169, 171–173, 177, 179 bis 182, 184 f., 187 f., 206 f., 503
Erfahrung u. 164, 568
Erinnerung als Grundlage d. *s.* Erinnerung
als Ersatz f. Narkotika 182, 207, 503

Religion(en) (Forts.)
Gehorsam gegen (*s. a.* Glaubenszwang) 171–173
heidnische 218
Heiligkeit u. 166, 184, 565 f.
u. Kultur 18, 148 f., 152–155, 158, 168 f., 171–173, 175 f., 178 bis 180, 185
u. Kunst 206 f.
d. Neurotikers 133
neurotischer Charakter d. (*s. a.* Religion, Zwangscharakter d.) 132, 186, 363, 504, 507, 516, 529, 540
d. Ostens 540
primitive 470
d. Primitiven (*s. a.* Totemismus; Totemreligion) 296, 540
u. Schuldgefühl 253, 430, 435, 513, 578 f.
als Schutz gegen Neurosengefahr 132, 177 f., 216
semitische 434
u. Sexualität 130
Staat u. 243, 508
u. Tabu 157, 311, 313 f., 330
u. Totemismus *s.* Totemismus; Totemreligion
d. Triebverzichts 564, 579
Vernunft u. 163, 179 f., 187, 340, 494, 535, 568
wahnhafter Charakter d. 165, 186, 213, 216, 533, 575, 580
Wahrheitsgehalt/Beweisbarkeit d. 138, 160–163, 165–169, 170–172, 176, 178, 180, 533 f., 568, 580 f.
Wesen d. 172, 177, 179, 184, 216, 428–430, 434
Wissenschaft u. 165–167, 172, 189, 206 f., 568
als Wunscherfüllung 164, 169, 176 f., 185
Wurzeln d. (*s. a.* Religion u. Schuldgefühl) 138, 155 f., 428 bis 431, 501, 507, 514, 540
Zwangscharakter d. 177, 179, 435, 504, 506, 521, 548, 575, 579
Religionskämpfe 93
Religionslosigkeit 15, 167
Religionsstifter/-stiftung (*s. a.* Religiöse Bekehrung) 459, 462, 467, 469, 471, 475–478, 479 Anm. 2, 481 f., 484–486, 488–490, 493, 495, 497–501, 504, 510 f., 514, 540, 556 f., 568, 574
Religiosität 166 f., 197
Quellen d. 197, 204, 206
Religiös(e, er, es)
Abstraktion (*s. a.* Geistigkeit) 166, 469 f., 559
Aufklärung 169 f., 173 f., 179 f., 188
Bedürfnisse 155, 198, 204, 396, 433
Bekehrung (*s. a.* Religionsstiftung) 174, 434 Anm., 469, 471–478, 481, 483, 487, 489 f., 493 f., 496, 498 f., 510, 512–515, 517, 539, 557, 569, 581
Denkverbot 28, 160, 181, 184, 284
Ekstase 162, 205, 578 f.
Entwicklung 153–155, 164, 167 f., 177, 430–435, 508, 512–515, 531, 533–536, 540, 560, 564, 578
Erziehung 180–182, 184 f.,
Ethik 268, 499, 515, 517, 534, 564 f., 567 f., 579
Fortschritt *s.* Religiöse Entwicklung; Geistigkeit
Gebote (*s. a.* Mosaische Gesetzgebung) 514, 579
Genie 514
Illusion(en) 148, 164 f., 167 f., 177, 182, 186 f., 197
Institutionen (*s. a.* Kirche) 514
Intoleranz 243, 471
Lehre(n)/Lehrsätze 159–168, 176, 178, 180 f., 185, 206, 533
Masse (*s. a.* Kirche) 92–94
Opfer (*s. a.* Gottesopfer; Opfer) 18, 417 f., 430, 433, 500, 513
Riten (*s. a.* Religiöses Zeremoniell) 532 f.
Symbolik (*s. a.* Abendmahl; Kommunion) 532, 536

Religiös(e, er, es) (Forts.)
System(e) (*s. a.* Totemistisches System) 155, 224 f., 390 f., 430, 579
Tröstung 166, 169, 171, 182, 185, 187, 204, 216
Verbote (*s. a.* Bilderverbot; Mordverbot; Verbote) 311–314
Verehrung 335, 340, 431, 434, 535
Vorschriften, Veräußerlichung d. 171 f.
Zeremoniell 388, 417, 470, 499 f., 513, 515, 517, 532 f., 535 f., 580
Renaissancezeitalter 280
Reue 55, 106, 206, 257 f., 260, 262 f., 322, 330, 352, 356, 427–430, 441 f., 537
Revolution(en) 78, 179, 560
Rezente Erlebnisse 542, 548
Richard III. 330
Richter, Konrad 84 Anm.
Ritual *s.* Jüdisches Ritual; Opferritus; Religiöses Zeremoniell; Zeremoniell
Rituelle Tänze 296, 328, 392
Rivalität 81, 95 u. Anm. 2, 464, 565
Robespierre, Maximilien de 179
Rolland, Romain 159, 197 f.
Rom 201–203, 391 Anm. 2
Römer, antike (*s. a.* Antike) 122, 243, 279, 311, 337, 487
Romulus 463 f.
Rousseau, Jean Jacques 58, 252 Anm. 1
Ruhe (als Glück) 209, 211
Rußland 172, 179, 243, 503

Sadismus 42, 194 f., 235 Anm. 2, 245, 247 f., 261
Sadistische Komponente d. Sexualtriebs 309
Sadistisches Mißverständnis d. Sexualaktes 523
Sadistisch-masochistische Phantasien 528
Sage(n) (*s. a.* Abkunftssagen; Heldenmythus; Mosessage; Prometheussage) 128 Anm. 1, 295, 452, 462 bis 464, 467, 482, 494, 530, 532, 552, 556, 566
Salomonisches Urteil 113
Sancho Pansa 342
Sargon (König v. Agade) 462 f.
Saturnalien 122
Säugling 25, 184, 199, 222
Saulus 579
Savage, Dr. 411
Schämen 229 Anm.
Schamgefühl 131
Schelling, Friedrich 365 Anm. 1
Scherz 58
Schicksal (*s. a.* Außenwelt) 150, 152, 170, 183, 204, 209, 213, 226, 253, 270, 376
Schiller, Friedrich 72 Anm. 1, 125, 205, 245, 548
Schimpfwort(e) 230 Anm., 398
Schlaf 45 f., 108, 118, 121, 365, 542
Schlafstörung 527
Schlange 405, 485
Schlangenköpfe (als Symbol) 453
Schlegel, August Wilhelm v. 438 Anm. 1
Schliemann, Heinrich 519
Schlußfolgerndes Denken 160, 559 f., 563
Schmerz 200, 207–209, 544
Schönheit 214, 223 f., 554
Schopenhauer, Arthur 95, 376
Schöpfung *s.* Weltschöpfung
Schreckhypnose (d. Tiere) 108
Schrift 221, 396, 492, 517
Schuld
Entlastung v. d. (*s. a.* Opfertod *Christi*) 439
gemeinschaftliche (*s. a.* Urschuld) 52, 298, 420–422, 424, 430, 436, 579 f.
tragische (*s. a.* Gleichwertung v. Absicht u. Tat; Tabuverletzung, unwissentliche) 358 Anm. 2, 438 f., 535, 581

Schuldbewußtsein/Schuldgefühl 110, 122, 194, 250, 253, 257, 260 bis 263, 358, 428, 430, 433, 435 f., 440, 578 f.
Angst u. 57, 261 f.
Befriedigung d. 579
Genese/Quellen d. 54 f., 251–254, 257 f., 358, 427, 433, 451, 534, 579
u. Kultur 260–262
d. Menschheit 52, 257 f., 440, 534, 536, 579
neurotisches 75, 99 f., 261, 264, 350 f., 375, 442
als Quelle v. Inzest- u. Mordverbot 427
als Quelle d. Religion 253, 430, 435, 513, 578 f.
schöpferisches 442
unbewußtes 261, 263 f.
Unvermeidlichkeit d. 258 f.
Verhältnis z. Aggression 250, 254, 257 f., 262–264
Verhältnis z. Bewußtsein 260 f., 263
Verhältnis z. Triebverzicht 254 bis 259, 262–264, 451, 579
Schule 112
Schulleistungen 527
Schutz 158, 209, 220–222, 251, 558
durch d. Gottheit 156, 158, 573
d. Herrscher 333–336, 339 f.
durch d. Mutter 127, 157, 527, 530
Tabu als 312
durch d. Totemtier 388, 390 f., 404, 531, 576
durch d. Vater 151, 157 f., 164, 204, 428
Schutzbedürfnis 150, 157 f., 164, 204, 229 Anm., 334 f., 573
Schutzgeist 296, 576
Schutzmaßregeln 306, 309, 333, 342, 352, 360, 376
Schutzvorrichtungen, seelische (*s. a.* Leidabwehr) 220
Schwiegermutter 305–309
Scylla 129
Seele (*s. a.* Leib u. Seele; Massenseele; Rassenseele) 382, 405, 560
Seelenglaube (*s. a.* Animismus; Dämonenglaube; Geisterglaube) 54 f., 58, 314–317, 349–351, 364 bis 366, 376, 380–382, 402, 405, 560
Seelenleben (*s. a.* Neurotiker, Seelenleben d.; Primitives Seelenleben; Primitive Völker, Seelenleben d.) 45, 84, 197, 200 f., 203, 211, 317, 543, 574
Erhaltung d. Vergangenen im (*s. a.* Archaische Erbschaft) 45, 177, 200–205, 252 f., 258, 369, 371, 378, 577
Gleichförmigkeit d. 115 Anm., 545
Niveau d. 55, 81, 385 f.
Seelentiere 405
Seelenwanderung 55, 365, 382, 404
Seelisch(e, er) (*s. a.* Psychisch)
Apparat 19, 188 f., 208, 210 f., 289, 543 f., 571
Entwicklung(en) 45, 48, 98, 145, 212, 233, 441, 451, 559
Leistung(en) 208, 562–564, 570, 579
Provinzen 543 f.
Sekten 132
Sekundäre Bearbeitung 355, 382 f.
Selbständigkeit 115, 120, 556
Selbstaufopferung (*s. a.* Opfertod) 85, 105 f., 274, 437
Selbstbehauptungstrieb (*Adler*) 195 Anm.
Selbstbestrafung 253, 360, 437 Anm. 1
Selbstbetrug 14
Selbstbewußtsein/Selbstgefühl 80 f., 540, 552 f., 558, 561, 563, 568
Selbsteinschätzung 268, 552
Selbsterhaltung(strieb) 72, 83, 111, 195, 245 f., 281, 363
Selbsterniedrigung 123
Selbstkritik 102, 123
Selbstliebe (*s. a.* Narzißmus) 85
Selbstmordimpuls 437 Anm. 1
Selbstopferung (*s. a.* Opfertod) 434

Selbstschädigung 106
Selbstversenkung 166
Selbstvorwürfe (*s. a.* Zwangsvorwürfe) 58, 102, 123 f., 267, 358
Selbstzerstörung 247, 270
Semiten 417, 435
Semitische Religion 434
Sensorische Befriedigung 372
Servianische Mauer 201 f.
Servius Tullius 452
Severus, Lucius Septimius 202
Sexualaufklärung 178, 187 Anm.
Sexualbefriedigung (*s. a.* Genitale Befriedigung) 19, 21–24, 26, 29, 107 f., 129–131, 234 f., 237, 248, 264, 363
Sexualeinschränkung (*s. a.* Inzestverbot; Sexueller Verzicht) 26, 31, 234, 238, 241, 297 Anm., 330 f., 337, 344 f., 426 Anm. 2, 564
Sexualentwicklung (*s. a.* Libidoentwicklung) 11, 19 f., 23, 25, 27, 74 Anm. 1, 133, 180, 193 f., 376 f., 523
Sexualfreiheit (*s. a.* Urvater, sexuelles Vorrecht d.) 22, 24, 149, 233 f., 242, 299, 503, 564
Sexualhindernisse, Verinnerlichung d. 130
Sexualisierung d. Denkvorgänge 377 f.
Sexualität 20, 86, 234, 260 Anm.
u. Kultur *s.* Kultur u. Sexualleben
u. Religion 130
Sexualmoral 9–32
Sexualobjekt (*s. a.* Liebesobjekt) 105, 131, 140, 149, 214, 229 f.
Sexualorgane, Nachbarschaft zu Ausscheidungsorganen 235 Anm. 2, 236, 453 f.
Sexualtrieb (*s. a.* Direkte Sexualstrebungen; Zielgehemmte Sexualstrebungen) 18–23, 26, 86, 97, 110 f., 130–132, 195, 281, 452
Komponenten/komplexe Zusammensetzung d. 18, 20, 42, 74 Anm. 1, 85, 108, 129, 195, 235
Sexualtrieb (Forts.)
Anm. 2, 247 f., 264, 281 f., 309, 362 f., 377
Sexualüberschätzung 105 f., 131, 308
Sexualunterdrückung (*s. a.* Triebunterdrückung) 16 f., 20 f., 23 f., 26–28, 309
Sexualverkehr 29
Beobachtung d. elterlichen 527 f.
ehelich-monogamer 13, 22, 24, 30, 219
als Fruchtbarkeitszauber 369
Sexuell(e, er)
Aggressivität 523, 527, 529
Ätiologie d. Neurosen 17, 22 f., 25, 28, 30, 44, 132, 237, 264, 308, 321, 362 f., 376, 409, 523 f.
Neugier/Wißbegierde 28, 128, 181, 416
Perversität 19–22, 29, 211, 234
Phantasien 28, 309, 528
Unwissenheit 27 f., 181, 403 f.
Versuchung 27, 306, 345, 352
Verzicht (*s. a.* Sexualeinschränkung; Triebverzicht) 427 f., 437, 564, 576
Shakespeare, William 47, 49 Anm., 222 Anm., 223, 330, 373 Anm., 438 Anm. 1, 514 Anm.
Shaw, Bernard 131, 503 Anm. 2
Sichem, Prinz v. 477
Sicherheit(sgefühl)
als Ersatz f. Glücksmöglichkeit 243
als Ersatz f. Sexualfreiheit 234 Anm.
als Ersatz f. Triebverzicht 563
als Wurzel d. Stolzes 558
Sidis, Boris 111
Sieger u. Besiegte 276 f., 328
Sighele, S. 77 f.
Sinai (Berg) 482–485, 490, 495, 578
Sinnesorgane (*s. a.* Geruchssinn) 194, 372
Sinneswahrnehmung(en) 354, 544 f., 559 f.
Sinnliche Strebungen (*s. a.* Genitale Liebe; Direkte Sexualstrebun-

Sinnliche Strebungen (Forts.)
gen) 104–106, 108, 128, 131, 232
Sinnlichkeit
Verhältnis z. Geistigkeit 559–561, 563 f.
Sitten 128 Anm. 1, 307, 441
u. Gebräuche (*s. a.* Primitive Völker, Sitten u. Gebräuche bei) 295, 387, 566
Sittengesetze 153, 315, 576
Sittliche Normen/Beschränkungen (*s. a.* Ethische Gebote) 36, 39 f., 44 f., 77 f., 233, 303, 315, 317, 393, 426, 429
Sittliche Weltordnung 164, 167
Sittlichkeit (*s. a.* Ethik) 40, 46 f., 114, 170–172, 248, 252, 427, 430, 440 Anm. 2
Anfänge d. 55, 157, 233, 317, 381, 426 f., 429, 439, 441, 565, 576
d. Massen 73, 77
d. Primitiven (*s. a.* Sittlichkeit, Anfänge d.) 296, 298
relative 45, 126
Smith, W. Robertson (*s. a.* Bibliographie) 52, 430, 438
Söhne, Bevorzugung d. jüngsten 116, 127, 426 Anm. 2, 530
Sohnesgottheit 435–437, 532, 534 bis 537, 580
Sohnesreligion 437, 535, 580
Sonne (als Symbol) 472–474, 508
Sonnengott 368, 470, 472–475, 476 Anm., 496, 508 f.
Sophokles 369 Anm. 3
Sozial(e, er, es) (*s. a.* Gemeinschaft; Gesellschaft; Kultur)
Anforderungen/Brauchbarkeit 20 bis 22, 193
Angst 40, 69, 251 f.
Beziehungen *s.* Menschliche Beziehungen; Menschliches Zusammenleben
Fortschritt (*s. a.* Kultureller Wandel) 292, 432 f.
Sozial(e, er, es) (Forts.)
Gebote (*s. a.* Gesetze; Mordverbot; Tabu; Totemvorschriften; Verbote) 565
Gefahr 325
Gewissen 112
Institutionen (*s. a.* Kulturelle Institutionen) 217, 289, 363, 399, 530, 532
Notwendigkeit(en) 116, 174–176
Organisation(en) (*s. a.* Masse; Matriarchat; Patriarchalische Gesellschaftsordnung) 47, 425 f., 428, 432 f., 458, 530, 564
Totemismus als Anfang d. 114, 296, 387, 390, 392 f., 402, 428, 565, 576
Phänomene 65, 177, 230 Anm., 540
Reform(en) (*s. a.* Kulturveränderung; Sozialer Fortschritt) 13, 26, 32, 244, 560
Schichten/Klassen 14, 16, 146 f., 172, 226, 233, 284, 566
Stellung 16, 18, 25 f., 81
Triebe 42 f., 66, 362 f., 399
Ungerechtigkeiten 22
Unterdrückung 146, 233, 241, 244, 538
Verpflichtung(en) (*s. a.* Pflichtgefühl; Verantwortlichkeitsgefühl) 116, 419 f., 530 f.
Sozialismus 93, 268
Sozialpsychologie (*s. a.* Massenpsychologie) 65
Sparsamkeit 227
Spencer, Baldwin (*s. a.* Bibliographie) 407
Spencer, Herbert (*s. a.* Bibliographie) 364 Anm. 1
Spiegelbild 365
Spiel 108, 119, 369, 372, 378
Spinoza 183
Spiritismus 161 f.
Spitznamen 397, 398 f. Anm. 2
Spott 398

Sprache (*s. a.* Primitive Sprachen) 78, 110, 221, 357, 366, 529, 545, 577
Sprachentwicklung 546, 559, 560 Anm. 2, 577
Sprachfehler (*Moses'*) 482 f.
Sprachgebrauch 220, 232, 300, 381, 452, 546, 560
Sprachschatz, Änderung d. 346 f., 357, 492 Anm. 3
Sprachsymbolik 545 f., 577
Sprichwörter
  An etwas wie an d. Tod denken 49
  Ins feindliche Leben hinaus müssen 182
  Mit d. Wölfen heulen 80
  tuer son mandarin 58, 252 Anm. 1
Staat 217, 225, 284, 433
  Bürger u. (*s. a.* Masse u. Individuum) 39 f., 120
  u. Religion 243, 508
Staatszugehörigkeit 120
Stammesgemeinschaft/Stammesverwandtschaft (*s. a.* Brüder-; Totemgemeinschaft) 296, 414 bis 423
  Solidarität in d. 392, 429 f., 432
Stammesgenossen (*s. a.* Totemgenossen) 390, 393, 429, 432
  gemeinsame Substanz/stoffliche Identität d. (*s. a.* Totemabstammung; Totemtier, Identifizierung mit d.) 103 Anm. 2, 419–424
Stammesgottheit 430, 433, 573 u. Anm.
Stammesorganisation 301, 393
Standesvorurteile 109, 120
Stein, Charlotte v. 571 Anm.
Steinig, Leon 272
Stendhal (Henry Beyle) 50 Anm.
Stephanus (Heiliger) 461 Anm.
Stolz 552, 558 f., 561–564
Strachey, James 63, 289
Strafe/Bestrafung (*s. a.* Kastrationsstrafe; Selbstbestrafung; Tabuverletzung, Strafe f.; Todesstrafe) 43, 174, 181, 251 f., 254, 256, 258, 264, 352, 361, 439, 449, 451, 453, 565, 579
Strafbedürfnis 250, 254, 261 f., 579
Straflosigkeit 146, 173, 186
Strafmaß, Angemessenheit d. (*s. a.* Vergeltung durch ein Gleiches) 57, 298, 346, 362, 437, 439, 451, 534, 580
Strafsysteme, menschliche 313, 361
Subjektivität u. Objektivität (d. Betrachtungsweise) 188, 220
Sublimierung 18–20, 23–26, 41, 106, 129, 185, 211, 212 Anm., 215, 227, 233, 235 Anm. 2, 534
Suggestion 63, 71, 73, 80, 83–87, 108 f., 111, 119 f., 274
Sühne(handlungen) (*s. a.* Buße; Opfer; Versöhnung) 52, 55, 126, 319 f., 322, 325 f., 328, 330–332, 338, 361, 391, 432, 437, 442, 538
Sully, Professor 378 Anm. 1
Sünde/Sündhaftigkeit (*s. a.* Erbsünde) 171 f., 248 Anm. 2, 251–253, 261, 361, 437, 579
Symbol(e) 221 Anm., 450–454, 473, 485, 508
Symbolik (*s. a.* Religiöse Symbolik) 127, 178, 221 Anm., 307, 435, 449–453, 462–464, 473 f., 497, 545 f., 567, 577
Symptom(e) (*s. a.* Neurotische Symptome) 570
  Angst hinter allen 261
Symptombildung (*s. a.* Neurotische Symptombildung) 99 f., 572
Symptomhandlungen 386
Syphilitiker 112
Systembildungen (*s. a.* Animistisches System; Denksysteme; Philosophie als System; Psychologische Systeme; Religiöse Systeme; Totemistisches System; Wahnsystem) 355

Tabes dorsalis 164
Tabu (*s. a.* Inzesttabu) 157, 291 f., 313–316, 318, 324, 326–328, 344, 352, 354, 356–361, 427

Tabu (Forts.)
Arten d. 312 f., 316, 324 f., 328
Begriff d. 311–313, 315, 357
d. Berührung 55, 313, 319–321, 331 f., 337, 343 f., 348, 357, 362, 374, 391
Beziehung z. Aberglauben 314
Beziehung z. Religion 157, 311, 313 f., 330
Beziehung z. Seelenglauben 314 bis 317
d. Blutes 386, 406 f.
d. Geburt 312–316, 325
Heiligkeit d. 312, 315, 333 f., 566 f.
d. Herrscher 117, 313 f., 316, 320, 324 f., 328, 333–340, 343 f.
d. Menstruation 229 Anm., 313, 315 f., 325, 386
d. Mörders 55, 328–332, 337
d. Namen 74, 303–306, 315 f., 337, 345–349, 370, 469, 489, 511, 559
d. Priester 313 f., 316, 328, 333 f., 337 f., 343
Quellen d. 117, 126, 313, 315–317, 323, 327, 381, 427, 442
d. Speisen 312, 314, 320, 331, 334, 337, 343, 370, 388, 391, 393, 399, 401, 403, 420
d. Totemtieres 157, 296, 298, 316 f., 323, 388, 390 f., 393, 403, 417, 424 f., 427–429, 565, 576
d. Toten 312 f., 315 f., 325, 328, 332, 337, 342–354
Übertragbarkeit d. 312–315, 320 f., 324–326, 333, 343 f., 361
Vergleich mit Zwangskrankheit 318–321, 323, 325–327, 340–342, 347 f., 351 f., 358 f., 361–363, 383
d. Waffen 386
Ziele d. 312
Tabugebräuche (*s. a.* Feinde, Behandlung d.; Könige, Behandlung d.) 328–332, 336 f., 343–345, 348
Tabugewissen 358
Tabukrankheit 318, 347
Tabuschuldbewußtsein 358, 427 f.
Tabuverbote/-vorschriften (*s. a.* Exogamie; Inzesttabu; Tabu d. –) 230, 233, 311, 314, 316–318, 320 f., 323, 327, 330, 333, 336 bis 339, 344, 352, 357, 360, 406
Ambivalenz d. 327, 330, 332, 352
zwei fundamentale 316, 323 f., 327
Tabuverletzung 313 f., 320, 324–326, 358, 388
Strafe f. 298, 304, 312–314, 325 f., 344, 346, 361, 391, 531
unwissentliche (*s. a.* Gleichwertung v. Absicht u. Tat) 314, 334, 358 Anm. 2
Tabuzeremoniell 314, 319, 321, 326, 328–337, 340–342
Talion (*s. a.* Vergeltung durch ein Gleiches) 52
Tammuz 435
Tänze *s.* Rituelle Tänze
Tarquinius 452 Anm. 1
Tatenmensch 215, 555 f.
Tätowierung 388, 396
Technik 209, 221 f., 559
Technischer Fortschritt 36, 145, 218 f., 221, 292, 553
Teje 557 Anm. 1
Telegraphie 15, 219
Telepathie 369, 373 f.
Telephon 15, 219, 221
Telephos 463
Tell-el-Amarna 473 f., 479, 498, 509 Anm.
Tertullian, Quintus Septimius 162 Anm. 1
Teufel (*s. a. Mephistopheles*) 248
Theater 15, 51, 91
Theben 368, 470, 472–474, 476 Anm., 557 Anm. 1
Theseus 450 Anm. 1
Thoraschule in Jabne 561
Thorne, Guy 92 Anm. 2
Thotmes III. 472
Thut-mose 460

Tier(e) *s.* Gottheit, tierische; Haustiere; Heilige Tiere; Kind, Verhältnis z. Tier; Mensch, Verhältnis z. Tier; Primitive, Verhältnis z. Tier; Seelentiere; Tier-; Totemtier; Töten v. Tieren
Tierischer Magnetismus 117
Tierkult/Tierverehrung (*s. a.* Gottheit, tierische; Totemtier) 393, 397, 531
Tiernamen (als Totemnamen) 397 bis 399
Tieropfer 418–421, 423 f., 429, 434
Tierphobie(n) 412–417, 531 f.
Tierquäler/Tierschützer 42
Tierstaaten 250
Timurlenk 241
Titanen 436, 450
Titus Vlavius Vespasianus 561
Tod (*s. a.* Fortleben nach d. Tode; Gottheit, Tod d.; Opfertod; Töten; Unsterblichkeit) 53, 150 bis 153, 365, 376, 534, 537, 560
  Anerkennung d. 59
  eines Angehörigen (*s. a.* Tabu d. Toten) 50, 53–55, 58 f., 350 bis 352, 356, 380
  Auffassung d. Primitiven v. 350, 352
  Einstellung d. Urmenschen z. 52 f.
  Gestalt d. 349 f.
  u. Leben 49–55, 58, 60
  Verhältnis z. 49–60, 219, 349 f., 352, 356, 363 Anm., 365, 376, 380 f.
  Verleugnung d. 49, 51 f., 54–56, 58 f., 378 Anm. 1, 381, 470
  Zufall/Notwendigkeit d. 50 f., 150, 376
Todesangst 31, 57, 350, 361 f.
Todesbereitschaft 31 f.
Todesstrafe 57, 240, 298, 304, 344, 361 f., 391, 421, 436 f., 531, 534
Todesträume 352
Todestrieb 195, 246–249, 258 f., 264, 282
Todeswunsch 49, 57–59, 73 Anm., 149, 239 Anm., 359 f., 362, 375 f., 383 f., 386, 414, 437 Anm. 1, 442, 535
Toleranz 36, 96
Tote (*s. a.* Tabu d. Toten; Toten-)
  Behandlung d. Angehörigen v. 343 bis 345
  als Feinde 342, 349–353, 356
  Situation d. Hinterbliebenen v. 53, 55, 343–345, 350–353, 380 f.
  Verhalten gegenüber d. 50
Totem (*s. a.* Totemtier) 296–298, 302, 389–393, 396 f., 399–401, 403 f., 531
  Vererbung d. 392 f., 397, 400, 404, 425
Totemabstammung (*s. a.* Totemgenossen, gemeinsame Substanz d.; Totemtier, Identifikation mit d.) 296, 299, 388, 390–394, 396 f., 399, 406, 416, 431 f., 531, 576
Totemexogamie (*s. a.* Exogamie) 131, 297–299, 301 f., 392–394, 398, 400, 402 f., 417, 565
Totemgemeinschaft/Totemverwandtschaft/totemistische Clangemeinschaft (*s. a.* Stammesgemeinschaft) 116, 126, 296, 299 bis 302, 305, 388, 390–392, 400 f., 576
  Verwandtschaftsnamen innerhalb d. 300–302
Totemgenossen (*s. a.* Stammesgenossen) 296 f., 392, 419
  Beziehungen zwischen 303–307, 309, 390–392
  gemeinsame Substanz/stoffliche Identität d. (*s. a.* Totemabstammung; Totemtier, Identifizierung mit d.) 103 Anm. 2, 390 f., 419–423
  Geschlechtsleben d. (*s. a.* Heirat; Inzestscheu; Inzesttabu; Totemexogamie) 296 f., 304, 324, 392 f., 406, 411

Totemismus 114, 157, 292, 316, 324, 387, 394–396, 405, 411, 416 f., 423, 428, 532
affektive Grundlagen d. 395, 427
Beziehung z. Inzesttabu 157, 394, 411, 565
Beziehung z. Religion (*s. a.* Totemreligion) 114, 157, 390, 392, 428 bis 433, 531, 564
Charakterzüge d. 388–391, 393, 416, 428 f., 565
drei Ableitungstheorien d. 395–405
Entstehung d. 156, 395–405, 417, 423, 425, 428, 430, 442, 577
als Grundlage sozialer Organisation 114, 296, 387, 390, 392 f., 402, 428, 565, 576
infantile Spuren d. 292, 415–417, 425, 527 f.
infantile Wiederkehr d. 387–444
Vergleich mit Tierphobien 414 f., 531
weibliche Wurzel d. 404
Totemistisches System 296–298, 302, 324, 387, 389–394, 397–399, 401, 405, 416 f., 425, 428, 430, 565
Erblichkeitslinien im 296, 298 f., 420
Totemmahlzeit (*s. a.* Opfermahlzeit) 157, 392 f., 417–419, 423–426, 429–431, 437 f., 531 f., 535, 575 f.
Totemname(n) 296, 388, 390–393, 395–399
Totemopfer (*s. a.* Tieropfer; Totemtier; Töten d.) 430 f., 436
Totemreligion 388, 417, 419, 423 f., 428 f.
Totemtier(e) 157, 296, 298 f., 316 f., 323, 388, 390–394, 400–402, 405, 431, 470, 531, 533, 577 f.
Identifizierung mit d. (*s. a.* Totemabstammung; Totemgenossen, gemeinsame Substanz d.) 392, 401, 403, 416, 421–425
d. Kindes 415 f., 436 Anm. 1
Opfertier identisch mit d. 421, 423, 431, 433
Totemtier(e) (Forts.)
als Stammvater d. Totemgemeinschaft *s.* Totemabstammung
Töten u. Verzehren d. (*s. a.* Tabu d. Totemtiers; Totemmahlzeit; Totemopfer) 423–425, 429, 531, 576
Vater als 416 f., 425, 427 f., 431, 433, 531, 576
Totemverbot(e)/-vorschriften (*s. a.* Exogamie; Inzesttabu; Tabu d. Totemtiers) 126, 176, 233, 296, 298 f., 301, 398, 403, 406, 531, 564
zwei fundamentale 316, 323 f., 327
Totemzeremoniell 296, 388, 392 f., 400 f., 403, 423 f.
Töten (*s. a.* Gemeinsames Töten; Mord; Todeswunsch; Urvater, Töten d.; Vatermord) 241, 276
d. Gottes (*s. a.* Gottesopfer) 423, 436 f., 537 f., 579–581
in Literatur u. Theater 51
bei Primitiven 55, 328–332, 420
v. Tieren (*s. a.* Totemtier, Töten u. Verzehren d.) 420–423, 433
beim Urmenschen 52 f., 57
Totengott 470, 475 f.
Totenklage 388, 424 f., 435 f.
Tothmes 460, 509
Toxische Neurosen 17
Tradition (*s. a.* Archaische Erbschaft) 73, 75, 81, 295, 323, 347, 441, 467, 488, 490 f., 499–501, 510, 515, 517–520, 534, 537, 541, 547 f., 557, 569–574, 580
Tragische Schuld *s.* Schuld, tragische
Tragödie (*s. a.* Urtragödie) 438 f., 535
griechische 438 f., 519, 535
Trance 205
Trauer 50, 345–348, 351–354, 356, 424 f.
Ambivalenz d. 53–55, 351–353, 380 f., 424 f.
um d. Feind 329, 331 f.

Trauerarbeit 356
Trauernde Hinterbliebene 343–345, 350–353, 380 f.
Traum/Träume (*s. a.* Traum-) 46, 73 Anm., 121, 151, 365, 382–384, 571
prophetische 462, 465
sekundäre Bearbeitung d. 355, 382 f.
Todes- 352
Vergleich mit Massenseele 72 Anm. 4, 73 Anm., 75
Trauma, seelisches 123, 501, 516, 521 bis 529, 545 f.
Traumarbeit 151, 383
Traumatische Neurose 246, 516, 521 f.
Traumdeutung 45 f., 382, 450
Traumgedanken 382 f.
Trauminhalt 355, 382 f., 453
Traumsymbolik 127, 452, 463 f., 546
Traumzensur 102
Trieb(e)
siehe:
Aggressionstrieb
Bemächtigungstrieb
Destruktionstrieb
Egoismus
Erotische Triebe
Herdentrieb
Ichtriebe
Lebenstrieb
Mordlust
Objekttriebe
Partialtriebe
Primäre Triebe
Selbsterhaltungstrieb
Sexualtrieb
Soziale Triebe
Todestrieb
Trieb-
Ungehemmte Triebe
Urtriebe
Zielgehemmte Triebe
Triebanspruch 562 f., 572
Triebbefriedigung (*s. a.* Befriedigung) 44, 112, 140, 210, 212, 252, 257, 262, 562
Triebbeherrschung 141, 211
Triebeinschränkung (*s. a.* Triebverzicht) 171, 193 f., 225 f., 230, 232, 243 f., 258, 286, 564
Triebenergie 85, 129, 246, 248, 263
Triebleben (*s. a.* Intellekt u. Triebleben; Kultur u. Triebleben)
primitives 41–43, 45, 48
schwache Stelle d. 23, 572
Trieblehre, psychoanalytische 235 Anm. 2, 245–249, 258, 280–283, 321–323
Triebschicksal(e) 41 f., 227
Triebstärke 18–23, 132, 141 f., 542, 562, 572
Triebunterdrückung (*s. a.* Sexualunterdrückung) 18, 26, 31, 44
Triebveranlagung (*s. a.* Disposition; Mitgebrachte Organisation) 44, 227, 546
Triebverwandlung/-umbildung 41 bis 44, 46, 108, 215, 227
Triebverzicht (*s. a.* Affektleben u. Triebverzicht; Kultur u. Triebverzicht; Schuldbewußtsein, Verhältnis z. Triebverzicht; Sexueller Verzicht; Triebeinschränkung; Verzicht; Wunschverzicht) 42, 104, 145, 177, 228, 253–256, 378, 450 f., 453, 530, 559, 561 bis 567, 569, 572
Triebwünsche (*s. a.* Wünsche) 144 f., 193, 562 f.
Triebziele, Verschiebung d. 286
Triumphgefühl 122 f.
Trost 150, 216, 270
durch d. Kunst 212
durch d. Religion 166, 169, 171, 182, 185, 187, 204, 216
Trotz 429, 435, 570
Tugend(haftigkeit) 25, 252, 254, 260 Anm., 268, 564 f.
Twain, Mark 253 Anm. 1

Überbesetzung 378, 544
Überdeterminiertheit (v. Ereignissen) 554
Übergüte 31, 443

Über-Ich 145, 194, 250, 252–256, 258, 262 f., 267, 451
als Elternersatz 251, 253, 562, 565
mit Gewissen identisch 250, 253 f., 262, 562
Kultur-Über-Ich 266–269, 563
Strenge d. 252–257, 262, 268, 562
Verhältnis z. Ich 250, 252 f., 255, 262, 268, 544, 562 f.
Übermaß/Übertreibung 195, 215, 340, 443, 524
in d. Masse 71–73, 80, 109
neurotisches 31, 58, 340, 351, 358, 362, 443
Übermensch 115, 151
Überreizung 15, 73
Überschätzung d. Psychischen (*s. a.* Allmacht; Intellekt, Überschätzung d.; Realität, psychische u. faktische) 373, 375, 377–379, 442, 559
Überstrenge 256 Anm. 2
Übertragung (in d. Psychoanalyse) 118 Anm. 2
Übertragungsneurosen 246
Umordnung psychischen Materials in d. Systembildung 383
Unbefleckte Empfängnis 404
Unbefriedigung (*s. a.* Sexualbefriedigung; Triebeinschränkung; Triebverzicht) 15, 17, 29 f., 308, 562
Unbewußte (das) 56, 58 f., 68 f., 72 Anm. 2, 73 Anm., 74, 539, 543 f., 571
d. kollektive 577
Unzerstörbarkeit d. 360, 382
u. d. Verdrängte 17, 69, 72 Anm. 2, 99, 121 f., 129, 134, 543
Vererbung d. (*s. a.* Vererbung psychischer Dispositionen) 68, 441
Unbewußte Erinnerung(en) 541, 571, 574 f.
Unbewußte Komplexe/unbewußte seelische Vorgänge 17, 261 u. Anm. 1, 322–324, 326, 340, 347, 351–354, 356, 358–360, 375, 382, 386, 440 f., 525, 544 f.
Unbewußte Komplexe (Forts.)
Verhältnis z. bewußten 68 f., 71, 117 f., 118 Anm. 2, 267, 282, 322, 325, 342, 352, 360, 381 f., 542 bis 544
Unbewußte Phantasien 74 Anm. 1, 384, 442
Unbewußte Schuldgefühle 261, 263
Unbewußte Wünsche 57–59, 75, 112, 310, 326, 351 f., 375, 383 f., 386, 442
Ungebildetes Volk (*s. a.* Intellektuelle Leistungen in d. Masse) 164, 173, 185, 274
Ungehemmte Triebe (*s. a.* Direkte Sexualstrebungen; Zielgehemmte Triebe) 105, 107, 211
Ungerechtigkeit 22, 226, 234, 242 Anm. 1, 278
Unglaubensgenosse 183
Unglück 208 f., 214, 220, 231, 253, 270, 561
äußeres u. inneres 254
Unheimliche (das) 117, 119, 151, 311, 315 f., 374 Anm. 3, 539
Unheilserwartung 375 f., 391, 579
Unlust 200, 220, 355
Unlustquellen 209, 562
Unlustvermeidung 40, 200, 208–210, 213, 215
Unnütze (das) 223 f.
Unrecht, Monopolisierung d. 39
Unrein 331, 338, 343 f., 480
Verhältnis zu heilig 311 f., 315, 317 f., 357, 421
Unschuld (*s. a.* Schuld, tragische; Tabuverletzung, unwissentliche)
Christi 534 f.
weibliche 27, 29
Unsterblichkeit(sglaube) (*s. a.* Fortleben nach d. Tode) 49, 55 f., 115 f., 289, 365, 470 f.
Unterdrückte Gesellschaftsmitglieder/-schichten (*s. a.* Soziale Unterdrückung) 39, 173
Auflehnung d. (*s. a.* Kulturfeindlichkeit) 146, 233, 241

Unterdrücktes u. Unterdrückendes, gemeinsame Befriedigung v. 342

Unterdrückung (*s. a.* Aggressionsunterdrückung; Verdrängung)
- Mißglücken d. 21
- unvollständige 441

Untreue, eheliche 25, 27, 231, 386

Unwissenheit (*s. a.* Sexuelle Unwissenheit) 116 f.

Urethralerotik 221 Anm., 447 f.

Urfamilie (*s. a.* Primitive Familie 131, 230, 243, 432 f., 507, 533, 574, 576

Urhorde 53, 114–119, 126 f., 131, 289, 410 f., 425, 426 u. Anm. 2, 432 f., 529, 537, 575
- Umformung/Wiedererrichten d. 114–117, 126, 426, 428–430, 432 f., 442, 476, 530–532, 577 f.

Urinieren 449, 454

Urmensch(en) 52 f., 55–59, 176, 221 Anm., 229, 243, 250, 257, 295, 449–454, 529 f.

Urphantasien 549, 577 Anm.

Ursachen, konvergierende (*s. a.* Motivierungen, mehrfache) 554, 557, 569

Urschuld 52, 262

Urtragödie 439, 529, 534, 579

Urtriebe (*s. a.* Eros; Todestrieb) 264, 266

Urvater (*s. a.* Allmacht d. Urvaters) 115 f., 119, 126, 128, 130, 176, 230, 257, 267, 416, 425 f., 428, 432 f., 439, 442, 494 f., 529–534, 537 f., 540 f., 548, 566 f., 574, 577 f., 580 Anm.
- sexuelles Vorrecht d. 116, 130, 225, 243 f., 410, 425, 426 Anm. 2, 427 f., 529, 575, 577
- Töten u. Verzehren d. (*s. a.* Vatermord) 53, 114, 116, 126, 131, 176, 230, 267, 289, 426–429, 431–438, 530 f., 534–536, 538, 548, 565, 567, 575 f., 579 f.

Urverbrechen (*s. a.* Urtragödie; Urvater, Töten d.) 52 f., 426, 429 f., 436 f., 441 f., 534, 536, 556

Urworte, Gegensinn d. 357, 567

Urzeit/Urgeschichte (*s. a.* Vorgeschichte) 42, 114, 127, 242, 244, 435, 524, 529, 532 f., 536 f., 539, 541, 559, 567, 574, 577
- d. Individuums 463
- Überbleibsel d. (*s. a.* Archaische Erbschaft) 42, 52, 56, 73, 114 f., 119, 152, 177, 295, 327, 440 f., 524, 533

Vater (*s. a.* Macht d. Vaters; Totemtier, Vater als; Urvater) 233, 289, 300, 531, 536 f., 556, 563, 565, 577
- Überwindung d. (*s. a.* Vatermord; Vaterverhältnis) 126, 439, 463, 531, 535, 556
- Wille d. 560, 565, 567, 578

Vaterangst 116, 118 f., 151, 413–415, 426, 527, 530–532, 552, 556, 578
- Umschlagen d., in Verehrung (*s. a.* Gefühlsambivalenz; Vergottung) 126, 158, 341, 530 f.

Vaterautorität 433 f., 556, 565

Vaterersatz 89, 116, 176, 251, 414, 425, 427 f., 431–434, 531, 565, 576

Vatergott(heit) (*s. a.* Gott-Vater) 126–128, 153, 156, 158, 164, 176, 206, 267, 432–436, 532, 535, 578

Vaterhorde 114, 426, 430, 442, 576

Vaterideal 98, 116, 119, 126 f., 432, 530

Vateridentifizierung 98 f., 127, 255, 258, 426 f., 437, 527 f., 530, 535, 570 f.

Vaterkomplex 156 f., 164, 341 f., 425, 427, 429, 434, 440

Vaterlandsidee 89

Vaterlose Gesellschaft 93 Anm., 432

Vaterlose Zeit (*s. a.* Matriarchat) 126

Vatermord/Vatertötung (*s. a.* Urvater, Töten d.) 53, 126, 176, 230, 257 f., 263, 434, 436 f., 440, 535 f., 548, 578–580
Wiederholung d. 258, 426, 429, 437, 439, 556, 576
Vaterobjektwahl, Unterscheidung v. Vateridentifizierung 99
Vaterrecht 560, 563
Väterreihe 156, 164, 341, 556, 577 f.
Vaterreligion (*s. a.* Gott-Vater; Vatergott) 437, 533, 535, 578, 580
Vaterschaft 404, 560, 563
Vaterschutz 151, 157 f., 164, 204, 428
Vatersehnsucht 152, 156, 158, 204, 431–433, 556, 578
Vaterverhältnis 116, 118, 126, 153, 156, 158, 164, 177, 255 f., 341, 431, 439, 441 f., 462 f., 531 f., 535, 552, 563, 565, 567, 578, 580
z. Sohn 116, 126 f., 156, 341, 413 f., 425 f., 430–433, 435–437, 439 f., 463 f., 528–530, 567, 570, 575 f., 578
z. Tochter 407
Wandlung d. (*s. a.* Vaterangst, Umschlagen d.) 432–434, 463 f.
Vatervorbild (*s. a.* Vorbild) 118, 341, 530, 556, 570
Vatikan 37 Anm.
Verantwortlichkeitsgefühl (in d. Masse) (*s. a.* Soziale Verpflichtungen) 69, 80
Verbot(e) (*s. a.* Bilderverbot; Kulturverbot; Moralverbot; Mordverbot; Religiöse Verbote; Sittliche Normen; Tabu; Totemverbot; Zwangsverbote)
auf Asche zu pissen 449, 453
äußeres 327
Begehren hinter d. (*s. a.* Vergeltung durch ein Gleiches) 56, 145, 323, 326, 359–362, 376, 385, 408 f.
erstes (*s. a.* Sittlichkeit, Anfänge d.) 55
periodisches Durchbrechen d. (*s. a.*
Verbot(e) (Forts.)
Feste; Totemmahlzeit) 122, 157, 423, 425, 429
Verbotene (das), Anreiz d. 211
Verbotene Handlungen 326, 342, 376, 420 f., 424
Verbotene Wünsche (*s. a.* Wunsch) 251–254, 326, 358 f., 361 f.
Verbrechen (*s. a.* Urverbrechen) 409, 422, 427, 437, 439, 441 f., 534, 566, 580
Verbrecher 18, 106, 241, 361, 451
Verdichtung 382, 529
Verdrängende (das) (*s. a.* Unterdrücktes u. Unterdrückendes) 110, 235 Anm. 2, 246
Verdrängte (das) (*s. a.* Unterdrücktes; Wiederkehr d. Verdrängten) 246, 542 f., 577
Isolierung d. 542 f.
u. d. Unbewußte 17, 21, 69, 72 Anm. 2, 99, 121 f., 129, 134, 543
Verdrängte Wünsche 310, 358 f., 362, 417, 427
Verdrängung (*s. a.* Unterdrückung) 95, 102, 104, 130, 194, 235 Anm. 2, 264, 321 f., 340, 354, 359, 378, 409, 517, 545, 548, 572
Bedingung d. 110, 122 Anm. 2
u. Kultur 12, 176 f., 193, 227
organische 12, 194, 229 f. Anm., 235 Anm. 2
vollständige 542
Verdrängungsfolgen, rationelle Umarbeitung d. 178
Verdrängungsnarbe 572
Verdrängungsneigung, Zweifel als Ausdruck d. 373
Verdrängungsschub 128
Vereinigungsstreben 74 Anm. 1, 110, 230, 232, 237, 246, 249, 258, 265 f., 278 f.
Vererbung (*s. a.* Angeborene –; Archaische Erbschaft; Hereditäre Faktoren; Mitgebrachte Organisation)
erworbener Eigenschaften 546 f., 549

Vererbung (Forts.)
psychischer Dispositionen 42, 68, 118 f., 441, 545–549
Verfolgungswahn 341
Vergangene (das)
Erhaltung d., im Psychischen (*s. a.* Archaische Erbschaft) 45, 200 bis 205, 252 f., 258, 369, 371, 378, 539, 577
Reproduktion d. *s.* Wiederherstellung
Vergangenheit, Gegenwart u. Zukunft 139, 176, 558
Vergangenheitsträume 402, 520
Vergeistigung (d. Natur) (*s. a.* Geistigkeit) 365, 367
Vergeltung durch ein Gleiches (*s. a.* Strafmaß; Verbot, Begehren hinter d.) 52 f., 57, 174, 326, 534
Vergessen (*s. a.* Wiederkehr d. Vergessenen) 201, 322, 497, 507, 509, 518, 521, 523 f., 529, 537, 539, 541 f., 546, 572, 574
Vergottung 53, 116, 126–128, 151, 156, 158, 267, 340, 432, 450, 534, 553, 556, 574, 578
Verinnerlichung *s.* Aggression, Verinnerlichung d.; Autorität, Verinnerlichung d.; Introjektion; Kulturforderungen, Verinnerlichung d.; Sexualhindernisse, Verinnerlichung d.; Zwang, Verinnerlichung d.
Verkehrswesen 15 f., 219, 221, 223
Verleugnung 54, 177, 212, 234, 240, 352, 433, 537 f.
Verliebtheit 97, 104, 106–108, 112, 130–133, 199, 237, 377
Vermeidungen 303–307, 309, 524
Vermehrung (*s. a.* Fortpflanzung) 230 f., 234, 248 Anm. 2, 285
Vernunft (*s. a.* Denk-; Intellekt; Rationelle Begründung; Religion u. Vernunft) 162, 166, 184, 187
Versagung (*s. a.* Kulturversagung; Verzicht) 19, 23, 211, 218, 252, 263 f.
Versagung (Forts.)
äußere 253
Definition 144
sexuelle 237, 427
Verhältnis z. Schuldgefühl 263 f.
Versailler Vertrag 90 Anm.
Verschiebbarkeit (v. Zwangsverboten) 319–322
Verschiebung 195, 326, 360, 362, 371, 413 f., 539
auf ein Kleinstes 376
Versöhnung(sgebräuche) (*s. a.* Sühne) 328–332, 367, 391, 418, 428 f., 437, 535, 580
Verstädterung 14 f.
Versuchung (*s. a.* Sexuelle Versuchung) 252, 324–326, 348, 352, 358–360
Versuchungsangst 306, 345, 352
Verwahrlosung 256 Anm. 2
Verwandtschaftsnamen (bei primitiven Völkern) 300–302
Verwandtschaftsverbände, primitive (*s. a.* Blutsgemeinschaft; Stammesgemeinschaft; Totemgemeinschaft) 420
Verwöhnung 28, 256 Anm. 2
Verzicht (*s. a.* Aggressionsverzicht; Sexueller Verzicht; Triebverzicht; Wunschverzicht) 246, 326, 352
Verzichtleistung, erste (d. Primitiven) 379, 381
Virgil 567
Visuelles Denken 72
Vogel (als Symbol) 178, 451–454
Völkerbund 90 Anm., 275, 279
Völkerhaß (*s. a.* Judenverfolgung; Nationale Überheblichkeit) 47
Völkerpsychologie (*s. a.* Massenpsychologie) 439–441, 577, 579
Vergleich mit Neurosenpsychologie 295, 521, 548, 577
Völkerrecht 38
Völkerwanderung(en) 240, 553
Volkscharakter (*s. a.* Jüdisches Volk, Charakterzüge d.) 547

Volksepen (*s. a.* Sagen) 519
Volkslied 78
Volksreligion 470, 475 f., 478, 500, 512, 514
Voltaire, F. M. A. 207, 212 Anm.
Vorbewußte (das) 543–545
Vorbild (*s. a.* Infantiles Vorbild; Muttervorbild; Vatervorbild) 65, 128, 141, 223 f., 309
  Identifizierung mit d. 99, 101, 106, 120, 426
  phylogenetisches (*s. a.* Infantiles Vorbild; Phylogenetische Erbschaft; Wiederherstellung; Wiederholung; Wiederkehr) 151 f., 257, 556
Vorbildlichkeit d. Sexualverhaltens f. andere Funktionen 27 f.
Vorgeschichte, völkische (*s. a.* Auszug aus Ägypten; Historische –; Ur-) 347, 495, 519 f., 569, 577
Vorsehung 153, 164, 167, 182, 206
Vorstellungen
  sinnliche Wahrnehmung u. 355, 559
  Verhältnis zu Dingen 365, 373, 375
  Verknüpfung v. 355, 546
Vorstellungsinhalt 198, 200
Vulkangott 484, 490, 495 Anm., 510

Wahn (*s. a.* Paranoia; Religion, wahnhafter Charakter d.) 213, 383, 533, 575, 580
  Beobachtungs- 102
  Kleinheits- 123
  Verfolgungs- 341
Wahnidee 165, 186, 533
Wahnsystem, neurotisches 133, 363
Wahrhaftigkeit 13 f., 48, 59, 74, 574
Wahrheit (*s. a.* *Maat*; Religion, Wahrheitsgehalt d.) 443 Anm. 1, 533, 574 f., 554 Anm., 574 f.
  historische (*s. a.* Realität, historische) 138, 175 f., 178 u. Anm. 2, 467, 482–484, 486, 507, 517, 533, 537, 572, 574, 575 Anm., 580
Wahrheit (Forts.)
  materielle 138, 178 Anm. 2, 574, 575 Anm.
  psychologische 44
  theoretische 162 Anm. 2
  im Wahn 533, 575
  u. Wahrscheinlichkeit 468, 551, 554 Anm., 573
Wahrheitserkenntnis (*s. a.* Welterkenntnis) 211, 504, 516, 551, 554 Anm., 574
Wahrnehmen
  Erinnern u. 381 f., 545
Wahrnehmung(en) 354, 383, 544 f., 559 f.
  endopsychische/innere 289, 353 bis 355, 358, 379 Anm. 1
Wallenstein 89
Waschungen *s.* Reinigung
Waschzwang 321
Wasser (*s. a.* Feuer u. Wasser) 296, 321, 459 f., 462 f., 466
Wasserkur 30
Weib (*s. a.* Frau)
  als Hüterin d. Feuers 221 Anm.
  als Verführerin 127
Weibliche Wurzel d. Totemismus 404
Weise von Zion 534
Weltauffassung/Weltanschauung (*s. a.* Philosophie; Primitive Völker, Natur- u. Weltauffassung d.) 137, 168, 170, 366
  dualistische 54, 364 f., 381
  Entwicklungsstufen d. 366, 376, 378 f.
  psychologische 151, 366, 372 f., 379
  religiöse (*s. a.* Religion) 366, 376, 378
  wissenschaftliche (*s. a.* Wissenschaft) 366, 373, 376, 378 f.
Welterkenntnis (*s. a.* Philosophie; Realität, Erkennen d.; Wahrheitserkenntnis) 161, 165, 188 f., 365, 373, 379, 554
Weltherrschaft (*s. a.* Imperialismus) 249, 533, 537

Weltliebe 239
Weltschöpfung 208, 553
durch Gott 126, 153, 167 f., 568, 573
Werkzeug(gebrauch) 221, 223, 276, 295, 553
Wertmaßstäbe 562–565, 568
Werturteile 225, 269 f.
Wertvorstellungen 147, 154, 225, 516, 565
Wettkampf 241
Widerstand 47, 110, 121 f., 515 f., 542, 580
Wiedergeburt 55, 347
Wiedergeburtstheorie(n) 400, 403
Wiederherstellung/Wiederkehr
d. Vergangenen (*s. a.* Archaische Erbschaft; Infantiles Vorbild; Wiederholung; Wiederkehr) 119, 255, 341, 356, 495, 515, 524, 527, 532–534, 540, 574 f., 578, 580
d. Urhorde 114–117, 126, 426, 428 bis 430, 432 f., 442, 476, 530 bis 532, 577 f.
Wiederholung (*s. a.* Vorbild; Wiederherstellung; Wiederkehr) 548, 578
v. Affekten 255, 524, 578
d. Vatertötung 258, 426, 429, 437, 439, 556, 576
d. Verbotenen 342
Wiederholungszwang 246, 524
Wiederkehr (*s. a.* Archaische Erbschaft; Infantile Ätiologie; Infantiles Vorbild; Wiederherstellung; Wiederholung)
d. historischen Wahrheit 177, 439, 574
d. Verdrängten 177, 528, 534, 536, 542, 548, 570–572, 577
d. Vergessenen 507, 533, 535, 537, 542, 548
d. Totemismus, infantile 387–444
d. Unbewußten (*s. a.* Erinnerung) 381 f.
Wien 503 f., 506, 550
Wilde *s.* Primitive
Wilhelm III. (König v. England) 334
Wilkins, George 222 Anm.
Wille (*s. a.* Göttlicher Wille; Vater, Wille d.) 75, 115, 372 f.
kollektiver 114 Anm. 3
Verlust d. 70 f., 114 Anm. 3, 117 bis 119
Willenskraft 556
Willensschwäche 114 f. Anm. 3
Wilson, Woodrow 90
Wirklichkeit u. Illusion (*s. a.* Realität u. Phantasie) 40, 44, 212
Wißbegierde (*s. a.* Sexuelle Neugier) 150, 156, 164, 367
Wissen
als Kulturbesitz 140, 159, 172
ursprüngliches (*s. a.* Archaische Erbschaft) 441, 546, 548
d. Verdrängten 542
als Volksgut 541
von wenigen 541
Wissenschaft (*s. a.* Historische Wissenschaft; Naturwissenschaft; Religion u. Wissenschaft; Weltauffassung, wissenschaftliche) 183, 189, 247
Anfänge d. 53, 379
Aufgabe d. 189, 560
biologische 547
Unsicherheit d. 164 f., 169, 181, 188, 210, 235 Anm. 2
Wissenschaftler 26, 74 Anm. 1, 555
Wissenschaftliche Arbeit/Forschung 53, 165, 168, 173, 188 f., 224 f., 227, 291, 389 Anm. 1, 504–507
als Ablenkung v. Lebenselend 207, 211, 214
Wissenschaftlicher Fortschritt 171 bis 173, 183, 188, 218 f., 222, 515, 576
Wissenschaftlicher Irrtum 164
Wissenschaftlicher Theorienstreit 515 f.
Witwer/Witwen (*s. a.* Tote, Situation d. Hinterbliebenen v.) 344 f.
Witz 58, 118, 122, 183, 308

Wohnungsbau (als erste kulturelle Tat) 221
Wort/Wörter (*s. a.* Urworte)
  Ambivalenz d. 357, 567
  magische Macht d. 74
  Zauber d. 559
Wortähnlichkeit 347
Wortassoziationsexperimente 347 Anm. 4
Wundbehandlung 370 f.
Wunder 120, 152
Wundt, Wilhelm (*s. a.* Bibliographie) 289, 291, 352, 357, 364 Anm. 1
Wunsch/Wünsche (*s. a.* Infantile Wünsche; Inzestwünsche; Todeswunsch; Triebwünsche; Unbewußte Wünsche; Verbotene Wünsche; Verdrängte Wünsche) 144, 164 f., 184, 197, 264, 270, 372 f., 442 f., 516
  als Führerersatz 94
  als Leidensschutz 213, 215
  Macht d. 372 f.
  d. Menschheit (*s. a.* Menschliche Gelüste) 144, 164, 270, 555, 574
  d. Vater gleich zu werden (*s. a.* Vateridentifizierung) 427 Anm. 1, 432, 435, 530
Wunschbefriedigung, halluzinatorische 372
Wunscherfüllung 165, 212, 222, 249, 372
  Religion als 164, 169, 176 f., 185
  im Traum 151
Wunschphantasien 442, 533, 535, 537, 574
Wunschverzicht 170, 187, 326

Yoga 204, 210

Zärtliche Gefühle/Zärtlichkeit 58, 104 f., 108, 113, 128–131, 180, 231 f., 242, 245, 308 f., 340, 353, 414, 427, 429, 433, 535
Zauber 367, 369 f., 375 f., 378, 470, 474, 485, 499 f.
  d. Worte 559
Zauberformeln 376, 470
Zauberkraft 313 f., 325 f., 333 f., 339, 373
Zensur 39, 102, 262
Zeremoniell/Zeremonien 319, 341, 441
  siehe auch:
  Etikette
  Feste
  Pubertätszeremoniell
  Reinigungszeremonien
  Religiöses Zeremoniell
  Ritual
  Sühnehandlungen
  Tabuzeremoniell
  Totemmahlzeit
  Totemzeremoniell
  Zwangszeremoniell
Zethos 463
Zeus 289, 450, 473, 495 Anm.
Zielgehemmte
  Libido 238, 241
  Sexualstrebungen 107 f., 116, 128 f., 130, 132–134
  Triebe 104 f., 129, 132, 211, 214, 231, 249, 262, 572
  Zärtlichkeit 105, 232
Zitate (verschiedene) 54, 72 Anm. 1, 84, 89, 183, 207, 248 Anm., 373 Anm., 438 Anm. 1, 499, 506, 548, 571 Anm.
  bestimmte:
  Alles in d. Welt läßt sich ertragen ... 208 Anm.
  auri sacra fames 567
  ... aus der Welt werden wir nicht fallen ... 198
  credo quia absurdum 162 f., 240, 533, 563
  crimen laesae majestatis 57
  de mortuis nil nisi bene 50, 356
  Denn die Kindlein, sie hören es nicht gerne 247 f.
  ... denn jede Schuld rächt sich auf Erden 259
  Du bist Gott einen Tod schuldig (*Why, thou owest God a death*) 49 Anm.

Zitate (Forts.)
Du sollst nicht töten 55 f., 149, 176, 359, 429 f.
Eiapopeia vom Himmel 249
embrassez moi pour l'amour du Grec 129 f.
...erhält sie d. Getriebe durch Hunger u. durch Liebe 245
Es freue sich, wer da atmet im rosigen Licht 205
Es kann dir nix g'scheh'n 56
Gründe so gemein wie Brombeeren (*If reason were as plentiful as blackberries, ...*) 47
homo homini lupus 240
Im Anfang war die Tat 444
In meinem Staate kann jeder nach seiner Façon selig werden 215
inter urinas et faeces nascimur 235 f. Anm. 2
Konstanz liegt am Bodensee 159
navigare necesse est, vivere non necesse 51
poore inch of nature 222
si vis pacem, para bellum 60
So macht Gewissen Feige aus uns allen (*Thus conscience does make cowards of us all, ...*) 260 Anm.
Wer Sorgen hat, hat auch Likör 207 Anm. 2
Wer Wissenschaft u. Kunst besitzt... 206
Zivilisation 11 f.
u. Kultur 140, 285
Zölibat 132
Zufall 50 f., 537
Zukunft (*s. a.* Kultur, Zukunft d.; Vergangenheit) 186 f.
Zukunftsdenken 289
Zwang (*s. a.* Glaubenszwang)
äußerer 88 f., 116, 140–142, 144 f.,
Zwang (Forts.)
173, 230, 279, 321, 323, 326, 503, 539
Zwang d. Masse 79
Verinnerlichung d. 42 f., 47, 145, 262, 562
Wasch- 321
Wiederholungs- 246, 524
Zwangscharakter
v. Kindheitseindrücken 571, 574
v. psychischen Erscheinungen 525
d. Religion *s.* Religion, Zwangscharakter d.
Zwangsdenken 383, 533
Zwangsgebote 327, 360
Zwangshandlungen 320–323, 327, 342, 375 f.
Zwangsimpulse 571
Zwangskrankheit
Vergleich mit Religion 177, 179, 435, 504, 506, 521, 548, 575, 579
Vergleich mit Tabu 318–321, 323, 325–327, 340–342, 347 f., 351 f., 358 f., 361–363, 383
Zwangsneurose(n) 17, 75, 177, 179, 261, 263, 321, 361–363, 374–376, 443
Ansteckung in d. 319–321
Disposition z. 351
Zwangsneurotisches Schuldbewußtsein 75, 261, 350 f., 375
Zwangsverbote 319 f., 322, 382
Zwangsvorstellungen 374
Zwangsvorwürfe (*s. a.* Selbstvorwürfe) 350 f., 356
Zwangszeremoniell 319–321, 443
Zweifel 72 f., 161, 373, 513
Zweig, Arnold 457
Zweizeitiger Ansatz d. Sexuallebens 133, 523
Zyklische Verstimmung 122 f.

Band I *Vorlesungen zur Einführung in die Psychoanalyse* (1917); *Neue Folge der Vorlesungen zur Einführung in die Psychoanalyse* (1933)

Mit einer biographischen Skizze Freuds von James Strachey, einer Einleitung von Alexander Mitscherlich, Erläuterungen zur Edition von Angela Richards *

Band II *Die Traumdeutung* (1900)

Band III *Psychologie des Unbewußten*

Formulierungen über die zwei Prinzipien des psychischen Geschehens (1911)

Einige Bemerkungen über den Begriff des Unbewußten in der Psychoanalyse (1912)

Zur Einführung des Narzißmus (1914)

Triebe und Triebschicksale (1915)

Die Verdrängung (1915)

Das Unbewußte (1915)

Metapsychologische Ergänzung zur Traumlehre (1917)

Trauer und Melancholie (1917)

Jenseits des Lustprinzips (1920)

Das Ich und das Es (1923)

Neurose und Psychose (1924)

Das ökonomische Problem des Masochismus (1924)

Der Realitätsverlust bei Neurose und Psychose (1924)

Notiz über den ›Wunderblock‹ (1925)

Die Verneinung (1925)

Fetischismus (1927)

Die Ichspaltung im Abwehrvorgang (1938)

Band IV *Psychologische Schriften*

Der Witz und seine Beziehung zum Unbewußten (1905)

Der Familienroman der Neurotiker (1909)

Über den Gegensinn der Urworte (1910)

Zur Psychologie des Gymnasiasten (1914)

---

* [Im übrigen wird der editorische Apparat in diesem Gesamtinhaltsplan, der lediglich zeigen soll, welche Werke Sigmund Freuds in die einzelnen Bände der *Studienausgabe* aufgenommen wurden, nicht berücksichtigt.]

Das Unheimliche (1919)
Der Humor (1927)
Eine Erinnerungsstörung auf der Akropolis (Brief an R. Rolland; 1936)

Band V *Sexualleben*
Die Sexualität in der Ätiologie der Neurosen (1898)
Drei Abhandlungen zur Sexualtheorie (1905)
Meine Ansichten über die Rolle der Sexualität in der Ätiologie der Neurosen (1906)
Zur sexuellen Aufklärung der Kinder (1907)
Über infantile Sexualtheorien (1908)
Beiträge zur Psychologie des Liebeslebens:
Über einen besonderen Typus der Objektwahl beim Manne (1910)
Über die allgemeinste Erniedrigung des Liebeslebens (1912)
Das Tabu der Virginität (1918)
Zwei Kinderlügen (1913)
Die infantile Genitalorganisation (1923)
Der Untergang des Ödipuskomplexes (1924)
Einige psychische Folgen des anatomischen Geschlechtsunterschieds (1925)
Über libidinöse Typen (1931)
Über die weibliche Sexualität (1931)

Band VI *Hysterie und Angst*
Vortrag: Über den psychischen Mechanismus hysterischer Phänomene (1893)
Über die Berechtigung, von der Neurasthenie einen bestimmten Symptomenkomplex als ›Angstneurose‹ abzutrennen (1895)
Zur Ätiologie der Hysterie (1896)
Bruchstück einer Hysterie-Analyse (1905)
Hysterische Phantasien und ihre Beziehung zur Bisexualität (1908)
Allgemeines über den hysterischen Anfall (1909)
Die psychogene Sehstörung in psychoanalytischer Auffassung (1910)
Über neurotische Erkrankungstypen (1912)
Hemmung, Symptom und Angst (1926)

Band VII *Zwang, Paranoia und Perversion*
Zwangshandlungen und Religionsübungen (1907)
Charakter und Analerotik (1908)
Bemerkungen über einen Fall von Zwangsneurose (1909)
Die Disposition zur Zwangsneurose (1913)

Mythologische Parallele zu einer plastischen Zwangsvorstellung (1916)
Über Triebumsetzungen, insbesondere der Analerotik (1917)
Psychoanalytische Bemerkungen über einen autobiographisch beschriebenen Fall von Paranoia (1911)
Mitteilung eines der psychoanalytischen Theorie widersprechenden Falles von Paranoia (1915)
Über einige neurotische Mechanismen bei Eifersucht, Paranoia und Homosexualität (1922)
›Ein Kind wird geschlagen‹ (1919)
Über die Psychogenese eines Falles von weiblicher Homosexualität (1920)
Eine Teufelsneurose im siebzehnten Jahrhundert (1923)

Band VIII *Zwei Kinderneurosen*
Analyse der Phobie eines fünfjährigen Knaben (1909)
Nachschrift zur Analyse des kleinen Hans (1922)
Aus der Geschichte einer infantilen Neurose (1918)

Band IX *Fragen der Gesellschaft / Ursprünge der Religion*
Die ›kulturelle‹ Sexualmoral und die moderne Nervosität (1908)
Zeitgemäßes über Krieg und Tod (1915)
Massenpsychologie und Ich-Analyse (1921)
Die Zukunft einer Illusion (1927)
Das Unbehagen in der Kultur (1930)
Warum Krieg? (1933)
Totem und Tabu (1912–13)
Zur Gewinnung des Feuers (1932)
Der Mann Moses und die monotheistische Religion (1939)

Band X *Bildende Kunst und Literatur*
Der Wahn und die Träume in W. Jensens ›Gradiva‹ (1907)
Eine Kindheitserinnerung des Leonardo da Vinci (1910)
Psychopathische Personen auf der Bühne (1905)
Der Dichter und das Phantasieren (1908)
Das Motiv der Kästchenwahl (1913)
Der Moses des Michelangelo (1914)
Nachtrag zur Arbeit über den Moses des Michelangelo (1927)
Vergänglichkeit (1916)
Einige Charaktertypen aus der psychoanalytischen Arbeit (1916)
Eine Kindheitserinnerung aus ›Dichtung und Wahrheit‹ (1917)
Dostojewski und die Vatertötung (1928)
Goethe-Preis (1930)

Ergänzungsband

Schriften zur Behandlungstechnik

Psychische Behandlung (Seelenbehandlung) (1890)
Zur Psychotherapie der Hysterie (1895)
Die Freudsche psychoanalytische Methode (1904)
Über Psychotherapie (1905)
Die zukünftigen Chancen der psychoanalytischen Therapie (1910)
Über ›wilde‹ Psychoanalyse (1910)
Die Handhabung der Traumdeutung in der Psychoanalyse (1911)
Zur Dynamik der Übertragung (1912)
Ratschläge für den Arzt bei der psychoanalytischen Behandlung (1912)
Weitere Ratschläge zur Technik der Psychoanalyse: I. Zur Einleitung der Behandlung (1913)
Weitere Ratschläge zur Technik der Psychoanalyse: II. Erinnern, Wiederholen und Durcharbeiten (1914)
Weitere Ratschläge zur Technik der Psychoanalyse: III. Bemerkungen über die Übertragungsliebe (1915)
Über fausse reconnaissance (›déjà raconté‹) während der psychoanalytischen Arbeit (1914)
Wege der psychoanalytischen Therapie (1919)
Zur Vorgeschichte der analytischen Technik (1920)
Bemerkungen zur Theorie und Praxis der Traumdeutung (1923)
Die Frage der Laienanalyse (1926)
Die endliche und die unendliche Analyse (1937)
Konstruktionen in der Analyse (1937)
Die psychoanalytische Technik (1940)

Perspektiven der Anthroposophie

Erhard Fucke
Lernziel: Handeln können
Erfahrungen und Überlegungen zu einem erweiterten Bildungskonzept. Band 5501

Frans Carlgren
Erziehung zur Freiheit
Die Pädagogik Rudolf Steiners. Berichte aus der internationalen Waldorfschulbewegung
Band 5502

Rudolf Frieling
Christentum und Islam
Der Geisteskampf um das Menschenbild. Band 5503

Rudolf Meyer
Die Weisheit der deutschen Volksmärchen. Band 5505

Emil Bock
Wiederholte Erdenleben
Die Wiederverkörperungsidee der deutschen Geistesgeschichte
Band 5506

Karl König
Die ersten drei Jahre des Kindes
Erwerb des aufrechten Ganges
Erlernen der Muttersprache
Erwachen des Denkens
Band 5507

Johannes Hemleben
Das haben wir nicht gewollt
Sinn und Tragik der Naturwissenschaft
Band 5508

Hermann Poppelbaum
Mensch und Tier
Fünf Einblicke in ihren Wesensunterschied
Band 5509

Friedrich Husemann
Vom Bild und Sinn des Todes
Geschichte, Physiologie und Psychologie des Todesproblems
Band 5510

Alfred Schütze
Das Rätsel des Bösen
Band 5511

Ehrenfried Pfeiffer/Erika Riese
Der erfreuliche Pflanzgarten
Anleitung zur Gartenpflege nach der biologisch-dynamischen Wirtschaftsweise
Band 5512

Walter Abendroth
Rudolf Steiner und die heutige Welt
Ein Beitrag zur Diskussion um die menschliche Zukunft
Band 5513

Friedrich Hiebel
Goethe. Die Erhöhung des Menschen
Perspektiven einer morphologischen Lebensschau
Band 5517

Fischer Taschenbuch Verlag